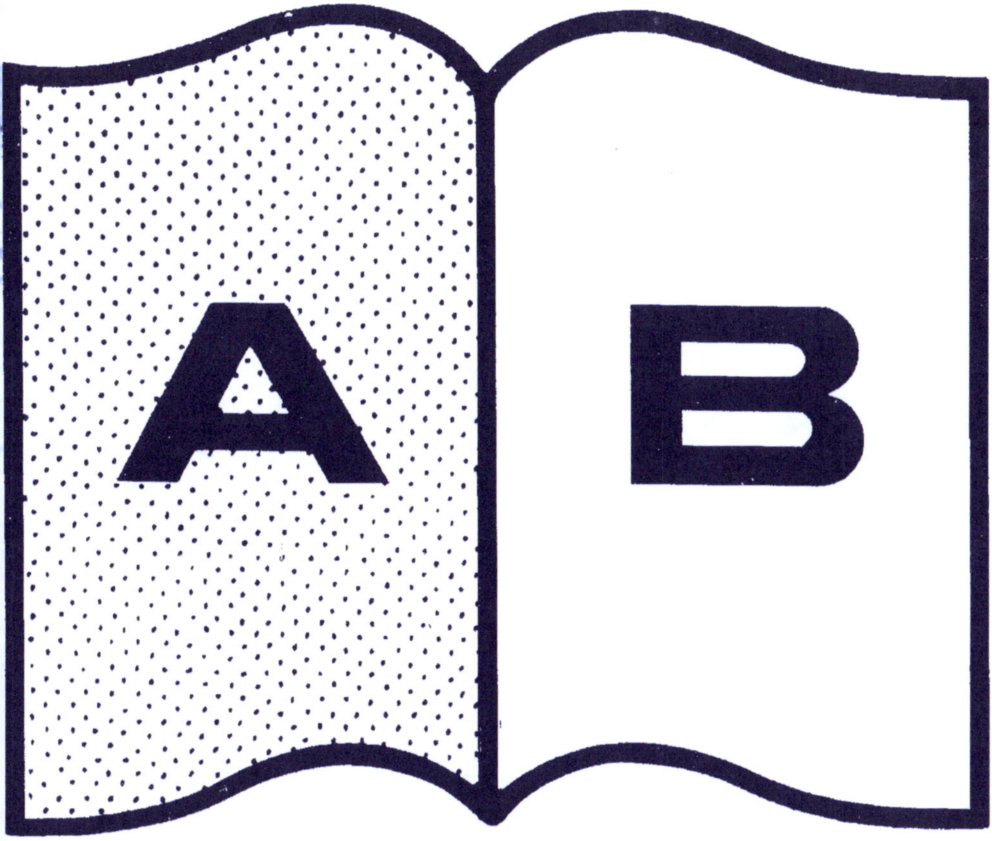

Contraste insuffisant

**NF Z 43**-120-14

R 184462

# HISTORIQUE
## DE LA
# VALLÉE D'AOSTE

PAR

## J.-B. DE TILLIER

SECRÉTAIRE DES ÉTATS DU DUCHÉ D'AOSTE

---

### MANUSCRIT INÉDIT

de l'an 1742

Texte revu et annoté par le Prof. SYLVAIN LUCAT

SECRÉTAIRE DE LA VILLE D'AOSTE

AOSTE
LOUIS MENSIO IMPRIMEUR ÉDITEUR
1887

# HISTORIQUE

## DE LA

# VALLÉE D'AOSTE

### PAR

## J.-B. DE TILLIER

### SECRÉTAIRE DES ÉTATS DU DUCHÉ D'AOSTE

---

### MANUSCRIT INÉDIT

de l'an 1712

AOSTE
LOUIS MENSIO IMPRIMEUR ÉDITEUR
1887

A SON ALTESSE ROYALE

# AMÉDÉE DE SAVOIE

## DUC D'AOSTE

DIGNE HÉRITIER DES VERTUS

DE SES ANCÊTRES

## CETTE HISTOIRE INÉDITE

DE LA VALLÉE D'AOSTE

LE PLUS ANCIEN FLEURON

DE LA COURONNE DE SAVOIE

DÉDIE

AVEC RESPECT ET DÉVOUEMENT

LOUIS MENSIO

ÉDITEUR-TYPOGRAPHE

# HISTORIQUE

### DE LA

# VALLÉE D'AOSTE

# HISTORIQUE

DE LA

## VALLÉE D'AOSTE

PAR

### J.-B. DE TILLIER

SECRÉTAIRE DES ÉTATS DU DUCHÉ D'AOSTE

---

PRÉFACE GÉNÉRALE - PRÉFACE DE L'AUTEUR - OUVRAGES
CONSULTÉS - TABLE ALPHABÉTIQUE

AOSTE
LOUIS MENSIO IMPRIMEUR ÉDITEUR 1887

# PRÉFACE GÉNÉRALE

Jean-Baptiste De Tillier, des Seigneurs Pairs du Duché d'Aoste, était fils des Nobles Jean-Michel et Anne-Marie De Tillier.

Il était né à Aoste le 25 juin 1678 et avait fait ses études dans notre Collège, alors dirigé par les Chanoines de Notre-Sauveur. Il était avocat.

Nommé Secrétaire des Etats le 15 février 1700, en remplacement de son oncle Eugène-Gaspard De Tillier mort le 20 décembre 1699, il couvrit cette charge pendant près de quarante-cinq ans.

Il jouissait d'une telle considération qu'il fut envoyé plusieurs fois en mission auprès du Souverain.

En 1708, ayant été brutalement traité par le Commandant militaire Colonel De Beaulieu, il s'en plaignit au Conseil des Commis, qui recourut d'urgence à Turin. Huit jours après, par ordre exprès de S. A. le Duc Victor-Amédée, le Colonel De Beaulieu dut faire ses excuses à M. De Tillier, en présence du Gouverneur. Sous le régime guerrier de ces années-là, une pareille satisfaction, si promptement accordée au Secrétaire des Etats, fut certainement une chose bien extraordinaire et témoigne de la haute estime dans laquelle il était tenu ainsi que de l'affection personnelle du Souverain.

Le 27 septembre 1742, sur sa demande et en considération de son long service et de ses infirmités, le Conseil des Etats lui avait donné un substitut, avec survivance, dans la personne de son fils aîné Antoine-Gaspard.

Celui-ci prêta serment le 5 juin 1743 et siégea dès lors à côté de son père; mais il n'exerça pas longtemps, car le 9 mars 1744, c'était déjà son fils Antoine-François qui occupait la place de Secrétaire du Conseil des Commis. (Il paraît qu'il ne prit plus même le titre de Secrétaire des Etats, ceux-ci n'existant presque plus que de nom).

Jean-Baptiste De Tillier mourut à Saint-Christophe le 2 mars 1745.

Il laissait, comme monuments de son activité, de ses laborieuses recherches et de sa vaste érudition, outre l'immense travail accompli dans sa longue carrière comme secrétaire, deux manuscrits de très grande importance : *L'Historique de la Vallée d'Aoste* et *Les Familles Nobles de la Vallée d'Aoste*.

« De tous les auteurs qui ont entrepris d'écrire l'histoire de la Vallée d'Aoste, le plus complet, le plus indépendant, le plus consciencieux, c'est certainement M. J.-B. De Tillier ». (Préface au vol. IV paru en 1882).

Secrétaire des Etats pendant près d'un demi-siècle, il avait pu largement puiser dans les Archives du Duché, alors aussi riches que bien organisées. Il avait pu en outre consulter les innombrables parchemins et les mémoires des familles nobles du pays, dont les principales existaient encore de son temps : telles sont les trois branches De Challand, les De Vallaise, les De la Tour, les D'Introd, qui lui ont survécu; la maison d'Avise éteinte en 1729, celle de Nus en 1736, celle de Pont-Saint-Martin en 1737.

Nul mieux que lui n'était donc en position de réunir ces nombreux éléments et d'en tirer l'histoire du pays.

Il l'a fait avec une rare diligence et une scrupuleuse

exactitude. Son œuvre n'est pas exempte de reproche, mais c'est, et de beaucoup, ce qu'on a fait de mieux. Là où il a pu asseoir son histoire sur des documents certains, c'est-à-dire, à peu près depuis 1242, il n'a pas laissé un coin inexploré; il a fouillé partout. Sans lui, sans son histoire, une infinité de faits et de personnages, même des temps modernes, nous seraient demeurés inconnus ou inexpliqués.

Je dois cependant noter deux lacunes assez singulières.

La première, c'est que M. De Tillier ne parle presque point de cette fameuse peste de 1630 qui emporta les deux tiers de la population (70,000 personnes), qui anéantit tant de familles, dévora trois Syndics de la Cité, laissa le pays sans clergé et sans commerce.

La terreur avait été si grande que pendant plus d'un siècle, au moindre bruit de contagion à l'étranger, on fermait la frontière, on se claquemurait, on poursuivait, arrêtait, expulsait les gens suspects de répandre le mal (engraisseurs).

En 1703, grand émoi par tout le Piémont et le Milanais, à cause de certains signes en couleur que de tristes plaisants, probablement, s'amusaient à faire sur les murailles des maisons. Le *Magistrato sopra la Sanità in Torino sedente* publia un édit fort sage, pour mettre en garde la population contre ces terreurs paniques. Mais rien n'y faisait.

A Chatillon, on arrête le 10 juillet un pauvre diable d'étranger, avec sa femme et son enfant, parce qu'il portait dans une vessie *une certaine graisse suspecte*. On le traduit à Aoste; on lui fait son procès; on constate que c'est tout simplement du beurre fondu. En considération de ce résultat favorable, on se limite à faire brûler graisse et vessie, et escorter jusqu'à la frontière ces trois malheureux. Qu'eût-on fait, grand Dieu! si c'eût été du **beurre frais?**

En tout cas, il est bien dommage que De Tillier fasse à peine mention, et sans aucun détail, de cette formidable contagion, lui qui eût pu nous dire tant de choses.

La seconde lacune, c'est d'avoir oublié de nous dire, à propos de la paix de 1713 (traité d'Utrecht) que ce fut celle qui changea la couronne ducale de Savoie en couronne royale. M. De Tillier avait pourtant, en sa qualité de Secrétaire des Etats, dû s'occuper à plusieurs reprises de cet important événement. Le Conseil des Commis eut même des démêlés avec le Chapitre de la Cathédrale, à propos du *Te Deum*. Comment se fait-il qu'il n'en dit pas un mot?

On peut s'expliquer la première lacune, en l'attribuant à une répugnance invincible, à un reste de terreur; on s'étonne de la seconde, et rien ne semble pouvoir en donner l'explication, à moins qu'on ne veuille supposer un silence volontaire et l'attribuer à une appréhension, assez justifiée du reste, que cette nouvelle grandeur n'eût pour effet de hâter la destruction de l'autonomie valdôtaine.

Pour les époques anciennes, préhistoriques, là où les documents lui ont fait défaut, notre consciencieux analiste a cherché, consulté, dit le pour et le contre, fait son possible pour dégager la vérité. S'il n'a pas toujours réussi dans sa difficile entreprise, ce ne fut certainement pas de sa faute.

Peut-on lui faire un crime d'avoir, dans ces cas, adopté les opinions qui régnaient de son temps, et d'avoir donné trop d'importance aux récits fabuleux des écrivains de l'antiquité? Alors on croyait fermement au passage d'Hercule, d'Annibal, d'Attila et d'autres généraux ou *condottieri* plus ou moins célèbres. Il y a cru lui aussi et son tort n'a pas été bien grand. Combien n'a-t-on pas écrit, encore depuis De Tillier, sur cette question à jamais insoluble du passage d'Annibal?

Il ne faut pas oublier que sur notre pays avant les

les Romains, nous ne possédons que quelques vagues généralités; que sur la conquête et l'occupation des Romains même, nous n'avons d'autre histoire que des relations fort succintes et les monuments admirables qu'ils nous ont laissés; qu'après l'effondrement de l'Empire, notre Vallée n'eut plus d'histoire à elle pendant plusieurs siècles; qu'elle passa par les mains des Goths, des Bourguignons, des Longobards, des Francs; qu'elle fut dévastée par tous les envahisseurs, saccagée par les Sarrasins; enfin, qu'au x$^e$ siècle, elle était à peu près dépeuplée, et la Ville, détruite et déserte.

Il ne faut pas oublier non plus que ceux qui ont le plus critiqué l'*Historique* de De Tillier sont ceux qui l'ont pillé sans mesure et sans crier gare : témoin l'*Historique* de M. le chan. Orsières.

Voilà pour ce qui regarde la première antiquité.

Quant aux longues et importantes recherches sur l'origine de la Souveraineté de la Maison de Savoie en Vallée d'Aoste, qui occupent plus de la moitié du premier volume, on peut dire qu'elles sont fort remarquables comme critique, comme érudition, comme honnêteté; mais les progrès et la diffusion des études historiques ne permettent plus aujourd'hui de se ranger à l'opinion de M. De Tillier. De nouveaux documents sont venus à la lumière; d'autres, par lui considérés comme de peu de valeur, ont été reconnus authentiques, comme par exemple la fameuse donation de Derby (1040) aux deux Chapitres. Il est prouvé aujourd'hui que le Comte Humbert aux *blanches mains,* premier personnage connu de cette famille, était un des principaux Seigneurs du Royaume de Bourgogne; qu'il en était le Contestable à la mort de Rodolphe III; que ce fut lui qui commanda les troupes envoyées l'an 1032 en Bourgogne par le fameux Aribert Archevêque de Milan et par le Marquis de Toscane, au secours de l'Empereur Conrad le Salique; que ce fut son fils Odon, et non pas lui, qui épousa vers 1036 la Comtesse Adélaïde de Suse; que lorsque le Comte Humbert mourut, vers 1056, il possédait le Comté d'Aoste et un grand nombre de Seigneuries dans le Viennois, la Savoie et le bas Valais; enfin, que le Comté d'Aoste passa de lui à ses successeurs et ne sortit plus de sa famille.

Une fois dégagé de ces incertitudes de l'antiquité et des premiers temps de notre Maison de Savoie, M. De Tillier, armé de toutes pièces, devient admirable d'exactitude et d'impartialité; il sort même assez souvent de son rôle de quasi-chroniqueur, s'indigne, regrette et ne recule pas devant les vérités les plus sévères, à qui ce soit qu'elles s'adressent.

L'*Historique de la Vallée d'Aoste*, quelques défauts qu'il puisse avoir, est un monument impérissable, élevé à l'honneur de sa patrie par ce noble et généreux citoyen.

Depuis longtemps déjà, on avait senti et affirmé le besoin de publier ce précieux manuscrit. Dès le 25 novembre 1865, le Conseil Communal d'Aoste avait nommé pour cet objet une Commission qui se trouva composée de MM. les avocats Paris, Chevalier et Martinet. Cette Commission rapportait au Conseil le 12 avril 1866 que M. l'avocat Bollati s'était bien voulu charger de traiter lui-même avec un éditeur, lequel demandait L. 4500 pour le seul manuscrit, et L. 6000 si on y voulait ajouter certains documents sur l'administration de la justice, découverts par le même M. Bollati dans les Archives d'Etat.

La Commission proposait l'acceptation de ces conditions; elle proposait en outre un travail et une dépense à part pour correction du texte, préface, notes, recherches, copies, etc.

Quoique les conditions financières de la Commune fussent alors bien plus difficiles qu'aujourd'hui, les propositions de la Commission furent votées à l'unanimité;

il s'agissait d'une œuvre trop patriotique pour qu'il fût permis de reculer.

La même Commission fut chargée de pourvoir à l'exécution et on lui adjoignit MM. le chan. Berard et le greffier Grange.

Mais pour lors, les choses en restèrent là. L'établissement Civelli recula-t-il devant l'exécution? ou bien, est-ce la Commission qui ne put remplir son mandat, pour quelque raison qu'il serait oiseux de rechercher ici? Peut-être une chose et l'autre.

Cependant, ce projet de publication ne pouvait tomber en oubli; on continuait à s'en préoccuper; mais les conditions du Municipe avaient empiré; on ne pouvait plus guère prétendre de lui l'initiative qu'il n'avait pas hésité à prendre la première fois.

En 1879, on réussit à faire voter par la Province, pour cet objet, un subside de L. 1000.

En 1880, M. l'imprimeur L. Mensio commençait courageusement, de sa propre initiative, la publication de l'*Historique* dans un journal dont il était le propriétaire: *La Feuille d'Annonces*. Il avait confié la révision du texte à M. le chev. et chan. Berard. La publication se faisait lentement, en voie économique, sur le feuilleton de son journal. A mesure qu'on avait assez de composition, on tirait une feuille entière. A la fin de 1881, un premier volume était imprimé.

Ce premier volume n'était pas précisément le premier; c'était au contraire le dernier. Comme on avait commencé sans savoir jusqu'où il serait possible d'arriver, on avait voulu, dans tous les cas, assurer d'abord la publication de la partie la plus intéressante pour l'histoire, laquelle partie se trouvait être à la fin du manuscrit : Gouvernement politique et économique de la Vallée. Voilà comment il se fait qu'on a commencé par le quatrième volume.

Cependant, ce modeste commencement avait rencontré un accueil favorable; on avait assuré au courageux éditeur, pour la continuation de son œuvre, le payement du subside voté par la Province; le Municipe, outre l'intérêt qu'il avait démontré en obtenant le payement du subside, avait concouru en faisant l'acquisition de cent copies du volume paru et promettait d'en faire autant pour les autres. Malheureusement, M. le chan. Berard ne pouvait plus continuer. On me proposa de le remplacer dans ce patriotique labeur, et je considérai comme un devoir et un honneur d'accepter.

Depuis lors, il s'est écoulé plus de cinq ans, pendant lesquels j'ai consacré à cette œuvre si utile toutes les heures dont j'ai pu disposer.

Aujourd'hui, c'est fini et la publication est complète. J'en ai presque du regret. Je m'étais habitué à ces études et j'y reviendrai : c'est un champ où il reste beaucoup à glaner.

Puisqu'on avait commencé par la fin, j'ai continué dans le même ordre.

En 1884 a paru le volume DES SEIGNEURIES, troisième partie du manuscrit.

En 1885, le volume DUCHÉ-VILLE-EGLISE, qui forme la seconde partie.

Aujourd'hui, c'est le tour de la première, comprenant l'HISTOIRE GÉNÉRALE de la Vallée.

Enfin, j'ai ajouté pour chaque volume une table des matières soigneusement faite, et pour tout l'ouvrage, une table alphabétique générale. Celle-ci existait déjà dans le manuscrit, mais fort incomplète.

Ceux qui n'ont point eu l'occasion de faire connaissance avec le manuscrit de M. De Tillier et avec l'étonnante lourdeur de ses phrases, se feront difficilement une idée du travail considérable que cette publication a demandé.

Publier tel quel le manuscrit, c'eût été faire injure à la mémoire de l'auteur et aussi, franchement, se moquer du lecteur.

Quoique appartenant par sa naissance au XVII$^e$ siècle et écrivant dans la moitié du XVIII$^e$, il ne semble pas que le laborieux Secrétaire des Etats, absorbé qu'il était dans les occupations de sa charge et dans ses recherches à travers la poussière des vieux parchemins, ait jamais eu le loisir de se familiariser avec les classiques du grand siècle. Il est certain du moins, que dans tout son ouvrage on ne trouve pas la moindre trace du mouvement littéraire et philosophique de son époque. Peut-être même, ce mouvement était-il parfaitement ignoré dans le pays : on était trop bien isolé de tous les autres ; les progrès de la littérature et de la science ne pénétraient chez nous que fort lentement, goutte à goutte. C'était pourtant une des périodes les plus florissantes de notre Collège, du temps des Chanoines de Notre-Sauveur ; mais il est probable que selon le système d'alors, la part du lion était réservée pour le latin et la philosophie ; il restait peu de place pour l'étude de la langue maternelle, et rien ou presque rien pour l'instruction générale.

Si De Tillier connaissait peu les grands maîtres de la littérature française, il semble en revanche avoir beaucoup étudié les anciens ; mais quant à son style, il n'est d'aucune époque. Riche d'un matériel considérable, accumulé à force de patientes recherches, notre auteur ne semble avoir d'autre souci que d'en assurer la conservation ; il se hâte de l'entasser dans des phrases interminables, compliquées, hérissées de propositions incidentes, de particules conjonctives, d'éléments hétérogènes, parfois obscures, souvent incorrectes.

Ne pas toucher au fonds ; respecter autant que possible la forme ; mais en même temps, éliminer les obscurités, **les incorrections** et réduire la phrase à des **proportions** acceptables : tel a été le but que je me suis efforcé d'atteindre. Je n'ai épargné pour cela ni peines ni soins; mais l'opération était délicate; bien souvent, je me suis trouvé si embarrassé que le feuilleton d'une semaine m'a coûté de cinq à six heures de travail.

Je ne parle pas des nombreuses notes au bas des pages, qu'il m'a semblé utile d'ajouter, surtout au premier et au second volume. Quelques-unes, je les ai trouvées dans le manuscrit même, et je n'ai pas manqué de le déclarer fois par fois; les autres, je les ai glanées où j'ai pu; elles m'ont coûté, elles aussi, pas mal de recherches et de temps.

Notre meilleure histoire est aujourd'hui publiée; mais je déclare sans peine que je ne me fais aucune illusion sur le mérite de l'œuvre. Ces phrases découpées, refaçonnées souvent trop à la hâte à cause de mes nombreuses occupations, doivent forcément être lourdes et décousues.

Enfin, quoi qu'il en puisse être, à quelque chose d'utile pour mon pays je crois avoir abouti : *hoc erat in votis*.

Cependant, je n'ai pu résister à une petite satisfaction d'amour-propre : c'est de reproduire textuellement, orthographe, style et tout, à la suite de cette préface générale, la préface et l'intestation du manuscrit. Le lecteur pourra ainsi se faire une petite idée de la vraie façon de l'auteur. Je dis petite idée, car la préface n'a pas été écrite au courant de la plume, comme le reste; elle est étudiée, elle a des prétentions au style oratoire; la phrase est moins longue, moins enchevêtrée, moins incorrecte que partout ailleurs; en revanche, le lecteur est tout étonné de se trouver en présence d'une introduction qui rappelle à s'y méprendre le fameux commencement des *Promessi Sposi*: le bon De Tillier était, sans qu'il s'en doutât, un *seicentista!*

Mais il était surtout et avant tout homme de cœur et profondément *valdôtain;* ce qui veut dire autant qu'aujourd'hui *italien*, car pour lors, l'idée de patrie ne dépassait guère la limite d'une province.

Au temps où il écrivait, nos plus belles gloires, nos institutions les plus admirées étaient en pleine décadence. Il le constate avec tristesse, à plusieurs reprises. Les grands Seigneurs d'autrefois avaient disparu, où n'avaient laissé que des successeurs dégénérés, se chamaillant entre eux. Une nouvelle noblesse, noblesse d'argent, avait acheté à beaux deniers comptants le droit de prendre place sur les siéges des anciens pairs; mais elle n'avait pu acheter que ce qui se vend; elle n'avait hérité ni du patriotisme ni de la générosité des temps passés. Les fameuses Audiences Genérales avaient été abolies de fait depuis plus d'un siècle et demi. Les Etats Généraux n'étaient plus convoqués autrement que pour des demandes d'argent. Le Conseil des Commis restait seul debout, avec ses glorieuses traditions; mais il était miné lui aussi par l'apathie locale et par l'hostilité sourde ou déclarée du Gouvernement : ses jours étaient comptés.

Cette hostilité du Gouvernement n'a point épargné l'œuvre de notre historien. Lui mort, l'autorité s'alarma des sentiments patriotiques auxquels s'était inspiré l'auteur; elle y vit un danger. Le Procureur général Maistre écrivait en 1747 au Gouverneur du Duché : « *Le manuscrit de M. De Tillier, contenant l'histoire de la Vallée d'Aoste, est propre à fomenter l'esprit d'indépendance parmi ces populations. Il n'est donc pas convenable de le laisser lire, et pour cela, faites disparaître, le plus possible, toutes les copies de ce manuscrit.* »

L'ordre fut exécuté. C'est ce qui explique l'existence d'un grand nombre de ces copies aux Archives de Turin et leur rareté dans la Vallée.

Le manuscrit original de J.-B. De Tillier est aujourd'hui possédé par l'Académie des Sciences de Turin. Je dois à l'obligeance de M. le Baron Bollati de Saint-Pierre, de l'avoir eu en communication, pour le consulter dans les cas où notre copie me semblait douteuse.

Ce manuscrit, ainsi qu'il résulte d'une note d'Antoine-François De Tillier, petit-fils de l'auteur, était orné de vingt planches ou dessins. Il n'en reste plus que quatre : l'armoirie de la Maison de Savoie, celle du Duché, le Théâtre romain et le tombeau du Comte François de Challand. Les autres ont disparu, et c'est bien regrettable, car il y en avait qui devaient être fort intéressantes, comme le *Plan de la Ville Romaine*, le *Plan de la Cité d'Aoste avec ses faubourgs et ses environs en 1736*, les *Portes Prétoriennes*, etc.

La cause principale de la croisade organisée par le Gouvernement contre ce pauvre et innocent manuscrit, ce fut certainement l'ardeur avec laquelle il recherche et défend les droits, privilèges, franchises et institutions du Pays contre les attaques incessantes dont ils sont l'objet. Le courageux Secrétaire s'efforçait d'en faire ressortir la splendeur passée, comme si quelque chose eût été capable de réchauffer le patriotisme glacé et de relever d'une ligne les héritiers dégénérés des grands hommes d'autrefois !

Un grand bonheur de M. De Tillier, c'était de pouvoir répéter que sa chère Vallée d'Aoste ne faisait partie ni du Piémont ni de la Savoie; il l'appelait un *Etat intramontain*.

Vraiment, pour peu que nous considérions ces institutions spéciales dont notre généreux chroniste déplorait le déclin, nous sommes étonnés de leur importance, de leur extraordinaire durée, et nous sommes forcés d'admettre avec lui que la Vallée d'Aoste formait jadis un véritable petit Etat : elle avait son Parlement à elle, ses Coutumes, sa Cour des Connaissances, son Hôtel des Monnaies, sa petite armée; elle déterminait le nombre de ses soldats et le montant de ses donatifs; elle défendait sa frontière, traitait avec ses voisins, avec des puissances étrangères ; son Conseil des Commis avait une juridiction presque illimitée.

Avec tout cela et avec ses franchises, ses privilèges, ses neutralités, son grand commerce de transit, la Vallée d'Aoste dut être, pendant plusieurs siècles, un des pays les plus tranquilles et les plus heureux qu'il fût possible de voir.

Mais déjà au temps de De Tillier, ces beaux jours étaient finis et bien finis. Aoste *la Pucelle* avait été outragée par des invasions réitérées ; le charme séculaire qui l'avait protégée n'était plus ; le commerce avait cherché d'autres voies plus faciles et plus rapides ; ses privilèges, ses institutions et ses familles nobles s'en allaient à la dérive ; le vieil édifice croulait de toute part ; le nouveau Roi Charles-Emmanuel III n'avait plus même voulu renouveler le serment de ses ancêtres.

Après De Tillier, les choses ne marchèrent pas mieux : la guerre aux privilèges devint plus pressante ; le Gouvernement lui-même donnait le mot d'ordre. Puis un beau jour vint la grande Révolution Française, qui nivela tout d'un seul coup, et sans retour.

Aujourd'hui, tout cela n'est plus qu'un souvenir, un beau souvenir, si l'on veut, mais déjà lointain ; on peut l'étudier dans ses détails, en amateur, l'admirer en philosophe, voire même le regretter en poëte et l'appeler *le bon vieux temps;* mais l'expérience et notre intérêt même nous ont enseigné que la patrie s'étend bien au delà des confins de notre Vallée ; que ce n'est plus le temps des privilèges locaux ; que la civilisation moderne les a balayés partout ; que la rapidité et l'abondance des communications ont rendu indispensable la création des grands Etats ; que l'isolement, c'est la mort.

Le Duché d'Aoste n'est plus qu'un arrondissement du grand Royaume d'Italie ; mais ses nobles traditions ne sont pas mortes; ses fils ont brillé sur tous les champs de bataille de l'épopée italienne, et son plus beau titre de gloire, c'est et ce sera toujours d'être le plus ancien fleuron de la couronne de Savoie.

Prof. Sylvain LUCAT
**Secrétaire-chef de la Ville d'Aoste**

# TITRE ET PRÉFACE DU MANUSCRIT

## RECUEIL

CONTENANT DISSERTATION HISTORIQUE ET GÉOGRAPHIQUE

SUR LA VALLÉE ET DUCHÉ D'AOSTE AVEC

Une relation succinte des Changements des Domaines et autres Evénements particuliers qui y sont arrivés tant auparavant que depuis qu'il a fait adhérence de son Vasselage et de sa Fidélité à la maison Royale de Savoye sous les conditions convenues par les traités sur ce faits et réciproquement stipulés

Dans Lequel

On a encore inseré un détail du Gouvernement politique et œconomique tant ancien que moderne de ses privileges Ecclesiastiques et seculiers, franchises, exemptions, immunités, usages, Coutumes, Justices, fiefs, noblesse et plusieurs autres particularités curieuses et remarquables qui peuvent donner a ce petit Etat une place dans l'histoire

Le tout

Compilé et rangé suivant l'ordre des temps

Par

*N. J. B. D. T. D. S. P. E. S. D. E.*

*D. D. D.* (1)

MDCCXXXVIII

---

(1) Ce qui veut dire simplement :
*Noble Jean-Baptiste De Tillier Des Seigneurs Pairs Et Secrétaire Des Etats Du Duché D'Aoste.*

# PRÉFACE
## SOIT INTRODUCTION
### A L'HISTOIRE DU DUCHÉ D'AOSTE

ENTRE tant d'autheurs anciens, et modernes cosmographes qui ont si amplement écrit sur l'histoire, et fait la description geographique des empires, des royaumes, des republiques et des autres moindres dominations souveraines de l'univers, il y en a peu qui se soint donnés la peine d'employer leur plume, pour faire connoître, l'origine, les progres, les changements, et les différents états auxquels la vallée d'aoste a été assuiettie; n'y les autres particularités qui la concernent, et parmy ceux là, s'il y en à quelquesuns qui ayent daignés en faire mention, c'à été d'une maniere si concise, ou si succinte, qu'il semble que cette contrée, pour avoir été, comme elle l'est encore aujourd'huy située parmy des montagnes presque inaccessibles dont elle est environnée de touttes parts n'ait pas étée digne de leur attention, ou de meriter une plus grande place dans leurs écrits, quoi qu'ils se soint étudiés, avec beaucoup d'application, et de diligence, d'assembler les particularités de tant d'autres, beaucoup moins fameuses et mémorables.

Il est pourtant certain qu'a remonter dans les siècles les plus reculés, cette vallée a servi de passage le plus commun, aux armées les plus formidables des plus anciens heros de l'antiquité, qui ont cherchés a faire des conquetes, ou des etablissements, les uns dans les gaules, les autres dans l'italie, entre lesquelles régions, elle servoit presque de barriere, mais qui n'a cependant pas été impénétrable à leurs trouppes n'y à l'enormité des machines de guerre et de vivres avec lesquelles ils les fesoint suivre; il y en à de ceux là qui y ont laissés des monuments dignes d'une admiration assés grande, et d'autres des marques de leur cruauté, et de leur insigne barbarie pour en conserver la memoire a le postérité comme on le dira plus au long en son lieu.

La Vallée d'Aoste a été colonie des peuples Salasses, nation qui a tiré son origine des premiers hommes qui ont habité l'italie, ensuite elle l'a été des Romains qui apres avoir aneantis ses premiers habitants par les raisons qu'on rapportera plus amplement dans la suite, l'ont embellie de divers monuments de leur façon, et l'ont mise dans un Etat à pouvoir paroistre avec quelque distinction, a cause, sans doute des commodités qu'ils en retiroint par rapport à l'importance de ses passages et de la richesse de ses minières de différentes espèces de metaux.

Lors, de la division de ce grand, et puissant empire des Romains, elle est devenue membre de celluy d'occident sous la décadance duquel elle n'a pas été epargnée d'eprouver ces fatales vicissitudes, qu'entrainent ordinairement apres soy la chute des grandes monarchies; elle s'en est un peu relevée sous la domination des Rois de Bourgogne de la premiere race, et plus encore sous celle des Rois D'Orléans et de Bourgogne de la seconde race, qui étoint de la maison Royale de France, lesquels n'ont pas peu contribués a y retablir par leurs libéralités, le culte de la veritable Religion que la fureur des Guerres y avoit beaucoup derangé.

La même Vallée D'aoste a été conquise sur ceux cy, par les rois de la lumbardie, auxquels Charlesmagne ce puissant et invincible empereur des françois l'à ostée, pour la laisser comme une province dependante de ce grand empire, a ses successeurs; mais l'indolence d'un de ceux la, ayant tolleré qu'un des gouverneurs des principales provinces de sa vaste étendue, s'en fut rendu le maitre, et en eut disposé souverainement, elle fit alors partie de ce troisième Royaume de Bourgogne, ditte Transjurane, dont le dernier roy non moins foible et pusillanime que celuy sur qui son bisayeul Rodolphe premier l'avoit usurpée en fit cession conjointement avec les autres provinces à Conrad surnommé le Salique son parent, Empereur D'allemagne, par des raisons de convenance dont il n'etoit pas absolument le maitre de s'ecarter; les successeurs de celluy cy l'ayant abandonnée durant les guerres que Frederic et Henry de Suabe successivement empereurs s'étoint attirées et pendant les divisions qui regnerent ensuite entre les differents competiteurs qui pretendaient au dit empire, un peu avant le milieu du tresième siècle, la vallée D'aoste s'est par deux fois trouvée dans la nécessité de se mettre sous la protection des Comtes de Savoye leurs voisins de crainte de tomber sous la servitude de quelque autre puissant Seigneur Etranger qui s'en seroit rendu le maitre par force et contre leur gré; et si du depuis elle n'a pas fait le premier et principal fleuron de leur couronne, elle n'en a pas non plus été le moindre, mais a tenu un milieu entre ceux là, tant par rapport a ses tiltres qu'à son étendue et a sa situation entre les monts qui partagent leur Etat.

C'est ce que le compilateur de cet écrit à intention d'exposer plus au long par la suitte de ce discours, dans lequel il a tasché de donner aussi, une exacte description de la situation intérieure, des confins, et des passages de la ditte Vallée, de son Gouvernement politique et œconomique, tant ancien que moderne, de sa religion, de ses forces, de sa noblesse, de ses fiefs, de la manière dont la justice tant ecclesiastique que seculiere s'y exerce, et enfin de touttes les autres, antiquités, singularités, ou prerogatives, qui peuvent la rendre recommandable, et luy faire tenir un rang dans l'histoire des temps proportionné a son étendue, le tout fondé sur ce qu'en ont écrit de bons historiens tant anciens que modernes, dont les noms et les ouvrages sont cy apres marqués, ou leurs propres textes sont rapportés avec toutte la fidélité possible, sur des traditions probables qui s'y sont conservées, et sur les tiltres qu'on trouvera cittés dans la suite de ce même discours, sur tout depuis que la vallée D'aoste a fait adhérance de son vassallage a la maison Royale de Savoye, par des traittés faits; et reciproquement stipulés qui subsistent en leur entier;

Et si on à pris la liberté de contredire certains points essentiels que des historiens modernes ont rapportés touchant la susditte adherance sur le temoignage peût être du Sieur Samuel Guichenon, on supplie tres humblement les lecteurs d'être bien persuadés, que ce n'est point par un esprit de vanité bien moins encore de critique qui ne convient pas à son insuffisance, mais dans la seule vûe de chercher a donner un plus grand iour a des faits qui ont besoin d'etre devveloppés avec plus de detail, pour pouvoir desabuser ceux a qui il peut rester des preventions sur cette adherance, la veritable maniere dont elle s'est faite; pouvant les assurer avec une entiere certitude qu'il n'a rien mis du sien a ces contredits, et qu'il n'a fait que simplement rapporter avec fidelité et sans deguisement, ce que d'autres ecrivains precedants et même de postérieurs a ceux là, d'une reputation universellement reconnue, en ont dit, ce qui est porté par des anciennes pieces judiciellement vidimées, par des tiltres incontestables qu'ils n'ont sans doute pas veus, ou appuyé a des probabilités si sensibles qu'elles paroissent devoir aller de pair avec les ecritures les plus authentiques.

On soumet cependant le tout aux judicieuses et prudantes reflexions de ceux a qui il pourra reussir de faire des plus amples decouvertes des choses memorables qui pourront concerner l'histoire de la ditte vallée D'aoste; pendant les confusions, l'ignorance et les obscurités presque impenetrables qui ont règnés depuis le sixième, jusques à la fin du onsieme siecle et plus, ou qui pourront avoir des plus particulieres connoissances des faits arrivés du depuis. de ceux au moins qui ne seront pas soutenus par des tiltres, et de se conformer toujours a la verité lorsqu'on aura la bonté de la luy faire connoistre, dans les points et articles, ou il peut s'en être egaré, comme il est aisé d'arriver lors qu'il s'agit de verifier des faits survenus en des siècles aussi reculés. C'est ce que proteste et protestera toujours leur très humble et très obéissant serviteur compilateur du present recueil

DE TILLIER.

# NOMS
## DES AUTEURS QUI ONT SERVIS A LA COMPILATION DU PRÉSENT.

| | |
|---|---|
| Ammianus Marcellinus | hist. Lib. 15 |
| Alphoncius Delbene | lib. 2 fol. 52 |
| Blondus de lungobardis | lib. 3 |
| Caïus Plinius natur. | hist. lib. 3, Cap. 5, 16, 19 et 20 |
| Commentaria Julii Cesaris | lib. 3 |
| Dion Romanæ historiæ | lib. 3, 39, 49 et 53 |

Dictmar Chroniques de l'Empire
Duchêne André hist des Ducs et Comtes de Bourgogne

| | |
|---|---|
| Eutropius | lib. 3 Pag. 473 et lib. 7 |
| Franciscus ab Ecclesia | parte 1ª pag. 107, 111 et 112 |

Gaudentius Merula in descriptione Montisferrati
Julius obsequens de prodigiis Romanorum imperfectis

| | |
|---|---|
| Josias Simlerus in descrip: Vallesii | lib. 2 pag. 43 et alibi |

Jean Nostradamus en son hist. de Provence
Jean Le Maire Illustrations de la Gaule
Jean Bottero de Bene dans la 2ᵉ Part. des princes Chrétiens

| | |
|---|---|
| Lucius florius | lib. 21 |
| Lambertus Vandeburgensis | fol. 26 |

Luitprandus dans les livres de ce qui s'est passé de son temps en Europe.
Messalla Corvinus de progenio Oct. Aug. fol. 324
Nicolas Chorier hist. du Dauphiné.

| | |
|---|---|
| Paulus Jovius | lib. 15 |
| Polibius de motu affricano | lib. 3 pag. 203, 208 et 209 |
| Philippus Bergomensis Chronic | lib. 6, 11 et 12 |

Paradinus de antiquo Statu Burgundorum.
Paradin Chroniques de Savoye.
Philibert Pingon Aug: Taurinorum.
Pontus heuterus rerum Burgundicarum.
Polybius histor. a fol: 32: verso usque ad 36. Inclusive.
Raymondus Julianus in Comment: Julii Cæsaris
Raphaël Volateranus in Comment. lib. 3. 4. et 7

| | |
|---|---|
| Sallianus in analibus | Vol. 6: pag. 1059 |
| Sabellicus | hist. lib: 5 |
| Suetonius Comment: in Strabonem | lib. 2 |
| Strabonius Amasinus De situ orbis | lib. 4 |

Simphorien Champier Chroniques
 de France et de Savoye . . Chap. 93, 94, 96
Titus Livius lib. 1. decadis primæ fol. 8: 9: Imp: Venetiis An. 1521.
Mémoires du Seigneur Roux Favre, de nob. Antoine Vaudan et du
 Châtelain Mochety.

On a consulté les historiens de France et de Savoye les tiltres dec archives des Etats du Duché de la Citté et Bourg et de quelques communautés avec plusieurs autres pièces et tiltres particuliers de l'Eglise et de la Noblesse.

# TABLE ALPHABÉTIQUE

## A

|  | Vol. | Pag. |
|---|---|---|
| Abbaye de Saint-Maurice en Valais - Seigneurie de Greines | 3 | 23 |
| Adélaïde de Suse | 1 | 57 |
| — Qui elle eut pour époux | 1 | 70 |
| Administration de la Justice (V. *Justice*) | 4 | 83 |
| Agriculture | 2 | 33 |
| Aliénation des Domaines souverains | 4 | 9 |
| — — | 4 | 74 |
| Allemagne (Aoste à l'Empire d') | 1 | 77 |
| — — | 1 | 81 |
| Alpes Graïes — Petit-Saint-Bernard | 2 | 9 |
| Alpes Pennines — Grand-Saint-Bernard | 2 | 20 |
| Amé (Le Comte) | 1 | 57 |
| — et Pierre — Guerre en Val d'Aoste et dans le Chablais — 2ᵉ dédition (1230-1231) | 1 | 90 |
| — Vicaire perpétuel de l'Empire (1365) | 1 | 83 |
| — — — Révocation | 1 | 84 |
| Amé le Grand — Confirmation de la dédition (1296) | 1 | 99 |
| Amendes (Produit des) — Comment était destiné | 4 | 51 |
| Anciens Evêques à Saint-Ours | 2 | 79 |
| Anciens Seigneurs de Valdigne | 3 | 9 |
| — de Bard | 3 | 12 |
| — de Montjovet | 3 | 53 |
| — des Aymavilles | 3 | 73 |
| — de Rhins | 3 | 101 |
| — de Gignod | 3 | 129 |
| — de Bard et de Saint-Pierre | 3 | 135 |
| — de Courmayeur | 3 | 210 |
| — de Sarre et Chézallet | 3 | 220 |
| Ancienne justice | 4 | 83 |
| Anéroeste (V. *Salasses*) | 1 | 9 |
| Années froides | 2 | 32 |
| Annibal — Passage en Vallée d'Aoste (V. *Salasses*) | 1 | 10 |

| | | | |
|---|---|---|---|
| Antiquité des Audiences Générales | . . . . | 4 | 92 |
| Aoste — Sa fondation | . . . . | 1 | 31 |
| — Portes Prétoriennes | . . . . | 1 | 33 |
| — Porte Décumane | . . . . | 1 | 36 |
| — Théâtre et Amphithéâtre | . . . . | 1 | 37 |
| — Temple | . . . . | 1 | 38 |
| — Grenier militaire | . . . . | 1 | 39 |
| — Forum | . . . . | 1 | 39 |
| — Conduits d'eau potable | . . . . | 1 | 40 |
| — Tour du Bailliage | . . . . | 1 | 41 |
| — Remparts | . . . . | 1 | 42 |
| — Autres restes d'antiquité | . . . . | 1 | 43 |
| — Inscriptions et mausolées | . . . . | 1 | 44 |
| — Pont-de-pierre | . . . . | 1 | 45 |
| — à l'Empire d'Occident — Christianisme | . | 1 | 48 |
| — — — Invasions | . | 1 | 48 |
| — au 1er Royaume de Bourgogne | . . | 1 | 49 |
| — au 2e — | . . | 1 | 51 |
| — aux Longobards | . . . | 1 | 52 |
| — aux Carlovingiens | . . . | 1 | 54 |
| — aux Marquis d'Italie | . . . | 1 | 55 |
| — à Béranger Roi d'Italie | . . . | 1 | 55 |
| — aux Marquis de Monferrat | . . | 1 | 55 |
| — Du temps de Conrad le Salique - Humbert aux blanches mains | . . . . . | 1 | 56 |
| — du temps de Henri IV — Adélaïde de Suse — Le Comte Amé | . . . . . | 1 | 57 |
| — aux Marquis d'Ivrée | . . . . | 1 | 58 |
| — — Examen de cette opinion - Dédition d'Ivrée (1311) - Yblet de Challand (1295) - Seign. de Saint-Martin, Valpergue et Castellamonte | | 1 | 59 |
| — à la M. de Savoie - Guichenon - Réfutation | | 1 | 60 |
| — — — Echange entre le Cte Humbert et l'Evêq. Burcard | | 1 | 62 |
| — — — Donation de Derby par le C. Humbert | | 1 | 62 |
| — — — Supposition du Cte de Robilant | | 1 | 65 |

| | | | | |
|---|---|---|---|---|
| Aoste à la M. de Savoie - Guichenon - Autres arguments contraires | | | 1 | 69 |
| — | — | — Adélaïde de Suse - Qui elle eut pour époux . . | 1 | 70 |
| — | — | — Autre preuve de l'inexactitude de Guichenon | 1 | 75 |
| — | — | Le Prince Aymon . . | 1 | 76 |
| — à l'Empire d'Allemagne . . . . | | | 1 | 77 |
| — à la Bourgogne puis à l'Empire . . . | | | 1 | 78 |
| — au 3° Royaume de Bourgogne . . . | | | 1 | 78 |
| — | — | Rodolphe III - Ligue des Marquis de Suse et d'Ivrée - Ardouin en Vallée d'Aoste - Berold - La couronne et la lance de saint Maurice - Evêques d'Aoste et Comtes | 1 | 80 |
| — à l'Empire (1032) . . . . . | | | 1 | 81 |
| — retourne à l'Empire . . . . | | | 1 | 89 |
| — Investiture au Comte Pierre (1263) . . | | | 1 | 97 |
| — à la M. de Savoie — 1° dédition (1191) . | | | 1 | 87 |
| — | — | 2° dédition (1230-31) . | 1 | 90 |
| — | — | Date de la 2° dédition . | 1 | 94 |
| — | — | Dédition reconnue et confirmée (1253) . | 1 | 95 |
| — | — | — confirmée par Amé le Grand (1296) | 1 | 99 |
| — | — | — confirmée par Aymon (1337) . | 1 | 100 |
| — | — | — Valeur comme origine de la Souveraineté de la Maison de Savoie en Vallée d'Aoste | 1 | 101 |
| — | — | Confirmations successives | 1 | 101 |
| — | — | Document de l'an 1147 | 1 | 103 |
| — | — | Document de l'an 1191 | 1 | 103 |
| — | — | Les Valdôtains sont les auteurs de leur union | 1 | 110 |

Aoste à la M. de Maison — Inféodations appartenant à
l'Empire - Notaires impé-
riaux - Autorité impér. 1 113
— Domination de la Maison de Savoie . . 1 121
— Neutralités . . . . . . 1 121
— la Pucelle . . . . . . . 1 121
— envahie par les Français en 1691 (De la Hoguette)
— Otages . . . . . . 1 123
— envahie par les Français en 1704 (Vendôme et
De la Feuillade) . . . . . 1 128
— — — Prise de Bard
- Trahison du
Commandant
De Redding 1 129
— occupée par les Français (1704-1706) — Comte
de Carcado Gouverneur . . . . 1 129
— envahie par les Français en 1706 (De Vibraye)
— Menaces de pillage — Triste situation 1 131
— envahie par les les Français en 1708 (De Mauroye) 1 133
— Comté . . . . . . . 1 135
— Duché . . . . . . . 1 136
— — Armoirie — Situation — Etendue . . 2 5
— — Démembrement de Carême . . . 2 6
— — Confins . . . . . . 2 7
— — Démembrement du Haut-Valais . . 2 8
— — Vallées latérales (V. *Duché*) . . 2 9
— — Vicomté . . . . . . 2 43
Appels contre les sentences des Audiences Générales 4 93
— de la Cour des Connaissances 4 129
Appointements des Commis . . . . 4 56
Arc honoraire . . . . . . . 1 29
Archidiacre Dalbard — Inquisition . . . 2 148
Archidiacres d'Aoste . . . . . 2 68
Ardouin en Vallée d'Aoste . . . . 1 80
Armoiries du Duché . . . . . 2 5
Arnaz Seigneurie (V. *Vallaise*) . . . 3 86
Arnod — Seigneurie d'Introd . . . . 3 159
— — de Courmayeur . . . 3 216
Art salutaire — Connaissance du Conseil des Commis 4 44
Attaques contre les franchises et prérogatives de la
Vallée d'Aoste (Péages - Subsides - Sel - Grains et

vin - Peaux - Or et argent - Douane et *foglietta* -
Tabellion - Cuirs - Autres tentatives - Guerre aux
franchises - Collège recherché par le Gouvernement) 1 115
Augmentation des charges . . . . . 4 75
Avise Seigneurie . . . . . . . 3 164
— Maisons fortes de Rochefort, Planaval,
Montmayeur, La Mothe . . . 3 167
— Partage en quatre ressorts : Valgrisan-
che - Avise - Liverogne et Planaval
- Runaz . . . . . . . 3 170
— Subdivisions : De Lostan - Pascal - De
Blonay . . . . . . 3 170
— Ressort de la Seigneurie . . . . 3 170
Aymavilles Baronnie (V. *Challand*) . . . . 3 73
— Tentatives d'inquisition . . . . 2 144
Aymon (Le Prince) . . . . . . . 1 76
— Confirmation de la dédition (1337) 1 100
Aymonier — Seigneurie de Saint-Martin de Corléans 3 207

## B

Bailliage (Tour du) . . . . . . . 1 41
— Résidence des Baillifs . . 4 116
Baillifs (V. *Justice*) . . . . . . . 4 114
— et Gouverneurs . . . . . 4 118
Baldi (Frère Laotance) — Tentatives d'inquisition . 2 151
Barbaries à Challand — . . 2 146
Barbenare — . . 2 144
Bard — Ancienne famille . . . . . . 3 12
— — Souche des Seigneurs de
Pont-Saint-Martin . . 3 14
— — Souche des Seigneurs Sariod
et de Sarre . . . 3 15
— à la Couronne . . . . . . . 3 17
— Château et Forteresse . . . . . 3 10
— (Comte Nicolas de) Baron de Saint-Martin . 3 92
— Mandement Royal . . . . . . 3 10
— (Prise du fort de) en 1704 . . . . 1 129
Baronnie des Aymavilles . . . . . . 3 73
— de Chatelargent . . . . . 3 148
— de Chatillon . . . . . . 3 64
— de Fénis . . . . . . . 3 234
— de Gignod . . . . . . . 3 130

| | | |
|---|---|---|
| Baronnie de Montjovet | 3 | 60 |
| — de Vallaise | 3 | 89 |
| Bataille de Turin | 1 | 130 |
| Bellovèse | 1 | 8 |
| Bénédictins de Saint-Bening | 2 | 95 |
| Bénéfices de la Cathédrale | 2 | 78 |
| Béranger (Aoste à) | 1 | 55 |
| Bergère — Seigneurie de Cly | 3 | 121 |
| — — de Sarre | 3 | 227 |
| Bianco de Saint-Second — Seigneurie de Saint-Marcel | 3 | 198 |
| Biens du Clergé | 4 | 30 |
| Blandrata — Seigneurie de Chatelargent | 3 | 153 |
| Bosses Seigneurie | 3 | 186 |
| — (Seigneurs de) — Seigneurie de Rhins | 3 | 102 |
| Bourg des Rives (Chatillon) | 3 | 65 |
| Bourgeois (Citoyens et) d'Aoste — Conseil | 4 | 37 |
| Bourgogne (1er Royaume de) | 1 | 49 |
| — (2e Royaume de) | 1 | 51 |
| — (3e Royaume de) | 1 | 78 |
| Brissogne Seigneurie | 3 | 175 |
| — Seigneurs de Quart et Nus | 3 | 175 |
| — Maison de Montagny | 3 | 177 |
| — Genève-Lullin - De Corsinge | 3 | 179 |
| — De Tollen - Gal - Passerin - Carrel - Mistralis - De Lostan - Roncas - Rapet - Ferrod | 3 | 180 |
| Bruiset — Seigneurie de Champorcher | 3 | 199 |
| Brunel — Seigneurie d'Introd | 3 | 159 |
| Burcard (Evêque) — Echange avec le Comte Humbert | 1 | 62 |
| Bureaux de Charité | 2 | 49 |
| Buthier — Ses ravages | 2 | 28 |

## C

| | | |
|---|---|---|
| Cadastre des Focages | 4 | 72 |
| Calvin | 2 | 125 |
| Capucins d'Aoste | 2 | 114 |
| — de Chatillon | 3 | 70 |
| — de Morgex | 3 | 6 |
| Carcado (Comte de) Gouverneur d'Aoste — Occupation française de 1704 à 1706 | 1 | 129 |
| Carême (Démembrement de) | 2 | 6 |

| | | |
|---|---|---|
| Carlovingiens (Aoste aux) . . . . . | 1 | 54 |
| Carrel — Seigneurie de Brissogne . . . . | 3 | 180 |
| Castellamonte (Seigneurs de) . . . . . | 1 | 59 |
| Castellar — Seigneurie de Fénis . . . . | 3 | 235 |
| Cathédrale — Description — Mausolées — Reliques (V. *Ville*) . . . . . . . . . | 2 | 64 |
| Causes des incertitudes et des contradictions des écrivains | 1 | 86 |
| — traitées aux Audiences Générales . . . | 4 | 111 |
| Cavalcades . . . . . . . . | 4 | 11 |
| Challand (Famille de) . . . . . . | 2 | 41 |
| — — Vicomté d'Aoste . . . . | 2 | 43 |
| — Seigneurie . . . . . . . | 3 | 22 |
| — — Greines Seigneurie — Abbaye de Saint-Maurice . . . | 3 | 23 |
| — — Verrès Seigneurie . . . . | 3 | 25 |
| — — — Prévôté de Saint-Gilles . | 3 | 26 |
| — — — (Tour de) . . . | 3 | 36 |
| — — Issogne — Mense épiscopale . | 3 | 39 |
| — — Gressoney . . . . | 3 | 42 |
| — — Challand érigé en Comté . | 3 | 42 |
| — — Comté de Challand à des Seign. étrangers (Madrus, Lenoncourt) — Procès — Revendication | 3 | 49 |
| — — Montjovet Seigneurie — Anciennes Maisons - Challant-La Couronne | 3 | 53 |
| — — Montjovet Seigneurie — Démembrement de Saint-Vincent et Champdepraz . . . | 3 | 58 |
| — — Montjovet Seigneurie — Démembrement d'Emarèse . . | 3 | 60 |
| — — Montjovet Baronnie puis Comté | 3 | 60 |
| — — — Forteresse . . | 3 | 62 |
| — — — (Route de) . . | 3 | 63 |
| — — Chatillon Baronnie . . . | 3 | 64 |
| — — Ussel Seigneurie . . . | 3 | 70 |
| — — Aymavilles Baronnie . . | 3 | 73 |
| — — — Anciennes Maisons | 3 | 73 |
| — — — Challand . . . | 3 | 75 |
| — — — Notes postérieures | 3 | 79 |
| — — Cly Seigneurie (V. *Cly*) . . | 3 | 118 |
| — — Saint-Marcel Seign$^{ie}$ (V. *S$^t$-Marcel*) | 3 | 196 |

| | | |
|---|---|---|
| Challand Seigneurie — Fénis Seigneurie (V. *Fénis*) | 3 | 232 |
| — (Inquisition à) en 1581 | 2 | 146 |
| Chambave Prieuré | 3 | 124 |
| Champdepraz démembré de Montjovet | 3 | 58 |
| Champorcher Seigneurie — Démembré de Bard | 3 | 199 |
| — — Maison Bruiset | 3 | 199 |
| — — Château | 3 | 199 |
| — — Maison Freydoz | 3 | 200 |
| — (Vallée de) | 2 | 16 |
| Chanoines de N. S. au Collège | 2 | 100 |
| Chanoinesses de Sainte-Catherine | 2 | 105 |
| Chapelles de la Collégiale | 2 | 89 |
| Chapitre de la Cathédrale (V. *Ville*) | 2 | 67 |
| Chapitres de la Cathédr. et de St-Ours Seign. de Derby | 3 | 192 |
| Charges du chapitre | 2 | 73 |
| — (Augmentation des) | 4 | 75 |
| Charles-Emmanuel III — Refus de jurer les franchises | 1 | 121 |
| Charité (Bureau de) | 2 | 49 |
| Château d'Arnad | 3 | 88 |
| — d'Arvier | 3 | 167 |
| — d'Avise | 3 | 172 |
| — des Aymavilles | 3 | 78 |
| — de Bard | 3 | 10 |
| — de Brissogne | 3 | 181 |
| — de Champorcher | 3 | 199 |
| — de Cly | 3 | 125 |
| — des Rives (Chatillon) | 3 | 65 |
| — de Fénis | 3 | 233 |
| — de Greines | 3 | 25 |
| — d'Introd | 3 | 159 |
| — d'Issogne | 3 | 41 |
| — de Montjovet | 3 | 60 |
| — de Nus | 3 | 98 |
| — de Pont-Saint-Martin | 3 | 91 |
| — de Quart | 3 | 114 |
| — de Saint-Pierre | 3 | 152 |
| — — (Sariod de La Tour) | 3 | 155 |
| — de Sarre | 3 | 229 |
| — d'Ussel | 3 | 71 |
| — de Verrès | 3 | 36 |
| — de Villeneuve (Chatelargent) | 3 | 149 |

| | | | |
|---|---|---|---|
| Chatelargent Seigneurie | | 3 | 135 |
| — Anciennes Maisons de Bard et de Saint-Pierre | | 3 | 135 |
| — Villeneuve | | 3 | 139 |
| — Sariod | | 3 | 140 |
| — Saint-Pierre - Gontar - Vuillet | | 3 | 142 |
| — Baronnie | | 3 | 148 |
| — Château | | 3 | 149 |
| — Roncas puis Blandrata | | 3 | 151 |
| — Château de Saint-Pierre | | 3 | 152 |
| — Prieuré de Saint-Jacquême | | 3 | 154 |
| — Sariod de la Tour | | 3 | 154 |
| — Sariod d'Introd | | 3 | 157 |
| — — Démembrement : Roncas - D'Oncieux - De la Tour - De Pléoz - Brunel - Arnod | | 3 | 159 |
| Chatillon — Seigneurie puis Baronnie | | 3 | 64 |
| Chezallet (V. *Sarre*) | | 3 | 220 |
| Chillon (Siège du Château de) | | 1 | 96 |
| Christianisme en Vallée d'Aoste | | 1 | 48 |
| Chronologie des Syndics d'Aoste | | 2 | 157 |
| Citoyens et Bourgeois d'Aoste (Conseil des) | | 4 | 37 |
| Clergé (Biens du) | | 4 | 30 |
| — (Dons du) | | 4 | 35 |
| Climat de la Vallée | | 2 | 32 |
| — de la Basse Vallée (Doux) | | 3 | 205 |
| Cly Seigneurie — Challand | | 3 | 118 |
| — Couronne | | 3 | 121 |
| — Moralès - Fabri - Roncas - Bergère | | 3 | 121 |
| — Prieuré de Chambave | | 3 | 124 |
| — Château | | 3 | 125 |
| Coardo — Seigneurie de Quart | | 3 | 113 |
| Cogne — Minières — Passages | | 2 | 15 |
| — Seigneurie de la Mense épiscopale | | 3 | 20 |
| Collège de Saint-Bening (V. *Ville*) | | 2 | 94 |
| — recherché par le Gouvernement | | 1 | 119 |
| Collégiale de Saint-François | | 2 | 90 |
| — de Saint-Ours | | 2 | 79 |
| Comballes (Lac de) | | 2 | 27 |

| | | |
|---|---|---|
| Commis au Conseil des Citoyens et Bourgeois | 4 | 38 |
| — (Conseil des) (V. *Conseil*) | 4 | 38 |
| Commissions extraordinaires de Justice | 4 | 130 |
| Composition du Tribunal des Audiences Générales | 4 | 95 |
| Comté d'Aoste | 1 | 135 |
| — de Bard | 3 | 92 |
| — de Challant à des Seigneurs étrangers | 3 | 49 |
| — de Montjovet | 3 | 60 |
| Concile de Trente | 2 | 124 |
| Conduits d'eau potable | 1 | 40 |
| Confins du Duché | 2 | 7 |
| Cofraternité de la Miséricorde | 2 | 115 |
| Confréries de la Cathédrale | 2 | 78 |
| — de la Collégiale de Saint-Ours | 2 | 89 |
| — — de Saint-François | 2 | 91 |
| Congolitan | 1 | 9 |
| Connaissance du Conseil des Commis (V. *Conseil des C.*) | 4 | 43 |
| — (Première) des Causes | 4 | 113 |
| — des Vibaillifs | 4 | 121 |
| Connaissances (Cour des) | 4 | 125 |
| Conrad le Salique (Aoste au temps de) | 1 | 56 |
| Conseil d'Aoste | 2 | 58 |
| — des Citoyens et Bourgeois — Son importance | 4 | 37 |
| — — Création des Com. | 4 | 38 |
| — des Commis | 4 | 38 |
| — Nombre de ses membres | 4 | 40 |
| — Importance | 4 | 40 |
| — Attributions réservées au Conseil Général — Donatifs | 4 | 41 |
| — Nombre de ses membres | 4 | 42 |
| — Dépendance directe des Souverains | 4 | 42 |
| — Connaissances | 4 | 43 |
| — — militaires | 4 | 43 |
| — — Art salutaire | 4 | 44 |
| — — Tailles | 4 | 44 |
| — — Trésorier | 4 | 44 |
| — — Sel | 4 | 45 |
| — — Monnaie | 4 | 45 |
| — — Dace de Suse et Traite | 4 | 45 |
| — — Remparts | 4 | 46 |
| — — Excès de péage | 4 | 46 |

| | | | |
|---|---|---|---|
| Conseil des Commis - Connaissances - Voirie | | 4 | 46 |
| — — Entérinements | | 4 | 47 |
| — Juridiction — Son étendue | | 4 | 47 |
| — — menacée | | 4 | 48 |
| — Prééminence | | 4 | 50 |
| — Sentences et ordonnances exécutoires nonobstant appels | | 4 | 51 |
| — Produit des Amendes | | 4 | 51 |
| — Jours des séances | | 4 | 54 |
| — Où se tenaient les Séances | | 4 | 54 |
| — Ordre des Séances | | 4 | 55 |
| — Qui présidait | | 4 | 56 |
| — Honoraires et appointements | | 4 | 56 |
| — Election | | 4 | 58 |
| — Serment | | 4 | 58 |
| — Evêq. et Syndics d'Aoste Com.-nés | | 4 | 59 |
| — Prétention des quatre familles | | 4 | 59 |
| — Corps de magistrature | | 4 | 59 |
| — Uniforme | | 4 | 60 |
| — Place d'honneur | | 4 | 60 |
| — Décadence | | 4 | 62 |
| — d'Etat (Le Conseil des Commis est Magistrat et) | | 4 | 59 |
| — Général (V. *Trois Etats*) | | 4 | 29 |
| — — (Attributions réservées au) | | 4 | 41 |
| Conseils de Justice puis Sénats | | 4 | 94 |
| Contestations entre les Archidiacres et les Prévôts | | 2 | 68 |
| — entre la Justice ecclésiastique et la sécul. | | 4 | 133 |
| Coppingen (Le Duc de) | | 1 | 96 |
| Cordèle | | 1 | 7 |
| Courmayeur — Minières, passages, sources | | 2 | 11 |
| — Désastre de Val Ferrex (1717) | | 2 | 12 |
| — Seigneurie - Maisons anciennes - De Curia Majori - La Court | | 3 | 210 |
| — — D'Entrèves - Sariod d'Introd | | 3 | 212 |
| — — De Pucey - Roux - Roncas - Valpergue | | 3 | 213 |
| — — D'Oncieux - Persod - Passerin - Arnod | | 3 | 216 |
| Couronne (Bard passe à la) | | 3 | 17 |
| — (Montjovet passe à la) | | 3 | 53 |
| — (Cly passe à la) | | 3 | 121 |

| | | |
|---|---|---|
| Couronne (Quart passe à la) . . . . . | 3 | 112 |
| — et lance de saint Maurice . . . | 1 | 80 |
| Coutumes d'Aoste . . . . . . . | 4 | 131 |
| — (Reconnaissance des) aux Audiences Général. | 4 | 108 |
| Coutumiers, soit 3ᵉ ordre des Audiences Générales | 4 | 101 |
| Crédit des Baillifs . . . . . . | 4 | 116 |
| Cuirs - Tentative d'imposition . . . . | 1 | 118 |

## D

| | | |
|---|---|---|
| Dace de Suse . . . . . . . . | 4 | 23 |
| — Connaissance du Conseil des Commis | 4 | 45 |
| Dalbard archidiacre - Inquisition . . . . | 2 | 148 |
| De Balbis - Seigneurie de Quart . . . . | 3 | 113 |
| De Blonay — d'Avise . . . . | 3 | 170 |
| Décadence du Conseil des Commis . . . | 4 | 62 |
| — de la Noblesse . . . . . | 2 | 39 |
| — des Pairs . . . . . . | 4 | 100 |
| — des prérogatives des Syndics en fait de justice | 4 | 124 |
| — du patriotisme . . . . . | 4 | 35 |
| De Corsinge — Seigneurie de Brissogne . . . | 3 | 179 |
| De Cré — d'Emarèse . . . | 3 | 194 |
| — — de St-Martin de Corléans | 3 | 207 |
| De Curia Majori — de Courmayeur . . | 3 | 210 |
| Dédition (Première) 1191 . . . . . . | 1 | 87 |
| — (Seconde) 1230-31 . . . . | 1 | 90 |
| — — Date . . . . . | 1 | 94 |
| — reconnue et confirmée (1253) . . | 1 | 95 |
| — confirmée par Amé le Grand (1296) . | 1 | 99 |
| — — par le Comte Aymon (1337) . | 1 | 100 |
| — Valeur réelle comme origine de la Souveraineté de la M. de Savoie en Vallée d'Aoste | 1 | 101 |
| — Confirmations successives . . . . | 1 | 111 |
| D'Entrèves - Seigneurie de Courmayeur . . . | 3 | 213 |
| De Leschaux — de Sarre . . . . | 3 | 225 |
| De Lostan — d'Avise . . . . | 3 | 170 |
| — — de Brissogne . . . . | 3 | 130 |
| Dépendance directe du Souverain (Conseil des Commis) | 4 | 42 |
| De Pléoz - Seigneurie d'Introd . . . . | 3 | 159 |
| De Porta Sancti Ursi - Seigneurie de Quart . . | 3 | 105 |
| De Pucey - Seigneurie de Courmayeur . . . | 3 | 213 |
| Derby - Donation du Cᵗᵉ Humbert . . . | 1 | 62 |

Derby - Donation du Comte Humbert - Supposition du C$^{te}$ de Robilant . . 1 65
— Seigneurie des Chapitres . . . . 3 192
De Tollen — de Brissogne . . . . 3 180
Dignités du Chapitre . . . . . 2 68
Document de l'an 1147 . . . . . 1 103
— — 1191 . . . . . 1 105
Doire - Ses affluents - Nom de Doire Baltée . . 2 25
Domaine des 1$^{rs}$ Souverains . . . . 4 7
— — Augmentations successives 4 9
— — Aliénations — 4 9
— — — — 4 74
Domination de la Maison de Savoie en Vallée d'Aoste 1 121
Donatifs - Attribution réservée au Conseil Général 4 41
— Répartition par focages . . . . 4 73
— et impositions - Qui en détermine la mesure 4 77
D'Oncieux - Seigneurie d'Introd . . . . 3 159
— — de Saint-Martin de Corléans 3 207
— — de Courmayeur . . . 3 216
Donnas Seigneurie - Maison Henrielly - Doux climat 3 205
Dons du clergé et de la noblesse (Trois Etats) . 4 35
Douane . . . . . . . . 4 22
— Tentatives d'introduction . . . . 1 117
— Dace de Suse . . . . . . 4 23
— Exemptions . . . . . . 4 23
— Porte de la Bardesa . . . . . 4 24
— Péage de Borgofranco . . . . 4 24
Doues Seigneurie - Maison La Crête . . . 3 128
Droits des Baillifs . . . . . . 4 115
Duché . . . . . . . . 1 136
— Armoiries . . . . . . . . 2 5
— Situation . . . . . . . 2 5
— Etendue . . . . . . . . 2 5
— — Démembrement de Carême . . 2 6
— Confins . . . . . . . 2 7
— — Démembrement du Haut Valais . 2 8
— Vallées latérales . . . . . . 2 9
— — Valdigne . . . 2 9
— — La Thuile - Alpes Graïes - Petit-Saint-Bernard . 2 9
— — Courmayeur - Minières - Pas-

|  |  |  | | |
|---|---|---|---|---|
| | | sages - Sources | 2 | 11 |
| Duché - Vallées latérales - Courmayeur - Désastre de Val Ferrex | | | 2 | 12 |
| — | — | Valgrisanche | 2 | 14 |
| — | — | Val des Rhêmes | 2 | 15 |
| — | — | Valsavaranche | 2 | 15 |
| — | — | Cogne - Minières | 2 | 15 |
| — | — | Champorcher | 2 | 16 |
| — | — | Vallaise | 2 | 17 |
| — | — | Greines | 2 | 17 |
| — | — | Valtornenche | 2 | 18 |
| — | — | Valpelline - Minières | 2 | 18 |
| — | — | Gignod - Etroubles et St-Rhemy | 2 | 19 |
| — | — | — Alpes Pennines - Grand-Saint-Bernard - Prévôts de Montjoux | 2 | 20 |
| — | Rivières et torrents - Doire | | 2 | 25 |
| — | — | Branches de La Thuile - Lac du Ruitor | 2 | 26 |
| — | — | Branches de Courmayeur - Lac de Comballes | 2 | 27 |
| — | — | Doire Baltée | 2 | 27 |
| — | — | Buthier - Ses ravages | 2 | 28 |
| — | — | Autres torrents - Ruisseaux | 2 | 30 |
| — | Population - Pourquoi diminuée - Mœurs | | 2 | 30 |
| — | Climat - Années froides | | 2 | 32 |
| — | Agriculture | | 2 | 33 |
| — | Gattes | | 2 | 34 |
| — | Productions | | 2 | 35 |
| — | Emigration | | 2 | 37 |
| — | Ruisseaux - Ru Prévôt | | 2 | 38 |
| — | Noblesse - Ancien lustre - Décadence | | 2 | 39 |
| — | — Famille de Challand | | 2 | 41 |
| — | — Vicomté d'Aoste | | 2 | 43 |
| — | Bureaux de Charité | | 2 | 49 |
| — | Ordres militaires | | 2 | 119 |
| — | Péages | | 4 | 25 |
| Ducretton - Baron de Saint-Martin | | | 3 | 92 |
| Duels | | | 4 | 111 |
| Durée en charge des Vibaillifs | | | 4 | 123 |

## E

| | | | |
|---|---|---|---|
| Eau potable (Conduits anciens d') | | 1 | 40 |
| Eaux publiques | | 2 | 57 |
| Edifices d'Aoste | | 2 | 57 |
| Eglise — Privilèges | | 2 | 120 |
| — Rite spécial - Luttes pour le conserver | | 2 | 121 |
| — Aoste jouit des privilèges de France et d'Italie | | 2 | 122 |
| — Concile de Trente | | 2 | 124 |
| — Religion - Plocéan - Calvin | | 2 | 125 |
| Eglise - Juridiction religieuse | | 2 | 129 |
| — Evêques | | 2 | 131 |
| — — Vacances | | 2 | 132 |
| — — Dépendance | | 2 | 133 |
| — — Election | | 2 | 133 |
| — — Revenus | | 2 | 135 |
| — — Titre de Comtes | | 2 | 135 |
| — Paroisses du Diocèse | | 2 | 138 |
| — Inquisition (V. *Inquisition*) | | 2 | 143 |
| Election des Commis | | 4 | 58 |
| Emarèse Seigneurie - Roncas - De Cré | | 3 | 194 |
| — Recherche d'or | | 3 | 195 |
| — Démembrement de Montjovet | | 3 | 60 |
| Emigration des Valdôtains | | 2 | 37 |
| Empereurs (Justice sous les) | | 4 | 83 |
| Empire d'Allemagne (Aoste à l') | | 1 | 77 |
| — | | 1 | 78 |
| — | | 1 | 81 |
| — | | 1 | 89 |
| Empire d'Occident (Aoste à l') | | 1 | 48 |
| Enterinements | | 4 | 26 |
| — Connaissance du Conseil des Commis | | 4 | 47 |
| Entrée des Souverains dans la Cité | | 4 | 105 |
| Etats du Duché (V. *Trois Etats*) | | 4 | 29 |
| Etat (La Vallée d'Aoste est un) | | 4 | 61 |
| Etendue du Duché - Carême démembrée | | 2 | 5 |
| Etendue de la juridiction du Conseil des Commis | | 4 | 77 |
| Etroubles | | 3 | 128 |
| — Foires et Marchés | | 2 | 19 |
| Evêques d'Aoste (V *Eglise*) | | 2 | 131 |
| — anciens à Saint-Ours | | 1 | 80 |
| — et Comtes | | 1 | 80 |

| | | |
|---|---|---|
| Evêques Seigneurs de Rhins | 3 | 101 |
| — d'Aoste - Commis-nés | 4 | 59 |
| Excès de péage - Connaissance du Conseil des Com. | 4 | 46 |
| Exemptions de douane | 4 | 23 |

# F

| | | |
|---|---|---|
| Fabri - Seigneurie de Cly | 3 | 121 |
| Femmes exclues de la parité | 4 | 111 |
| Fénis Seigneurie - Challand | 3 | 232 |
| — Château | 3 | 233 |
| — Baronnie - Minières | 3 | 234 |
| — Vendu au Comte de Castellar | 3 | 235 |
| Ferrod - Seigneurie de Brissogne | 3 | 180 |
| — de Sarre | 3 | 227 |
| Feuillade (Duc de la) | 1 | 128 |
| Fidélité lige au Souverain | 4 | 108 |
| Fiefs (Reconnaissance des) | 4 | 108 |
| Focages - Origine | 4 | 65 |
| — Révisions | 4 | 68 |
| — Cadastres | 4 | 72 |
| — Donatifs | 4 | 73 |
| — Aliénation des Domaines souverains | 4 | 74 |
| — Augmentation des charges | 4 | 75 |
| — Péréquation projetée | 4 | 75 |
| Foglietta - (Tentative d'imposition) | 1 | 119 |
| Foires d'Aoste | 2 | 58 |
| Fondation d'Aoste | 1 | 31 |
| Foraine (Traite) - Connaissance du Conseil des Com. | 4 | 45 |
| Fornet Seigneurie - Pascal et Passerin | 3 | 218 |
| Forteresses du Duché | 4 | 79 |
| — — Montjovet | 3 | 62 |
| — — Bard | 3 | 10 |
| Forum | 1 | 39 |
| Français - Invasion de 1691 (De la Hoguette) - Otages | 1 | 123 |
| — Invas. de 1704 (Vendôme et De la Feuillade) | 1 | 128 |
| — Occupation de la Vallée d'Aoste (1704-1706) - Carcado Gouverneur | 1 | 129 |
| — Invasion de 1706 (Vibraye) - Menaces de pillage - Triste situation | 1 | 131 |
| — Invasion de 1708 (Mauroye) | 1 | 133 |

## G

| | | |
|---|---|---|
| Gabelle | 4 | 20 |
| — du sel | 4 | 20 |
| Gal - Seigneurie de Brissogne | 3 | 180 |
| Garin — de Rhins | 3 | 102 |
| Gattes (Invasion des) | 2 | 34 |
| Genève-Lullin - Seigneurie de Brissogne | 3 | 179 |
| Gignod - Etroubles - Saint-Rhemy - Passages | 2 | 19 |
| — Alpes Pennines - Grand-Saint-Bernard - Prévôts de Montjoux | 2 | 20 |
| — Seigneurie | 3 | 127 |
| — — Anciens Seigneurs - Sires de Quart | 3 | 127 |
| — — Etroubles - Saint-Oyen - Saint-Rhemy | 3 | 128 |
| — — Doues Seigneurie - La Crête | 3 | 128 |
| — — Baronnie - La Crête | 3 | 130 |
| — — Pallavesin | 3 | 133 |
| Gippa — d'Hône | 3 | 202 |
| Gontar — de Saint-Pierre | 3 | 142 |
| Gouvernement et son union | 4 | 27 |
| — du Duché | 4 | 78 |
| Gouverneurs (Ce qu'ils perçoivent) | 4 | 80 |
| — et Baillifs | 4 | 118 |
| Graies (Alpes) | 2 | 9 |
| Grains et Vins - (Tentative d'imposition) | 2 | 116 |
| Greines (Vallée de) - Minières - Passages | 2 | 17 |
| — Seigneurie - (V. *Challand*) | 3 | 23 |
| Grenier militaire | 1 | 39 |
| Gressoney Seigneurie - (V. *Challand*) | 3 | 42 |
| Gromis Evêque - Inquisition à Challand | 2 | 146 |
| Guerre en Vallée d'Aoste et en Chablais | 1 | 90 |
| — de la succession d'Espagne | 1 | 127 |
| Guerres entre Seigneurs | 4 | 84 |
| Guichenon - Opinion - Réfutation (V. *Aoste*) | 1 | 60 |

## H

| | | |
|---|---|---|
| Haut Valais - Démembrement | 2 | 8 |
| Henri IV (Aoste aux temps de l'Empereur) | 1 | 57 |
| Henrielly - Seigneurie de Doues | 3 | 205 |
| Hoguette (Marquis De la) - Invasion de 1691 | 1 | 123 |
| Hône et Vert Seigneurie - Morelli - Gippa | 3 | 202 |
| Honoraires des Commis | 4 | 56 |

| | | |
|---|---|---|
| Hôpital Mauricien - Fondation | 2 | 104 |
| Hôpitaux (V. *Ville*) | 2 | 116 |
| Hospice de Charité | 2 | 116 |
| Humbert (Le Comte) | 1 | 82 |
| — aux Blanches Mains | 1 | 56 |
| — Echange avec l'Evêque Burcard | 1 | 62 |
| — Donation de Derby aux Chapitres | 1 | 62 |

## I — J

| | | |
|---|---|---|
| Impairs, soit 2ᵉ ordre des Audiences | 4 | 101 |
| Importance du Conseil des Commis | 4 | 40 |
| Impositions et Donatifs - Qui en détermine la mesure | 4 | 77 |
| Incertitudes et contradictions des Ecrivains (Cause des) | 1 | 86 |
| Inféodations appartenant à l'Empire | 1 | 113 |
| Inquisition | 2 | 143 |
| — Premières tentatives à Aymavilles, jusqu'en 1499 | 2 | 144 |
| — Autres tentatives (1515-1580) - Le Duc Charles-Aoste sans inquisition au temps de Calvin | 2 | 145 |
| — Evêque Gromis - Barbaries à Challand - Emotion (1581) | 4 | 146 |
| — Archidiacre Dalbard - Violences - Alarme (1588-1597) | 2 | 148 |
| — Frère Lactance Baldi (1601-1603) | 2 | 151 |
| — Frère Cornelius Priatonus (1604) | 2 | 152 |
| — Barbenare (1614) | 2 | 154 |
| — Lettre du Nonce - Marcobetto | 2 | 155 |
| — Conclusion | 2 | 156 |
| — Propriétaire du Prieuré de Nus | 3 | 94 |
| Inscriptions | 1 | 44 |
| Insubres (V. *Salasses*) | 1 | 9 |
| Introd Seigneurie | 3 | 157 |
| Invasions des Barbares | 1 | 48 |
| — des Français en 1691 (De la Hoguette) - Otages | 1 | 123 |
| — — en 1704 (Vendôme et De la Feuillade) | 1 | 128 |
| — — — Prise de Bard - Trahison du Commandant De Redding - Occupat. | 1 | 129 |

| | | | |
|---|---|---|---|
| Invasion des Français en 1706 (Vibraye) - Menaces de pillage - Triste situation | | 1 | 131 |
| —           —           1708 (Mauroye) | | 1 | 133 |
| Investiture d'Aoste | | 1 | 97 |
| Issogne Seigneurie (V. *Challand*) | | 3 | 39 |
| Ivrée (Dédition d') en 1311 | | 1 | 59 |

| | | | |
|---|---|---|---|
| Jour des Séances du Conseil des Commis | | 4 | 54 |
| Juges de la Cour des Connaissances | | 4 | 128 |
| Juridiction religieuse | | 2 | 129 |
| — du Conseil des Commis - Son étendue | | 4 | 47 |
| — — menacée | | 4 | 48 |
| Justice (Admin. de la) - Justice ancienne | | 4 | 83 |
| — — sous Rodolphe III et les Empereurs | | 4 | 83 |
| — Guerres entre Seigneurs | | 4 | 84 |
| — Oppressions des peuples - Rivalités entre Seigneurs | | 4 | 85 |
| — sous la Maison de Savoie | | 4 | 87 |
| — (Officiers de) | | 4 | 88 |
| — (Règlements de) | | 4 | 88 |
| — Prérogatives du Duché | | 4 | 89 |
| — Audiences Génér. - Antiquité | | 4 | 92 |
| — — Tribunal suprême du Duché | | 4 | 93 |
| — — Appels | | 4 | 93 |
| — — Conseils de Justice puis Sénats | | 4 | 94 |
| — — Composition du Tribunal | | 4 | 95 |
| — — Pairs - Importance | | 4 | 95 |
| — — — Privilèges | | 4 | 96 |
| — — — nouveaux | | 4 | 98 |
| — — — décadence | | 4 | 100 |
| — — Impairs | | 4 | 101 |
| — — Coutumiers | | 4 | 101 |
| — — Quand se tenaient | | 4 | 101 |
| — — Venue des Souv. | | 4 | 103 |
| — — Prise de possession en 1430 | | 4 | 104 |

Justice (Admin. de la) - Audiences Génér. - Arrivée du
— — Souver. à Morgex 4 105
— — Entrée du Souver. dans la Cité . 4 105
— — Serment du Souver. 4 106
— — Ouverture, lieu, ordre . . 4 106
— — Serment du Trib. 4 108
— — Reconnaissance des fiefs . . 4 108
— — Reconnaissance de diverses coutumes particulières (Fidélité lige - Femmes exclues de la parité - Prisonniers - Duels etc.) 4 108
— — Causes traitées - Procédures . 4 111
— — Suppression . 4 112
— Première Connaissance . 4 113
— Baillifs - Leur office . 4 114
— — Leurs droits . 4 115
— — Leur crédit . . 4 116
— — Habitaient à la Tour du Bailliage . 4 116
— — et Gouverneurs . 4 118
— Vibaillifs . . . . 4 119
— — Ce qu'on leur donne 4 120
— — Leur connaissance 4 121
— — Durée en charge 4 123
— Procureurs fiscaux . . 4 123
— Prérogativ. des Syndics d'Aoste - Décadence . . . 4 124
— Pouvoirs des Seign. Justiciers 4 125
— Cour des Connaissances . 4 125
— — Quand et où se réunissait . 4 126
— — Sièges de Justice 4 126
— — Nombre des Juges 4 128
— — Appels . 4 129

| | | | |
|---|---|---|---|
| Justice (Admin. de la) - Commissions extraordinaires | | 4 | 130 |
| — Coutumes d'Aoste | | 4 | 131 |
| — Justice ecclésiastique | | 4 | 133 |
| — Contestations entre la Justice ecclésiastique et la séculière | | 4 | 133 |
| Justiciers (Pouvoirs des Seigneurs) | | 4 | 125 |

## L

| | | | |
|---|---|---|---|
| Lac de Comballes | | 2 | 27 |
| — du Ruitort | | 2 | 26 |
| La Court Seigneurie de Courmayeur | | 3 | 210 |
| La Crête — de Doues | | 3 | 128 |
| — — de Gignod (Baronnie) | | 3 | 130 |
| — — de Saint-Martin de Corléans | | 3 | 207 |
| — — de Sarre | | 3 | 225 |
| La Mothe - Maison forte des Seigneurs d'Avise | | 3 | 167 |
| Langue française - Prérogatives de la Vallée | | 4 | 78 |
| Laschis - Seigneurie de Quart | | 3 | 113 |
| La Thuile | | 2 | 9 |
| Lenoncourt - Comté de Challant | | 3 | 49 |
| Lieu où se tenaient les Audiences Générales | | 4 | 106 |
| Ligue des Marquis de Suse et Ivrée | | 1 | 80 |
| Liverogne - Ressort du Mandement d'Avise | | 3 | 170 |
| Longobards (Aoste aux) | | 1 | 52 |
| Lorraine (Dames de) | | 2 | 113 |

## M

| | | | |
|---|---|---|---|
| Madrus - Comté de Challand | | 3 | 49 |
| Magistrat et Conseil d'Etat (Le Conseil des Commis est) | | 4 | 59 |
| Maison de Savoie (Aoste à la) | | 1 | 60-76 |
| — Sa domination | | 1 | 121 |
| — (Justice sous la) | | 4 | 87 |
| Maladière (Hôpital de la) | | 2 | 117 |
| Mandement Royal du Valdigne | | 3 | 5 |
| — de Bard | | 3 | 10 |
| Marchés d'Aoste | | 2 | 58 |
| Marcobetto - Tentative d'inquisition | | 2 | 155 |
| Marelli - Seigneurie d'Hône | | 3 | 202 |
| Marquis d'Italie (Aoste aux) | | 1 | 55 |
| — de Montferrat (Aoste aux) | | 1 | 55 |
| — d'Ivrée (Aoste aux) | | 1 | 58 |

| | | |
|---|---|---|
| Marquis de Suse et Ivrée (Ligue des) | 1 | 80 |
| Mausolées romains | 1 | 44 |
| — de la Cathédrale | 2 | 64 |
| — de Saint-François | 2 | 90 |
| Mense épiscopale - Seigneurie de Rhins | 3 | 101 |
| Mesure des donatifs et impositions - Par qui déterminée | 4 | 77 |
| Milice | 4 | 12 |
| Militaires - Connaissances du Conseil des Commis | 4 | 43 |
| Minières anciennes (V. *Salasses*) | 1 | 20 |
| — de Courmayeur | 2 | 11 |
| — de Cogne | 2 | 15 |
| — De la vallée de Greines | 2 | 17 |
| — de Valpelline | 2 | 18 |
| — de Fénis | 3 | 334 |
| — de Saint-Marcel | 2 | 196 |
| Mistralis - Seigneurie de Brissogne | 3 | 170 |
| Miséricorde (Confraternité de la) | 2 | 115 |
| Mixtim avec les Cathédraux | 2 | 87 |
| Mœurs de la population valdôtaine | 2 | 30 |
| Monnaies de Savoie ayant seules cours en Vallée d'A. | 4 | 64 |
| — (Frappe de) à Aoste | 4 | 65 |
| — Connaissance du Conseil des Commis | 4 | 45 |
| Montagny - Seigneurie de Rhins | 3 | 102 |
| — — de Brissogne | 3 | 177 |
| — — de Sarre | 3 | 221 |
| Montjoux (Prévôts de) | 2 | 20 |
| Montjovet Seigneurie (V. *Challand*) | 3 | 53 |
| — à la Couronne | 3 | 53 |
| Montmayeur - Maison forte des Seigneurs d'Avise | 3 | 167 |
| Moralès - Seigneurie de Cly - Trahison | 3 | 121 |
| Morgex - Arrivée des Souverains | 4 | 105 |
| Monuments romains hors de la ville | 1 | 45 |
| — — Pont de St-Martin | 1 | 45 |
| — — Pont de St-Vincent | 1 | 45 |
| — — Pont d'Aoste | 1 | 45 |
| — — Pondel | 1 | 46 |
| — — Ponts détruits | 1 | 47 |

# N

| | | |
|---|---|---|
| Nabuisson (Hôpital de) | 2 | 18 |

| | | |
|---|---|---|
| Neutralités | 1 | 121 |
| Noblesse du Duché - Ancien lustre - Décadence | 2 | 39 |
| — Famille de Challand | 2 | 41 |
| — — Vicomté d'Aoste | 2 | 43 |
| — (Dons de la) - Trois Etats | 4 | 35 |
| Nombre des Commis | 4 | 40 |
| — | 4 | 42 |
| Nominations du Chapitre | 2 | 73 |
| Nonce (Lettre du) - Tentatives d'inquisition | 2 | 155 |
| Notaires impériaux | 1 | 113 |
| Nouveaux Pairs | 4 | 98 |
| Nus Seigneurie | 3 | 94 |
| — Prieuré appartenant à l'Inquisition | 3 | 94 |
| — Château | 3 | 98 |
| — (Seigneurs de) — Seigneurie de Rhins | 3 | 102 |
| — — — — de Brissogne | 3 | 175 |

## O

| | | |
|---|---|---|
| Occupation franç. (1704-1706) - C<sup>te</sup> Carcado Gouverneur | 1 | 129 |
| Office des Baillifs | 4 | 114 |
| Officiers de Justice | 4 | 88 |
| Oppression des peuples par les Seigneurs | 4 | 85 |
| Or - Recherche à Emarèse | 3 | 195 |
| Or et argent - Tentative d'imposition | 1 | 117 |
| Oratoire de Saint-Ours (Premier) | 2 | 79 |
| Ordonnanee (Soldats pour l') | 4 | 17 |
| Ordonnances du Conseil des Commis exécutoires malgré appels | 4 | 51 |
| Ordre (Premier) des Etats | 4 | 30 |
| — (Second) — | 4 | 31 |
| — (Troisième) — | 4 | 31 |
| — des Audiences Générales | 4 | 106 |
| — des Séances du Conseil des Commis | 4 | 55 |
| Ordres militaires | 2 | 119 |
| Origine des Focages | 4 | 65 |
| Otages emmenés par les Français en 1691 - Fuite | 1 | 123 |
| Où se tenaient les Séances du Conseil des Commis | 4 | 54 |
| Ouverture des Audiences Générales | 4 | 106 |

## P

| | | |
|---|---|---|
| Pairs du Duché | 4 | 95 |

| | | |
|---|---|---|
| Pallavesin - Seigneurie de Gignod | 3 | 135 |
| —           — de St-Martin de Corléans | 3 | 207 |
| Paroisses du Diocèse | 2 | 138 |
| Parité - Femmes exclues | 4 | 110 |
| Pascal - Seigneurie d'Avise | 3 | 170 |
| —           — de Fornet | 3 | 218 |
| Passage d'Annibal | 1 | 10 |
| Passages de troupes (1709-1713) | 3 | 134 |
| —           dans les époques antérieures | 1 | 135 |
| — de Courmayeur | 2 | 11 |
| — de Valgrisanche | 2 | 14 |
| — du Val des Rhêmes | 2 | 15 |
| — de Valsavaranche | 2 | 15 |
| — de Cogne | 2 | 15 |
| — de la Vallée de Greines | 2 | 17 |
| — de la Vallaise | 2 | 17 |
| — de Valtornenche | 2 | 18 |
| — de Valpelline | 2 | 18 |
| — de Gignod | 2 | 19 |
| Passerin - Seigneurie de Brissogne | 3 | 180 |
| —           — de Courmayeur | 3 | 216 |
| —           — de Fornet | 3 | 218 |
| Patriotisme d'autrefois - Trois Etats | 4 | 35 |
| —           décadence   — | 4 | 35 |
| Péage (Excès de) - Connaissance du Conseil des Com. | 4 | 46 |
| — de Borgofranco | 4 | 24 |
| Péages du Duché | 4 | 25 |
| — (Tentatives d'introduction) | 1 | 115 |
| Peaux - Tentatives d'imposition | 1 | 117 |
| Peines pécuniaires (Produit des) - Comment destiné | 4 | 51 |
| Pennines (Alpes) | 2 | 20 |
| Péréquation des Focages (Projets de) | 4 | 75 |
| Perron - Seigneurie de Quart | 3 | 113 |
| Persod -    — de Courmayeur | 3 | 216 |
| Philosophie (Ecole de) à Saint-Jacquème | 2 | 103 |
| Pierre de Savoie - Guerre en Chablais | 1 | 90 |
| —           au siège du Château de Chillon | 1 | 96 |
| —           à la Cour d'Allemagne - Investiture d'Aoste en 1263 | 1 | 97 |
| Place d'honneur au Conseil des Commis | 4 | 60 |
| Planaval - Maison forte des Seigneurs d'Avise | 3 | 167 |

| | | |
|---|---:|---:|
| Planaval - Ressort du Mandement d'Avise | 3 | 170 |
| Plocéan évêque arien | 2 | 125 |
| Podestats (V. *Baillifs*) | 4 | 114 |
| Pondel | 1 | 46 |
| Pont d'Aoste | 1 | 45 |
| — de Saint-Martin | 1 | 45 |
| — de Saint-Vincent | 1 | 45 |
| Pont-Saint-Martin Seigneurie | 3 | 90 |
| — — Note postér. - Ducretton - Comte de Bard | 3 | 92 |
| — (Seigneurs de) - Descendent de la Maison de Bard | 3 | 14 |
| Ponts détruits | 1 | 47 |
| Population du Duché - Pourquoi diminuée | 2 | 30 |
| — Mœurs | 2 | 30 |
| Porte de la Bardesa | 4 | 24 |
| — Décumane | 1 | 36 |
| — Prétorienne | 1 | 33 |
| Portes de la Ville | 2 | 59 |
| Pouvoirs des Seigneurs Justiciers | 4 | 125 |
| Premier oratoire de Saint-Ours | 2 | 79 |
| Prééminence du Conseil des Commis | 4 | 50 |
| Prérogatives de la V. d'Aoste (Attaques contre les) | 1 | 115 |
| — — Langue française | 4 | 78 |
| — — pour l'administration de la Justice | 4 | 89 |
| — des Syndics d'Aoste — Décadence | 4 | 124 |
| Préséances (Questions de) - Trois Etats | 4 | 34 |
| Prétention des quatre familles | 4 | 59 |
| Prévôt (Ru) | 2 | 38 |
| Prévôté de Saint-Gilles | 3 | 26 |
| Prévôts de la Cathédrale | 2 | 68 |
| — de Montjoux | 2 | 20 |
| — — demeurant à Saint-Jacquème | 2 | 103 |
| Priatonus (Frère Cornelius) - Tentative d'inquisition | 2 | 152 |
| Prieuré de la Collégiale | 2 | 80 |
| — de Saint-Bening | 2 | 79 |
| — de Saint-Jacquème (Aoste) | 2 | 103 |
| — de Nus - appartenait à l'Inquisition | 3 | 94 |
| — de Chambave | 3 | 124 |
| — de Saint-Jacquème (Saint-Pierre) | 3 | 154 |

| | | |
|---|---|---|
| Prieuré de Sainte-Hélène - Ancienneté - Ordre milit. | 3 | 222 |
| Prise de possession faite en 1430 | 4 | 104 |
| Prisonniers de guerre | 4 | 111 |
| Privilèges de l'Eglise d'Aoste | 2 | 120 |
| — des Eglises de France et d'Italie | 2 | 122 |
| — des anciens Pairs | 4 | 96 |
| Procédure des Audiences Générales | 4 | 111 |
| Procès du Comté de Challand | 3 | 49 |
| Procès pour la Seigneurie de Sarre | 3 | 229 |
| Procureurs fiscaux | 4 | 123 |
| Productions du Duché | 2 | 35 |
| Produit des Amendes - Comment destiné | 4 | 51 |
| Projet de péréquation des focages | 4 | 75 |
| Pucelle (Aoste la) | 1 | 121 |

## Q

| | | |
|---|---|---|
| Quand se tenaient les Audiences Générales | 4 | 101 |
| Quart Seigneurie | 3 | 105 |
| — De Porta Sancti Ursi - Sires de Quart | 3 | 105 |
| — à la Couronne | 3 | 112 |
| — Laschis - De Balbis - Coardo - Perron | 3 | 113 |
| — Château | 3 | 114 |
| — Villefranche | 3 | 115 |
| — (Seigneurs de) - Seigneurie de Rhins | 3 | 102 |
| — — — de Brissogne | 3 | 175 |
| — — — de Sarre | 3 | 221 |
| Quartiers de la Ville | 2 | 59 |
| Quatre familles (Prétention des) | 4 | 59 |
| Questions de préséance - Trois Etats | 4 | 34 |
| Qui présidait le Conseil des Commis | 4 | 56 |

## R

| | | |
|---|---|---|
| Rapet - Seigneurie de Brissogne | 3 | 180 |
| — — de Sarre | 3 | 227 |
| Recherche d'or à Emarèse | 3 | 195 |
| Reconnaissance des fiefs (V. *Audiences Générales*) | 4 | 108 |
| — de diverses coutumes particulières (V. *Audiences Générales*) | 4 | 108 |
| Redding (De) - Trahison à Bard | 1 | 129 |
| Règlements de Justice | 4 | 88 |

| | | |
|---|---|---|
| Régularité du Chapitre dans les premiers temps | 2 | 74 |
| Religion | 2 | 125 |
| Reliques de la Cathédrale | 2 | 64 |
| Remparts romains | 1 | 42 |
| — Connaissance du Conseil des Commis | 4 | 46 |
| Renaissance de la Ville d'Aoste | 2 | 52 |
| Restes d'antiquité | 1 | 43 |
| Revendication du Comté de Challand | 3 | 49 |
| Revenus du Chapitre | 2 | 73 |
| — de la Collégiale | 2 | 88 |
| — des Evêques | 2 | 135 |
| Révision des Focages | 4 | 65 |
| Rhins Seigneurie | 3 | 101 |
| — Anciens Seigneurs | 3 | 101 |
| — à la Mense épiscopale | 3 | 101 |
| — Bosses - Sarre - Quart - Montagny - Garin - Nus - Scarampe | 3 | 102 |
| Rite d'Aoste - Luttes pour le conserver | 2 | 121 |
| Rivalités entre Seigneurs | 4 | 85 |
| Rivières et torrents | 2 | 25 |
| Ròbilant (Comte de) - Supposition erronnée | 1 | 65 |
| Rochefort - Maison forte des Seigneurs d'Avise | 3 | 167 |
| Rodolphe III | 1 | 80 |
| — (Justice sous) | 4 | 83 |
| Romains (Invasion des) | 1 | 21 |
| Roncas - Seigneurie de Valdigne | 3 | 7 |
| — de Cly | 3 | 121 |
| — de Chatelargent | 3 | 151 |
| — d'Introd | 3 | 159 |
| — de Brissogne | 3 | 180 |
| — de Saint-Martin de Corléans | 3 | 207 |
| — de Courmayeur | 3 | 215 |
| — d'Emarèse | 3 | 194 |
| — de Sarre — Comment elle lui parvint | 3 | 227 |
| Route de Montjovet | 3 | 63 |
| Roux - Seigneurie de Courmayeur | 3 | 214 |
| Ruine de la Ville d'Aoste | 2 | 52 |
| — de Thora | 3 | 222 |
| Ruisseaux | 2 | 30 |
| — Ru Prévôt | 2 | 38 |

Ruitort (Lac du) . . . . . . . 2 26
Runaz - Ressort du Mandement d'Avise . . 3 170

# S

Saint-Béning (Collège de) . . . . . . 2 85
— aux Bénédictins . . . . 2 94
— Prieuré . . . . . 2 95
— érigé en Collège . . . . 2 95
Saint-Bernard (Le Grand) . . . . . 2 20
— — Prévôts de Montjoux . . 2 20
— — Expropriation . . 2 104
— (Le Petit) . . . . . 2 9
Saint-Gilles (Prévôté de) . . . . . 3 26
Saint-Jacquême, Prieuré d'Aoste . . . 2 103
— — Demeure des Prévôts
de Montjoux . 2 103
— — Ecole de Philosophie et
Théologie . . 2 103
— de Saint-Pierre . . . 3 154
Saint-Jean de Romeyran (Hôpital de) . . 2 118
Saint-Marcel Seigneurie . . . . . 3 196
— Minières - De Challand . 3 196
— Bianco . . . . 3 198
Saint-Martin (Pont de) . . . . . . 1 45
— (Seigneurs de) . . . . . 1 59
— de Corléans, Seigneurie . . . 3 207
— — La Crête - Palla-
vesin - Roncas -
D'Oncieux - Ay-
monin - De Cré 3 207
Saint-Maurice (Couronne et lance de) . . . 1 80
— en Valais (Abbaye de) - Seigneurie de
Greines . . . . . . 3 23
Saint-Oyen . . . . . . . . 3 128
Saint-Ours . . . . . . . . 2 79
— Collégiale - 1er oratoire . . 2 79
Saint-Pierre Seigneurie . . . . . 3 142
— Château . . . . . 3 152
— Famille de Sancto Petro . 3 142
Saint-Rhemy . . . . . . . . 1 128
— . . . . . . . . 2 19

| | | |
|---|---|---|
| Saint-Vincent (Pont de) . . . . . . | 1 | 45 |
| — Seigneurie - Source minérale . . | 3 | 116 |
| — — Démembré de Montjovet | 3 | 58 |
| Sainte-Catherine (Chanoinesses de) . . . . | 2 | 105 |
| Sainte-Hélène - Prieuré - Ancienneté - Ordre militaire | 3 | 222 |
| Salasses . . . . . . . . . | 1 | 5 |
| — Cordèle . . . . . . . . | 1 | 7 |
| — Bellovèse . . . . . . . | 1 | 8 |
| — Congolitan et Aneroeste . . . | 1 | 9 |
| — Insubres . . . . . . | 1 | 9 |
| — Annibal . . . . . . | 1 | 10 |
| — — Passage des Alpes . . . | 1 | 11 |
| — — Quelle armée il avait . . | 1 | 14 |
| — — Quel passage il suivit . . | 1 | 16 |
| — — Monuments de son passage . . | 1 | 17 |
| — Minières - Discordes . . . | 1 | 20 |
| — Les Romains - 1ᵉ invasion . . | 1 | 21 |
| — — Petite guerre . . . | 1 | 22 |
| — — Révolte des Salasses . . | 1 | 23 |
| — — Varron . . . | 1 | 24 |
| — — Arc honoraire . . . | 1 | 29 |
| Sariod et Sarre (Seigneurs de) - Descendent de la M. de Bard . . . . . . | 3 | 15 |
| — (famille) - Seigneurie de Chatelargent . . | 3 | 140 |
| — De la Tour — de Saint-Pierre . . | 3 | 154 |
| — — — d'Introd . . . | 3 | 159 |
| — d'Introd — d'Introd . . . | 3 | 157 |
| — — — de Courmayeur . . | 3 | 212 |
| Sarre et Chezallet — . . . . . | 3 | 220 |
| — — Maisons anciennes - Sarre - Thora . . . | 3 | 220 |
| — — Quart - Montagny . | 3 | 221 |
| — — Ruine de Thora . | 3 | 222 |
| — — Prieuré de Sainte-Hélène | 3 | 222 |
| — — Commencement du Séminaire d'Aoste . | 3 | 224 |
| — — De Leschaux - La Crête | 3 | 225 |
| — — Comment parvint au Baron Roncas . . . | 3 | 226 |
| — — Valle - Bergère - Rapet - Ferrod . . . | 3 | 227 |

| | | |
|---|---|---|
| Sarre et Chezallet Seigneurie - Château . . . | 3 | 229 |
| —          —          Procès . . . | 3 | 229 |
| —    (Seigneurs de) - Seigneurie de Rhins | 3 | 102 |
| Savoie (Aoste à la Maison de) . . . . | 1 | 60 |
| — (Domination de Maison de) . . . | 1 | 121 |
| — (Union d'Aoste avec la) . . . . | 4 | 63 |
| Scarampe - Seigneurie de Rhins . . . | 3 | 102 |
| Séances du Conseil des Commis . . . | 4 | 54 |
| Seigneurs Justiciers - Leurs pouvoirs . . . | 4 | 125 |
| Seigneuries (Des) - Introduction . . . . | 3 | 5 |
| Sel (Tentative d'imposition) . . . . . | 1 | 116 |
| — (Gabelle du) . . . . . . | 4 | 20 |
| — Connaissance du Conseil des Commis . . | 4 | 45 |
| Séminaire d'Aoste . . . . . . | 3 | 224 |
| Sénats de Justice . . . . . . . | 4 | 94 |
| Sentences du Conseil des Com. exécutoires malgré appel | 4 | 51 |
| Serment des Commis . . . . . . | 4 | 58 |
| — des Souverains . . . . . | 4 | 106 |
| — du Tribunal des Audiences Générales . | 4 | 108 |
| Sièges de Justice . . . . . . . | 4 | 126 |
| Sires de Quart . . . . . . . | 3 | 105 |
| — Seigneurie de Gignod . . . | 3 | 127 |
| Situation de la Ville . . . . . . | 2 | 55 |
| Soldats pour l'ordonnance . . . . . | 4 | 17 |
| Sources de Courmayeur . . . . . . | 2 | 11 |
| — de Pré-Saint-Didier . . . . | 2 | 14 |
| — de Saint-Vincent . . . . . | 3 | 116 |
| Souverains (Domaine des premiers) - Augmentations - Aliénations . . . . . . | 4 | 7 |
| — (Venue des) pour les Aud. Génér. . . | 4 | 103 |
| —          —    Prise de possession en 1430 | 4 | 104 |
| —          —    Arrivée à Morgex | 4 | 105 |
| —          —    Entrée dans la Cité . . | 4 | 105 |
| —          —    Serment . . | 4 | 106 |
| Statuts du Chapitre . . . . . . | 2 | 77 |
| — de la Collégiale . . . . . | 2 | 85 |
| — de Sainte-Catherine . . . . . | 2 | 109 |
| Subsides - Tentatives d'imposition . . . | 1 | 116 |
| Suppression des Audiences Générales . . . | 4 | 112 |

| | | |
|---|---|---|
| Suse (Dace de) | 4 | 23 |
| Syndics d'Aoste | 2 | 58 |
| — Chronologie | 2 | 127 |
| — Commis-nés | 4 | 59 |
| — (Prérogatives des) en fait de Justice - Décadence | 4 | 124 |

## T

| | | |
|---|---|---|
| Tabellion (Tentative d'introduction) | 1 | 117 |
| Tailles (Connaissance du Conseil des Commis | 4 | 44 |
| Temple | 1 | 38 |
| Théâtre et amphithéâtre | 1 | 37 |
| Théologie (Ecole de) à Saint-Jacquême | 2 | 103 |
| Thomas (Le Comte) - 1° Dédition en 1191 | 1 | 87 |
| Thora - Seigneurie de Sarre | 3 | 220 |
| — Ruine | 3 | 222 |
| Titre de Comtes porté par les Evêques d'Aoste | 2 | 135 |
| Torrents et rivières | 2 | 25 |
| Tour du Bailliage | 1 | 41 |
| — de Verrès | 3 | 36 |
| Trahison du Commandant De Redding | 1 | 129 |
| — du Seigneur Moralès | 3 | 121 |
| Traite foraine - Connaissance du Conseil des Commis | 4 | 45 |
| Trente (Concile de) | 2 | 124 |
| Trésorier - Connaissance du Conseil des Commis | 4 | 44 |
| Trésoreries | 4 | 33 |
| Tribunal des Audiences - Serment | 4 | 108 |
| — suprême du Duché (Les Audiences étaient le) | 4 | 93 |
| Trois Etats | 4 | 29 |
| — Premier Ordre | 4 | 30 |
| — Biens du Clergé | 4 | 30 |
| — Deuxième ordre | 4 | 31 |
| — Troisième ordre | 4 | 31 |
| — Questions de préséance | 4 | 34 |
| — Zèle patriotique d'autrefois | 4 | 35 |
| — Dons du Clergé et de la Noblesse | 4 | 35 |
| — Décadence du patriotisme | 4 | 35 |
| — Conseil des Citoyens et Bourgeois d'Aoste - Importance | 4 | 37 |
| — — Création des Commis | 4 | 38 |
| Troupes (Passages de) - 1709-1713 | 1 | 134 |
| — Epoques antérieures | 1 | 135 |

Turin (Bataille de) en 1706 . . . . . 1 130

## U

Uniforme des Commis . . . . . 4 60
Union (Gouvernement et son) . . . . 4 27
— d'Aoste avec la Savoie . . . . 4 63
— — Monnaie . . . 4 64
Ussel Seigneurie . . . . . . 3 70

## V

Valais (Démembrement du Haut) . . . 2 8
Val des Rhêmes (Passages) . . . . 2 15
Valdigne . . . . . . . . 2 9
— Mandement Royal . . . . 3 6
— Roncas . . . . . . 3 7
— Maisons anciennes . . . . 3 9
Valdôtains (Les) sont les auteurs de leur union à la
    Maison de Savoie . . . . . 1 110
Val Ferrex - Désastre en 1717 . . . . 2 12
Valgrisanche - Passages . . . . . 2 14
— Ressort du Mandement d'Avise . 3 170
Vallaise - Passages . . . . . . 2 17
— Seigneurie . . . . . 3 81
— — Arnaz Seigneurie . . 3 86
— et Arnaz Baronnie . . . 3 89
Valle - Seigneurie de Sarre . . . . 3 227
Vallée principale et vallées latérales (V. *Duché*) » »
— d'Aoste (La) est un Etat . . . 4 61
Valpelline - Passages - Minières . . . 2 18
Valpergue (Seigneurs de) . . . . . 1 59
— Seigneurie de Courmayeur . . 3 215
Valsavaranche - Passages . . . . . 2 15
Valtornenche - Passages . . . . . 2 18
Varron . . . . . . . . 1 24
Vendôme (Invasion française de 1704) . . 1 128
Venue des Souverains . . . . . 4 103
Verrès Seigneurie (V. *Challand*) . . . 3 25
Vert (V. *Hône*) . . . . . . » »
Vibaillifs . . . . . . . 4 119
Vicaire perpétuel de l'Empire - Dignité conférée au
    Comte Amé en 1365 1 83

| | | | |
|---|---|---|---|
| Vicaire perpét. de l'Empire - Révocation de cette dignité | | 1 | 84 |
| — — Confirmations (1503-1562) | | 1 | 86 |
| Vicomté d'Aoste | | 2 | 43 |
| Ville d'Aoste - Ruine - Renaissance | | 2 | 52 |
| — Situation | | 2 | 55 |
| — Edifices | | 2 | 57 |
| — Eaux publiques | | 2 | 57 |
| — Foires et Marchés | | 2 | 58 |
| — Conseil et Syndics | | 2 | 58 |
| — Quartiers et Portes | | 2 | 59 |
| — Cathédrale - Mausolées - Reliques | | 2 | 64 |
| — — Chapitre | | 2 | 67 |
| — — — Dignités - Archidiacres et Prévôts - Contestations | | 2 | 68 |
| — — — Autres charges | | 2 | 73 |
| — — — Rentes | | 2 | 73 |
| — — — Nominations | | 2 | 73 |
| — — — Régularité dans les 1ers temps | | 2 | 74 |
| — — — Statuts | | 2 | 77 |
| — — Bénéfices et Confréries | | 2 | 78 |
| — Collégiale de Saint-Ours | | 2 | 79 |
| — — 1er oratoire - Anciens Evêques - Saint Ours | | 2 | 79 |
| — — Prieuré | | 2 | 80 |
| — — Statuts | | 2 | 85 |
| — — Mixtim avec les Cathédraux | | 2 | 87 |
| — — Revenus | | 2 | 88 |
| — — Chapelles et Confréries | | 2 | 89 |
| — Collégiale de St-François - Mausolées | | 2 | 90 |
| — — Confréries | | 2 | 91 |
| — — Historique | | 2 | 92 |
| — Collège de St-Bening | | 2 | 94 |
| — — St-Bening aux Bénédictins | | 2 | 95 |

| | | | |
|---|---|---|---|
| Ville d'Aoste - Collège de St-Bening - St-Bening Prieuré érigé en Collège | | 2 | 99 |
| — — Chanoines de Saint-Sauveur | | 2 | 100 |
| — Saint-Jacquême Prieuré - Demeure des Prévôts de Montjoux - Ecole de Philosophie et de Théologie | | 2 | 103 |
| — — Expropriation des biens du St-Bernard - Fondation de l'Hôpital Mauricien | | 2 | 104 |
| — Sainte-Catherine (Chanoinesses de) | | 2 | 105 |
| — — Tentative de fusion avec les Visitandines | | 2 | 109 |
| — — Statut | | 2 | 109 |
| — Visitation (Dames de la) | | 2 | 112 |
| — Lorraine (Dames de) | | 2 | 113 |
| — Capucins | | 2 | 114 |
| — Confraternité de la Miséricorde | | 2 | 115 |
| — Hôpitaux - Hospice de Charité | | 2 | 116 |
| — — Maladière | | 2 | 117 |
| — — Nabuisson | | 2 | 118 |
| — — Saint-Jean de Romeyran | | 2 | 118 |
| — Ordres militaires | | 2 | 119 |
| Villefranche | | 3 | 115 |
| Villeneuve | | 3 | 139 |
| Vin (Tentative d'imposition) | | 1 | 116 |
| Visitation (Dames de la) | | 2 | 112 |
| Voirie - Connaissance du Conseil des Commis | | 4 | 46 |
| Vuillet - Seigneurie de Saint-Pierre | | 3 | 143 |

### Y

Yblet de Challand . . . . . . 1 59

# HISTORIQUE

## DE LA

# VALLÉE D'AOSTE

# HISTORIQUE

DE LA

## VALLÉE D'AOSTE

PAR

### J.-B. DE TILLIER

SECRÉTAIRE DES ÉTATS DU DUCHÉ D'AOSTE

## HISTOIRE GÉNÉRALE

**AOSTE**
LOUIS MENSIO IMPRIMEUR ÉDITEUR 1886.

LES SALASSES. — La Vallée d'Aoste, du plus loin qu'il a été possible d'en avoir quelque connaissance, était habitée par une colonie de Salasses. C'était une ancienne peuplade de la Gaule Transpadane, venue, parait-il, en ce pays sous la conduite de Cordelus, fils de Statiel, que la tradition se plait à faire descendre de Saturne, un des premiers princes qui aient donné des lois et enseigné l'art de cultiver la terre en Italie.

Ce Cordelus, un des généraux du grand Hercule, se serait trouvé à la suite de ce fameux héros, lorsque, après avoir subjugué plusieurs nations voisines des Alpes, il cherchait une route à travers ces affreuses montagnes, pour gagner l'Hespérie. Il fut laissé dans ces lieux avec ses Salasses, dont le pays tout entier prit le nom.

Dans le liv. v de sa première décade, fol. 57, à l'endroit où il décrit la première descente des Gaulois en Italie, Tite Live ne se fait pas faute de traiter de fabuleux ce premier passage d'Hercule : « *Alpes inde oppositae erant, quas inexpugnabiles visas, nulla dum via sit, nisi de Hercule fabulis credere libet superatas*, etc.

Quoi qu'il en soit de ce prétendu passage, il est certain que la contrée des Salasses ne comprenait pas seulement ce qui s'appelle aujourd'hui Vallée d'Aoste ; elle s'étendait bien au delà d'Ivrée, du côté de Chivasso et de Rivarolo, et, sur les deux rives de la Doire, jusqu'au Pô.

Strabon, en son livre IV *De situ orbis*, fol. 41, après avoir fait la description des Apennins, commence celle des Alpes et fait mention des Salasses en ces termes : « *Ad alteram vere urgentem in Italiam partem ex montibus dictis, gens ligustica, reliqui Ligures tenent, horum ager est quem Taurini et Cottii dicunt; post istos et Padum Salassi sunt, super quos in cacumina quidem, Centrones, Latoriges, Varagri, Nantuates, lacusque Lemanus*, etc. »

Pline le naturaliste, au liv. III, chap. 16 de son histoire, parle comme suit du passage d'Hercule : *Graii Herculem transiisse memorarunt* etc. » Ce qui dépend de ce que cet ancien géographe place les Salasses immédiatement après les Cottiens, qui occupaient les régions où sont aujourd'hui Turin et Suse.

Il existe encore, non loin de Rivarol, une petite terre appelée *Salassa*, (1) remarquable par plusieurs antiquités et monuments qu'on attribue au peuple dont elle a gardé le nom. On tend à croire que ce fut là une de leurs premières colonies, et que de là ils se seraient ensuite répandus dans les contrées voisines et auraient pénétré dans la Vallée.

Cette Vallée, dont ils paraissent avoir été les premiers habitants, ils ne purent la trouver que déserte, sauvage, inhospitalière. Une vaste solitude presque impraticable, profondément ravinée par les torrents de la montagne; des plaines et des vallons envahis par des marécages infects, où les eaux croupissaient sans pouvoir s'écouler; des collines hérissées de ronces et d'épines; des montagnes couvertes d'épaisses et ténébreuses forêts, retraites inaccessibles d'une foule d'animaux féroces : tel devait être le pays que ces premiers peuples commencèrent à coloniser et à défricher peu à peu, dans les meilleurs endroits.

---

(1) Salassa, arrondis. d'Ivrée, mandement de Cuorgnè, habit. 1223.

Avec le temps, ils y tracèrent des chemins, pour rendre plus commodes les communications entre leurs différents centres d'habitation, et faciliter leurs rapports avec les peuples voisins ; leur domaine s'étendit, leur commerce s'accrut et leur contrée devint fameuse. Strabon en parle comme suit à la page 42 : « *Salassorum quidem regio magna est, profundam utriusque vallem agrumque claudentibus rupibus, eorum etiam pars in superiora extenditur cacumina. Una per vallem memoratam via est, inde bifariam dividitur, una quidem per Poeninum ducit per Alpium summitates, jumentis inaccessibilis, altera per Centrones polixior etc.* »

CORDÈLE. — Vers l'an 3803 de la création du monde, soit environ 409 ans avant la première Olympiade, 406 avant la fondation de Rome et 1158 avant J.-C., Cordelus et sa colonie jetèrent ou durent jeter dans la Vallée les fondements d'une ville. Ils l'appelèrent Cordèle, du nom de ce chef. Il serait impossible aujourd'hui de préciser quel fut ou dut être l'emplacement de cette ville si bien disparue. Il est assez probable qu'elle s'élevait à peu près dans le même endroit où se trouve à présent Aoste. On est porté à le croire, d'abord parce que c'est à la fois le site le plus large et le plus commode de la Vallée, et le point de rencontre des deux passages les plus célèbres et les plus fréquentés de la montagne ; ensuite, à cause des souterrains profonds qu'on y découvre presque partout, appelés vulgairement *voûtes des Sarrasins* (1) et qui, selon toute apparence, sont de la façon

---

(1) Vers l'an 889, les Sarrasins, s'étant établis dans la Provence, envahirent peu à peu le Languedoc, le Dauphiné, la Savoie. Ils en vinrent à occuper tous les passages des Alpes, au point d'intercepter les communications entre la France et l'Italie. De leurs repaires fortifiés, ils faisaient de fréquentes excursions en Piémont et en Suisse, répandant partout la terreur et la désolation. Ils furent pendant de longues années les maîtres du passage du Grand-Saint-Bernard, d'où ils ne furent chassés que vers l'an 960. La Vallée d'Aoste, naturelle-

des Salasses (1). Nous savons en outre, que lorsque Terentius Varron fut chargé par l'empereur Auguste de châtier les Salasses, il posa son camp le long du Buthier, pour les assiéger dans leur principale défense, qui en était tout proche.

Ce serait donc sur les ruines de l'antique Cordèle que s'éleva la Cité d'Aoste. C'est ce que tous les historiens assurent, Strabon surtout, qui s'exprime ainsi : « *Tribus Romanorum millibus Caesar Augustus missis, urbem Augustam habitandam tradidit quo in loco Varro castra jam habuerat* (2).

Julius Obsequens, chap. VII, fol. 108, parle aussi de Cordèle, ville des Salasses : « *Sub Appio Claudio et Pubblio Metello Coss., cum a Salassis illata clades esset Romanis, Decemviri pronuntiaverunt se invenisse in sibillinis libris, quoties bellum Gallis illaturi essent, sacrificari in eorum finibus oportere, apud Cordelam Salassorum urbem*, etc. »

Cela est aussi confirmé par Audiffret, dans le tome II de sa géographie.

BELLOVÈSE. — Environ 163 ans après la fondation de Rome (590 avant l'ère vulgaire), Cordèle et toute la contrée des Salasses furent le théâtre d'une invasion de Gaulois conduits par Bellovèse et Ségovèse. Ces deux chefs, fils d'une sœur d'Ambigat, roi des peuples celtiques établis entre la Seine et la Garonne, venaient chercher un établissement en Italie. Ils furent peut-être les premiers à entreprendre le passage des Alpes avec une armée. On leur attribue la fondation de Milan, de Vérone

---

ment, ne fut pas épargnée ; la tradition populaire en a conservé le souvenir dans une foule de localités et en leur attribuent une foule d'ouvrages des Romains ou du moyen âge.

(1) Evidemment, il s'agit ici des égouts romains.

(2) Aoste occuperait donc l'emplacement du camp romain et non pas celui de Cordèle.

et de quelques autres villes célèbres de la Lombardie. « *Ibi omen sequentes loci, condidere urbem Mediolanum appellarunt* », et plus bas « *eodem statu favente, cum trascendissent Alpes, ubi nunc Brixia ac Verona urbes sunt, locos tenuere*, etc. » (Tite Live, livre cité).

Congolitan et Aneroeste. — Depuis ce passage, les Salasses furent paisibles possesseurs du pays pendant trois siècles et demi.

Vers l'an 516 de Rome (237 avant J.-C.), ce fut le tour de Congolitan et Aneroeste, autres princes de la Gaule Viennoise et Narbonnaise. Leurs peuplades trop nombreuses se trouvant à l'étroit dans leurs limites, ils se flattèrent de pouvoir se rendre maîtres de l'Italie pendant que les Romains étaient occupés à la guerre d'Espagne contre les Carthaginois. Ils réunirent donc une armée immense et la partagèrent en trois corps, auxquels ils firent franchir les Alpes par trois endroits différents, c'est-à-dire par les Alpes Cottiennes, par les Graïes et par les Pennines.

Ils ravagèrent, en passant, toute la contrée des Salasses, à laquelle ils firent souffrir des maux infinis; mais ils ne jouirent pas longtemps de leurs triomphes, et les pauvres Salasses ne tardèrent pas à être vengés : la même année, ces hordes dévastatrices furent exterminées par les Romains, dans les plaines de la Toscane. Leur désastre fut si grand, si complet, qu'un de leurs rois, Aneroeste, fuyant du champ de bataille, se donna la mort pour ne pas survivre à la honte de sa défaite; l'autre roi, avec les chefs et les soldats échappés au carnage, fut emmené captif à Rome.

Polybe parle longuement de cet épisode, vers la fin de son IIIe livre « *De motu africano* ».

Insubres. — Quelques années plus tard, peut-être pour venger cette défaite, les Insubres et les autres peuples de la Gaule Cisalpine voulurent marcher de nouveau contre Rome. Ils furent battus, et les Romains victorieux portèrent à leur tour la guerre chez les envahisseurs. Les Gaulois des bords du Rhône accoururent au secours de leurs frères. La guerre dura trois ans (225-222 av. J.-C.) et finit par la défaite et la soumission des Gaulois Cisalpins.

Le pays des Salasses, surtout dans la partie située en plaine, à la sortie des Alpes, eut tellement à souffrir de ces nouveaux passages de Gaulois, qu'il demeura presque désert pendant bon nombre d'années.

Annibal. — Au commencement de la seconde guerre punique (219-202 av. J.-C.), Annibal, le fameux général des Carthaginois, ayant détruit la ville de Sagunte en Espagne, conçut le projet audacieux de passer par terre en Italie, afin de frapper Rome au cœur même de sa puissance. « *Annibal, relicto in Hispania fratre Asdrubale, Pyreneum transit.* » (Eutrope, liv. III). Il franchit donc les Pyrénées et s'avança à travers les Gaules. Il parvint ainsi au confluent du Rhône et de la Saône, et trouva dans ce pays la guerre allumée entre deux chefs qui se disputaient le pouvoir, les armes à la main. Choisi pour arbitre de leur querelle, il réussit à les pacifier et prononça en faveur de Brancus l'aîné des deux.

Celui-ci, non moins par reconnaissance que pour se débarrasser au plus tôt d'un si formidable ami, et venger en même temps les nombreuses défaites que les Romains avaient infligées aux Gaulois, s'empressa de fournir abondamment à ce héros, des gens de guerre, des armes, des vivres, des chevaux, des charriots, et jusqu'à des vêtements pour garantir ses soldats du froid, enfin, tout ce qui pouvait lui être utile dans une si grande entreprise:
« *Arbiter regni factus, Imperium majori restituit, ob id meritum commeatum copiaque rerum omnium et vestimentis est adjutus, quae infames frigoribus Alpes prae-*

*parare cogebant.* » (Tite Live ibid.). Polybe se conforme presque entièrement aux termes de cette narration.

*Passage des Alpes.* — Avec de si puissants secours, il se remit en marche et entreprit courageusement le périlleux passage des Alpes, à la tête de ses Africains et de ses Espagnols, renforcés des troupes gauloises qu'il venait de prendre à sa solde.

Arrivés au pied des montagnes, les soldats, effrayés par la hauteur des rochers qu'ils devaient grimper et par la neige et les glaces dont ils les voyaient surmontés, hésitaient. Annibal leur rappela, dans une éloquente harangue, la gloire immortelle qu'ils allaient acquérir en se rendant maîtres de l'Italie et de Rome même, gloire si grande que nul obstacle ne devait les rebuter. Ayant ainsi ranimé leur ardeur, il donna le signal du départ. « *Conscendere Alpes fecit per confragosos et præruptos saltus.* »

Les éléphants et la cavalerie marchaient en tête ; venait ensuite l'infanterie ; les équipages et les vivres fermaient la marche.

Mais lorsque tout cela fut engagé dans les étroits défilés de la montagne, le général fut bien surpris de se voir disputer le passage par les barbares habitants de ces régions. Des nuées de féroces montagnards harcelaient sans trêve ni repos, tantôt en face, tantôt en queue, ou par le centre, cette longue colonne avançant péniblement au milieu des obstacles. Ils assaillaient plutôt en voleurs qu'en guerriers, faisant rouler des hauteurs voisines d'énormes quartiers de rochers, qui bondissaient avec fracas jusqu'au fond des vallons, écrasant dans leur chute hommes et chevaux. Les pertes furent énormes. « *Undique ex insidiis barbari, a fronte et a tergo comminus, emminusque petunt, saxa ingentia in agmen devolvunt, et latrocinii magis quam belli more concursabant, modo in primum modo in novissimum agmen ingens in eo saltu incipienda clades fuerat.* » (Tit. Liv. ibid.).

En outre, cette manière de guerre retardait trop sa marche. Le général se vit obligé de faire camper son armée et de recourir à un stratagème. « *Die deinde simulando aliud quam quod parabat consumpto, cum eodem quo constiterat loco, castra communisset, ubi primum digressos tumulis montanos, laxatisque sensit custodias, pluribus ignibus quam pro manentium in spem factis, ipse cum expeditis, raptim angustias evadit, iisque ipsis tumulis quos hostes tenuerant conscendit.* »

Les montagnards trompés furent obligés d'abandonner leurs retranchements, et le passage demeura libre. Le reste des troupes put ainsi rejoindre le corps d'élite qui l'avait précédé, et toute l'armée se trouva enfin réunie, le neuvième jour, au sommet du passage.

Le général y fit camper ses soldats ce jour-là et le lendemain, pour les laisser reposer de leurs fatigues. « *Nono die in jugum Alpium perventum est, biduum in jugis stativa habita, fessisque labore ac pugnando, quies data est militibus, jumentaque aliquot quae pro lapsa in rupibus erant, sequendo vestigia agminis in castra pervenere.* »

A cette armée, déjà si rudement éprouvée, une nouvelle et terrible surprise était encore réservée dans les hautes régions où elle était parvenue au prix de tant d'efforts. Elle fut fort épouvantée de se voir tout à coup cernée, en pareille saison, par les neiges nouvelles. Déjà le désespoir était peint sur tous les visages.

L'intrépide général monte sur une élévation où il peut être vu de tous côtés, et de là il harangue de nouveau ses soldats, comparant ses travaux et les leurs à ceux d'Hercule, qui le premier avait passé par ces lieux. Il cherche à ramener dans les cœurs l'espérance et le courage; il y réussit: mais il ne fallait rien moins que l'éloquence, l'énergie admirable et l'exemple héroïque de cet homme extraordinaire, pour opérer un pareil prodige. « *Fessis toedio tot malorum, nivis etiam casus occidente jam sidere Vergeliarum* », (ce qui veut dire après le coucher des Pléiades, preuve certaine que ce passage s'est fait vers la fin de l'automne) « *ingentem terrorem adjecit. Cumque desperatio in omni vultu emineret, in promontorio quondam, unde longe et late perspectus erat, consistere jussit militibus, Annibal aemulus itinerum Herculis, Italiam ostentat, subjectosque alpinis montibus circumpadanos campos, moenia eos tum trascendere, non Italiae modo, sed etiam urbis Romae, coeteraque plana, proclivia fore, uno aut ad summum altero praelio, arcem et caput Italiae, in manu et potestate habituros.* »

L'armée reprit donc sa marche, rentrant dans de nouveaux et étroits défilés, où elle ne trouva plus, à la vérité, tant d'ennemis à combattre; mais hommes et chevaux glissaient sur la neige fraîchement tombée, culbutaient les uns sur les autres et roulaient au fond des abimes. « *Omnis enim ferme via praeceps angusta, lubrica erat ut neque sustinere se a lapsu possent, aliqui super alios, et homines et jumenta occiderent.* »

Un dernier obstacle arrêta encore l'armée, presque à la fin de sa descente. C'était une roche élevée, fort raide, battue par la rivière écumante. Ni éléphants, ni chars, ni chevaux ne pouvaient la franchir.

Le général l'ayant été reconnaître, ne trouva d'autre moyen que de la faire couper par ses soldats. « *Ibi, cum ad finem viae aequites constitissent, miranti Annibali quae res moraret agmen, nuntiatus rupem in viam esse, digressus deinde, ipse ad locum visendum, jussit rupem minuendam, per quam via una esse poterat, milites ducti, cum cadendum esset saxum*, etc. ».

Cette opération leur prit quatre jours, pendant lesquels les chevaux, ne trouvant ni fourrage ni de quoi pâturer en cette saison avancée, souffrirent considérablement. « *Quatriduum circa rupem consumptum, immensa prope fame absumebantur aequites, nuda enim fere cacumina sunt et si quid est pabuli obruunt nives.* »

Enfin, après avoir franchi les Alpes avec une diligence extrême, en quinze jours seulement « *decimo quinto die Alpibus superatis* », l'armée se trouva transportée sous un climat plus doux, dans un pays cultivé, au milieu des agréables collines formant les derniers contreforts de la montagne, et surtout, en plein soleil, ce soleil dont elle avait joui si peu dans les obscures et profondes vallées qu'elle venait de traverser.

Le général accorda à ses troupes fatiguées trois jours de repos, pendant lesquels il fit mettre les chevaux à la pâture, pour les rétablir : « *Inferiora vallis apricos quosdam colles habent, rivosque prope sylvas, etiam humano cultu digniora loca, ubi jumenta in pabulum missa et quies muniendo fessis hominibus data triduo, inde ad planum descensum est* ».

Il avait traîné jusque là, dans sa rude marche, chargés de chaines et mourants de faim, un certain nombre de malheureux montagnards qu'il avait faits prisonniers pendant la traversée des Alpes. Avant de repartir, il les fit dépouiller et massacrer en sa présence, avec une barbarie vraiment africaine, qui a terni toute la gloire de ce grand général : « *Tunc captivos omnes montanaros, in medio constituti, hi partim diutino labore viae, squallidi, et inculti, gravissimos compedes eis adhibuerat, tum fame prope ad extremum, afflixerat, postremo detractis tunicis, coedi loco miserabiliter fecerat.* »

*Armée d'Annibal.* — Quelle armée Annibal avait-il à sa suite lors de ce fameux passage des Alpes ? Les auteurs qui en parlent le plus amplemement, tels que Tite Live, Polibe, Josias Simlerus, ne sont pas bien d'accord entre eux sur le nombre de ses troupes ; d'autres, plus concis, ne s'en occupent point; L. Florius dit simplement : « *Annibal superato Pyreneo statu per Gallias, fusis qui obsistere ei conati erant, ad Alpes venit, et laborioso per eas transitu, cum montanos quoque Gallos aliquot praeliis repulisset, descendit ad Italiam, etc.* ».

Parmi les premiers, les uns disent plus, les autres moins; la différence est très grande : les uns parlent de cent mille hommes de pied et vingt mille chevaux; les autres, de vingt mille hommes de pied et six mille chevaux seulement. « *Quantae copiae transgresso in Italiam Annibali fuerint, nequaquam inter auctores constat; qui plurimum, C. M. peditum et XX. aequitum fuisse scribunt, qui minimum XX. M. peditum VI aequitum. J. Cincius Alimentius, romanus historicus, qui captum se ab Annibale scribit IXXX. M. peditum X aequitum abducta in Italiam, magis affluxisse verisimile est.* » Eutrope, écrivain du IVe siècle, est conforme à ce dernier pour le premier chef; il en diffère pour le surplus : « *Alpes adhuc in hac parte in via sibi patefecit, traditur ad Italiam IXXX. M. peditum et XX. M. aequitum, VII et XXX elephantis adduxisse.* »

Il faut donc que son armée, lorsqu'il partit du pays des Allobroges, ait été bien plus nombreuse ; car ces mêmes historiens racontent qu'il perdit dans ce passage beaucoup de monde et de chevaux. Quelques-uns font monter cette perte à trente-six mille hommes : « XXXVI *M. hominum ingentemque numerum aequorum et aliorum jumentorum amisisse.* » Polybe dit : « *Ex Affris militibus superstites habens pedites circiter X. M. et CC. ex Hispanis ad VIII. M. aequitum ad summum VI. M. quo factum erat qui paulo ante a Rhodano cum XXX VIII. M. peditum VIII. M. aequitum discesserat.* » Cela, sans compter les soldats Allobroges que lui avait fournis le roi Brancus. « *Vix medietas ejusmodi copiarum superstes foret.* »

Quoi qu'il en puisse être du chiffre de ces pertes, on ne saurait douter qu'elles n'aient dû être formidables, mais elles n'arrêtèrent pas ce grand général dans sa glorieuse carrière.

*Passage suivi par Annibal.* — Il est constant qu'Annibal fit franchir les Alpes à ses troupes par les trois mêmes passages qui avaient servi aux princes Gaulois, vingt ans plus tôt, pour envahir l'Italie; presque tous les auteurs en conviennent; mais auquel des trois le général se trouva-t-il en personne ? C'est ce qu'on ignore. « *Id quod inter omnes constet, eo magis miror ambigi, quaenam Alpes transierit.* » Cœlius, écrivain Romain, le fait passer par le Mont-Cenis : « *Cremonis jugum dicit transiisse* »; d'autres parlent du Mont-Hercule, *Columnae jugum;* mais l'opinion la plus commune et la plus vraisemblable est pour les Alpes de Mont-Joux, appelées alors Pennines, comme dit Tite Live : « *Et vulgo credere Pennino, atque inde nomen a jugo Alpium inditum transgressum.* »

C'est donc par là qu'il serait passé. D'après ce que le Sieur de Pingon dit avoir tiré d'Ammien Marcellin et de Silius Italicus, il y aurait même perdu un œil « *oculo in Alpium trajecto amisso.* »

Comment ce malheur s'était-il produit ? Les uns croient que ce fût par la violence du froid; les autres, par l'excès de la fatigue. Peut-être pourrait-on l'attribuer à une autre cause, comme par exemple la réverbération des neiges. Il n'y a rien d'improbable. Ne voyons-nous pas, aujourd'hui même, des voyageurs qui ne peuvent soutenir l'éclat de cette réverbération ? Pour passer la montagne, ils sont obligés de se munir d'une coiffure couvrant tout le visage, avec des lunettes à verre à l'endroit des yeux, et cela, non pas tant à cause de l'air vif et mordant qu'on y rencontre, que pour la protection de la vue.

Ajoutons que Polybe, en son traité de *Motu Africano*,

rapporte qu'Annibal perdit cet œil en Toscane, à cause des vapeurs malignes d'un marais où il dut se tenir durant quatre jours et trois nuits, avant d'arriver à *Arretium* et *Foesule* (aujourd'hui Arezzo et Fiesole).

*Monuments du passage d'Annibal.* — Quel que soit le passage par lequel Annibal franchit en personne les Alpes, on ne saurait disconvenir que, s'il est vrai qu'il a si barbarement traité ces pauvres Salasses, il est aussi vrai qu'il a laissé dans leur pays des monuments immortels de son adresse admirable et de sa grande puissance. Pour faciliter le passage de ses troupes et, plus encore, des éléphants, des charriots et de tout l'attirail indispensable qui venait à la suite de l'armée, il lui fallut niveler, élargir les chemins, abattre les obstacles qu'il rencontrait à chaque pas. C'est alors qu'on le vit, par la plus surprenante des inventions, inconnue jusqu'à lui et demeurée inconnue depuis, faire calciner par le feu et le vinaigre et ensuite couper par le fer, des rochers d'une hauteur prodigieuse et d'une dureté extrême. Il choisissait pour cela les arbres les plus gros des forêts voisines, donnant la préférence à ceux qui étaient chargés de résine ou d'autres matières grasses et visqueuses faciles à enflammer, et en faisait brûler sur les rochers, qu'il voulait ouvrir, des amas prodigieux; après quoi, il y faisait verser du vinaigre, qui finissait de calciner cette pierre ainsi chauffée et la rendait facile à couper.

Tite Live en fait la description en ces termes : « *Inde, ad rupem minuendam per quam via una esse poterat, milites ducti, cum coedendum esset saxum, arboribus circa immanibus dejectis, detruncatisque, struem ingentem lignorum faciunt, eamque cum et vis venti apta faciendo igni coorta esset, succedunt, ardentiaque saxa infuso aceto putrefaciunt, ita torridam incendio rupem ferro pandunt, molliuntque anfractibus modicis clivos, ut non jumenta solum sed elephanti etiam deduci possent,* etc.»

Polybe, en son traité « *De motu affricano* » liv. III, admirant la force du vinaigre dont se servait Annibal pour rompre les rochers qui l'arrêtaient dans son passage, s'exprime ainsi : *Saxa rupit infusum quae non ruperit ignis antecedens.* »

Il est vrai que des critiques incrédules, ne pouvant concevoir comment Annibal aurait pu trouver dans ces montagnes sauvages l'énorme quantité de vinaigre dont il eût eu besoin pour un si grand nombre d'opérations de cette sorte, n'hésitent pas à traiter tout cela de fabuleux.

Quoi qu'il en soit, on tient communément que *Pierre-Taillée* (1), passage célèbre ouvert le long d'un affreux précipice du mandement d'Avise, était auparavant inaccessible, et que la route du Valdigne traversait dans la hauteur les montagnes d'Avise, de Saint-Nicolas et de Sarre, où l'on découvre encore à présent quelques pavés et autres vestiges de chemin.

Mais entre toutes ces roches coupées, la plus fameuse c'est celle qui se trouve à l'entrée occidentale de Donnas (2): sur une longueur d'environ deux cents pas et une hauteur parfois de quarante et plus de pieds, la roche est taillée à pic, comme ciselée ; le grand chemin, entièrement coupé dans cette roche vive, est assez large pour donner passage à deux charriots; au pied, écume la Doire, fort resserrée et rapide en cet endroit.

---

(1) Le défilé de Pierre-Taillée est aujourd'hui traversé par une belle route neuve ouverte au public depuis une année à peine.
Celle qu'on vient d'abandonner était incommode et dangereuse, à cause de son peu de largeur et de ses fortes pentes et contrepentes. Au moyen âge, elle était coupée par un fossé et deux ponts levis. On ne sait pas bien quand elle fut construite, mais elle n'était pas fort ancienne, et avait elle-même succédé à la voie romaine, qui passait plus haut et dont il reste de nombreuses traces.

(2) La route et la porte de Donnas sont l'ouvrage des Romains, ce qui n'enlève rien à l'admiration que réclament ces travaux grandioses, vraies œuvres d'artistes géants.

Ce qu'il y a de plus surprenant, c'est une grande porte, d'une seule pièce avec la même roche, et formant arcade sur toute la largeur du chemin. Luitprand, écrivain du IIe siècle, l'appelle *Chemin d'Annibal;* il assure qu'on lisait encore de son temps, sur la façade, cette inscription latine : « *Transitus Annibalis* ». On n'en peut plus aujourd'hui distinguer que quelques fragments de lettres, tant elle a été effacée par les injures du temps.

De tous les endroits que ce général a fait ouvrir par son invention (1), c'est celui-là sans doute qui a exigé le plus de travail et qui a arrêté sa marche pendant quatre jours (2). Toutes les autres roches taillées n'ont rien de comparable à celle-là. Cette œuvre gigantesque fait encore aujourd'hui l'admiration des étrangers ; on a peine à comprendre comment l'industrie humaine a pu couper ainsi, avec autant de justesse que si l'on avait scié une pièce de bois, une roche si dure, d'une telle hauteur et d'une si grande étendue.

C'est donc à ce fameux guerrier que la postérité est redevable de cette première et commode avenue du côté d'Italie.

Avant lui, la route ne pouvait être que très pénible et rebuttante. A ce qu'on prétend, elle franchissait les hautes montagnes de la rive droite de la Doire, de Vert à Champorcher, et de Champorcher à Fénis et Saint-Marcel. Quelques pavés et autres vestiges de grand che-

---

(1) Le bon De Tillier revient à la fameuse invention du vinaigre; il ne peut s'en détacher, malgré les critiques incrédules dont il a fait mention plus haut.

(2) Quatre jours ! C'est d'une ingénuité prodigieuse ! Cette œuvre colossale a dû coûter des années de travail ! Nous figurons-nous Annibal, dont l'armée n'en pouvait plus et dont les chevaux mouraient de faim, s'amusant à faire à Donnas une œuvre d'art, avec une arcade monumentale? à tailler à pic et à ciseler coquettement une montagne? Pour comble de gentillesse, il n'aurait pas même oublié d'y faire tailler en relief une pierre milliaire avec *chiffres romains,* et d'y graver une inscription *latine* rappelant son passage !

min, découverts sur ce parcours, semblent donner quelque probabilité à cette tradition.

Minières. — Discordes. — Après le passage d'Annibal (1), les Salasses jouirent encore, pendant un siècle et demi, de la plus parfaite indépendance. Ils s'occupaient à exploiter les minières d'or, d'argent, de cuivre et de fer dont abondait leur pays, et faisaient un grand commerce de ces métaux avec les peuples voisins. Les rochers souterrains leur fournissaient la matière première; les hautes forêts des montagnes, le moyen de la cuire; les eaux de la rivière et des torrents faisaient marcher leurs artifices et servaient surtout au lavage de l'or.

Cependant, les nombreux aqueducs qu'ils avaient construits pour l'usage de ces exploitations épuisaient les cours d'eau. C'était là une source de fréquentes querelles entre les habitants de la montagne et ceux de la plaine, car ces derniers avaient eux aussi grand besoin d'eau pour arroser leurs terres, et ils n'en pouvaient avoir selon leur besoin, surtout pendant les chaleurs et en temps de sècheresse. On se battait donc pour la conservation de ces eaux, et il en résultait souvent, entre ces peuples, de véritables guerres.

Strabon en parle en ces termes : « *Tellus Salassorum auri fodinas habet quas Salassi, cum olim potentia valerent, possidebant, magnam quidem illis opem ad effossiones aerarias, aurumque diluendum Duria Fluvius afferebat, quo circa multis in locis aquae ductus pertinentes, communem alveum exinanibant, quod cum ipsis, ad auri venandi conquisitionem conducerent, reliquos sua colentes arva, rigationibus destitutos contristabant, cum fluvius tantis supeditare terris potum nequiret, quia*

---

(1) A peine 75 ans, la première expédition des Romains contre les Salasses ayant eu lieu l'an 143 avant Jésus-Christ. Voir la note à la page 22.

*super dextrum haberet alveum, eam ob causam assidua invicem praelia gens utraque conferebat.* »

ROMAINS. — Les Romains étaient informés du commerce florissant des Salasses et des richesses que renfermait leur pays. Non moins avides de leur or que jaloux de leur liberté, ils avaient depuis longtemps formé le dessein de les asservir.

PREMIÈRE INVASION. — Sur ces entrefaites Jules César, Consul et Dictateur perpétuel de cette puissante République, fut fait Gouverneur de la Gaule Cisalpine vers l'an 52 av. J.-C., ainsi que le Sieur de Pingon dit l'avoir tiré du XXX$^e$ Livre de Dion Cassius : « *Anno ante Christum natum LII Galliae Cisalpinae imperium Julio Caesari decretum est.* » Ce fut lui qui se chargea de donner exécution à ce projet.

Les Salasses, quelque belliqueux qu'ils fussent, n'étaient pas en force de résister à la puissance formidable des Romains; ils cédèrent. César leur ôta d'abord leurs minières et leurs terres, comme le raconte Strabon : « *Potiti inde rerum Romani Salassi quidem et aurificium simul et agrum amiserunt.* » Cependant, toujours porté à la clémence, il les rétablit bientôt dans la jouissance de leurs terres, et leur laissa la liberté de les cultiver, moyennant un tribut annuel.

Après cela, il passa dans la Gaule Transalpine avec son armée, par les trois routes des Alpes Cottiennes, Graïes et Pennines, qu'il baptisa, selon Paulus Jovius, de « *Montes altissimi* », ouvrant à travers ces vallées des chemins jusqu'alors inconnus aux Romains (1).

---

(1) Bien avant Jules César (143 av. J.-C., 611 de Rome) le Consul Appius Claudius, sous prétexte d'apaiser les discordes suscitées par ces éternelles questions de l'eau, avait tout d'un coup et sans la moindre raison, envahi le pays des Salasses : « *Salassos gentem alpinam quibus nihil erat quod objici posset, agressus.* » (Dion Cassius).
Dans un premier combat, ces rudes montagnards lui infligèrent une

PETITE GUERRE. — Cependant les Salasses étaient encore puissants. Ils étaient maîtres de la montagne. Ils avaient dû abandonner leurs minières aux Romains pour acheter la paix; mais ils s'en vengeaient en vendant fort cher aux fermiers et aux entrepreneurs de ces exploitations les bois dont ils avaient besoin et les eaux qui descendaient des hauteurs. Ils rançonnaient et maltraitaient les voyageurs qui étaient obligés de passer dans leur pays, et poussèrent la hardiesse jusqu'à enlever les deniers qu'on portait à César.

Aussi était-on fréquemment obligés de courir aux armes contre eux et d'en venir aux mains; mais les soldats de Rome, gênés par la pesanteur de leurs armes, ne pouvaient les poursuivre à travers les étroits sentiers et les précipices de la montagne, sans s'exposer à être écrasés, non pas par la multitude des ennemis, mais par les gros-

---

sanglante défaite; il laissa, dit-on, dix mille hommes sur le champ de bataille.

Il est étonnant que De Tillier ait négligé un fait d'armes aussi glorieux pour les Salasses. Il ne l'ignorait pas. Il a cité plus haut, en parlant de Cordèle, ces paroles de Julius Obsequens : « *Sub Appio Claudio... cum a Salassis illa'a clades*, etc. »

Appius prit sa revanche dans un second combat. Il se vanta ensuite de les avoir soumis et s'en alla triompher à Rome.

Mais si les Salasses étaient vaincus, ils n'étaient pas subjugués. Ils devinrent même si redoutables que, quarante-trois ans après l'expédition d'Appius Claudius, Rome fut obligée, pour mettre un frein à leurs excursions, de fonder une colonie militaire, *Eporedia*, aujourd'hui Ivrée. De Tillier n'en parle pas.

Il ne dit rien non plus de l'expédition victorieuse de Valerius Messala (34 av. J.-C., 720 de Rome) dont parlent Dion et d'autres écrivains anciens et admise sans difficulté par les historiens modernes; mais il s'agissait ici d'un oubli fortuné; car M. Promis a démontré dans son savant ouvrage que cette expédition fut faite contre les montagnards de l'Illysée et non pas contre ceux de la Vallée d'Aoste.

Quant à Jules César, il a passé et repassé par le pays des Salasses ; mais il ne résulte pas qu'il ait eu des difficultés avec eux. Ils pillèrent sa caisse, mais c'était de l'argent qu'on lui envoyait dans les Gaules.

ses pierres que ces robustes montagnards faisaient rouler sur eux.

C'est la description qu'en fait Strabon : « *Verum montium juga tenentes, adhuc aquam publicanis et aurifodinas capescentibus venundabant, adversus istos vero propter publicorum vectigalium avaritiam assiduae discrepationes gerebantur; hoc pacto Romanis qui Praetores aut locorum Praefecti mittebantur occasiones semper abunde praestabant quibus bella susciperent. Postremo ad haec usque tempora nunc impugnati nunc soluto bello Romanis conciliati, potentes tamen erant, et multis damnis ab ipsis latrocinantibus affecti sunt, qui per eorum montes trajecerunt quippe a quibus Decimus Brutus, ex Mutina fugiens, data viritim dracma sese redimerit, Messala quoque cum juxta illos hiemaret pro raptis ad comburendum lignis, hi quoque mortales quandoque Caesaris pecunias diripuerunt, factisque semitis, aut junctis ponte fluviis praecipites esercitibus rupes commoditates apponebant.* »

RÉVOLTE DES SALASSES. — Cette espèce de petite guerre dura pendant quelques années. Cependant le joug de Rome pesait de jour en jour plus lourdement sur ces malheureux montagnards; leur condition était insupportable : accablés de tributs excessifs qu'on exigeait avec une rigueur extrême; impitoyablement pressurés par des Gouverneurs, qui, pour contenter leur insatiable avarice, les surchargeaient encore de plusieurs autres impositions et corvées, ils finirent par se révolter ouvertement. Ils eurent pour alliés les Taurisiens, les Liburniens et les Lapudes, autres peuples des Alpes confinant à l'Allemagne, et qui n'avaient pas été traités avec plus de douceur que les Salasses.

Dion en parle comme suit, dans le XLIX$^e$ livre de son histoire romaine : « *Salassi, et Taurisi, Liburnique et Lapudes, cum jam ante in Romanos mediocriter injurii fuissent, ac stipendio quod pendere debebant non soluto, etiam in finitima evasissent, eaque maleficiis infestassent, tum aperte propter Caesaris absentiam rebellarunt.* »

Ils firent ainsi unis de grands ravages, pendant le temps que les triumvirs se disputaient la souveraine puissance, et encore après la mort de J. César.

Varron. — Mais Octave César ayant mis fin à la guerre civile en l'an 729 de Rome (25 av. J.-C.) se hâta d'envoyer contre les Salasses Terentius Varron, son lieutenant.

Ce général fit irruption dans les terres ennemies par divers passages en même temps, afin de paralyser la résistance. En effet, il eut d'abord assez facilement raison de ces peuples, qui n'osèrent lui résister en face.

Le même Dion raconte dans son LIII<sup>e</sup> livre : « *Terentium Varronem misit. Varro in terram hostilem multis simul locis, ne coire inter se, ac junctis viribus victoriam destinare possent, irrompens, facillime Salassos, non magnis nimirum sibi agminibus occurentes vicit.* »

Mais quand il voulut les réduire entièrement, il rencontra une résistance aussi opiniâtre que peu attendue. Ces barbares (qu'on me passe l'expression ; c'est celle dont se servaient les Romains à l'égard des peuples qui ne reconnaissaient pas leur autorité) ; ces barbares, dis-je, s'étaient fortifiés dans leur Ville et s'y défendaient avec une telle vigueur, que Varron fut obligé de faire un siége dans toutes les formes. C'est pourquoi, il établit son camp dans la plaine, au delà du torrent qui descend des Alpes Pennines. (1)

---

(1) Il fallait dire « *en deçà* » et non « *au delà* ». Aoste occupe précisément l'emplacement du camp de Varron. Ce général avait sans doute choisi cet emplacement à cause de sa grande importance stratégique, au point de bifurcation des deux routes tendant au delà des Alpes. Il est plus que probable, d'autre part, que cet endroit était déjà occupé militairement par les Romains depuis longtemps.

Le siége fut long et dut coûter beaucoup de monde aux Romains. La grande quantité de tombeaux et d'ossements que l'on découvre dans tous les environs de l'Eglise Collégiale de Saint-Pierre et Saint-Ours, pour peu que l'on pénètre à une certaine profondeur dans le sol, témoigne à la fois de la gravité de leurs pertes et de la proximité de leur camp. Ces monuments à grandes pierres ou en briques si artistiquement travaillées n'étaient certes pas faits pour de simples soldats; ils durent être érigés pour des chefs distingués, qui avaient péri pendant le siège : à moins que l'on ne dise que cet endroit était un de leurs cimetières. (1)

Cependant le siège se prolongeait; le général s'efforçait en vain de réduire les rebelles. (2)

Ceux-ci avaient pratiqué par dessous les fondements de leur Ville de profonds souterrains; ils s'y tenaient cachés pendant le jour; mais la nuit, débouchant par des issues secrètes, ils faisaient de grosses sorties, et assaillaient le camp des Romains tantôt d'un côté et tantôt de l'autre, tombant sur eux à l'improviste et leur causant de graves pertes. (3)

---

Quant à Cordèle, si elle a existé, ce qui est au moins douteux, il est certain qu'on ignore où elle a pu s'élever. Aucun historien ancien n'en parle, non plus que du fameux siége et du reste. Le texte de Julius Obsequens cité à page 4 n'est pas exact; les paroles « *apud Cordelam Salassorum Urbem* » ne se trouvent pas dans l'auteur.

Supposons qu'elle ait existé quelque part. Il n'est guère probable que les Salasses eussent pour capitale une ville fortifiée, alors que nous savons que ces anciens peuples ne connaissaient point la fortification, que dans toute la Gaule Cisalpine il n'y avait pas un endroit fortifié, que Milan, Vérone, Brescia, n'étaient encore que des agglomérations de cabanes, sans fossés ni murailles.

(I) De Tillier a beau être tout rempli de ses traditions et de ses fables, son bon sens naturel s'affirme malgré lui, quasi à son insu. Il est vrai qu'il se hâte de rebrousser chemin, comme scandalisé de ce rayon de lumière, rencontré hors des limites sacrées de la légende.

(2) Pourquoi rebelles ? Ils défendaient leur liberté et leur patrie. Il est glorieux d'être rebelle à pareil titre.

(3) Nous avons déjà dit, dès le commencement, que ces fameux sou-

4.

Cette étrange manière de faire la guerre fatiguait singulièrement l'armée, continuellement harcelée par des surprises nocturnes et par un ennemi insaisissable, dont on ne pouvait découvrir les retraites. Varron eut recours à un remède violent. Il s'avisa, s'il faut en croire la tradition, de détourner le cours du torrent et d'inonder toute la plaine. Les eaux, pénétrant partout, envahirent les souterrains, et les barbares y furent surpris et étouffés.

La ville, demeurée sans défenseurs, tomba au pouvoir des Romains. Elle fut détruite de fond en comble : tel était l'ordre d'Auguste. Il n'y resta qu'un amas confus de pierres et de débris, témoignage funeste et ignominieux de leur rébellion.

On découvre tous les jours dans la ville quelques-uns de ces nombreux souterrains. Ils sont fabriqués d'une admirable manière, avec des galeries voûtées communiquant d'un quartier à l'autre, les unes plus larges, les autres plus étroites, se prolongeant par dessous les murailles de la ville et les prairies adjacentes et conduisant jusqu'à la Doire, où l'on en peut voir encore à présent les ves-

---

terrains sont tout simplement les égouts de la ville romaine. Tout le reste de cette légende du siége, des souterrains, du Buthier détourné, de la noyade en masse, est, de par ce seul fait, réduit en fumée.

On ne peut que s'étonner d'une chose : c'est qu'une pareille légende ait pu se produire, durer si longtemps et être admise par des personnes éclairées et sérieuses. Pourquoi les Salasses se seraient-ils tenus cachés dans ces souterrains, du moment que la ville leur appartenait ? Pourquoi ces souterrains étaient-ils tous sous la ville, avec leurs émissaires vers la Doire, et non en diverses directions dans la campagne ? Comment une nombreuse troupe d'hommes eût-elle pu séjourner dans ces longs couloirs sans air et sans lumière ? Enfin, comment les Salasses eussent-ils pu construire en si peu de temps, avec l'ennemi aux portes, ces souterrains si bien faits que dix-neuf siècles n'ont pu les détruire ? C'est l'histoire d'Annibal taillant en quatre jours la roche de Donnas.

La résistance de ce vaillant peuple fut sans doute longue, héroïque; mais ce dut être comme petite guerre *(guerilla.)* Leur pays s'y prêtait admirablement, avec ses hautes montagnes, ses forêts impénétrables, ses étroits chemins et ses profondes vallées.

tiges. La plupart de ces galeries sont remplies de pierres ou de nitre. Dans quelques-unes on a découvert des ossements humains, ce qui semble donner quelque probabilité aux événements que leur prête la tradition populaire, sans que pourtant aucun des anciens historiens en fasse mention.

Ces ossements étaient fort grands; et s'il est vrai qu'ils aient appartenu aux anciens Salasses, il faudrait en conclure que ce peuple était extrêmement robuste et vigoureux.

Le général, ayant ainsi frappé les rebelles dans leur principale défense, envahit rapidement tout le reste de la Vallée; mais il eut beaucoup de peine à la réduire. Les montagnards avaient presque partout rompu les ponts, coupé les chemins, fait de grands abattis de bois. Ils faisaient rouler sur les Romains d'énormes quartiers de rochers; chaque défilé cachait une embuscade; le terrain était disputé pas à pas.

Pour conserver ses troupes et mettre fin à cette guerre, Varron se vit obligé de recourir de nouveau à la ruse.

Il fit offrir la paix aux Salasses, moyennant une contribution en argent, les faisant assurer qu'à cette condition ils ne recevraient aucun dommage. « *Et ad adipiscendas pacis conditiones... certam argenti summam eis imperavit, quasi nihil praeterea damni illaturus* (Dion, l. III).

En simples barbares qu'ils étaient, ils se laissèrent prendre à cette promesse et permirent qu'on envoyât parmi eux des soldats romains, pour retirer le tribut; mais ils s'aperçurent trop tard de la trahison dont ils étaient victimes : les Romains manquèrent, contre leur coutume, à la parole qu'ils avaient donnée, et dont vraiment ce peuple s'était rendu indigne par sa révolte (1); leurs sol-

---

(1) C'est bien là le servilisme de l'ancienne école, qui n'enseignait d'admiration que pour les Romains. Plus haut, nous avons trouvé

dats, au lieu d'exiger de l'argent, arrêtèrent tous les jeunes gens qu'ils rencontraient. « *Ad id argentum exigendum undique dimissis militibus, omnes qui essent juvenili aetate comprehendit* (Dion). »

La résistance était désormais impossible et le général n'eut pas de peine à soumettre le pays tout entier, jusqu'à la sommité des monts. Il fit, avec sa diligence accoutumée, parcourir la Vallée par ses soldats, détruire toutes les habitations des vaincus et porter partout la désolation. On fait compte que le nombre de ces malheureux, qui périrent dans les combats ou après, sous le fer des Romains, fut de trente-six mille. Le reste fut réduit en esclavage. On les conduisit à Ivrée, où ils furent exposés publiquement, en plein marché, et vendus comme des bêtes.

« *Posterius Caesar Augustus eos funditus delevit et universos sub corona venundedit, ad Eporediam Romanorum coloniam deportatos, quam ideo inhabitandam curaverunt, ut Salassis praesidium esset, paulisper obsistere ibidem potuere, quoad extincta eorum natio est, coeterorum quidem corporum millia sex et triginta caesa sunt qui autem ferre arma poterant octo millia implevere,* etc. » (Strabon).

Dion ajoute que ceux qui furent vendus comme esclaves, le furent avec cette dure condition : que nul de ces misérables ne pourrait être fait libre si ce n'est après vingt ans de servitude. « *Ea conditione ne quis eorum ante vigesimum annum liber fieret.* »

---

*rebelles, rébellion, ignominieux*. A présent, il paraît que ces pauvres Salasses, qui combattaient si héroïquement pour la défense de leurs foyers, ne sont plus même dignes qu'on leur tienne parole ; on peut se moquer de la foi qu'on leur a jurée ; en effet, ils avaient doublement tort : d'abord, pour avoir osé tenir tête aux légions de Rome, au lieu de se déclarer bien flattés de l'honneur qu'on voulait leur faire ; en second lieu, parce qu'ils avaient été vaincus ! « *Vae victis !* »

S'ils eussent été vainqueurs, de quelle glorieuse auréole l'histoire ne les eût-elle pas entourés !

On en réserva cependant huit mille, choisis parmi les plus aptes à porter les armes, et on les incorpora dans les légions romaines.

La nation des Salasses avait cessé d'exister; elle était anéantie : « *Extincta eorum natio est.* »

Eutrope les nomme à peine, en passant; il dit d'Auguste : « *Vindelicos et Salassos in Alpibus vicit* » (1).

Terentius Varron, ayant rendu compte de son expédition, l'Empereur envoya à Ivrée une légion pour tenir en bride les autres peuples des Alpes qui avaient eu part à la révolte des Salasses. Il envoya aussi, pour repeupler la Vallée, une colonie de trois mille hommes de ses cohortes prétoriennes, auxquels Varron, qu'Auguste y avait laissé comme Préteur ou Gouverneur, distribua les meilleures terres. Dion dit : « *Agri eorum pars optima cohortibus praetorianis data* », et Strabon : « *Tribus Romanorum millibus Caesar Augustus missis urbem Augustam habitandam tradidit quo in loco Varro castra jam habuerat.* »

*Arc honoraire.* — Pour conserver le souvenir de sa victoire, Varron fit quelques années plus tard, tout auprès du lieu où il avait campé, élever en l'honneur d'Auguste un arc de triomphe, à l'imitation de celui que le Sénat et le Peuple Romain lui avaient fait ériger quelques années auparavant près des Alpes Cottiennes, à Suse, pour célébrer une autre victoire pareille, remportée par cet empereur ou par ses généraux sur les peuples des alentours (2).

---

(1) Pochi anni dopo, Strabone, parlando da pagano e da antico, notava come fosse in pace tutto il paese, sino ai più alti monti: pace veramente romana, scolpita da Tacito colle tremende parole : *Ubi solitudinem faciunt, pacem appellant.* (Promis).

(2) Selon Promis, l'arc honoraire d'Aoste aurait précédé de seize ans celui de Suse ; il serait contemporain de la fondation de la ville, tandis que ce dernier serait de l'an 9 av. J.-C.

L'inscription de l'Arc de Suse faisait mention en général de tous les peuples des Alpes. La voici dans son intégrité :

IMP . CÆSARI . DIVI . AUG . PONTIF . MAXIMO .
IMPER . XIIII . TRIBUNITIÆ . POTESTATIS . S . P . Q . R .
QUOD . EJUS . DUCTU . AUSPICIISQUE . GENTES . ALPINÆ .
OMNES . QUÆ . A . MARI . SUPERO . AD . INFERUM .
SUB . IMPERIO . P . R . SUNT . REDACTÆ .

Quelques écrivains et entre autres Le Morery de Basle, imprimé en 1731, attribuent cette inscription a l'Arc d'Aoste. Ce dernier pouvait bien être orné d'une inscription plus ou moins semblable, mais quant à celle que nous venons de citer, elle appartient sans contredit à celui de Suse. Pline en parle comme suit dans son chap. 19, liv. III *Nat. Hist.* : « *...ubi de Alpibus et gentibus alpinis, sic loquitur, ad confinium ligustici maris non alienam videtur hoc loco subjicere inscriptionem ex tropheo Alpium quae talis est ut supra.* »

Cet écrivain fait ensuite le dénombrement de quarante-trois nations des Alpes soumises par Auguste ; les Salasses y sont spécifiquement nommés.

Josias Simlerus et le sieur de Pingon confirment ce témoignage si authentique.

Quoi qu'il en soit, ces deux édifices, ainsi élevés à l'entrée des deux passages les plus connus et les plus fréquentés des Alpes, entre l'Italie et la Gaule, sont bien dignes de la grandeur romaine. Ils sont encore aujourd'hui sur pied, presque entiers, au moins quant au corps principal ; car les ornements ont disparu.

Celui d'Aoste, d'après les vestiges qui s'y rencontraient avant qu'il eût été réparé, devait être surmonté d'une pyramide. Il devait aussi être orné à l'entour de statues à grand relief, de trophées d'armes, d'inscriptions et d'autres emblêmes glorieux. Cette opinion se change en certitude, si l'on considère les niches latérales pratiquées entre les colonnes des deux faces, et les trous où furent probablement plombés les crochets de fer soutenant ces trophées et ces inscriptions.

Il ne reste plus maintenant que le corps de l'arcade, avec sept ou huit chapiteaux d'ordre corinthien, quelques corniches et quelques fragments de bas-reliefs : c'est là tout ce qu'ont épargné les injures du temps et des hommes. Tel qu'il est, il fait encore l'admiration des curieux et des étrangers.

Pour conserver les restes de ce merveilleux monument d'architecture et empêcher qu'il ne tombât tout à fait en ruines, le Conseil des Etats l'a fait, en 1716, recouvrir d'un toit en grosses ardoises, après l'avoir fait restaurer en suppléant par de la maçonnerie ordinaire aux vides du corps principal et aux parties absentes des corniches, chapiteaux et autres ornements.

Le peuple appelle cet édifice le *Saint-Vout*, *Sanctum votum* (1), apparemment depuis qu'on y a placé un crucifix. Il y est encore ; il est très ancien ; quelques-uns le croient même contemporain de l'introduction de la religion chrétienne en Vallée d'Aoste. On peut douter qu'il remonte à un âge aussi lointain; mais il est certain qu'il compte plusieurs siècles.

AOSTE. — SA FONDATION. — Onze années environ avant la naissance de J.-C., l'Empereur Auguste, ayant résolu de faire un voyage dans les Gaules, passa par le pays des Salasses. Il put alors constater par lui-même l'importance de cette vallée, si commode pour le passage des Alpes. C'est pourquoi il résolut d'y fonder une nouvelle ville, sur les ruines de la cité des Salasses, à l'en-

---

(1) Dans beaucoup d'écritures anciennes, on trouve *Saint-Voult*, plus conforme à la vraie étymologie, qui doit être *sanctus vultus* et non pas *sanctum votum*.

droit où viennent aboutir les deux principales avenues. Il en jeta lui-même les fondements, lui donna son nom et voulut qu'elle fût à l'avenir la résidence d'un Préteur.

Elle fut par conséquent appelée *Augusta*, du nom de son fondateur, et on y ajouta le qualificatif de *Praetoria*, soit à cause de la demeure du Préteur, soit pour la distinguer de quelques autres villes auxquelles cet empereur avait aussi donné son nom (1).

C'est de ce nom d'*Augusta Praetoria* (2) qu'on a formé dans la suite celui d'Aoste, commun à la Ville et à la Vallée, dans le temps du mélange des langues et des peuples, qui accompagna et suivit la décadence de l'Empire Romain.

La nouvelle ville ne fut pas longtemps à s'élever, par la diligence de ceux que l'Empereur y avait préposés.

L'enceinte en fut tracée en forme carrée, un peu plus longue que large, mesurant 384 toises et demie du levant au couchant et 286 du nord au midi, et renfermant une étendue de terrain de 110,016 toises d'Aoste, suivant la mensuration qui en fut faite l'an 1620, d'ordre de S. A. S. le Duc Charles-Emmanuel Ier (3).

Cette enceinte était formée d'une épaisse muraille garnie de tours carrées en saillie, selon la manière de fortifier des anciens; le tout revêtu extérieurement de pierres de taille coupées à échantillon dans une espèce de tuf,

---

(1) Soit parce qu'elle avait été peuplée par une colonie de soldats des cohortes prétoriennes. Dion l'appelle : « *Urbs Augusta Praetorianorum.* »

(2) *Salassorum Augusta Praetoria* (Pline).

(3) Ces chiffres sont peu exacts. M. Promis a trouvé les dimensions suivantes :

Longueur mètres 724 (2450 pieds romains)
Largeur mètres 572 (1940 pieds romains)

Ce qui donne en superficie mètres 414,128 = toises 118,322; soit toises 8,306 plus que la mensuration officielle de l'an 1620.

avec cordons, créneaux, parapet et un large fossé plein d'eau (1).

Six portes avec leurs ponts-levis donnaient accès à la Ville par autant de rues tirées en droite ligne : deux au midi, une au couchant, deux au septentrion, une au levant (2).

Porte Prétorienne. — Cette dernière, comme faisant face à l'avenue d'Italie, était la principale. Elle avait trois entrées, dont celle du milieu beaucoup plus élevée que les deux autres. La façade, revêtue de marbre gris veiné, était incrustée d'ornements à demi-relief et ornée d'inscriptions en marbre blanc (3) desquelles il ne reste que les trous des chevilles de fer qui les soutenaient.

Sur les deux côtés de la grande arcade centrale étaient deux niches surmontées d'une corniche en marbre blanc, et garnies, suivant toutes les apparences, de statues colossales à grand relief ou de trophées d'armes.

Toute cette façade était aussi ornée d'une frise en marbre blanc. Au dessus, à deux toises environ l'une de l'autre, on voit encore de grosses pièces de marbre gris faisant saillie, et qui paraissent avoir été disposées pour

---

(1) M. Promis, dans son bel ouvrage sur les antiquités d'Aoste, démontre que ce fossé n'a jamais existé. On peut aujourd'hui s'en convaincre aisément, par un simple coup d'œil à la tranchée profonde formée par la voie d'accès et par l'égout en construction : on n'y découvre aucune trace de fossé ; les couches de terrain sont intactes.

(2) La Ville romaine n'avait que deux portes : la Prétorienne au levant et la Décumane au couchant. Les quatre portes latérales *(*Porte *Pailleron* et Porte *Béatrix* au midi, Porte *Perthuise* et Porte *Saint-Etienne* ou de la *Rive* au nord*)* ne furent ouvertes que plusieurs siècles plus tard, pour la commodité des habitants, au moyen de brèches pratiquées dans le mur romain. Cela est résulté en toute évidence des sondages pratiqués sur l'endroit. On a trouvé, sous le sol de chaque porte, le mur romain.

(3) L'inscription eût dû se trouver au sommet de la porte, sur la face ou bande réservée pour cet objet; mais il paraît, selon M. Promis, qu'elle n'y fut jamais placée.

soutenir une architrave percée de meurtrières, avec un couvert avancé, pour garantir des pluies et autres intempéries tous ces beaux ornements d'architecture.

La grande porte ne s'ouvrait que pour le passage de l'Empereur ou pour la première entrée du Préteur (1).

Ces trois arcades se fermaient au moyen de herses à coulisse. Elles correspondaient à trois autres arcades pareilles pratiquées dans une seconde porte donnant sur la ville et distante de la première de cinq à six toises (2).

La Porte Prétorienne est entièrement construite avec d'énormes quartiers d'une espèce de granit, dont on ne saurait décider s'il est artificiel ou de carrière. Cependant, si on l'examine de près, et plus particulièrement les joints des blocs de même nature dont est formé tout l'Arc de triomphe, ses corniches, et surtout la finesse de celles du grand cintre, ainsi que des frises, des reliefs et des chapiteaux, il paraît qu'il ne peut être qu'artificiel; car il est peu admissible que des pierres de carrière aussi graveleuses eussent pu soutenir le ciseau des ouvriers et être travaillées avec tant de délicatesse (3).

De chaque côté de l'espace entre les deux portes, s'élevaient de grosses tours fortement reliées au reste de l'ouvrage. Le tout ensemble formait une véritable forteresse.

Quel dommage que ceux qui commencèrent à repeupler

---

(1) Ne serait-il pas plus simple d'admettre, avec M. Promis, que les portes latérales étaient réservées pour les piétons et la grande pour les chars ?

(2) La distance entre les deux portes est de mètres 11,87.

(3) La pietra adopratavi è quella concrezione fluviale di ghiaia o d'arena, che i Toscani chiamano *tiglio* ed i pratici con voce straniera appellano *puddingo*. Le sponde della Dora ne abbondano, specialmente la destra rimpetto alla Città. I ciottoli inegualmente grossi e colorati che cementarono in quel puddingo danno di sè diversa mostra e fecero nascere in molti la strana credenza che quei massi fossero artificiali. Naturalmente, le concrezioni più grosse furono adoprate nei massi a faccie lisce, le minute nelle cornici e nei capitelli. (Promis).

la ville après les révolutions du x⁰ siècle, aient, les uns pour profiter d'un angle, les autres pour épargner un pan de muraille ou un peu de couvert, fabriqué de mauvaises maisons sous les arcades, dans la cour intérieure (1) et même par dessus ces admirables constructions !

Ils ont ainsi masqué en partie les beautés de ces nobles restes, devant lesquels dut jadis s'arrêter la rage des démolisseurs. Ce ne fut certes point par respect qu'ils s'arrêtèrent, mais très probablement à cause de la dépense et du gros travail qu'eût exigé la démolition d'un si solide édifice. En effet, ils n'ont rien épargné de ce qu'ils pouvaient atteindre ; ils ont tout brisé à coups de marteaux et de pics.

On ne voit à découvert que la moitié de ce qui reste, c'est-à-dire, la partie à droite en entrant, laquelle, quoique toute délabrée et enfumée, à cause d'une méchante cheminée qu'on y avait adossée, et qu'on a aujourd'hui abattue, ne laisse pas de faire paraître ce qu'elle fut autrefois. On ne voit aussi que la moitié de la façade intérieure de la seconde porte, du côté gauche en entrant, à cause des mauvais bâtiments dont elle est encombrée (2).

---

(1) Cour d'armes.

(2) Au x⁰ siècle, la Vallée d'Aoste avait été tellement ravagée par les Sarrazins et les Hongrois, qu'elle était demeurée pendant de longues années presque sans habitants. Quant à la Ville, elle était complètement détruite et déshabitée.

Au commencement du xi⁰ siècle, elle se releva peu à peu de ses ruines, ou plutôt, une nouvelle ville s'éleva sur les ruines de l'ancienne.

Une puissante famille de seigneurs s'était établie en ce temps-là à la Porte Prétorienne et en avait fait sa maison forte. On les appelait *Domini Portae Sancti Ursi*, du nom qu'on donnait alors à cette porte; ils furent plus tard les Seigneurs de Quart.

Ces seigneurs avaient élevé au nord et au midi de la porte deux hautes tours dont l'une (la vieille Insinuation) subsiste encore. Les constructions du moyen âge qui surmontent la porte orientale faisaient aussi partie de leur maison forte et servaient probablement à relier les deux tours.

Dans ces temps de troubles et de terreur, il était naturel que les

PORTE DÉCUMANE. — La porte au couchant de la Ville était aussi à trois entrées et flanquée de deux tours; mais elle n'était pas d'une architecture si relevée. Il est aisé de s'en convaincre par les vestiges qui nous en restent, et où l'on n'aperçoit aucun ornement particulier (1).

---

populations cherchassent à se grouper autour de ceux qui les pouvaient défendre. De là cet encombrement de pauvres petites maisons réfugiées sous les arcades de *la Trinité*, comme dans un asile assuré.

La petite arcade du nord resta seule ouverte et l'axe de la rue dévia lui aussi dans cette direction.

En 1768, il y avait encore sous ces arcades, ou attiguës aux mêmes et barrant le passage, sept maisons, ou mieux sept masures croulantes, presque inhabitables. C'étaient les maisons Torney, Lettry passée ensuite à Torney, Liabel, Boussailler, Roland, Boussailler encore et Champion, portant les numéros du cadastre 1126, 1127, 1128, 1129, 1130 et 1131.

La maison Torney-Lettry était adossée à la porte orientale, extérieurement; elle occupait l'emplacement de la maison Ollietti actuelle, y compris la petite arcade au midi, et fermait presque entièrement la grande arcade. La partie qui barrait le passage fut démolie en 1788, par mesure de sûreté et pour élargir la *Place du Marché de la Grenette*.

Si la Ville eût fait alors un pas de plus, la question de la maison Ollietti n'existerait pas aujourd'hui. Tel est le sort des demi-mesures.

Sous cette même arcade orientale, s'élevait encore la maison Liabel: trois étages outre la boutique ! Ce devait être une vraie cage à poulets.

Les maisons Boussailler et Champion remplissaient la grande arcade occidentale. La petite arcade au midi de cette dernière était aussi aux Boussailler.

(1) La Porte Décumane avait été jadis occupée par les Sires de Friours. Plus tard, le vieux bâtiment qui s'y trouvait servit pendant de longues années comme Archive du Pays. On dut l'abandonner au XVII$^e$ siècle, car il tombait complètement en ruines.

Les restes de la Porte Décumane ont disparu en 1812, condamnés par un arrêté du Préfet Impérial du Département.

Je ne saurais résister au plaisir de rapporter ici en entier ce document, comme preuve du parfait sans gêne dont on en usait alors envers les monuments.

*Arrêté N. 181*
*Division de l'Intérieur*
*Route imperiale N. 109*
*de Grenoble à Aoste.*
REDRESSEMENT.

PRÉFECTURE
DU DÉPARTEMENT DE LA DOIRE.
Ivrée, le 23 septembre 1812.
*Le Prefet*

Vu la lettre de M. l'Ingénieur en chef des Ponts et Chaussées du 21 courant par laquelle il propose de faire démolir un Bâtiment de

THÉATRE ET AMPHITHÉATRE. — A droite en entrant par la Porte Prétorienne, s'élevait le Palais du Préteur (1) faisant face sur une belle et grande place carrée. Au nord du Palais, se trouvait le Cirque ou amphithéâtre pour les spectacles publics. Ces deux édifices étaient si vastes qu'ils remplissaient à eux seuls tout l'espace compris entre la place et la muraille septentrionale de la Ville.

Il n'y a plus, de ce grand et beau Palais du Préteur qu'un pan de muraille extrêmement élevée, longue de quinze à vingt toises, garnie de demi-piliers carrés ; entre ces piliers, de grandes ouvertures en forme de portes, d'autres moindres en forme de fenêtres et même un rang d'ouvertures carrées : le tout à quatre étages, qui donnent à penser que ce pouvaient être des portiques ou galeries du palais. Hors de cela, il ne reste que quelques

---

12 mètres environ de longueur, sans location et en mauvais état, appartenant en partie à la Ville et en partie aux hospices d'Aoste, et situé à la porte dite de Savoie, sur la route impériale N. 109 de Grenoble à Aoste, attendu que le dit Bâtiment est si mal disposé que la porte dont il est percé n'est point de l'axe de la rue qui est une suite de la route N. 109, et qu'en l'abattant on assainit le quartier qui l'avoisine en ce qu'on favorise la circulation de l'air ;

*Arrête :*

1° La démolition du Bâtiment proposée par M. l'Ingénieur en chef est autorisée ;

2° M. le Maire d'Aoste prendra les mesures nécessaires pour l'effectuer d'après les instructions qui seront données par les agents des Ponts et Chaussées.

3° Expédition du présent arrêté sera adressé à M. l'Ingénieur en chef et à M. le Sous-Préfet d'Aoste chargé de veiller à son exécution.

AUGUSTE JUBÉ

Pour copie conforme

*Le Secrétaire Général*
VANTAGE.

(1) Ce qu'on a longtemps appelé le Palais du Préteur n'était autre que le Théâtre des Romains. Les fouilles exécutées par le savant M. Promis ne laissent aucun doute à cet égard. La haute muraille que l'on voit encore aujourd'hui sur pied, en formait le côté méridional. L'axe du théâtre était en direction du couchant au levant ; la scène était à l'extrémité orientale.

fragments épars et des fondements qui sortent à peine du sol.

Ici encore on a appuyé, contre la base du monument, des écuries, des greniers à foin et d'autres édifices de moindre considération, qui masquent la plus grande partie de ce rare morceau d'antiquité.

Quant au Cirque ou amphithéâtre, il a été presque entièrement rasé. Ce qui en reste se trouve renfermé dans l'enclos des Dames de Sainte-Catherine et à demi couvert par leur bâtiment. On y voit cependant encore quelques fragments notables de ce superbe édifice, tout fabriqué à portiques et garni de demi-piliers dont la plupart sont en marbre gris. Ces restes font juger qu'il devait être de forme plutôt ovale que ronde. On y découvre aussi quelques voûtes souterraines servant aujourd'hui de caves ; c'était probablement là qu'on enfermait les bêtes destinées aux spectacles (1).

L'Amphithéâtre était bâti de gros quartiers de cette même pierre de granit que les Romains ont employée pour l'Arc de Triomphe, pour la Porte Prétorienne et pour la plupart des autres monuments d'Aoste et qu'ils savaient unir par un ciment si fort, qu'il est plus dur à rompre que la pierre vive.

Temple. — Au couchant de la place centrale, il y avait autrefois un bâtiment orné de belles colonnes en marbre appartenant à divers ordres d'architecture. On présume que ce devait être un temple. Il n'en reste plus aucun vestige depuis très longtemps, et l'emplacement a été couvert de maisons, de places et de jardins.

En ce même endroit, fut dans la suite érigé un hôpital

---

(1) M. Promis n'est pas de cet avis. Les fouilles l'ont persuadé qu'il n'y avait pas dans l'amphithéâtre d'Aoste « *quegli stanzini e quelle buche dalle quali si facevano irrompere le fiere* ». Quant aux *cunei* et au *sous-podium* il croit qu'ils étaient obscurs et ne servaient à aucun usage.

qui a longtemps porté le nom d' « Hôpital des Colonnes », à cause de certains restes qui existaient encore et des fragments qu'on en trouvait dans le sol. Il porte à présent le nom de « Nabuisson » qui est aussi celui de la rue (1).

Tout cela résulte des anciennes reconnaissances de ce bénéfice, existant à l'Archive de l'Evêché.

GRENIER MILITAIRE. — Un peu plus haut, sur le revers oriental de la rue Malconseil, et de là, parmi des écuries, des caves et d'autres souterrains, jusque sous la rue des Prêtres, on découvre de vastes portiques à double rang, soutenus par de gros piliers en tuf, avec des arcades à plein cintre.

Ces portiques font un recoude à angle droit, d'où l'on conjecture que ce pouvait être là un marché des Romains (2).

FORUM. — Sous les fondements de la maison théologale, qui fait face sur la place de la Cathédrale, on a découvert les vestiges d'une autre construction romaine. C'est une muraille formée de grosses pierres de taille, incrustée en dedans et en dehors de marbre gris veiné, avec des corniches en marbre blanc.

Malheureusement, on n'en peut voir qu'un lambeau de quatre à cinq toises de longueur, que M. le chan. Théologal Duc a mis par hasard à découvert en 1735, en faisant creuser une petite cave au midi de celle de la maison. La suite se perd sous les jardins et les maisons du voisinage. Selon les apparences, ces restes ont dû appartenir à un édifice assez vaste, mais on ne saurait

---

(1) V. le volume *Duche-Ville-Eglise*, à la page 118.

(2) D'après M. Promis, c'était là un grenier militaire « *Horreum* ». Le double portique avait une longueur totale de m. 240,35 et formait les trois côtés d'un carré presque parfait. Le côté du midi, vers le *Forum*, n'était fermé que par une muraille.

aujourd'hui indiquer avec quelque fondement ce que ce pouvait être (1).

Conduits d'eau potable. — Eau de la Comba de Porossan. — Le devant de ce bâtiment (2) a été trouvé pavé à grandes pièces polies de ce même marbre gris, d'à peu près un demi-pied d'épaisseur, emboîtées les unes sur les autres et jointes avec autant d'art et de délicatesse que si c'étaient les douves d'un tonneau ou d'une cuve. Au milieu de ces dalles se trouve un canal ayant environ un pied et demi de diamètre. On n'en a découvert qu'une petite partie; mais il continue à droite et à gauche sous les maisons voisines. Il en sort un souffle si frais, qu'il fait conjecturer que ce pouvait être le canal fournissant l'eau aux différents quartiers de la Ville (3).

Toutes les rues, tant principales qu'accessoires, étaient tirées au cordeau. La plupart étaient pourvues de fontaines dont l'eau se puisait au de-là du Buthier, au lieu appelé à présent *La Comba*.

De gros canaux amenaient cette eau en Ville. Celui dont nous venons de parler devait être un des principaux. Les embranchements secondaires étaient en tuyaux de plomb enveloppés d'un ciment rougeâtre aussi dur que la pierre. Tels étaient, par exemple, ceux que l'on découvrit en 1694 au Collège, en creusant les fondements de la muraille orientale du jardin (4).

L'eau était distribuée de cette façon dans toute la ville, comme on en peut juger par les restes des fondations et des pavés, et par les tronçons de ces canaux qu'on

---

(1) D'après M. Promis, ce sont les débris d'un temple qui s'élevait dans le Forum.

(2) Les débris du temple dont on vient de parler.

(3) Il paraît, selon M. Promis, que ce canal qui soufflait si frais n'était qu'un collecteur servant à évacuer les eaux de cette partie de la ville et à les amener dans l'égout.

(4) On a aussi trouvé de ces tuyaux en creusant les fondements de la maison Manzetti, rue Xavier de Maistre.

trouve de temps en temps, partout un peu, lorsqu'on fouille à quelque profondeur dans le sol (1).

TOUR DU BAILLIAGE. — De tous ces édifices superbes, dignes de la grandeur et de la magnificence des Romains,

---

(1) La conduite d'eau des Romains dut se perdre, comme tant d'autres choses, pendant les cataclismes du x$^e$ siècle. Cependant, cette fois la nature fut plus féroce que les hommes, ce qui n'arrive pas trop souvent. Il n'y a pas de doute, en effet, que le principal auteur de cette destruction n'ait été le Buthier, dans les énormes inondations qui lui firent abandonner son ancien lit.

Que les Romains aient pris leur eau potable à la Combe, il est impossible d'en douter. On a trouvé, et il existe encore, le long de ce vallon et sur les rives du Buthier, des restes de leur aqueduc souterrain.

Le 25 avril 1781, le Conseil eut à s'occuper de la découverte d'un de ces canaux, faite en creusant une cave dans les domiciles de Jean-Remy Andruet. Ce canal était en maçonnerie très ancienne; on pensait qu'il devait avoir servi pour conduire en ville l'eau de la fontaine qui jaillit en dessus du village. En ceci, il est probable qu'on se trompait, et que c'est bien plutôt la fontaine qui s'échappe par une brisure du canal. La découverte fut jugée assez importante pour que le Conseil donnât commission à MM. les Syndics De la Tour et Arbanney, et au conseiller Charles de faire une visite sur l'endroit et d'en référer. Il ne résulte pas que cette relation ait jamais été faite.

Aujourd'hui, avril 1886, après tant de siècles d'interruption, l'eau de la Combe va de nouveau être utilisée. Dans quelques mois, cette œuvre d'une si grande importance hygiénique sera accomplie, et nous cesserons de voir, en été, nos fontaines répandre des flots de sale limonade.

Il n'est pas improbable non plus que les travaux, déjà commencés, amènent quelque nouvelle découverte d'anciens ouvrages des Romains.

---

Ceci était déjà écrit, lorsque nous avons appris que les fouilles venaient effectivement de mettre au jour, à m. 2,30 de profondeur, un aqueduc merveilleusement conservé. On court en foule l'admirer; c'est un magnifique conduit, jeté tout d'une pièce, très fort, en poudingue artificiel aussi dur que la pierre, revêtu intérieurement d'un béton plus fin à grains rouges, puis, à ce qu'il paraît, émaillé. Le dessus est couvert en dalles cimentées.

Les dimensions de l'aqueduc sont les suivantes : largeur centim. 30, profondeur centim. 40, épaisseur du bord centim. 35, dont cm. 1 1|2 de revêtement. Les angles du fond du canal sont légèrement arrondis ainsi que les arêtes intérieures du bord, ce qui donne au canal la forme d'un U majuscule dont les deux bras se recourberaient un peu en dehors à leurs extrémités.

il n'y a plus rien en son entier, si ce n'est la *Tour Cornière* de l'angle nord-est, qui sert à présent de prison.

Quoique sur pied depuis tant de siècles, cette tour semble avoir été conservée par une espèce de miracle. Elle paraît encore neuve, au moins en dedans. Et pourtant il n'est pas douteux que ce ne soit un ouvrage des Romains. En effet, aux deux côtés par lesquels la tour tient à la muraille de la ville, il apparaît en toute évidence, par les joints des pierres de taille, que l'une et l'autre ont été faites en même temps. Or, cela ne se vérifie dans aucune des nombreuses constructions anciennes qu'on a voulu greffer sur les ouvrages des Romains. La maison même du bailliage, qu'on a jointe à cette tour et qui est faite en partie de débris du rempart, est d'une maçonnerie bien différente; elle n'a rien à faire avec la solidité de celle des Romains, ni avec la force du ciment dont ils se servaient (1).

Remparts. — Des autres tours, ainsi que de la muraille d'enceinte, il ne reste guère que des vestiges ou des lambeaux ruinés.

La partie la moins détruite, c'est celle qui fait face au midi. Les malheurs des temps et les injures des siècles ont accompli là aussi leur œuvre funeste; mais ce qui a survécu est plus que suffisant pour faire juger de la magnificence passée.

Les autres parties ont été presque entièrement envahies et masquées par toute sorte de bâtiments, ou bien dépouillées de leur belle garniture de pierres de taille.

Tel est l'état déplorable où se trouvent encore aujourd'hui ces magnifiques murailles.

---

(1) La tour du *Bailliage* (ou *Cornière*, ou des *Prisons)* n'a de romain que la base. Elle fut élevée au xi<sup>e</sup> siècle par les Seigneurs *De Palatio*.

Les tours ou bastions de l'enceinte d'Aoste ne s'élevaient pas au dessus du niveau des remparts. On appelait précisément ce genre de tours *Turres aequae*.

En 1549 et en 1550, on avait vivement recherché et poursuivi les citoyens et bourgeois d'Aoste, et même le Général du pays (1), dans le but de faire non seulement rétablir, mais encore fortifier à la moderne la vieille enceinte de la Cité. Ces sollicitations venaient tant de la part de notre Souverain le Duc Charles, que de l'Empereur Charles-Quint. L'Excel$^{me}$ Seigneur Dom Ferdinand de Gonzague, Gouverneur et Lieutenant Général du Duché de Milan pour l'Empereur, était venu tout exprès à Aoste, en juin 1549. Le 10, après avoir fait tout le tour de la Ville, et vu par lui-même l'état de la muraille, il en fit tracer le plan par des ingénieurs qu'il avait à sa suite, et qu'il avait amenés pour cet objet.

Le terrain avait déjà été mesuré et taxé, une partie des matériaux étaient préparés (2).

AUTRES RESTES D'ANTIQUITÉS. — Tous les autres édifices publics ou privés, temples ou autres monuments de l'an-

---

(1) On appelait ainsi communément le Conseil Général des Trois Etats.

(2) Le manuscrit s'arrête ici tout court, sans nous dire pourquoi ces restaurations ne furent pas exécutées, ou se bornèrent tout au plus à la démolition de quelques maisons.

Evidemment, on avait l'intention de faire d'Aoste une place forte, un boulevard contre les invasions françaises.

Mais à Aoste, cette perspective ne souriait guère. Les nombreux propriétaires des maisons vouées à la démolition, ou des biens destinés à être expropriés, poussaient de hauts cris.

Aoste se protégeait d'ailleurs d'elle-même en ce temps-là ; elle stipulait avec les puissances belligérantes de véritables traités de neutralité et réussissait, à force de soins, d'ambassades, de négociations, à préserver le pays, de 1538, date du premier traité, jusqu'à 1691, de toute invasion étrangère, d'où lui vint son surnom d'*Aoste la Pucelle*.

A la séance du 26 novembre 1550, le Maréchal de Challand rend compte aux Etats des démarches qu'il a faites auprès du Duc et du Gouverneur de Milan, pour obtenir la suspension des ouvrages de fortification ordonnés à Aoste; et quant aux matériaux déjà préparés par le Délégué ducal Thomas de Valpergue, il propose qu'ils soient destinés aux fortifications de Bard et de Montjovet.

Cette suspension, alors accordée en voie provisoire, devint peu à peu définitive, et le projet fut abandonné.

tique Cité d'Auguste, ont disparu sous les ruines amoncelées par les invasions et les guerres au temps de la chute de l'Empire Romain, dans les siècles qui suivirent, et surtout pendant la dévastation du x$^e$ siècle. Il n'en est rien resté ; mais ils durent être nombreux et dignes de ceux que nous connaissons, car, de quelque côté que l'on creuse dans notre ville, on découvre presque partout, dès qu'on arrive à l'ancien niveau du sol, des vestiges de murailles, des voûtes artistiquement travaillées, des pavés en carrelage, des briques ouvragées à relief, des chapiteaux, des fragments de statues ou de colonnes, des tubes en plomb, des canaux en maçonnerie, des monnaies ou médailles romaines, et une infinité d'autres choses.

Tout cela est enfoui parmi les décombres et témoigne à la fois de la beauté de cette ville qui n'est plus, et de l'immensité de la ruine dont elle fut frappée.

INSCRIPTIONS — MAUSOLÉES — CIMETIÈRE DES ROMAINS. — On a trouvé aussi quantité de dalles en marbre avec des figures symboliques, des hiéroglyphes, des inscriptions, dont on omet ici le détail (1).

En 1728, en creusant les fondements de la nouvelle Eglise de Saint-Etienne, on a mis à découvert trois mausolées en marbre, bien conservés, ainsi que les débris d'une infinité d'autres, en marbre, en briques, en maçonnerie, les uns colorés, les autres simplement blanchis. Evidemment, il y avait en cet endroit un cimetière des Romains. C'était d'ailleurs conforme à leur usage, d'avoir toujours leurs cimetières en dehors des villes, le long des grands chemins, selon les préceptes de leur loi des douze tables, qui dit : « *In urbe ne sepelito, neve urito.* »

---

(1) Suivent sur le manuscrit deux feuillets et demi donnant le texte et la figure d'un certain nombre d'inscriptions et de monuments funèbres.

La publication de cette partie, d'ailleurs fort incomplète, serait tout à fait inutile, après les exactes recherches de M. Promis et de M. le chanoine Berard.

MONUMENTS ROMAINS HORS DE LA VILLE. — La Ville n'est pas le seul endroit de la Vallée où les Romains ont laissé des monuments de leur grandeur. On en trouve aussi ailleurs, et s'ils ne sont pas aussi considérables que ceux de la Cité, ils ne laissent cependant pas d'être bien dignes d'attention.

Rappelons surtout les ponts qu'ils ont construits tout le long de leur grande route, sur des torrents rapides ou des précipices affreux, tous d'une seule arcade et à gros quartiers de roche taillée.

*Pont de Saint-Martin*. — Le premier que l'on trouve en venant du Canavais, c'est celui de Saint-Martin, audacieusement jeté sur le torrent de l'*Hellex*, à son débouché des gorges de la Vallaise.

Au détour de ce pont, on voit encore, enchâssé dans la muraille, un reste de pierre qui portait une inscription romaine. On n'en peut plus découvrir à présent aucune lettre, tant la pierre a été usée par l'injure du temps (2).

*Pont de Saint-Vincent*. — Entre Montjovet et Saint-Vincent, la grande route franchit une profonde fondrière (1) au moyen d'un pont romain. Il y avait, là aussi, une inscription; mais le marbre est tellement rongé, qu'elle a disparu aussi complètement que celle de Saint-Martin.

*Pont de pierre d'Aoste*. — Le pont que les Romains jetèrent jadis sur le Buthier, à peu de distance de l'Arc de Triomphe, est presque entièrement enseveli sous le sable et le gravier charriés par les débordements de ce torrent impétueux. Le torrent même n'y passe plus; il a changé de lit depuis sept ou huit siècles.

---

(1) M. Promis n'a trouvé aucune trace d'inscription, effacée ou non. Il croit qu'il n'y en a jamais eu. Le pont de Saint-Martin a une arcade de m. 35,64. C'est la plus grande que l'on connaisse de tous les ponts romains du temps de la république.

(2) On appelle cette fondrière le torrent de Syllan. On donne au pont le même nom.

Le pont romain de Syllan s'est écroulé le 8 juin 1837.

La partie de ce pont qui est encore hors de terre, est tellement resserrée de tous côtés par les maisons du faubourg auquel il a donné son nom, qu'on n'en voit guère à découvert qu'un sixième environ de l'arcade. Il est tout bâti de cette même espèce de granit dont il a été parlé à propos des autres monuments de la Cité.

A le voir par dessous, il semble encore presque neuf. Il a environ deux toises et demie de largeur. Les robustes éperons sur lesquels il est assis, s'étendent jusque dans les caves des maisons voisines, à trente et plus de pas de ce qui paraît à découvert.

*Pondel.* — Le pont dit *Pondel*, dans la baronnie d'Aymavilles, à l'entrée de la vallée de Cogne, est partie en tuf et partie de cette même pierre de granit employée dans la construction des murailles (1) de la Cité et de l'Arc Honoraire. Il est jeté entre deux montagnes, sur un précipice d'une profondeur prodigieuse où mugissent les eaux du torrent de Cogne. La construction en est singulière, à deux étages : l'étage inférieur est une galerie ménagée entre le cintre et le pavé, et dans laquelle on passe à couvert. Du reste, bien plus que pour servir de pont, il paraît avoir été bâti pour servir d'aqueduc à quelque fabrique. Il suffit, pour s'en convaincre, de considérer le peu de largeur qu'on lui a donnée en proportion des autres, et l'absence de tout vestige de route pouvant donner à croire qu'il ait été construit pour servir de communication; à moins que ce ne fût pour le transport des produits de quelque minière voisine, ou pour celui des bois nécessaires à la fonte.

Ceux qui ont le courage de sortir, attachés par une corde, par la petite ouverture ou fenêtre existant au dessus du centre de l'arcade sur la face septentrionale, et

---

(1) De Tillier voulait sans doute parler des Portes ou des autres monuments; car les murailles ne sont point bâties de cette pierre-là.

de se suspendre dans le gouffre, y peuvent lire encore, quoique avec beaucoup de peine, des fragments d'inscription. Le Châtelain Claude Mochetty en ses remarques, et le Rév. Père Daniel Monterin, religieux de Saint-François et ex-provincial de son ordre, lesquels assurent l'avoir copiée par eux-mêmes sur le lieu, la donnent comme suit :

Imp . Cæsare . Augusto . XIII . cos . desig .
C . Avilius . c . f . c . Aimus . patavinus .
privatum

Le reste est presque entièrement effacé par l'humidité et la corrosion de l'air, dans cette gorge où le vent souffle continuellement (1).

Le témoignage de ces deux personnages, et surtout du second, qui était très habile à déchiffrer ces sortes d'inscriptions, semble tout à fait digne de crédit. Aussi, avons-nous adopté celle-ci telle qu'ils l'ont interprétée eux-mêmes, quoique ceux qui l'ont été reconnaître en 1739 ne veuillent pas en convenir, peut-être pour ne l'avoir plus trouvée en son entier et avoir voulu donner à quelques fragments de lettres et de chiffres une interprétation différente.

*Ponts détruits.* — Nous avions, il n'y a pas longtemps, trois autres de ces beaux ponts romains : celui de Châtillon, celui de Liverogne et celui de Pierre-Taillée, tous trois élevés sur d'affreux précipices.

Les Français du marquis de la Hoguette les ont fait sauter en 1691, lors de leur retraite de ce Duché, ainsi qu'il sera plus amplement raconté en son endroit.

---

(1) Le fait est qu'il n'y avait pas de reste, et que l'inscription est complète. Le Châtelain Mochetty et le Père Monterin l'avaient relevée exactement. Entre le texte donné par eux et celui de M. Promis, il n'y a qu'une lettre de différence; à la seconde ligne, ils ont lu O. F. C. au lieu de C. F. C.

## AOSTE À L'EMPIRE D'OCCIDENT. — CHRISTIANISME.

— La contrée des Salasses, ainsi rétablie et repeuplée par les Romains, perdit jusqu'à son ancien nom et prit celui de sa capitale. Elle resta dès lors fidèlement soumise à l'Empire et en partagea les vicissitudes. Elle cessa d'avoir une histoire; mais elle dut jouir d'une longue période de tranquille prospérité, et les monuments qui la couvrent témoignent de l'importance qu'elle avait acquise.

Lors du partage de l'Empire, sous Constantin le Grand, elle resta à l'Empire d'Occident, avec la Gaule Cisalpine dont elle faisait partie.

Ce doit être sous le règne de Constance, troisième fils de Constantin, vers l'an 339, que le christianisme fut publiquement reçu et professé dans la Vallée. Il paraît cependant certain qu'on en devait avoir quelque connaissance depuis très longtemps, et qu'il y aurait pénétré dès l'époque où saint Barnabé, un des disciples de Notre Seigneur, annonça les vérités de l'Evangile dans la Gaule Cisalpine.

INVASIONS. — *Huns — Goths — Vandales. — Passage d'Attila.* — Cette heureuse domination romaine en Vallée d'Aoste dura plus de quatre cents ans.

Vers le milieu du v<sup>e</sup> siècle, le pauvre Empire d'Occident commença à crouler de toute part. Il était devenu la proie des Huns, des Goths, des Vandales et d'autres peuples barbares descendus des sauvages régions du nord. La Vallée d'Aoste, quoique cachée au milieu de hautes montagnes, qui eussent dû lui servir de rempart, ne fut point épargnée dans cette désolation universelle. On assure même que le fameux Roi des Huns, Attila, surnommé le *fléau de Dieu*, revenant des Gaules en Italie entre l'an 451 et 452, serait passé en personne par cette Vallée avec une partie de sa formidable armée, et l'aurait horriblement ravagée. C'est lui, dit-on, qui aurait si barbarement détruit les murailles de la Cité et tous les autres monuments de la grandeur et de la magnificence des Romains, surtout les trophées et les statues de l'Arc de Triomphe et de la Porte Orientale (1).

Premier Royaume de Bourgogne. — Vers ce même temps-là, d'autres peuples sortis d'entre l'Oder et la Vistule à la suite des Vandales, et qu'on appelait *Burgundes* parce qu'ils habitaient sous des tentes allignées comme des bourgs, s'étaient établis dans la Gaule. Ils avaient jeté, entre le Rhône et la Saône, les commencements d'un royaume qui prit le nom de Bourgogne. De là, leur domination s'était élargie ; vers la fin du v$^e$ siècle ils avaient passé les Alpes et s'étendaient jusqu'au Pô et au Tessin.

La Vallée d'Aoste se trouva naturellement enclavée dans le nouveau royaume. On en trouve une preuve certaine dans l'acte de fondation de la fameuse Abbaye de Saint-Maurice *in Agaunum*, soit de Valais, qui porte la date du jour avant les calendes de mai (30 avril) de l'an 517. Ce fut le cinquième roi de Bourgogne, Sigismond dit le Saint, qui, après avoir, sur le conseil de soixante évêques et d'autant de comtes qu'il avait à sa suite, abjuré les erreurs de l'arianisme, fonda ce célèbre monastère. Or, dans le dénombrement des biens-fonds que ce Prince assigne pour son entretien, il s'en trouve d'en-

---

(1) La tradition du passage d'Attila en Vallée d'Aoste n'a pas le moindre fondement. Quant à lui attribuer la destruction des monuments romains et surtout des murailles de la Cité, c'est tout à fait gratuit. Les murailles de l'enceinte sont d'ailleurs encore debout aujourd'hui ; elles sont, il est vrai, en fort mauvaises conditions ; mais il faut songer que depuis Attila, quatorze siècles et plus sont passés, parmi lesquels le funeste x$^e$, qui vit Aoste demeurer sans habitants, et les deux suivants où elle se repeupla et se rétablit, mais aux dépens des restes de la Cité romaine, et particulièrement du beau revêtement des remparts.

Attila faisait mieux les choses : il anéantissait ; témoins les ruines d'Aquilée ; elles datent précisément de l'époque où l'on prétend qu'il soit passé par Aoste.

clavés dans la Vallée et même dans la Cité d'Aoste. Nous rapportons ici les termes de cette fondation, quoique rudes à la manière de ce temps-là : « *Eidem Monasterio pro animae meae salute de rebus meis dono donatumque in perpetuum esse volo etc. et in Valle Augustana quae est a finibus Italiae, alias curtes contextas, Sidrio, Bernona leuca Bromusio duodecimo paterno, in Civitate Augusta turrim unam quae respicit occidentem et Levira, Lagorna, Girozolis et Morga cum omni integritate et appendentiis eorum, id est in terris, domibus, aedificiis, mancipiis, liberis, libertis, plebeis, vacollis, vineis, sylvis, olivetis, campis, pratis, pascuis, aquis, aquarumque decursibus, mobilibus et immobilibus seu decimis, totum et integrum quidquid ad ipsas villas aspicere videtur ad locum praefatum de Sancto Mauritio donamus, tradimus atque indulgemus* etc.

Ce prince infortuné fut défait en 524, près de Voiron en Dauphiné, dans une sanglante bataille, par Clodomir roi d'Orléans, un des fils de Clovis. Il tomba entre les mains du vainqueur, qui le fit massacrer avec sa femme et ses enfants, puis jeter dans un puits. Grégoire de Tours, liv. III, chap. 9, qui écrivit une histoire de France vers la fin de ce même siècle, met cet événement en 522.

Gondemar, son frère, lui succéda. Mais en 534, il fut défait lui aussi et dépouillé de tous ses Etats par Clotaire et Childebert, frères de Clodomir.

Ainsi finit le premier royaume de Bourgogne. Il avait duré cent vingt-sept ans (1).

---

(1) L'histoire particulière de la petite Vallée d'Aoste se perd dans les bouleversements de ces temps orageux. On ne sait rien des vicissitudes qu'elle eut à subir, ni des évènements dont elle dut être le théâtre. Ce qui paraît certain, c'est que ni Sigismond ni Gondemar n'en furent les paisibles possesseurs pendant toute la durée de leur règne. Théodoric, roi des Goths, dut, vers 521 ou 522, s'en rendre maître et la posséder pendant un certain temps. On trouve les traces de trois actes de son autorité souveraine sur notre pays ;

SECOND ROYAUME DE BOURGOGNE. — La Vallée d'Aoste passa alors sous l'obéissance des Rois de France de la première race.

Clotaire, demeuré seul après la mort de ses deux frères, réunit dans ses mains toute la succession de Clovis. Il la partagea entre ses trois fils. Gontran, le second, eut pour sa part les royaumes d'Orléans et de Bourgogne, et par conséquent, aussi la Vallée d'Aoste.

On trouve dans le martyrologe, soit livre obituaire de la Cathédrale, cette note écrite en vieilles lettres gothiques : « *Apud Cabillonem civitatem Galliarum depositio beati Gondranni regis Aurelianensis, filii Clotarii primi, Regis Francorum instauratoris hujus ecclesiae* (1). »

D'où il résulte que s'il n'a pas été le premier fondateur de l'église d'Aoste, il en a du moins été le restaurateur. Ce point d'histoire se trouve confirmé par un mémoire manuscrit du Seigneur Boniface de Vaudan, chanoine des églises Cathédrales d'Aoste et de Tarentaise, lequel vivait encore vers le milieu du XVe siècle. On y lit ce qui suit : *Civitas Augusta fuit restaurata per Gontranum Regem Aurelianensem filium Clotarii hujus*

---

Le premier, c'est qu'il avait fait construire un fort au passage de la Cluse, *Augustanis Clausuris*, et y tenait garnison de 6000 soldats, pour arrêter les invasions des Bourguignons maîtres du Valais. (Cassiodore, l. II, epistola 5);

Le second, c'est que, ayant distribué à ses soldats les meilleures terres d'Italie, aux dépens principalement des Hérules et des Thuringiens qui les avaient reçues d'Odoacre, il indemnisa ceux qu'il venait de déposséder, en leur assignant pour demeure les pays d'Aoste et Ivrée;

Le troisième, c'est que l'Evêque d'Aoste ayant été faussement accusé de vouloir livrer le pays aux Bourguignons, Théodoric délégua l'Archevêque de Milan pour la punition des calomniateurs : « *Ad Sanctitatis vestrae judicium cuncta transmisimus ordinanda, cujus est eaquitatem moribus talibus imponere.* »

(1 Cette note est sous la date du 28 mars. Nous en rapportons le commencement, omis par De Tillier :

« *Quinto kalendarum aprilis... Eodem die apud Cabillonem*, etc. »

*nominis primi Francorum Regis, qui Romam petens causa peregrinationis, reperiit in via thesaurum infinitum, de quo reparavit omnes fere ecclesias Italiae, ob infestationes bellorum diruptas tempore Mauritii Imperatoris qui regnabat anno a nativitate 583. Hoc ex Paulo historiographo Lungobardorum.* »

AOSTE AUX LONGOBARDS. — Le roi Gontran ne posséda pas longtemps les provinces qu'il avait dans les Alpes et en deça.

Un nouveau peuple venait d'apparaître, appelé en Italie par la trahison de l'eunuque Narsès. C'étaient les Longobards, conduits par leur roi Alboïn. De 570 à 572, ils s'étaient emparés, dans la partie de l'Italie dite Transpadane, d'un bon nombre de villes et de provinces et en avaient formé un royaume qui s'appela Lombardie.

Alboïn s'était rendu maître aussi de la Vallée d'Aoste. On prétend même qu'il passa les Alpes et envahit le Valais. Josias Simlerus en fait mention comme suit, à la page 125 de sa description du Valais : « *Tradunt etiam sub ejus morte anno 579 Longobardos superatis Alpibus, Salassos, Vallesianos et Antuates vastasse.* » Mais Alboïn était mort en 574 (1). L'expédition dont parle Simlerus ne fut donc faite qu'après lui, par quelques-uns des trente ducs qui s'étaient partagé sa succession.

Ayant pénétré dans les Gaules, partie par le Mont-Genèvre, partie par le Mont-Cenis et partie par le Mont-Joux, ils portèrent partout la désolation, mirent tout à feu et à sang et achevèrent d'anéantir ce qu'avaient épargné les barbares précédents.

La religion même en souffrit une grande altération. On en peut juger par les lacunes qu'on trouve, pendant ces temps-là, dans la chronique des Evêques d'Aoste. Le Sieur De Pingon, dans ses remarques sur la ville de

---

(1) Alboïn était mort en août 573.

Turin, en parle comme suit : « *Allobroges primum, tum Gallias depredati sunt et nequidem templis et sacris locis pepercerunt.* »

Dès cette époque, la Vallée d'Aoste cessa d'appartenir aux Rois d'Orléans et de Bourgogne et passa sous la domination des Rois Longobards. Elle y resta jusqu'en 774, où leur royaume fut abattu par l'épée de Charlemagne.

Ce grand Monarque, fils aîné de Pépin Roi de France, avait été appelé en Italie par le Pape Adrien Ier, qu'effrayaient l'ambition et les entreprises de Didier, dernier Roi des Longobards. Il réunit en 773 une nombreuse armée aux environs de Genève, et de là, il l'achemina vers l'Italie par les mêmes routes qu'avait jadis suivies le Roi Pépin, lorsque, en 756, il était venu, lui aussi, délivrer Rome assiégée par les Longobards : une partie prit par les Alpes Cottiennes, une autre par les Alpes Graïes, et une autre par les Alpes Pennines soit par le Montjoux.

Quelques écrivains ont prétendu que Charlemagne se trouvait en personne avec ce dernier corps d'armée ; d'autres soutiennent au contraire qu'il passa par le Mont Cenis, et leur opinion se trouve puissamment confirmée par Eginard lui-même, qui fut le secrétaire de ce Monarque, et qui dit dans ses annales : « *Rex, etc. cum toto Francorum exercitu Gebennam Burgundiae civitatem juxta Rhodanum sitam venit, ibique de bello suscipiendo deliberans, copias quas secum adduxerat, divisit, et earum partem cum Bernardo patruo suo per montem Jovis ire jussit, alteram ipse ducens per montem Sinisium in Italiam venit* etc. »

Quoi qu'il en soit, les troupes du Roi Didier furent battues et chassées de la Vallée d'Aoste. Didier lui-même, vaincu en bataille rangée, s'enferma dans Pavie sa capitale ; il y fut pris avec toute sa famille et emmené en France.

Avec ce Prince infortuné finit le royaume de Lombardie.

Il laissait comme souvenir de son passage en Vallée d'Aoste, la méthode de donner les biens à fief et le droit féodal (1).

Aoste aux Carlovingiens. — La Vallée d'Aoste était passée, comme le reste du royaume Longobard, dans la possession du vainqueur.

Dans un troisième voyage qu'il fit en Italie l'an 800, Charlemagne fut consacré à Rome Empereur d'Occident. Lorsqu'il mourut, il laissa la Vallée d'Aoste, comme une des provinces de son Empire, à son fils Louis le Débonnaire. Elle passa ainsi de l'un à l'autre de ses successeurs jusqu'en 888, où la domination des Rois de France prit fin en Italie, par l'indolence et l'incapacité de ces princes dégénérés.

---

(1) Cette domination supposée des Longobards en Vallée d'Aoste pendant 203 ans, fut-elle effective et sans interruption? Il est permis d'en douter. Quelques historiens l'admettent; d'autres croient le contraire.

D'après ces derniers, les Longobards avaient bien, dès 570 et 571, envahi et ravagé les Etats du Roi Gontran; mais battus à Embrun par le patrice Mummole en 572, ils furent forcés de se retirer. D'autres invasions tentées en 576, pendant la minorité d'Autharis, eurent le même sort. Enfin, entre 580 et 583, Gontran, irrité de leurs invasions et de leurs déprédations continuelles, prit lui-même l'offensive, leur infligea de sanglantes défaites et leur reprit définitivement les pays d'Aoste et de Suse, qu'il annexa à son royaume.

Si nous admettons cette version, les Longobards n'auraient occupé la Vallée que par intermittence et pendant un petit nombre d'années. Après Gontran, elle serait passée à Childebert son neveu, puis à Théodoric fils de Childebert, dernier roi du second royaume de Bourgogne. Depuis l'an 613, elle aurait fait partie du Royaume de France, sous les derniers Mérovingiens, et ainsi jusqu'à Charlemagne et à ses successeurs.

Cette version est-elle beaucoup plus vraie que l'autre? L'est-elle complètement? C'est bien difficile à dire. On trouve que, en 617, Clotaire II, Roi des Francs, faisait remise au Roi des Longobards du lourd tribut que leur avait imposé le roi Gontran, ce qui prouverait au moins la réalité des victoires attribuées à ce prince.

Marquis d'Italie. — Quelques auteurs assurent que Charlemagne, à son retour en France après la défaite des Longobards, établit à Ivrée, à Suse et à Salluces, villes situées au débouché des passages les plus fréquentés des Alpes, des gouverneurs perpétuels, à qui il confia, sous la vassalité de sa Couronne, la garde de ces importants passages et le gouvernement des vallées qui y donnaient accès. Ces gouvernements furent appelés *Marches* ou *Marquisats*, et ceux qui en furent revêtus prirent le nom de Marquis. Charlemagne assurait ainsi ses frontières contre toute invasion, pendant qu'il était occupé à des guerres en Allemagne ou ailleurs. Aoste fut donc soumise à ce premier Marquis d'Ivrée et ensuite à ses successeurs, jusqu'à ce que les empereurs d'Allemagne supprimèrent cette charge, en y substituant des Vicaires du Saint-Empire Romain.

Béranger Roi d'Italie. — D'autres historiens rapportent que Béranger fils d'Eberard duc du Frioul, descendu de la race des Rois Longobards, avait formé en Italie, vers la fin du ixe siècle, un nouveau royaume des villes et des provinces qu'il avait usurpées pendant la décadence de l'Empire. Il s'était rendu maître aussi d'Ivrée et d'Aoste et les posséda jusque vers 924, où Rodolphe II, second Roi de la Bourgogne transjurane, le défit complètement près de Vérone, et lui enleva tous ses Etats.

Marquis de Monferrat. — Selon d'autres historiens, la Vallée d'Aoste, à cause de ses passages, avait été pendant plusieurs siècles la route sanglante suivie par le flux et le reflux des guerres presque continuelles de ces temps-là; passée d'un maître à l'autre, prise, reprise, elle avait éprouvé tout ce que la fureur et l'acharnement des gens de guerre ont de plus horrible; la ville n'était plus qu'un monceau de ruines et la Vallée entière un désert presque inhabité.

Ce malheureux pays était enfin tombé, vers les dernières années du ixe siècle, entre les mains des Marquis de Montferrat de la première race, qui durent le garder pendant un certain nombre d'années.

Ce qui donne beaucoup de probabilité à cette opinion, et fait retenir que ces Princes eurent effectivement dans la Vallée d'Aoste, vers cette même époque, ou par droit de conquête ou comme lieutenants des Rois de Bourgogne, une puissante autorité, ce sont les grands biens qu'ils ont donnés à plusieurs églises de la Vallée et les pieuses fondations qu'ils doivent y avoir faites. On leur attribue entre autres celles du Monastère de Saint-Gilles à Verrès et du Prieuré de Saint-Laurent à Chambave. Le Prieuré de Saint-Pierre et Saint-Ours, hors des murailles de la Cité, n'avait auparavant qu'une chapelle et peu de biens ; leur munificence le dota de gros revenus.

Dans le douzième livre de ses chroniques, Philippe *Bergonensis* donne des détails sur cette dernière donation. On en trouve d'ailleurs une autre preuve qui semblerait devoir suffire à elle seule, si l'on peut ajouter foi à ce qui est écrit dans un vieux cartulaire de la fondation des légats de la Cathédrale ; on y lit en effet, à propos de ce Prieuré, la note suivante, écrite en caractère du temps :

« *Quod dudum fundaverunt bonae memoriae Marchiones Montisferrati, post variorum anfractus bellorum, qui hanc civitatem aequarunt solo et fere vallem sine colonis multis temporibus reliquerunt.* »

CONRAD LE SALIQUE ET HUMBERT AUX BLANCHES MAINS. — D'autres encore soutiennent que la Vallée d'Aoste, après avoir fait partie du troisième royaume de Bourgogne, passa sous la domination de l'empire avec tout ce royaume, par la cession de Rodolphe III, son troisième et dernier roi (1032).

Lorsque l'empereur Conrad dit le *Salique* voulut prendre possession de son nouveau royaume, il eut à lutter contre plusieurs compétiteurs, et il fut puissamment aidé dans la défense de ses droits par le comte Humbert surnommé *aux blanches mains*, qui était lieutenant du roi défunt. En récompense de ses services, il lui confirma la donation de la Maurienne, que le roi Rodolphe avait déjà faite à son père Bérold, et lui donna de plus le Chablais avec les provinces voisines, entre lesquelles on suppose que la Vallée d'Aoste était comprise.

Il est à regretter que ceux qui soutiennent cette version n'aient pu faire conster de ce prétendu document, non plus que du lieu où en fut faite la concession, de sa date et des autres notices qui devraient l'accompagner pour qu'il soit possible d'en saisir le public.

HENRI IV. — ADÉLAÏDE DE SUSE. — AMÉ. — Les hypothèses ne s'arrêtent pas là. Quelques écrivains veulent que la Vallée d'Aoste ait été soumise aux Comtes de Maurienne par une autre donation postérieure, qu'aurait faite en 1077 l'empereur Henri IV à la Comtesse Adélaïde de Suse sa belle-mère et au Comte Amé son beau-frère. Cette donation aurait consisté en cinq villes épiscopales avec leurs diocèses ; il l'aurait faite pour avoir libre le passage en Italie par les Alpes, lorsqu'il y vint avec toute sa famille pour se réconcilier avec le Pape Grégoire VII.

Le sieur Thomas Leblanc dit que cette donation ne contemplait que le pays de Bugey. Louis Gollut, avocat bourguignon, en son cinquième livre des mémoires de Bourgogne, enchérit sur tous les autres : se fondant, à ce qu'il dit, sur un certain Schauff, écrivain allemand, il fait de cette donation une peinture si indigne de la majesté d'un empereur et en même temps si injurieuse pour les princes de la Maison de Savoie, qu'on n'y peut ajouter aucune foi ; en effet, il semblerait qu'un empereur souverain eût voulu marchander un passage avec un des vassaux de son empire ; or ce vassal ne paraissait pas en ce temps-là être assez puissant pour le lui refuser, à moins que cet empereur n'eût marché tout seul et sans suite.

Mais si nous consultons Platine de Crémone, célèbre écrivain du xve siècle, nous trouverons qu'il parle tout autrement, et avec bien plus de respect pour la majesté de l'empereur : il le fait suivre d'une armée, et bien loin de lui faire rencontrer le Comte Amé en Maurienne, il le fait passer par la Bourgogne et de là, par le Mont-Joux, pénétrer en Vallée d'Aoste, où les Princes et les Prélats d'Italie les plus voisins de ce débouché des Alpes étaient accourus pour lui présenter leurs hommages. Ces nobles personnages l'accompagnèrent jusques à Canouse, ville du Royaume de Naples, où il se raccommoda avec le Pape (1).

AOSTE AUX MARQUIS D'IVRÉE. — Il ne manque pas non plus d'écrivains qui prétendent qu'Aoste aurait été soumise aux Marquis d'Ivrée. Seulement, ils ne les font pas descendre de ceux que Charlemagne doit y avoir établis, mais bien d'un prince nommé Anscaire, parent de Béranger Roi d'Italie. Ils en continuent la succession jusqu'à Albert ou Augbert, qui serait, selon eux, le dernier des Marquis de cette race.

AOSTE ET IVRÉE AUX MARQUIS DE SUSE, PUIS AUX COMTES DE MAURIENNE. — Le Marquis Albert, disent ces mêmes écrivains, n'avait qu'une fille nommée Berthe, cousine d'Ardoin autre Roi d'Italie. Il la maria, vers l'an 985, à Mainfroy, surnommé *Obric* ou *Ubric*, Marquis de Suse, à qui elle apporta en dot ses droits de souveraineté sur le Marquisat d'Ivrée et la Vallée d'Aoste; lesquels droits ils

---

(1) Il y a ici une erreur géographique. Il ne s'agit pas de *Canosa di Puglia*, ville de la province de Bari, mais bien du célèbre Château de *Canossa*, dont les ruines s'élèvent encore sur l'Appenin, à quelques lieues de Reggio dans l'Emilie. C'était là, dans l'imprenable forteresse de la grande Comtesse Mathilde, que le fier Pontife attendait l'Empereur humilié.

font à leur tour passer dans la Maison des Comtes de Maurienne par le mariage d'Adélaïde, fille unique de Mainfroy, avec un Comte de cette illustre famille.

*Examen de cette opinion. — Dédition d'Ivrée (1311) — Yblet de Challand (1295). — Seigneurs de Saint-Martin, Valpergue et Castellamonte.* — Cette dernière opinion ne semble guère plus soutenable que les autres, car ni la Comtesse de Suse, ni les Comtes de Maurienne ses descendants, n'ont pu avoir par cette voie Aoste et Ivrée. Tant il est vrai qu'Ivrée n'est passée sous la souveraineté de la royale Maison de Savoie qu'en 1311, par convention du 1er novembre confirmée par autre du 15 même mois de l'an 1313. Ces conventions furent passées entre Amé Comte de Savoie et Philippe de Savoie Prince d'Achaïe d'une part, stipulant à leur nom et à celui de leurs successeurs mâles, et d'autre part les hommes de la Commune d'Ivrée : les deux pièces existent en original dans les archives de cette dernière ville.

Depuis que le Roi Ardoin, le dernier de ses Marquis, était allé s'enfermer dans l'Abbaye de Saint-Béning, la ville d'Ivrée, par privilège particulier des empereurs, s'était gouvernée jusqu'en 1311 en République, ou en Commune, sous la protection des Marquis de Monferrat de la première race et l'autorité et l'appui de ses Evêques, de ses consuls et de ses podestats. On en trouve entre autres une preuve dans le traité de confédération passé entre cette Commune et Yblet Seigneur de Challand et de Montjovet, sous la date du 1er octobre 1295, et dans la lettre suivante du Marquis Jean de Montferrat, du 18 septembre précédent, insérée tout au long dans ce traité : « *Johannes Marchio Montisferrati honorabilibus viris Dno Conrado de Congagia potestate communis et Guidoni de Maximo capitaneo societatis procuratori, Consilio et Communi civitatis Iporegiæ fidelibus suis carissimis salutem et intimæ dilectionis affectum etc.* »

Ajoutons encore que les terres et les Seigneuries des environs d'Ivrée étaient possédées par des Seigneurs particuliers. Tels étaient par exemple ceux de St-Martin, de Valpergue et de Castellamonte, qui tiraient leur origine du Roi Ardoin ; ils tenaient leurs fiefs directement de l'empire et n'en ont fait adhérence à la royale maison de Savoie que bien longtemps après, en 1351.

*Opinion de Guichenon. — Réfutation.* — L'opinion que la Vallée d'Aoste soit passée sous l'obéissance des Comtes de Maurienne par succession héréditaire de la Comtesse Adélaïde de Suse est due principalement au Sieur Samuel Guichenon, qui a cru, plus que tout autre, avoir approfondi et vérifié la question. Il a été suivi en ceci par la plupart des historiens qui ont écrit après lui. Il cite comme une de ses principales preuves une lettre que le Cardinal Pierre *De honestis* dit Damien doit avoir écrite à cette princesse, qu'il qualifie du titre de Duchesse et de Marquise : « *Adelaidae excellentissimae ducissae et Marchionissae Alpium Cottiarum.* »

Mais de lui avoir donné le titre de Duchesse, par rapport à Turin sans doute, dont les Marquis de Suse étaient Gouverneurs pour l'Empire, prenant pour cela le titre de Ducs; de l'avoir appelée Marquise des Alpes Cottiennes, qui sont sans contredit celles qui avoisinent le Mont-Cenis et qui dépendaient par conséquent du Marquisat de Suse, il ne s'ensuit pas qu'on en puisse conclure que la domination de cette princesse s'étendait sur les vallées des autres Alpes et sur des pays si éloignés.

Dans cette même lettre, le Cardinal, après avoir rappelé à cette Princesse que les terres soumises à sa domination s'étendaient dans les deux royaumes d'Italie et de Bourgogne et qu'elles comprenaient plusieurs évêchés, lui fait observer que parmi ces évêques il n'y avait que celui d'*Augusta* qui eût témoigné ne pas s'être ressenti de ses libéralités : « *In ditione vero tua quae in duorum re-*

*gnorum Italiae scilicet et Burgundiae porrigitur, non breve confinium plures episcopantur antistites, nullus eorum fuit, qui vel a te, vel a tuis procuratoribus, ullam sibi molestiam conquereretur inferri, praeter* Augustensem *duntaxat episcopum, qui tamen, non a te, sibi de suis aliquid imminutum sed conquestus est potius, ecclesiae suae nihil ex tua liberalitate collatum,* etc. »

Voilà pourtant la lettre sur laquelle ces écrivains s'appuient si fortement, comme si elle ne pouvait pas être appliquée avec bien plus de raison à l'évêque de Turin qu'à celui d'Aoste. Celui-là était en effet beaucoup plus rapproché de la résidence de la Princesse, et Aoste était toujours désignée par le surnom d'*Augusta Praetoria*. Les termes même de la lettre, là où ils parlent de *non breve confinium*, semblent exclure l'évêché d'Aoste, éloigné de l'autre de trois journées, et l'intitulation spéciale « *Marchionissae Alpium Cottiarum* » achève de confirmer cette exclusion.

Cette lettre elle-même, qu'on trouve être la troisième du quatrième livre des épîtres du Cardinal Damien, n'est-elle pas fort suspecte ? Elle ne porte pas même de date.

Et d'ailleurs, fût-elle même de la plus parfaite authenticité, et l'évêque y désigné fût-il bien certainement celui d'Aoste, il est facile que ce pieux cardinal, dont la vie s'était écoulée en grande partie dans la solitude, loin du monde, ait cru que la Comtesse Adélaïde était souveraine absolue dans les pays où le Comte Humbert son premier époux avait été Gouverneur pour le Roi Rodolphe et ensuite pour l'empereur Conrad. Peut-être même Othon son second mari (1) le fût-il aussi; on pourrait le croire

---

(1) Ce que c'est que de nous ! disait un philosophe ; voilà-t-il pas que le bon et intègre De Tillier se laisse amener, par son parti pris contre Guichenon, à dire des choses énormes ! Ne semble-t-il pas vouloir supposer qu'Adélaïde de Suse aurait été successivement la femme du père et du fils ?

par la première partie de la lettre, dont les expressions semblent plutôt devoir se rapporter à des autorités de gouvernement qu'à une souveraineté absolue et indépendante.

*Echange entre le Comte Humbert et l'Evêque Burcard.* — Une autre preuve rapportée par le Sieur Guichenon, c'est la copie, extraite d'un vieux cartulaire de l'Abbaye de Saint-Maurice en Chablais, d'un contrat portant échange de quelques biens-fonds entre le Comte Humbert et Burcard évêque d'Aoste. Ce contrat fut passé à Aoste « *Actum in Augusta Civitate loco publico* » et finit par ces mots : « *Ego Dodo Praesbiter, vice Maunovi Praepositi et Cancellarii, scripsi in die Mercurii XVI kal. decem. rege Rodulpho regnante an : XXXIII indicto V. foeliciter.* »

Mais ce titre même détruit entièrement le système de Guichenon, selon lequel Adélaïde de Suse n'aurait été l'épouse que du Prince Oddon, quatrième fils du Comte Humbert. Or, est-il naturel de supposer que celui-ci serait venu passer des contrats d'échange, de donation, ou fonder des légats à Aoste, en pays appartenant à une maison étrangère, avec laquelle il n'avait nulle relation ?

Ce titre ne démontre-t-il pas plutôt que la Vallée d'Aoste était à cette époque encore soumise aux Rois de Bourgogne, et que cet acte, si tant est qu'il existe, n'a été stipulé par le Comte Humbert que comme lieutenant du Roi Rodolphe, l'an trente-troisième de son règne, qui peut revenir à l'an 1027 ?

On le relève d'ailleurs des termes même de ce contrat : « *Dominus Humbertus Comes donat campum unum de terra Sancti Johannis et de Comitatu, qui habet fines duobus lateribus terra de Comitatu* etc. » Or, ces expressions valent comme dire *terres de son gouvernement*, ainsi qu'on l'expliquera mieux ci-après.

*Donation de Derby par le Comte Humbert.* — Egal

jugement doit être fait à propos de la prétendue donation du domaine temporel de Derby, en Valdigne, que le même Comte Humbert aurait faite au Chapitre de la Cathédrale et au Monastère de Saint-Pierre et Saint-Ours.

Cette donation, citée aussi comme preuve par le Sieur Guichenon, a été tirée du Cartulaire de la fondation des légats de cette même Eglise Cathédrale. Si elle est véritable, elle doit être de l'an 1040. Voici ce qu'on y lit :

« *In solemnitate omnium Sanctorum convivium seu refectorium amplum facit rector Ecclesiae parrochialis S. Eusebii de quarto necnon octo solidos annuales exigendos et distribuendos per dominum Mistralem venerabilis Capituli nostri, interessentibus divino officio, et praesens convivium habuit incrementum ab anno 1040, sedente in Cathedra beati Grati felicis recordiae Arnulpho ep<sup>no</sup> necnon regnante et principiante in valle nostra Augustae Salassorum Humberto primo Comite Mauriannae, filio Illustris Principis Beroldi de Saxonia, qui Humbertus legavit eodem anno Capitulo nostro dominium loci Derbiae pro duabus partibus, legataq. alia parte tertia Coenobio seu Priori Sanctorum Petri et Ursi, quod dudum fundaverunt bonae memoriae Marchiones Montisferrati, post variorum anfractus bellorum qui hanc civitatem aequarunt solo et fere vallem sine colono multis temporibus reliquerunt.* »

Il est à remarquer d'abord que cette preuve n'est pas moins opposée que la précédente au système adopté par Guichenon.

Ajoutons que le Cartulaire lui-même ne fut compilé que bien longtemps après l'incendie de 1518, où le feu du ciel détruisit les archives de la Cathédrale. Ce ne fut qu'en 1554, ainsi qu'il est spécifiquement marqué sur le premier feuillet de cet ouvrage, qu'un chanoine de ce corps, d'ordre du Prévôt et du Chapitre, recueillit ces mémoires, en s'aidant de quelques écritures sauvées du sinistre et de copies trouvées auprès des particuliers, et en donnant beaucoup à ce qui se débitait par la tradition.

Ne voyons-nous pas, en effet, dans cette pièce même, que la libéralité du Comte Humbert était faite pour un tiers « *Coenobio seu Priori* etc. » tandis qu'il n'y avait encore dans ce temps-là, au Monastère du Bourg, aucun Prieur ? N'y trouvons-nous pas encore une erreur chronologique considérable, en ce qu'il est dit que cette donation fut faite sous l'épiscopat d'Arnulphe, tandis que ce prélat ne tint le siége épiscopal d'Aoste que cent ans après ? La preuve de cet équivoque de temps résulte de plusieurs titres ; mais la principale consiste dans ce qui est écrit sur le chapiteau d'un pilier, dans l'ancien cloitre de la Collégiale de Saint-Pierre et Saint-Ours. On y lit ces paroles : « *Anno MCXXXIII incepta fuit haec regularis vita* » (1). Or, on tient publiquement pour certain que c'est ce même Arnulphe qui introduisit la régularité dans ce monastère, et qu'il en fut lui-même le premier Prieur régulier avant que de monter sur le siége épiscopal. Ceci est d'ailleurs confirmé par l'histoire des Evêques d'Aoste, écrite d'ordre du Rév. Evêque Vercellin par le P. François, capucin de Chambéry. On y trouve la note suivante sur l'Evêque Arnulphe, seul de ce nom : « *Ex hoc munere cum omnibus ob sanctam exemplaremque vitam acceptus esset ad maius vocatus est vir egregie nobilis Arnulphus suffectusque clero et populo in suffragiis concurrentibus in locum mortui episcopi circa annum 1140 etc.* »

---

(1) Cette inscription précieuse, parfaitement conservée, se trouve dans la galerie méridionale du cloître, au chapiteau de la dernière colonne avant le pilier de l'angle sud-est. De Tillier ne la rapporte ni toute ni exactement. La voici dans son entier :

ANNO . AB INCARNATIOE . DNI M . C . XXX . III . IN
hº CLASTRO REGULARS VITA INCEPTA EST .

Une fois ces inexactitudes reconnues, comment ne pas douter du reste ?

*Fausse supposition du Comte de Robilant.* — C'est cependant de cette prétendue donation de Derby, par lui vue entre les mains d'un chanoine de la Cathédrale, qu'un moderne écrivain turinais de l'an 1727, le Seigneur Comte de Robilant fils, non content d'avoir plagié quelques cahiers du commencement de ce recueil, prétend tirer une preuve invincible du domaine souverain du Comte Humbert sur la vallée d'Aoste. Il s'attribue bien à tort le mérite d'avoir fait le premier cette découverte, il considère cette écriture comme un vrai original et il se montre persuadé que la copie qu'il en a extraite et insérée dans son ouvrage est fidèle : or, chacune de ces trois suppositions constitue une erreur.

Pour le convaincre de la première, on n'a qu'à lui faire voir ce que le Sieur Guichenon et Leblanc ont écrit sur la vie du Comte Humbert. L'un et l'autre font mention expresse de cette donation, quoique d'une manière fort succinte, car ils connaissaient sans doute le peu de solidité de cet argument.

Quant à la seconde, on lui oppose que bien loin de pouvoir être traitée comme vrai original, cette pièce ne mérite pas même le nom de copie, parce qu'elle est sans signature, sans sceau ni vestige qu'il y en ait jamais eu, qu'elle n'est munie d'aucun vidimé de tabellion, de notaire ou d'autre personne publique pouvant y donner du crédit, et enfin, que cette écriture, nette, égale, unie et très lisible, sur ce bout de parchemin peu ou point usé, ne se ressent point de l'antiquité et de la grossièreté du siècle auquel on suppose qu'elle appartient.

La troisième supposition regarde la copie de cette pièce. M. de Robilant se vante de l'avoir fidèlement extraite et rapportée; mais il suffit, pour se convaincre du contraire, de confronter avec le prétendu original le texte qu'il a publié en 1727 (1); on sera alors en droit de se

---

(1) Voici les deux textes cités par De Tillier :

COPIE
*extraite de l'ouvrage du susdit écrivain moderne.*

Licet unicuique benefacere si *sui* juris est, *suæ æque* potestatis dum in præsenti et proclivo sæculo libero viget arbitrio, quæ propter, ego *Umbertus* Comes in nomine *Xi* propter illius amorem qui inspector est cordibus omnium et animæ meæ remed*io* parentum*que* meorum animarum, sumpsit mihi voluntas bona, dono, cedo, confero Canonicis Sancti Joannis nec non *et* Sancti Ursi Canonicali ordine quidquid prædii in Avisiaco et in Valledigna, hoc est in Delbia et in *Lucuvilla* et quidquid ad ipsum *allodii* pertinet quod Petrus mihi dedit hæc sunt campos, vineas, prata, sylvas, alpesque et pascua una cum *exitibus et rivis* aquis, aquarumque decursibus, et totum illud mobile quod in die mortis meæ in Comitatu Augustano habebo, excepto personas hominum, eo tenore dum ego *Humbertus* Comes vivo, usum et fructum in me reservo, post meum vero *decessum* remaneat illud totum mobile et immobile Canonicis S. Joannis et S. Ursi eorumque successoribus, quod si post hunc diem si ego ipse *Humbertus* Comes aut aliquis meorum Hæredum, sive ullus homo in aliquo tempore donationem istam infrangere aut inquietare vel damnare voluerit, non valeat vindicare quod repetit *sed* insuper sit culpabilis et impleturus dupla bona melioratis rebus in consimilibus locis componat et in argento libras *tercentas* et donatio ista firma et stabilis permaneat cum stipulatione et omni firmitate subnixa.

Actum hoc donum in Augusta civitate in ecclesia Sanctæ Mariæ loco publico, signum domini Huberti Comitis qui donationem istam fecit et firmare rogavit.

COPIE
*extraite et collationnée sur le prétendu original.*

Licet unicuique *homini* benefacere si juris est *suæque* potestatis dum in præsenti et proclivo sæculo libero viget arbitrio, quæ propter, ego *Hubertus* Comes in nomine *Christi* propter illius amorem qui inspector est cordibus omnium et animæ meæ remed*ium* parentum meorum animarum, sumpsit mihi voluntas bona, dono, cedo, confero Canonicis Sancti Joannis nec non Sancti Ursi canonicali ordine quidquid prædii in Avisiaco et in Valledigna, hoc est in Delbia et in *Tuillia* et quidquid ad ipsum *allodium* pertinet quod Petrus mihi dedit, hæc sunt campos, vineas, prata, sylvas alpesque et pascua una cum *ex iis et perviis* aquis aquarumque decursibus et totum illud mobile quod in die mortis meæ in Comitatu Augustano habebo, excepto personas hominum eo tenore dum ego *Hubertus* Comes vivo, usum et fructum in me reservo, post meum vero *discessum* remaneat illud totum mobile et immobile Canonicis S. Joannis et S. Ursi eorumque successoribus, quod si post hunc diem si ego ipse *Hubertus* Comes aut aliquis meorum Hæredum, sive ullus homo in aliquo tempore *qui* donationem istam infrangere aut inquietare vel damnare voluerit, non valeat vindicare quod repetit, *d* insuper sit culpabilis et impleturus dupla bona melioratis rebus in consimilibus locis componat et in argento libras *CCC* et donatio ista firma et stabilis *omni tempore* permaneat cum stipulatione et omni firmitate subnixa.

Actum hoc donum in Augusta civitate *et* in ecclesia Sanctæ Mariæ loco publico, signum domini Huberti Comitis qui donationem istam fecit et firmare rogavit.

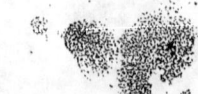

demander si c'est bien par défaut de précaution, ou si ce n'est pas plutôt pour quelque autre motif, celui sans doute de la mieux faire convenir à l'établissement de son nouveau système, qu'il y a introduit de si notables variantes.

D'abord dans la prétendue pièce originale, on ne trouve point *Humbertus Comes*, mais bien *Hubertus Comes*, et cette seule variation ouvrirait déjà le champ à plus d'une réflexion solide.

Plus bas, les expressions *hoc est in Delbia* et *in Tuillia* ont été changées en *hoc est in Delbia et Lucuvilla*. Ce nouveau système s'accommodait fort bien d'une pareille variante, car Lucuville est un hameau dépendant de la Seigneurie et église de Derby, tandis que La Thuile en est éloignée de trois lieues, et que les Chapitres n'y possèdent rien qui se puisse attribuer à la dite prétendue donation.

En troisième lieu, les souscriptions sont écrites toutes de suite et de la même écriture que le texte. Elles sont d'ailleurs altérées elles aussi, car, dans la pièce citée comme primordiale elles sont à la troisième personne,

---

| | |
|---|---|
| Signum testium Bovo, Bozo *Falcherardus et* Arnulphus fidem fecerunt Aymo et Dodo de Cartavarendi. | Signum testium Bovo, Bozo, *Forcheradus*, Arnulphus fidem fecerunt, Aymo et Dodo de Cartavarendi. |
| Facta donatio hæc est anno ab incarnatione domini millesimo quadragesimo indictione *octava* fœliciter. | Facta donatio hœc est anno ab incarnatione domini millesimo quadragesimo indictione. *VIII*ª fœliciter. |
| Oddo firma*vi* et lauda*vi*, Amedeus Comes firma*vi* Aymo Sedunensis episcopus lauda*vi* et firma*vi*, Brocardus filius *Umberti* Comitis lauda*vi* et firma*vi* et corrobora*vi*, Petrus Marchio filius Oddonis Marchionis et Comitissæ *Adelaidæ* laudans firma*vi*. | Oddo firma*vit* et lauda*vit* Amedeus Comes firma*vit* Aymo Sedunensis episcopus lauda*vit* et firma*vit*, Brocardus filius *Huberti* Comitis lauda*vit* et firma*vit* et corrobora*vit*, Petrus Marchio filius Oddonis Marchionis et Comitissæ *ataletdæ* laudans firma*vit*. |
| Ego Petrus Prœsbiter dictante Lamberto levita et vice Bovoni Cancellarii rogatus scripsi. | Ego Petrus Prœsbiter dictante Lamberto levita et vice Bovoni Cancellarii rogatus scripsi. |

tandis que dans le relevé de notre écrivain moderne elles ont été insérées à la première, sans doute pour mieux les faire paraître originales.

Enfin, le terme de *Adelaidæ* ne s'y rencontre aucunement; on ne trouve sur le prétendu original que *ata letdae*, ainsi écrit et séparé en deux mots, ce qui en change totalement la substance.

Voilà pour les variantes les plus importantes.

Quant à la pièce elle-même, elle aurait pour premier effet de détruire radicalement l'autre donation attribuée à l'empereur Conrad, puisqu'elle dit : *Et quidquid ad ipsum allodium pertinet quod Petrus mihi dedit.*

Il est donc suffisamment démontré par tout ce qui précède, que bien loin de mériter du crédit dans l'histoire, cette prétendue découverte doit être tenue pour imaginaire et apocriphe.

Assez peu sensée apparaît aussi la personne qui s'y est attachée pour en faire la base d'un ouvrage historique. La pièce en question fût-elle même originale et authentique, on ne saurait s'y prendre plus mal, pour établir la preuve d'un domaine souverain, que de prétendre la tirer de l'imposition des peines y contemplées; en effet, il est aisé de se convaincre que ces sortes de clauses se rencontrent ordinairement dans tous les contrats qui se faisaient dans ces temps-là, même entre les plus petits particuliers : on en trouvera des preuves abondantes dans toutes les archives.

La libéralité de ce Prince, à supposer qu'on en puisse prouver la réalité, ne doit être en tout cas considérée que comme un simple legs, par lui fait à l'Eglise pour le salut de son âme et de celle de ses parents; lequel legs consistait en certains biens-fonds qui lui appartenaient en propre, par donation de Pierre, dans les confins de son Gouvernement de la Vallée d'Aoste « *in Comitatu Augustano.* »

*Autres arguments contraires.* — On peut encore réfuter cette prétendue pièce par les raisons suivantes, tirées en partie de l'histoire :

Que dire des souscriptions de cet acte, lorsqu'on y rencontre en même temps un Comte Hubert dont on veut faire Humbert fils de Berold, un Oddon, un Comte Amé fils d'Humbert et un Marquis Pierre fils d'Oddon, personnages qui ne peuvent absolument avoir régné en même temps, et dont la chronologie ne saurait concilier d'aucune manière la simultanéité ? Et pendant qu'Humbert n'y prend que le titre de Comte, Amé, son fils ainé, le prend lui aussi; Oddon, qui est le troisième ou le quatrième, s'intitule Marquis et signe avant son frère ainé ; Brocard, qui est le second, n'a aucune qualification; enfin, Pierre, petit-fils d'Humbert, prend lui aussi le titre de Marquis, tandis que sa mère et son aïeul ne prennent que celui de Comtesse et Comte. Or, le titre de Marquise était au moins dû, en toute préférence, à la Princesse Adélaïde de Suse, si tant est qu'on la puisse reconnaître dans ce prétendu document.

D'ailleurs, même dans l'état où on le fait paraître, celui-ci ne semble pas du tout contenir une donation de la Seigneurie de Derby ; au contraire, il porte la clause formelle : « *Excepto personas hominum.*

Au volume des *Seigneuries*, page 192, il est fait mention de cette juridiction de Derby, ainsi que de quelle manière, et en partie depuis quand, ces deux corps en ont eu la jouissance.

Que si nous examinons puis ces signatures sous l'aspect chronologique, nous nous heurtons à de parfaites impossibilités.

Suivant les plus accrédités d'entre les historiens de la Savoie, le Comte Humbert serait mort jeune en 1047 : comment donc aurait-il pu voir Pierre, son petit-fils, en âge de prendre part comme majeur à la signature de ce contrat de donation, si, comme on assure, le mariage du Prince Oddon et de la Princesse Adélaïde de Suse n'eut lieu que vers 1032 ou 1033 ? Nous dirons bien plus encore; c'est qu'au temps de ce contrat, Pierre ne devait pas même être venu au monde, s'il est vrai que lorsque le Cardinal Damien écrivit à la Princesse Adélaïde, les enfants du Prince Oddon fussent encore sous la tutelle de leur mère, comme l'a fort bien admis l'écrivain moderne susdit, à la fin du cinquième paragraphe de son septième chapitre. Il s'y exprime en effet comme suit : « *E non può negarsi che questo prelato non die sufficiente prova del dominio d'Adelaida sopra la Val d'Aosta, ma perciò non si può dedurre in conseguenza che essa ne fosse la principal padrona, ma bensì la possedeva come tutrice de' suoi figliuoli dopo la morte di Oddone, etc.* » Or, suivant toutes les histoires, Pierre Damien ne fut élevé au cardinalat qu'en 1057, soit dix-sept ans après la donation en question : supposons, si l'on veut qu'il ait écrit sa lettre en cette même année 1057 (ce qui n'est nullement prouvé, puisqu'il n'y a point de date), toujours est-il, que des enfants qui eussent été en état de signer en 1040, devaient être abondamment hors de tutelle en 1057.

ADÉLAÏDE DE SUSE. — *Qui elle eut pour époux.* — Ce n'est pas seulement en ce qui concerne la dépendance souveraine de la Vallée d'Aoste, que la plupart des auteurs qui ont écrit sur l'histoire de la Maison de Savoie semblent avoir pris le change; il en a été de même à l'égard du mariage, ou des mariages, de la Comtesse Adélaïde de Suse.

Or, comme c'est par elle qu'on nous fait communément passer sous l'autorité de cette Royale Maison, on a lieu d'espérer de la courtoisie des lecteurs, qu'ils voudront bien agréer la petite digression suivante. Elle nous a paru utile pour donner plus de lumière à ce recueil historique.

Les anciens auteurs, tels que Champier, Paradin, Pingon, Bottero et autres, fondés sur de bonnes preuves et plus à portée que nous autres modernes d'avoir été bien informés des faits anciens, assurent tous que la Princesse Adélaïde de Suse a été la femme du Comte Humbert premier du nom, surnommé *aux blanches mains*, fils de Bérold de Saxe.

Dans ses remarques sur la ville de Turin, le Sieur de Pingon rapporte, sous la date de l'an 1014, la note suivante, qu'il dit avoir tirée des archives de Turin et d'autres anciennes notes : « *Anno Christi MXIIII Beroldus Saxo, Sabaudiae Mauriannaeque Princeps, cum Humberto filio, suscitatis novis praeliis in Magnifredum Marchionem, cum ad pacis conditiones adegerunt et ducta ab Humberto Adelasia Marchionis filia, in successionem is vocatur atque ita annuente Caesare Taurinensem agrum tandem post socerum adipiscitur.* »

Plus avant, le Sieur de Pingon fait encore la remarque suivante, tirée des archives de l'église de Saint-Jean : « *Eo anno Christi MXXXII Olricus Magnifredus Marchio Secusiae, professus vivere lege Salica, dies clausit Taurini, sepultus in templo divi Joannis, ad altare Sacelli Sanctae Trinitatis, ubi et Alricus Eppus astensis, Olrici frater, sanctimonia venerabilis, sepulta est Berta, Olrici conjux, filia Augberti Marchionis Eporediae, Ardoini primi fratris, reliquit Olricus filias duas, Immillam Ducissam vocatam, Taurinum incolentem, alteram Adelasiam sive Adelaim Humberti Saxonis ut diximus conjugem, qui inde Marchio Secusiae, ut Comes Sabaudiae Mauriannaeque, post Burgundicum sive Arelatense regnum in Rodulpho ultimo extinctum, dictus, a qua filios Petrum, Amedeum, Aymonem, Odonem et Elisabetam suscepit, jusque supremum Taurinae reipublicae regendae, quod socer a majoribus acceperat, nactus* » etc.

Mais cette Princesse a vécu longtemps et n'est décédée

qu'à un âge très avancé, ainsi que le rapporte le même de Pingon sous la date de l'an MLXXX : « *Aliquotque post annos provectissima aetate et spectata triplici generatione e vita excessit,* etc. ». Il s'ensuit que les écrivains modernes, ne pouvant concilier la longueur de son règne avec celui du Comte Humbert mort jeune, lui donnent différents époux.

Quelques-uns l'ont mariée à un Prince Amé qu'ils supposent être fils d'Amé I$^{er}$ surnommé *la Queue*. D'autres, comme le P. Monnod de la Compagnie de Jésus dans ses *Recherches historiques des royales alliances de France et de Savoie*, p. 169 et suivantes, la donnent pour femme au Prince Oddon, quatrième fils du Comte Humbert. Le Sieur Thomas Blanc, dans son *Abrégé de l'Histoire de la Maison de Savoie*, la fait épouse du même Prince ; mais renchérissant sur le sentiment déjà exprimé par le P. Monnod, il la fait veuve d'Herman Duc de Soùabe.

M. l'abbé Ferrero de Laurian dans son *Arbre généalojique* et le moderne écrivain dont il a été parlé ci-devant, dans sa *Relation historique de la Vallée d'Aoste*, fondée sur sa prétendue découverte, lui donnent aussi pour mari ce même Prince Oddon, que les anciens généalogistes et historiens comptent, il est vrai, au nombre des enfants d'Humbert I$^{er}$, mais sans le mettre au rang de ceux qui ont porté la couronne de Savoie.

Un premier argument contre ces suppositions, nous le trouvons dans le lieu de naissance du Comte Amé I$^{er}$ dit *la Queue*, qui fut sans contredit le second fils du Comte Humbert. Il paraît en effet certain, suivant l'avis de la plupart des auteurs, que ce Prince naquit à Suse, ou pour le moins en Piémont, « *Natus Secusiae anno MXVI,* » comme le rapporte l'abbé Ferrero. Il était même, à cause de sa naissance, surnommé *le Piémontais*. Dans ses recherches déjà plusieurs fois citées, le Sieur de Pingon lui donne aussi ce surnom : « *Anno Christi MXLVI Henricus Conradi filius in Italiam descendit Romae Caesar inauguratur, ab Amedeo Sabaudiae Pedemontiumq. Principe Humberti filio excipitur quem et prosequitur Taurinensis authoritate privilegia a parentibus accepta, inter coetera confirmari curat, Taurinenses ut suam Sabaudiam ab incursionibus Normanorum Guillelmo Montroliensi duce, qui totam lacerabat Italiam conservat, et Pedemontensis ideo suo merito cognominatus, isque professus vivere lege romana, quod omnino Pontificibus addictus esset.* »

Après de Pingon, quelques autres auteurs lui ont encore donné ce même surnom. De plus, ils soutiennent avoir vu des monnaies frappées de ce temps-là, où le Comte Amé est ainsi nommé. Cette monnaie est d'argent; sur l'une des faces est une aigle éployée, chargée d'un écusson en cœur aux armes de Saxe, avec la légende : « *Amedeus Comes Sabaudiae* »; sur l'autre face est une croix coupée, marquée aux quatre angles par les lettres A. M. E. D. et portant à l'entour le mot « *Pedemontensis.*

Ce sont certainement là des preuves incontestables que le Comte Amé était fils de la Princesse Adélaïde; s'il en était autrement, on ne saurait expliquer comment sa mère eût été accoucher dans un château ou dans une ville des Marquis de Suse, auxquels appartenait aussi le Piémont, et avec lesquels les Comtes de Maurienne, avant ce mariage, étaient en guerre continuelle.

Ceux qui soutiennent que cette Princesse n'a pas été la femme du Comte Humbert, mais bien du Prince Oddon, se fondent sur la lettre du Cardinal Damien, rappelée plus haut, et qu'ils conjecturent avoir été écrite vers l'an 1065; mais ils ne prennent pas garde que, s'il est vrai que le Comte Amé, second fils d'Humbert, est né en 1016, Burchard le troisième en 1017 et Aymon le quatrième en 1018, Oddon, le cinquième, ne peut être venu au monde qu'en 1019, si toutefois il n'y a pas eu d'autres enfants entre ces deux derniers. Dans tous les cas, en 1032 il ne pouvait être que dans sa treizième année tout au plus, et par conséquent, hors d'état de prendre pour femme la Princesse Adélaïde.

D'ailleurs, au temps du Cardinal Damien, cette Princesse était déjà veuve pour la seconde fois, ainsi qu'il est rappelé dans la lettre même, à l'endroit où ce prélat célèbre lui répond sur le scrupule qu'elle se faisait d'avoir eu deux maris : « *Et quia te novi de iterata conjugii geminatione suspectam, etc.* » « *Quia si religiosa duntaxat vita non desit a regno coelorum frequentati conjugii pluralitas non excludit, etc.* »

Reste le contrat de mariage de la Princesse Adélaïde, dont le Sieur de Guichenon a fait la base de son histoire, et qui se trouve, assure-t-il, en original dans les archives royales de Turin. Mais, outre que ce document n'est pas exempt de reproche, car il est aussi sans date, c'est là sans doute le contrat de son mariage avec Oddon, Marquis en Italie, son second époux. Le Sieur de Pingon, dans une note qu'il dit avoir tirée des archives de Pignerol, donne lui aussi ce nom au second mari d'Adélaïde : « *Anno Christi MLXIIII octava septembris Adelasia filia Magnifredi Marchionis Secusini, vidua Humberti Saxonis, Sabaudorumque Principum mater, Oddonis etiam Marchionis Lucentii vidua moram trahens in arce portae secusinae, disertis tabulis, fundat dotatque ecclesiam Beatae Mariae Pinerolii, praesentibus Petro et Amaedeo ejus filius, etc.* » C'est là une preuve toute claire, d'autant plus qu'on ne fait pas cet Oddon fils du Comte Humbert, mais bien Marquis de Lucente, tandis qu'Adélaïde est dite veuve d'Humbert de Saxe tige des Princes de Savoie.

On doit faire le même raisonnement à propos d'une

donation faite par la Comtesse Adélaïde à l'église de Saint-Jean, de Turin, sous la date des calendes de juin 1060, comme aussi de la fondation de l'Abbaye de Pignerol sous celle du 8 septembre 1064. Dans le premier de ces actes, on fait parler cette Princesse comme suit : « *Adelais Comitissa filia quondam Oldrigii, sive Magnifredi, vidua quondam Oddonis Marchionis*, etc. » Dans le second, elle s'exprime ainsi : « *Adeligia Christi misericordia Comitissa, offero pro anima mea, domini Magnifredi Marchionis genitoris mei, Aldarici episcopi Barbani mei et Berthae genitricis meae, et animae domini Oddonis Marchionis viri mei*, etc. »

Evidemment, cet Oddon ne peut être que le second mari d'Adélaïde, ce Marquis de Lucente nommé plus haut.

*Autre preuve de l'inexactitude de Guichenon*. — Ce qui achève de persuader du peu de précaution, ou plutôt du peu de fidélité, dont le Sieur Guichenon a usé dans son histoire, c'est la copie d'une donation faite par la Comtesse Adélaïde à l'Abbaye de Novalèse, sous la date du 17 des calendes d'août 1039, et qu'il a tirée des archives de ce monastère. Guichenon la rapporte en ces termes : « *Adelaida Comitissa filia quondam Odolrici Magnifredi, cum filiis suis Petro et Amaedeo, pro remedio animae suae et parentum suorum, et* mariti *sui Oddonis dedit Deo*, etc. »

Or, cette copie ayant été judiciellement collationnée avec l'original du monastère, en 1699, d'ordre du Roi Victor-Amé, à l'occasion du procès intenté par son patrimonial contre le Duché d'Aoste pour le faire déclarer soumis à toute sorte d'impôts comme le reste des Etats, il fut reconnu que dans l'original il n'y a pas *mariti*, mais bien *avi* : *avi sui Oddonis*, c'est-à-dire, de son aïeul ou de son oncle paternel Oddon ; ce qui en change totalement la substance, et cadre d'ailleurs parfaitement avec les preuves généalogiques rapportées par Guichenon lui-même à la page 1148 de son histoire.

En outre, ceux qui soutiennent que le Prince Oddon fut marié, ne lui donnent que deux fils, Amédée et Othon, tandis que tous les historiens mettent au rang des enfants du Comte Humbert, Pierre pour le premier, Amé le second, etc.

Ainsi donc, quel autre jugement doit-on faire de ce que Guichenon a écrit, et en particulier de ce qu'il dit sur la manière dont la Vallée d'Aoste est parvenue à la Maison de Savoie, si ce n'est de se rapporter à ses propres paroles ? Comme on le reprenait un jour, de ce qu'il avançait dans son histoire des choses peu vraisemblables, il répondit qu'il lui importait peu que la vérité y subsistât, pourvu que la pension annuelle que lui faisait la Royale Maison de Savoie, dont il dressait la généalogie, lui fût continuée !

Cette réponse, si peu digne d'un historien, est citée par Monseigneur le Comte et Chevalier Thesauro dans la préface de son livre des *Guerres civiles du Piémont*. C'est là un garant au dessus de tout reproche.

Et maintenant, je mets fin à cette digression et je reviens à mon sujet.

Aoste au Prince Aymon. — Les historiens qui font passer la Vallée d'Aoste à l'obéissance des Comtes de Maurienne par la voie de la Comtesse Adelaïde de Suse, disent que cette Vallée a continué d'appartenir aux Comtes ses successeurs, jusqu'à ce que le Comte Amé, fils du Comte Humbert, la céda en appanage, avec la province de Chablais, au Prince Aymon ou Amé son troisième ou quatrième frère. Mais celui-ci étant mort sans enfants peu d'années après, le Comte Amé rentra dans la possession de ces deux provinces par droit de réversibilité. Ceci serait fort juste si le reste était avéré ; seulement l'opinion de ces historiens a peu de vraisemblance : la

Maison de Savoie n'était pas alors assez puissante pour donner deux provinces à la fois en appanage à un cadet, et s'il avait fallu que le Comte Amé en eût cédé tout autant à chacun de ses six autres frères, tous les pays qu'il possédait n'eussent pas suffi.

Aoste à l'Empire d'Allemagne. — Enfin, d'autres historiens croient que la Vallée d'Aoste eut pendant près de deux siècles des Seigneurs souverains particuliers, qui la gouvernaient sous la vassalité de l'Empire. Ils les font descendre d'un Seigneur Allemand, à qui l'Empereur aurait donné cette province et celle du Chablais après la mort du Comte Humbert, et dont les successeurs auraient possédé la Vallée d'Aoste jusqu'en 1230. En cette année-là, Amé, le dernier Seigneur de cette lignée, étant décédé sans enfants, l'Empire se remit en possession de ces deux provinces, en y envoyant un nouveau gouverneur, lequel y resta paisiblement, sans que personne cherchât à le troubler. Or, est-il probable que le Comte Amé eût encore souffert cela sans protestation, s'il avait eu la souveraineté de ces deux provinces par droit héréditaire de ses ancêtres ?

Dans son histoire généalogique des Princes de la Maison de Savoie, fol. 26, *Lambertus Vanderburgensis* traite cet Amé Seigneur du Chablais et d'Aoste, de tyran, ce qu'il n'aurait sans doute pas fait si ce Seigneur avait été de la lignée de Savoie, comme quelques-uns l'ont pu croire à cause du nom.

En effet, en parlant de la manière dont le Comte Amé de Savoie est parvenu à obtenir la souveraineté de ces pays, il s'exprime ainsi : « *Salassos Varagrosque Lumbardiae Transpadanae populos, masculis hoeredibus, Amaedeo eorum tyranno fato functo, deficientibus, possessionibus suis partim metu partim voluntate adjecit.* »

En tout cas, si cette opinion n'est pas adoptée, elle

n'est pas non plus en opposition avec les traités dont il sera fait mention plus avant.

Aoste à la Bourgogne puis à l'Empire. — Les nombreuses versions que nous venons de passer en revue sur ce que devint la Vallée d'Aoste et à qui elle obéit depuis qu'elle cessa d'être soumise aux Carlovingiens, ne sont fondées que sur des conjectures, des traditions ou des titres équivoques, peu en rapport avec les conséquences que les historiens se sont efforcés d'en tirer.

Parmi tant d'opinions différentes, la plus vraisemblable, la mieux suivie, et aussi celle qui semble la mieux vérifiée, c'est celle qui fait passer Aoste d'abord sous l'obéissance des Rois de Bourgogne, puis de là, à l'Empire d'Allemagne.

Troisième Royaume de Bourgogne (a. 888.) — Sous les successeurs dégénérés de Charlemagne, les gouverneurs de plusieurs provinces de sa vaste monarchie n'avaient pas craint de s'ériger en souverains indépendants.

Un de ces gouverneurs, *Rodolphe de Stratlingen*, fils de Conrad II Comte ou Gouverneur de Paris, commandait dans la Bourgogne. Il s'y fit déclarer Roi en 888 et jeta ainsi les fondements d'un troisième Royaume de Bourgogne.

Le nouveau royaume comprenait dans ses confins tous les pays situés entre le Rhin et les montagnes du Jura, avec les Alpes de Savoie, d'Aoste, du Valais et des Grisons, soit les diocèses de Besançon, Tarentaise, Bâle, Beley, Maurienne, Genève, Lausanne, Sion, Aoste et plusieurs autres terres.

Rodolphe se fit couronner par l'Archevêque de Tarentaise, dans la célèbre Abbaye de Saint-Maurice en Chablais, avec l'intervention des Evêques de Lausanne, de Genève, de Maurienne et d'Aoste.

La présence de ce dernier au sacre est une preuve convainquante que la Vallée était sous la dépendance du

Roi Rodolphe. Elle passa de lui à ses successeurs, lesquels continuèrent a prendre la couronne au même lieu et de la même manière.

Les nouveaux Rois de Bourgogne avaient cependant été obligés, pour pouvoir conserver leur couronne, de reconnaître les Empereurs d'Allemagne pour leurs souverains Seigneurs. L'Empereur Arnould y avait soumis Rodolphe I$^{er}$; Othon le Grand en fit de même plus tard avec Conrad, petit-fils de Rodolphe I$^{er}$ et fils de Rodolphe II; il ne lui permit de succéder à son père que sur la promesse jurée de tenir le royaume de sa munificence et de l'assister dans toutes ses guerres. Il résulta de ces reconnaissances, qu'après la mort sans enfants du Roi Rodolphe III, ce royaume retourna de plein droit à l'Empire, comme on le relève des histoires de Bourgogne et de Suisse.

Après avoir ainsi établi son royaume, le Roi Rodolphe I$^{er}$, comme racontent Jean Le Maire, Jean Nostradamus et Pontus Eutherus, le divisa en sept provinces qu'il appela Septimanies du Royaume de Bourgogne et qui prenaient le nom d'autant de métropoles. Ces métropoles furent Arles, Vienne, Lyon, Besançon, Tarentaise, Embrun et Aix en Provence, et de chacune d'elles il fit dépendre tous les diocèses qui en étaient suffragants.

Les successeurs aux Marquisats ou Gouvernements perpétuels établis par Charlemagne aux principaux passages des Alpes, n'avaient pu voir sans jalousie se former dans leur voisinage cette souveraineté nouvelle; mais ne se sentant pas assez forts pour s'y opposer, ils n'avaient osé y apporter le moindre obstacle, de crainte de se faire dépouiller de ce dont ils étaient en possession paisible.

Ils ne firent non plus aucun mouvement pendant le règne des deux premiers successeurs de Rodolphe I$^{er}$ (Rodolphe II et Conrad); mais les choses se trouvèrent bien changées sous celui de Rodolphe III, quatrième et dernier roi du troisième royaume de Bourgogne.

*Rodolphe III. — Ligue des Marquis de Suse et d'Ivrée. — Ardouin en Vallée d'Aoste. — Bérold. — La couronne et la lance de saint Maurice. — Evêques d'Aoste et Comtes, pourquoi.* — Les auteurs que nous venons de citer, ainsi que Dumar et Choirier, nous représentent Rodolphe comme faible, indolent, sans courage. Il n'avait rien de Roi que le nom. Toute la puissance et l'autorité du gouvernement étaient entre les mains des Seigneurs. Ceux-ci, de préposés qu'ils étaient en de certains districts pour y faire administrer la justice, avec le titre de Comtes, simple titre de commission, amovible, s'y étaient érigés en Seigneurs souverains. Ils disposaient à leur plaisir des finances et des revenus des terres royales. Ils chargeaient même les sujets de nouveaux impôts qu'ils appelaient *tailles comitales*.

Les Marquis des Alpes et quelques autres Princes voisins voulurent, eux aussi, profiter de ce désordre et de cette confusion pour tâcher de s'agrandir. Une ligue se forma dans ce but entre Mainfroy Marquis de Suse, Ardoin Marquis d'Ivrée, les Génois et quelques autres communautés : Ardoin s'empara de la Vallée d'Aoste, pour entrer de là en Tarentaise; Mainfroy se saisit de la Maurienne, mais il en fut bientôt chassé par Berold, capitaine général du Roi, lequel trouva moyen de dissiper la ligue et de faire rentrer ces Princes et leurs alliés dans les confins de leurs Marches.

Cependant, rien ne pouvait secouer l'apathie et l'indolence du Roi Rodolphe. Il en était presque réduit à vivre des revenus de certains bénéfices, sans qu'il eût la force de s'opposer à l'usurpation des Seigneurs, ni de leur rien demander, si ce n'est en des termes qui sentaient bien plus la prière que le commandement, si bien que ceux à qui il s'adressait ne faisaient que tout juste ce qu'il leur plaisait de faire.

Se voyant ainsi méprisé, et d'ailleurs sans enfants,

Rodolphe institua comme héritier de son royaume l'Empereur Henri II. Mais ses Seigneurs le contraignirent à annuler cette disposition, comme faite sans la participation des trois Ordres de l'Etat.

Malgré cette révocation, il envoya sur la fin de ses jours à l'Empereur Conrad le Salique, son neveu, successeur de Henri II décédé en 1024, les enseignes royales, la couronne et la lance de saint Maurice, qui étaient les marques de sa royauté. Il lui fit, comme vassal, cession de son royaume et de celui d'Arles, que son aïeul Rodolphe II avait eu en 929 de Hugues son parent, Roi d'Arles et d'Italie.

Mais dans l'état où ils étaient, c'est-à-dire dépouillés de leurs plus beaux et précieux ornements, ces deux royaumes pouvaient bien être comparés au corbeau de la fable : dans les campagnes, comme nous l'avons dit plus haut, les Seigneurs s'étaient rendus indépendants; ils s'étaient approprié les terres confiées à leur garde et s'y faisaient appeler Comtes, Vicomtes, Barons, Bannerets ou Seigneurs justiciers; dans les villes de leur résidence et territoires respectifs, c'étaient les Prélats qui s'étaient rendus maîtres absolus, prenant le titre de Princes ou de Comtes; tels furent ceux de Genève, de Tarentaise, d'Aoste et de la plupart des autres diocèses.

Aoste à l'Empire (1032). — Rodolphe III mourut en 1032, ou, selon d'autres, en 1033. Conrad le Salique prit possession de ses Etats, tant en vertu de la cession dont nous venons de parler que du chef de sa femme.

Il établit des juges et des magistrats dans les principales provinces, confirma quelques Prélats et maintint la plupart des Seigneurs dans leurs préfectures et leurs juridictions.

C'est de là qu'ont tiré leur origine en Bourgogne, en Savoie, en Vallée d'Aoste et dans les autres provinces de cette ancienne monarchie, tant d'illustres familles qui ont brillé pendant des siècles. Plusieurs de ces familles subsistent encore aujourd'hui; mais elles n'ont plus l'éclat d'autrefois; leur puissance et leur opulence ont pâli devant l'augmentation progressive de l'autorité entre les mains des Souverains.

C'est depuis lors que les Empereurs ont tenu dans les Provinces des Alpes, soit de Savoie et Aoste, trop éloignées du lieu de leur résidence pour qu'il leur fût possible d'y maintenir l'ordre et l'obéissance, des Lieutenants ou Gouverneurs revêtus d'une très grande autorité.

*Le Comte Humbert.* — A la mort de Rodolphe III, le Comte Humbert, fils du Prince Berold de Saxe, s'était trouvé pourvu d'un de ces Gouvernements. L'Empereur le lui confirma par concession accordée en la ville de Constance, à la prière de la Reine Hermengarde.

Ces gouvernements passaient même quelquefois aux enfants de ceux qui en avaient été revêtus; ainsi, l'on tient pour certain que les premiers Princes descendus du Comte Humbert, quoique appelés Comtes de Maurienne, ou de Savoie, ou même Marquis en Italie, n'avaient dans ces provinces qu'une autorité de cette nature, avant d'en avoir obtenu la souveraineté en fief de l'Empire. On en trouve la preuve dans le simple titre de Comtes, *Humbertus Comes*, *Amadeus Comes*, qu'ils se donnaient eux-mêmes dans tous les actes publics, sans autre désignation. Or, il ne faut pas oublier que cette qualité de Comtes n'avait en ces temps-là d'autre valeur que de signifier préfets, capitaines, gouverneurs ou administrateurs de villes, de provinces ou de petits Etats; quand c'étaient puis des provinces de frontières, qu'on appelait alors *Marches*, le gouverneur, au lieu de s'appeler Comte, prenait le titre de Marquis; mais les uns et les autres ne jouissaient de ces titres que sous l'autorité des Souverains qui les leur conféraient; ils n'exerçaient ces offices que par commission et sous leur bon plaisir, comme on peut aisément s'en convaincre par le diplôme de l'Empereur Ferdinand II, donné à Prague le 6 mai 1562 et contenant confirmation du Vicariat du Saint-Empire en Italie, ainsi que d'autres privilèges, en faveur de la Maison de Savoie. Hessius en a fort judicieusement fait la remarque dans son *Histoire de l'Empire*, liv. I; Bottero dans son liv. II, Chorin dans son *Histoire du Dauphiné et de Bourgogne*, et avec eux, tous les plus savants et les plus habiles chronologistes. Guichenon lui-même, tout prévenu qu'il est, a été forcé d'en convenir et a dû s'incliner devant des témoignages si authentiques.

Dans la suite des temps, ces charges et ces qualités devinrent presque partout héréditaires; dans quelques familles, cela put se produire par des tollérances ou des concessions impériales, dans quelques autres, par la puissance et le grand crédit de ceux qui s'en trouvaient pourvus et qui se les seront attribuées à la faveur des longues divisions des Empereurs.

Un puissant argument à l'appui de cette opinion, qui fait des premiers Comtes de Savoie de simples gouverneurs pour le compte de l'Empire, nous le trouvons dans le fait que les Évêques des provinces soumises à leur gouvernement dépendaient en ce temps-là, pour le temporel, directement de l'Empire.

LE COMTE AMÉ VICAIRE PERPÉTUEL DU SAINT-EMPIRE ROMAIN. (1365) — Cette dépendance directe des Évêques dura jusqu'à ce que l'Empereur Charles IV, cédant aux pressantes sollicitations du Comte Amé le Vert son cousin, lui accorda, par patentes données à Chambéry le 4 des ides de mai (12 mai) de l'an 1365, en titre perpétuel et héréditaire, la dignité de Vicaire du Saint-Empire Romain en Italie, dignité dont son père le Comte Amé le Grand n'avait joui que d'une manière amovible, *ad nutum*, par concession de l'Empereur Henri VIII de la Maison de Luxembourg.

La patente de 1365 ordonnait à tous Archevêques, Evêques, mineurs Prélats, Vassaux et autres personnes sujettes à l'Empire dans l'étendue des diocèses de Sion, Lausanne, Genève, Belley, Maurienne, Tarentaise, Aoste, Ivrée et Turin, de reconnaître désormais le Comte Amé, et de lui prêter la même fidélité qu'ils avaient jusque là jurée à l'Empire : *Concedimus gratiose, quod omnes et singuli nostri Imperii sacri, vassalli, archiepiscopi, episcopi, religiosi, et prelati et alii homines et personae nobiles et ignobiles civitatum et dioecesum, sedunensis, lausanensis, gebennensis, augustensis, ipporeggiensis, taurinensis, maurianensis, tarentasiensis, bellicensis civitatibus nec non dioecesum lugdunensis, matisconensis, gratiopolitanensis, existant, qui nunc sunt, et fuerint in futurum, omnia homagia, fidelitates, subjectiones, obedientias, ad quae et quas nobis et Imperio sacro, tibi et tuis perpetuo successoribus, nostro et Imperii sacri nomine, praestare et recognoscere teneantur, infra duorum mensium spatium, postquam per te, aut tuos per te deputatos, fuerint super hiis debite requisiti, volentes, et tibi et tuis perpetuo successoribus concedentes gratiose, quod te et tui perpetuo successores in civitatibus dioecesibus et limitis praedictis, nostro et Imperii sacri nomine, eamdem jurisdictionem, signoriam, regalia et superioritatem habeas, teneas et exerceas et tibi pertineant quae prout, et quem admodum ante concessionem nostram praesentem, nobis tamquam Imperatori Romanorum pertinere poterant et debebant, te et tuos successores in hiis vicarium nostrum generalem praesentium tenore decernentes* etc. »

Ensuite de cette concession, le Comte Amé se fit rendre hommage par l'Archevêque de Tarentaise, par les Evêques de Belley, d'Aoste (alors Emery II) et par certains autres prélats de la Savoie et du Piémont, de tout ce qu'ils avaient jusque là reconnu en fief de l'Empire.

*Révocation*. — Cependant, une vive opposition s'était

manifestée parmi les autres prélats. Le plus ardent, ce fut l'Evêque de Genève dont cette concession heurtait trop fortement l'indépendance, le grand pouvoir et même la qualité de Prince qu'il s'était sans doute attribuée en profitant de la faiblesse du dernier Roi de Bourgogne. Ce prélat fit à l'Empereur des remontrances si vives sur le préjudice que cette concession du Vicariat de l'Empire allait causer aux droits de son Eglise, qu'il finit par le porter à la révoquer. Le diplôme relatif à cette révocation fut donné à Francfort aux ides de septembre (13 septembre) de l'an 1366 : « *Tamen experientia rerum efficace magistra docente, constitutio ejusdem vicarii vergit quotidie in nostrum et Sacri Romani Imperii, ac libertatis ecclesiasticae magnum praejudicium et jacturam sicut de hoc sumus documentis legitimis informati. Ne igitur hujusmodi officium Vicariatus, nobis et Romano Imperio ac ecclesiis et ipsarum ministris, damnosum existat, moti ex certis causis, rationabiliter deposcente utilitate pubblica, sano principum, comitum, baronum et procerum sacri imperii fidelium nostrorum accedente concilio, ex certa nostra scientia et de Cæsareæ potestatis plenitudine, praedictum officium vicariatus resumimus, et ad nos ac Imperium a Comite praedicto poenitus revocamus, litteras nostras quas desuper dedimus, cujuscumque tenoris existant, in omnibus suis sententiis, punctis et clausulis, etiam si in eis contineretur quod dictus Comes revocari non possit, annullantes, destruentes, annichilantes et auctoritate praefata Caesarea poenitus revocantes ac mandantes etc. de praedictae potestatis plenitudine ex certa scientia totaliter derogamus praesentium sub imperialis nostrae majestatis sigillo, testimonio litterarum etc. Datum Frankenfurd anno 1366 ind. 4ª idid. septembris, regnorum nostrorum XXI, imperii vero XII.* »

L'Empereur fit notifier cette révocation au Comte Amé

et à ses officiers par l'Archevêque d'Arles, les Evêques de Valence et de Grenoble et plusieurs autres commissaires spécialement nommés par autre diplôme du 18 octobre de la même année.

Après cela on ne doit pas s'étonner si les opposants et leurs successeurs continuèrent à faire des difficultés, et si plusieurs de ceux qui s'étaient d'abord soumis cessèrent de rendre ce devoir à nos Souverains.

*Confirmations* (1503 et 1562). — Pour mettre fin à un état de choses si anormal, il fallut que les Ducs Charles le Bon et Emmanuel-Philibert se fissent successivement confirmer en ample forme dans la charge et les droits de Vicaires perpétuels du Saint-Empire.

Le premier obtint cette confirmation par patentes de l'Empereur Maximilien Ier en date du 15 octobre 1503, lesquelles y soumettaient aussi les diocèses de Verceil et Mondovi, non compris dans la première concession ; le second la reçut par patentes de l'Empereur Ferdinand Ier, données à Prague le 6 mars 1562.

*Causes des incertitudes et des contradictions des écrivains.* — Une des causes principales de la confusion et des contradictions qui se rencontrent parmi les écrivains, ce sont sans aucun doute les fréquents changements qui survenaient dans l'Empire. Tandis que les plus puissants compétiteurs se disputaient la dignité suprême, les Prélats et les Princes ne songeaient qu'à se maintenir dans la possession des terres ou gouvernements dont ils s'étaient rendus les maîtres ; de leur côté, les peuples ne pouvaient que souffrir de ces troubles continuels et cherchaient à se mettre en liberté. Il s'ensuivait que les Etats faisant partie de l'Empire changeaient, eux aussi, fréquemment de maîtres, chacun ne se réglant que d'après son intérêt et selon les occasions qui se présentaient.

La ville de Turin nous offre un exemple de cet état de choses. On n'ignore pas que la Maison de Savoie en a été plusieurs fois dépossédée, même par des sentences impériales : quelquefois, ce sont les Evêques qui s'en sont rendus maîtres ; d'autres fois, ce sont les citoyens même de la ville, appuyés par quelque puissance voisine qui leur prêtait la main.

Les Valdôtains, se voyant malmenés ou délaissés, profitèrent des divisions de l'Empire pour se mettre en liberté.

Le Comte Thomas. — *Première dédition* (1191). — Il n'est pas bien établi si le Comte Thomas de Savoie avait été fait Gouverneur de la Vallée d'Aoste par les Empereurs, ou si, comme il est plus probable, il avait pris son temps pour s'y introduire à la faveur des intelligences secrètes qu'il y entretenait et que le Marquis Boniface de Montferrat, son tuteur, lui aurait ménagées avec certains Seigneurs alors fort puissants dans le pays. Un de ces Seigneurs tirait même son origine de la famille de Montferrat *(Challand)*.

Le fait est que vers la fin du xii$^e$ siècle, pendant les troubles de l'Empire et l'absence de l'Empereur Frédéric I$^{er}$ et de ses fils, occupés à la guerre sainte en Syrie, le Comte Thomas se trouvait dans la Vallée d'Aoste, revêtu d'une autorité à peu près semblable à celle des Gouverneurs.

C'est à cette époque, en 1191, que se voyant tout à fait abandonnés et sans secours, et les Empereurs n'étant pas en état de les protéger contre les oppressions étrangères et domestiques sous lesquelles ils étaient accablés, une grande partie des Seigneurs et des habitants de la Vallée se soumirent à l'obéissance de ce jeune Prince, pour lors majeur.

Cette première dédition se fit moyennant certaines conditions de liberté et de franchises, qui furent stipulées par un traité public et authentique dont voici les propres termes, avec les noms des contractants et approbateurs :

« *Ego Thomas Maurianensis Comes et Italiae Marchio, visis et cognitis calamitatibus, et etiam oppressionibus et injuriis illatis, trado civitatem Augustae cum suburbiis, consilio episcopi Vualperti et baronum meorum quorum nomina inferius suscribentur, libertati, ita quod nunquam deinceps, ego, vel successores mei, tallias vel exactiones invisas, per me vel per mistrales meos faciam etc. Pro hac autem libertate concessa praedictis habitatoribus praesentibus et futuris, promittunt fidelitatem comiti se facturos et observaturos etc.* »

Et plus avant : « *Ego Thomas Comes de consilio Baronum et habitatorum civitatis Augustae, recipio in protectione mea personas clericorum, civium, burgensium, vineas et omnes possessiones mobiles et immobiles, hoc autem per universum comitatum sub juramento cum baronibus meis observare pro posse firmiter promitto, hoc idem cives et burgenses sub juramento promittunt, quicumque huic juramento contraire presumpserit, dampnum et dedecus loeso restituat et in poena centum librarum condemnetur etc.* »

Et sur la fin : « *Huic autem institutioni audientes et consentientes fuerunt et approbantes Aymericus vicecomes Tarentasiae qui in persona Comitis et sua ex mandato ejusdem hanc institutionem juravit observare, et super beatissima corpora sanctorum qui in ecclesia beatœ Mariae Augustae requiescunt. Hoc idem juraverunt Gunterius filius praedicti Aymerici, ex mandato patris, in persona ipsius et sua. Hoc eodem modo juraverunt Guido de Theis, Humbertus de Villeta, Hugo de Curivis, Petrus de Saysel, Gunterius de Ayma, Boso vicecomes augustensis, Jacobus et Eliscianus de Porta Sancti Ursi, Vuillermus de Nuus et fratres ejus Petrus et Aymo, Hugo de Bardo, fratres de Amavilla Ebrardus, Aymo, Petrus, Arducius; Hugo, Guillielmus, Emeritius fratres de Castro Sancti Petri, Arducio Guillermetus; hoc idem juraverunt Emeritius de Arnand, Bermondus de Montjovet; Anselmus et Vuillermus Grossus filii Theobaldi, Guillielmetus de Provano, Aymo de Porta, Vuillerminus Frior.* »

Aoste retourne à l'Empire. — Il ne faut cependant pas croire, ainsi qu'on l'a prétendu, que dès cette première adhérence, la Vallée d'Aoste soit restée sans plus de difficulté au Comte Thomas, et qu'elle soit passée en droiture de lui à son successeur le Comte Amé.

En effet, c'est le contraire qui arriva peu de temps après. L'Empereur Henri VI venait de succéder à Frédéric. Ayant eu connaissance des évènements qui s'étaient accomplis dans la Vallée d'Aoste, il y envoya un gouverneur, avec mission de ramener sous l'obéissance de l'Empire, non seulement cette province, mais encore celle du Chablais, qui y confinait en ce temps-là par le mont du Grand-Saint-Bernard. Le Gouverneur accomplit sa mission sans que le Comte Thomas osât entreprendre de s'y opposer ou de le troubler dans son gouvernement, qu'il posséda paisiblement pendant quelques années.

Après ce premier gouverneur, il y en eut successivement plusieurs autres; c'était surtout à chaque changement d'empereur que les gouverneurs étaient eux aussi relevés et changés.

Enfin, il y vint un chevalier allemand d'un naturel si farouche, si bouillant, qu'on ne pouvait qu'à grand' peine avoir accès auprès de sa personne; et quant à traiter d'affaires avec lui, c'était une véritable difficulté, tant il était emporté et colère, surtout lorsqu'on se présentait les mains vides.

L'action injurieuse, que ce gouverneur fit à des gentilshommes savoyards, attira sur lui le Comte Amé de Savoie et le Prince Pierre son frère et fut la cause du nouveau changement qui se fit dans ces deux provinces.

Voici comment Symphorien Champier et Guillaume Paradin rapportent cet évènement.

Amé et Pierre de Savoie. — *Guerre en Vallée d'Aoste et dans le Chablais.* — *Seconde dédition* (1230-31). — Le Comte Amé avait en Cour de Rome deux de ses frères, Thomas et Guillaume, qui se trouvaient au service de Sa Sainteté. Il eut besoin de négocier avec eux quelques affaires de grande importance et leur expédia pour cet objet quelques-uns de ses gentilhommes, auxquels il fit prendre le chemin de la Vallée d'Aoste.

Or, tandis que ces gentilshommes descendaient le Montjoux, ils furent rencontrés par les gens d'armes du Gouverneur, qui les arrêtèrent et les retinrent captifs au mépris du droit des gens et sans respect pour ce qu'ils devaient à leur caractère, les accusant d'avoir transgressé le péage de l'Empereur.

Les prisonniers furent traités avec une extrême dureté. Conduits à la présence du Gouverneur, celui-ci leur dit plusieurs paroles outrageuses, surtout à l'adresse du Comte Amé leur Seigneur, et parce qu'ils lui répondirent vigoureusement, comme ils étaient en devoir de faire pour l'honneur de leur maître, il les fit tous mettre en prison et garder fort étroitement. Un de ces malheureux y mourut à force de mauvais traitements ; les autres furent mis à grosse rançon et ne purent sortir qu'à ce prix.

Lorsque le Comte Amé et son frère le Prince Pierre de Savoie eurent connaissance de l'injurieux traitement fait à leurs ambassadeurs, ils en furent hautement surpris et indignés.

Ils résolurent de ne point laisser impunie une action aussi offensante, et firent sans tarder, appel à tous leurs hommes d'armes de leur bon pays de Savoie.

Ils en formèrent deux corps de bataille.

Le Comte Amé, avec le premier corps, prit le chemin de la Tarentaise pour entrer en Vallée d'Aoste par la montagne de Colonne-Joux (Petit-Saint-Bernard).

Pierre de Savoie conduisit l'autre du côté du Chablais

où il arriva avec une extrême diligence, avant même que le Comte Amé eût quitté la Tarentaise.

Le Gouverneur, averti que le Prince Pierre était entré en armes dans les terres de son gouvernement, et ne sachant pas que le Comte Amé était aussi en marche de l'autre côté, assembla comme il put un certain nombre de gens d'armes et passa en toute diligence le Montjoux, pour secourir le Chablais. Il prit en passant les gens que lui fournirent les Communes du Valais, et forma ainsi un corps de trois mille hommes, avec lequel il alla attendre les Savoisiens dans un étroit défilé, sur les bords du lac Léman.

Pierre de Savoie vint se heurter contre ces nouvelles Thermopyles, mais il ne put jamais les forcer. A la fin, on lui conseilla d'envoyer une partie de ses gens par les montagnes de la vallée d'Abondance, d'où ils purent descendre dans le Haut Chablais, aujourd'hui Valais. Le Gouverneur se trouva ainsi pris par derrière, et bloqué dans son défilé; attaqué de deux côtés à la fois, il fut vaincu, et tous ses gens tués ou dispersés. Lui-même il resta dans l'action; un chevalier savoyard lui avait passé sa lance à travers le corps.

Pendant que Pierre de Savoie était aux prises avec le Gouverneur et ses Valaisans, le Comte Amé, parti de la Tarentaise, avait passé le Petit-Saint-Bernard et occupé le Valdigne avec son corps de bataille, sans rencontrer aucune résistance. Mais les Seigneurs et gentilshommes du pays d'Aoste, ayant appris que le Comte Amé avait pénétré dans leur Vallée, partirent en toute diligence pour l'empêcher de descendre plus avant, et allèrent se poster dans le défilé de *Pierre-Taillée*, avec les hommes d'armes et gens de guerre qu'ils purent assembler : ils s'y barricadèrent et s'y défendirent si vigoureusement que le Comte Amé et ses gens, quelques tentatives qu'ils fissent à plusieurs reprises, ne purent jamais forcer cet important passage ni passer plus avant.

Sur ces entrefaites, les défenseurs de Pierre-Taillée reçurent en même temps deux nouvelles : celle de la mort de l'Empereur et celle de leur Gouverneur pour l'Empire, défait et tué en Chablais.

Ils tinrent conseil et commencèrent à dire fort sagement que le siège de l'Empire étant vacant, un étranger d'Allemagne ou de quelque autre lieu pouvait entrer dans la Vallée, s'en emparer par la force, et peut-être la gouverner en pays conquis. C'est pourquoi ils résolurent de faire la paix avec le Comte de Savoie et de traiter avec lui à de certaines conditions, disant qu'il était grand Seigneur et de plus leur voisin, et qu'il pouvait mieux que personne les gouverner et les défendre.

Ils s'en allèrent donc joindre en Valdigne le Comte Amé. Ils en furent reçus très gracieusement et lui promirent de le reconnaître pour leur Souverain, comme ils le reconnurent en effet. Moyennant quoi le Comte les confirma dans leurs libertés, franchises, coutumes et autres prérogatives, beaucoup mieux qu'ils ne l'avaient été jusqu'alors ; et de ce traité furent faites et dressées lettres patentes sous signets et sceaux authentiques.

Cela fait et convenu, les Seigneurs Barons, Chevaliers et Gentilshommes de tout le pays d'Aoste lui prêtèrent foi et hommage, comme à leur naturel et souverain Seigneur, et le reçurent partout sur son passage en grand honneur et en grande joie.

Après quoi le Comte Amé passa le Montjoux pour aller rejoindre son frère. Il croyait le trouver en Chablais ; mais Pierre était encore dans le Haut Valais, occupé à réduire le reste des Communes qui avaient fourni des hommes au Gouverneur.

C'est pourquoi il se contenta de recevoir les fidélités des Seigneurs et Gentilshommes du Chablais, comme il avait fait dans la Vallée d'Aoste, et après avoir donné les ordres nécessaires, il s'en retourna triomphant dans son pays de Savoie.

Il y mourut quelques années après, sur la fin de juin 1253.

Telle est la narration historique de Champier et de Paradin. Elle paraît assez vraisemblable, et en outre, conforme au titre authentique que l'on conserve à Aoste. Il semble seulement qu'ils sont allés un peu trop loin quand ils ont dit que l'Empereur était mort et le siège de l'Empire vacant, car le siège de l'Empire était en ce temps-là occupé par l'Empereur Frédéric II.

Seulement, si l'Empereur n'était pas mort, il n'en valait guère mieux, car il était presque en exécration à toutes les nations à cause de ses cruautés et pour ses persécutions contre l'Eglise. De son côté, l'Eglise l'avait plusieurs fois excommunié, dégageant ses sujets de l'obéissance qu'ils lui avaient jurée. Enfin, il se trouvait pour lors en Italie, avec une infinité d'ennemis sur les bras, et ses affaires s'en allaient en décadence d'une telle façon, que nos deux écrivains purent bien considérer le siège comme vacant.

Ils se sont aussi un peu trop avancés, là où ils rapportent qu'il se fit alors un nouveau traité, ce qui ne serait pas exact. En effet, considérons seulement avec quelque attention la reproduction textuelle de ce titre, faite en 1253 par le Prince Thomas : « *Thomas de Sabaudia Comes, universis praesentes litteras inspecturis rei gestae notitiam cum salute, notum facimus universis quod cum nos intrassemus Vallem Augustam et essemus in Civitate Augustae, et ibidem reperissemus et vidissemus quoddam instrumentum sive quamdam cartam sigillatam sigillis illustrium ac nobilium virorum, domini Thomae quondam patris nostri et domini Amaedei fratris nostri, factam, confectam seu ordinatam super libertate praedictae civitatis Augustae et quibusdam bannis et aliis quam plurimis in ea plenius contentis, tenor cujus talis est etc.* »

Il est aisé de se convaincre par là qu'il ne se fit pas avec le Comte Amé un nouveau traité; mais que ce Prince, pressé d'aller rejoindre son frère, ne fit que ratifier celui de 1191 et confirmer les libertés et franchises stipulées par ce premier titre, auquel, pour marque de son approbation, il fit apposer son sceau en forme authentique.

*Date de la seconde dédition.* — On ne sait point précisément la date de ce second évènement; mais on conjecture qu'il dut se passer entre 1230 et 1231; en tout cas, pas plus tard que 1231, car on trouve dans les archives de la noblesse du pays, surtout dans celles des maisons de Challand et d'Avise, quantité d'actes authentiques faits par ce Prince en 1232, où il revint à Aoste pour organiser convenablement le nouvel état des choses.

Il y revint même pendant plusieurs années consécutives, pour se faire reconnaître et prêter fidélité par quelques Seigneurs qui n'avaient pas encore voulu souscrire à la dédition.

Citons, parmi les documents de cette époque, la reconnaissance du Vicomte Godefroy et de ses frères Aymon et Bozon, de tenir en fief de ce Prince les Châteaux de Ville en Challand, de Fénis et de Chatillon; le traité fait entre le Comte Amé et les mêmes trois frères pour l'expugnation du Château de Bard, dont le Seigneur refusait de reconnaître son autorité, bien qu'il fût intervenu au premier traité de dédition.

Ces deux actes furent reçus par Jacques des Jacques, Notaire du Sacré Palais et Secrétaire de ce Prince. Rappelons encore une transaction passée entre le même Comte Amé et une Dame de la maison d'Avise sur certain différend de finage entre les jurisdictions de Chatelargent et d'Avise; la réinféodation qu'il fit à un Seigneur de cette même famille, tant de la terre d'Avise que de la maison forte de Gignod, provenant des Seigneurs de ce nom avec certains biens nobles, censes, rentes et autres droits; les investitures accordées au Seigneur Vuillerme Sariod en augmentation du fief qu'il tenait déjà en Chatelargent sur les usuriers et les bâtards.

Ces actes et plusieurs autres, tous de cette même année 1232 ou des suivantes, donnent une probabilité assez grande en faveur de la date indiquée plus haut.

*Dédition reconnue et confirmée (1253)*. — Le Comte Amé mourut en 1253, ne laissant pour successeur qu'un enfant de neuf à dix ans. Ce fut le Prince Thomas de Savoie son frère, Comte de Flandres et de Hainaut, qui prit le gouvernement de la personne et des Etats du jeune Comte Boniface. Etant venu à Aoste cette même année-là, il s'empressa de ratifier le traité, ainsi scellé du sceau de son frère et de son père, par une nouvelle patente sous la date du 9 des calendes de septembre dans laquelle il le reproduisit mot à mot; il l'augmenta encore de plusieurs ordonnances politiques et de règlements pour servir à l'administration de la justice.

« *Nos vero visa dicta cartha et quae in eadem continebantur, et pluries lecta et diligenter inspecta et examinata, in qua quaedam quae in ea continebantur et videbantur esse obscura et plenius et melius fore declaranda, et quaedam addenda, habita deliberatione, nolentes in aliquo derogare dicto instrumento sive carthae, seu iis quae in eo vel in ea continentur, sed potius ea quae obscura erant in ea declarare, et aliqua ipsis addere pro utilitate, honore, ac libertate, tam Civitatis quam Vallis Augustae, sic dicimus, statuimus et ordinamus quod volumus et praecipimus, quod dicta Cartha et omnia quae in ea continentur perpetuo teneantur, firmiter serventur et inviolabiliter custodiantur* etc.

Et à la fin : « *Actum hoc Augustae in claustro Ecclesiae Beatae Mariae ubi fuerant vocati testes et rogati, specialiterque volentibus et expresse consentientibus, vi-*

*deliscet Dominus Rodulphus Tarentasiensis archiepiscopus, Dominus Petrus Augustensis episcopus, Petrus Praepositus, atque Canonici et Capitulum dictae Ecclesiae et cum toto Clero ipsius, exceptis quibusdam capitulis in quibus apponitur poena sanguinis in quibus noluerunt consentire irregularitatem, nec etiam eis contradixerunt Gottofredus et fratres sui Aymo Vicecomes et Boso, Aymo Dominus de Nuus, Bermondus Philippus Montisjoveti, Henricus et Oddoninus de Verretio fratres domini de Arnant, Petrus, Vuillermus, Morisellus, Vuillermus Pontis Sancti Martini, Dom. Jacobus de Vallesia et Arnucius nepos ejus, Aymo, Petrus, Hugo de Sario, fratres, Jacobus de Sarro, Jacobus de Rocha, Bonifacius de Villa Vice Dnus et Jacobus frater suus, Petrus de Graschano et quam plures alii Nobiles Vallis Augustae consentientibus et laudantibus supradicta.*

*Et ego Jacobus Barberii Sacri Imperii et Comitis Sabaudiae notarius et scriptor omnibus interfui et sic rogatus scripsi et tradidi fideliter. »*

*Le Comte Pierre et le Duc de Coppingen au siége du Château de Chillon.* — Malgré ces deux confirmations et ratifications du traité de dédition, on ne peut assurer que les Comtes de Savoie aient encore été Souverains paisibles de la Vallée d'Aoste. Il est vrai que les Empereurs, trop occupés à faire la guerre en Allemagne pour se maintenir sur le trône, n'avaient pas eu le loisir, jusqu'alors, de demander raison aux Comtes de Savoie de ce qu'ils avaient accepté l'adhérence de la Vallée d'Aoste et du Chablais; mais celà ne pouvait manquer de se produire, et se produisit en effet sous le Comte Pierre, autre frère du Comte Amé, qui avait succédé au jeune Comte Boniface mort sans héritiers.

L'Empereur avait donné le pouvoir et la commission de recouvrer ces deux provinces au Duc de Coppingen, grand Seigneur d'Allemagne, qui avait en outre quelques prétentions héréditaires sur le pays de Vaud; il l'en avait constitué Gouverneur ou Lieutenant sous l'autorité de l'Empire. Ce Duc avait déjà, dans cette qualité, mis le siége devant le Château de Chillon.

Le Comte Pierre était alors occupé à des guerres en Piémont. Averti de ce qui se passait, il partit incessamment avec son armée, qu'il conduisit par la Vallée d'Aoste et le Montjoux jusqu'en Chablais. Il fit tant de diligence et cacha si bien sa marche, qu'il surprit un beau matin l'ennemi dans son camp et le défit entièrement. Le Duc de Coppingen lui-même fut fait prisonnier, et dut, pur être mis en liberté, faire cession au Comte de tous les droits qu'il pouvait mesurer sur le pays de Vaud.

Ainsi, bien loin de restituer la Vallée d'Aoste et le Chablais, le Comte Pierre y ajouta encore le pays de Vaud, partie en vertu de cette cession et partie par conquête. Il se fit prêter serment de fidélité par tous les Seigneurs et gentilshommes de sa nouvelle acquisition, et posséda depuis paisiblement ses trois provinces d'Aoste, Chablais et Vaud.

Pendant ce temps-là, l'Empire continuait à être divisé, tiraillé, tourmenté par de puissants compétiteurs, lesquels avaient à démêler entre eux d'autres intérêts bien plus importants que celui de faire rétablir leur autorité dans de si petits pays : ils n'en connaissaient peut être pas seulement le nom.

*Le Comte Pierre à la Cour d'Allemagne. — Investiture d'Aoste* (1263). — Il arriva cependant que le Comte Richard de Cornouailles, frère de Henri III Roi d'Angleterre, fut élevé sur le trône impérial. Le nouvel Empereur fit assigner tous les Princes et feudataires de l'Empire, pour lui aller faire hommage des terres et seigneuries qu'ils tenaient à fief.

Le Comte Pierre fut cité lui aussi. Il assembla aussitôt ses Seigneurs et Barons et leur demanda leur avis. Ceux-ci lui conseillèrent de n'y pas aller, lui représentant qu'il était à craindre que l'Empereur ne l'eût fait appeler pour venger sur sa personne la mort du Gouverneur du Chablais et d'Aoste et la défaite du Duc de Coppingen.

Mais le Comte Pierre était un homme de cœur et de génie, qui mérita pour ses rares qualités le surnom de *Petit Charlemagne*. Il ne partagea point les craintes de ses Seigneurs. Il était persuadé au contraire qu'il trouverait bon accueil auprès de l'Empereur, à cause du degré de parenté qu'il avait avec le Roi d'Angleterre son frère. Quant au Gouverneur tué en Chablais, et au Duc de Coppingen, ils n'avaient pas été envoyés par l'Empereur actuel, mais bien par ses prédécesseurs ou par ses concurrents.

C'est pourquoi il fit mettre ordre à ses équipages, choisit un certain nombre de chevaliers et d'écuyers pour son escorte et se mit en chemin.

Arrivé à la Cour de l'Empereur, il se présenta à lui vêtu d'un habit dont une moitié était de drap d'or et l'autre de fin acier. L'Empereur le reçut courtoisement et le loua fort sur la haute renommée qu'il s'était acquise dans les armes. Il lui accorda sans difficulté les investitures, non seulement des Comtés de Maurienne et de Savoie, mais encore de tous les autres pays qu'il possédait, tant en Piémont qu'ailleurs, et donna ordre au Chancelier de lui en faire dresser les Lettres Patentes en forme authentique, scellées du sceau de l'Empire : ce qui fut exécuté par acte du 17 octobre 1263.

A ce propos on raconte que le Comte Pierre étant passé chez ce Ministre, celui-ci, après avoir vu et examiné les investitures précédentes des Comtés de Savoie et de Maurienne ainsi que du Marquisat de Suse, lui demanda en vertu de quel droit il jouissait de tant d'autres pays, et particulièrement de celui de Vaud et du

Chablais : le Comte mit l'épée à la main et la lui faisant voir toute nue, il lui dit qu'il n'avait, pour tous ces pays, d'autres lettres à montrer que celles-là, qui avaient été scellées en bonne compagnie. Le Chancelier, s'étant mis à rire, lui fit immédiatement ses dépêches et s'en fut raconter à l'Empereur la réponse du Comte Pierre.

Peu de temps après, le Comte Pierre s'étant présenté pour prendre ses audiences de congé, l'Empereur, qui le considérait infiniment, voulut savoir de lui, avant son départ, pourquoi il avait paru devant lui avec un habillement si bizarre. A quoi ce Prince, aussi habile courtisan que bon homme d'armes, répondit avec une ferme assurance qu'il portait le drap d'or à la droite pour honorer S. M., et la couverture d'acier du côté gauche pour marquer qu'il était prêt à défendre jusqu'à la dernière goutte de son sang les pays qu'il avait conquis à la pointe de l'épée.

L'Empereur, content de la fermeté et de la franchise de ces paroles, lui fit quelques présents et le congédia.

Telle est la narration que font dans leurs histoires Champier et Paradin.

AMÉ LE GRAND. — *Confirmation de la dédition* (1296. — Le Comte Amé V surnommé *le Grand*, fils du Prince Thomas Comte de Flandres et de Hainaut, succéda à la Couronne de Savoie après la mort de ses oncles les Comtes Pierre et Philippe, et confirma, par lettres patentes du jeudi après la fête de Toussaint 1296, les traités de la dédition et les franchises accordées à la Vallée d'Aoste par ses prédécesseurs.

« *Nos Amaedeus Comes Sabaudiae notum facimus universis praesentes litteras inspecturis, quod cum olim libertates seu franchesiae, datae fuissent et concessae per inclitae recordationis dominum Thomam avum et praedecessorem nostrum Civibus etc. prout in litteris supradictis, et superdictis libertatibus seu franchesiis confectis plenius continetur nos ex certa scientia dictas franchesias pro nobis successoribusque ac hoeredibus nostris laudamus et approbamus et ratificamus, et etiam prout melius possumus, confirmamus, etc. ».*

Aymon. — *Autre confirmation (1337).* — En 1337, nous avons une nouvelle confirmation des traités.

Elle est du Comte Aymon, second fils d'Amé le Grand et parvenu à la Couronne après la mort de son frère aîné le Comte Edouard. Requis par les citoyens et bourgeois de la Cité, tant en leur nom qu'en celui de tous les habitants de la Vallée, de leur confirmer les franchises, libertés et autres prérogatives dont ils étaient convenus por les traités de dédition, ce Prince fit droit à leur juste demande. Pour majeure assurance, il retint les originaux des traités; mais ne voulant pas que le pays fût privé d'un titre si glorieux et si important, il lui en fit expédier à Chambéry, sous la date du 21 juin 1337, un *transumpt* soit *vidimus* complet authentiqué par deux notaires et scellé du grand sceau pendant *militis aequitantis*, en cire verte.

En voici les propres termes :

« *Nos Aymo Comes Sabaudiae notum facimus universis tam praesentibus quam futuris, quod nos ad instantiam dilectorum fidelium Civium et Burgensium nostrorum Augustae et Portae Sancti Ursi, vidimus et videri fecimus diligenter quoddam Instrumentum sigillatum sigillo ricordationis inclitae Domini Thomae Comitis Sabaudiae quondam sanum et integrum nec suspectum in aliqua sui parte, tenor cujus sequitur et est talis etc.* »

Suit la reproduction textuelle du traité, puis le document continue comme ci-après : « *Quod quidem Instrumentum originale poenes nos retraximus ad opus nostri Civium et Burgensium praedictorum et ipsius tenorem praesentibus in publicam formam redegi fecimus per notarios infrascriptos, ipsumque instrumentum et omnia in eo contenta pro nobis et successoribus nostris, laudamus, approbamus et pariter confirmamus, in quorum omnium robur et testimonium sigillum nostrum praesentibus duximus apponendum. Datum Chamberiaci die vigesima prima mensis junii, anno Domini millesimo tercentesimo trigesimo septimo. Ego autem Joannes Raymondi, de Burgeto, publicus Notarius dictum instrumentum vidi sanum et integrum et collationem de ipso praesentibus feci una cum Joanne de Fonte Notario, et quia idem inveni praesentem prout instrumento praedicto continetur, nihil mutato, addito vel minuto, praesentibus me suscripsi et signum meum consuetum apponi in testimonium veritatis. Actum ut supra. Et ego Joannes de Fonte de Chamberiaco, auctoritate imperiali et domini Comitis Sabaudiae publicus Notarius, de praesentibus, ad Instrumentum originale praedictum sanum et integrum collationem feci, una cum dicto Joanne Raynaudi, et quia omnia praesentibus sunt inscripta quae continentur in originali praedicto, praesentibus scriptis per me subscripsi et in eis apposui solitum meum signum in testimonium praemissorum.* »

*Valeur réelle des traités de dédition comme origine de la souveraineté de la Maison de Savoie en Vallée d'Aoste.* — C'est sur ce *transumpt* du Comte Aymon, dont on a conservé le véritable original dans les Archives du Duché, que sont fondées les franchises, libertés et immunités des Valdôtains.

Certains critiques modernes, tout en ne partageant pas le sentiment de Guichenon, Leblanc et quelques autres, dont on leur a fait connaître d'une manière sensible le peu de fondement, se flattent bien à tort d'avoir dégagé ce point essentiel de notre histoire. Se fondant sur certains actes de rémission, protection, sauvegarde, ou autres générosités, que le Comte Humbert et quelques autres Princes, par un effet de leur zèle et de leur piété, peuvent avoir passés en faveur de l'Eglise d'Aoste, ils prétendent être en droit de soutenir que les Valdôtains ont été sujets de la Royale Maison de Savoie dès son premier établissement dans le pays.

Ils ne savent cependant dire ni comment ni sous quel Prince aurait commencé cette souveraineté. Les uns nient l'existence du premier traité, ou le tiennent pour apocryphe; les autres, plus raisonnables, ne pouvant en méconnaître l'authenticité, disent que cet acte n'est point une dédition; que les expressions « *visis et cognitis calamitatibus et etiam oppressionibus et injuriis illatis, trado Civitatem Augustae cum suburbiis... libertati* » n'excluent pas la préexistence de la condition de sujets; que ce titre n'est tout au plus qu'un privilège par lequel ce Prince, touché des misères de son peuple valdôtain, lui accorde de majeures libertés.

Mais ceux qui cherchent, par ces sortes de raisonnements, à dénaturer le véritable sens du traité, devraient bien prendre la peine de peser dans la balance d'une juste équité la force de cet autre passage : « *Pro hac libertate concessa praedictis habitatoribus praesentibus et futuris, promittunt fidelitatem Comiti se facturos, etc.* » ainsi que du suivant : « *Hoc autem per universum Comitatum sub juramento cum Baronibus meis observare pro posse, firmiter promitto, hoc idem Cives et Burgenses sub juramento promittunt, quicumque qui huic juramento contraire praesumpserit damnum et dedecus loeso restituat et in poena centum librarum condemnetur*, etc. Qu'ils considèrent encore que ce serment est renouvelé d'une manière plus formelle à la fin du traité, sur les saints évangiles et sur les reliques des Saints qui reposaient à la Cathédrale, non seulement par le Comte Thomas et par les Seigneurs de sa suite, mais encore les gentilshommes de la Vallée d'Aoste, parties contractantes et intervenantes dont les noms y sont spécifiquement désignés.

S'ils considèrent bien tout cela, dis-je, il me paraît qu'ils ne pourraient se refuser de reconnaître que les Valdôtains n'étaient point auparavant sujets de la Maison de Savoie; que ce document n'est point un privilège de Souverain à sujet, mais bien un véritable contrat entre parties indépendantes l'une de l'autre; enfin, que ce contrat est le premier par lequel les Valdôtains promettent leur fidélité et leur vassallage en contréchange de cette liberté et de ces franchises, promesse dont le Comte Thomas n'eût eu que faire si le pays avait déjà précédemment appartenu à sa famille.

Nous devons donc admettre que si les actes de piété et de générosité rappelés plus haut et auxquels nos critiques ont donné une si grande importance, résultent vraiment, comme on le dit, des Archives de ces Eglises, ils n'ont pu être accomplis, par les premiers Princes de la Maison de Savoie, que dans le temps où ils exercèrent dans la Vallée d'Aoste les fonctions de Lieutenants généraux ou de Préfets, d'abord sous le roi Rodolphe III de Bourgogne, et ensuite sous l'Empereur Conrad le Salique et ses successeurs.

*Document de l'an 1147.* — On en tire une vraie preuve de la pièce suivante, qui existe aux archives de l'Evêché, et de laquelle, justement, ont cru pouvoir se servir ceux qui cherchent à contrarier les pauvres Valdôtains sur la qualité de leurs traités : « *Quoniam Dominus Deus noster salutem providens generis humani, mandavit persecutionem non fieri, nec invideri laborantibus in agro dominico, neque dispensatores magni Regis vexari aut expelli, in nomine Domini ego Comes Amaedeus et filius meus Humbertus et frater meus Reynaldus temporibus nostris, consuetam invasionem et expoliationem defuncto Augustensi Episcopo, tam domus episcopalis quam etiam possessionum ac redditum ejusdem, pro salute et remedio animarum nostrarum, et parentum nostrorum, et praecibus venerabilis Hugonis Augustensis episcopi, removeri et poenitus extirpari voluimus et decrevimus, praefatam itaque violentiam prohibentes, hoc donum ecclesiae Augustensi donavimus et concessimus, ne aliquis ulterius functo Episcopo episcopalem domum expoliare, vel possessiones ejus injuste invadere et perturbare praesumat.*

*Rogando etiam praecipimus Capitaneis, tam nostris quam Augustensis episcopi, quatenus sine fraude et malo ingenio, res episcopatus successori episcopo, secundum dispositionem clericorum ejusdem ecclesiae conservare, et alicui hoc volenti perturbare resistent, et pro viribus super hoc supradictae ecclesiae adminiculum praestent. Hoc autem factum est anno Domini millesimo centesimo quadragesimo septimo in praesentia honestorum virorum quorum nomina subterleguntur, Boso praepositus, Vuillencus canonicus, Rifferius et Petrus Griffo canonici, et Magister Giraldus, Aymo Vicecomes et Boso filius ejus et frater ejus Anselmus, Vuillermus de Montejoveto, Vuillermus de Arnaco, Eliarsinus et Boso et Oddo de Porta Sancti Ursi, et Ugo de Bardo et alii multi.* »

D'abord, le simple titre de Comte, *Comes Amaedeus*, que se donne le Prince Amé dans cette concession, ne saurait s'entendre autrement que comme équivalent de Gouverneur, et ce, pour les raisons que nous avons déjà amplement développées dans le cours de nos recherches: si ce n'est que ces raisons se trouvent ici singulièrement confirmées par l'expression *temporibus nostris*, qui vient à limiter la durée de la concession, en la subordonnant à celle du gouvernement du Comte Amé, de son fils Humbert et de son frère Réné.

On en peut dire tout autant de la clause *rogando etiam praecipimus*, laquelle ne convient pas au commandement absolu.

Enfin, le pouvoir s'y trouve partagé entre le Prince

et l'Evêque; ils ont chacun leurs officiers, non pas de justice, mais de guerre : « *Capitaneis tam nostris quam Augustensis Episcopi* » ; ce qui persuade toujours plus que cette autorité des Comtes de Savoie n'était que de gouvernement et qu'ils la devaient probablement à leur qualité de Marquis d'Italie.

D'autre part, pour peu que l'on considère à fond cette pièce, on trouvera qu'elle est loin d'être irréprochable.

1º Si nous nous en rapportons à l'histoire, ni Humbert ni René ne paraîtraient avoir été, à cette époque-là, en état d'exercer un gouvernement; le premier, à cause de son jeune âge, n'étant venu au monde qu'au mois d'août de l'an 1136; le second, à cause de son caractère ecclésiastique, car il était Prévôt régulier de Saint-Maurice en Chablais. Et encore, quant à ce dernier, plusieurs historiens et entre autres Guichenon et Leblanc, le disent-ils déjà décédé précédemment, en 1140.

2º L'endroit où elle a été passée n'est pas marqué, quoique, par le nom des témoins, il apparaisse que ce fut à Aoste.

3º Elle n'est point scellée et signée des sceaux et signatures de ces Princes, ni de l'Evêque Ugon, ni d'aucun des Seigneurs présents.

4º Le Comte Amé III, de qui on la suppose, partit pour la guerre sainte au mois de mai de cette même année 1147, avec le Roi de France Louis le Jeune, et ne revint plus dans ses Etats; car, suivant toutes les histoires, il mourut à Nicosie, dans l'île de Chypre, deux ans après. Est-il donc probable, ou même possible, que cette même année-là, avant son départ, il ait pu entreprendre de passer les monts pendant les mois d'hiver, et surtout, y exposer son fils dans un âge aussi tendre?

Pour toutes ces raisons, on doit regarder cette pièce comme fort suspecte.

*Document de l'an* 1191. — Pour mieux fortifier son

système de la Souveraineté en Vallée d'Aoste de la Royale Maison de Savoie avant le traité de 1191, le moderne écrivain de l'an 1727 dont il a été parlé ci-devant s'est encore servi de la pièce suivante, tirée des archives de l'Evêché :

« *In nomine Sanctæ et individuæ Trinitatis, ego Thomas Comes Mauriannæ et Marchio in Italia, illustris Comitis Amædei avi mei vestigiis volens inhærere, et pro remedio animae meæ et prædecessorum et successorum meorum, concilio Bonifacii Marchionis de Monteferrato, tutoris mei, concedo et remitto illam pessimam invasionem quæ fieri solet in domo augustensis episcopi migrantis ad dominum et præcipio* pœnitus interdico, ne unquam aliquis mistralium meorum, inventarium domus episcopi augustensis, *quod in morte ipsius invenitur, in dono ejus vel extra, audeat attingere, vel inquietare, et præcipio ut omnia venturo episcopo quem sanior pars ecclesiæ elegerit in integrum reservetur. Reddo etiam et restituo ecclesiæ augustensi, tertiam partem tam tallearum quam adventoriorum et omnium accidentium quæ perveniunt in civitate Augustensi, et in suburbio de Porta Sancti Ursi, et unum caseamentum excusatum, quod fuit Guillelmi Casei et Gunterii patris ejus; præterea* notum sit omnibus fidelibus meis, *quod ecclesiam Augustanam, tam domum episcopi, et possessiones et res canonicorum, Sanctæ Mariæ et Sancti Ursi, sub tutela et protectione mea recipio, decerno igitur et præcipio, quatenus præfecta ecclesia, quamdiu justitiæ et rationis coram me stare voluerit, nemo unquam ausu temerario audeat perturbare, vel res eorum invadere,* quicumque autem hujus mandati mei *contemptor extiterit, cameræ meæ pro pœna excessus centum libras dare cogatur. Factum est hoc anno ab incarnatione Domini MCXCI præsente Domino Lamberto Maurianensi episcopo, Bosone vicecomite, Jacobo de Porta Sancti Ursi, et frater ejus, A. de Porta, et frater ejus, Vuillermo de Nuus et fratribus suis, Vuilfredo de Conflans, Guigone de Theis, Amædeo et Humberto de Villeta.* »

Cette pièce ne parait pas devoir être contredite par les Valdôtains, car elle est de l'année même de leur premier traité, et du même Prince. Entre celle-ci et la précédente il y a eu le traité d'adhérence, le serment de fidélité;

aussi, quelle différence sensible de formes et de langage!
Le Prince traite les Valdôtains de *ses fidèles* : « *Notum sit omnibus fidelibus meis* » ; il commande en termes absolus et à des officiers de justice qui lui appartiennent : « *praecipio poenitus et interdico ne unquam aliquis mistralium meorum* » ; il reçoit sous sa protection le temporel de l'Evêque et du Clergé; il invite l'Evêque et le Clergé à recourir à sa justice, avec ordre en ce cas de ne pas l'inquiéter; il prononce des peines contre ceux qui contreviendraient à ses ordres : « *Quicumque hujus mandati mei contemptor extiterit camerae meae pro poena excessus centum libras dare cogatur.* »

On pourrait cependant encore y trouver à redire, si l'on fait attention aux expressions *camerae meae*; car la Chambre des Comptes ne fut instituée en Savoie qu'un bon siècle et demi plus tard, sous le règne du Comte Amé le Vert.

Il importe en outre de tenir compte d'un fait assez singulier : c'est que, dans ces mêmes archives de l'Evêché, il existe un autre acte de même date et pour le même objet, bien plus ample, avec l'intervention d'un bien plus grand nombre de personnes, et contenant des choses essentielles qui ne sont pas dans le document rapporté ci-dessus, tandis qu'on n'y rencontre point certaines autres choses qui sont dans celui-ci. Par exemple, cette sanction pénale à propos de laquelle nous avons fait une observation, ne s'y trouve pas.

Il nous a semblé opportun de reproduire aussi ce second acte, dont nous avons une copie authentique tirée de l'original même que l'on conserve aux archives.

Le lecteur ami des études historiques pourra faire ses réflexions sur ce *duplicata* d'actes et sur ces différences.

« *Ut antiquis gesta temporibus, per oblivionis caliginem a sui tenoris constantia, processu temporis non recedant, quod pro bono pacis et favore ecclesiae mediante justitia geritur, litterarum indicus solet aeternari; innotescat igitur tam praesentibus quam futuris quod ego Thomas Comes Mauriancnsis, et in Italia Marchio, inhoerens vestigiis avi mei Amaedei, concilio et voluntate Bonifacii Marchionis Montisferrati tutoris mei, et Baronum meorum, remitto illam invasionem et occupationem quae contra Deum solet fieri in decessu Augustensis Episcopi in domo ipsius, et si quid juris in inventario habebam, divino amore ductus, illud dono ipsi ecclesiae, et concedo, et ne successores mei vel homines ipsorum, hanc invasionem de coetero attentare praesumant, modis omnibus prohibeo, immo firmiter praecipio, ut omnia bona migrantis episcopi successori suo in solido reserventur; ad haec cum manifestum esset tertiam partem tallearum quae in ipsa urbe et suburbio fiebant, ad Episcopum ex antiqua consuetudine pertinere, Ego reddo et restituo Vualperio Augustensi Episcopo illam tertiam partem tallearum et accidentium, quocumque nomine censeantur, quae in futuro in civitate ipsa fient, et in suburbio de Porta Sancti Ursi, unum caseamentum excusatum videliscet illud caseamentum quod fuit Vuillermi Casei et G. patris sui, ut homines ipsius caseamenti de coetero liberi sunt et immunes a talliis meis, et successorum meorum adjutoriis et exactionibus; reddo etiam dicto Episcopo et suae ecclesiae omnes insulas quae sunt a Bacenderio quod dicitur esse de David de Curtafey, ab utraque parte, usque ad rivum qui dicitur Clusala; reddo etiam et restituo in perpetuum Ecclesiae et Episcopo Castrum de Liveronia, verum ut Ego et successores mei ipsam Ecclesiam et Episcopum in futuro studiosius teneantur manutenere et defendere et eorum utilitatibus desservire, dictus Episcopus medietatem ipsius in feudum nobis concessit et pactum etiam fuit firmiter ab utraque, et juratum, ut tam homines mei quam Ecclesiae et Episcopi ibi tutum et recursum in necessitatibus suis habeant, nec aliquis ibidem instituatur Castellanus sine voluntate et consilio Augustensis Episcopi et sine conscientia et voluntate mea; pactum etiam fuit ab utraque parte ut munitio in civitate ipsa prope ecclesiam cum paribus expensis fiat, vel si Episcopus et Ecclesia voluerint, eam de proprio faciant, ad quam homines Ecclesiae et homines Comitatus, videliscet burgenses et etiam cives, refugium cum necesse fuerit habeant. Pactum insuper fuit ut ipse Episcopus si voluerit, in Valle de Conia castrum erigere valeat, unde homines sui et mei pacem et guer-*

*ram si necesse fuerit facere aliis valeant. Acta sunt haec laudante et consentiente memorato Bonifacio Marchione tutore meo, anno incarnationis Domini millesimo centesimo nonagesimo primo, in praesentia Lamberti Maurianensis Episcopi, Guidonis praepositi, Antonii Archidiaconi, B. prioris Sancti Ursi, et Capituli Augustensis, Guigonis de Theis, Gonifredi de Confleto, Amaedei et Umberti fratris sui de Villeta, Reymondi de Cors, Petri de Liovet, Bossonis vicecomitis Augustensis, Jacobi et Eliaciani de Porta Sancti Ursi, Hebrardi de Amavilla et fratrum ejus, Reymondi et Vuillermi de Grazan. Ut autem haec firma et illibata in perpetuo consistant, praesentem cartam sigilli nostri munimine et sigillo Bonifacii tutoris mei et Lamberti Maurianensis episcopi insignire decrevimus. Ad majorem autem rei gestae memoriam nos P. Dei gratia Augustensis Episcopus, nos Capitulum Augustense, nos Jo. Archidiaconus, P. Prior Sancti Ursi et nos ejusdem loci Conventus, confitemur nos vidisse et audivisse tenorem praesentis rescripti, sicut continetur in originalibus scriptis, Amaedei, et Uberti, Thomae Comitum et Lamberti Maurianensis episcopi de verbo ad verbum insertum in hoc scripto et eorum sigillorum munimine roboratis, ad haec fuerunt testes praesentes Ja. de Monte Alto Magister, P. de Delbia sacerdotes, V. de Pallatio, G. de Rivo, P. de Stipulis diaconi, Ja. de Avino, Ay. de Curiis, G. de Casaleto, Ay. de Pallatio subdiaconi, Canonici Augustenses, P. de Pallatio procurator, G. vestiarius, Om. sacrista, Ja. de Avisio scriptor, G. hospitalarius, Canonici Sancti Ursi, et alii quam plures, et ut dictorum fides comprobetur, nos P. Dei gratia Augustensis Episcopus, nos Capitulum, nos Jo. Archidiaconus Augustae, nos P. Prior, nos Conventus Sancti Ursi huic praesenti scripto sigilla nostra apponimus, veritati testimonuim perhibentes. Datum anno MCCXLVI, in vigilia beati Michaelis, cum quatuor sigillis impendentibus.* »

S'il est vrai que ces deux actes soient authentiques, ou même seulement l'un des deux, ne semble-t-il pas qu'on en pourrait tirer un nouvel argument à l'appui de notre opinion? Ne forment-ils pas une preuve évidente que l'autorité des Princes de Savoie sur la Vallée d'Aoste n'avait été jusque là qu'une autorité de gouvernement, autorité conférée par les Empereurs, selon leur bon plaisir, tantôt aux uns, tantôt aux autres? Cette preuve, c'est la spoliation de la maison épiscopale à la mort des Evêques et le détournement des revenus de l'Evêché pendant la vacance du siège. Quelque Gouverneur avait sans doute introduit cet abus depuis la mort du Comte Humbert I$^{er}$, comme un droit de régale, et cela s'était continué jusqu'au temps du Comte Amé III, qui en avait reconnu l'injustice et s'en était défait en faveur de l'Eglise, à la prière de l'évêque Ugon.

Cela posé, il n'est pas probable que le Comte Humbert son fils, qui a passé la plus grande partie de sa vie en réputation de sainteté, ait voulu ressusciter un droit si inique. Il faut donc que l'usage de cette spoliation ait été rétabli par quelque autre Gouverneur, qui fut en Vallée d'Aoste entre le Comte Amé et le Comte Thomas, et qui n'était point de la Maison de Savoie.

C'est ce qui donna l'occasion au Comte Thomas de la supprimer et interdire une seconde fois, à l'imitation de son aïeul, avec ordre que le tout fût réservé au futur Evêque.

Par ce même acte, il rendait aussi aux Evêques le tiers des tailles et éventualités de la Cité et Bourg, dont les derniers Gouverneurs s'étaient aussi emparés.

Or, ni ce dernier abus ni le précédent n'eussent pu se produire ni se renouveler, si la Vallée d'Aoste avait continué d'obéir sans interruption aux Princes de Savoie : ces Princes étaient trop religieux pour s'élever ainsi au préjudice de l'Eglise.

*Les Valdôtains sont les auteurs de leur union à la Maison de Savoie.* — De tout ce qui précède, il paraît qu'on ne saurait, sans injustice ou sans se rendre suspect de prévention, ravir aux Valdôtains la gloire d'avoir été eux-mêmes les premiers auteurs de leur union à la Royale Maison de Savoie.

En effet, comment pourrait-on supposer que le Comte Thomas, un des plus grands parmi les premiers Princes de cette Maison, et l'un de ceux qui ont le plus contribué à consolider les bases de cette souveraineté nouvelle, ait mis en liberté un pays en contre échange d'une simple promesse de fidélité, si cette fidélité lui était déjà acquise par autre voie? Ce serait le faire passer pour bien faible ou bien peu informé de ses droits, que de le croire capable de consentir à un tel contrat avec des peuples qui lui étaient déjà précédemment soumis. Ce serait vouloir faire tort à sa mémoire et en même temps insulter à celle des illustres Seigneurs qui formaient son Conseil.

On en peut dire autant de tous ses successeurs à la Couronne, qui ont toujours successivement confirmé ce contrat d'une manière si authentique.

*Confirmations successives de la dédition.* — Quoi qu'il en puisse être de ce contrat des Valdôtains, et qu'on le baptise du nom de dédition, de traité, ou de tel autre, qu'on voudra, ce qui est bien certain, c'est qu'il existe réellement. Le Comte Amé successeur de Thomas I$^{er}$ l'a ratifié et y a mis son sceau. Thomas de Savoie Comte de Flandres et le Comte Amé le Grand l'ont reconnu et augmenté de nouveaux règlements pour l'administration de la justice. Le Comte Aymon l'a reconnu et inséré dans ses archives. Tous leurs successeurs à la Couronne, tant à leur avénement que lorsqu'ils sont venus à Aoste pour y tenir leurs assises, soit audiences générales de justice, ou simplement pour cause de passage, l'ont confirmé par de plus amples concessions, par des serments solennels, avec nouvelles promesses de maintenir les Valdôtains dans leurs prérogatives.

Nous citerons entre autres les lettres patentes du Duc Amé IX *le Bienheureux*, données à Chambéry le 22 mai 1465. Elles sont très expresses :

« *Universis modernis et posteris serie praesentium*

*facimus manifestum quod nos visis et per nostrum nobiscum residens Consilium, mature visitatis multiplicibus litteris,* etiam et transumpto litterarum franchisiarum, libertatum, privilegiorum et immunitatum, *per inclitae recordiae Illustres Praedecessores nostros dilectis fidelibus nostris hominibus incolis,* etc. »

Et plus bas : « *Ex nostra igitur certa scientia maturaque Consilii memorati super hiis deliberatione praehabita, praenominatas libertates, sub modis, conditionibus, reservationibus et formis, in ipsis expressis, pro nobis et nostris hoeredibus et successoribus quibuscumque,* nostrorum sectando vestigia progenitorum, harum serie confermamus, ratificamus et approbamus. »

Ce pieux Prince vint à Aoste l'année suivante, pour y tenir ses premières assises. A son arrivée, il renouvela cette confirmation au moyen d'un serment solennel, en présence des trois Ordres soit Etats du Duché, par l'imposition de ses mains sur les saints Canons, devant le Maître Autel de la Cathédrale, où étaient exposés le très Saint-Sacrement et toutes les reliques de cette église. Il promit de nouveau, pour lui et ses successeurs, de défendre de tout son pouvoir les franchises, usages et immunités de tout le Duché en général. Il en fit dresser l'acte en sa présence, sous la date du 18 mai 1466, avec authentication de cinq notaires.

Au temps des procès de ses patrimoniaux contre le Duché, le feu Roi Victor-Amé avait fait examiner ce premier traité par ses Ministres les plus éclairés et par les plus habiles jurisconsultes de l'Etat et de l'étranger. Sur le rapport de ces sages et illustres conseillers, et fidèle à la religion de son premier serment du 2 juin 1682, il a eu la bonté de le reconnaître et confirmer de nouveau par son diplôme du 14 janvier 1700, avec toutes les grâces que lui et ses Augustes prédécesseurs ont successivement accordées à leurs fidèles sujets de la Vallée d'Aoste.

Que pourront opposer à de semblables approbations ces nouveaux interprètes qui cherchent, par des raisons forcées, à jeter le doute sur l'adhérence du vasselage, que les Valdôtains ont faite par ce traité primordial à la Royale Maison de Savoie ?

Ont-ils été capables, jusqu'ici, d'exhiber un acte de concession des Rois de Bourgogne ou des Empereurs, et notamment cette fameuse prétendue donation de l'Empereur Conrad à Humbert fils de Berold ? Feront-ils voir par des titres authentiques, que ces premiers Princes aient pris auparavant le titre de Comtes ou de Seigneurs de la Vallée d'Aoste ? qu'ils aient exigé la fidélité de ses habitants ? qu'ils y aient établi des officiers pour la direction des affaires, de la guerre, du gouvernement politique et pour l'administration de la justice ? ou bien, qu'ils y aient tenu leurs assises, comme ils faisaient déjà précédemment dans quelques autres provinces au delà des monts ? qu'ils y aient donné des investitures, fait donner des reconnaissances de fiefs, créé des nobles ou des notaires ? Rien de tout cela ; on n'en trouve aucune trace avant la seconde adhérence, advenue sous le règne du Comte Amé fils et successeur du Comte Thomas. C'est ce Prince qui fut le premier à pratiquer en Vallée d'Aoste tous ces actes de souveraineté.

INFÉODATIONS APPARTENANT À L'EMPIRE. — NOTAIRES IMPÉRIAUX. — AUTORITÉ IMPÉRIALE. — Bien loin d'appartenir aux Princes de Savoie, les inféodations et anoblissements qu'obtenaient avant la dédition, soit les vassaux feudataires soit de simples nobles, partaient directement de l'Empire. Longtemps même après les Comtes Thomas et Amé, quelques Seigneurs justiciers des plus apparents de la Vallée reconnaissaient encore tenir leurs juridictions et seigneuries en fief de l'Empire. Telles sont, par exemple, deux reconnaissances passées par les Seigneurs de la Maison d'Avise, la première en faveur de l'Empereur Henri VI, le 2 des nones d'octobre 1195, par acte public célébré devant l'église de N.-D. et de Saint-Jean entre les mains de Michel, Lieutenant du Chancelier de l'Empire; la seconde à l'Empereur Frédéric II, le 9 des ides de juin 1211, ès mains de Jean, aussi Lieutenant du Chancelier de l'Empire. Telles sont encore celles que firent les Seigneurs de Vallaise au même Empereur Frédéric II en 1211, à l'Empereur Henri VII le 10 des calendes de janvier 1310, et à l'Empereur Sigismond en 1418.

Les Notaires recevaient leurs actes en public, à la manière de ce temps-là, et se qualifiaient « *auctoritate imperiali notarius publicus* ». Après la date ils ne manquaient pas d'insérer le nom de l'Empereur régnant : « *Regnante... Imperatore.* » Si le siège était vacant, ils avaient leur formule : « *Vacante Sede imperiali* ». Les vieux titres et contrats, qu'on trouve en grand nombre dans les archives de la Noblesse et de l'Eglise, font pleine foi de cet état de choses.

Les Comtes de Maurienne ou de Savoie n'y étaient pas même nommés. Ils n'eussent sans doute pas permis l'insertion de pareilles formules dans des actes publics, s'ils avaient été dès lors Souverains effectifs de la Vallée d'Aoste, par succession héréditaire non interrompue.

Sous le règne du Duc Charles le Bon, les Baillifs et Vibaillifs d'Aoste se servaient de la formule suivante, dans les lettres de notariat qu'ils faisaient expédier aux particuliers qui se présentaient pour être admis à ces sortes d'offices publics : « *Auctoritate Domini nostri Ducis Sabaudiae Vicariique Sacri Romani Imperii, cujus in hac parte vices fungimur, facimus, constituimus et creamus,* etc. » On en peut trouver la preuve dans plusieurs de ces lettres, et notamment dans celles qui furent expédiées par le Seigneur Claude Ruffier Vibaillif d'Aoste à Burchard et Jean-Claude frères Regis, du Mandement de Montjovet, sous la date du 2 octobre 1513.

Le Duc lui-même se servait aussi de termes à peu près pareils, comme on voit dans les lettres d'anoblissement accordées au Sieur Jean-Marie Savinis, établi à Bard, en date du 1$^{er}$ septembre 1515 : « *Certa scientia proprioque motu, et de imperiali, nostraeque potestatis plenitudine, harum serie nobilitamus, etc.* »

Dans d'autres lettres aussi d'anoblissement, datées de Milan le 18 juillet 1551, que le Duc Emmanuel-Philibert accorda aux mêmes frères Regis, à la puissante recommandation du Rév$^{me}$ Seigneur Evêque Pierre Gazin, nous retrouvons encore une formule pareille : « *Ex nostra certa scientia imperialique qua in hac parte fungimur auctoritate, facimus, constituimus et creamus, etc.* »

ATTAQUES RÉITÉRÉES CONTRE LES PRÉROGATIVES ET FRANCHISES DE LA VALLÉE D'AOSTE. — Ce traité si solennel, ratifié, confirmé et sanctionné par tant de Princes pendant plus de cinq siècles, eût bien dû ne plus former l'objet d'aucun doute, d'aucune difficulté ni recherche, et tenir lieu de contrat ferme, stable, à jamais irrévocable. Il n'a pourtant pas manqué de rencontrer de temps en temps des envieux, jaloux de nos prérogatives, qui ont mis en œuvre toute sorte de ruses pour amoindrir ou détruire ces monuments précieux de notre fidélité.

En première ligne il faut mettre les gens de finance : ne trouvant pas leur compte à ces sortes d'exemptions, ils faisaient semblant d'ignorer les droits de notre pays, ou bien, ils voulaient faire leur cour aux dépens des pauvres Valdôtains.

Les partisans, qui ne cherchent qu'à se baisser pour prendre, n'ont rien oublié de ce qu'il était possible de tenter à ce sujet.

*Péages.* — Nous en avons des exemples depuis l'an 1337. Les péageurs du Souverain établis à Saint-Rhemy avaient exigé des merciers et négociants du pays quelques droits, pour des marchandises qu'ils apportaient du dehors. Ceux-ci recoururent au Comte Aymon, qui, par lettres patentes du 2 avril même année, ordonna généralement à tous ses péageurs de la Vallée d'Aoste de n'exiger aucun droit ni impôt des dits merciers et négociants. Le chev. Richard de Cuina, Seigneur de Ribot et Baillif d'Aoste, fit encore renouveler la publication de cette ordonnance en 1371, et commanda qu'elle fût observée dans toute son étendue.

*Subsides.* — En 1456, les fermiers généraux des trois subsides accordés par les Trois Etats de Savoie au Duc Louis, firent taxer aussi la Vallée d'Aoste pour une quote part de concours. Déjà ils avaient commencé à exiger des payements, à prélever des gages et à faire d'autres actes contraires aux franchises et immunités du pays. Les habitants recoururent au Prince, lequel, par lettres patentes du 26 mai, fit non seulement restituer par ses fermiers les gages et les deniers dont ils avaient déjà compté avec les trésoriers, mais encore biffer des livres de la Chambre des Comptes la registration qui en avait été faite, afin qu'il ne restât rien de cette contravention. Par cette même patente, il confirmait de nouveau les franchises et immunités du Duché, déclarant que c'était par erreur qu'il avait été cotisé pour les tailles ordonnées et réparties à l'occasion de ces subsides.

*Sel.* — Les partisans de la gabelle du sel en Piémont et à Nice essayèrent en 1533, 1540, 1549 et 1550 de l'introduire aussi chez nous, mais le Pays ayant recouru à son Souverain, put continuer à jouir en paix de cette franchise.

*Grains et vin.* — Le Duc Charles le Bon ayant demandé aux Etats du Duché, dans un pressant besoin, une contribution d'une certaine quantité de grains et de vin par focage, laquelle lui fut libéralement accordée, déclara par patente du 8 juin 1548, qu'elle ne pourra être tirée à conséquence pour l'avenir, ni convertie à aucun autre usage que celui de la subsistance des officiers et soldats destinés à la garde du Pays.

*Peaux, or et argent.* — En 1563, sous le Duc Emmanuel-Philibert, les partisans voulurent comprendre le Duché d'Aoste dans l'imposition établie en Piémont sur le commerce des peaux et, en raison du demi pour cent, sur l'exportation de l'or et de l'argent. Mais sur simple premier recours du Pays, le Prince révoqua ces deux impôts par ses réponses aux articles 2 et 6 du mémorial qui lui fut présenté le 6 mars de cette même année. Il confirma cette révocation par deux patentes du 1er avril suivant.

*Douane et foglietta.* — En 1594 et 1595, on voulut introduire dans le Pays l'érection de la douane et un impôt sur la vente du vin tant en gros qu'en détail. Cet impôt s'appelait *foglietta*. On y fit dans ce but publier un édit général de la Sme Infante Catherine d'Autriche, sous la date du 1er août 1594, édit contre lequel opposition fut faite par voie de recours au Souverain, le 3 janvier suivant.

Le Souverain, ouï les raisons des recourants, voulut bien révoquer la dite imposition, par patentes du 1er février 1597.

Par autre patente du 10 avril 1602, il déclara le Duché entièrement exempt de toute douane.

Il fallut que ces patentes fussent suivies de jussions réitérées à la Chambre des Comptes, pour en faire entériner la déclaration sans restriction ni limitation.

*Tabellion.* — En 1610, le Duché fut encore compris dans les édits généraux du 28 avril et 10 mai, pour l'introduction du tabellionat, de l'insinuation et du collège des Notaires. On recourut au Duc Charles-Emmanuel Ier, sous la date du 10 décembre suivant, et ce Prince, par sa réponse à l'art. 2 du Mémorial, supprima pour ce Duché l'exécution des édits (1).

*Cuirs.* — En 1620, le même Duc Charles-Emmanuel I$^{er}$ avait fait imposer une gabelle sur le tannage et la vente des cuirs en Piémont et en avait assigné les deniers pour la Maison du Prince François-Thomas son fils. Le Duché d'Aoste eut encore le désagrément de s'y voir enveloppé. On voulut, en janvier 1621, y publier l'édit relatif; mais opposition y fut faite au nom du Pays, avec protestation de recours Le 10 juin suivant, nouvelle jussion pour l'exécution de cet ordre général. On dut envoyer au Duc des députés, lesquels purent finalement faire écouter leurs représentations respectueuses et obtenir justice par patente du 31 mars 1622.

*Autres tentatives.* — En 1628, on essaya d'introduire dans le Duché un impôt sur le menu bétail; en 1652, un autre sur la vente des cartes et tarots.

Enfin, il n'y a guère eu d'époques où l'on n'ait cherché à porter atteinte aux franchises, immunités et autres privilèges du Duché.

*Guerre aux franchises.* — Mais l'attaque la plus rude qu'ils aient eu à essuyer, ce fut sans doute celle des années 1697, 98 et 99. Cette fois, on nous voulait tout enlever d'un seul coup; on voulait passer l'éponge sur toutes les confirmations énumérées ci-devant, y compris même le serment solennel que le Roi (alors Duc) Victor-Amé avait prêté lors de son avènement à la Couronne: les *Patrimoniaux* du Souverain avaient entrepris de faire déclarer le Duché soumis à toutes sortes d'impôts et de gabelles comme le reste des Etats. En présence des poursuites et sollicitations dont il était l'objet, le Pays s'est vu

---

(1) Le tabellion fut introduit dans la Vallée d'Aoste, sur instance du Conseil des Commis, par édit du 15 avril 1768.

dans la dure nécessité de produire et de faire passer par le crible rigoureux de la justice, en la Chambre des Comptes de Piémont spécialement déléguée, les titres authentiques d'où résultaient avec tant d'évidence les franchises et immunités convenues par le traité de dédition et continuées sans interruption depuis plus de cinq siècles. Il a eu le bonheur d'en pouvoir faire reconnaître toute la force et la solidité ; la justice de ses droits a prévalu contre la mauvaise volonté de ceux qui cherchaient à les faire anéantir. Son Souverain lui a fait l'insigne faveur, moyennant une finance, de fermer pour toujours la bouche à ses patrimoniaux et de lui accorder, par ses lettres patentes du 11 janvier 1700, une nouvelle, très ample et très expresse confirmation de ses coutumes, franchises et usages. Avec cela, le Duché devrait être à couvert de toute nouvelle recherche. En effet, il n'y en a plus eu aucune, tant qu'a duré le règne de Victor Amé. On a eu beau souffler de toute part contre les pauvres Valdôtains, ce grand Prince a toujours été religieux observateur de la royale parole qu'il leur avait donnée.

*Collège.* — Nous en avons vu un exemple éclatant en 1729, lors de l'union de tous les Collèges des Provinces à la R. Université de Turin. Le Magistrat établi pour présider à cette importante réforme voulut se rendre maître aussi du Collège d'Aoste, s'en attribuer l'administration économique, s'arroger le droit de changer les Régents et de les soumettre à son examen. Déjà on commençait à faire des poursuites, à envoyer des ordres contraires à ceux des économes établis par la bulle du Saint-Siège. Des recours avaient été faits, mais ils n'étaient point parvenus à leur adresse. Le Rév. Evêque Jean Grillet, dont ces nouveautés heurtaient l'autorité autant en qualité de Prélat que d'économe, trouva le moyen, avec l'aide de personnes amies, de faire parvenir une lettre entre les mains du Roi sans passer par le canal ordinaire (1). Cette lettre fit un si bon effet que S. M., ayant fait appeler son Procureur Général et les Directeurs du Collège de l'Université, leur donna ordre de laisser en paix ses Valdôtains.

---

(1) Mgr Grillet venait à peine d'être sacré Evêque d'Aoste; il n'était arrivé ici que le 8 décembre 1729 ; le 11, il avait pris possession de premier Conseiller Commis et prêté serment.

Il agissait en ceci, par commission du Conseil des Commis.

Nous trouvons en effet au verbal du 19 même mois : « Mgr l'Evesque fait part à l'assemblée comme il a reçu une lettre du procureur général du Roy, qui luy mande d'examiner les regens des Escoles de cette Ville et de luy en envoyer le certificat pour pouvoir être approuvés du Magistrat de l'Université que S. M. a établi, ce qu'il n'a pas jugé à propos de faire sans conférer avec ces messieurs, pour voir s'il n'y avoit rien de contraire aux usages et priviléges du Duché sur quoy on a prié Monsieur l'Evesque de remarquer que le Duché ayant obtenu de Sa Sainteté le Pape Clément VIII, à la puissante recommandation et pour les motifs portés par le placet du grand Charles-Emmanuel premier la suppression du prieuré de S. Bening et l'erection du mesme en un College perpetuel dont la regie et l'entiere direction a esté confiée aux Evesques et Gouverneurs coniointement aux deux sindics representant tout le corps des communautès, lequel ayant esté conferé par les susdits œconomes aux chanoines de la Congregation du Sauveur par contrat du 14 juillet 1644, confirmé par autorité souveraine ce College ainsy etabli ne sauroit etre subordonne au dit magistrat sans derogation aux etablissements portés par les bulles de ce Souverain pontife et à la direction qui appartient a sa grandeur tant de droit comme ordinaire quen qualitté de premier œconome et que dallieurs le contrat susdit ne scauroit etre rescindé sans cause, que le duché Aoste n'ayant iamais eu de dependance d'aucun des magistrats souverains de S. M. ny receu des ordres de qui que ce soit hormis de leurs augustes souverains en droitture était a la vellie d'estre exposé de recevoir une atteinte a cette prerogative sil devoit être soumis a des ordres generaux et a un magistrat nouvellement créé au preiudice de ses anciens usages et franchises, sur quoy monsieur l'Evesque ayant assuré que ce n'estoit pas l'intention du Roy qu'il y fut en rien derogé a eu la bonté de se charger d'en escrire a s. m. si on lui donnait les memoires et un precis des droits que l'on à ce qui a esté ordonné. »

DE TILLIER.

J'ai reproduit volontiers, en respectant scrupuleusement l'ortographe originale, ce fragment de deliberation : tout en précisant les choses, il donne un spécimen remarquable de la façon d'écrire de notre historien.

Depuis lors, ils n'ont plus été inquiétés pour cet objet.

Et quant au reste, ils ont bien eu quelquefois à batailler contre les receveurs des droits du Roi, qui de temps en temps cherchaient à introduire des nouveautés au préjudice du pays; mais tant que son règne a duré, ils ont toujours eu audience favorable contre leurs entreprises.

Charles-Emmanuel III. — A l'avènement de Charles-Emmanuel III notre nouveau Roi, il n'a pas été possible, à la vérité, d'obtenir qu'il eût prêté, comme ses augustes prédécesseurs, le serment solennel si précieux pour les Valdôtains. On a trouvé le moyen, je ne sais par quel artifice, de faire entendre à notre bon Prince qu'il ne convenait pas à la dignité royale de s'abaisser à ce point envers des sujets, comme si la religion du serment eût été capable en quelque manière d'en obscurcir la gloire !

S. M. a cependant bien voulu nous rassurer sur ce point, et par sa réponse à l'art. 2 du mémorial que les députés des Etats eurent l'honneur de lui présenter le 16 décembre 1730, Elle a ordonné qu'on observe à l'égard du Duché d'Aoste ce qui fut observé jusqu'à présent. Cet ordre a été gracieusement renouvelé dans la réponse à l'art. 2 du mémorial 12 décembre 1736.

Domination de la Maison de Savoie. — Neutralités. — Aoste la Pucelle. — Depuis que la Vallée d'Aoste s'est volontairement soumise à la Royale Maison de Savoie, elle est toujours restée sous cette heureuse et douce domination; aucune révolution, aucune tentative de séduction n'a pu porter la moindre atteinte à sa fidélité. Aussi, ses Souverains l'ont-ils toujours eue sous leur protection spéciale, et de temps en temps, par des concessions nouvelles, ils en ont augmenté les franchises, pour marquer dans quelle particulière distinction ils la tenaient entre tous leurs Etats.

Malgré les nombreuses guerres que ses Princes eurent

à soutenir de tout temps, aucune d'elles ne vint, pendant plusieurs siècles, ensanglanter la paisible Vallée d'Aoste (1).

Vers le milieu du XVIe siècle, une guerre cruelle ayant éclaté entre l'Empereur Charles Quint et François Ier Roi de France, les Etats de notre Souverain ne tardèrent pas à devenir le théâtre des hostilités. Le Duché d'Aoste fut assez heureux et assez habile pour se préserver des malheurs qui accablaient les provinces voisines. Avec la permission du Souverain, il fit négocier à grands frais, par ses ambassadeurs, des traités de neutralité auprès des puissances belligérantes, et il y réussit. Il put, par ce moyen, continuer à jouir de son heureuse tranquillité, (2) tout en demeurant sous l'obéissance de son Prince légitime, jusqu'à la paix générale conclue en 1559 (3).

Ces traités furent au nombre de cinq : les deux premiers, stipulés avec le Roi François Ier, portent les dates du 1er mars 1538 et du 16 septembre 1542 ; les trois autres, stipulés avec le Roi Henri II, sont des jours 29 janvier 1552, 15 mars 1554 et 23 décembre 1556. On en conserve précieusement les originaux dans les archives des Etats, avec plusieurs belles lettres de l'Empereur

---

(1) Depuis son passage sous la Maison de Savoie jusqu'en 1691, c'est-à-dire pendant quatre siècles et demi pour le moins, la Vallée d'Aoste n'avait plus subi aucune invasion d'armées étrangères. C'est un fait peut-être unique dans l'histoire, surtout si l'on tient compte qu'il s'agit d'un pays de frontière : mais pendant les guerres incessantes qui ont signalé les derniers siècles du moyen âge (querelle des investitures, Ligue lombarde, Guelfes et Gibelins) les invasions en Italie venaient de l'Allemagne ; elles n'arrivaient pas jusqu'ici ; et lorsque la France et l'Espagne entrèrent en ligne et firent à l'Italie septentrionale l'honneur peu enviable de la prendre pour leur champ de bataille, le Duché d'Aoste réussit à obtenir ces fameux traités de neutralité, qui, renouvelés ou non, firent de cette Vallée un territoire inviolable, pendan 153 ans (1548-1691).

(2) Le Duché ne s'endormait cependant pas sur la foi de ses traité de neutralité ; il avait aussi pensé aux moyens de les faire respecte V. tom. IV p. 12, *Milices*.

(3) **Traité de Cateau-Cambrésis.**

Charles Quint, des Rois de France, d'Espagne et d'Angleterre, ainsi que de leurs principaux Ministres et Officiers.

Depuis ces traités, nos Souverains avaient eu bien d'autres sujets de guerre avec la France, ou avec l'Espagne, ou avec d'autres puissances, mais le Duché d'Aoste avait su maintenir constamment sa neutralité ; il n'avait jamais subi aucune domination étrangère. C'est pourquoi on lui avait donné le surnom enviable d'*Aoste la Pucelle*.

Les choses ont bien changé depuis.

INVASION DES FRANÇAIS EN 1691 (De la Hoguette) — *Otages*. — En 1691, le Duché avait demandé la permission de faire un nouveau traité de neutralité avec la France, par l'entremise des Suisses et des Valaisans, comme on avait fait aux précédentes guerres; mais il ne put l'obtenir. Il est redevable de ce refus et des malheurs qui s'ensuivirent, aux doutes que certains Seigneurs du Pays avaient, bien mal à propos, excités dans l'esprit du Souverain contre notre fidélité.

Le Duché, dépourvu de troupes régulières pour se défendre, dut succomber.

Les Français, commandés par le Marquis de la Hoguette, y firent une course (1) vers la fin de juin. Ils imposèrent au Pays une contribution si grosse, qu'il ne fut possible d'en acquitter qu'une partie, bien qu'on eût employé à cela l'argenterie des églises, épuisé les bourses des maisons seigneuriales les plus opulentes, vidé les greniers de l'Evêché, des Châteaux et des maisons particulières, saisi les voitures et les bestiaux des communautés. Pour assurer le payement du restant, ils se firent donner et ils emmenèrent avec eux six otages, qui furent :

---

(1) *Course* est bien le mot, car ils se conduisirent en véritables *corsaires*.

— 124 —

Pour le Clergé : les RR. Seigneurs Jean-Georges De Tillier chanoine de la Cathédrale et Joseph Tissioret chanoine de la Collégiale de Saint-Ours ;

Pour la Noblesse : les Seigneurs Baron François-Gaspard d'Avise et Noble François-Jérome Brunel;

Pour le Tiers Etat, le Sieur Conseiller Jean-Joseph Lyboz et le Sieur Avocat Jean-François Ferrod.

Les Français firent encore éprouver au Pays tout ce que la guerre a de plus cruel, de plus horrible : ils saccagèrent et incendièrent plusieurs terres et bourgades, détruisirent les ponts et les chemins, brûlèrent les grains alors en pleine maturité, foulèrent aux pieds les récoltes qu'ils ne purent brûler.

Tout cela, sans doute, sous le prétexte d'assurer leur retraite et d'ôter aux troupes de notre Maître le moyen d'y subsister à leur retour.

Il est même surprenant qu'ils s'en soient tenus là ; car aux menaces qu'ils firent, ils avaient aussi l'intention de saccager la Cité et de piller le trésor de la Cathédrale.

Quelques officiers, avec un détachement sous les armes, se présentèrent même le 26 juin à la porte de cette église et demandèrent à voir les reliques.

En cette critique circonstance, le chanoine Blaise Marquis eut l'inspiration de faire voir à celui qui commandait ce détachement et aux officiers de sa suite la note suivante, que nous avons déjà rapportée en son lieu et qui se trouve dans un vieux martyrologe de la Cathédrale :

« *Apud Cabillonem Civitatem Galliarum Beati Gundrandi Regis Aurelianensis filii Clotarii primi Regis Francorum instauratoris hujus ecclesiae.* »

Ce jour-là, ce livre se trouvait fort heureusement au chœur, où ces militaires avaient été introduits.

Le chanoine Marquis le leur ayant montré, sut leur insinuer adroitement qu'ils se trouvaient là dans une église de fondation royale, monument élevé par la piété de Gontran fils d'un de leurs premiers Rois, et ces messieurs s'en payèrent si bien, que loin de chercher le trésor, ils se retirèrent satisfaits, sans même voir les reliques qui avaient servi de prétexte à leur visite.

Cette présence d'esprit du Rd chanoine Marquis ne fut probablement pas moins utile à la Cité qu'à l'Eglise, et fut peut-être une des raisons qui induisirent les Français à ne pas ruiner entièrement un pays qu'ils croyaient être une de leurs colonies.

Quant au reste de sa contribution, le Pays en fut quitte à bon marché.

Le Souverain ne voulait pas permettre qu'on cherchât à la payer, ni, par conséquent, à dégager les ôtages ; mais ceux-ci eurent l'adresse de se dégager d'eux-mêmes.

Ils avaient été enfermés au Château de Chambéry, sous une étroite surveillance. Ils réussirent cependant, à force de promesses, à gagner un de leurs gardiens, et cet homme, avec quelques secours fournis par certains amis du Pays, leur facilita les moyens de s'évader (1). Ce fut la nuit de Saint-André qu'ils mirent en exécution leur projet. Du haut du bâtiment, ils descendirent au moyen d'une corde dans le jardin du Château, et furent bientôt dehors. Mais c'est ici que commencèrent les plus grosses difficultés, car les guides qu'on leur avait promis ne se trouvèrent point à la sortie, et ils furent obligés de se mettre en route à l'aventure, sans savoir où ils allaient.

Dans ce danger extrême, ils furent sauvés par une grâce spéciale du Seigneur, à l'intercession, sans doute,

---

(1) Nous trouvons dans la délibération du Conseil des Commis 23 juin 1602 le payement de L. 120 au nommé Chiron, religionnaire, pour avoir coopéré à la libération des ôtages enfermés au Château de Chambery.

de la Sainte Vierge, à qui ils avaient fait un vœu : ayant marché toute la nuit, ils allèrent tomber, au point du jour, entre les mains d'un charitable curé de village, qui les cacha dans le fenil d'une grange près du Rhône, et les y nourrit pendant huit à dix jours.

A Chambéry, on ne s'était aperçu de leur évasion que vers midi et on les poursuivait de tous côtés avec acharnement.

Quand la première ardeur des recherches fut apaisée, nos fugitifs, déguisés en charbonniers et en paysans, reprirent leur route et parvinrent, en passant par les terres françaises, jusqu'à Genève (1). Pour pouvoir entrer dans cette ville sans s'exposer à être arrêtés par la garde, il leur fallut encore franchir l'Arve sur des chevaux, qui traversèrent la rivière à la nage.

De là, ils continuèrent leur chemin par le pays de Vaud et le Valais, et le 23 décembre ils firent leur entrée à Aoste, encore affublés de leur déguisement, au grand contentement de tout le pays (2).

Peu de jours après, ils allèrent solennellement accomplir leur vœu à la Chapelle de Notre-Dame-de-Pitié, au de là du grand pont de la Cité. Un tableau représentant leur évasion est suspendu aux parois de la chapelle.

---

(1) Ils eurent pour guide, jusqu'à Genève, un nommé Mathieu Deviri, qui les conduisit par des chemins détournés. Le Conseil des Commis, par sa délibération du 29 avril 1694, ordonnait le payement de L. 100 à ce guide fidèle.

A Genève, ils furent secourus par le Sieur Gallatin, marchand, auquel le Conseil des Commis, le 4 février 1699, permettait « d'extraire du pays 20 sacs de froment pour sa famille, en considération des services rendus aux ôtages et au pays pendant la guerre. »

(2) Dès le 12, le Conseil des Commis avait été informé de l'évasion des ôtages et de leur arrivée à Genève et leur avait envoyé de l'argent par le marchand Veylez.

Le 17 on reçut d'eux une lettre datée de Vevey, où ils se trouvaient en pitoyable état, sans habits, déguisés, demandant de l'argent pour s'habiller et s'ils devaient passer par le Valais.

Le grand service que ces généreux citoyens ont rendu au Pays n'a pas été sans récompense. On les a payés sur les deniers publics de tous leurs frais et vacations (1).

Quant à Nicolas Champlot dit Montargis, le soldat qui a tant contribué à leur évasion, on lui a fait une pension annuelle de deux cent soixante livres, avec exemption de toute charge personnelle, afin qu'il pût s'entretenir le reste de ses jours avec honneur (2).

GUERRE DE LA SUCCESSION D'ESPAGNE. — Le 1er novembre 1700, mourait le Roi d'Espagne Charles II, sans héritiers. L'Autriche et la France prétendirent l'une et l'autre de saisir cette succession. Déjà même la France, prévenant sa rivale, avait fait monter un de ses princes sur le trône vacant.

La guerre se ralluma aussitôt et la conflagration ne

---

(2) Le payement des indemnités donna lieu à plus d'un tiraillement. Les ecclésiastiques en furent tout d'abord exclus, parce que le clergé se refusait de concourir au payement de la contribution de guerre. Le 9 avril 1692, on donna comme à compte 20 pistoles à M. d'Avise, 15 à MM. Lyboz et Brunel, 12 à M. Ferrod. Le 29 avril 1694, on arrêta le montant de leurs vacations, pour MM. d'Avise et Lyboz, à une pistole par jour, pour MM. Brunel et Ferrod, à $1/2$ pistole, et le payement en fut ordonné le 6 septembre suivant.

Nous trouvons encore, sous la date du 11 novembre 1697, une protestation du chanoine de Tillier et de noble Brunel; sous celle du 6 juin 1701, une instance du Baron d'Avise, appuyée par une patente d... ...rain, ensuite de laquelle son indemnité fut liquidée en une ... demie pour chaque journée; enfin, en 1713, le payement de ... au chan. de Tillier pour liquidation de son avoir, et autant ... du chan. Tissioret.

... nsion de Montargis ne fut d'abord fixée qu'à 12 pistoles ... ar délibération du 23 août 1693 confirmée le 29 avril 1694. ... que le 14 septembre 1718, qu'elle fut, sur sa requête, portée

... jusqu'en 1744 et semble s'être marié en âge assez avancé, ... libération du 24 février de cette même année-là, le Conseil ... s accordait à sa veuve Anne-Christine Joris une pension ... n considération du bas âge des deux enfants qu'il avait

tarda pas à devenir générale. La plupart des autres Etats d'Europe y prirent parti : les uns se liguèrent avec l'Autriche contre la France, pour rétablir l'équilibre européen, trop formidablement menacé par l'union de ces deux royaumes contigus; quelques autres prirent le parti de la France.

Du nombre de ces derniers fut notre Souverain, si étroitement lié avec elle par les liens du sang, et qui se trouvait précisément avoir marié une de ses filles au Prince qu'on venait de placer sur le trône d'Espagne. Il fut même, pendant les deux premières campagnes, généralissime des armées que ces deux puissances avaient en Italie. Mais ayant été soupçonné d'entretenir des intelligences secrètes avec l'Empereur, ses troupes, qu'il avait réunies à celles de ses alliés, furent tout d'un coup, le 29 septembre 1730, désarmées, faites prisonnières de guerre et dispersées dans plusieurs places.

Un traitement si injurieux ne put que le jeter dans le parti contraire. De leur côté, les Français entrèrent dans ses Etats.

Dès l'abord toute la Savoie fut occupée et le fort de Montmélian bloqué. Le printemps suivant, Verceil fut assiégée, prise et ses fortifications rasées. Le siége d'Ivrée suivit de près.

*Invasion française de 1704* (Vendôme et de la Feuillade). — Ce fut alors que, comme ils cherchaient un passage sûr et commode pour le service de leur armée en Italie, les Français jetèrent les yeux sur le Duché d'Aoste.

Ivrée ayant été réduite, le Duc de Vendôme leur généralissime s'avança avec ses troupes, vers la fin septembre 1704, pour faire le siége du fort de Bard. En même temps le Duc de la Feuillade (Louis vicomte d'Aubusson, pair de France, gouverneur du Dauphiné, lieutenant général des armées du Roi) venait, avec un autre corps de troupes, attaquer les retranchements qu'on avait cru lui opposer à la *Thera*, sur les confins entre Morgex et La Thuile. Mais ces pauvres retranchements sans artillerie n'étaient gardés que par des milices, ou par des troupes suisses qui ne valaient pas mieux; ils furent aisément forcés le 27 septembre, et tous leurs défenseurs furent dispersés.

Le 28 septembre, ce général vint se former à Morgex.

Le 29, comme il était en marche pour Aoste, les députés des Trois Etats allèrent à sa rencontre jusqu'à Pierre-Taillée, pour implorer sa clémence.

*Prise du fort de Bard (1704). — Trahison du commandant Reding*. — Deux ou trois jours après il reprit sa marche vers Bard, où il joignit ses troupes à celles du Duc de Vendôme.

Cette forteresse n'était défendue, elle aussi, que par quelques milices et des troupes étrangères nouvellement formées, du bataillon *De Redding*.

Ce chevalier et colonel de Redding était suisse; c'est lui qui était commandant du fort. Sa résistance ne fut pas longue. Trahissant le Prince qu'il servait, il se rendit sans même essayer de se défendre, et en sortant de là, il prit parti dans les troupes de France, avec une partie de ses Suisses.

*Comte de Carcado Gouverneur d'Aoste. — Occupation française (1704-1706)*. — Par cette réduction du fort de Bard, les communications des Français se trouvèrent établies. Ils s'appliquèrent sans retard à les assurer : ils firent quelques retranchements le long de la Doire et ils élevèrent des redoutes à la tête de chaque pont traversant cette rivière, y tenant corps de garde, sentinelles et un homme du lieu pour reconnaître les paysans; ils firent fermer de palissades les bourgs de Verrès, Saint-Vincent et Chatillon, et à pierre crue, toutes les brèches des remparts de la Cité; ils placèrent un corps de garde à chacune des trois portes qu'ils laissèrent ouvertes à Aoste, et mirent garnison dans la plupart des châteaux, comme

Avise, Introd, Chatelargent, Delatour à Saint-Pierre, Aymavilles, Fénis, Chatillon, Verrès, Bard, Pont-Saint-Martin et autres; enfin, ils dispersèrent leurs troupes en quartiers dans toutes les terres le long de la grande route, pour se garantir de toute surprise.

Le besoin qu'ils avaient de cette Vallée pour le passage de leurs recrues et de leurs approvisionnements les engagea à ménager la population et à la traiter avec douceur. Le Comte de Carcado, Maréchal des armées du Roi, homme fort distingué et l'un des principaux bannerets de la Bretagne, y fut établi Gouverneur ou Commandant, d'abord sous les ordres du Duc de Vendôme, puis, quand celui-ci eut quitté l'armée, sous ceux du Duc de la Feuillade.

Le bon ordre et la discipline que ce Seigneur sut maintenir parmi les troupes de passage et de séjour, les facilités qu'eut le Duché, par ses bons offices, pour se faire payer de toutes les fournitures qu'il faisait, furent certainement bien dignes de louanges. C'était un ennemi, mais tout rempli de justice et de droiture; le Pays lui est redevable de grands services et se souviendra longtemps de lui.

*Bataille de Turin.* — Les Français n'ont occupé notre Vallée que pendant deux ans, c'est-à-dire, depuis la fin septembre 1704 jusqu'au 7 septembre 1706.

Ils assiégeaient Turin et allaient s'en emparer, quand ils furent battus par les troupes de notre Souverain réunies à celles de l'Empire, que le Prince Eugène de Savoie avait amenées à son secours. Ensuite de cette défaite, ils furent obligés non seulement de lever le siège et d'abandonner sur place artilleries, munitions et équipages, mais encore d'évacuer précipitamment le Piémont, la Vallée d'Aoste et toutes leurs autres conquêtes en Italie.

Si les Valdôtains, pendant ces deux années de crise,

ont dû obéir à une puissance étrangère, la force seule les y a contraints, mais leurs cœurs sont demeurés fidèles à leur Prince légitime.

La manière dont le Pays s'est conduit pendant ce temps-là sous la direction du Conseil des Commis, fait l'admiration de tout le monde et obtenu l'entière approbation de notre Souverain.

*Invasion française de 1706.* (Marquis de Vibraye). — *Menace de pillage. — Triste situation.* — Dès que les débris de l'armée française eurent passé les monts, Mgr Philippe de France Duc d'Orléans, qui en avait le commandement suprême, expédia en toute diligence un détachement considérable sous les ordres du Seigneur Henri Huraud Marquis de Vibraye, Lieutenant Général des armées du Roi, pour se venir saisir de la Vallée et ne pas perdre la communication qu'ils avaient par cette province.

Il comptait que le *Castiglio* d'Ivrée et le fort de Bard auraient pu tenir assez longtemps. Mais les défenseurs de ces deux postes importants avaient perdu la tramontane après la défaite de leur armée; se voyant coupés et se croyant hors d'espérance de pouvoir être secourus, ils n'avaient guère fait de résistance. Bard surtout s'était rendu avec sa garnison à de simples milices, qui l'avaient bloqué sans attendre le canon.

Le Marquis de Vibraye, arrivé au pied du Petit-Saint-Bernard vers la fin de ce même mois de septembre 1706, apprit que le Pays était déjà occupé par les troupes de notre Souverain. Il passa néanmoins la montagne le 27 et arriva sur le tard à La Thuile.

Nos troupes, commandées par le Général Baron de Saint-Rhemy Pallavesin, jointes à quelques milices levées à la hâte, étaient trop inférieures en nombre pour pouvoir faire tête aux Français. Elles se retirèrent à Nus et à Chatillon, où elles campèrent, observant la contenance de l'ennemi.

Le 29, M. de Vibraye vint camper avec son corps de bataille dans la plaine de Charonne, au delà de Villeneuve, et pour se garantir de toute surprise, il fit passer un fort détachement à la tête du pont de la Doire en deçà de cette bourgade et un autre dans les masures de Chatelargent, d'où la vue s'étend au loin dans la Vallée.

Toute cette troupe était sans équipages, sans provisions. Il fallut tout lui fournir.

Le 2 octobre, le général partit de là avec une troupe d'élite et descendit jusqu'à la Cité, où il fit demander 40000 rations de pain, du vin et des bestiaux, menaçant de donner le pillage et de faire enlever les principaux citoyens pour assurer l'exécution de ses demandes.

Il se retira le même jour à son corps.

Le lendemain, on fit porter au camp les provisions qu'on avait pu assembler. On envoyait en même temps au général, par le député chargé de veiller à ce transport, une lettre par laquelle on lui représentait que ce qu'on lui envoyait était le sang et la vie de la population; que le pays était presque réduit à la famine; qu'il en occupait une partie dont il connaissait la misère; que M. le Baron de Saint-Remy en occupait une autre partie non moins misérable; que la petite étendue de pays qu'il y avait entre ces deux armées n'était pas en état de satisfaire à ses ordres; qu'il était trop juste pour exiger l'impossible, ou pour punir l'impuissance par un pillage, qui, au bout du compte, n'eût pas fait subsister les troupes du Roi; qu'on espérait qu'il se contenterait du possible et ne voudrait pas nous faire un crime de nos misères.

Cette lettre fit tout le bon effet qu'on en pouvait attendre.

Ayant puis le lendemain acquis la certitude absolue que le fort de Bard avait capitulé, le général décampa dans la nuit du 4 au 5 et repassa la montagne le 6.

Jamais peut-être la Ville d'Aoste ne s'était trouvée dans un si grand danger et dans une si triste situation. Ainsi placée entre deux armées : l'une, amie à la vérité, était composée en partie de troupes allemandes ; l'autre était française et ennemie; toutes deux sans équipages, sans provisions et demandant de grosses fournitures sous peine d'exécution militaire. Aoste eut cependant le bonheur de se tirer d'affaire en fournissant un peu aux uns un peu aux autres.

Les Français ayant repassé la montagne, nos troupes remontèrent et reprirent les postes, où elles firent quelques petites fortifications pour mettre à couvert leur avant-garde. Après quoi les Allemands se retirèrent et il ne resta ici que deux régiments, à la subsistance desquels fit pourvoir le Souverain dès que la route fut libre.

*Invasion française de 1708* (Marquis de Mauroye). — Le 30 (1) août 1708, M. le Lieutenant-général Marquis de Mauroye fit encore une course en Vallée d'Aoste par le Petit-Saint-Bernard, avec un corps d'armée d'environ 4000 hommes. Il occupa la Valdigne et vint camper entre La Salle et Morgex. De là il envoyait à toutes les terres, jusqu'à la Cité, des ordres fulminants d'avoir à payer de grosses contributions. Mais il n'y eut que les terres de la Valdigne qui durent s'exécuter, pour échapper au pillage et au feu dont elles étaient menacées.

En effet, la compagnie d'ordonnance (2) et les quelques

---

(1) Le manuscrit dit « le troisième du mois d'août »; mais il doit y avoir erreur matérielle : c'est le 30 et non pas le 3 août. En effet, ce n'est que le 29 août que le Conseil des Commis reçut avis du commandant que les Français faisaient des mouvements en Savoie. Sur quoi on donne ordre de faire entrer des provisions à Bard et on rappela l'Evêque, qui était en visite.

Au mois de septembre, nous trouvons sous la rubrique « Invasion des ennemis » ces mots : « Sur la fin du mois précédent et commencement du présent, les ennemis sont entrés en Valdigne, etc. ».

(2) Elle appartenait au régiment de Déportes.

milices qui formaient la garde de La Thuile, s'étant retirées à Pierre-Taillée, s'y maintinrent vigoureusement et empêchèrent aux ennemis de passer plus avant.

Le 2 septembre étant arrivé ici une compagnie de dragons (1), on les fit monter sur les hauteurs d'Avise, où les ennemis pouvaient les découvrir, et ils y allumèrent la nuit de grands feux pour les intimider.

Cela fit un si bon effet que les Français décampèrent la nuit du 4 au 5, et que les troupes allemandes mêlées à celles de notre Souverain (2), qui étaient arrivées le même jour à Verrès et dont les dragons n'étaient que l'avant-garde, purent être contremandées et renvoyées.

*Passages de troupes* (1709-1713). — Pendant le reste de cette guerre, qui a duré jusqu'à la paix générale conclue en 1713 (3), les ennemis n'ont pas fait de nouvelles invasions chez nous ; mais notre Vallée n'en a pas moins eu énormément à souffrir, à cause du mouvement continuel de troupes qui s'y faisait.

Les années 1709 et 1711 furent particulièrement terribles. Dans l'une et dans l'autre de ces deux années, on fit d'abord passer en août, du Piémont en Savoie, toute la cavalerie de notre Souverain et de ses alliés, avec de l'infanterie, de l'artillerie, des munitions ; puis, vers la fin septembre, repasser de Savoie en Piémont toute l'armée à la fois, se montant à 40,000 hommes sans compter les attirails, équipages, voitures et approvisionnements de toute sorte. Tout le long de la grande route, il se fit un vrai pillage des vignes en pleine maturité, des fourrages et

---

(1) C'était le Comte de Rivarol avec des cavaliers du Régiment Genevois.

(2) Les troupes arrivées à Verrès se composaient de trois régiments de cavalerie et deux d'infanterie sous les ordres du général Greffendorf.

(3) Traité d'Utrecht. C'est celui qui changea la couronne ducale de la Maison de Savoie en couronne royale. De Tillier ne dit pas un mot de ce grand évènement.

de tout ce qui se trouvait dans la campagne. On avait bien tâché de préparer de gros magasins et de donner toutes les dispositions pour que les fournitures fussent distribuées avec règle ; mais la confusion fut si grande, dans un pays aussi étroit que le nôtre, qu'il ne fut pas possible de faire observer l'ordre parmi tant de gens si peu accoutumés à en garder, et de nations si différentes.

Aussi, le vin s'est-il vendu à un prix excessif. En 1709 surtout, il est allé jusqu'à quatre louis d'or par charge et à 25, 28, 30 sous et plus le pôt, mesure d'Aoste. Le fourrage se payait quinze sous et plus le rub ; les autres denrées à proportion.

Mais parmi toute cette cherté, l'argent circulait.

*Passages de troupes dans les époques antérieures.* — La Vallée d'Aoste avait déjà supporté par le passé beaucoup d'autres passages de troupes, marches et contremarches, surtout pendant les guerres de Charles-Emmanuel I$^{er}$ avec la France sur la fin du xvi$^e$ et le commencement du xvii$^e$ siècle, pendant les guerres des années 1628, 1629 et 1630 (1), pendant les guerres civiles suscitées par les Princes Thomas et Maurice de Savoie pour la tutelle du jeune Duc Charles-Emmanuel II, pendant les années 1640, 1641 et 1642 et pendant tout le cours de la première guerre du Roi Victor-Amé avec la France ; mais jamais elle n'avait vu tant de monde à la fois, si ce n'est peut-être ces déluges d'armées au temps des premiers héros de l'antiquité, dont nous avons fait mention au commencement de ce recueil historique (2).

AOSTE COMTÉ. — Lorsque la Vallée d'Aoste s'est

---

(1) Ce fut le passage de ces troupes qui laissa dans notre Vallée la semence de la terrible peste de 1630.

(2) L'extrême confusion causée par ces passages de 40,000 hommes à la fois n'eût-elle pas dû ébranler un peu la pieuse croyance de notre auteur dans ces prodigieux passages d'immenses armées, en des temps où il n'y avait pas même des chemins ?

soumise à l'obéissance de la Royale Maison de Savoie, il parait qu'elle portait le titre de Comté. Cela s'accorde parfaitement avec ce que nous avons dit plus haut, touchant l'établissement du Marquisat et des Comtés, et le gouvernement de la Vallée sous les Rois de Bourgogne et sous les Empereurs.

Du reste le fait devient certain, si l'on fait attention aux expressions « *Et homines Comitatus* » que nous trouvons dans la cession des droits de régale faite par le Comte Thomas en faveur de l'Evêque, et aux paroles suivantes tirées du traité de la dédition où le même Comte Thomas dit, après avoir reçu, sous sa sauvegarde les personnes et les biens, tant du clergé que des autres habitants de la Ville : « *Hoc autem per universum Comitatum cum baronibus meis observare*, etc. »

AOSTE DUCHÉ. — Mais depuis quand la Vallée d'Aoste a-t-elle été érigée en Duché ? C'est ce qu'on ne saurait établir avec certitude.

Dans ses remarques sur la Ville de Turin, le Sieur de Pingon a écrit, et d'autres historiens après lui, que l'Empereur Frédéric II l'avait honorée de ce titre déjà depuis l'an 1238, sous le règne du Comte Amé IV fils de Thomas I<sup>er</sup> : « *Tunc erecti Ducatus Chablasii et Augustae Praetoriae, Comitatibus tamen titulis Sabaudiae semper postpositi.* »

Cet auteur cite partout ailleurs les endroits où il a puisé ses remarques; mais à la marge de celle-ci, il n'y a aucune citation, et l'on serait tenté de croire qu'elle est un produit de son imagination, d'autant plus que la chose ne semble pas soutenable. En effet, quand même ce Prince en eût déjà possédé la souveraineté paisible avant cette année-là, en vertu du premier traité de dédition (1), il n'est guère probable que les Empereurs eus-

---

(1) L'auteur avait donc oublié le second traité, qu'il place lui-même pour le plus tard à 1233 ?

sent voulu la lui accorder, eux qui prétendaient que cette province dépendît de l'Empire, et qui, depuis le premier traité, y avaient fait rétablir leur autorité.

D'ailleurs, il n'est fait aucune mention de ce titre dans les investitures que le Comte Pierre obtint de l'Empire en 1263.

On allègue, il est vrai, que dans le temps de l'ouverture du Concile de Bâle en 1431, les ambassadeurs d'Amé VIII dit *le Pacifique*, premier Duc de Savoie, protestèrent que ses prédécesseurs possédaient déjà trois cents ans auparavant le titre de Ducs de Chablais et d'Aoste.

Mais, outre que cette assertion n'a été appuyée d'aucune preuve, cette qualité de Duc peut bien avoir été donnée à quelque Prince de la Maison de Savoie, de la même manière qu'on a expliquée plus haut à propos des titres de Comte et Marquis, suivant le sentiment de Ditmac, Hessius et autres chronologistes, c'est-à-dire, comme un office amovible et non pas en titre perpétuel et héréditaire. C'est pourquoi, ces ambassadeurs semblent plutôt avoir voulu exagérer, puisque le Prince de Savoie qui pouvait régner trois cents ans avant le Concile de Bâle n'avait pas la souveraineté de la Vallée d'Aoste, et si l'on veut rapporter ce titre imaginaire à l'érection supposée de Frédéric II, il n'y aurait eu que 193 ans et non pas trois siècles.

Il est plus probable que ce pays fut honoré pour la première fois du titre de Duché en faveur du Comte Amé V dit *Le Grand*, en 1310, lorsque l'Empereur Henri VII lui accorda la dignité de Prince et celle de Vicaire du Saint Empire.

De toutes les patentes, concessions et autres écritures anciennes des Comtes de Savoie, dont les originaux se conservent en Vallée d'Aoste, on ne trouve pas qu'ils aient jamais pris le titre de *Ducs d'Aoste*, avant le Comte Edouard dans son diplôme du 15 novembre 1326 en faveur des citoyens et bourgeois d'Aoste et dans la réinféodation faite aux Nobles de Gontar le 10 décembre de la même année, de leur portion de Seigneurie en Chatelargent, acte reçu par Jean Reynaudi Notaire et Secrétaire de ce Prince.

Quoi qu'il en puisse être, ce qui ne laisse lieu à aucun doute, c'est que la dignité ducale dans la Maison de Savoie est beaucoup plus ancienne par rapport à la Vallée d'Aoste que par rapport à la Savoie elle-même, qui n'eut l'honneur de ce titre que par diplôme de l'Empereur Sigismond au Comte Amé VIII dit *Le Pacifique,* en date du 19 février 1416.

Fin.

# TABLE DES MATIÈRES

|  | Pages |
|---|---|
| LES SALASSES | 5 |
| — Cordèle | 7 |
| — Bellovèse | 8 |
| — Congolitan et Aneroeste | 9 |
| — Insubres | 9 |
| — Annibal | 10 |
| — — Passage des Alpes | 11 |
| — — Quelle armée il avait | 14 |
| — — Quel passage il suivit | 16 |
| — — Monuments de son passage | 17 |
| — Minières — Discordes | 20 |
| LES ROMAINS, Première invasion | 21 |
| — Petite guerre | 22 |
| — Révolte des Salasses | 23 |
| — Varron | 24 |
| — Arc honoraire | 29 |
| AOSTE, Sa fondation | 31 |
| — Porte Prétorienne | 33 |
| — Porte Décumane | 36 |
| — Théâtre et Amphithéâtre | 37 |
| — Temple | 38 |
| — Grenier militaire | 39 |
| — Forum | 39 |
| — Conduits d'eau potable | 40 |
| — Tour du Bailliage | 41 |
| — Remparts | 42 |
| — Autres restes d'antiquités | 43 |
| — Inscriptions — Mausolées | 44 |
| Monuments romains hors de la Ville | 45 |
| — Pont de Saint-Martin | 45 |
| — Pont de Saint-Vincent | 45 |
| — Pont d'Aoste | 45 |
| — Pondel | 46 |

| | | |
|---|---|---|
| — Ponts détruits | | 47 |
| Aoste à l'Empire d'Occident — Christianisme | | 48 |
| — Invasions | | 48 |
| Premier Royaume de Bourgogne | | 49 |
| Second id. id. | | 51 |
| Aoste aux Longobards | | 52 |
| — aux Carlovingiens | | 54 |
| — aux Marquis d'Italie | | 55 |
| — à Béranger Roi d'Italie | | 55 |
| — aux Marquis de Monferrat | | 55 |
| Conrad le Salique — Humbert aux blanches mains | | 56 |
| Henri IV — Adélaïde de Suse — Amé | | 57 |
| Aoste aux Marquis d'Ivrée | | 58 |
| — Examen de cette opinion — Dédition d'Ivrée (1311) — Yblet de Challand (1295) — Seigneurs de Saint-Martin, Valpergue, Castellamont | | 59 |
| Opinion de Guichenon — Réfutation | | 60 |
| — Echange entre le Comte Humbert et l'Evêque Burcard | | 62 |
| — Donation de Derby par le Comte Humbert | | 62 |
| — Fausse supposition du Comte de Robilant | | 65 |
| — Autres arguments contraires | | 69 |
| — Adélaïde de Suse — Qui elle eut pour époux | | 70 |
| — Autre preuve d'inexactitude | | 75 |
| Aoste au Prince Aymon | | 76 |
| — à l'Empire d'Allemagne | | 77 |
| — à la Bourgogne puis à l'Empire | | 78 |
| Troisième Royaume de Bourgogne | | 78 |
| Rodolphe III — Ligue des Marquis de Suse et d'Ivrée — Ardouin en Vallée d'Aoste — Berold — La couronne et la lance de S. Maurice — Evêques d'Aoste et Comtes | | 80 |
| Aoste à l'Empire (1032) | | 81 |
| Le Comte Humbert | | 82 |
| Le Comte Amé Vicaire perpétuel de l'Empire (1365) | | 83 |
| — — Révocation | | 84 |
| — — Confirmation (1503-1562) | | 86 |

| | |
|---|---|
| Causes des incertitudes et des contradictions des écrivains | 86 |
| Le Comte Thomas — Première dédition (1191) . . . . | 87 |
| Aoste retourne à l'Empire . . . . . . . . . . | 89 |
| Amé et Pierre de Savoie — Guerre en Vallée d'Aoste et dans le Chablais — Seconde dédition (1230-1231) | 90 |
| Date de la seconde dédition . . . . . . . . . | 94 |
| Dédition reconnue et confirmée (1253) . . . . . . | 95 |
| Le Comte Pierre et le Duc de Coppingen au siége du Château de Chillon . . . . . . . . . . | 96 |
| Le Comte Pierre à la Cour d'Allemagne — Investiture d'Aoste (1263) . . . . . . . . . . . | 97 |
| Amé le Grand — Confirmation de la dédition (1296) | 99 |
| Aymon — Autre confirmation (1337) . . . . . . | 100 |
| Valeur réelle des traités de dédition comme origine de la souveraineté de la Maison de Savoie en Vallée d'Aoste | 101 |
| Document de l'an 1147 . . . . . . . . . . | 103 |
| — de l'an 1191 . . . . . . . . | 105 |
| Les Valdôtains sont les auteurs de leur union à la Maison de Savoie . . . . . . . . . . . . | 110 |
| Confirmations successives de la dédition . . . . . | 111 |
| Inféodations appartenant à l'Empire — Notaires impériaux — Autorité impériale . . . . . . . | 113 |
| Attaques contre les prérogatives et franchises . . . | 115 |
| — — Péages . . . . . | 115 |
| — — Subsides . . . . . | 115 |
| — — Sel . . . . . . . | 116 |
| — — Grains et vin . . . | 116 |
| — — Peaux, or et argent . | 117 |
| — — Douane et *foglietta* . | 117 |
| — — Tabellion . . . . . | 117 |
| — — Cuirs . . . . . . | 118 |
| — — Autres tentatives . . | 118 |
| — — Guerre aux franchises | 118 |
| — — Collège . . . . . | 119 |
| Charles-Emmanuel III . . . . . . . . . . . | 121 |
| Domination de la Maison de Savoie — Neutralités — Aoste la Pucelle . . . . . . . . . . . . | 121 |
| Invasion des Français en 1691 (De la Hoguette) — Otages | 123 |
| Guerre de la succession d'Espagne . . . . . . . | 127 |
| Invasion française de 1704 (Vendôme et De la Feuillade) | 128 |
| Prise du fort de Bard — Trahison du Commandant De | |

Redding . . . . . . . . . . . . . . . . . . . . 129
Occupation française (1704-1706) — Comte de Carcado Gouverneur d'Aoste . . . . . . . . . . . . . 129
Bataille de Turin (1706) . . . . . . . . . . . . . 130
Invasion française de 1706 (Marquis de Vibraye) — Menaces de pillage — Triste situation . . . . . . 131
Invasion française de 1708 (Marquis de Mauroye) . . 133
Passages de troupes (1709-1713) . . . . . . . . . 134
Passages de troupes dans les époques antérieures . . 135
Aoste Comté . . . . . . . . . . . . . . . . . . . 135
Aoste Duché . . . . . . . . . . . . . . . . . . . 136

# HISTORIQUE

DE LA

# VALLÉE D'AOSTE

# HISTORIQUE

DE LA

## VALLÉE D'AOSTE

PAR

J.-B. De TILLIER

SECRÉTAIRE DES ÉTATS DU DUCHÉ D'AOSTE

---

## DUCHÉ - VILLE - ÉGLISE

**AOSTE**
LOUIS MENSIO IMPRIMEUR-ÉDITEUR, 1884.

## I.

## DUCHÉ D'AOSTE.

Armoiries. — Le Duché d'Aoste porte pour armoiries un champ de sable au lion rempant d'argent, armé et lampassé de gueules. La Cité, qui en est la capitale, n'en est différenciée que par un chef de gueules à la croix d'argent, concession des princes de Savoie.

Situation. — Le Pays d'Aoste est situé dans les Alpes qui séparent l'Italie d'avec la France et la Savoie.

La plupart des historiens anciens, n'ayant égard, sans doute, qu'au régime orohydrographique de la contrée et à l'écoulement de ses eaux vers le bassin du Pô, la considèrent comme faisant partie de la Gaule Cisalpine et l'appellent *ultimus Italiæ terminus;* cependant, elle ne doit être ni comptée ni considérée parmi les provinces qui composent l'Italie, le Piémont ou la Savoie, mais bien plutôt comme un Etat *intra*montain *(populi inalpini,* ut colligitur ex Plin. natur. Histor. Lib. 3°, Cap. 5), entièrement séparé des Etats voisins, indépendant pour le temporel et pour la justice, se gouvernant par des lois, par des coutumes et par des usages à lui particuliers, sous l'obéissance cependant de la Couronne Royale de Savoie.

Etendue — Le Duché d'Aoste peut avoir de vingt à vingt-deux lieues de longueur, à compter depuis la Colonne du Petit-Saint-Bernard, soit les bornes plantées à quelques cent pas au delà, jusqu'à la charrière *Magnine* qui lui sert de limite du côté du Canavais. Cette charrière se rencontre sur le grand chemin, en descendant, peu après avoir passé le pont de Saint-Martin, et répond à des bornes ou des croix gravées sur les rochers qui sont à droite et à gauche de l'embouchure de la Vallée.

*Carême.* — Le Duché avait autrefois un peu plus d'étendue de ce côté-là, et possédait vingt focages de la paroisse de Carême. Mais les habitants de ce ressort ayant voulu s'en séparer, déjà dès l'an 1564, par esprit de caprice et croyant se mieux trouver sous un autre gouvernement, les limites furent reculées jusqu'à la charrière *Magnine*. Ces échappés ne tardèrent pas, du reste, à s'apercevoir de la grande méprise qu'ils avaient faite, et l'on peut croire qu'ils n'allèrent pas chercher bien loin leur repentir, car il conste, par les comptes rendus des Assemblées générales du 14 août 1614, 5 mars 1619 et 10 décembre 1632, qu'ils firent des instances réitérées pour être nouvellement réunis au Duché, s'offrant à se charger de tous les frais nécessaires pour cette réunion. Mais l'Assemblée ne put oublier que les pères des recourants s'étaient volontairement démembrés d'Aoste pour s'unir au Canavais, et que leur légèreté avait coûté au pays, et particulièrement au mandement de Vallaise, bien de l'argent en longues et inutiles procédures ; aussi leurs demandes, après avoir d'abord été acceptées, moyennant plusieurs conditions, furent-elles à la fin assez sèchement repoussées (1).

La plus grande largeur du Duché, à compter depuis les limites du Vallais en deça du Grand-Saint-Bernard jusqu'au fond de la vallée de Cogne, est d'environ dix à

---

(1) « Le Conseil, veu le narré en la presente requeste, recognois-
» sant que les peres des suppliantz se sont demembres du Corps de
» ceste Province pour s'vnir à celle de Canaues, ast desclaire ne
» les pouuoir recepuoir en leurs demandes pour dignes considera-
» tions. » *(Note de la R.)*

douze lieues en droite ligne ; mais comme la Vallée est de tout côté environnée de hautes montagnes, si l'on ne prend la mesure que du pied de l'une à l'autre, sa plus grande largeur ne dépasse pas demi-lieue, à la réserve toute fois de ses manches et des autres moindres vallées qui en dépendent.

CONFINS. — Le Duché d'Aoste confine du levant à une portion de la Valsesia, dépendante autrefois, pour le temporel, du Duché de Milan, et pour le spirituel, de l'Evêché de Novare ; à la vallée d'Andour et autres terres de la province de Bielle dépendantes de l'Evêché de Verceil ; à cette partie du Canavais où sont les terres de Nomail, Carême, Quinsiney et autres à droite et à gauche de la Doire, dépendantes de l'Evêché d'Ivrée.

Du côté du midi, il confine avec les sommités des vallées de Bros, Valsoana, Vallocana et Val de Pont, terres des anciens Comtés de Saint-Martin et de Valpergues en Canavais, aussi dépendantes de l'Evêché d'Ivrée ; avec les sommités de la vallée de Lans dépendantes de l'Evêché de Turin, et encore avec une pointe de la vallée, province et évêché de Maurienne, par la chaîne du mont Perron qui se vient joindre à celle de Nivolay sur le revers des vallées de Valsavaranche, Rhèmes et Valgrisanche.

Du côté du couchant, s'étendant en biais, soit en équerre, il confine avec les terres du Comté de la Val d'Isère et du Marquisat de Saint-Maurice, dépendantes de la province et archevêché de Tarantaise ; puis, par le revers de l'équerre, aux glaciers du haut Faucigny, au travers desquels, quelque effroyables qu'ils soient, on peut en été passer aux premières terres de cette province, dépendantes de l'Evêché de Genève.

Du côté du septentrion, il confine avec les montagnes des paroisses d'Orsières, de Saint-Pierre de Montjoux et de la vallée de Bagnes, dans le bas Valais.

Ces terres, aujourd'hui sujettes de la République, faisaient autrefois partie du haut Chablais, qui venait confiner avec le Duché par le Montjoux. Les Seigneurs des sept dixains du haut Valais s'en emparèrent en 1536, pour empêcher que les Bernois, alors en guerre contre notre Souverain le Duc Charles le Bon, et qui occupaient déjà la plus grande partie de la province, ne s'en fussent saisis.

Ce fut en ce temps-là (1534) que la ville de Genève se sépara de la religion catholique apostolique et romaine (1).

Lorsque plus tard S. A. S$^{me}$ le Duc Emmanuel-Philibert eut enfin pu obtenir l'entière restitution des Etats de son père (2), il se trouva dépourvu de fonds et dans l'impossiblité de payer à ces Seigneurs les frais qu'ils avaient faits pour lui conserver pendant plusieurs années la partie du Chablais qui s'étend jusqu'à la Drance.

Il fut obligé de leur céder de fonds et à perpétuité, en dédommagement et récompense de leurs frais, toutes les terres depuis le pont de Saint-Gingolphe jusqu'aux colonnes de Montjoux, moyennant quoi il obtint la restitution des autres terres du gouvernement d'Evian, depuis le dit pont jusqu'à la Drance. Le traité en fut fait à Thonon sous la date du 4 mars 1569, avec l'Evêque Bailly et les députés des sept dixains. Ce fut ainsi que les terres de Saint-Maurice, Martigny, Sembrancher, Orsières, Lyddes, Saint-Pierre, de la vallée des Bagnes et autres, cessèrent de faire partie du Chablais.

Le Duché d'Aoste touche encore, du côté du septentrion, aux hautes montagnes de vallées d'Oren et de

---

(1) Et de la maison de Savoie. *(N. de la R.)*

(2) Moins toutefois Genève, le pays de Vaud et le bas Valais (Traité de Cateau-Cambrésis 1559). *(N. de la R.)*

Praborne, et encore, par la chaine des glaciers du Mont-Cervin, aux sommités de cette pointe de la vallée de la Sesia où prend sa source la rivière de ce nom.

VALLÉES LATÉRALES. — Outre la principale vallée, qui traverse du levant au couchant tout le Duché, il y a deçà et delà plusieurs manches, soit vallées latérales plus petites et de moindre considération, toutes habitées et formant un seul tout avec la vallée principale.

VALDIGNE. — La première de ces vallées secondaires, c'est la Valdigne, *Vallis Digna*, comme elle est nommée dans les écrits latins, c'est-à-dire, la plus digne et la plus considérable entre toutes les autres. C'est celle qui forme la tête de tout le pays du côté de la Savoie. Elle est composée de six paroisses, dont cinq grandes et une médiocre. La principale, Morgex, est une bourgade ; La Salle ne lui cède que de bien peu. Avant la guerre, l'une et l'autre étaient très peuplées, et habitées par un certain nombre de familles nobles et de distinction (1). Elles sont aujourd'hui bien déchues, et presque méconnaissables depuis que les Français les ont ravagées et brûlées en 1691.

*La Thuile — Alpes Graïes — Petit-Saint-Bernard.*
— La Valdigne se subdivise en deux autres vallées. La branche de gauche conduit à La Thuile et de là en Savoie par le Petit-Saint-Bernard. Le passage est large, commode et facile. De La Thuile à l'Abbaye, on ne s'aperçoit presque pas de la montée ; on pourrait croire que la route ne fait que serpenter sur une colline. Depuis l'Abbaye, on descend pas à pas le mont, toujours sur terre, sans presque rencontrer de dangers.

Outre ce passage principal, La Thuile a encore trois

---

(1) Dans l'acte de fondation de la chapelle de Sainte-Marguerite de la Collégiale de Saint-Ours, 14 février 1680 Impérial notaire, existant aux archives de l'Insinuation d'Aoste, le fondateur chanoine Balthazard Tillier se dit fils du noble Jean-Georges Tillier, « en son vivant bourgeois de Morjaix ». *(N. ajoutée au Manuscrit.)*

autres sorties vers la Tarentaise, une par le revers du lac de Ruitor, aboutissant à Sainte-Foi, et les deux autres par la montagne de la Zau et le Mont-Valezan; mais elles ne sont praticables qu'en été, pour des gens à pied qui les connaissent particulièrement, car il n'y a aucun vestige de chemin et il est très facile de s'y égarer.

Ces montagnes étaient appelées du temps des Salasses *Alpes Graiœ*. On lit dans Pline, nat. hist. lib. III. cap. 16. « *Augusta Prœtoria juxta geminas alpium fauces graias atque penninas etc.* » et plus loin, cap. 19, parlant du passage d'Hercule : « *Graiarum Alpium inde tractō nomine etc.* »

Les Romains leur donnèrent le nom de *Columna Jovis* à cause de la colonne de pierre qu'ils y avaient élevée. Cette colonne était en ce temps-là, paraît-il, surmontée d'une statue de Jupiter, le roi des dieux. Elle est encore sur pied ; les siècles l'ont épargnée. Peut-être était-ce simplement une de ses bornes rondes que l'Empereur Auguste faisait planter dans les lieux les plus élevés et montueux des provinces de l'Empire, lorsqu'il fit mesurer les terres qui en dépendaient.

On appelle maintenant cette montagne le Petit-Saint-Bernard, à cause d'un Hospice, ou Hôpital, ou Abbaye que ce Saint, de l'Illustre maison des Comtes de Menthon en Genevois, y fonda vers l'an 982, avec de bons revenus, pour l'assistance des voyageurs ; car ce passage, quoique très facile et sans aucun danger dans la bonne saison, devient pourtant très dangereux dans la tourmente, ou quand il est encombré par l'abondance des neiges.

Le bâtiment de l'Hospice est situé au delà de la colonne, déjà sur la terre savoisienne. Si l'on en croit à la tradition, il occuperait l'espace d'un ancien temple, jadis élevé dans ce lieu en l'honneur de cet Hercule, qui le premier, aurait pratiqué ce passage et laissé dans ce pays une colonie d'habitants. Pline, loc. cit., fait mention de ce monument : « *Graiis Herculem transiisse memorarunt* » ; Pétrone dans son poème sur la guerre civile, en faisant la description du passage de César et du campement de ses troupes sur la sommité des Alpes Graïes, s'exprime dans les termes suivants, que Gaudentius Merula et Jozias Symlerus ont aussi rapportés après lui, aux pages 197, 236 et suivantes :

> Alpibus æreis, ubi graio nomine vulsæ
> Descendunt rupes, nec se patiuntur adiri
> Est locus Herculeis aris sacer etc.

*Courmayeur — Minières — Passages — Sources.*
— La seconde division de la Valdigne forme la vallée de Courmayeur. Les Romains l'appelaient *Curia Major*, probablement parce qu'ils avaient là un de leurs principaux sièges de justice, à cause du grand nombre de personnes qu'ils faisaient travailler en Valdigne, et surtout à Courmayeur, à l'excavation et à la fonte de diverses sortes de métaux.

On trouve encore à présent, dans un vallon au dessus des hameaux du Villair sur Courmayeur, une ouverture assez étroite, donnant accès à une excavation souterraine qui s'étend bien avant dans l'intérieur du rocher. D'après la tradition, cette minière aurait été fouillée par les Romains, qui en tiraient des métaux précieux. On rencontre là dedans une infinité de galeries et de détours, les uns plus hauts et plus larges, les autres plus bas et plus étroits, avec des puits extrêmement profonds, pratiqués par les anciens exploitateurs pour suivre les veines du minerai. C'est un vrai labyrinthe, où il est très dangereux de s'exposer, même en y portant de quoi marquer son chemin ; la difficulté de pouvoir soutenir de la lumière dans des cavités si profondes et si humides ne peut que faire appréhender de s'y perdre. Il s'est pourtant trouvé des personnes assez téméraires pour s'y aventurer et y faire des perquisitions pendant deux ou trois fois vingt-quatre heures, mais sans rien pouvoir découvrir que de continuels détours et quelques chandelles de pur souffre qui pendaient attachées aux veines du rocher.

La vallée de Courmayeur est une des plus ouvertes et des plus peuplées; mais elle est entourée, presque de tous côtés, de glaciers épouvantables et de très hautes montagnes. Plusieurs familles nobles et distinguées y faisaient autrefois leur séjour.

Il y a dans ces montagnes plusieurs passages : trois sont dans la *Lex blanche*, l'un conduisant dans la Tarentaise, l'autre dans la vallée de Beaufort et le troisième dans le haut Faucigny; et plus au nord, la gorge de Ferrex ou Val-Ferrex a trois endroits par lesquels on peut entrer du Valais en Vallée d'Aoste; mais ces trois entrées se réduisent au sommet à une seule.

Les trois passages de la Lex Blanche ne se peuvent pratiquer qu'au plus fort de l'été, pendant que les montagnes ne sont pas trop chargées de neige ; mais celui de Ferrex, quoique long et rude, se peut traverser en toute saison avec les voitures chargées.

Du milieu de la vallée de Ferrex on peut aussi passer en Bosses par un petit sentier aboutissant auprès du ressort et chapelle de Saint-Léonard sous le Grand-Saint-Bernard.

Le Val-Ferrex a quatre lieues de longueur, et une largeur de sept à huit cents pas sur tout son parcours. La nuit du 7 au 8 septembre 1717, il fut le théâtre d'un étrange désastre. Une haute pointe de rocher s'élevant sur la gauche, chargée sur son revers d'un pesant fardeau de glace, s'écroula tout à coup et vint s'abattre sur un autre gros glacier existant dans un étroit vallon latéral. Ce glacier s'étant trouvé vide par dessous, s'effondra à son tour, brisé en mille pièces, et toute cette masse de pierres, de rochers, de glaces et d'eaux, entraînée par cette première secousse, se mit en mouvement et roula confondue, s'entrechoquant avec un fracas horrible et faisant un désordre si épouvantable qu'il passe l'imagination. Cette effroyable avalanche vint se précipiter sur le fond de la vallée, qu'elle remplit de débris dans toute sa largeur ; la violence de la chute fut si grande que des rochers gros comme des maisons remontèrent du côté opposé. Trois montagnes, avec bêtes et gens, domiciles, prairies, pâturages, fruit de toute la campagne, furent complètement ensevelies, sans qu'il en reste aucun vestige, ni même qu'on puisse reconnaître l'endroit où les domiciles étaient situés.

La vallée de Courmayeur est particulièrement remarquable par ses sources d'eaux minérales, souveraines pour la guérison de plusieurs maladies, et en réputation non seulement dans les Etats de notre Souverain, mais encore à l'étranger. Chaque année en juillet et même en août, beaucoup de personnes accourent à ces eaux, ou en envoient chercher même de fort loin.

La première sort dans le vallon du torrent de Dolina. Elle est sulphureuse, nitreuse, vitriolique et chargée de beaucoup d'acide, et dépose un sédiment jaunâtre mélangé de petites particules reluisantes. Comme c'est la plus estimée, on l'appelle *La Victoire*.

La seconde jaillit sur le côté droit du vallon de la Doire. Elle est aussi sulphureuse et nitreuse, mais un peu moins vitriolique que la précédente. Elle fait un sédiment roussâtre, tandis qu'à la surface se forme et surnage une pellicule onctueuse. On l'a baptisée *La Marguerite*.

La troisième sourd sur le côté gauche du même vallon de la Doire, à quelques cents pas de la précédente. Elle tient, quoique un peu plus légèrement, des qualités des deux autres, et s'appelle *La Jeanne-Baptiste*.

La quatrième et la plus abondante est au pied du

mont de la *Sassa*. Elle est aussi sulphureuse, nitreuse, alumineuse et plombée, exhalant une très forte odeur de soufre, et plus adaptée pour bains et pour la cure des maladies du cuir que pour être employée comme boisson. Elle a pris le nom de la montagne qui la domine. On croit communément qu'elle passe par les détours du labyrinthe dont il a été fait mention ci-devant, ou du moins, qu'elle tient de la qualité des minéraux qu'on a dû y exploiter et qui existent encore dans les profondeurs de la montagne.

Non loin de là, sur le territoire de Pré-Saint-Didier, il y a une autre source d'eau chaude, qui serait très indiquée et admirable pour bains. Malheureusement, elle jaillit au bas d'un rocher extrêmement élevé et perpendiculaire, dans une gorge très resserrée, tout près du bord de la Doire et presque au niveau de ses eaux : lorsque la rivière grossit par la fonte des neiges, elle la couvre la plupart du temps, ou du moins, en rend l'abord difficile et empêche de s'en prévaloir aussi avantageusement qu'il conviendrait.

VALGRISANCHE. — La Valgrisanche, dans le mandement d'Avise, n'est composée que d'une seule et médiocre paroisse.

On ne saurait arriver à cette paroisse, depuis la grande route, qu'après avoir remonté pendant près de trois lieues un vallon extrêmement resserré et sauvage, rempli de précipices et très dangereux, surtout en hiver.

Cet endroit n'a rien de particulier, si ce n'est deux passages en Savoie. L'un est peu praticable, mais pour l'autre, qui est le *Col du Mont*, on le traverse aisément presque en toute saison, même avec des voitures chargées, pour se rendre à Sainte-Foi et autres lieux circonvoisins. Du côté de la Savoie, le vallon est cependant beaucoup plus rude que du côté d'Aoste, particulièrement sous certains petits retranchements élevés au temps des guerres vers le sommet de la montagne.

Du haut du passage, la vue s'étend au loin le long de la vallée jusqu'au Bourg Saint-Maurice en Tarantaise.

VAL DES RHÈMES. — La vallée des Rhèmes, dans le mandement d'Introd, n'a que deux paroisses, une médiocre et une petite. Cette vallée a trois passages par lesquels on peut descendre en Savoie ; le premier aboutit aux Tignes-dessus, le second aux Tignes-dessous et le troisième à Bonnaval en Maurienne. Les deux premiers traversent par le glacier, pour un trajet de deux grandes lieues ; on y rencontre de grandes crevasses et des gouffres épouvantables et l'on doit faire de grands détours pour les éviter. Le premier et le troisième ne sont praticables qu'à pied ; ceux qui ont une parfaite connaissance du second peuvent hasarder d'y faire passer des voitures. Les uns et les autres ne se peuvent traverser qu'à la bonne saison, car il n'y a aucun vestige de chemin.

On peut encore, de Rhèmes, traverser les montagnes latérales et communiquer avec Valgrisanche et Valsavaranche.

VALSAVARANCHE. — La Valsavaranche dépend du mandement de Chatelargent. Elle n'a qu'une petite paroisse, fort exposée aux ravines et aux avalanches.

De cette vallée, on peut descendre dans les Tignes-dessus et dans la Maurienne. Il faut pour cela passer sur les glaciers de Galize et du Mont Perron, après avoir traversé la haute plaine de la montagne du Nivoley, qui a deux lieues de longueur. La distance de l'église de Valsavaranche à ce plateau élevé est de cinq lieues.

De Valsavaranche, on peut aussi pénétrer dans la vallée de Cérésoles en Canavais, et remonter de là par de rudes pentes à la plaine du Nivoley. On peut même passer presque partout assez facilement avec des voitures, mais seulement à la belle saison.

COGNE. — La vallée de Cogne forme à elle seule un

mandement. Elle ne renferme, elle aussi, qu'une seule paroisse, mais c'est la plus grande de tout le Duché.

Cogne est située dans les hautes montagnes; il n'y croît aucun arbre fruitier; mais en revanche, elle a d'excellents pâturages, et c'est la vallée qui produit le meilleur et le plus gras bétail. Elle jouit du privilège et droit de foire franche faisable le 26 septembre de chaque année, accordé par concession souveraine du 4 juillet 1734, enterinée en Conseil des Commis les jours 5 et 6 septembre suivant.

Le principal centre d'habitation, pour un endroit de montagne, est assez peuplé et bien bâti; il est situé dans une gracieuse plaine, toute en prairie, ayant une grande demi-lieue de largeur et autant de longueur, sans aucun arbre ni buisson qui en empêche la vue.

Cogne était autrefois très riche en minières de plusieurs sortes, même de métaux fins. On n'y travaille plus aujourd'hui qu'à l'exploitation du fer, dont on possède une minière inépuisable et du meilleur qui se fabrique en Europe. Les habitants en tireraient un profit beaucoup plus grand, si leurs bois n'étaient pas si épuisés.

Cette vallée avait autrefois deux passages dans la Val Locana, soit vallée de Pont en Canavais; mais à présent il n'y en a plus qu'un d'accessible, même avec des voitures, pendant la bonne saison; l'autre a été couvert et entièrement fermé par la jonction des glaciers descendant des deux montagnes voisines.

CHAMPORCHER. — La vallée de Champorcher vient presque se joindre à celle de Cogne par le revers d'une chaine de hautes montagnes. Elle n'a que deux paroisses, une petite et l'autre médiocre, toutes deux cependant assez peuplées. Du reste, rien qui mérite considération, si ce n'est deux passages vers le Canavais, l'un par la Val Locana et l'autre par la Val Soana, praticables seulement dans la bonne saison et lorsque les neiges sont fondues. Champorcher a quelque renommée pour l'excellence de ses fromages *persiliés*.

Vallaise. — La vallée de Vallaise ou de Gressoney renferme six paroisses, deux assez grandes, deux petites, mais toutes assez peuplées. Les habitants sont industrieux; les mâles passent presque les deux tiers de l'année hors de chez eux, à travailler de diverses manières ou à négocier dans les pays étrangers.

Cette vallée a plusieurs passages ou sorties. Elle en a deux entre autres vers la province de Bielle, dont l'un conduit à la vallée d'Andour et l'autre à Notre-Dame d'Orope; mais le plus fréquenté de tous, et accessible pendant toute l'année, c'est le Col de Valdobbia, par lequel on descend dans la vallée de la Sesia et à Varal.

La Vallaise nous offre une particularité remarquable: tandis que tout le reste du Duché parle français, les trois paroisses supérieures de cette vallée, c'est-à-dire Issime, Saint-Jean et La Trinité, parlent allemand. On ne sait ni comment ni depuis quand ce langage, fort corrompu à la vérité, surtout pour Issime, y a pu prendre origine.

Greines. — La vallée de Challand, ou de Greines, est une des plus fertiles, des plus grandes et aussi des mieux peuplées de tout le Duché; elle n'a que trois paroisses, mais elles sont aussi des plus fortes.

On y travaillait anciennement à l'excavation et à la fonte de plusieurs sortes de métaux. On en peut juger par les ouvertures que l'on a creusées dans les profondeurs des rochers pour en suivre les veines, et par les grands monceaux de crasse qui se rencontrent dans les endroits où l'on fondait et épurait le minerai. Les Seigneurs de la maison De Challand ont tiré de là de bons moyens pour la fabrication de leurs châteaux.

De la vallée de Greines on peut passer dans le haut Vallais, mais il faut traverser une chaîne de montagnes presque impraticables, la plupart en glaciers, pour pénétrer dans la Valtornanche et de là, suivre la route et le dangereux passage du Mont-Cervin.

VALTORNANCHE. — La Valtornanche, dépendante de la baronnie de Cly, a trois paroisses, dont la dernière a donné le nom à la vallée. Il n'y a rien de particulier, si ce n'est un passage dans le haut Vallais, passage fort fréquenté dans la bonne saison, quoiqu'on soit obligé de cheminer pendant trois ou quatre lieues à travers de vastes glaciers, parsemés de profondes crevasses sur lesquelles on est quelquefois obligé de mettre des planches pour servir de pont aux passants et les sauver du risque d'y tomber et périr. Ce passage s'appelle du *Mont-Cervin*, à cause de la pyramide de ce nom, dont on cotoie la base en passant, et qui, au dire des connaisseurs, est une des plus hautes de toute la chaîne des Alpes.

VALPELLINE. — La Valpelline est une dépendance du mandement et baronnie de Quart; elle n'est composée que de deux paroisses, dont l'une est des plus grandes et l'autre médiocre. Elle se subdivise à son tour en deux autres moindres vallées, l'une appelée d'*Ollomont* et l'autre d'*Oyace*, ayant chacune des passages en Vallais : celle d'Ollomont a le col de *Sermontana* soit *Fenêtre Duran*, par où l'on descend dans la vallée des Bagnes; celle d'Oyace a ceux de *Créta Sèche*, conduisant à la même vallée des Bagnes, et de *Prarayer*, par lequel on pénètre dans le haut Vallais par la vallée d'Oren. Ces passages ne sont praticables qu'au fort de l'été.

On a découvert en 1699, dans la vallée d'Ollomont une riche minière de cuivre; elle a donné des trésors à ceux qui l'ont fait travailler. En 1720, après vingt années d'exploitation continuelle, elle semblait presque sur sa fin; mais le filon ayant été repris plus haut en 1728, semble promettre de redevenir aussi abondant que par le passé. On a bien tâtonné plusieurs autres petits rameaux, mais ces tentatives n'ont pas eu de suite.

GIGNOD. — La vallée de Gignod fait partie du mandement et baronnie de ce nom. La route du Grand-Saint-Bernard, le plus accessible et le plus fréquenté des passages qui conduisent dans l'Etat et République du Valais lui donne une importance considérable.

On y trouve quatre paroisses, dont trois bonnes et une médiocre. Saint-Rhemy est la première qu'on rencontre en descendant la montagne.

Saint-Rhemy et Etroubles ont droit de bourgeoisie et de soubste pour faire la voiture de toutes les marchandises qui passent par là ; ce droit leur a été conféré par privilèges souverains, et entre autres par celui du 6 novembre 1273.

Saint-Remy, en particulier, jouit de l'exemption du service militaire, par privilège du 2 septembre 1627 ; mais les habitants ont la stricte obligation de tenir la montagne libre et de servir les passants moyennant indemnité. Cette indemnité est limitée par les capitulations auxquelles ils se sont soumis lorsqu'ils ont fait enteriner en Conseil leurs provisions souveraines le 18 du même mois de septembre 1627.

Le bourg d'Etroubles a aussi en particulier le privilège d'un marché public faisable le samedi de chaque semaine et de deux foires franches par année, dont la première se tient le 30 avril et les deux jours suivants, et la seconde, le septième et le huitième jour après la fête de Saint-Michel archange. Ces privilèges lui ont été accordés par concessions souveraines des jours 2 novembre 1377, 20 décembre 1386 et 20 mars 1556, confirmées par autres du 26 juillet 1640. Par la dernière, la seconde foire a été transportée à la veille de Saint-Michel et aux deux jours suivants; celle-ci se soutient encore; mais quant à l'autre foire et aux marchés hebdomadaires, ils sont tombés d'eux-mêmes depuis la cessation du passage des grandes voitures, cessation qui a ruiné le commerce du Duché.

*Alpes Pennines. — Grand-Saint-Bernard. — Prévôts de Montjoux.* — Les montagnes traversées par ce premier et plus important passage, s'appelaient anciennement, comme presque tous les historiens en conviennent, *Alpes Penninœ*. Quelques-uns rapportent qu'Annibal, ce fameux général Carthaginois, leur aurait donné ce nom à cause des grandes peines ou difficultés que lui et son armée durent surmonter pour traverser ces hautes et affreuses montagnes; d'autres le font dériver de *ob transitu Pœnorum* c'est-à-dire des Carthaginois, ainsi appelés en latin à cause de leur origine phénicienne. Plin., *nat. hist.*, lib. III, cap. 16, est de ce sentiment : « *His Alpibus Pœnos transiisse memorarunt.* » Mais ces conjectures sont trop vagues pour mériter quelque attention. Il semble bien plus probable que ces Alpes aient été ainsi nommées « *A Deo Pennino* », du nom du dieu Pennin qu'adoraient les peuples idolâtres de ces régions. Tite Live a écrit à ce propos : « *Jugi ejus novum nomen inditum, ab eo quem in summo sacratum vertice Penninum montani appellabant.* » D'ailleurs, une inscription que l'on voit dans la maison du Grand-Saint-Bernard, écrite en caractères romains sur une plaque de marbre, ne permet presque plus de douter que l'origine de la dénomination de cette partie des Alpes ne soit précisément celle-ci.

Terentius Varron, l'exterminateur des Salasses, ayant passé par là, fit abattre la statue du dieu Pennin et lui substitua celle de Jupiter, avec une inscription dédicatoire. Cet important passage changea dès lors de nom et prit celui de *Mons Jovis*, aujourd'hui *Montjoux*. L'inscription se voit encore à présent dans l'église de l'abbaye, derrière le maître-autel.

Bien des siècles plus tard, vers l'an 982, comme le rapporte Josias Simlerus en son *Histoire du Valais*, page 82 et suivantes, saint Bernard, de l'illustre et ancienne famille des Seigneurs de Menthon en Genevois, archidiacre de la Cathédrale d'Aoste, fit bâtir dans ces solitudes inhabitées une église sous l'invocation de Saint-Nicolas et un monastère sous le nom d'hôpital de Montjoux, après avoir, dit-on, conjuré et chassé certains esprits de ténèbres, lesquels, sous la figure des dieux du paganisme qu'on y avait autrefois adorés, maltraitaient les passants.

C'est depuis lors que le passage de Montjoux s'appelle aussi la Montagne du Grand-Saint-Bernard.

Le pieux fondateur introduisit dans son monastère des chanoines réguliers de Saint-Augustin, et leur assura quelques revenus pour leur subsistance. Le Sieur De Mézeray, l'un des plus fidèles historiens de France, dit dans ses remarques sur l'histoire de ce royaume, qu'il les tira de la célèbre abbaye de Saint-Maurice en Chablais.

Partie de ces modestes commencements, cette maison parvint rapidement à un haut degré d'opulence et de célébrité, par les aumônes et les largesses que lui firent des Princes Souverains, des Seigneurs du plus haut rang et d'autres personnes pieuses, afin qu'elle pût servir à perpétuité d'hospice pour les voyageurs. Elle compta parmi ses bienfaiteurs l'empereur Henri VI de la Maison de Souabe, qui après l'avoir, en 1191, prise sous sa protection, lui fit encore un don de vingt marcs d'argent, exigible annuellement sur les revenus de la Chambre Impériale ; puis en 1274, Eléonore reine d'Angleterre ; en 1292, Edouard roi d'Angleterre ; puis encore Henri Comte de Troie, et successivement divers autres princes et Seigneurs de grand renom.

Mais parmi tous ces illustres et puissants donataires, la royale Maison de Savoie tient sans contredit le premier rang ; c'est elle qui a le plus contribué à lui fournir les moyens d'exercer sa grande hospitalité.

Amé III lui donna en 1146 Châteaudun avec ses dépendances.

Sur la fin du même siècle, le Comte Thomas lui fit don de toutes les montagnes, pâquiers et forêts de la vallée de Ferrex au dessus d'Orsières et d'autres vallées adjacentes du haut Entremont, tant pour le pâturage des bestiaux que pour le bois nécessaire à la maison et pour l'entretien des chevaux destinés à en faire la conduite. L'acte de concession en exprime en ces termes l'étendue : « *A pertica montis Jovis usque ad vallem Nerii existentium, etc.* »

La Comtesse Bonne de Bourbon et son fils le Comte Amé dit Le Rouge, lui donnèrent le grangeage de Saint-Oyen, biens ruraux, censes, rentes, devoirs féodaux, montagnes, alpéages et autres biens qu'ils avaient eu dans ces quartiers, de la valeur d'environ vingt-cinq mille ducatons, ensuite de l'échutte de l'ancienne maison de Quart.

Le Duc Amé le Bienheureux affranchit les biens de cette maison de tous impôts, subsides ou collectes.

Enfin, l'on trouvera peu de princes de cette royale Maison dont les deux hospices de Montjoux et de Colonne Joux n'aient éprouvé les libéralités, tant en Savoie, Chablais et Aoste qu'ailleurs.

C'est par la grandeur de ces largesses qu'ils se sont acquis à juste titre le droit patronal et nomination du Chef de ce Bénéfice ; il est compris au nombre des consistoriaux contenus dans les Indults que les Souverains Pontifes ont accordés à la Maison de Savoie, et spécialement en celui du Pape Nicolas IV, sous la date du 4 des ides de janvier 1451, en ces termes : « *ac præpo-*
» *situram Montis Jovis quæ in confinibus hujusmodi*
» *dominiorum consistunt* » etc. Cette concession fut confirmée par Clément VII, en date du 13 février 1524, par Grégoire XIII en date du jour avant les ides de décembre 1572 et par Clément VIII en 1596. Ils ont toujours continué de se maintenir au possessoire de cette nomination, nonobstant que le seul monastère de cet or-

dre soit aujourd'hui hors de leurs Etats, depuis la cession faite aux Valaisans par le Duc Emmanuel-Philibert, de cette langue de terre, à présent appelée Bas Valais, qui dépendait autrefois de leur Couronne comme faisant partie du Chablais.

Le chef de cette maison régulière s'appelle *Prévôt de Saint-Nicolas et de Saint-Bernard de Montjoux*. Cette dignité a rang de Prélature. Le Prévôt a droit d'officier comme les prélats dans son couvent, de porter la croix d'or sur la poitrine dans la maison de sa dépendance, et même ailleurs par permission des Ordinaires. Il est d'ailleurs parfaitement indépendant de ces derniers, par concessions spéciales des Souverains Pontifes, et jouit de plusieurs beaux privilèges, dont on peut voir un ample détail à la fin de la troisième partie du *Héros des Alpes*.

La régularité s'observe exactement dans la maison. Elle aurait cependant, paraît-il, subi dans le temps quelques réformes, celle entre autres qui fut dirigée par Jean, Cardinal de la Sainte Eglise Romaine ayant titre de Saint-Pierre *ad vincula*, les jours 19 décembre 1437 et 14 mai 1438, sous le pontificat du Pape Eugène IV. Les assemblées se tinrent dans le monastère de Maristelle, autrement dit de *Vuertigen*, de l'ordre des Citeaux, dans le diocèse de Constance. Jean de Solar y intervint en qualité de syndic et procureur du prévôt Jean de Grolée, auquel il devait plus tard succéder, et de tout le chapitre. Ce fut dans ces assemblées que l'on régla l'ordre, la dépense, la régularité, l'hospitalité et l'économie, tant de la maison que des cures, prieurés, bénéfices et de tous autres biens qui en dépendaient.

Mais s'il est vrai que cette réforme ait été pour lors introduite dans la maison, il faut qu'il y soit arrivé depuis bien des changements, probablement pendant la direction des Prévôts commendataires. Il est peut-être plus probable qu'elle n'a pas même eu lieu. Telle est, du moins, l'opinion que le Révérend Sieur Jean-Nicolas Vacher, chanoine régulier de Montjoux et professeur en la Sacrée théologie de Saint-Jacquème d'Aoste, soutient avec de solides raisons fondées sur de bons titres, dans un ouvrage qu'il a publié à ce sujet en 1733.

Sa fondation primordiale, jointe aux grands biens dont jouissait la maison, tant dans les Etats de Savoie qu'en Angleterre, en France, en Italie, en Lorraine, en Dauphiné, en Suisse et ailleurs, lui fournissait autrefois abondamment de quoi faire face aux grosses exigences de l'hospitalité, spécialement à Montjoux, dont le passage est plus rude et plus fréquenté. Mais de tous ces grands biens, beaucoup se sont dans la suite perdus, partie à cause des changements de religion advenus dans quelques-uns de ces Etats, et partie par la nonchalance de quelques Prévôts commendataires, qui en ont laissé séculariser et unir à d'autres bénéfices, ou dépérir faute d'en faire reconnaître et renouveler les droits.

Il a fallu recourir aux quêtes. Elles sont faites par ces religieux dans la plupart des Etats catholiques d'Europe, afin d'obtenir de la charité des fidèles les moyens de soutenir le poids de cette hospitalité générale, qui s'exerce indifféremment envers toute sorte de personnes, riches ou pauvres, sans distinction de nation, de qualité, de condition ou de religion.

Outre l'hospitalité, ils ont encore soin chaque jour, dans le temps que le passage est dangereux, d'envoyer des deux côtés, sur les pentes de la montagne aboutissant au monastère, un chanoine avec quelques frères lais ou domestiques et des cordiaux, pour soulager et guider les voyageurs qui se trouveraient embarrassés dans les neiges de ces affreuses solitudes. Cela se pratique exactement au Grand-Saint-Bernard, et c'est une véritable bénédiction pour une foule de malheureux.

Il n'y a guère de passagers qui puissent se dispenser

de s'y arrêter, car, tant en deça qu'en delà de chacun de ces hôpitaux, il faut deux bonnes heures avant que l'on trouve des habitations. Il est incompréhensible que l'on puisse faire face à tant d'aumônes.

Le nombre des chanoines a été jusqu'à cinquante. La plupart étaient dispersés dans les prieurés et bénéfices dépendant de la maison, et le surplus distribué entre le Grand-Saint-Bernard et notre Prieuré de Saint-Jacquême.

Un si bon et beau bénéfice fut cependant laissé pendant près de cent cinquante ans (1438-1587) entre les mains d'Abbés, soit Prévôts commendataires, dont la plupart ne venaient que pour la prise du possessoire et ne songeaient qu'à s'en faire passer les revenus, sans trop se soucier de l'hospitalité, ni des intérêts de la maison. Aussi, était-il menacé d'une prochaine décadence, si le Chapître n'eût enfin ouvert les yeux et obtenu d'abord d'y faire rétablir des Prévôts réguliers, et plus tard, l'agrément de la royale Maison de Savoie à ce que les Prévôts eussent le pouvoir de se nommer des coadjuteurs pour leur succéder. C'est ainsi que la maison a pu se rétablir parfaitement sur l'ancien pied.

On trouvera à la fin de ce volume une note des Prévôts, tant réguliers que commendataires, dont on a pu avoir quelque connaissance.

RIVIÈRES ET TORRENTS. — Doire. — La vallée principale traverse un peu obliquement tout le Duché. Elle est arrosée, ou pour mieux dire, inondée par la Doire. Cette rivière, aux eaux rapides, occupe en bonne partie, ou ravage par ses débordements, les petites plaines qui se sont formées au pied des montagnes. Elle est à son tour violemment tourmentée par de gros torrents latéraux, qui se précipitent des hauteurs avec une grande impétuosité au temps de la fonte des neiges, et charriant quantité de pierres et de gros gravier, la poussent tantôt d'un côté et tantôt de l'autre et la forcent à se déplacer continuellement. Aussi est-il impossible de la réduire à un lit certain et fixe.

La Doire est formée par quatre principales branches, deux provenant des montagnes de La Thuile et deux de la vallée de Courmayeur.

*Branches de La Thuile.* — *Lac du Ruitort.* — Des deux branches de La Thuile, la première descend du haut vallon méridional. Elle sort du lac du Ruitort, tristement célèbre dans les annales de la Vallée. Les glaciers, descendant de deux montagnes opposées, viennent se joindre au fond d'un vallon et le ferment entièrement; ils transforment cette gorge sauvage en un vaste bassin où se recueillent les eaux des sources et des glaciers environnants : c'est le lac du Ruitort. Lorsque la digue de glace qui le ferme vient à se fondre, ou à se briser sous l'énorme pression qu'elle doit supporter, il se fait un ravage incroyable par tout le Duché ; les eaux se dégorgent avec une violence si grande que rien ne peut leur résister ; tout est balayé sur leur passage, même les ponts en maçonnerie et pierre de taille. Plusieurs de ces irruptions ont eu lieu anciennement, sans qu'on en puisse préciser les années ; plus récemment, nous avons eu celles de 1594, 1595, 1640 et 1646.

Cette dernière fois, la digue du lac des Comballes sur Courmayeur, dont on parlera ci-après, s'étant aussi rompue en même temps, l'inondation fut si grande qu'elle emporta les jardins, les vergers et une partie des maisons existant au midi de Morgex.

La tour et maison forte des nobles de Rubilly et de Rovarey, qui aurait dû résister presque à un déluge d'eau, si l'on en juge par les restes que l'on en voit encore, couchés sur la grève, soit *glair* du voisinage, a été renversée par un débordement de ce même lac. On ne sait pas précisément en quelle année, mais ce dut être avant 1430, car il n'apparaît pas qu'elle ait été munie aux

Audiences générales de cette année-là, comme le furent toutes les autres maisons fortes de la Valdigne.

En 1680, les ponts de l'Equiliva et de Villeneuve, solidement bâtis en pierres de taille depuis très longtemps, et qui avaient coûté au public des sommes considérables, furent renversés et arrachés jusqu'aux fondements.

La seconde branche de La Thuile sort d'un petit vallon au nord du Petit-Saint-Bernard, et vient se joindre à celle du Ruitort à un trait de fusil en dessous de l'église de La Thuile, après avoir traversé le gouffre de Pont Séran.

*Branches de Courmayeur. — Lac des Comballes.* — Des deux branches qui descendent de la vallée de Courmayeur, la première et la plus forte prend sa source dans les glaciers de la *Lex Blanche*. A une lieue environ plus bas, elle rencontre une digue pratiquée dans un endroit resserré entre deux rochers; les eaux repoussées par cet obstacle regorgent, s'étendent dans une petite plaine, et forment un lac que l'on appelle lac des *Comballes*. C'est un artifice mis en usage au temps des guerres, pour faciliter la défense de ce passage; car les ennemis ne sauraient l'entreprendre que par de longs et pénibles défilés, sur les pentes escarpées du mont à droite et à gauche du lac, où ils peuvent être repoussés avec peu de monde.

On peut faire écouler ce regorgement d'eau quand on veut.

L'autre branche de Courmayeur commence à quelques grosses sources au fond de la gorge de Ferrex, non loin des confins du Valais, recueille toutes les eaux de la chaîne de glaciers existant sur le côté occidental de ce vallon et vient se joindre à la première un peu au dessous du village d'Entrèves.

*Doire, puis Doire Baltée.* — Les affluents des deux

vallées de La Thuile et Courmayeur viennent se réunir en dessous de Pré-Saint-Didier. Ils prennent dès lors le nom seul de *Doire*. Ce n'est qu'à Aoste, après avoir reçu le Buthier, en latin *Baltheus*, que la Doire commence à s'appeler *Duria Balthea*, Doire Baltée, nom qu'elle conserve jusqu'à son embouchure. Elle se jette dans le Pô entre Crescentin et Verrue, après avoir baigné les murailles d'Ivrée.

Cette rivière est féconde en truites excellentes, presque dans tout son parcours. Il en est de même des nombreux torrents qui la grossissent à droite et à gauche; car toutes les vallées latérales lui apportent le tribut de leurs eaux.

Dès sa jonction avec le Buthier, elle pourrait déjà porter quelques petits bateaux si son lit était un peu plus régulier, et surtout, s'il n'était pas si rapide, si rempli de cailloux, et en quelques endroits si resserré entre des rochers, que les eaux furieuses se précipitent et bondissent de chute en chute.

BUTHIER. — Le Buthier prend sa source au lac du Grand-Saint-Bernard; il reçoit dans son cours les eaux du vallon de Bosses, et à la jonction des deux vallées, celles de la Valpelline.

Le Buthier est le plus considérable et le plus impétueux de tous les torrents du pays. C'est aussi celui qui a fait autrefois le plus de dommages, surtout pendant le $X^e$, le $XI^e$ et le $XII^e$ siècle, où il ravagea presque toute la plaine, depuis les murailles de la Cité jusqu'à son ancien lit.

On ne sait pas précisément quand le Buthier cessa de couler sous le *pont de pierre* des Romains. On relève du premier traité de dédition, qui est de l'an 1191, qu'il y avait déjà à cette époque deux ponts sur le Buthier; car à l'endroit où il fait mention des confins de la Cité et Bourg, il s'exprime en ces termes : « *Si quis* pontes *supra Bautegium fregerit* etc. » Ce que l'on sait, c'est qu'à une certaine époque, il dut couvrir de sable et de gravier non seulement ce pont, mais encore l'église, le cloître et les maisons du couvent de Saint-Ours et du Bourg, jusqu'à la partie orientale des murailles de la Cité. On découvre dans tous les environs de grosses pierres de *glair* (pierres roulées). Dans les caves des maisons canoniales, dans les vergers, jardins et autres biens du Prieuré et du voisinage, il existe encore des vestiges des puissantes barrières qui furent jadis opposées aux impétuosités de ce terrible voisin. C'est surtout dans les petites plaines à droite et à gauche de son lit, que le Buthier a laissé les traces les plus cruelles de ses fureurs.

Les débordements de 1510 et 1518 firent des maux infinis; mais celui de 1519 fut plus terrible encore; il faillit emporter tout le faubourg de Saint-Ours. Il désola toute la plaine, renversa toutes les maisons jusqu'à la porte Chaffa, et déjà les eaux, pénétrant avec violence par cette porte, envahissaient la grande rue : on ne réussit qu'avec peine à les arrêter. Le grand Arc de Triomphe des Romains donna en cette circonstance une preuve remarquable de cette solidité qui lui fait braver les siècles : entouré, envahi par les flots impétueux, il essuya leurs furieux assauts sans sourciller.

Le Buthier fit aussi de terribles dégats en 1640. Cette fois, ses eaux se portaient avec une telle violence contre les prairies du côté de la *Mère des Rives*, et charriaient de si gros rochers, que la Ville et le Bourg craignirent d'être pris par derrière. Dans cette alarme, beaucoup de personnes délogèrent. Les religieuses de Sainte-Catherine, comme les plus exposées, abandonnèrent leur cloître et se réfugièrent à Bibian. On dut travailler pendant deux jours et deux nuits, sous une pluie torrentielle, à couper sans distinction tous les arbres de la campagne, à charrier du bois, des pierres, des fascines et tous les autres matériaux que l'on pouvait trouver, afin d'opposer une digue contre cette formidable invasion.

Le torrent creusa si profondément son lit en cette occasion, et laissa sur ses bords, du côté du Bourg, une telle quantité de graviers et de grosses pierres, qu'il n'a plus fait beaucoup de mal depuis, quoique ses eaux aient encore bien grossi en 1680 et autres années postérieures.

AUTRES TORRENTS. — RUISSEAUX. — De même que le Buthier recueille et transporte à la Doire les eaux de la vallée du Grand-Saint-Bernard et de la Valpelline, toutes les autres vallées latérales ont, elles aussi, leur torrent, chargé d'apporter à la vallée principale le tribut de leurs eaux.

Outre ces torrents, ou déchargeoirs permanents, il y a encore, tout le long de la Vallée, quantité de gros ruisseaux. Les uns coulant toute l'année, amènent à la Doire les eaux des fontaines qui jaillissent au pied des montagnes. Les autres, intermittents, le plus souvent à sec ou peu s'en faut, se forment des eaux pluviales glissant des hautes montagnes et des rochers dans de petits vallons latéraux. Souvent, après de grosses pluies, ces eaux ainsi ramassées forment tout à coup de vrais torrents auxquels la rapidité de la pente donne une violence extrême; ils causent alors des ravages infinis, et remplissent de pierres et de graviers les terres qui se rencontrent à leur sortie. On trouve tout le long du pays quantité de ces terroirs, que leur excellente exposition rendrait très fertiles, s'ils n'étaient ainsi périodiquement abimés par ces débordements : ils sont abandonnés et improductifs, et il est impossible d'y apporter remède.

GÉNÉRALITÉS : *Population* — *Climat* — *Culture* — *Gattes* — *Productions* — *Emigration*.

*Population*. — Le Duché d'Aoste était autrefois beaucoup plus peuplé qu'il ne l'est aujourd'hui. La funeste contagion de 1630, qui a fait tant de ravages dans toute l'Europe, emporta les deux tiers des habitants de la Vallée ; il résulte des registres publics des Etats, qu'elle y fit soixante-dix mille victimes.

A cela vint s'ajouter la cessation du grand mouvement de transit, depuis que, pour faire fleurir le commerce dans la Capitale de nos Souverains, le passage des marchandises de l'Italie en France a été détourné vers le Mont Cenis et la Maurienne, et que celles qui allaient de l'Etat de Milan en Allemagne, ont pris la route du Simplon et cessé de passer par le Grand-Saint-Bernard.

Ni la population, ni le commerce de la Vallée n'ont pu se relever de ces deux terribles secousses. Les étrangers qui commerçaient chez nous se sont retirés. Les longues guerres qui ont éclaté dans la suite et les levées que l'on a été obligé de faire partout, ont encore diminué le nombre des habitants, surtout de ceux qui étaient les plus propres à la culture des terres, ou qui, par le moyen de leur commerce avec l'étranger, étaient le plus en état de faire circuler un peu d'argent.

Les Valdôtains ont toujours été très dociles, très obéissants, très soumis, bons et fidèles sujets de leurs Princes Souverains, courtois autant que leurs facultés limitées le leur permettent, francs, sincères et charitables envers les étrangers, bons amis et familiers entre eux, respectant infiniment la Justice, la Religion et les Ministres qui en sont les dépositaires, s'occupant sans bruit de leurs petites affaires et de leurs travaux.

Ceux des montagnes sont plus agiles, plus dispos, mieux faits, plus robustes et plus industrieux. Ceux de la plaine au contraire, au moins dans quelques terres le long de la route, sont plus pesants, mal tournés, moins laborieux, quelques-uns même, tant hommes que femmes, sont sujets à avoir de gros gosiers, qui les rendent difformes, sans que l'on ait encore bien pu établir si cette excroissance leur est causée par l'insalubrité de l'air, ou par la mauvaise nourriture, ou bien encore, ce qui semble le plus probable, par la qualité des eaux.

*Climat*. — Le climat du Duché est très bon pour la santé, quoique un peu vif pour ceux qui n'y sont pas accoutumés. Il est quelquefois extrêmement froid en hiver, très sec, venteux et aride au printemps et en été.

Le pays n'est pas sujet aux grêles et aux tempêtes ; on y entend rarement gronder le tonnerre ; mais les gelées blanches du printemps et de l'automne, des bises extrêmement froides, des neiges hors de saison, font quelquefois plus de mal que les tempêtes.

Le 28 mai 1564, il tomba un pied de neige ; il en serait certainement résulté une famine générale, si un vent chaud, survenu le lendemain, ne l'eût fondue et n'eût relevé les grains.

Le même fait se renouvela la nuit du 7 au 8 juin 1612.

Il neigea en Valdigne la nuit du 13 au 14 mai 1618 ; la fonte de cette neige fut suivie d'une gelée si forte qu'elle fit périr tous les grains, les vignobles et beaucoup d'arbres fruitiers.

Par contre, en 1709, les Valdôtains eurent bien occasion d'admirer et bénir la Providence : grâce à leurs hautes montagnes, qui brisaient la violence des bises glacées, grâce à un pied de neige couvrant la surface de la terre, ils furent préservés dans leur pays ; ils conservèrent leurs vignes et leurs blés, et il n'y périt que quelques arbres caducs, pendant la longue et excessive froidure qu'il fit généralement cette année-là dans presque tous les Etats de l'Europe, au point que la plupart des récoltes furent gelées, jusqu'aux amandiers, aux oliviers et aux orangers dans les contrées les plus chaudes. Cet hiver fit époque; on l'appela le grand hiver.

L'hiver de 1730 à 1731 fut aussi extrêmement long et rude, avec une suite de bises si froides que beaucoup de vignobles en furent gelés, surtout du côté de l'envers et ceux qui regardaient au levant.

L'hiver de 1740 fut encore plus nuisible que tous ceux-là. Il commença en octobre de l'an 1739 et ne finit qu'en mai suivant, et pendant tout ce temps, les bises froides et sèches ne discontinuèrent presque pas. Aussi les blés, réduits à ne pouvoir se développer à leur ordinaire, atteignirent-ils à peine la hauteur d'un pied, avec très peu de grains. La plupart des vignes de l'envers et de la plaine furent gelées, et les *gattes* dévorèrent le restant jusque bien avant dans les collines. Tous les fruits furent en retard de plus d'un mois. Dès le mois d'octobre suivant, les mêmes bises recommencèrent, et si froides, que la nuit du 14 au 15 le terrain fut profondément durci par la gelée comme il aurait pu arriver au plus fort de l'hiver; les ceps épargnés par l'hiver précédent n'étant pas encore vendangés la plupart des raisins furent gelés; il en fut de même du jardinage, des herbages, de la plupart des fruits; les chataignes furent détruites avant d'arriver à leur maturité, ou furent tellement endommagées qu'elles avaient perdu toute leur bonté.

Jamais homme vivant n'avait vu, ni même ouï par tradition, tant de calamités réunies.

*Culture*. — Dans la Vallée d'Aoste, la culture des terres est très pénible. On ne peut se servir des bœufs pour le labourage que dans quelques bonnes plaines; la charrue est à peu près inconnue; les pentes des collines où l'on sème des grains ne se travaillent qu'à force de bras. Dans les terrains légers de la montagne, on emploie le plus souvent des mulets.

Les vignes sont presque toutes faites à treilles soutenues par de bonnes pièces de bois; car l'hiver les surcharge souvent d'un pesant fardeau de neige, parfois trois ou quatre pieds et même davantage; elles en seraient écrasées si l'on n'avait pas soin de les construire solidement. Les vignes demandent beaucoup de travail et de frais ; mais quand elles sont une fois en bon état, elles rapportent beaucoup.

Quant aux prairies, tant de la plaine que de la colline et de la montagne, elles seraient infructueuses et de nul rapport si elles n'étaient copieusement arrosées, car le sol est partout léger, aride et graveleux.

*Gattes.* — Aux inondations, aux gelées blanches, est venu depuis peu s'ajouter pour la vigne un nouvel ennemi. C'est une espèce de chenille d'un gris verdâtre sur le dos, plus blanche par dessous, à laquelle on a donné le nom de *gatte* (1). Lorsqu'elle commence à paraître, elle n'est pas plus grosse que la pointe d'une épingle fine. Elle parvient à la grosseur d'une médiocre chenille de choux et se reproduit par cocons, tout comme les vers-à-soie dont il y a apparence que ce soit un dégénéré (2). Le fait est que jamais on en n'avait ouï parler avant que la culture du ver-à-soie se fût répandue en Piémont, d'où la graine a été portée dans notre pays.

La *gatte* s'est montrée la première fois au revers de Donnas, vers l'an 1792. De là, elle s'est peu à peu répandue en remontant la vallée. Rien n'a été capable de la détruire ou seulement de l'arrêter. Nonobstant les prières publiques que l'on a faites et que l'on continue a faire tous les ans, elle continue son invasion dévastatrice (3).

---

(1) La trop fameuse *gatte*, aujourd'hui en train de disparaître par suite du soufrage des vignes, est la larve d'une espèce de pyrale appelée précisément *pyrale de la vigne*, petit lépidoptère nocturne de la famille des séticornes. *(N. de la R.)*

(2) Cette curieuse manière d'expliquer l'origine de la *gatte* donne une idée singulière de l'état des sciences naturelles chez nous vers 1730. Nous n'avons pas le droit d'en rire. Cette hypothèse n'était pas plus ridicule que tant d'autres, dont nous sommes fiers aujourd'hui et dont s'egayeront nos arrière-neveux. *(N. de la R.)*

(3) Nous croyons faire chose intéressante en rapportant ici deux délibérations du Conseil des Commis, tirées du répertoire N° 32, pages 686 et 687 :

Cet insecte dévore les bourgeons des vignes en perçant leur enveloppe au moment où ils se préparent à germer. Il fait un tel ravage, que les vignes qui ont subi ses attaques restent infructueuses pour plusieurs années et deviennent une charge plutôt qu'un profit pour les malheureux propriétaires, à cause des gros frais de culture. Les dommages sont bien plus grands lorsque les printemps sont froids, car la poussée étant retardée et les bourgeons tendres, l'ennemi a beau jeu et les détruit à son aise.

*Production*. — Les hautes montagnes du Duché abondent en gras pâturage, où l'on nourrit pendant l'été une grande quantité de gros et de menu bétail. On y fait d'excellent beurre et plusieurs sortes de bons fromages ; mais les habitants de la Vallée n'en gardent que ce qui est rigoureusement nécessaire pour leur subsistance ; le reste est vendu : c'est dans l'exportation de ces produits et dans la vente de quelque bétail, que consiste tout le peu de commerce qu'ils ont avec le Piémont.

Les montagnes moyennes donnent du blé, du seigle, de l'orge, de l'avoine, quelques légumes et de bons fourrages.

Les collines qui s'étagent au pied des montagnes fournissent encore quelques grains. Les amandiers, les noyers, les châtaigners et autres arbres fruitiers de diverses es-

---

« Du mesme jour (8 novembre 1717) on donne commission au procureur du Duché de recourir à Rome au nom de la Citté et de tout le pais pour obtenir des provisions contre les gattes, espèce d'insectes qui mangent les bourgeons de la vigne dans le temps qu'elle commence à pousser. »

« Du mesme jour (3 janvier 1718) le Sieur Conseigneur Perrinod, ayant eu cy-devant commission de recourir à Rome pour avoir des provisions contre les gattes et autres insectes qui endommagent les fruits de la terre, a fait présenter au Conseil un bref apostolique qu'il a plu à Sa Sainteté d'accorder pour ce suiet, dont la dépense relève à 22 ducatons en espèce. Le Conseil l'ayant veu, l'a présenté à Monseigneur l'Evesque à qui il est adressé, afin de diriger l'exécution des jeûnes et prières qui y sont ordonnés. *(N. de la R.)*

pèces y prospèrent en grand nombre. On y récolte beaucoup de vins rouges, blancs, muscats, parmi lesquels il y en a qui ne le cèdent guère, en bonté et en délicatesse, aux meilleurs vins des collines du Piémont et du Montferrat.

Cette fertilité, remarquable dans un pays de montagne, doit être sans aucun doute, attribuée à l'avantage qu'a la Vallée d'Aoste de n'être pas simplement traversée par le soleil, comme il arrive trop souvent dans les autres vallées, mais de le prendre en toute saison, dans toute sa longueur.

Sur les sommets les plus escarpés, dans des régions sauvages, couvertes de neige la plus grande partie de l'année, tout près des glaciers, trouvent moyen de vivre et de se multiplier deux espèces de chèvres sauvages ; ce sont les bouquetins et les chamois. La chair de ces animaux est très bonne à manger, et la peau fort estimée pour être préparée en *camoussade*. Les bouquetins s'appellent en latin *hircocervi*, à cause de leurs cornes à nœuds ; leur sang est merveilleux en médecine pour remettre en mouvement et faire circuler le sang humain coagulé.

Un peu plus bas, mais encore au dessus des terres labourées, sont les bois noirs ou bois de haute futaie, les broussailles, les ravines ; on rencontre dans cette région beaucoup de marmottes, espèce de blaireaux des montagnes, des ours, des loups, des perdrix blanches à pieds velus vulgairement appelées *arbeignes*, quantité de faisans et de délicieuses perdrix rouges ; on y trouve aussi beaucoup de simples fort recherchés.

Les perdrix grises, les grives, les cailles, les bécasses, les canards et toutes les autres espèces de quadrupèdes et d'oiseaux connus dans les pays voisins se trouvent aussi dans notre Vallée, chacun en leur saison, à l'exception des cerfs, des sangliers et des gelinottes, qu'on n'y a jamais vus paraître.

Les petites plaines, qui trouvent place parmi ces montagnes, produisent aisément toutes sortes de grains et de fruits excellents. Mais quelque abondante que soit la récolte de ces grains, elle ne saurait, dans beaucoup d'endroits, surtout dans les montagnes, suffire à la subsistance des habitants pour plus de la moitié ou des deux tiers de l'année. Il faut que l'industrie supplée au reste.

*Emigration*. — Dans la plupart des terres où le pain manque, les hommes sortent pendant l'hiver et la plus grande partie de l'automne et du printemps. Ceux de la basse Vallaise vont travailler comme maçons en France, en Italie ou ailleurs ; ceux de Gressoney et de Valtornanche vont négocier en Suisse, en Allemagne et dans l'Alsace ; ceux de Cogne et de Champorcher en font de même en Italie, et ceux de Valgrisanche et de quelques terres de la Valdigne, en France et dans les Flandres ; ceux de Courmayeur, Pré-St-Didier et plusieurs autres paroisses vont dans l'Etat de Milan et en Piémont peigner les chanvres ; d'autres s'occupent à couper et à scier le bois, à défricher les terres, d'autres enfin font le métier de ramoneurs, ou même encore quelque ouvrage plus bas et plus vil.

Ils épargnent ainsi, durant la saison où ils seraient inutiles chez eux, le peu de nourriture qu'ils ont, pour faire vivre leurs familles pendant qu'ils seront absents et se nourrir eux-mêmes lorsqu'ils reviendront au bon temps pour la culture de leurs terres. C'est encore par cette voie-là qu'ils peuvent rapporter dans le pays un peu d'argent, pour avoir de quoi payer les cotisations des donatifs, le sel, et faire face aux autres nécessités de la vie. Ils n'ont pas d'autre moyen de s'en procurer ; les passages de la montagne sont trop difficiles, et quant au Milanais et au Piémont, vers lesquels le Duché est le plus accessible, de toutes nos denrées, il n'ont besoin que d'un peu de bétail et de *grassine*, et encore, la sortie de celle-ci, quelque abondante qu'elle soit, ne dépasse-t-elle pas la quantité de vingt-cinq mille rubs par an.

RUISSEAUX. — Les vents continuels, qui règnent dans notre Vallée, en détournent les pluies. Ils dessèchent les terres d'une telle manière, qu'elles ne semblent quelquefois plus que cendre et que poussière, comme il est arrivé au printemps de l'an 1734, où l'on resta six mois sans neige ni pluie. Ces sécheresses sont extrêmement nuisibles; on peut même dire qu'une grande partie des terres resteraient incultes et infructueuses, si elles n'étaient arrosées au moyen de canaux artificiels; car les habitants ont eu de tout temps l'industrie de tirer, des torrents et de la rivière, de grands ruisseaux destinés à l'irrigation de leurs jardins, de leurs prairies, de leurs champs et de leurs vignes, amenant les eaux à de grandes distances et à grands frais, à travers des collines et des rochers, et, là où la pente est trop escarpée, même par des cavités creusées dans la roche vive ou par des arches de bois suspendues aux parois des précipices.

La distribution des eaux de ces grands ruisseaux n'est pas laissée à la discrétion des usagers; elle se fait par poses réglées en proportion de la quantité des terrains à arroser, et par *bourneaux* également compartis, sous la direction de régisseurs jurés.

*Rû Prévôt*. — Un des principaux et des plus remarquables de ces ruisseaux, c'est le *Rû Prévôt,* ainsi appelé parce que ce fut un seigneur de l'ancienne famille des Sires de Quart, Prévôt de la Cathédrale, qui le fit creuser vers la fin du XIIIe siècle et en soutint seul la dépense.

Ce ruisseau se charge bien avant dans la commune de Valpelline et prolonge son cours pendant plus de trois lieues, à travers les collines de Roisan, de Porossan, de

Saint-Christophe et de Quart. L'aqueduc, sur lequel il passe en dessus de Porossan, n'est pas à la vérité un ouvrage des Romains ; mais il ne laisse pas que d'être très considérable, tant par sa solidité que par son élévation et par la largeur de son cintre. Il est jeté sur un profond vallon, dans lequel, au temps des grosses pluies ou de la fonte des neiges, s'écoule avec fracas un torrent rapide, charriant des matières graveleuses et de grosses pierres que l'humidité ou le dégel a détachées de la montagne, à droite et à gauche, et précipitées dans cette gorge. Depuis plus de quatre siècles, il est là sur pied, résistant à toutes les intempéries des saisons, sans perdre une goutte d'eau et sans qu'il y paraisse la moindre crevasse.

NOBLESSE. — Il y avait anciennement dans le Duché d'Aoste une nombreuse noblesse. Elle devait être aussi passablement aisée, si l'on en juge par les châteaux et maisons fortes qu'elle possédait, et dont une grande partie, surtout ceux qui s'élevaient sur des rochers ou des précipices, ont été abandonnés depuis longtemps, et ne sont plus aujourd'hui reconnaissables que par quelques restes de masures : de pareilles demeures ne sont plus, et avec raison, du goût de la noblesse de notre temps.

Quantité de ces anciennes familles ont péri dans les différentes révolutions qui ravagèrent autrefois notre vallée, ou dans les guerres acharnées que les seigneurs eux-mêmes se faisaient entre eux dans ces temps reculés. La plupart ne nous ont pas même laissé trace de leur nom.

Un certain nombre de ces seigneurs encore anéantis dans les commencements que la Vallée d'Aoste s'est soumise à la royale Maison de Savoie : les uns furent abattus pour n'avoir pas voulu reconnaître son autorité et faire adhérence des biens nobles qu'ils tenaient à fief de l'Empire ; les autres, pour avoir prévariqué dans la fidélité qu'ils avaient jurée, ou pour ne s'être pas tenus dans les règles de la dépendance due à leurs souverains ; d'autres enfin, pour s'être écartés des ordonnances de justice à l'égard de leurs sujets, accoutumés qu'ils étaient de faire leur bon plaisir sous les Empereurs, trop éloignés pour qu'il fût possible de leur faire parvenir des plaintes contre leurs agissements : pour ces divers motifs, leurs fiefs tombèrent en commise, où les Souverains furent obligés de les en priver.

On voit encore à présent entre Montjovet et S$^t$-Vincent, au lieu dit *Les Fourches*, des piliers de potence : on assure, par une espèce de tradition, qu'ils furent jadis érigés sur les débris de la maison forte d'un seigneur dont on ignore le nom et qui, pour sa mauvaise conduite, vit son manoir détruit et rasé au sol.

La tour et maison forte des Seigneurs d'Oyace, dans la vallée de Valpelline; la tour dite à présent des Coursi, sous le grand chemin avant d'entrer à La Salle, dont la moitié est encore sur pied; la tour de Balnea, au dessus de l'église de Gressan, aussi à moitié détruite, et tant d'autres dont il ne reste que quelques vestiges, paraissent avoir eu le même sort, et avoir été abattues dans ces anciens temps à des seigneurs dont les noms même nous sont demeurés inconnus.

Cela semble d'autant plus probable, qu'il n'apparaît pas que ces maisons fortes aient été munies comme celles des autres nobles, au temps où les Souverains sont venus dans le Duché pour y tenir leurs Audiences Générales dans le courant du xiv$^e$ et du xv$^e$ siècle.

Quelques-unes des maisons les plus illustres du pays ont profité de leurs dépouilles et se sont fait réalberger leurs biens, comme on le voit clairement par les anciennes reconnaissances.

Dans la suite cependant sous la protection de nos Augustes Souverains, la noblesse n'avait pas laissé que de se rétablir dans un certain lustre; mais elle est aujourd'hui bien déchue en nombre et en splendeur. Telles familles, jadis des plus aisées et des plus commodes, qui figuraient avantageusement dans le pays alors que l'on y vivait simplement, frugalement, de la seule économie de ses propres biens, sans tant de ces babioles, liqueurs, boissons, d'étoffes et autres produits étrangers que le luxe, le changement continuel de la mode et la corruption des siècles modernes ont fait depuis rechercher avec fureur, n'ayant plus pu suffire à la dépense avec leurs modestes revenus, sont tombées dans l'abaissement par l'aliénation progressive de leurs domaines et de leurs rentes; telles autres ayant failli ou manqué d'enfants mâles pour en soutenir l'éclat et le nom, leurs châteaux, jurisdictions ou héritages ont passé, par ventes ou par alliances, à des seigneurs Piémontais ou Savoyards qui en ont la possession sans y faire leur résidence.

FAMILLE DE CHALLAND. — Parmi toute cette noblesse ancienne et moderne, le premier rang dans tout le Duché appartient incontestablement à la maison de Challand, si distinguée par son illustre origine, si considérable par ses alliances et par les importantes charges ecclésiastiques et séculières que ses Seigneurs ont possédées tant au dehors qu'au dedans de l'Etat, si puissante par le grand nombre de ses fiefs, terres, châteaux, seigneuries, et par ses immenses richesses.

A ce que l'on assure, elle tirerait son origine des Princes et Marquis de Montferrat de la première race. D'autres la font descendre des Marquis de Saluces, à cause de la ressemblance des armes. En effet, les Princes de Montferrat portaient un champ d'argent au chef de gueules, tandis que la maison de Saluces portait un champ d'argent au chef d'azur, mais sans la bande que les Seigneurs de Challand portent en plus sur leur écusson.

Quoi qu'il en soit, comme les Princes qui ont donné origine à ces deux Principautés Souveraines ont pris naissance, à ce que l'on croit, d'une même tige, et n'auraient varié les émaux de leurs armes que pour mieux distinguer les deux familles entre elles, à laquelle des deux que celle de Challand se rapporte, elle n'en est pas moins considérable.

Il semble cependant plus probable qu'elle descende réellement de la maison de Montferrat. On en trouve une preuve presque certaine dans l'acte, soit traité de confédération, par lequel la ville d'Ivrée reçoit au nombre de ses concitoyens le Seigneur Ebal de Challand dit le Grand, petit-fils du Vicomte Bozon. Cet acte fut stipulé dans le palais du Commun Assemblé, sous la date du jeudi 1er octobre 1295, et reçu par le notaire Pierre De Herbis. L'agrément que le Commun rapporta pour cela du Marquis Jean de Montferrat, y est tout au long ténorisé dans les termes suivants :

« *Joannes Marchio Montisferrati, honorabilibus viris d<sup>no</sup> Conrado de Congagia potestate communis, et Guglielmo de Maximo capitaneo societatis, consulibus, procuratori, concilio et communi civitatis Ypporeggiae fidelibus suis carissimis, salutem et intimae dilectionis affectum, intelleximus sicuti in tractatu estis, recipientes in civem vestrum carissimum consanguineum meum, Dominum Eballum dominum Challandi et Montisjoveti, quod nobis complacet vehementer, unde volentes ipsum Eballum speciali prosequi gratia, et favore, rogamus vos quatenus non obstante eo quod redditus communis Ypporegiae in nos pervenire debent, ipsi D<sup>no</sup> Eballo duci posse faciatis, de civitate et districtu tantam quantitatem grani et salis quœ vobis conveniens videbitur et cum ipso duxeritis conventum gratiam concedatis, securi quod gratiam quam sibi in hac parte concesseritis gratam habemus et ipsam confirmamus. Dat. Alviex 18 septembris* ».

Quant à la puissance de l'illustre maison de Challand, à sa prééminence même sur le reste de la noblesse du

Duché, on en peut juger, non seulement par le nombre des bons châteaux qu'elle a fait élever, par une infinité de légats et donations en faveur des églises, mais encore plus particulièrement par les testaments du Seigneur Ebal le Grand, en date 23 mai 1323, et du Seigneur Yblet père du Comte François, en date 15 février 1405. Il résulte en effet clairement de ces deux documents, que la plus grande partie des maisons nobles du Duché, pour ne pas dire presque toutes, à la seule réserve des anciens Seigneurs de Quart, tenaient des biens à fief de celle-là.

Plusieurs autres familles, quoique illustres, très considérables et peut-être plus anciennes dans le Duché, comme seraient celles de Vallaise, de Bard, du Pont-St-Martin, de Nus, de Sariod et d'Avise, n'ont jamais pu atteindre à un pareil degré d'élévation.

Vicomté d'Aoste. — Il est hors de doute que l'illustre famille de Challand eut autrefois la Vicomté de cette province. Mais cette dignité, dont furent revêtus ses premiers Seigneurs, ne doit pas être considérée comme un titre de supériorité souveraine : c'était un droit de lieutenance ou de préfecture. Les Seigneurs de Challand semblent vouloir soutenir qu'ils tenaient directement des Empereurs cette dignité, à l'occasion de laquelle ils écartelaient leur armoirie d'une aigle impériale; mais il est plus probable qu'ils la tenaient des premiers Princes de Savoie, et que ceux-ci, en leur qualité de Comtes soit gouverneurs pour l'Empire dans ce pays, ne pouvant pas y résider continuellement, y avaient établi des Vicomtes perpétuels, pour rendre la justice aux peuples en leur absence.

Le Comte Thomas, le premier avec lequel on fut en traité d'adhérence pour la dédition, continua la dignité de Vicomte à Bozon, un des premiers Seigneurs de l'illustre famille de Challand, à titre héréditaire pour lui et ses descendants. Ceux-ci la tinrent donc à fief; ils en passaient reconnaissance comme d'une terre.

Cet acte du Comte Thomas fut peut-être un témoignage de gratitude, car on croit que le Seigneur Bozon favorisa beaucoup son entrée dans la Vallée et qu'il porta, pendant les troubles et les divisions de l'empire d'Allemagne, le reste de la noblesse et de la population à le reconnaître pour Souverain. Peut-être encore, doit-il être simplement attribué à ce que ce Seigneur et sa famille étaient les plus relevés en naissance et en richesses, et par conséquent, les plus propres à soutenir l'éclat d'une pareille dignité.

« *Vicecomites,* écrit Etienne Pasquier dans ses recherches curieuses, *dicebantur olim quibus Castri Dominus vices suas committebat, seu exercitium jurisdictionis in Castro,* etc. »

C'est aussi pour cette raison qu'ils faisaient leur demeure dans la maison forte dite aujourd'hui de *Bramafam,* existant auprès de la porte Béatrix et qui servait de château à la Cité.

Ainsi, la propriété ne laissait pas d'être exclusivement au Souverain, soit Seigneur Dominant.

Une des principales prérogatives attachées à la dignité de Vicomtes d'Aoste, c'était le droit de faire rendre la justice : ils avaient leur portion aux émoluments, en raison de tant par livre.

Les autres ne consistaient qu'en quelques droits de régale, dont on peut voir amplement le détail dans la teneur des pièces ci-après désignées (1).

---

(1) Ceux qui croient que rien ne doit être négligé de ce qui se rapporte à l'histoire de notre pays, trouveront avec plaisir ici ce détail, tiré d'un ancien registre des nobles de Vaudan à Tourneuve, et qui ne figure pas dans tous les manuscrits de De Tillier.

« JURA VICECOMITUM AUGUSTÆ.

« Primo habebant bamna, insulas, nemora nigra, aquas, pascua, boschacios, vierios et hæremanos, in terra vicecomitum.

Le titre de Vicomtes d'Aoste se trouve si souvent, dans tant d'anciennes écritures authentiques et dignes de foi, qu'on ne saurait douter qu'il n'y ait eu autrefois des Seigneurs revêtus de cette dignité.

---

« Item, chartureriam Augustæ et vinum computatum, sogniam Comitis in terra Vicecomitatus, regalia, placita, excheitas caminorum fortunas et omnes meynas existentes in terra Vicecomitatus cum insulis et ripagiis.

« Item, usagia quæ illi de Andour faciebant eisdem dominis Vicecomitibus.

« Item, quintam partem omnium provenientium, a summitate montisjovis usque ad helus, et assecuramenta Vallis Augustæ exceptis illis de Vaudagni de quibus dubitabant.

« Item, debebant colligere illud quod hæremani debent domino Comiti et ipsa debebant conservare, sciliscet a Quarto usque ad pontem de Liverognis in podio et plano.

« Item, usurarios et adulteros qui erant in terra et posse ipsorum.

« Item, poterant ædificare turres et castra in eorum terris et passe.

« Item, fortunas et angarias.

« Item, placita generalia de Donnaz, Montjovet, Chatillon et Nus, et ona Castriargentei, et de Vaudigny, de septem annis semel, de illis de Verres non sunt certi, et placita usurariorum et vinum Comitis ubicumque habebant.

« Item, habebant apud Burgum Montisjovis quatuordcim solidos, duo denarios, obolum moriferentium.

Item, hæremanos et placita usurariorum in posse Montisjoveti.

« Item, Vicedominus (a) debet administrare saporem in coquina et ligna ante Comitem, et debet habere in die libram suam, et mistrales debent administrare mantilia, cyphos et cutellos et debent habere pro libra sua in die quindicim denarios, et si quid sibi amissum fuerit debet restitui quando Comes recedit.

» Item, habebant jurisdictionem altam et bassam infra bamna civitatis Augustæ, et etiam in tota Valle Augusta ratione Vicecomitatus.

» Item, omnia bamna sexaginta solidorum et infra et omnia bamna falsarum mensurarum quæ unumcumque rerum mensurentur et ponderentur in civitate Augustæ.

» Item, jura recipiendi cautiones, satisdationes, vel alias securitates.

» Item, quintam partem omnium bamnorum et excheitarum summam sexaginta solidorum excedentium.

» Item, jus capiendi, et detinendi et custodiendi illos qui capiuntur.

» Item, jus custodiendi campos campionum et percipiendi omnia quæ percipit hac de causa, ratione Vicecomitatus, et consueverunt.

» Item, bamna adulterum et stuprorum continentium.

» Item, omnia dupla causarum non finitarum vel ventilendarum.

(a) Une note en marge dit que c'étaient les nobles De Villa de Tourneuve.

Dès le premier traité d'adhérence, fait avec le Comte Thomas, on voit apparaître un *Bozo*. Dans la reproduction de ce même traité, augmenté par le Prince Thomas de Savoie Comte de Flandres, figurent un *Gottofredus Vicecomes, et fratres sui Aymo et Bozo.*

Il y a des gens qui semblent douter que ces Seigneurs-là fussent de la maison de Challand, parce que le nom de cette terre n'est point uni à leur nom, tandis que tous les autres Seigneurs qui ont donné leur consentement à ces traités, y sont spécifiquement nommés par leur nom de baptême et par celui de leur famille.

Mais pour peu que l'on veuille faire attention aux pièces suivantes, ce doute ne résiste pas à une saine réflexion, dépouillée de toute prévention. Notons d'abord que la plupart des citations ci-après sont tirées des extraits authentiqués, sous la date du 9 décembre 1444, par le Conseil Souverain du Duc Louis siégeant à Chambéry, lequel Conseil assure les avoir collationnés avec les originaux existant dans la Chambre, soit *crotte du trésor*, du château de la dite ville de Chambéry.

Nous mentionnerons en première ligne les traités de dédition, d'où l'on relève que les seigneurs étrangers, qui

---

» Item, cancellariam Vicecomitatus.

» Item, mistraliam civitatis Augustæ.

» Item, habebant infra civitatem Augustæ domum portæ Beatricis cum orto, cujus fines sunt de prima parte res quas tenet Perronetus de Valledigna et res Sancti Benigni.

» Item, domum fortem de Turre nova cum curtili et aliis adjacentibus.

» Item, habebant ipsi Domini Vicecomites extra civitatem Augustæ castrum Fenicii, castrum Cliti, castrum Castellionis, castrum Sancti Martini Granæ et castrum Villæ Challandi.

» Et ex permutatione Vicecomitatus, medietatem castri Joveti cum eorum pertinentiis, et est sciendum quod permutatio Vicecomitatus fuit facta per dominum Eballum magnum, Vicecomitem, Gottofredum et Aymonem ejus filios, cum illustrissimo domino Comite Sabaudiæ anno Domini 1295, die sabbati post festum beati Mauritii, instrumento recepto manu Vuillermi De Bons Sacri Pallatii notario, qui Gottofredus fuit Senator Romanorum, et Aymo Episcopus vercellensis. »

étaient à la suite des deux Princes, sont nommés à part; ils ne sont pas confondus avec ceux du pays d'Aoste, et ceux-ci, les Vicomtes à leur tête, ne viennent qu'après. Si donc les Vicomtes avaient été étrangers, il semble qu'ils eussent dû être nommés avec les premiers.

Vient ensuite l'acte du 6 avril de l'an 1200, par lequel le Comte Thomas accorde au Seigneur Bozon l'investiture du château de Challand en ces termes : « *Concedimus in feudum dilecto nostro Bosoni Vicecomiti Augustæ, castrum de Villa, in augmentum sui feudi etc.* »

Puis encore, la reconnaissance passée en 1242 au Comte Amé, par les Seigneurs Godefroy, Aymon et Bozon, fils du précédent, non seulement de la Vicomté, mais encore des fiefs qu'ils possédaient dans le pays : « *Confessi sunt tenere in feudum a Domino Amædeo Comite Sabaudiæ, Vicecomitum, castrum Castellionis, castrum de Fenicio, corpus castri de Villa et multa alia etc.* »

La même année 1242, intervint entre le Comte Amé et les trois frères susdits un traité pour l'expugnation du château de Bard, dont le Seigneur ne voulait pas reconnaître l'autorité de la Maison de Savoie. L'acte en fut reçu par Jacques des Jacques, notaire du Sacré Palais. On y lit ce qui suit : « *Hæc sunt pacta et conventiones quæ et quas dominus Amædeus Comes et dominus Gottofredus Vicecomes Augustae et fratres sui Aymo et Bozo inter se ad invicem habuerunt* etc.

Une autre reconnaissance, passée par Ebal fils ainé du Vicomte Godefroy, et reçue par Vuillerme des Bons en l'année 1277, sous la date du lundi après la fête de Saint-Luc évangéliste, s'exprime ainsi : « *Confessus fuit per sacramentum Dominus Eballus Vicecomes Augustae se tenere ad feudum a praedicto domino Comite et de ejus dominio Vicecomitatum per totam villam Augustae, cum bamnis, justitiis et pertinentiis ejusdem Vicecomitatus.*

» *Item quintam partem de omnibus excheitis quae accedere possunt domino Comiti in Valle Augusta, et quinque solidos de libra in curia domini Comitis, omni die qua dominus Comes moratur in Valle Augusta etc.* »

Ce même Ebal échangeait dix-huit ans plus tard, avec le Comte Amé dit le Grand, l'importante prérogative de Vicomte, laquelle pouvait peut-être donner quelque jalousie à ce Prince, pour la moitié du château, juridiction et Seigneurie de Montjovet, qui avait appartenu au seigneur Feidinus. L'acte en fut reçu par Guillaume Des Bons, notaire du Sacré Palais, le samedi après la fête de Saint-Maurice de l'an 1295, et s'exprime en ces termes : « *Per hoc praesens publicum instrumentum cunctis appareat praesentibus et futuris, quod Illustris Vir dominus Amaedeus Comes Sabaudiae, pro se suisque hœredibus et successoribus ex una parte, et nobilis Vir dominus Eballus, Vicecomes Vallis Augustae, Gottofredus et Aymonetus filii dicti Eballi, de voluntate et expresso consensu dicti patris, pro se suisque hœredibus et successoribus ex parte altera etc. Videliscet dicti Eballus, Gottofredus et Aymonetus permutaverunt, et ex causa permutationis dederunt, tradiderunt et concesserunt, nominibus quibus supra, Vicecomitatum, jura, pertinentias et rationes quibus Vicecomitatus, quaecumque sint et quocumque nomine censeantur, civitatis Augustae et suburbiarum pertinentiarum ipsius, quantum bamna ipsius protenduntur ac et totius Augustae, exceptis ipsi Domino Eballo et Liberis, eorum hospicio, castris, feudis et jurisdictionibus* etc. »

Suit ici la désignation de ce en quoi consistent tous les droits du Vicomté, puis le document continue ainsi :

« *Et versavice dictus dominus Comes nominibus quibus supra permutavit et ex causa permutationis praedictorum donavit, tradidit et concessit praedicto domino Eballo praesenti et recipienti, de consensu filiorum prae-*

*sentium, et volentium in feudum castrum ipsius domini Comitis de Montejoveto reddibile, et omnes domos, turrim et aedificia omnia quae habet, tenet, possidet in dicto castro.*

*Item omnes homines, vassallos, feudatarios, feuda, jurisdictiones, pedagia, vineas, prata, nemora, servitutes, servitia, census et res alias universas, de toto dicto castro Montisjoveti et ejus territorio et districtu sicut idem dominus Comes habuit a Faydino de Montejoveto, etc »*

Une autre reconnaissance, faite au Comte Vert sous la date du 1ᵉʳ décembre 1368 par Boniface et Jean de Challand, pour le même château de Montjovet, dit expressément : *Confessi sunt tenere in feudum reddibile, Castrum de Montjovet, olim permutatum per inclitæ recordationis dominum Amœdeum Sabaudiæ Comitem, D. Eballo de Challant tum Vicecomiti Augustæ, etc »*

Finalement, le cartulaire de l'église Cathédrale d'Aoste, où sont contenues les fondations des légats institués par cette maison, faisables pendant les mois de juin et de décembre, applique spécifiquement la qualité de Vicomtes aux Seigneurs Godefroy, Aymon et Bozon, dont les descendants, sous le seul nom de Seigneurs de Challand, ont donné de père en fils et petit-fils, les fonds pour l'exécution de ces légats.

On conviendra aisément que ce sont là des preuves sûres et incontestables, que c'est à la maison de Challand, à l'exclusion de toute autre, qu'appartint autrefois le droit de Vicomté de la province et Cité d'Aoste. Ceux qui voudront prendre la peine de lire ces titres tout au long auront la satisfaction de s'en persuader plus particulièrement par eux-mêmes, en même temps qu'ils s'instruiront de tous les droits affectés à cette dignité; ils pourront juger ensuite si l'autorité attribuée aux Vicomtes était absolue ou dépendante.

BUREAUX DE CHARITÉ. — Notre Auguste Souverain le Roi Victor-Amédée, désireux de bannir de ses Etats la mendicité et ses pernicieux effets, aussi bien que de procurer, par les moyens les plus efficaces, du soulagement aux malheureux qui ne peuvent satisfaire aux besoins de la vie par leur travail, envoya dans le Duché, en octobre 1721, un jésuite recommandable, avec mission d'établir dans cette ville un Bureau Provincial de Charité. Chaque paroisse ou clocher devait à son tour avoir son Bureau de Charité, sous l'inspection et autorité du Bureau Provincial.

Le jésuite pourvut à l'institution de ces Bureaux dont il choisit lui-même les directeurs dans les trois ordres des gens d'église, de noblesse et du tiers Etat. Il mit à leur tête le Rév$^{me}$ Seigneur Evêque et le Gouverneur, soit le Lieutenant au Gouvernement en son absence.

Ces établissements commencèrent à fonctionner dès cette même année, dans la Cité et dans la plupart des meilleures paroisses. Ils furent continués encore pendant la suivante année 1722, par les soins du même jésuite, ensuite d'un édit de S. M. en date du 15 janvier. Le Roi y prescrivait lui-même les règles d'après lesquelles ces bureaux devaient être conduits et dirigés; et il en fit distribuer des exemplaires à chaque bureau et à chaque directeur, afin qu'ils eussent à s'y conformer. De son côté, le Conseil des Commis, pour une raison d'Etat et pour marquer son zèle, prit à cœur lui aussi l'exécution des ordres souverains.

On put voir réellement, pendant quelque temps, cesser l'importunité des mendiants. Mais le fonds principal des quêtes, sur lequel on comptait pour l'entretien des pauvres, vint à manquer, soit par la petitesse de la récolte des grains, soit par le ralentissement du zèle et de la charité des particuliers. On n'avait d'ailleurs ni maisons pour renfermer cette quantité de pauvres, ni fonds pour faire travailler ceux qui pouvaient encore être de quelque utilité.

C'est pourquoi une si sainte institution, ne pouvant plus se soutenir, tomba d'elle-même. Bien loin d'avoir rejoint son but, le bannissement de la mendicité, elle n'a servi qu'à faire supprimer les aumônes publiques des ecclésiastiques, chapitres, maisons religieuses et confrairies, et diminuer considérablement celles de plusieurs particuliers, par la discontinuation de ce qu'ils avaient accoutumé de faire, quelques-uns même avec obligation : le tout, au plus grand préjudice des pauvres de Dieu.

C'est depuis lors que la ci-devant dite *aumône de prime*, consistant en la distribution journalière d'une émine de blé, qui se faisait en pain cuit, à la porte de l'Evêché, a cessé entièrement, quoiqu'elle fût d'obligation, et imposée tant sur les revenus de l'hôpital de la Maladière que sur d'autres légats qui l'avaient successivement augmentée.

Cette aumône ne se faisait d'abord que depuis le premier jour de carême jusqu'à la foire de mai; mais elle avait été dans la suite étendue à tout le reste de l'année, jusqu'au carême suivant, en raison de deux septiers par semaine. Elle a cependant été rétablie dans toute son étendue depuis l'arrivée de Monseigneur Pierre-François de Sales, qui a voulu prendre par lui-même une exacte connaissance de son obligation.

## II.

## VILLE.

CITÉ D'AOSTE. — La Cité d'Aoste, capitale de tout le Duché, avait déjà été désolée lors du passage d'Attila, et dépouillée de la plus grande partie des ornements publics et particuliers dont les Romains l'avaient embellie. Elle eut à souffrir bien davantage encore durant les guerres du $x^e$ siècle. Elle fut alors si complètement saccagée, ruinée, détruite, qu'elle demeura longtemps sans habitants, et fut réduite en un amas confus de pierres et de débris couverts de ronces et de buissons.

Le cartulaire de la fondation des légats, existant à la Cathédrale et duquel il a été parlé ci-devant, s'exprime comme suit à ce propos : « *Post variorum anfractus bellorum qui hanc civitatem aequarunt solo, et fere totam Vallem multis temporibus sine colono reliquerunt*, etc. »

Lorsque, dans les commencements du $xi^e$ siècle, Aoste commença à se repeupler, certains gentilshommes s'empressèrent de se saisir des restes de tours démolies existant sur le circuit des murailles, les considérant comme les postes les plus avantageux. Ils firent rebâtir ces tours avec des pierres de taille et autres dépouilles arrachées aux murailles même et les flanquèrent d'une maison forte pour s'y défendre au besoin.

Les *Vicomtes* occupèrent celle d'auprès la plus haute porte méridionale, dite à présent Porte Béatrix.

Les Seigneurs de la *Porte Saint-Ours*, celles à droite et à gauche de la porte orientale dite aujourd'hui de la Trinité.

Les Seigneurs de *Frieur*, celles à droite et à gauche

de la porte occidentale, jusques à la tour angulaire méridionale.

Les Seigneurs de la *Porte d'Aoste*, celles à droite et à gauche de la plus haute porte septentrionale, dite à présent de Saint-Etienne ou de la Rive.

Les nobles de *Perthuys*, celle de la plus basse porte septentrionale.

Les nobles de *Tourneuve*, la tour angulaire entre le septentrion et le couchant.

Les nobles de *Malherbe*, la tour aujourd'hui anéantie, qui existait sur la face occidentale, entre celle des Seigneurs de Tourneuve et celle des Seigneurs de Frieur.

Ces deux dernières étaient tenues à fief des Vicomtes.

Les nobles *De Palatio* s'étaient emparés du Colysée, d'où ils avaient pris leur nom, car on l'appelait *Palatium rotundum*, ainsi que de la tour angulaire voisine, entre le septentrion et l'orient, qui sert aujourd'hui de prison.

Les deux tours intermédiaires de la façade orientale, en dessus et en dessous de la Porte Saint-Ours, furent occupées par les nobles *Casei* et *De Plovia*, qui les tenaient à fief, les premiers, des Evêques, et les seconds, des Seigneurs de la Porte Saint-Ours.

Les habitants qui vinrent s'établir dans la ville sous la protection de ces Seigneurs, commencèrent à se fabriquer quelques pauvres habitations. Les uns, pour épargner un peu de maçonnerie, appuyèrent leurs constructions contre les débris des remparts ou à quelque autre lambeau d'ancien bâtiment; d'autres, profitant de l'abri d'une arcade, s'installèrent sous celles des portes de la Ville, du palais de l'empereur, des domiciles existant autour du Colysée ou de quelques autres édifices tant publics que privés, dont la solidité avait résisté à la fureur de la destruction; d'autres enfin s'établirent, selon leur caprice, dans les endroits où ils rencontraient de meilleurs matériaux, et qui leur paraissaient plus commodes et plus favorablement exposés.

Comme l'espace ne leur manquait pas, ils pratiquèrent parmi ces ruines, des jardins et des vergers, et y amenèrent de petits canaux d'eau pour les arroser. Ces canaux devinrent dans la suite de vrais ruisseaux herbals, et les maisons s'élevèrent de préférence le long de leur cours. C'est ainsi que se formèrent peu à peu des rues tortueuses et obliques comme on les voit encore aujourd'hui; car elles n'ont pu être redressées.

Ainsi, cette ville infortunée se relevait peu à peu de tant de désastres. Elle renaissait sur ses propres ruines, et dans la même enceinte de murailles dont l'avaient entourée les Romains. Seulement, tous les édifices qui ont surgi depuis sept siècles et demi, n'ont pas encore rempli la moitié de ce spacieux quadrilatère; le reste est en jardins, vergers et prairies.

Ce qu'il y a de mieux dans la ville, jusqu'à présent, c'est l'enfilade qui se prolonge sans interruption depuis la *Trinité*, entrée orientale, jusqu'à à la *Croix de Ville*, et de là aux deux portes *Vaudane*, occidentale, et de *Saint-Etienne* ou de *La Rive*, septentrionale, d'où partent les routes conduisant aux deux Saint-Bernard. Il y a encore un peu d'ordre dans les environs de la Cathédrale. Mais pour les autres quartiers, les maisons y sont éparpillées çà et là sans aucune régularité, entremêlées de mauvaises ruelles la plupart du temps sâles et bourbeuses, remplies d'ordures et de fumiers, à cause du voisinage des granges et écuries; car l'on tient en hiver dans la ville quantité de gros et de menu bétail, pour la subsistance des habitants et les besoins du commerce.

De sorte que l'on peut bien appeler la Cité d'Aoste un ambigu, soit mélange confus de ville par rapport à ses rues principales, et de village ou de campagne par rapport aux autres commodités existant sur le derrière des habitations.

Il fallait que la Cité d'Aoste fût encore bien peu de chose en 1337, puisque le Comte Aymon, dans la concession de l'usage des pâquiers, qu'il fit aux citoyens et bourgeois sous la date du 22 juin, s'exprimait en ces termes : *Nos autem supplicationi prædictæ benignius annuentes, ipsos cives et burgenses gratiis et favoribus, effectualiter prosequi cupientes, ut Civitas prædicta nostri præsidio recipiat incrementum etc.* »

Quelques années plus tard, le Comte Vert, accordant à la même Cité, par diplôme du 20 septembre, le droit d'établir des foires et marchés, s'exprimait lui aussi comme suit :

« *Per quas possent ipsarum Civitatis et Burgi augeri conditionem, et inde reciperet incrementum* » et plus bas, en parlant des citoyens et bourgeois : « *Et quorum statum, ex propriis largitionibus nostris vellemus in melius reformari, ut locupletiores fiant, et sub regimine nostro in pace, et bonorum fertilitatibus vivant, eisdem civibus nostris duximus concedendum.* »

Le Prince Louis de Savoie, lieutenant général du Duc Amé son père, dans ses lettres patentes du 29 novembre 1436, contenant réalbergement des eaux en faveur des citoyens, s'explique ainsi en parlant de la Cité d'Aoste : « *Ut nostris veniant temporibus, Civitas ipsa facundius valeat populari etc.* »

Depuis, dans le cours des siècles, elle s'est un peu rétablie, et a pris l'aspect d'une ville ; mais elle n'a pas laissé, à l'époque des guerres de 1691 et 1706, que de courir le plus grand danger de voir se renouveler les horreurs et la destruction d'autrefois.

*Situation.* — Aoste est un peu plus haut que le centre de la Vallée. Elle est bâtie dans une petite plaine fort agréable, baignée au midi par la Doire et au levant par le Buthier. Un gros canal tiré de ce même torrent pour l'arrosement des prairies et des jardins, et pour faire tourner les artifices des moulins et des fabriques, en complète l'enceinte du côté du septentrion et du couchant.

Au delà de la Doire, en face de la ville, s'élève au midi la belle montagne de Charvensod, avec ses cultures si agréablement variées, ses quelques vignobles, ses terres labourées, ses fraîches prairies, ses bois de haute futaie.

Au nord, des côteaux aux pentes ensoleillées, étalent leurs riches vignobles, produisant abondamment de bons raisins et d'excellents vins.

Au levant, le regard plonge au loin dans la Vallée, à travers une suite non interrompue de côteaux, de prairies, de champs et de bois, avec de belles terres, des bourgades et des châteaux. Cette partie de la Vallée est assez étendue ; on la découvre jusqu'au delà de Saint-Vincent, près de Montjovet, où elle se rétrécit tout à coup et semble se fermer. Il y a là une gorge longue, étroite, resserrée entre des rochers sauvages et donnant entrée à la partie inférieure du pays. Cette troisième partie jouit d'un climat beaucoup plus doux que les deux supérieures.

Enfin, au couchant de la ville, s'étend aussi une autre plaine sillonnée par la Doire, dominée par la même suite de collines, avec plusieurs terres et quelques châteaux ; mais elle ne se prolonge guère au delà de deux lieues ; la Vallée ne tarde pas à se rétrécir, et l'horizon est fermé par une ceinture de rudes montagnes, aux sommets toujours couronnés d'un blanc tapis de glace et de neige : ce sont les glaciers du Rhuitor.

Les environs de la ville sont extrêmement agréables. De quelque côté que l'on tourne ses pas, on trouve partout de charmantes promenades et de frais ombrages. Quelques-unes de ces promenades côtoient les canaux d'arrosement, à travers de riantes prairies, dont les verts gazons au printemps et l'émail varié des fleurs en été relèvent encore l'aspect et la beauté. Cependant la solitude règne presque toujours dans ces beaux lieux, non pas tant à cause du petit nombre de familles aisées qui habitent notre ville, que, si on me permet de le dire, par le défaut de société civile.

*Edifices*. — Les maisons faisant face sur les rues principales sont assez bien bâties, pour un endroit de montagne ; on y compte plusieurs édifices assez remarquables.

L'Hôtel des Etats, sur la place existant au devant de l'Eglise de Saint-François ; l'Hôtel du Gouvernement, faisant face sur la place Roncas ; le Palais de l'Evêché, celui de M. le Baron de Nus, et plusieurs autres maisons religieuses, de gentilhommes et même de bourgeois, en forment le meilleur ornement.

C'est à l'Hôtel des Etats que se tiennent les Assemblées Générales, celles du Conseil des Commis et les Archives publiques. Cet Hôtel a été bâti tout récemment, des deniers publics, par les soins du Conseil des Commis, ensuite d'ordre des Etats en date 27 septembre 1724.

*Eaux*. — Ces rues principales sont raisonnablement larges et bien pavées ; la plupart sont arrosées dans toute leur longueur par de petits ruisseaux très commodes, qui servent à les raffraîchir en été, et à les tenir nettes en toute saison.

De distance en distance, il y a des fontaines où l'on peut puiser de l'eau propre pour les usages domestiques ; mais cette eau ne se charge qu'à la *Rive*, faute de bonnes sources aux environs de la ville. Les citoyens et bourgeois d'Aoste avaient bien pris à fief une fois, afin d'en amener les eaux à la ville, la fontaine d'Entrebin en la paroisse de Saint-Etienne, dépendant d'un fief de la Mense épiscopale. La convention est signée *De Villa* ; elle fut faite avec l'Evêque Ogerius et le Chapître de la Cathédrale, et porte la date du 1er août 1424. Mais, soit à cause des difficultés de l'exécution, cette fontaine se trouvant dans le haut de la colline, à plus d'une demi-lieue de distance, soit, comme il est plus probable, à cause de la trop grosse dépense, que la Communauté ne serait guère en état d'affronter, cette bonne œuvre n'a pas encore eu son effet jusqu'ici.

Le quartier le plus peuplé de la Cité, est celui qu'on appelle *Croix de Ville*, auquel aboutissent trois des principales rues. C'est là que demeurent la plupart des marchands et des artisans.

*Foires et marchés.* — Il se tient régulièrement à Aoste un marché, le mardi de chaque semaine. Il s'y tient en outre chaque année deux foires franches, qui durent pendant trois jours. La première commence le 15 mai et la seconde le 29 octobre. Elles furent établies par concessions et confirmations souveraines des jours 15 novembre 1326, 16 avril 1337, 20 septembre 1351, 6 mai 1353, 11 août 1356 et 28 octobre 1461.

*Conseil et Syndics.* — Le Baillif et, en son absence le Vibaillif ou les Lieutenants au Bailliage, administrent la Justice pour le Souverain. Mais la police et les affaires de la Cité et du faubourg de Saint-Ours, qui ne font qu'un seul et même corps, sont dirigées par un Conseil de citoyens et bourgeois ayant à leur tête deux Syndics.

Les Syndics sont renouvelés chaque année ; ils peuvent être reconfirmés, mais pas au delà de trois ans consécutifs. La cérémonie s'en fait le jour de la Conversion de Saint-Paul, à la pluralité des votes de chaque classe des trois ordres de ce Conseil, c'est-à-dire, de la noblesse, des gens de justice et de pratique, et des marchands et artisans. On les choisit indifféremment dans l'un ou l'autre de ces trois ordres. On en trouvera le dénombrement chronologique à la fin de ce recueil.

Le corps des Syndics, citoyens et bourgeois ne peut

s'assembler qu'en présence d'un des officiers de justice du Souverain, indiqués ci-dessus.

Le réfectoire du Couvent de Saint-François leur sert de Maison de Ville depuis environ trois siècles, c'est-à-dire, depuis que les bâtiments ont été augmentés. Auparavant, ils s'assemblaient tantôt au réfectoire ou aux cloîtres de la Cathédrale, et tantôt à l'Hôpital de *Nabuisson*, autrement dit *Des Colonnes*, ainsi qu'il résulte de plusieurs actes des jours 9 septembre 1253, 22 janvier 1281, 5 février 1282, 26 juin et 17 juillet 1346, 31 août 1409, contenus pour la plupart dans le livre des Franchises de la Cité et Bourg d'Aoste.

Cela dépend de ce que la pauvreté des habitants et les minces revenus de la Cité, insuffisants même pour les dépenses courantes, sont bien loin de permettre de faire des épargnes et de préparer un fonds pour faire bâtir une Maison de Ville.

*Quartiers et Portes*. — Dans les premiers temps, après que la Cité et le Bourg d'Aoste eurent fait adhérence à la Royale Maison de Savoie, ils étaient partagés en trois quartiers séparés, ayant chacun deux syndics et faisant corps de communauté à part.

Le premier quartier était celui *de Bicheria*; il commençait à la porte occidentale, appelée anciennement *Porta Frior*, aujourd'hui porte *Vaudane* ou du *Plot*, et continuait jusqu'à Saint-François.

Le second, appelé *de malo Concilio*, commençait à la porte de *Saint-Etienne* ou de *La Rive* et finissait à la *Croix de Ville*. Ce quartier était soumis à la juridiction des Seigneurs de la *Porte d'Aoste* et *De Gignio*, lesquels étaient aussi Conseigneurs de la vallée de Gignod conjointement avec les Seigneurs *De Oschano*. Les premiers exerçaient la leur sur les maisons et les habitants de la partie orientale du quartier, et les seconds, sur ceux de la partie occidentale.

Les Seigneurs *De la Porte* habitaient la tour et les bâtiments attigus à la porte de Saint-Etienne, où sont aujourd'hui logées et cloîtrées les Dames de La Visitation ; c'est de là que leur venait leur nom *De Porta Vice Domini Augustæ*. Ils avaient, dans la rue même dépendant de leur jurisdiction, un tribunal, d'où l'on croit que tout le quartier a pris ce nom de *Mal Conseil*, qui lui est très ancien.

Ce qu'il y a de certain, c'est que le Comte Amé, fils et successeur du Comte Thomas, ôta aux Seigneurs De la Porte et De Gignod la jurisdiction qu'ils avaient sur ce quartier et en réalbergea le Seigneur de Quart.

Qui désirerait connaître plus particulièrement ce en quoi consistait cette jurisdiction, n'a qu'à lire l'enquête qui en fut faite judiciairement, à la requête du Sire Jacques de Quart succédé aux droits de ces deux familles. Cette enquête, reçue par Pierre de Cyran et Vuillerme *De Augusta*, est de l'an 1317 et se trouve tout au long ténorisée dans le livre des Franchises de la Cité et Bourg d'Aoste.

Le troisième quartier de la Cité comprenait les habitations deçà et delà de la porte dite aujourd'hui de *La Trinité*. Il était appelé *De porta Sancti Ursi*. Ses Seigneurs portaient, eux aussi, le même nom ; ils habitaient la tour et les bâtiments immédiatement attigus à la Porte, mais leur jurisdiction s'étendait aussi sur quelques maisons au dehors.

Avec le temps, les Comtes de Savoie les ayant réunies au domaine de leur Couronne, ces diverses espèces de jurisdictions, si onéreuses pour les peuples, ont disparu peu à peu. La Ville et le Bourg n'ont plus fait depuis lors qu'un seul Corps de Police, dirigé d'abord par trois et puis par deux syndics, quoiqu'ils aient continué à faire corps à part pour leurs intérêts particuliers.

Il y a dans l'enceinte des murailles de la Cité trois

autres portes, dont il nous reste à faire mention ; deux sont au midi, une au septentrion. La première est à côté du Château, soit maison forte des Vicomtes. Elle s'appelait, comme on l'a dit ci-devant, *Porte Béatrix*, depuis l'entrée que M^me Béatrix de Genève, femme du Vicomte Godefroy, fit à Aoste par cette porte, lorsqu'elle y vint comme épouse de ce Seigneur. Mais à présent, le château, la tour, la porte et leurs environs se nomment *Bramafan*, sans qu'on ait pu découvrir d'où est venu ce nouveau nom.

Quant au château, quoique forteresse principale de son circuit, il était déjà déshabité en 1430, car il ne fut pas muni comme les autres tours, pendant les Audiences Générales qui se tinrent à Aoste en septembre de cette année-là.

L'autre porte méridionale s'ouvre entre les propriétés du Collège de Saint-Béning et celles de l'Archet. On l'appelle *Porte Ferrière*.

La porte septentrionale est la porte *Perthuis*, qui conduit aux *Capucins*. Son nom lui vient de la noble famille qui habitait la tour voisine, dite en latin *de Pertusio*.

CATHÉDRALE. — La Cathédrale d'Aoste n'est pas seulement vénérable parce qu'elle est le centre de la religion et l'Eglise Matrice de tout le Duché ; elle est encore digne d'admiration en ce qu'elle est son plus précieux ornement. Elle est consacrée à Dieu sous l'invocation de l'Assomption de la Sainte Vierge.

Ce beau temple, flanqué de deux tours ou clochers, est un des plus anciens du pays. Le vase est assez vaste ; il est à trois nefs, bâties à trois différentes reprises, ainsi qu'il est aisé de le reconnaître au dehors, par la jonction des murailles. On y a cependant toujours observé le même ordre d'architecture. Les deux nefs latérales, se prolongeant, vont se réunir derrière le Chœur, dont elles font ainsi le tour.

Quelque ancien qu'il puisse paraître, il est cependant hors de doute que les premiers fondements ne peuvent avoir été jetés que vers le xie siècle, lorsque la cité commençait à se relever de ses ruines, et que la dernière jonction avec son parvis ne daterait à peu près que de l'an 1522.

Tout près de là, gisent les ruines d'un magnifique bâtiment des Romains. On en découvre encore les fondements superbes, incrustés de marbre et d'autres ornements, sur lesquels s'appuient aujourd'hui les mesquines bâtisses du voisinage. Ses débris se sont répandus çà et là ; on s'en est beaucoup servi pour l'église même, comme on le reconnaît aux piliers qui soutiennent les voûtes souterraines du Chœur, aux pilastres, à des morceaux de marbre employés comme pavés aux environs du trône pontifical et ailleurs.

La voûte et les piliers de la Cathédrale sont ornés de peintures. Les fenêtres sont à verres figurés à l'antique, à la réserve de quelques-unes de la nef méridionale, où l'on a fait placer depuis quelques années des verres unis, pour donner plus de jour à la grande nef, qui paraissait obscure.

Le Chœur est fermé par de grandes grilles en fer, occupant toute la hauteur et la largeur des niches, depuis la voûte jusqu'au pavé. Sur le devant, existe une tribune avec deux autels : aux fêtes principales, on y va chanter et annoncer aux peuples les épitres et les Saints Evangiles, à la manière des anciennes églises.

Le *Sancta Sanctorum*, où est le maître-autel, est relevé de trois degrés de marbre. Le grand tableau placé derrière cet autel est d'une rare finesse. Madame Mencie de Portugal, Comtesse de Challand, est représentée au naturel, avec son époux et ses filles, sur les volets qui ferment ce tableau. C'est elle qui le fit peindre en 1539.

Du côté de l'épitre, il y a la tribune des Révérend[mes]

Evêques, pour les jours où ils officient pontificalement.

Du côté de l'évangile, tout près d'une des grandes grilles qui ferment le Chœur, s'élève un mausolée de marbre blanc : c'est celui d'un Prince de la Royale Maison de Savoie. Il y est représenté à grand relief, couché, tout orné de ses habillements militaires à la manière ancienne, le visage à découvert.

On tient communément par tradition que ce soit celui du Comte Thomas I$^{er}$, que quelques historiens font mourir à Aoste en 1223, et d'autres, en janvier 1233, y étant tombé malade tandis qu'il se rendait du Piémont en Savoie par la Province du Chablais.

Cependant, si l'on consulte les anciens généalogistes de cette Royale Maison, et surtout Symphorien Champier, on trouvera écrit que ce Prince est décédé à Montcalier et qu'il est enterré à l'Abbaye de Saint-Michel près d'Avigliana, dans le Marquisat de Suse. Lui-même aurait ainsi ordonné par son testament, que le Sieur Jean Bottero, de Bene, dans la seconde partie de ses « Princes Chrétiens » lui fait ériger dans la Cité d'Aoste déjà en 1208.

Ainsi donc, malgré la tradition, on a quelque lieu de douter que ce mausolée soit effectivement celui du Comte Thomas. Ce doute est d'autant plus justifié que, entre autres armoiries, on y voit gravée la Croix blanche, et sur le collier du chien couché à côté du guerrier, la divise de Savoie représentée par ces quatre lettres F. E. R. T. Or les Comtes de Savoie n'ont commencé à se servir de cette croix et de cette divise qu'environ quatre-vingts ans après la mort de ce même Comte, et seulement depuis la victoire remportée, comme c'est l'opinion commune, en 1311, par le Comte Amé Le Grand sur les infidèles, devant la ville de Rhodes.

Guichenon dit cependant avoir vu des actes de l'an 1293, sur lesquels ce Prince s'est déjà servi du sceau de la Croix blanche. Monsieur Spon, dans son second volume de l'Histoire de Genève, en cite un de l'an 1290 et le rapporte tout au long.

Quoi qu'il en soit, on pourrait encore retenir que ce mausolée ne fut élevé et placé dans cet endroit que longtemps après la mort du Comte Thomas, par la piété de ses successeurs, ou par la reconnaissance de l'Eglise d'Aoste : l'Eglise et le Clergé d'Aoste ne pouvaient avoir oublié la protection et les franchises dont ce Prince les avait entourés. Cette opinion est d'autant plus admissible, que le vase du Chœur, en son état actuel, ne fut édifié que bien longtemps après, vers le commencement du XIVe siècle, quoiqu'il ait pu être commencé plus tôt. On en peut juger par l'ordre symétrique qu'on lui a donné, et par ce que les pièces de ce mausolée ne sont qu'ajoutées à la muraille, sans y être enclavées. (1)

Au bas des degrés par lesquels on descend du *Sancta Sanctorum* dans le presbitère où les chanoines et les prêtres chantent l'office divin, on rencontre, appuyé sur le dernier de ces degrés, un autre mausolée, aussi en marbre blanc, mais plus délicatement travaillé : c'est celui de François, premier Comte de l'illustre maison de Challand, Seigneur de Greines, Verrès, Issogne, Montjovet, Chatillon et dépendances, Chevalier du Grand Ordre de l'Annonciade de la cinquième création faite par le Duc Amé en 1431. La statue ou effigie du grand Comte, taillée à grand relief, est couchée, couverte de ses armes et habillements militaires relevés de dorure ; la tête seule est à découvert.

Il mourut le 8 décembre 1442. Ses ossements furent déposés à la Cathédrale en vertu d'un bref de Rome, par égard aux grands bienfaits dont cette église lui était

---

(1) On sait aujourd'hui que ce mausolée est celui du Comte Thomas II, Comte de Flandre et de Hainaut, m. en 1253.

redevable, et parmi lesquels il suffit de rappeler le chef et buste en vermeil garni de pierreries, dans lequel est déposée la machoire inférieure de saint Jean-Baptiste. Ce don vraiment princier est mentionné comme suit dans le Cartulaire de la fondation des légats de la Cathédrale :

« *Post festivitatem et processionem hujus diei, intimetur publice per unum ex Canonicis dictæ Ecclesiæ, quomodo magnificus Dominus Franciscus Comes Challandi donavit et obtulit Reliquiare argenteum, in quo est mandibula capitis Sancti Joannis Baptistæ Ecclesiæ Augustanæ et fiat recommendatio pro bono statu suo et pro animabus dominorum Vicecomitum Augustæ suorum prædecessorum et succedentium de genere suo, secundum et per tempora futura, in singulis diebus Octavarum festi Sancti Joannis, dicatur in Missa majori Ecclesiæ prædictæ per celebrantem una Collecta pro bono statu petendo dicti Domini Challandi quandiù vivet, et post ejus obitum una de defunctis, et die Octavarum ejusdem festi, aut alia die quam idem Dominus Challandi duxerit eligendam, fiat processio in Ecclesia Augustae, videliscet super tumulum Dominorum Vicecomitum, et ibi cantetur missa conventualis de defunctis in Choro Ecclesiae, pro animabus praedecessorum praelibati Domini Challandi, Dominae Catharinae de Bossoneis, et post ipsius Domini Challandi et Franciscae consortium decessum, pro animabus eorumdem et praedecessorum suorum etc.* »

Le pavé du chœur est en mosaïque. Tout à l'entour, sculptées à la manière gothique, un peu grossièrement, sont rangées les formes de Messieurs les chanoines et les chapelains.

Le portail et le parvis font face sur une place carrée. Ils sont de quelque considération pour leurs peintures fines, et pour les statues, piliers, corniches et autres ornements à grand et à petit relief qui les enrichissent et qui composent la façade. Mais le tout n'est qu'en briques de terre fine, jetées au moule et dorées ou colorées au naturel.

Cette œuvre fut commencée en 1522 et finie en 1526. La dépense en fut supportée par le trésor du Chapitre, sous la direction de deux chanoines, dont l'un fut le Seigneur Antoine d'Avise, Vicaire Général du Rév$^{me}$ Seigneur Evêque Pierre Gazin, et l'autre, Jean Gombaudelli, natif de la Lorraine.

Quelques années auparavant une contagion terrible avait désolé la cité; elle avait enlevé tous les chanoines, à l'exception de trois. Ceux-ci, restés seuls, se partagèrent le coffre-fort renfermant le trésor du Chapitre : les deux que nous venons de nommer employèrent leur portion, ainsi qu'ils y étaient obligés, à l'agrandissement de l'église et à d'autres œuvres pies; mais le troisième, dont le nom est ignoré, italien à ce que l'on croit, fut moins scrupuleux et emporta la sienne dans son pays.

Certaines inscriptions, peintes dans des rondeaux existant sur cette façade, faisaient mention de cette contagion, avec la date de l'année; mais tout cela est maintenant presque effacé par les injures du temps.

On conserve dans cette église quantité de précieuses reliques, et entre autres, une épine de la Couronne Sacrée de N. S. Jésus-Christ, la machoire inférieure de saint Jean-Baptiste (la partie supérieure est à Rome), les corps entiers de saint Grat et de saint Joconde, tous deux anciens évêques d'Aoste et patrons tutélaires de tout le duché. Ces reliques sont renfermées dans des châsses et des vases d'argent, dont quelques-uns sont ornés de dorures et de pierreries. L'argenterie, les tapisseries et les riches parements n'y manquent pas.

La manière dont on y officie est très édifiante. Le plainchant est bien soutenu ; mais pour la musique, elle est très mal servie et aurait besoin d'une grande réforme. Rien ne serait plus facile, si seulement ces Messieurs étaient dans le goût d'en faire la dépense, ou du moins, voulaient y employer tout le revenu des bénéfices et légats à ce destinés.

Chapitre de la Cathédrale. — Le Chapitre de la Cathédrale porte pour armoirie un champ d'azur avec quatre fleurs de lys en argent, une en chef, deux en face et une en pointe de l'écu, d'où l'on voudrait inférer que cette armoirie lui a été donnée par les descendants et successeurs du grand empereur Charlemagne, du temps que la Vallée d'Aoste était soumise à leur souveraine puissance.

Les Chanoines étaient anciennement au nombre de vingt et un, compris l'Evêque.

En 1721, par contrat du 14 septembre, approuvé par l'Ordinaire et par le Chapitre et entériné en Cour de Rome, le noble et révérend Seigneur Jean-Baptiste Du Chatelard, Prêtre, Prieur Commendataire de l'Eglise et Prieuré de Chambave et Chanoine de la Cathédrale d'Aoste, en a ajouté un vingt-deuxième. Il en a fondé la prébende presbytérale sous le titre de Saint-Anselme, et pour la dotation, il a donné de son vivant tous les biens nobles de la maison Du Chatelar, par lui possédés à La Thuile et Arvier, une maison dans les franchises de l'Eglise, une vigne et quelques autres biens.

Le fondateur lui-même a pu, avant de mourir, nommer encore deux fois le titulaire de ce Canonicat.

Du consentement de l'Evêque, il a laissé au Chapitre la nomination de ce nouveau bénéfice. Les sujets devront être choisis de préférence, lorsqu'il y en aura de capables, dans la maison Sariod d'Introd et ensuite dans celle des Bollossier ses neveux et leurs descendus à perpétuité ; à leur défaut, ce sera un prêtre de La Thuile, et après, un qui soit originaire de la Valdigne. Ce Canonicat ne jouit pas des distributions de la mistralerie et de la sacristie ; sa maison et sa prébende ne sont point optables. A part ces réserves, le chanoine qui en est pourvu a voix délibérative en Chapitre et jouit des mêmes honneurs que les autres membres de ce Corps.

*Dignités du Chapitre (Archidiacres et Prévôts).* — Parmi les vingt-deux chanoines composant le corps du Chapitre, il n'y a que deux dignités : celle de Prévôt et celle d'Archidiacre ; et encore cette dernière, quoique siégeant à une des premières formes du chœur, peut-elle être possédée par un prêtre non revêtu du caractère canonical.

Le Prévôt est le doyen ou le chef du Chapitre.

Il y a toujours eu contestation entre ces deux dignitaires.

Les prévôts prétendent, comme chefs de Chapitre, avoir la préséance, non seulement dans les fonctions capitulaires, qui ne leur sont pas disputées, mais encore partout ailleurs. Ils se retranchent derrière cette allégation : que s'il est vrai qu'ils ont cédé aux Révé$^{mes}$ Evêques, depuis que ceux-ci ont été agrégés au nombre des chanoines et par pure révérence pour le caractère épiscopal, la première place des formes du Chœur, qui leur appartenait, ils ne se sont pourtant pas départis du droit de précéder les Archidiacres ; que bien loin de là, ils n'ont pas manqué de protester de cette place à tous les possessoires et ont toujours maintenu leur droit, tant au chœur qu'ailleurs.

Les Archidiacres soutiennent de leur côté, que les Prévôts, quoiqu'ils soient en usage d'être reconnus comme dignités, ne devraient pourtant pas être considérés comme tels, mais seulement comme les premiers entre les chanoines leurs pareils, *primi inter pares*, ne portant ni bourdons ni autres marques distinctives ; que les Archidiacres sont au contraire décorés de leurs insignes ; qu'ils sont partout réputés comme dignités, comme l'œil des évêques ; qu'ils ont juridiction sur plusieurs choses, spécialement en ce qui concerne la visite des Cures du Diocèse ; que leur siège au chœur de la Cathédrale est certain, distingué de tous les autres ; enfin, que le siège des Rév.mes Seigneurs Evêques, que les Prévôts prétendent être le leur, ne l'aurait jamais été, car on le voit orné des marques de la dignité épiscopale, qu'il porte depuis que les formes ont été faites, et notamment, des armoiries des Evêques François De Pré, et Antoine son oncle et son prédécesseur.

Quoi qu'il en soit des raisons exposées ci-dessus, elles sont fondées sur le droit et sur les faits. D'une transaction intervenue le 7 août 1403, ensuite de compromis des parties et de dépositions favorables de témoins produites dans les procédures qui l'ont précédée, il résulte que les Archidiacres ont le droit, non seulement d'ordonner et de régler la célébration de l'office divin, tant dans la Cathédrale et dans les processions que partout ailleurs dans le diocèse, règlement auquel tout le monde est obligé de se conformer, y compris messieurs les chanoines, mais encore celui de corriger, punir par censures ecclésiastiques, et même d'expulser les prêtres, clercs, bénéficiers et autres serviteurs de l'Eglise, les Chanoines exceptés, qui viennent à délinquer, ou à se rendre désobéissants pour des choses concernant les statuts de l'Eglise ou la célébration des offices divins.

Ils ont en outre de bonnes preuves comme quoi ils sont en droit de donner l'habit, le possessoire et l'installation, au chœur et ailleurs, à ces mêmes prêtres, clercs et bénéficiers. Ces preuves sont soutenues par des préjugés, un du 27 août 1424, un autre du 26 janvier 1426, desquels il conste que les Seigneurs Aymon *De Sala* et Guillaume *Diderii* ont été successivement reçus, revêtus et installés Prévôts de l'Eglise d'Aoste par l'Archidiacre Jacquemin La Crête, du consentement de tout le Chapitre.

Ces actes de juridiction ne sauraient être contestés. Il existe d'ailleurs dans ce sens des déclarations et des lettres de Souverains Pontifes et des sentences rendues par des Commissaires Apostoliques ou d'autres Juges ecclésiastiques. Rappelons, parmi ces dernières, celles du 1er août 1434 en faveur de l'Archidiacre Pierre de Gillaren et du 1435 en faveur de l'Archidiacre Baudouin Escoffier, entrés l'un et l'autre au possessoire de leur dignité avec cette prééminence bien déterminée sur les Prévôts.

C'est encore en force de cette prééminence, que l'Archidiacre Georges de Challand a précédé le Prévôt Charles de Challand (1507-1520), son cousin, dans plusieurs fonctions, et spécialement dans une procession publique, où il marcha, avec son bourdon et revêtu des marques de sa dignité, à la droite du Prévôt, après consultation faite et décision rapportée, par laquelle il fut dit et déclaré en présence de plusieurs chanoines, devoir être ainsi observé selon l'usage.

Il est vrai que la dignité prévôtale a été canonisée, à l'égal de celle des Archidiacres, de première après la pontificale, par provisions apostoliques accordées en faveur des deux Prévôts oncle et neveu *Ginodi*; mais elle n'existe qu'accidentellement, et parce que le Prévôt est censé être le chef du Chapitre.

Les Prévôts avancent et soutiennent que les prérogatives de la dignité archidiaconale ont été abrogées par le non usage ou par des usages contraires. Ils en voudraient même faire conster par des dépositions de témoins, fait examiner de leur part au temps du différend déjà agité en 1403 par devant le Métropolitain de Tarentaise, oubliant que ce différend ne put être décidé alors, précisément à cause de l'absence du Prévôt : il ne se sentait, paraît-il, pas assez fondé en prétention, et, quoique cité à comparaître et signé au compromis, il jugea à propos de ne pas intervenir. Ils produisent encore d'autres dépositions de témoins, faites un siècle et demi plus tard, du temps des dits Prévôts Ginodi ; mais il faut considérer que ces dépositions n'ont été faites que par des personnes appartenant au Chapitre, c'est-à-dire témoignant en leur propre fait, ou par certains prêtres et clercs désireux de se soustraire à la juridiction ou au droit de correction des Archidiacres. Que les Prévôts soient puis nantis de quelques actes où ils se trouvent nommés avant les Archidiacres, il semble que cela ne saurait être de nul relief, et que ces actes ne doivent être considérés que comme possessions vicieuses, pures usurpations surprises par les Prévôts en absence des Archidiacres, à la sollicitation du Chapitre; car celui-ci a, de tout temps, tâché d'amoindrir les prérogatives de la dignité archidiaconale, afin de réserver tous les honneurs à son propre chef. D'autre part, ces actes même, n'étant soutenus par aucune loi ni titre, ne sauraient établir aucune prescription ni créer aucun droit en faveur des Prévôts, et ceux-ci n'auraient de puissance qu'en tant qu'ils sont unis au corps du Chapitre.

Il paraîtrait donc que la dignité d'Archidiacre devrait absolument avoir le pas. Cependant, Messieurs les Prévôts, appuyés par le Chapitre, se sont maintenus et se maintiennent depuis longtemps, en possession de première dignité, ne laissant aux Archidiacres, à travers l'année, que quelques fêtes et processions où ils peuvent officier avec leurs marques et comme première dignité ; et encore, ces jours-là, les Prévôts s'abstiennent-ils de s'y trouver, afin de ne pas se commettre et qu'on ne puisse en induire aucune conséquence à leur préjudice.

La juridiction des Archidiacres était autrefois beaucoup plus étendue qu'elle ne l'est aujourd'hui ; ils avaient connaissance sur des causes spirituelles, criminelles et civiles, cour, définition, exécution, officiers et droits de sceau, ainsi qu'il résulte de plusieurs documents, et spécialement de celui qu'on va désigner ci après. Il faut cependant reconnaître que cette juridiction n'avait été introduite que par coutume, en opposition au droit écrit et sans autre titre que la possession acquise. Elle dura ainsi jusqu'au commencement du xv$^e$ siècle, où le Rév$^{me}$ Evêque Pierre de Sonnaz, tiré du cloître pour être mis à la tête du diocèse d'Aoste, voulut y mettre ordre, ne trouvant pas que le décor de la dignité épiscopale permît de tolérer plus longtemps une juridiction qui retranchait celle de son tribunal. De son côté, le Révérend Archidiacre Jacques La Crête prétendit la maintenir par son possessoire. Ils finirent par se compromettre, de ce différend et autres dont ils étaient en conteste, entre les mains du Rév$^{me}$ Seigneur Aymon, Patriarche de Jérusalem et administrateur de l'Archevêché de Tarentaise, comme métropolitain du Diocèse d'Aoste.

Le Seigneur Aymon, ayant pris exacte connaissance de leurs raisons, de leurs titres, ainsi que des dépositions des témoins respectivement fait examiner par les parties, réduisit, par sa sentence arbitrale du 7 août 1403, la juridiction des Archidiacres aux termes fixés par le droit écrit, tels qu'ils ont été mentionnés ci-devant.

Cependant, il ne voulut pas les priver tout à fait des avantages découlant d'une telle juridiction, fondée, il est vrai, sur une coutume un peu abusive, mais qui avait assez duré pour créer en leur faveur une espèce de droit de prescription. Il imposa donc au Rév$^{me}$ Evêque De Sonnaz et à ses successeurs, l'obligation de leur payer une pension de 35 ducats d'or, réellement exigeable en deux semestres sur les émoluments du sceau de l'officialité et ce, sous peine d'interdit et de suspension en cas de refus de payement précédé des monitions nécessaires, et jusqu'à ce que le Rév$^{me}$ Evêque, ou ses successeurs, eussent, à leurs propres frais et dépens, et par autorité apostolique, fait unir à perpétuité à la dignité d'Archidiacre quelque autre bénéfice ecclésiastique du même revenu de 35 ducats d'or, déduites toutes charges et servitudes.

Ce fut ensuite de cette ordonnance, acceptée par les parties, que le même Evêque De Sonnaz, ou son successeur, fit unir à la dignité Archidiaconale la Cure de Saint-Nicolas de Sivoyes. Les Archidiacres durent s'en contenter, quoiqu'elle fût pourvue de revenus fort médiocres, bien éloignés aujourd'hui des trente-cinq ducats d'or, à moins qu'il n'y ait des censes à part, non comprises avec la ferme de la Cure.

Cette Cure a depuis toujours dépendu des Archidiacres. Il y tiennent à présent, pour l'administrer, des vicaires amovibles.

*Autres charges.* — Il y a en outre dans le Chapitre un *Théologal*, un *Pénitentier*, un *Sacristain* et un *Mistral* ; mais ils n'ont pas rang de dignité et ne font que suivre leur ordre de réception, quoique, presque partout ailleurs, les Théologaux surtout soient reconnus comme dignités.

*Rentes.* — Le revenu de chaque chanoine ne va guère au delà de trente-cinq à quarante pistoles ; il n'y a d'exception que pour les deux dignités, qui ont quelque chose de plus.

*Nominations.* — Le droit d'élection et nomination des chanoines était autrefois partagé entre la Cour de Rome, les Evêques et le Chapitre : le premier mois de chaque saison appartenait au Pape, le second à l'Evêque, et ainsi de suite.

Le Chapitre avait donc, et il l'a conservé, le droit de nommer directement aux Canonicats devenus vacants pendant les mois de mars, juin, septembre et décembre.

Les quatre mois des Evêques étaient février, mai, août, et novembre ; mais ils ne les ont plus : l'Evêque Bally les a cédés à Rome en échange du droit, pendant ce même temps, de nommer aux Cures de son diocèse.

C'est donc au Saint-Père qu'il appartient maintenant, pour les deux tiers de l'année, de pourvoir aux vacances des Canonicats.

*Le Chapitre dans les premiers temps.* — On croit que dans son commencement, le Chapitre de la Cathédrale a été *régulier*; il aurait, d'après les uns, suivi la règle de Saint-Benoit; d'autres veulent que ce soit celle de Saint-Augustin.

La plupart des Chanoines d'aujourd'hui n'en veulent pas convenir.

On n'a trouvé, disent-ils, ni dans leurs archives ni ailleurs, aucune trace d'un pareil état de choses; on ne saurait donc rien produire pour faire preuve que leur Corps ait jamais été assujetti à aucune règle cléricale ou monastique, en dehors de la communion évangélique de l'Eglise. C'est là leur unique argument.

Mais si l'on remonte aux premiers temps de l'Eglise on trouve qu'un grand prélat du IV$^e$ siècle, saint Eusèbe Evêque de Verceil, fit embrasser l'état religieux à son Clergé. Sa Cathédrale, desservie par un certain nombre de Clercs Réguliers, devint un vrai monastère, et la plupart, pour ne pas dire la presque totalité des plus illustres et anciennes Cathédrales du monde chrétien suivirent cet exemple : c'est ainsi que commencèrent ces Saintes Sociétés, devenues dans la suite si fameuses.

Le nombre des Clercs dépendait de l'abondance des aumônes qu'ils recevaient des fidèles. Ils vivaient en commun, sous un supérieur et une règle de leur choix, observant, en vrais religieux, une étroite et exacte clôture et la manière de célébrer l'office divin par heures canonicales.

C'est de là, bien plutôt que de *canon*, portion tirée d'une masse commune qu'on leur distribuait pour leur subsistance, qu'ils ont pris, vers le VIII$^e$ siècle seulement le nom de *Canonici*. Yves, évêque de Chartres, en fait mention en ces termes dans son traité *De exceptionibus ecclesiasticarum regularum* :

« *Ideo Canonici dicti estis, quod canonicas regulas, vos*
» *velle observare, cœteris arctius devovistis etc.*

Mais depuis qu'ils commencèrent à posséder des revenus fixes, tant en rentes et en emphythéoses qu'en biens fonds, l'opulence fut cause qu'ils se relâchèrent insensiblement de ces grandes austérités. Ils se firent peu à peu dispenser de la pauvreté, de l'obéissance et de la clôture, par le moyen de ces sécularisations, s'étant partagé les biens ecclésiastiques affectés à leurs églises, ils convertirent leurs ordres en bénéfices.

C'est après le $x^e$ siècle que s'accomplirent ces changements. Ceux qui ont persévéré dans leur règle primitive, se sont depuis fait appeler *Chanoines Réguliers*, pour se distinguer des autres, qui se qualifiaient de *Chanoines Séculiers*, quoique au fond, *chanoine* et *régulier* ne signifient qu'une seule et même chose.

Il paraît donc que ces messieurs de la Cathédrale ne sauraient avec fondement se défendre d'avoir commencé par la *régularité* ; ils auraient d'ailleurs mauvaise grâce à s'y obstiner, comme s'il en pouvait résulter pour eux quelque conséquence fâcheuse, ou moins honorable. La raison qu'ils allèguent, de n'en avoir trouvé aucune mémoire dans leurs archives, n'est pas suffisante, car, outre que ces archives sont impénétrables à tout autre qu'à eux-même, on sait fort bien aussi qu'il y a peu d'anciennes écritures, ensuite de l'incendie qu'elles eurent à souffrir le 4 juin 1518, où le feu du ciel y pénétra vers les cinq à six heures du soir, après avoir abattu les trois plus grandes cloches du grand clocher.

On pourrait encore rappeler que ces Messieurs de la Cathédrale n'ont pas toujours porté, comme à présent, une cape semblable à celle des Chanoines de Saint-Pierre à Rome. Ils n'ont commencé à s'en décorer qu'un peu vers les premières années du xvii⁰ siècle, et ce fut le Rév^me Evêque Jean-Baptiste Vercellin qui leur en procura la grâce en Cour de Rome.

La cape, qu'ils avaient autrefois, ne différait guère de celle que portent encore aujourd'hui quelques Chanoines Réguliers. On la retrouve dans de vieux portraits, dans des tableaux anciens et dans les vitraux de l'Eglise, où ils sont, d'ailleurs, représentés tondus comme de vrais moines.

Ce qui semble encore donner quelque vraisemblance à cette régularité, c'est la coutume qu'ils ont conservée, de manger quelquefois en commun, aux fêtes solennelles, dans un grand et ancien réfectoire qui a toute la figure de ceux des Ordres religieux. Une partie de ces repas sont de très ancienne fondation.

Une autre confirmation de cet ancien état de régularité semblerait aussi devoir se trouver dans les cloîtres existant tout à côté de l'église. On peut alléguer, il est vrai, que ceux d'à présent n'ont été bâtis qu'en 1460, ainsi qu'il est écrit sur un des piliers ; mais il est aisé de prouver, par plusieurs vieilles écritures, qu'il y en avait d'autres auparavant. Le second traité de la dédition du pays, qui est de l'an 1253, en fait mention expresse en ces termes : « *Actum hoc Augustæ in Claustro ecclesiæ Beatæ Mariæ etc.*

Le testament d'un ancien chanoine de la Cathédrale, que l'on peut produire en original, contient dans la clause où est ordonnée la Sépulture du testateur, ces propres termes : « *cum fratribus quondam suis Dominis Canonicis ejusdem Ecclesiæ defunctis, loco quo dicti ejus fratres Domini Canonici defuncti soliti sunt sepeliri etc.* »

On laisse aussi à juger ce que veulent dire tant de *messes conventuelles* anciennes, dont est rempli le Cartulaire de la fondation des légats existant dans leur Eglise, et si ce terme de *missa conventualis* ne convient pas parfaitement à la régularité. Enfin, les trois ordres de Prêtres, Diacres et Sous-diacres dans lesquels ils étaient autrefois distingués, n'en sont-ils pas une autre preuve ? Or, cette ancienne division en trois ordres résulte clairement d'un vidimé authentiqué par le chapitre capitulairement assemblé au nombre de deux chanoines du premier, trois du second et quatre du troisième ordre, acte passé la veille de Saint-Michel de l'an 1246 et existant en original aux Archives de l'Evêché.

Rien, ce me semble, ne jetterait un plus grand jour sur l'objet de cette contestation, dont le principal intérêt est la curiosité, que le premier partage des prébendes canonicales, encore à présent distribuées en presbytérales, diaconales et subdiaconales ; mais il n'est pas visible.

Quoi qu'il en soit, si ces Messieurs ont été réguliers, il y a du moins bien longtemps qu'ils ne le sont plus.

Il résulte en effet par des titres, qu'ils étaient déjà sécularisés en 1360. Il fallait cependant que ce fût depuis peu d'années, puisqu'ils avaient en ce temps-là la précaution d'insérer dans les actes publics la dénomination de *canonicus sæcularis*, dont ils ne croient plus à propos de se servir à présent.

*Statuts.* — Ce que messieurs les chanoines doivent payer au trésor, avant d'être admis, pour la Cape et pour le possessoire de leur bénéfice, qu'il soit obtenu par simple impétration, par échange ou par résignation, est réglé par le Statut de leur Corps, daté de l'an 1478 et approuvé par bref apostolique de S. S. le Pape Sixte IV : on paye pour un canonicat dix ducats d'or, cinquante pour la Prévôté, quarante pour l'Archidiaconat et quatre pour une chapelle.

Il est permis à chaque chanoine, à commencer par le plus ancien en ordre de réception, d'opter pour une fois les meilleures prébendes. Ici, les Statuts ont prévu le cas où plusieurs sujets viendraient à être pourvus à la fois de quelques-uns de ces bénéfices, et que procès s'ensuivît entre eux : afin qu'ils ne se battent pas de la chape du moine, comme dit le proverbe, il a été réglé que les fruits en seraient alors perçus par le Chapitre, pour en faire faire le service et consacrer le surplus en réparations à l'Eglise.

Les mêmes Statuts obligent aussi les chanoines à résider personnellement à Aoste, au moins trois mois de l'année.

Quant aux distributions journalières, elles se font à la fin de l'année, et seulement aux intervenants de semaine, marqués régulièrement par le normateur à chaque entrée d'office, sauf le cas d'absences légitimes pour cause d'emploi, comme le Mistral, ou d'office, comme le Pénitentier, le Curé de Saint-Jean, le Sacristain, ou bien pour maladie.

Chaque année MM. les chanoines renouvellent leur serment pour l'observance des Statuts et Constitutions de leur Corps.

*Bénéfices et Confréries.* — La Cathédrale renferme plusieurs chapelles, avec certains revenus : les meilleures sont ordinairement possédées par des chanoines ; les autres le sont par des Prêtres Bénéficiers ou des Clers Prébendés, qui sont obligés de servir au chœur.

Le Chapitre est en droit et possession immémoriale de conférer toutes les chapelles qui viennent à vaquer pendant tout le cours de l'année, excepté celles de droit patronat. C'est au Chanoine Chantre de chaque semaine, que les Statuts et Constitutions du Corps ont attribué le pouvoir de faire ces nominations, le tout sans aucun recours à Rome, ni aux Evêques. Pour les chapelles de droit patronat, le Chanoine Chantre de semaine se borne à donner la collation du bénéfice.

Il s'est aussi établi dans cette église quelques Confréries Séculières. Il y en a trois principales : celles du

Saint-Sacrement, du Saint-Rosaire et de Saint-Joseph, et quelques autres moins importantes, comme celles du Saint-Enfant Jésus, de Saint-François pour le Corps des marchands, de Saint-Sébastien, de Saint-Grat etc., toutes très dévotes et édifiantes.

*Eglise Collégiale de Saint-Ours.* — Hors des murailles de la Cité, dans son principal faubourg, il y a une autre ancienne Eglise Collégiale, sous l'invocation de Saint-Pierre et Saint-Ours. C'est un vase assez spacieux, à trois nefs, la voûte et les piliers ornés de peintures, les vitraux figurés, le chœur fermé par une tribune comme celui de la Cathédrale, les formes de Messieurs les chanoines très finement sculptées. Le maître autel, auquel on travaille actuellement, est presque tout en marbres fins étrangers de différentes couleurs, jusqu'au tabernacle avec ses corniches, statues et colonnettes, en plein et en petit relief, le tout à la romaine.

Le pavé est en carreaux du même marbre.

Devant l'église s'élève un haut clocher, bâti en gros quartiers de pierre de taille. Il est d'une structure admirable et ne le cède guère aux œuvres des Romains (1).

Il a une sonnerie excellente ; la grosse cloche surtout se fait entendre de fort loin.

*1er Oratoire.* — *Anciens évêques.* — *Saint Ours.* — Cette église aurait commencé anciennement par une chapelle dédiée au Prince des apôtres, bien avant que saint Ours, que l'on tient par tradition avoir été archidiacre d'Aoste, ne s'y fût réfugié en compagnie de quelques chanoines de la Cathédrale, pour fuir l'hérésie dont Plocéan leur Evêque était infecté, ayant suivi la secte d'Arius.

---

(1) Ce clocher fut bâti vers la moitié du XIIe siècle ; il est dû à la munificence de Gauthier d'Ayme, chanoine de Saint-Ours, et fut en grande partie, comme tant d'autres édifices de ce temps-là, fabriqué **aux dépens des remparts Romains.**

Le chœur de l'Eglise actuelle occupe, paraît-il, précisément la place de cet oratoire primitif.

Sous ce chœur existe une chapelle souterraine ou crypte fort ancienne. On y a découvert, ainsi que dans les environs, à différentes époques, les ossements, ou les tombeaux de quelques-uns des plus anciens Evêques d'Aoste, tels que *Gallus, Gratus, Anserminus* et autres.

Il est certain d'autre part, que plusieurs des premiers Prélats de l'Eglise d'Aoste furent choisis parmi les prêtres qui desservaient cet oratoire en société évangélique avant l'introduction de la régularité.

Il y a donc apparence que c'était là même que ces anciens Prélats avaient leur résidence. Cela est même d'autant plus probable, que la Cité d'Aoste ayant été entièrement saccagée et détruite lors du passage d'Attila, il ne put guère, de bien longtemps, y exister d'autre Eglise que celle-là.

Quoi qu'il en soit, saint Ours fut le premier qui établit en cet endroit un petit bénéfice, auquel il acquit quelques biens pour sa subsistance et celle des compagnons de sa retraite.

Ils y vaquaient à la prière et à l'oraison.

Ce fut depuis sa mort, que l'on croit arrivée vers le milieu du VIII$^e$ siècle, et sa canonisation qui suivit peu d'années après, *voce populi*, que cette église prit le vocable de Saint-Pierre et Saint-Ours.

Les reliques du saint y sont conservées dans une belle châsse d'argent. C'est un des patrons tutélaires du pays.

*Saint-Ours Prieuré*. — Après saint Ours, cette église fut longtemps desservie par des prêtres séculiers, qui vivaient cependant en communion évangélique.

Ce ne fut qu'en 1133, qu'un de ces prêtres, *Arnulphus*, de l'illustre famille des Seigneurs d'Avise, introduisit dans la maison la regularité de l'institut de Saint-Augustin. Il en fut lui-même le premier Prieur Claustral avant que d'être élevé au siège épiscopal d'Aoste.

Depuis l'introduction de la régularité, le Monastère et Prieuré de Saint-Ours a subi divers changements dans ses statuts et dans ses règles de vie et d'administration.

La première réforme y fut introduite en 1239 par Hugues de Saint-Cher, religieux dominicain, ex-général de son ordre et pour lors Cardinal du titre de Sainte-Sabine, en qualité de Commisaire Apostolique député par S. S. le Pape Grégoire IX. Elle fut confirmée en 1276 par le Pape Innocent V.

Une seconde réforme fut, en 1418, l'œuvre du Seigneur Jean de Grolée, Chanoine Chantre de l'église métropolitaine de Saint-Jean à Lyon et Prévôt Commendataire de Montjoux; il agissait, lui aussi, comme Commissaire Apostolique député par bref de S. S. le Pape Martin V, daté de Genève le 18 des calendes de juillet de la première année de son pontificat, ce qui, selon la manière courante de compter, reviendrait en 14 juin 1417.

De nouvelles modifications furent encore établies en 1464, sous le pontificat de Paul II, par le Prieur Humbert Anglici et son Chapitre dûment assemblé, en présence et par le conseil du Rév.me Evêque François de Pré assisté de son vicaire général, de quatre chanoines de la Cathédrale et de plusieurs autres personnes de marque. Ce fut alors que l'on sépara de celle des religieux la mense du Prieur, en lui assignant entre autres double prébende, maison et jardin à part, le grangeage des *Beaux*, les plaits de tous les fiefs, la maison forte, jurisdiction et revenus de Derby, la quatrième partie de tous les autres biens, censes, rentes et ruraux dépendant du bénéfice, et encore d'autres droits de régale, le tout détaillé dans la transaction passée le 5 novembre de cette même année 1464, entre les mains des notaires Jean Volantis et Pierre de Rovarey.

Il y avait eu jusque là, ce dernier compris, vingt Prieurs Claustraux consécutifs, qui tous avaient dirigé le Monastère et vécu avec les chanoines suivant l'esprit de religion et de réforme embrassé et pratiqué par la Maison.

Quelques années plus tard, grâce au crédit qu'il avait à Rome, le Prieur Georges de Challand faisait réduire le Prieuré en titre perpétuel de Commende. Monastère et Prieuré furent dès lors gouvernés successivement par douze Prieurs Commendataires perpétuels, qui étaient maîtres de tout le revenu du bénéfice, à la charge de pourvoir à l'entretien des religieux. Mais ces Seigneurs Bénéficiers n'y venaient presque jamais, si ce n'est pour le possessoire (et encore, quelques-uns le faisaient-ils prendre par procuration); aussi les maisons, terres, rentes et possessions tombaient-elles en complète décadence, car la plupart d'entre eux se souciaient fort peu de fournir aux dépenses les plus indispensables de manutention et restauration.

D'autre part, la portion congrue assignée à chaque chanoine était bien modique. Elle avait été réglée par transaction du 14 juillet 1582, Jean-Nicolas Bornion notaire, et consistait en huit setiers de blé, douze de froment, trente-six de vin, quatre-vingt-cinq florins, équivalant à quatre pistoles en argent, quatre rubs tant fromages que *séras*, deux rubs de beurre, une toise de bois des îles, et deux nappes.

Avec cette maigre pension, encore fort mal payée par les fermiers, ils étaient obligés de vivre en commun, de s'entretenir de tout, de faire toutes les fonctions de leur Eglise, de supporter les charges et obligations qui en dépendaient ou que des bienfaiteurs y avaient imposées.

Aussi, ces pauvres religieux, si pleins de zèle dans l'accomplissement de leurs devoirs, avaient-ils peine à subsister d'une manière convenable, tandisque leur Supérieur, dispensé de la résidence, se divertissait ailleurs.

Ils finirent par ouvrir les yeux et recoururent au Saint-Siége, sous le Pontificat d'Urbain VIII. Ils en obtinrent, sous la date du 3ᵉ des nones d'octobre 1630, des bulles contenant dispense de séculariser le bénéfice, moyennant soumission et obéissance à l'Ordinaire du Diocèse, et avec le pouvoir de partager les biens entre le Prieur et les Chanoines, au moyen de la constitution de prébendes et de la résidence. Ils firent encore confirmer cette dispense sous le Pontificat du Pape Innocent X, successeur du précédent, par autres bulles du 17ᵉ des calendes d'octobre 1644.

Ils n'osèrent cependant les faire mettre en exécution, tant que le Prieuré fut possédé par l'Em.ᵐᵉ Seigneur Cardinal François-Adrien Ceva. Mais dès qu'ils apprirent que ce dernier l'avait résigné, sous la même condition et titre de Commende, et confirmant cette résignation par autres bulles du Saint-Siége en date 11 novembre 1649, au Seigneur Gabriel de Bezançon, moyennant une pension de cent cinquante ducatons sa vie durant, ils firent procéder à la sécularisation par un Commissaire Apostolique. Le nouveau Prieur y mit opposition, dont fut appelé au tribunal de la Rote Romaine.

On plaida pendant trois ans, au bout desquels le Seigneur De Bezançon, par sentence du 24 novembre 1653, fut maintenu au possessoire du bénéfice, sans préjudice du pétitoire, sur lequel il n'avait pas jugé à propos de contester.

Les Chanoines de Saint-Ours appelèrent de cette sentence au tribunal de la Signature de Justice, et y firent citer le Seigneur De Bezançon.

Cependant, les deux parties étaient également fatiguées de ces longues procédures et des frais considérables qu'elles leur occasionnaient; l'issue en était d'ailleurs incertaine. Des amis communs, s'intéressant pour leur bien et leur repos, les amenèrent à faire un compromis et à remettre la décision de leur différend à des arbitres.

Ces arbitres furent choisis dans la ville même, et prononcèrent leur sentence le 23 mars 1654. Les deux parties l'acceptèrent réciproquement, et par transaction du 26 même mois (1), elles s'engagèrent à renoncer à tout procès pendant à ce sujet. Elles convinrent en outre :

*a)* Que le Seigneur De Bezançon percevrait pour sa portion, sur le revenu du bénéfice, tant que vivrait le Cardinal Ceva, cent quatre-vingt-quinze ducatons annuels, et depuis sa mort, seulement cent cinquante, que le Chapitre s'obligeait à lui faire payer en deux termes ;

*b)* Qu'il aurait en outre double portion de bois des îles de Pollein ;

*c)* Que pendant sa vie, il continuerait d'être tenu, censé et réputé pour Prieur Commendataire, avec liberté de porter dans l'église, au Chapitre, aux processions publiques, les insignes de Prieur Commendataire en rochet et manteline, sans obligation de résidence (ceci, cependant, sans conséquence pour les autres Prieurs qui viendraient après lui) ;

*d)* Qu'il était obligé, lorsqu'il serait à Aoste et sans empêchement légitime, d'officier en personne aux fêtes solennelles spécifiquement désignées dans la dite transaction ;

*e)* Qu'il aurait double voix au chapitre ;

*f)* Qu'il ne pourrait résigner, changer, ni réunir à d'autres bénéfices sa dignité de Prieur sans le consentement exprès du Chapitre, sous peine de nullité et de la perte du revenu qui lui était assigné, encourant aussi la même perte toutes les fois qu'il contreviendrait aux privilèges et statuts du même Chapitre ;

---

(1) Cette transaction se trouve aux Archives de l'insinuation d'Aoste, *Derivo Notaire*, sous la date ici désignée du 26 mars 1657. (Note en marge).

*g)* Que sur sa portion, il serait exempt de concourir aux dépenses de réparation et entretien du bénéfice, église, maisons, biens dépendants, sauf pour la maison et jardin du Prieuré et pour la grange des *Beaux*, qui lui étaient assignés en prébende et dont la manutention demeurait à sa charge ;

*h)* Que le Prieur de Bezançon donnerait son consentement et autorité pour obtenir du Saint-Siége la confirmation de cette transaction ;

*i)* Enfin, que pour le surplus, la sécularisation resterait ferme et inviolable, conformément aux bulles de 1630 et 1644.

Ils firent ensuite, de tous les biens, propriétés, censes et rentes du bénéfice quatre portions, destinant la première pour la manutention annuelle de l'Eglise, la seconde pour le trésor, réparations aux édifices, conduite des procès et autres dépenses casuelles, la troisième pour la création de quatorze prébendes et la quatrième pour la résidence. Ces deux dernières venaient à donner, entre l'une et l'autre, un revenu annuel de trente-cinq à quarante pistoles pour chaque chanoine et le double pour M. le Prieur.

Le 17 octobre de la même année, ils firent, capitulairement assemblés, des statuts et règlements pour la forme et la manière de résider, promettant par serment de les observer, lequel serment fut prêté entre les mains du Révérend Official De Bernard, vicaire général du diocèse, en qualité de Commissaire Apostolique, le siège épiscopal d'Aoste étant pour lors vacant.

Ces statuts se composent de vingt-trois articles.

Les dix premiers établissent la manière de sonner et célébrer l'Office divin et celle de gagner la résidence; le 11e, les attributions du normateur; le 12e, la dévolution, à l'avantage des assistants, de la résidence des absents; le 13e fixe le jour pour les assemblées capitulaires ordinaires ; le 14e détermine le temps que le Prieur et les chanoines doivent résider chaque année à Aoste pour gagner la portion du partage des fruits ; le 15e, comment ils doivent payer les censes. Les articles 16, 17 et 21 règlent l'élection des canonicats, cures et chapelles dépendant du Prieuré ; le 18e et le 20e, la manière dont se peuvent et se doivent faire les options des maisons et des *Squédules* ; le 19e défend d'établir des pensions ou faire autres conventions sur le revenu des Canonicats et Chapelles sans le consentement du Chapitre ; le 22e établit ce que doit observer, quand vient son tour de semaine, le Chanoine qui aura la charge de Curé de Saint-Laurent ; le 23e, enfin, regarde les vacances nécessaires à chaque Chanoine pour faire l'exaction de ses censes et revenus.

En force de cette transaction et de ces statuts et règlements, le Chapitre, Prieur en tête, a toujours disposé depuis, et continue à disposer avec pleine et entière autorité, de tous les biens, censes, rentes et autres revenus dépendant du Bénéfice, sans que les Révérends Seigneurs Prieurs le puissent en rien inquiéter, ni avoir sur lui d'autre influence ou contrôle que celui que leur donne leur prééminence et leur double voix.

La Collégiale est desservie par un Chapitre composé d'un Prieur et de quinze Chanoines, compris les trois qui résident dans les Cures unies à leur Corps.

Ce Chapitre porte pour armoiries un champ d'azur à deux colombes affrontées d'argent portant à leur bec un rameau d'olivier de sinople, surmontées d'une étoile d'or mise en chef.

Il a le droit d'élection de tous ses Chanoines, à la réserve du Prieur, qui dépend directement de Rome en qualité de dignité.

Il confère aussi tous les bénéfices de sa dépendance, sans aucun recours à Rome ni aux Evêques du Diocèse.

Il a eu de tout temps le *mixtim* et toutes les autres marques d'honneur avec le Chapitre de la Cathédrale, tant au chœur que dans toutes les autres fonctions où ces deux Corps viennent à se trouver ensemble. Ces Messieurs de la Collégiale doivent cependant toujours donner la droite aux Cathédraux; le Prieur même n'en est pas exempt.

Cette précédence des Cathédraux fut encore particulièrement confirmée par transaction du 7 avril 1680, dont on résume ici les articles pour satisfaire la curiosité du lecteur.

L'art. premier n'est qu'un renouement de paix, d'union et de bonne intelligence entre les deux Corps.

Le second règle l'ordre avec lequel le Chapitre de Saint-Ours doit marcher, portant haut sa croix et ses bannières, le Prieur paré avec son bourdon, diacres, sous-diacres et chantres parés aussi, à toutes les fonctions, sépultures, processions, tant à la Cathédrale qu'ailleurs, sans pouvoir être, à l'avenir, obligé à aucune autre sujétion.

Le troisième établit, que dans les fonctions qui se feront conjointement, le Prieur sera toujours combiné avec une dignité de la Cathédrale, ou avec un chanoine lorsque celui-ci se trouvera à faire l'office d'assistant ou de semainier. Mais quand le Prieur sera en simple habit et qu'il n'y aura aucune dignité de la Cathédrale avec laquelle il se puisse combiner, il s'abstiendra de la procession et ne pourra être contraint de se combiner avec un chanoine en simple habit.

Le quatrième fixe les places que les chanoines de Saint-Ours doivent prendre à gauche au chœur de la Cathédrale : le Prieur aura la place qui est immédiatement après celle de l'Archidiacre, et s'il est absent, cette place ne pourra être occupée par personne, non plus que les deux suivantes, réservées pour MM. les Syndics de la Cité et Bourg.

Après ces places, et dans les autres formes du côté gauche, se rangeront les autres chanoines, chacun en son ordre.

Le cinquième règle la manière dont les Chanoines doivent se combiner aux processions et sépultures, savoir : le premier rang après les dignités et chantres sera de deux des plus anciens chanoines de la Cathédrale ; après ceux-ci, un de la Cathédrale à droite et un de la Collégiale à gauche, et ainsi de suite jusqu'au dernier.

Le sixième prescrit que, quand le nombre de ceux de la Cathédrale excèdera, on commencera à se combiner au dernier rang, et l'on continuera toujours en arrière tant qu'il y en aura. Si ceux de la Collégiale excèdent, on commencera le *mixtim* au second rang, et l'on continuera ainsi à se combiner deux à deux. Quand le nombre resterait impair, le dernier rang du côté de la croix serait de trois Chanoines ; et dans ce cas, si un seul de ces trois est de Saint-Ours, il prendra la gauche ; s'il n'y en a qu'un seul de la Cathédrale, il prendra le milieu : le tout cependant sans pouvoir empêcher à ceux de la Collégiale de commencer à se combiner au second rang.

Les trois autres articles règlent le temps pour assister aux processions, sépultures et autres fonctions publiques, les heures destinées à ce sujet et les payements réciproques.

*Revenus*. — Après la mort de saint Ours, les Clercs soit Prêtres Réguliers, qui desservaient cette Eglise, ont subsisté longtemps avec très peu de revenus.

Dans la suite, le bénéfice s'est considérablement accru, surtout par les libéralités des Marquis de Monferrat de la première race. *Jacobus Philippus Bergomensis*, dans le douzième livre de ses chroniques, dit que ces princes l'ont augmenté, vers l'an 985, jusqu'à deux mille ducats de rente annuelle.

La Régente Bonne de Bourbon, Comtesse de Savoie, conjointement avec le Comte Amé son fils dont elle était tutrice, lui donna en 1390 les grands bois et îles de Pollein et Brissogne, à la charge d'exécuter les œuvres de piété ordonnées dans le contrat, et entre autres, une messe journalière perpétuelle, chantable après les matines.

Quelques-uns de ses Prieurs et d'autres personnes pieuses lui ont aussi, en divers temps, fait beaucoup de bien, surtout depuis 1276 jusqu'en 1417, où ses revenus augmentèrent presque de moitié, ainsi qu'en fait foi comme suit un bref du Pape Martin V : « *Nec non ipsum Monasterium, quod etiam interim præstante Domino, in suis facultatibus, fore duplicis valoris susceperit augmentum, de novo visitari et reformari, ejusque facultatibus sive bonis*, etc. »

Ce sont ces mêmes biens qui permettent aujourd'hui à Messieurs les Chanoines de Saint-Ours de s'entretenir honorablement.

*Chapelles et Confréries.* — Outre les prébendes canonicales et les maisons capitulaires, la Collégiale de Saint-Pierre et Saint-Ours a encore plusieurs chapelles érigées à la suite des temps, avec d'assez bons revenus, et dont quelques-unes sont de droit patronat laical.

Une partie de ces Chapelles sont possédées par des Chanoines; mais la plupart le sont par des Prêtres ou Clercs prébendés qui sont obligés de servir au Chœur pendant les offices.

Il y en a deux entre autres, sous les titres de S$^{te}$-Lucie et de Sainte-Marie-Madeleine, qui rendent chacune presque autant qu'un Canonicat; elles ne peuvent être possédées par des chanoines, mais seulement par de simples prêtres, avec l'obligation de célébrer chaque jour, en se relevant par semaines, une messe à l'intention du fondateur. Elles furent érigées en 1496 par le Prieur Georges de Challand, contrat reçu par noble Pierre André comme notaire, et dotées des biens autrefois sortis de la noble maison De la Cour, de Gressan : la famille de

Challand les avait acquis peu auparavant de noble Guillaume fils de noble Pierre Du Bois, qui en avait été l'héritier par alliance.

Il n'y a dans cette église qu'une confrérie séculière, unique, mais très nombreuse, c'est celle de N.-D. des Carmes.

COLLÉGIALE DE SAINT-FRANÇOIS. — Après la Collégiale de Saint-Pierre et Saint-Ours, l'église la plus considérable d'Aoste est celle des Frères Mineurs Conventuels de l'ordre de Saint-François. Elle tient aussi rang de Collégiale. Elle peut accepter des enterrements, en payant aux Cathédraux le quart des oblations et de la cire, aussi bien que des légats, suivant les transactions faites avec le chapitre en 1419, 1463 et 16 novembre 1678.

Cette église est à trois nefs et fut rétablie à la moderne en 1702, de manière qu'elle paraît presque neuve.

A côté de l'église, règne un fort beau cloître, soutenu par des piliers en marbre rustiqués. La construction de ce remarquable édifice est due en grande partie aux largesses d'Amédée de Challand, Seigneur des Aymavilles et du Château Saint-Denis au Diocèse de Lausanne, qui légua à cet effet, par son testament du 25 octobre 1423, la somme de mille florins d'or.

Il est orné tout à l'entour d'assez bonnes peintures à fresque ; telles sont du moins les anciennes, celles existant le long de la muraille de la Sacristie, de la grande Salle et de l'église, qui n'ont pas été remodernées, ou mieux gâtées, de nos jours.

Le chœur de l'église est carrelé de marbre blanc et gris rustiqué. Il est fermé d'un beau balustre, aussi en marbre gris, entremêlé d'un treillage en fer coloré, à fleurs dorées.

A droite et à gauche du chœur, il y a deux niches, et dans chacune, un tombeau ou mausolée de l'illustre maison de Challand. On y admire quelques figures de

Seigneurs et de Dames en marbre blanc, à plein relief, admirablement bien travaillées ; les hommes, couverts de leurs habillements militaires, et les femmes, en grandes mantes à la mode du temps.

Celui de gauche, soit du côté de l'Evangile, porte une épitaphe ; il nous permet ainsi de connaître les noms du Chevalier et de la Dame qui s'y trouvent représentés au naturel :

« *Clauditur in tumulo Dominus Bonifacius isto, magnificus miles, mareschalusque Sabaudi principis, antiqua De Challand stirpe creatus, Fenicii Dominus clarissimus atque Vareti, justitiæ pacisque pater, Comitemque secutus est viridem in Campos quos bona Apulia servat, hinc post multa locum præclare gesta locellum quo sua cara sibi conjux Francisca juncta est.* »

Mais si l'on pénètre dans le caveau existant sous ce mausolée, on y trouve les ossements et les bières de plusieurs autres Seigneurs et Dames de Challand. C'est là que repose, entre autres, le Cardinal Antoine de Challand, frère de Boniface, embaumé dans un cercueil doublé de plomb, et dont on voit le chapeau rouge avec ses fanons, suspendu à la voûte du chœur au dessus du monument.

L'autre mausolée est du côté de l'épitre, enfoncé dans une ouverture prise dans l'épaisseur de la muraille ; il ne porte point d'épitaphe. On ne sait donc point positivement pour quel Seigneur et pour quelle Dame il a été érigé, quoiqu'il soit certain que c'est, là aussi, un tombeau de l'illustre maison de Challand ; on le reconnaît aux armoiries gravées sur les coussins qui supportent les chefs et en d'autres endroits du monument.

*Confréries.* — L'église de Saint-François est une pépinière de Confréries séculières. Les deux principales sont celles de l'Archiconfraternité du Cordon et de Saint-Antoine de Padoue ; viennent après celles de Saint-Nicolas, de Saint-Crépin, de Saint-Eloi, de Saint-Joseph, de Sainte-Barbe, de Sainte-Anne et plusieurs autres d'hommes et de femmes, pour les artisans et gens de métier.

*Historique.* — Notre Couvent est l'un des plus anciens de l'ordre de Saint-François. Quelques-uns le font remonter à l'an 1208, qui est à peu près le temps où ce saint Patriarche jeta les premiers fondements de son institut. D'autres croient qu'il fut établi en 1216, et leur opinion serait appuyée par l'inscription suivante, tirée d'un vieux manuscrit, et rapportée par le sieur De Pingon à la page 41 de son livre :

« *Anno Christi MCCXIIII divus Franciscus, ex Azilio Umbriæ civitate, in Gallias iter faciens, Charii primum paupertatis christianæ qua profitebatur sodalitium instituit, mox Taurini ædiculam sibi construxit, anno Domini MCCXIV deinde anno Domini MCCXVI profectus Augustam Prætoriam Civitatem, ibidem consocium suum Æliam relinquens templum et cœnobium ex ædiculis sibi a domino Gottofredo Vice Comiti Augustensi et Civibus concessis fœliciter stabilivit, et ejusdem ordinis professio, tunc in hac civitate sua incipit cunabula, primis hanc regulam exercentibus, piis fratribus religiosis Manfredo, Onuphrio, Bertrando et Mundo, regnante Ottone IV imperatore, et B. Bonifacio Valpergio episcopo augustensi, etc.* ».

D'autres encore, veulent qu'il n'ait été établi qu'en 1230, et même plus tard.

Parmi ces différentes opinions, le plus sûr parait être de s'en tenir aux mémoires que les Religieux conservent dans leurs archives, et de croire que leur couvent prit son commencement en 1224, du vivant même du pieux fondateur de l'ordre, après que les premiers frères venus à Aoste pour s'y établir en eurent obtenu le consentement de la part des Etats.

S'il faut en croire à une tradition conservée dans le

couvent à travers tant de siècles, saint Bonaventure, une des plus illustres et des plus anciennes gloires de l'ordre de Saint-François, passant par Aoste en 1274 pour aller au Concile Général de Lyon, célébra la sainte messe dans la chapelle, aujourd'hui convertie en sacristie, qui servait alors d'église au couvent.

Au commencement, ils n'étaient en tout que six religieux mendiants, observant la pauvreté évangélique de leur saint fondateur. Mais ayant dans la suite obtenu des mitigations dans leur ordre, ils commencèrent à accepter, comme aumônes, les biens-fonds qui leur étaient offerts par la charité des fidèles.

Le Vicomte Godefroy et les citoyens d'Aoste donnèrent cette partie de l'enclos faisant face sur la grande rue où est aujourd'hui l'église, et la portion du verger qui suit dans cette direction, jusqu'au ruisseau qui forme la ligne de démarcation entre la Ville et le Bourg.

Le même Seigneur Godefroy fit bâtir l'oratoire, aujourd'hui sacristie, qui fut leur première église. Les écussons du centre de la voûte sont remplis des armoiries de la maison de Challand, gravées sur la pierre. Il contribua aussi beaucoup à la construction de la maison.

Le Bienheureux Amé, Duc de Savoie, leur donna en 1466 cette autre portion de l'enclos, à présent en verger, qui fait face au Prieuré de Saint-Jaquème.

Aymon de Challand, Seigneur de Fénis, et son fils Boniface, Maréchal de Savoie, ont beaucoup contribué dans le XIV$^e$ siècle à l'édification de l'église de Saint-François. Le plancher, fait en forme de voûte, était relevé de sculptures et parsemé des armes de Challand. Il a été abattu lorsqu'on a restauré l'église.

Les revenus du Couvent s'accrurent aussi peu à peu. Ils fournissent aujourd'hui raisonnablement, avec un peu de quête que l'on fait pour ne pas oublier tout à fait ce que l'on a été dans les commencements, à l'entretien et subsistance de vingt-trois à vingt-quatre religieux.

La maison est fort peu de chose ; quelques efforts que l'on ait fait pour y établir un peu d'ordre, elle est demeurée très irrégulière ; ce n'est qu'un composé de plusieurs petits bâtiments, réunis et assemblés peu à peu.

La bibliothèque est assez belle et bien fournie pour un petit couvent (1).

Collège de Saint-Béning. — Aoste possède un grand Collège, dans lequel on enseigne les belles-lettres, depuis la classe des abécédaires, jusqu'à la philosophie et à la sacrée théologie inclusivement.

---

(1) Extrait d'un mémorial de l'Intendant J.-B.-A. Réan, adressé au Bureau d'État interne le 19 septembre 1814 :

« Des cinq couvents de la ville, deux ont été supprimés en novem-
» bre 1800, Lorraine et Saint-François *(25 brumaire an 9 pour Saint-
» François)*, par un coup d'autorité du Sieur Bruni, pour lors Com-
» missaire du gouvernement en cette ville. Les Cordeliers furent obligés
» de déloger subitement » *( Pierre Agostino, dit Pierre Collomb, d'Aoste, qui les servait comme novice cuisinier, m'a souvent raconté que les religieux venaient de se mettre à table et commençaient à déguster une entrée d'œufs à la coque, lorsque la gendarmerie frappa rudement à la porte ; mais continuons le récit de ce vieux Réan, tout imprégné de la malheureuse reaction de son epoque)* « et de vider la ville et la province en vingt-
» quatre heures, à la réserve du gardien, qui fut autorisé à rester dans
» la ville, et d'un autre qui a été réputé publiquement pour avoir pro-
» voqué cette violente dissolution. » *(Cet autre etait le P. Favre, originaire d'Ayas, renommé pour son talent oratoire et ses connaissances dans les sciences physiques et naturelles. Pourquoi donc s'etonner s'il ne voulait plus du couvent ?)* « Le même Commissaire Bruni établit de suite
» le notaire J.-Ant. Cerise pour agent national, qui s'empara des titres,
» meubles, immeubles, vases et ornements d'église des deux Cou-
» vents ».

Les bâtiments de Saint-François furent loués à différents particuliers, et l'église demeura fermée. Cela dura jusqu'à ce que la ville put l'acquérir elle-même, pour en faire une mairie et une halle. C'est par un arrêté du Gouvernement en date 14 vendémiaire an 12 (octobre 1803) que cette cession fut faite ; l'église, les bâtiments et tout l'enclos du couvent passèrent en toute propriété à la ville, qui fit abattre la nef méridionale et convertit la grande nef du milieu en une halle, la coupant à moitié hauteur par une voûte. On construisit sur cette voûte trois salles, qui servirent de maison communale jusqu'en 1839, où tout fut démoli, pour faire place à notre magnifique Hôtel de Ville. (Note présumée de M. le Dr. Dondeynaz).

A ce Collège est aussi uni, quoique séparé de revenus, un Séminaire pour les prêtres, lequel s'est érigé et augmenté depuis peu de temps, des légats de plusieurs personnes religieuses.

L'un et l'autre portent le titre de Saint-Béning.

*Saint-Béning aux Bénédictins.* — Saint-Béning est un bénéfice de très ancienne fondation (1). Dans ses commencements, il était conventuel; il était desservi et possédé par des religieux de l'ordre de Saint-Bénoit, sous la dépendance de la célèbre abbaye de Saint-Bening de Fructuaire en Canavais, laquelle avait la supériorité sur une infinité de bénéfices, tant dans les Etats de Savoie, qu'en France, en Italie, en Allemagne et ailleurs, ainsi qu'il est amplement désigné dans les bulles du Pape Clément IV, en date des nones de juillet de l'an 1265.

*Saint-Béning Prieuré.* — Il fut ensuite possédé par les Prévôts de la maison de Saint-Nicolas et Saint-Bernard de Montjoux. On en trouve des preuves sensibles, d'abord dans la chronologie des Prieurs de Saint-Béning, où l'on voit que plusieurs de ceux qui ont succédé à Jean de Arenso, étaient en même temps chanoines réguliers de Montjoux.

Le plus ancien Prieur connu de Saint-Béning est Gualterius, le même qui fut depuis Prévôt claustral de Montjoux, et en cette qualité, vendit à noble Aymonet De Lécours, par acte du dimanche des Rameaux de l'an 1303, la juridiction et territoire des *Alberteys* sur La

---

(1) Le Monastère de Saint-Béning existait déjà régulièrement en 1032, où il fit un échange de terrain avec le Comte Humbert aux blanches mains. L'importante charte contenant cet échange a été publiée dans les *Hist. Patr. Mon. tom. 1 vol. 498*, de L. Cibrario, et reproduite dernièrement de l'original, avec une fidélité scrupuleuse, à la fin du précieux *Cartulaire de l'Evêché d'Aoste*, publié et enrichi de notes par le pieux et savant Prélat qui se trouve aujourd'hui à la tête de notre Diocèse.

Salle. La bulle de suppression du Prieuré lui-même qui est de l'an 1596, en est une autre preuve indubitable. Voici comment elle s'exprime à ce propos : « *Prioratus Sancti Benigni Augustensis, ordinis sancti Augustini congregationis Sancti Bernardi, qui conventualis non est, quique parrochianarum cura non imminet animarum etc.* »

On ne manque pas d'autres arguments. Rappelons entre autres la remontrance que le R$^d$ Prévôt André Tillier fit faire par l'Av. Philippe Cerise son Procureur, le 7 mai 1599, c'est-à-dire, au temps où le Seigneur Jean-Louis d'Avise, Prévôt de la Cathédrale, en qualité de Commissaire Apostolique, allait donner aux économes nommés dans la bulle pontificale le possessoire du Prieuré érigé en collège. Par cette remontrance il protestait que, par aucun acte fait ni à faire, il n'entendait que préjudice fût porté à ses propres droits ni à ceux de sa Prévôté.

Et encore, l'obligation imposée aux chanoines de Saint-Sauveur, lorsque le Collège leur fut remis, de payer annuellement à la maison du Saint-Bernard la cense accoutumée de vingt muids de vin, vingt muids de seigle et un de froment, telle qu'elle la percevait précédemment de ce bénéfice et qu'elle continue à la percevoir encore actuellement (1).

Tout cela semblerait plus que suffisant pour établir d'une manière certaine cette dépendance du Prieuré de Saint-Béning vers la maison du Saint-Bernard. Nous citerons encore, pour ne laisser aucun doute sur cette vérité, le passage suivant, tiré d'une reconnaissance faite par un prieur de Saint-Béning, reçue le 28 février 1443 par le notaire Jean Canelly, d'Orsières, commissaire aux extantes de la maison de Montjoux.

---

(1) Cette cense, convertie plus tard en une redevance annuelle de L. 880 envers l'Hôpital des SS. Maurice et Lazare, ne fut éteinte que du temps des Jésuites, moyennant la somme capitale de L. 17600.

« *Venerabilis et religiosus Dominus Joannes Veteris Canonicus et professus domus hospitalis sanctorum Nicolai et Bernardi Montisjoveti, Prior Prioratûs Sancti Benigni Augustæ, ex ejus certa scientia, et voluntate motus, ut dicebat, de suisque juribus et dicti suis Prioratûs Sancti Benigni bene informatus, pro se et suis successoribus in eodem Prioratu tanquam in judicio, et ad instantiam et requisitionem viri religiosis, fratris Petri Damedei, Canonici et Celerarii dictae domus Montisjovis confessus fuit, se esse, et esse velle verum religiosum et professum dictae domus Montisjovis, dictumque Prioratum cum domo, pertinentiis, appendentiis, juribus, actionibus, rationibus et possessionibus tenere confitetur a dicta Domo, ex donatione facta per Papam, et quod Dominus Praepositus, habet in eodem Prioratu omnimodam donationem, institutionem, provisionem et patronagium, et quod dictus Prioratus semper regi solitus est per religiosos dictae Domûs, et sui in dicto Prioratu praedecessores erant ejusdem Domûs Religiosi, et quod tenetur praefatam Domum, Praepositum et Religiosos dictae Domûs recipere more solito, et inde se et suos in dicto Prioratu successores, debere dictae Domui, seu praefato Domino Praeposito, annis singulis et perpetue, de patronagio seu pensione annuali, videliscet viginti modia boni vini ad mensuram Augustae solvendam anno quolibet tempore vendemmiarum prout solitum est, nec non viginti modia silliginis, et unum modium frumenti, ad eamdem mensuram Augustae solvenda annis singulis praedictae Domui in festo sancti Michaelis etc.* »

Ce document nous amène encore à supposer qu'une si grosse cense peut avoir été introduite par les premiers Prévôts de Montjoux venus en possession de Saint-Béning ; ils auront d'abord conféré ce bénéfice, comme tant d'autres de leur dépendance, tant en Savoie qu'en

Vallée d'Aoste, à des religieux de leur maison, à la charge de payer cette quantité de denrées pour l'entretien de l'hospitalité dans les deux maisons de Saint-Bernard ; mais la longue possession l'a fait ensuite passer en reconnaissance, avec obligation de droit, non pas sur certains biens-fonds particuliers et confinés, mais sur tout le bénéfice en général.

Il y a cependant des personnes qui prétendent, sans autre preuve qu'une espèce de tradition assez mal imaginée, que le Bénéfice de Saint-Béning aurait appartenu pendant quelque temps aux Chevaliers du Temple de Jérusalem. Mais si l'on réfléchit qu'en 1262 (1), il est prouvé qu'il appartenait déjà aux Bénédictins, et qu'en 1303 et années suivantes, jusques à bien longtemps après la suppression des Templiers (2), il fut possédé par la Maison de Montjoux, on ne voit guère quand et comment il aurait pu se trouver sous leur dépendance, à moins que ce n'eût été dans les premiers temps de son établissement ; mais dans ce cas, il est peu probable qu'un ordre militaire, si fameux dans la chrétienneté, et qui possédait bien d'autres bénéfices dans la Vallée, se fût laissé dépouiller avant le temps d'un bénéfice aussi important que l'était Saint-Béning.

Quoi qu'il en soit, le plus ancien Prieur de Saint-Béning dont on ait pu avoir connaissance est ce Gualterius

---

(1) En 1262, Saint-Béning avait, depuis bien longtemps, cessé d'appartenir aux Bénédictins. Une bulle du Pape Alexandre III, en date 18 juin 1177 *(Hist. Patr. mon. tom. II. col. 1056)* énumère déjà « *ecclesiam Sancti Benigni in Augusta cum pertinentiis suis* » parmi les possessions de la maison du Saint-Bernard.

(2) L'Ordre des Templiers, fondé en 1118, fut supprimé en 1312 par le Pape Clément V. Il paraît d'ailleurs n'avoir jamais mis le pied en Vallée d'Aoste. L'ordre militaire qui posséda le Prieuré de Sainte-Hélène (V. le volume *Des Seigneuries* à page 223) fut probablement celui des Chevaliers de Saint-Jean de Jérusalem.

déjà nommé ; le dernier fut Geoffroy Ginod, Evêque de Belley et rédacteur du Coutumier d'Aoste (1).

*Saint-Béning érigé en Collège.* — C'est du vivant de ce dernier Prieur, que le Conseil des Commis recourut à la Cour de Rome, demandant en grâce que Saint-Béning fût affecté en faveur du pays, et érigé en Collège perpétuel pour l'instruction de la jeunesse.

Ces démarches, appuyées par le Souverain, ne se firent pas sans de grands frais ; mais enfin, deux bulles de S. S. le Pape Clément VIII, expédiées en date des calendes de février 1596, vinrent couronner de succès une entreprise de si haute importance : la première portait suppression du Prieuré et son érection en Collège, sous la direction et perpétuelle économie des Rév$^{mes}$ Evêques du diocèse, des Seigneurs Baillifs du Duché et des nobles Syndics de la Ville et du Bourg d'Aoste, comme représentants de tout le pays ; l'autre disposait pour la mise en possession de ce bénéfice, après la mort de celui qui en était pourvu.

Cette possession fut prise au mois de juin de l'an 1604, à la mort de l'Evêque de Belley.

Le nouveau Collège ne tarda pas à s'ouvrir.

L'enseignement y fut d'abord donné par des régents, tantôt ecclésiastiques et tantôt séculiers.

Plus tard, on fit demander à plusieurs reprises les RR. PP. Jésuites ; mais ceux-ci refusèrent, ne trouvant pas que le revenu fût assez gras pour leur entretien, et ne voulant pas accepter la condition restrictive de ne rien pouvoir acquérir dans le pays.

---

(1) On connait les noms de quinze Prieurs de Saint-Béning, de 1303 à 1604 ; leur chronologie ne remonte pas plus loin. Les dix premiers semblent avoir été Prieurs Réguliers ; Jean Veteris, nommé en 1421, est le premier qui résulte avoir été investi du bénéfice à titre de Commende.

*Les Chanoines de Notre-Sauveur à Saint-Béning.* — Ensuite de ce refus, la régence du Collège de Saint-Béning fut, en juillet 1643, conférée provisoirement aux Chanoines Réguliers de la Congrégation de Notre-Sauveur.

Un an plus tard, le pays ayant obtenu l'agrément et bon plaisir de M$^{me}$ la Duchesse Royale Chrétienne de France, Régente de l'Etat pour son fils le Duc Charles-Emmanuel II, la chose fut traduite en acte régulier et définitif. Cet acte, reçu par égrège Pantaléon Buthier, Notaire et pour lors Secrétaire des Etats, porte la date du 14 juillet 1644. Y intervinrent, comme représentants de la Congrégation, les RR. PP. Jean Terrel, Supérieur Général, Jean Bédel, Procureur Général, et six autres Chanoines; comme représentant l'Administration du Collège, le Rév$^{me}$ Evêque Jean-Baptiste Vercellin, le Seigneur Alexis De Parelle des Comtes de Saint-Martin, Marquis de Brosso, Gouverneur et grand baillif du Duché, noble Mathieu De Cré et Claude-François Bellesy, syndics de la Cité et Bourg.

Les conditions les plus essentielles de ce contrat furent les suivantes :

1º Que les RR. PP. et leur Congrégation maintiendraient au Collège un maître Recteur et six Régents, doctes et capables, pour six classes. Du nombre de ces six classes, serait celle des abécédaires, auxquels on apprendrait à lire, à écrire, la croyance et les rudiments. La classe la plus élevée serait la Rhétorique, et si les revenus permettaient de maintenir un plus grand nombre de régents, on enseignerait aussi la philosophie;

2º Qu'ils tiendraient des pensionnaires en proportion des bâtiments et des commodités dont ils pourraient disposer;

3º Qu'ils établiraient une messe journalière pour les écoliers et maintiendraient des Pères pour les confesser et communier;

4° Que pour les biens qu'ils acquerraient en propre, ils continueraient à payer les tailles si ces biens y étaient soumis auparavant;

5° Qu'ils ne pourraient recevoir, par disposition testamentaire, donation ou autre contrat quelconque, sous peine de nullité, aucun bien en propriété, si ce n'est de l'argent, et jusqu'à la somme de mille écus pour chaque fois (mille livres de Savoie, qu'on appelait *écus* dans ce temps-là, à Aoste);

6° Qu'ils ne pourraient, sous peine de nullité, vendre, échanger, ni, en quelque façon que ce soit, aliéner les maisons, propriétés, censes, rentes et autres biens du Collège, sans la permission des Seigneurs Économes, et pour la seule, évidente utilité de l'établissement;

7° Qu'ils étaient obligés de maintenir les domiciles et propriétés du Collège en bon état, et de les améliorer pour autant qu'il leur serait possible;

8° Que dans le cas où leur ordre viendrait à cesser d'exister, ou à ne plus pouvoir maintenir le nombre voulu de régents, les Seigneurs Économes auraient la faculté de reprendre le Collège et d'y mettre d'autres régents, tout comme ils faisaient avant la stipulation du contrat;

9° Qu'ils payeraient dès lors toutes les décimes, censes et autres charges du Collège, même la cense de vingt muids de vin, vingt muids de seigle et un de froment à la dévote maison du Saint-Bernard, avec obligation d'en rapporter quittance chaque année;

10° Qu'ils seraient tenus de laisser tous les titres originaux du Collège dans les archives du pays, sauf à eux d'en retirer des copies authentiques pour leur usage; et qu'ils feraient passer les reconnaissances au nom du Collège.

Neuf ans plus tard, et précisément le 5 juillet 1613, les Chanoines de Notre Sauveur firent aussi une convention avec le Chapitre de la Cathédrale, tant pour les intérêts directs du Chapitre lui-même que pour ceux de la Cure de Saint-Jean, qui en dépend.

Cet acte, reçu par Noble Jean-François Passerin et Sulpice Derriard, Notaires, portait :

1° Que les Chanoines de N. S. ne pourraient ériger leur église en Collégiale dans les confins de la Cité et Bourg ;

2° Qu'ils ne pourraient se qualifier d'autre titre que de celui que leur a donné S. S. le Pape Innocent X dans sa bulle de Confirmation du Collège, c'est-à-dire, de Chanoines Réguliers de Saint-Augustin de la Congrégation de Notre Sauveur, recteurs et professeurs du Collège de Saint-Béning d'Aoste ;

3° Qu'ils ne porteraient l'aumuce comme marque de leur profession régulière, que dans leur église, ou bien en marchant en corps au dehors, étant requis pour quelque fonction ;

4° Qu'ils n'accepteraient aucune sépulture ; mais qu'ils pourraient la donner sans aucun empêchement à leurs religieux et à leurs domestiques, célébrer pour eux les fonctions funèbres et leur administrer les Sacrements ;

5° Qu'ils ne célébreraient aucun *chanté*, soit service *pro defunctis*, si ce n'est pour ceux qui auraient été réellement leurs bienfaiteurs, ou pour les personnes désignées au numéro qui précède ;

6° Et finalement, qu'ils n'accepteraient aucune offrande en tendant la patène.

L'administration et les classes du Collège ainsi établies, il fallut bientôt pourvoir à de nouveaux locaux, les anciens étant devenus insuffisants. Ils furent bâtis des deniers du général du pays.

L'église a été élevée par la libéralité du sieur Jean-Boniface Festaz, trésorier du Duché. Elle est assez spacieuse, fabriquée à la moderne, mais un peu trop longue par rapport à sa largeur.

Les classes de Philosophie et de Théologie ont été

érigées au Collège en 1709, par les libéralités du Rév. Seigneur Réné Ribitel, chanoine Théologal, Official, Vicaire général et Archidiacre d'Aoste. Le contrat n'en fut cependant fait que le 11 septembre 1711, et reçu par le sieur Jean-Louis Perinod comme notaire.

SAINT-JACQUÈME. — Le Prieuré de Saint-Jacquème dépend de la maison du Saint-Bernard. On a bien essayé une fois, pendant que cette maison était encore gouvernée par les Abbés Commendataires, d'introduire à Saint-Jacquème un séminaire. Ce fut l'Em$^{me}$ Cardinal Marc-Antoine Bobba, en qualité d'Evêque d'Aoste, qui fit cette tentative, au moyen de certaines bulles, obtenues en Cour de Rome. Mais le Prévôt André Tillier s'y est rétabli en 1594.

Depuis lors, ce Prieuré a toujours servi de demeure habituelle aux Prévôts du Saint-Bernard.

Il est très médiocre en revenus, n'ayant à peu près que la maison et l'enclos.

L'enclos est assez spacieux. Quant aux bâtiments, ils ont quelque apparence à les voir du dehors, à cause de quelques tourelles un peu enjolivées; mais au dedans, ils sont si irréguliers qu'il n'y a pas un appartement suivi; ce ne sont que des chambres hautes et basses, sans aucun ordre. L'église est très petite; elle ne sert guère que pour l'usage du Prévôt et pour les domestiques de la maison.

De jeunes religieux viennent aujourd'hui faire leurs études à Saint-Jacquème. On y enseigne la philosophie et la théologie selon le sentiment de saint Thomas d'Aquin, dans deux écoles fondées. comme l'ont été plus tard celles du Collège, des libéralités de l'Archidiacre Ribitel, par contrat du 7 avril 1695 reçu par Jean-Baptiste Figerod notaire royal et apostolique.

Le Prieuré de Saint-Jacquème est de fondation fort ancienne. Avant de passer à la maison du Saint-Bernard, il a dû être pendant quelque temps bénéfice séculier, et servir de prébende à un chanoine de la Cathédrale. On le croit du moins, et non sans fondement ; car il est hors de doute que c'est pour raison de ce bénéfice, et comme Prieurs de ce Prieuré, que les Prévôts du Saint-Bernard tiennent de droit, sans autre bulle ni élection, rang de Chanoines effectifs de la Cathédrale d'Aoste. Il est vrai qu'ils y prétendent encore comme successeurs de leur illustre fondateur saint Bernard de Menthon, qui fut chanoine et archidiacre.

Quoiqu'elles n'en soient éloignées l'une et l'autre que d'une centaine de pas, les deux maisons hospitalières qui forment le principal titre des Prévôts de Montjoux ne sont point enclavées dans les confins du Duché. Les Prévôts eux-mêmes n'ont pas rang de dignité ecclésiastique parmi le clergé d'Aoste, ils n'y peuvent paraître que comme chanoines à cause de leur Prieuré de Saint-Jacquême.

Cependant, comme ils font chez nous leur résidence ordinaire, et que la plupart des biens, censes et rentes qui fournissent à l'entretien des religieux et à l'hospitalité continuelle des deux hospices sont situés aussi dans notre pays, on a cru convenable d'en insérer la chronologie à la fin du présent volume, avec celle des autres dignités (1).

---

(1) La maison du Saint-Bernard fut dépouillée des biens qu'elle avait dans la Vallée d'Aoste par bulle du pape Benoit XIV en date 19 août 1752 (Duboin, *Lois*, tome I, vol. I p. 779).
Une note postérieure ajoutée à la fin du manuscrit, après avoir donné la chronologie des Prévôts, jusqu'à Léonard Jorioz, d'Etroubles, agréé par le roi Victor-Amédée entre les trois que le chapitre lui avait fait proposer pour coadjuteur de son prédécesseur Louis-Boniface, et mort le 18 décembre 1734 sans s'être donné un coadjuteur, raconte comme suit la suppression de cette Maison dans les Etats du Roi de Sardaigne.

SAINTE-CATHÉRINE. — A l'angle nord-est, près des murailles de la ville, s'élève un monastère de chanoinesses

« Après sa mort, le Roi nomma un Prévôt; mais il ne fut pas agréé par
» les chanoines, lesquels, étant du Valais, ne voulaient point reconnaitre
» la juridiction de S. M. On essaya, par des ménagements, de concilier
» les intérêts réciproques; mais ce fut en vain; les choses ne firent que
» se gâter toujours davantage, et ce fatal refus fut l'origine de la sup-
» pression, chez nous, d'un établissement qui, pendant huit siècles, avait
» été pour les régions voisines une véritable bénédiction.
» Le prieuré de Saint-Pierre devait être uni à la mense épiscopale, et
» Saint-Jacquême au Séminaire. Mais dans sa bulle de sécularisation, le
» Pape ne jugea pas à propos de s'en tenir à ce projet de répartition :
» il réunit tous les biens et revenus de cette Maison dans les Etats
» de S. M., à l'Ordre Militaire des SS. Maurice et Lazarre, pour l'érec-
» tion de deux commanderies, dont l'une sous le nom de Saint-Pierre,
» du prieuré de ce nom, et l'autre sous celui de Meilleraye en Cha-
» blais, avec la charge d'établir et doter un hôpital à Aoste, pour
» l'entretien de douze malades.
» La réalité de cette bulle fit ouvrir les yeux, mais trop tard, aux
» messieurs du Saint-Bernard. Ils réclamèrent inutilement. La plupart
» avait consenti entre les mains de l'Evêque, sous l'appas d'une pen-
» sion de L. 500. Leurs protestations furent admises dans les deux
» greffes, ecclésiastique et civil, du Duché, et ils en retirèrent des
» actes en due forme. Ils s'y plaignent d'avoir été trompés, séduits,
» sans entière connaissance de cause, par pure supercherie. Ils ont
» rendu leurs plaintes publiques.
» L'Ordre Mauricien, pour satisfaire à ses obligations, achetait quel-
» ques années après la maison du Baron de Champorcher, au prix de
» L. 32000. Il y a érigé l'hôpital actuel, où douze malades sont assis-
» tés, sous la direction de M. le Chev. Laurent de Sainte-Agnès, de
» Chambéry, premier Commandeur. Il y a médecin, chirurgien, apo-
» thicaire, aumônier, économe, secrétaire, auditeur, infirmiers et infir-
» mières, jardiniers, cuisiniers et autres employés. On compte sur
» L. 16000 de rentes annuelles.
« La maison de Saint-Jacquême a été plus tard achetée, au prix de
» L. 15000 par Monseigneur De Sales, qui l'a destinée pour servir de
» Séminaire. A ces fins, il l'a fait démolir en partie et rétablir à neuf
» à la moderne, fort noblement, avec un appartement pour lui et une
» fort belle chapelle où il a fait préparer son mausolée.
» On conserve sur le même pied qu'auparavant la maison du Petit-
» Saint-Bernard ; mais celle de Mont-Joux, dépouillée de ses meilleurs
» revenus, menace ruine. »
Nous ajouterons que l'Hôpital Mauricien d'Aoste n'a plus, en 1885,
le luxe solennel d'une cohorte d'employés; mais en revanche, ses
rentes dépassent aujourd'hui les L. 83000 annuelles et le modeste
nombre primitif de douze lits s'est élevé à quatre-vingt-dix en moyenne.

régulières de Saint-Augustin, appelées dames de Sainte-Catherine. Leur enclos est très vaste, l'habitation passablement commode, l'église très petite et obscure.

Ces religieuses sont les plus anciennes que compte le Duché. On ne sait pas précisément en quelle année elles s'y sont établies; mais on conjecture que ce dut être vers la fin du XII<sup>e</sup> siècle.

Leurs constitutions portent qu'elles sont venues de Loësche, petite ville du haut Valais, à quatre ou cinq lieues au dessus de Sion. C'est là qu'elles avaient leur couvent primitif, de même dénomination, avec de bons biens pour leur subsistance.

Mais elles durent abandonner tout cela dans un temps de cruelles guerres civiles. Il s'agit apparemment des troubles qui désolèrent ce pays vers la fin du règne de l'empereur Frédéric II, à l'époque où les Barons de Raron, puissants Seigneurs de l'endroit, cherchaient à opprimer leur patrie et à s'en rendre les maîtres, tandis que les habitants des autres dizains s'efforçaient de conquérir leur liberté.

La tradition porte qu'elles s'introduisirent dans le pays par le Mont-Cervin, au nombre seulement de cinq ou six sœurs, et se réfugièrent d'abord à Antey. Elles y établirent leur première demeure dans une maison particulière, vivant en société évangélique, des aumônes des fidèles. De là, elles vinrent à Porossan, où elles ont possédé quelques biens, et changé, dit-on, deux fois de demeure. Mais, soit qu'il ne convînt pas à des personnes de leur sexe faisant profession de vie monastique, quoique sans clôture, de demeurer dans un lieu si écarté, loin du commerce, de l'église et de tout voisinage; soit que, comme quelques-uns l'assurent, l'air de cet endroit fût réellement contraire à leur santé, tellement qu'elles y étaient toujours maladives, il est certain qu'elles n'y firent pas un long séjour. Elles se décidèrent à inféoder les biens qu'elles y possédaient, et à venir demeurer dans l'enceinte de la Cité, qui commencait alors à se relever de ses ruines.

Les Seigneurs Vicomtes, du consentement des citoyens, leur permirent de s'y établir et leur pourvurent un logement dans l'endroit même où elles sont encore aujourd'hui. Elles y étaient déjà en 1247, ainsi qu'en fait foi l'acte original du 1$^{er}$ avril de cette même année-là, par lequel Aymon, Prévôt de Saint-Gilles, avec le consentement de son chapitre, leur donna à fief certaines propriétés existant auprès de leur maison : « *Dedit ad rectum feudum mulieribus religiosis in civitate augustensi in loco qui dicitur* Perthuis *conversantibus quasdam possessiones, circa domum illarum adjacentes, cum tribus crottis, de quibus itur domum Sancti Ægidii ex una parte et ipsas mulieres ex altera, quorum fines sunt de prima parte via publica, de 2$^a$ et 4$^a$ res Sancti Ægidii, de 3$^a$ palatium rotundum, de 5$^a$ via publica, pro tribus solidis secusinorum annuatim, et pro quinque solidis de placito in morte Præpositi vel Priorissæ ipsarum etc.* »

Leur établissement primitif à Loëche est plus que prouvé par les pièces suivantes, que ces dames possèdent dans leur archive :

*a*) Bulle du Pape Clément IV, concédée à Pérouse aux ides d'octobre de 1265, et souscrite par quinze cardinaux. C'est la bulle d'approbation de leur ordre ; à l'endroit qui fait mention de leurs biens, elle s'exprime en ces termes : « *Domum, terras et possessiones quas habetis in loco qui dicitur Leuca in diocesi sedunensi cum omnibus pertinentiis suis, pratis, vineis, terris, nemoribus etc.* »

*b*) Autre bulle du Pape Eugène IV, sous la date du 4 des nones de juillet 1440, adressée à l'official de Sion, pour faire restituer à ces Dames leurs biens de Loëche ;

*c*) Seconde bulle du même Pape, adressée à l'Evêque de Sion pour le même objet, le 6 des calendes de novembre de l'année suivante ;

*d)* Procuration de la Prieure et des religieuses de S^te-Catherine en date 31 mai 1442, précédée de la permission de l'Evêque du 19 janvier, faite en tête de deux ecclésiastiques du Valais, pour y poursuivre la restitution de ces biens, alors possédés par des particuliers ;

*e)* Compromis fait entre les parties le 17 décembre de la même année ;

*f)* Sentence rendue le 14 janvier 1443 par l'Evêque de Sion ;

*g)* Appel émis par les détenteurs au métropolitain de Tarentaise le 16 mars suivant ;

*h)* Enfin, autres procédures faites en 1457 contre les possesseurs des dits biens, avec mandat de mise en possession ensuivie, sous la date du 20 novembre de la même année.

La chose est donc hors de tout conteste.

Il faut que ces Dames aient depuis fait vendre ces biens, pour en acquérir d'autres plus à leur bienséance en Val d'Aoste.

Leur aisance s'est dans la suite accrue par les libéralités de plusieurs bienfaiteurs. Il faut mettre en première ligne la R^e Maison de Savoie, qui leur a donné le grand pré existant au septentrion des murailles de la Cité, passé la Rive, avec ses dépendances, jusqu'à leur enclos, sauf les chemins ; pour cause de quoi elles font dans leur église un service annuel le 7 février.

Outre leur premier enclos, elles doivent encore à la maison de Challand de nombreux bienfaits, et entre autres, la construction de leur église.

Tout cela, réuni à quelques bonnes dots qu'elles ont eues dans la suite des temps, leur a donné le moyen d'augmenter leur enclos et leur bâtiment et de fournir à l'entretien d'une nombreuse communauté, ainsi que d'un prêtre pour leur servir de chapelain et d'économe.

Les Dames de Sainte-Catherine suivent la règle de

Saint-Augustin, semblable à celle des religieuses de Sainte-Marthe à Rome. Quoiqu'elles aient conservé pendant plusieurs siècles la liberté de sortir, elles ne se sont jamais écartées de la piété, de la modestie et de la régularité convenables à leur profession de vie monastique.

En 1631, les religieuses de la Visitation instituées à Annecy par le grand saint François de Sales évêque de Genève, cherchaient un établissement dans cette ville. On voulut en cette occasion obliger les Dames de Sainte-Catherine à les recevoir dans leur couvent, et à quitter leur ancien institut pour suivre la règle des Visitandines, fort différente de la leur. On invoquait pour cela le prétexte spécieux, que la plus grande partie de leurs sœurs étant mortes, l'année précédente, du mal contagieux qui avait désolé la Ville et le Duché, elles n'étaient plus en état de soutenir leur maison, seule de leur ordre.

Non seulement elles s'en excusèrent, en marquant leur répugnance à changer une règle si souvent approuvée par les Souverains Pontifes, et encore tout récemment, du temps du Cardinal Bellarmin, qui l'avait examinée à fond par commission apostolique; mais elles s'en défendirent encore avec vigueur, recourant à la protection souveraine pour être continuées dans cette même règle et n'être pas gênées en leur volonté.

Depuis cette époque, elles ont encore fait reconfirmer les règles de leur institut par l'Evêque Philibert-Albert Bally, acte célébré le 9 novembre 1682, en vertu d'un bref apostolique obtenu du Pape Innocent XI, donné à Sainte-Marie-Majeure, sous l'anneau du pêcheur, le 2 août 1679. Par cet acte, il leur était permis de les faire imprimer.

Ces règles sont partagées en 26 chapitres.

Le 1er traite de l'amour de Dieu et du prochain; le 2me, de l'union des cœurs; le 3me et le 4me, de la communion en toute chose et de la distribution à chacune selon la nécessité ; le 5$^{me}$, de l'union des pauvres et des riches en humilité ; le 6$^{me}$ et le 7$^{me}$, de l'oraison et de la mortification de la chair ; le 8$^{me}$, de la lecture de table et de la manière de distribuer les viandes ; le 9$^{me}$, du traitement des malades ; le 10$^{me}$, de la façon des habits ; le 11$^{me}$, de la manière dont les converses doivent agir dehors ; le 12$^{me}$, du soin de conserver la pudicité ; le 13$^{me}$ et le 14$^{me}$, de la correction fraternelle ; le 15$^{me}$, établit comment on doit châtier la religieuse convaincue ; le 16$^{me}$, comment on doit garder les habits ; le 17$^{me}$, est dédié au lavement du corps et à l'usage des bains ; le 18$^{me}$, à la distribution des livres ; le 19$^{me}$, au soin d'éviter les procès ; le 20$^{me}$, à la réparation et satisfaction des fautes et offenses entre sœurs ; le 21$^{me}$, traite de la correction des inférieures envers les premières et Supérieures ; le 22$^{me}$, de la dilection ; le 23$^{me}$, de la soumission et du respect dûs à la Supérieure ; le 24$^{me}$, du devoir de la Supérieure touchant la correction ; le 25$^{me}$, de la façon dont la Supérieure doit traiter les sœurs ; le 26$^{me}$, de la fréquente lecture des Règles.

Les Constitutions qui suivent les règles sont divisées, elles aussi, en 26 chapitres :

Le 1$^{er}$, le 2$^{me}$ et le 3$^{me}$ s'occupent de l'office divin, du Chapitre ordinaire et de la Sainte Messe ; le 4$^{me}$ règle le jeûne, la lecture de table et la récréation ; le 5$^{me}$, la manière de parler aux personnes du dehors ; le 6$^{me}$, le travail ; le 7$^{me}$, le silence ; le 8$^{me}$, les vêtements et les lits ; le 9$^{me}$ et le 10$^{me}$, la confession et la communion ; le 11$^{me}$, l'oraison mentale ; le 12$^{me}$ traite de la coulpe légère ; le 13$^{me}$, de la moyenne et grièvre coulpe ; le 14$^{me}$, de la plus grièvre coulpe ; le 15$^{me}$, de la très grièvre coulpe ; le 16$^{me}$, de la correction évangélique ; le 17$^{me}$, de la discipline ; le 18$^{me}$, le 19$^{me}$ et le 20$^{me}$, de la réception à l'ordre, de la probation et de la profession ; le 21$^{me}$, de l'élection de la Prieure ; le 22$^{me}$, du Chapitre annuel, de l'élection de la Supérieure, de la maîtresse des novices et des conseillères ; le 23^me, de la maîtresse des pensionnaires ; le 24^me, des autres officiers du Monastère ; le 25^me, des sœurs laies et converses ; le 26^me, de la manière d'ensevelir les sœurs défuntes.

Il n'y a guère plus de cent cinquante ans que les Dames de Sainte-Catherine avaient encore la liberté de sortir. On dit même qu'elles ont dans leur archive des preuves, qu'à certains jours de fêtes solennelles, elles intervenaient publiquement, avec leur Prieure, aux processions et aux offices avec MM. les Chanoines de la Cathédrale et de la Collégiale. Mais si jamais il en fut ainsi, ce dut être du temps qu'elles n'avaient pas encore d'église à elles en particulier. Presque tous les monastères de vierges étaient anciennement dans ce même cas.

Elles ont été cloîtrées peu après le Concile de Trente, et pour se conformer à ces décisions.

La Prieure a rang de dignité. Sa charge n'est point perpétuelle, mais triennale ; elle peut cependant être confirmée jusqu'à trois fois, c'est-à-dire pour neuf ans, si les conditions portées par les constitutions se rencontrent en sa personne. Lorsqu'elle vient à mourir revêtue de sa charge, c'est la coutume qu'on sonne pour elle aux trois églises collégiales, avec la même distinction qui s'observe pour les autres dignités ecclésiastiques.

Les Prieures ont de toute ancienneté leur plat aux réfections et distributions qui se font à la Cathédrale et à l'église du Bourg. Elles perçoivent encore ordinairement celles de la première ; mais quant à celles de la seconde, elles se sont arrangées avec le Chapitre, par transaction du 17 février 1656, pour une cense annuelle de dix-huit livres en argent, payables chaque année sur les deniers de la masse (1).

---

(1) Les Dames de Sainte-Catherine furent supprimées par l'arrêté

La Visitation. — Un second monastère de femmes s'est établi dans notre ville le 12 octobre 1631, par permission des Etats accordée sur la puissante recommandation de S. A. S^me le Duc Charles-Emmanuel I. Ce sont les Dames de la Visitation de Sainte-Marie, dites Visitandines, sous la règle de Saint-François de Sales.

Déjà depuis le mois de mai 1627, la noble famille De Vaudan leur avait donné la maison et une partie de l'enclos qu'elles occupent encore aujourd'hui près de la porte de Saint-Etienne ou de la Rive. Très pauvre au commencement, leur Communauté n'a pas tardé à se fortifier par les bonnes dots de plusieurs demoiselles de qualité. Elle a fait de bonnes acquisitions et quelques impositions de rentes, qui lui suffisent pour subsister.

Leur bâtiment a été depuis quelques années considé-

---

général du Gouvernement français en date du 28 Thermidor an 10 (août 1803). Le Sieur Comte, receveur du Domaine, s'empara des titres, meubles et immeubles du Couvent.

Après avoir été pendant quelques années administrés par le Domaine, le Couvent et l'enclos de Sainte-Catherine furent cédés à la Ville par Décret Impérial du 3 juillet 1806, à charge d'en former une caserne pour cent hommes de cavalerie. Un autre Décret du 31 juillet 1811 confirma cette cession. Il ne résulte pas que la Ville ait pris officiellement possession du bâtiment et enclos de Sainte-Catherine. Il est certain cependant qu'elle en a joui pendant plusieurs années, les donnant à bail et en percevant le loyer. Cela résulte de la manière la plus certaine des états descriptifs dressés sur réquisition du Gouvernement le 27 octobre et 10 novembre 1817, signés Rebogliatti et Barrilier Syndics, le 10 mars 1821, signé De La Tour de Bard Syndic, et le 5 janvier 1824, signé Régis et Barmettes Syndics. Ces états portent Sainte-Catherine comme possédé en toute propriété et joui par la Ville. Comment cela nous a-t-il été enlevé ? Notre archive, complète pour ce qui regarde la Visitation et le Couvent de Morgex, est muette là dessus.

En 1831, par RR. PP. du 13 janvier, l'ex-couvent fut de nouveau cédé à la Ville, à titre d'emphitéose perpétuelle, pour y fonder un éducandat de jeunes filles ; mais par nouvelles PP. du 4 octobre 1836, les sœurs de Saint-Joseph furent subrogées à l'Administration municipale.

Elles y sont encore.

rablement agrandi. Il a aujourd'hui l'aspect d'un palais, faisant face de deux côtés sur la place qui est au devant de l'ancien Palais Roncas, actuellement l'hôtel du Duché (1).

Quant à l'église, elle est fort médiocre.

Leur enclos, assez médiocre aussi, ne laisse pas que de gêner considérablement la ville et les citoyens, depuis la permission qu'elles ont obtenue de S. A. R., sous la date du 13 octobre 1694, de faire fermer le grand chemin de circonvallation qui passait en cet endroit, entre leur église et les murailles de la Cité. (2)

Lorraine. — Aoste possède encore un troisième couvent de femmes : ce sont les Dames de Lorraine, ainsi appelées à cause du pays dont elles sont venues.

Ces religieuses appartiennent à la Congrégation de Sainte-Marie, constituée en 1603 par le Bienheureux Père Fourrier de Mathaincourt pour travailler à l'instruction des filles, et approuvée par bulles du Pape Paul V, du 1$^{er}$ février 1615 et 6 octobre 1616. Elles sont venues s'établir à Aoste ensuite de permission que l'Assemblée Générale des Trois Etats leur en a accordée le 9 décembre 1643, à la recommandation de M$^{me}$ la Duchesse Royale Chrétienne de France, Régente du Royaume.

---

(1) En 1702, les Visitandines avaient voulu acheter le Palais Roncas lui-même, offrant au Président Busquet L. 30,000, dont L. 18,000 au comptant. Ce fut pour empêcher que ce Palais ne passât en mainmorte, que le Duché en fit l'acquisition, pour le même prix de L. 30,000.

(2) Les Visitandines furent supprimées en même temps que les Dames de Sainte-Catherine, et leur enclos cédé à la ville par les mêmes décrets 3 juillet 1806 et 31 juillet 1811. Mais ici, la prise de possession officielle eut réellement lieu. La Ville a possédé pendant plusieurs années les bâtiments et l'enclos de la Visitation, donnant à bail le rustique et l'enclos, non occupés par la garnison. En 1821, le bâtiment fut cédé au gouvernement pour usage de quartier militaire, mais avec déclaration expresse que la propriété restait à la Ville. Le rustique et le jardin passèrent en 1826 à disposition de l'Evêque du Diocèse, ainsi que le Couvent des Capucins de Morgex, pour en employer le produit en faveur du Séminaire.

Le 4 octobre 1655, le Conseil Général leur permit d'acheter une maison pour faire leur clôture, moyennant accord avec MM. les Syndics pour le choix de l'emplacement et les conditions spéciales.

Par autres résolutions du 21 avril 1660 et du 24 septembre 1668, elles furent exemptées du paiement des tailles, et le général du pays se chargea lui-même de celles qu'elles devaient payer pour les terrains de leur enclos et pour le grangeage d'Olleyes qu'elles avaient acquis à Saint-Christophe. Cela fut fait par égard à leur pauvreté, et sur la considération que, suivant les règles de leur institut, elles s'étaient adonnées à l'enseignement, tenant une école ouverte pour les jeunes filles de la Cité et du Bourg et autres qui voudraient y venir.

L'industrie et le travail ont depuis amélioré peu à peu leur condition ; le grand nombre de filles, tant du pays que du dehors, qui ont successivement pris parti dans leur maison, ont achevé de la relever. Elles sont aujourd'hui assez à leur aise, avec un fort bel enclos, nombreuse communauté, grand bâtiment, bon rustique, bonne ménagerie : leur église seule n'est point proportionnée au reste, parce qu'elles n'ont pas encore une place commode pour la faire bâtir ; celle qu'elles ont à présent n'est qu'une pierre d'attente. (1).

Les Capucins. — A trois cents pas hors des murailles de la ville, du côté du nord et dans une des plus belles et agréables situations qu'il soit possible de souhaiter dans nos environs, existe un couvent de capucins.

Leur bâtiment s'élève au pied de la colline, à l'abri des vents du nord; il est assez régulier. L'enclos est très spacieux et très commode.

---

(1) Le Couvent de Lorraine, comme on l'a déjà noté à propos de celui de St-François, fut supprimé en novembre 1800 par le Commissaire Bruni. Les religieuses furent distribuées dans les deux autres Couvents de la Visitation et de Sainte-Catherine.

Ces pères avaient été demandés de la part du pays, par ordonnance des jours 25 avril 1612, 7 avril et 6 mai 1614. L'emplacement du Couvent fut acquis par le concours du général du Duché et les aumônes de plusieurs particuliers, et la construction en fut commencée le 7 avril 1619, en grande cérémonie : ce fut Mgr Martini qui bénit et posa la première pierre ; le vibaillif Michel De Bosses posa la seconde, et discret Urbain Lyboz, au nom de son oncle l'avocat Lyboz fit l'office d'en arrêter la troisième.

Miséricorde. — La Confraternité séculière de pénitents et de pénitentes portant le titre de Sainte-Croix de la Miséricorde, a pris commencement le 12 mars 1598. Elle ne fut cependant approuvée et confirmée que le 22 avril 1600, par patente de S. A. S$^{me}$ le Duc Charles-Emmanuel I. Cette même patente concédait à la compagnie, chaque année, la grâce et rémission d'un condamné à mort ou à la galère par la justice d'Aoste, en union avec toutes autres peines corporelles, écrites ou pécuniaires par le même encourues, exceptés cependant les condamnés pour crimes de lèse-majesté divine ou humaine, assassinat, faux témoignage, fausse monnaie ou autres cas réservés.

Cette Confraternité fut vêtue de blanc pendant plus d'un siècle, jusqu'en 1711. Ayant cette année-là obtenu, par bref de S. S. le Pape Clément XI, d'être unie à la Miséricorde de Rome, ses pénitents ont pris depuis lors l'habillement noir, et les pénitentes le roux, avec la patience noire.

La Miséricorde, n'ayant pas d'église à elle, s'est longtemps servie de la chapelle de Saint-Vincent, en rue Malherbe. Mais depuis quelques années, elle a trouvé le moyen d'achever la sienne, commencée bien longtemps auparavant et dont les fondements étaient déjà assez élevés hors de terre. Elle est fort petite.

Les pénitents et les pénitentes de la Miséricorde y

chantent l'office tous les dimanches et toutes les fêtes de l'année, et y entretiennent un aumônier soit prêtre séculier, pour la desservir dans toutes leurs fonctions.

Hopitaux. — Aoste possède aussi, pour les pauvres de la Cité, un hôpital dirigé par des directeurs séculiers. Il a pris commencement vers l'an 1657, par les libéralités du Sieur Jean-Boniface Festaz. Il n'a pas encore beaucoup de revenus, mais il va peu à peu s'agrandissant des bienfaits et des légats des particuliers (1).

On avait autrefois plusieurs autres hôpitaux, tant dans la Cité que dans les bourgades le long de la grande route, et même jusqu'au pied du Grand-Saint-Bernard, pour y recevoir les prêtres, les pèlerins, ou pour exercer l'hospitalité et la charité envers les pauvres, les passants et toutes sortes d'autres personnes. Ils étaient presque tous sous la collation des Evêques du Diocèse et dirigés par des ecclésiastiques.

Mais peu à peu les revenus de ces pieuses institutions ont été pour la plupart divertis à d'autres usages, et ceux qui restent ne servent presque plus qu'à l'entretien des recteurs auxquels ils sont conférés : l'hospitalité et la charité, objet principal de leur érection, n'y sont point exercés comme elles devraient l'être et comme il avait été ordonné par les fondateurs.

Quelque mouvement que se soient donnés les Etats du

---

(1) C'est l'Hospice de Charité. L'acte de fondation porte la date du 27 mars 1657, Tissioret notaire. Un grand nombre de legs et de donations en ont successivement augmenté le patrimoine; la Comtesse Gabriele Canalis de Cumiana, veuve du dernier des Comtes de Challand, lui a donné à elle seule cent mille francs en 1839.

Ses rentes actuelles sont d'environ L. 30,000; le nombre des recouvrés à différents titres depasse quatre-vingt.

Grâce à la courageuse initiative de son administration, ce pieux établissement vient de doter le pays d'une institution immensément utile : **une Ecole Pratique d'Agriculture.**

Duché en 1557, 1561, 1562, 1596, 1598 et encore en 1700, par des recours au Souverain et au Sénat de Savoie, pour faire rétablir cette hospitalité sur l'ancien pied, ils n'ont rien pu obtenir. Le Sénat envoya même à Aoste, aux dépens des deniers publics, des commissaires pour s'enquérir sur les lieux du véritable état des choses; mais leur mission n'a porté aucun fruit; les abus ont continué et continuent encore.

Quelques-uns même de ces hôpitaux ont été entièrement supprimés ou unis à d'autres bénéfices, de manière qu'ils ont changé de condition.

Tels sont ceux de la Maladière, de Nabuisson, de Saint-Jean de Romeyran.

*La Maladière*. — L'hôpital de la Maladière, fondé pour les pauvres lépreux, s'élevait sur la route tendant à Saint-Christophe. Il était doté de bons revenus en ruraux et de quantité de censes, que les Seigneurs Evêques, comme patrons, conféraient selon leur bon plaisir. C'est ainsi que Mgr Nicolas *De Bersatoribus*, second de ce nom, en revêtit, par acte du 12 des calendes d'octobre 1301, le Seigneur Nicolas *De Bersatoribus* son neveu. Celui-ci, étant devenu évêque d'Aoste à son tour, sous le nom de Nicolas III, continua de le posséder, et après lui, ses successeurs. Enfin, en 1425, l'évêque Oger *Moriseti*, se trouvant en quelque considération auprès du Pape Martin V, sous lequel, avant d'être créé évêque, il avait exercé l'office de Référendaire, fit unir cet hôpital à la Mense épiscopale à la charge de continuer l'aumône, dite de prime.

Les bulles qu'il obtint à cet effet portent la date du 5 des calendes d'avril, et furent fulminées le 9 mai suivant, par le Rév. François *De Cresco*, Prévôt de Saint-Gilles, en qualité de Commissaire apostolique.

Quant à l'aumône de prime, elle a été supprimée aussi depuis 1721 (1).

Les successeurs de l'évêque Oger ont laissé dans l'abandon la chapelle et le bâtiment de la Maladière, aujourd'hui tout en ruines. Les biens ruraux sont partie inféodés, et partie loués comme une grange (2).

*Nabuisson.* — L'hôpital de *Nabuisson* soit des *colonnes*, dans l'enceinte de la Ville, établi pour les pauvres prêtres et pèlerins de passage, aussi doté de bons revenus et de quantité de censes, fut pareillement uni à la Mense épiscopale, par bulles du Pape Callixte III fulminées le 11 octobre 1457 par le Rév. Prévôt de Verrès Pierre de Chissé, en qualité de Commissaire apostolique. Ce fut sous l'épiscopat d'Antoine De Pré.

Ses successeurs ont depuis inféodé les ruraux et vendu jusqu'à la maison (3), à la charge pourtant d'y tenir un appartement avec un certain nombre de lits pour les pauvres prêtres passants.

*Saint-Jean de Romeyran.* — L'hôpital de Saint-Jean de Romeyran, sur le grand chemin de Montjoux, peu au dehors des murailles de la ville, au de là du faubourg de la *Rive* ou de Saint-Etienne, dépendait de la religion militaire de Saint-Jean, soit de Malte. Il était obligé à l'hospitalité et devait entretenir un certain nombre de lits pour les pèlerins.

Non seulement il a été aliéné, ainsi qu'on va le raconter tout à l'heure en parlant des Ordres Militaires,

---

(1) Voir, relativement à l'aumône de prime, les détails contenus à la fin de la première partie du présent volume : *Bureaux de charité*.

(2) En 1778, les ruines de la Maladière ont été abattues; les pierres ont servi à border la route royale.

(3) Une note du manuscrit dit : « C'est aujourd'hui la maison et le rustique du Sieur médecin César Forré ». Nous ajouterons que c'est actuellement la maison Montegrandi, au N. 3 de la rue Emmanuel-Philibert.

mais ses bâtiments même ont été supprimés. La chapelle seule subsiste encore, mais on n'y dit que fort rarement la messe. Tout cela, sans aucun égard pour les intentions des fondateurs. Probablement en avait-on obtenu dispense du Pape (1).

ORDRES MILITAIRES. — Il y a des gens qui supposent mais sans autre fondement que la tradition, que les Chevaliers du Temple auraient possédé autrefois de grands biens dans la Vallée d'Aoste; c'est ainsi qu'on leur attribue, dans la Ville même, le Prieuré de Saint-Béning, la chapelle de Saint-Sylvestre avec maison, biens et rentes; et au dehors, les cures de La Salle, Villeneuve, Saint-Christophe, Quart, Valpelline, Saint-Léger et La Madeleine d'Aymavilles, le Prieuré de Sainte-Hélène de Sinsod à Sarre et plusieurs autres bénéfices.

En tout cas, cet ordre si fameux ayant été supprimé, les bénéfices qu'il possédait dans le Duché auront été convertis en cures ou réunis à d'autres.

L'Ordre de Saint-Jean de Jérusalem, aujourd'hui de Malte, n'a possédé en propre que l'hospice de Saint-Jean de Romeyran, tout près de la ville et la chapelle, maisons, censes et biens de Saint-Jean de Plou, entre Verrès et Montjovet. Ces possessions étaient unies à la Commanderie de Saint-Jean de Savoie.

La religion de Malte, ensuite de permission obtenue du Saint-Siége, a tout vendu à la maison du Saint-Bernard par contrat passé au Pont-Beauvoisin le 7 novembre 1654, reçu et signé par le Notaire Nicolas Borreti, citoyen d'Aoste. Les parties contractantes furent : pour la maison de Montjoux, son Prévôt Antoine Burhody et pour l'Ordre de Saint-Jean, un Commandeur à ce délégué. Le prix fut de neuf cents pistoles pour l'un des bénéfices et de quatre-vingts ducatons pour l'autre.

---

(1) La pauvre petite chapelle est encore sur pied ; c'est aujourd'hui une espèce de chambre mortuaire ou de réduit annexé au cimetière.

## III.

## EGLISE.

Privilèges de l'Eglise d'Aoste. — L'Eglise d'Aoste jouit de plusieurs immunités, franchises et privilèges. Ils lui ont été successivement octroyés par les Rois et Princes auxquels la Vallée a été soumise depuis que la religion catholique, apostolique et romaine a commencé de s'y établir et de s'y fortifier, et surtout par les Rois de France et de Bourgogne, par les Empereurs d'Allemagne succédés à leurs droits, ou par les lieutenants de ces derniers dans les pays des Alpes.

La plupart ont aussi contribué à la dotation de la cathédrale, première église.

Le Comte Thomas a confirmé ces privilèges dans les termes suivants, lors du premier traité de dédition : « *Præterea omnia jura, pedagia et allias investituras quas Episcopus et Ecclesia universalis infra prædictos terminos hactenus habuerunt, ipsi Episcopo videlicet et ecclesiis districte præcipio illæsa observari etc.* »

Tous les Princes de la Royale Maison de Savoie, qui ont succédé depuis lors à la Couronne, en ont fait de même par serment solennel prêté sur les Saints Evangiles. Ce serment se renouvelait dans toutes les occasions où ils venaient en cette ville pour y tenir leurs assises, soit Audiences Générales de Justice. C'était le premier acte qu'ils faisaient en arrivant, et dès qu'ils ont cessé de venir par eux-mêmes, ils s'en sont acquittés à leur avénement à la Couronne.

On conserve les originaux de plusieurs de ces serments :

ils contiennent tous la clause expresse de maintenir et défendre, autant que faire se peut, les biens et droits, ainsi que tous les privilèges et franchises de l'Evêque et de l'Eglise.

Rite spécial. — Luttes pour le conserver. — A l'imitation de la Cathédrale, toutes les Eglises du Diocèse ayant charge d'âme, tant pour le chant de l'office divin que pour quelques autres usages et cérémonies, suivent un rite tout particulier, aussi ancien que leur Eglise même.

Quelques Evêques ont bien essayé de le faire abolir, afin d'introduire dans le pays la réforme établie par le saint Concile de Trente. Ces tentatives se firent particulièrement en 1596, 1612, 1695 et 1696 (1). Mais le Clergé Valdôtain s'y est toujours opposé avec vigueur, représentant qu'il n'y avait rien dans son bréviaire qui fût contraire à la foi et à la religion catholique, et que cela ne se pouvait pratiquer sans une perte considérable pour lui, à cause de la quantité de livres de prix qu'il possédait, et ensuite, sans troubler l'ordre de tout temps observé dans son rituel, ayant dans le calendrier quarante et plus de saints qui ne figuraient pas dans le calendrier romain, tandis qu'il y en avait dans celui-ci plusieurs dont on ne faisait pas l'office en Vallée d'Aoste.

Lorsque cette poursuite est devenue plus sérieuse, les sollicitations plus pressantes, le Conseil des Commis, par raison d'Etat et de politique, s'y est directement intéressé.

Sous la date du 11 août 1696, il a fait une ordonnance par laquelle il défendait, sous de grosses peines, même celle de la disgrâce du Souverain, aux Syndics,

---

(1) Aussi et surtout en 1821, dit une note en marge. — C'est depuis lors que le Chapitre de la Cathédrale, de guerre lasse, et disposé à la conciliation par l'offre de riches prébendes dans le diocèse de Verceil, a fini par adopter le rite romain.

aux Conseillers, aux Procureurs des églises, dans toutes les Communautés du Duché, de tolérer aucun changement, ni altération à l'ancien usage du Diocèse, leur mandant de s'opposer formellement à toute nouveauté, afin de ne pas donner par cet acte un consentement tacite au bouleversement de nos anciens privilèges et coutumes, et d'éviter les conséquences dangereuses qu'il pourrait avoir pour tout le pays. Il avait aussi recouru au Souverain, par requête du 17 avril même année, appelant comme d'abus contre cette poursuite.

C'est ainsi que par la forte résolution du Clergé et par l'appui des Etats, l'Eglise d'Aoste s'est toujours conservée dans son ancien usage. Seulement, en 1730, le vénérable Chapitre ayant fait réimprimer le bréviaire, on a supprimé quelques hymnes et légendes insipides et on les a remplacées par d'autres plus dévotes et édifiantes.

AOSTE JOUISSANT DES PRIVILÈGES DES EGLISES DE FRANCE ET DE CELLES D'ITALIE. — Quoique tout le diocèse soit soumis par le spirituel à la métropole de Tarentaise, qui jouit des privilèges de l'Eglise Gallicane, Aoste, comme étant province intramontaine, suivant la déclaration portée par l'art. 1$^{er}$ du mémorial présenté à S. A. R. le Duc Charles-Emmanuel de la part du Clergé d'Aoste, le 11 mai 1596, et par conséquent, comme église et province complètement séparée, participe tant aux privilèges des Eglises d'Italie comme l'immunité et l'asile, qu'à ceux des Eglises de France, lorsqu'ils lui conviennent. C'est ainsi que notre clergé se prévaut de ceux-ci lorsque S. S. lui fait demander les décimes quinquennales et autres, comme il est arrivé en 1534, 1547 et 1661. Dans ce dernier cas notamment, par résolution générale du 18 août, le Clergé, convoqué par devant son Ordinaire, se déclara en termes exprès, de l'Eglise Gallicane, comme suffragant de la métropole de Tarentaise.

La déclaration de notoriété faite par le Conseil des

Etats le 6 février 1696, à la réquisition du Chapitre de la Cathédrale, touchant ses usages et privilèges, est parfaitement conforme à la résolution de 1661.

Cette résolution était d'ailleurs conforme à la déclaration du Duc Charles, du 13 juin 1524, dont on croit utile d'insérer ici le texte complet.

« *Charolus Dux Sabaudiae, Chablasii et Augustae, Sacri Romani Imperii Princeps, Vicariusque perpetuus, Marchio in Italia, Princeps Pedemontium, Comes Geben Baugiaci et Rotundi Muntis, Baro Vaudi, Giaci et Faucigniaci, Nissiaeque, Bressiae ac Versellarum etc. Dominus, universis facimus manifestum, quod cum huc usque notoria sunt et manifesta, nulla probatione aut assertione indigeant, verum tamen bonis circa infra scripta, moti respectibus, harum serie declaramus, et in verbo veritatis attestamur, Ducatum nostrum Augustanum, cum omni illius valle et patria suisque dependentiis, sub et in cujus ditione, et limitibus, Ecclesia Augustensis cum tota ipsius Diaecesi consistit, et ab immemorabili tempore, fuisse et esse de ressortio dominioque ac ditione patriae nostrae Sabaudiae cismontanae, a Ponte Sancti Martini citra, et non Italici, seu Pedemontani, quin immo R. Episcopum venerabilesque Canonicos et Capitulum cum Clero ipsius Ecclesiae Augustensis et illius Diaecesis in quibuscumque statuum congregationibus ac publicis negotiis, Statum et patriam Cismontanam concernentibus, et tam ecclesiasticis quam saecularibus praeteritis temporibus, quandocumque occasio se se obtulit, continue cum aliis Ecclesiis Patriae Cismontanae fuisse vocatos, inservireque consuevisse in quorum fidem has sigillo nostro sigillatas et per secretarium nostrum subscriptas, duximus concedendas. Dat. Chamberiaci die 13 junii 1534 per dominum praesentibus Dominis R. Joanne Philiberto De Challes electo Mauriannae, Claudio De Ballerneis et Hermetiarum, Petro Lamberti D. Crucis, praeside computorum, Petro Gorrati, D. Excommuci, Claudio Millicti, Hippolito de Cello, Francisco Resignaldi, Hugone de Balma, D. Tireti, R. Magistro hospicii, subscripsit Vulliet cum sigillo.* »

CONCILE DE TRENTE. (1) — L'Eglise et le Duché d'Aoste ne se sont soumis aux Décrets du Concile de Trente que pour les articles regardant les dogmes de la foi catholique, la pureté de la doctrine et les bonnes mœurs. Ils n'ont aucunement reconnu ni accepté les autres règlements, et ce refus est plus que justifié par de bons motifs. Le premier, c'est la dépense, excessive pour un pays aussi pauvre que le nôtre, où ils se fussent trouvés nécessairement engagés par cette acceptation, devant désormais recourir pour toute chose à Rome et perdant ainsi le bénéfice du recours qu'ils pouvaient faire à l'Archevêque de Tarentaise leur métropolitain, et, en cas d'abus, aux magistrats séculiers, comme cela s'était toujours pratiqué(2). Le second, c'est que les bénéfices du Duché auraient été soumis aux décimes et portions congrues, et les biens ecclésiastiques soustraits aux charges ordinaires, au grand préjudice des droits du Souverain, de celui des Vassaux et surtout des pauvres peuples qui s'en seraient trouvés

---

(1) Le Concile de Trente s'ouvrit le 13 décembre 1545. L'*Indépendant* d'Aoste, 3 mars 1857, dit que le Cardinal Marc-Antoine Bobba, évêque d'Aoste, fit solennellement publier dans sa ville épiscopale le Concile de Trente, le 27 mars 1564, après quoi, appelé à Rome pour des nécessités pressantes, il laissa à Aoste l'évêque *in partibus* Jérôme Ferragata, auquel il confia le soin de son diocèse. Cette publication fût-elle vraie, elle ne serait pas la preuve de l'acceptation des décrets du Concile de Trente par le Duché d'Aoste. Quelque grande que soit l'autorité des décrets d'un Concile général, ils ne peuvent obliger sans qu'ils aient été préalablement approuvés par les Prélats et par le Roi, qui, dans l'église gallicane, est protecteur de la discipline ecclésiastique (D'Héric, 1 part., chap. 14, n. 16).

(2) Dans le recueil Duboin, *Lois*, tom. V, vol. VII, p. 707, on voit que le Clergé d'Aoste a eu fréquemment recours aux appellations comme d'abus.

surchargés. En troisième lieu, c'est-à-dire par rapport aux règlements qui enlèvent aux ecclésiastiques la liberté de disposer de leurs biens, ils n'ont pas permis que la Chambre Apostolique se rende maîtresse de leurs effets temporels après leur mort, comme elle fait en Italie ; et quand cette Chambre a prétendu faire des actes contraires à l'ancienne et paisible possession dont le Duché a toujours joui, le Clergé et les Etats joints ensemble ont recouru à la protection du Souverain ; cela s'est vu en 1657. On conserve dans les archives des Etats, au sujet de cette affaire, une lettre portant la date du 23 février, par laquelle le Nonce de S. S. résidant à Turin déclare en termes exprès, ne vouloir rien innover au préjudice de l'ancienne coutume du Duché et des privilèges accordés par le Saint-Siége au Clergé d'Aoste. Le Clergé doit avoir lui aussi, et sous la même date, une lettre de ce même Nonce contenant pareille déclaration.

RELIGION. — *Plocéan, Calvin.* — La Vallée d'Aoste a reçu les lumières de l'Evangile vers l'an 329. Depuis lors, la religion catholique, apostolique et romaine s'y est toujours conservée dans une très grande pureté. Il est vrai qu'elle a été par deux fois attaquée et sérieusement exposée à souffrir quelque altération ; mais, par une protection toute particulière, la sagesse et la bonté de Dieu ont toujours préservé la Vallée du plus grand des malheurs.

La première fois, ce fut vers le milieu du VIII<sup>e</sup> siècle, où l'hérésie d'Arius fut introduite dans le pays par l'évêque Plocéan. Le danger fut d'autant plus grave que le mal venait du chef même de l'Eglise valdôtaine ; mais les deux successeurs de Plocéan, saint Grat et saint Joconde, réussirent à dissiper entièrement tout germe d'arianisme et à rétablir la religion dans sa pureté primitive.

La seconde fut pendant les années 1535, 1536 et suivantes, jusqu'en 1542, alors que Luther et Calvin, ces deux grands fléaux de la religion au XVIᵉ siècle, profitant des troubles occasionnés par les guerres entre Charles Quint et François Iᵉʳ, guerres auxquelles était forcément mêlé aussi le Duc Charles notre Souverain, répandaient leurs erreurs dans les contrées voisines. Calvin pénétra même secrètement dans le Duché, vers la fin de février 1536. Il vint jusque sous les murailles de la Cité, se tenant caché dans le grangeage de Bibian, propriété du noble avocat François-Léonard Vaudan. De là, par le moyen de quelques émissaires, il tâcha de faire semer sa fausse doctrine, et réussit réellement à pervertir quelques personnes, jusque dans les familles de condition.

Alors, il eut la hardiesse de faire répandre des billets, pour induire les habitants à se mettre en liberté, offrant de les faire allier aux Cantons Suisses protestants : le Duché aurait compté pour un Canton.

Cependant, en présence d'un si grand danger pour le salut des âmes, on faisait par tout le pays, surtout en Ville et au Bourg, des vœux et des recours pour fléchir la divine miséricorde; on organisait des prières publiques, des processions fréquentes, auxquelles, mêlés à la foule, assistaient le Rᵐᵉ Evêque Gazin, les Messieurs du Clergé, le Seigneur Comte Réné de Challand, Maréchal de Savoie, Gouverneur et Grand Baillif du Duché, et tout ce qu'il y avait de plus distingué parmi les gens d'église et de condition, pieds nus, couverts d'un sac, des cendres sur la tête, dans la rigueur de la saison. On avait aussi fait un traité avec les Seigneurs des sept dixains du Valais, pour s'entresecourir contre toute innovation en fait de religion et de fidélité.

Les Etats du Duché tinrent assemblée pendant ce même mois de février 1536. L'Evêque et le Maréchal de Challand firent d'abord célébrer une messe solennelle, pour implorer les lumières du Saint-Esprit dans cette grave conjoncture ; ils firent ensuite exhorter les assistants au moyen d'une savante remontrance, prononcée par un habile Père cordelier nommé *a sapientibus*, soit des Savioz (1). Après quoi l'Assemblée, étant entrée en séance, commença ses délibérations par inhiber à toute personne, au nom de S. A. S. et sous peine de la vie, d'oser y avancer, ou même d'écouter, en quelque façon que ce fût, aucune proposition, si ce n'est celles concernant le service du Souverain et l'intérêt du Duché en général, conjointement avec la défense de notre sainte religion.

De bons ordres furent ensuite donnés pour veiller à ce que le poison de l'hérésie ne s'introduisît pas dans le pays, et pour faire arrêter Calvin et ceux qu'il avait pervertis. Mais ceux-ci, avertis par des émissaires secrets, qu'ils avaient certainement dans l'assemblée, avaient eu le temps de s'évader (2).

Ils suivirent d'abord la grande route, mais s'y sentant trop exposés, ils passèrent le Buthier sous le village de Closellina près de Roisan, et de là, par les hauts passages de la Valpelline, ils se rendirent en Vallais sans pouvoir être arrêtés. C'est ainsi qu'ils purent se dérober aux recherches de ceux qui avaient été envoyés à leur poursuite (3).

---

(1) Antoine Savioz, de Saint-Martin des Aymavilles. Il devint Supérieur Général de son ordre, assista en cette qualité au Concile de Trente et mourut à Milan en 1556.

(2) Cette fuite eut lieu, paraît-il, le 8 mars 1536 (Documents Christillin). Parmi les compagnons de la fuite de Calvin, l'auteur d'une histoire manuscrite de la Vallée d'Aoste, probablement perdue, cite les noms de Tillier, Besenval, Bourgeois, De Vaudan, ainsi que plusieurs ecclésiastiques. Ils cherchèrent un asile à Berne. Ces noms se retrouvent encore aujourd'hui dans la Suisse française.

(3) Le Comte René de Challand fut entre autres celui qui donna la chasse à Calvin, avec son épée nue, ainsi qu'il est représenté sur l'escalier de l'Evêché.

Après cette première démarche, tous les membres de l'Assemblée des Trois Etats, ainsi que le peuple accouru, firent, par l'élévation des mains d'un chacun, une confession publique de foi et un serment solennel de vouloir vivre et mourir dans la religion catholique, apostolique et romaine et dans la fidélité inviolable envers leur Souverain.

Ils votèrent ensuite, en action de grâce, des processions générales perpétuelles à l'honneur du saint Enfant Jésus, qui se font encore à présent le dernier vendredi de chaque mois. Les citoyens et bourgeois en particulier, firent instituer celles qui se font à la même intention le jour de la Circoncision et les troisièmes fêtes de Pâques et de Pentecôte. Le Corps de Ville y assiste, avec en tête le Syndic portant un étendard de satin rouge, sur lequel est brodé le nom de Jésus.

C'est aussi en mémoire d'une protection si singulière, que ces mêmes citoyens et bourgeois firent élever au centre de la Ville, où viennent aboutir les quatre rues principales, une grosse croix de pierre, sur l'emplacement même où existait jadis une autre croix. Elle subsiste encore, monument éternel de la foi, de la piété et de la constance de nos pères.

Enfin, on avait ordonné à tous les chefs de famille de faire peindre sur le frontispice de leurs portes principales le sacré nom de Jésus.

C'est ainsi que les vœux fervents des Valdôtains et les sages mesures qu'ils avaient prises en cette importante occasion, trouvèrent grâce auprès du Seigneur et leur conservèrent la saine et véritable doctrine héritée de leurs ancêtres (1).

---

(1) L'auteur ajoute ici, avec sa sincérité habituelle : « Mais tout ce qui est dit cy dessus, tant de Calvin que de l'érection de la Croix de Ville, n'est fondé que sur la tradition, sans autre preuve authentique qui en fasse foy. »

JURISDICTION RELIGIEUSE. — La Vallée d'Aoste a été dans les commencements soumise, pour le spirituel, à la juridiction de l'Eglise à Milan (Verceil ?). Vers le milieu

---

Il est, en effet, fort étonnant que l'on sache si peu de chose sur des évènements d'une aussi grande importance. Au milieu des graves convulsions politiques et religieuses du xvi<sup>e</sup> siècle, l'épisode qui se déroulait dans ce coin perdu des Alpes, a passé presque inaperçu. Les historiens l'ont négligé, comme un simple détail du grand drame européen. Quant aux chroniqueurs du pays, ils ont gardé le silence : peut-être leur fut-il imposé par la crainte des excommunications de l'Evêque ou de la justice du bailli; c'est qu'on ne badinait pas :
« En appres a este de commun consentement conclut et arreste que
» quelconques qui se trouuera contreuenir esdictz troys articles dessus
» proposes et accordez et quiconques parlera de soy rendre qu'il soit
» pugny de poyne capitale et que donie corps et biens. » (Assemb. gén<sup>e</sup>. du 28 février 1536).

Il est certain que la commotion, dans tout le pays d'Aoste, dut être bien grande. On en peut juger par les verbaux des Assemblées générales du 28 février, 7 et 22 mars et 1er mai 1536, par les mesures extraordinaires de répression et de défense alors décrétées, par les excommunications lancées par l'Evêque Gazin, par les demandes d'absolution adressées au Pape au nom du peuple d'Aoste, et enfin, par la tradition qui s'en est perpétuée avec tant de vivacité depuis trois siècles et demi.

Calvin n'était pas venu en Vallée d'Aoste sans y avoir déjà de nombreux adhérents ; le terrain était préparé. Amy Porral, ambassadeur de Genève à Berne, écrivait déjà en décembre 1535 : « Les Aostains ont grosses questions avec l'Evêque Gassini à cause des excomuniements qu'ils ne peuvent souffrir. »

Une relation du xvii<sup>e</sup> siècle, communiquée par M. le député Martinet et reproduite par le Bulletin de l'Histoire du Protestantisme français, livraison d'avril, mai et juin 1860, raconte comme suit le passage de Calvin en Vallée d'Aoste. Elle s'accorde à peu près avec le récit de De Tillier, mais elle donne quelques détails intéressants, et des noms.

« En l'année 1535, après que le Ministre C... eut attiré à soy plu-
» sieurs personnes de ce Duché tant de qualité que autres qui avaient
» déjà embrassé la fausse religion sans l'oser exercer publiquement,
» ayant été adverti par iceux qu'on devait faire une Assemblée générale
» des trois états de la Duché d'Aoste pour les intérêts de S. A. R., il
» vint en ce pays-cy, où ayant demeuré quelque temps et tâché de
» continuer de pratiquer divers particuliers et attirer à soy tout le
» reste des habitants du pays, voyant qu'il estait le temps de faire
» exécuter sa mine, se retira dans le grangeage de Bibian, dépendant
» de la noble maison de Vaudan et tout proche de la Ville, d'où il
» pouvait avoir des nouvelles certaines de tout ce qui s'y passerait

du Vᵉ siècle, saint Eusèbe évêque de Verceil, ayant fait une visite exacte de tout son diocèse, qui pour lors était d'une très vaste étendue, dut se convaincre que la grande

---

» par le moyen de ses sectateurs qu'il avait déjà attiré à soy et fit
» tant que l'affaire fut proposée au Conseil général si on accepterait
» ou non et suivrait sa religion.

« Il fit faire des propositions encore de faire cantonner tout le pays
» et de le faire allier avec les autres cantons protestants et par ainsy
» que par ce moyen le pays serait mis en liberté comme iceux, à
» quel effet il avait déjà attiré à soy diverses familles de condition,
» en particulier un de la maison de La Creste, un de La Visière, un
» de Vaudan, Borgnion, Philippon, un noble Aragon, Champvillair,
» Chandiou, Salluard, Quey et plusieurs autres qu'on n'a pas pu sça-
» voir précisément pour en estre desjà le nombre assez grand, tous
» lesquels travaillaient par dessous main pour luy et qui assistaient
» avec la populace aux assemblées générales, pour en apprendre les
» résolutions et les rapporter au dit C....

« Sur quoy Mgr. l'Evesque Gassin et le Seigneur maréchal de Chal-
» land, qui présidait au dit Conseil, ayant fait célébrer une messe
» du Saint-Esprit pour implorer sa lumière avant que de rentrer en
» iceluy, y étant rentré avec une sçavante remonstrance d'un père
» cordelier nommé *a sapientibus*, d'Aymavilles, tout le Conseil par le
» moyen du dit Maréchal de Challand fit des inhibitions et défenses
» sous de grandes peines, de la part de S. A. R. de faire aucunes
» propositions, et aux assistants de les exécuter en façon que ce soit,
» sauf celles qui concernaient les intérêts du souverain et de la pro-
» vince tant seulement, et mesme fut baillé ordre d'arrester le dit C...,
» et tous autres qui seraient de son party.

« Ce que ayant été rapporté avant qu'on sortit du Conseil au dit
» C..., qui attendait au dit Bibian, la résolution qui serait prise, il se
» sauva avec tous ses sectateurs, passa la rivière du Buthier en un
» lieu qu'on appelle Closellina et de là tirèrent du costé de la Valpel-
» line, d'où ils se rendirent par les montagnes en Valais, de façon
» qu'on ne peut les arrester.

« Ensuite de ce, pour rendre grâce à Dieu, toutes les communautés
» du pays, par le moyen de leurs Syndics, en vertu de procures d'i-
» celles et par serment presté en autre conseil général, prêtèrent de
» nouveau entre les mains de Monseigneur l'Evêque, le serment de
» fidélité à S. A. R. et de vouloir vivre et mourir soubs son obeys-
» sance et dans la foy catholique et apostolique et romaine, et firent
» un vœu solennel de faire, en actions de grâces, une procession toutes
» les semaines dans toutes les parties du pays à l'honneur du Saint
» nom de Jésus, ce qui se fait encore à présent, et en mesme temps
» fut encore ordonné à toutes personnes ayant maison dans la Ville
» et le Bourg de faire peindre ou en bosse l'image du Saint nom de

distance des lieux et la multitude des populations commises à ses soins, le mettaient dans l'impossibilité de suffire à une telle charge. C'est pourquoi il en proposa la division, et ayant obtenu l'assentiment du Saint-Siége, il en fit trois diocèses distincts : celui de Verceil, qu'il garda pour lui, comme primat et métropolitain ; celui d'Ivrée, qu'il fit donner à un sujet digne de son attention, et enfin celui d'Aoste, où il envoya vers l'an 440 S. *Eustasius*.

*Evêques d'Aoste.* — Saint Eustasius fut donc le premier Evêque d'Aoste.

Il eut pour successeur S. *Graddus*, que quelques-uns appellent aussi *Giraddus*.

Selon quelques écrivains, ce même Graddus, n'étant encore que simple prêtre, aurait été envoyé par saint Eustasius au Concile général tenu à Calcédoine en 451, sous le Pontificat de saint Léon dit le *Grand*, contre les erreurs d'Eutichès. Ce n'est guère probable, puisqu'il résulte positivement qu'il assista, cette même année 451, à celui de Milan, convoqué par le même saint Eusèbe, archevêque de cette ville, et dans lequel fut approuvée la doctrine de l'incarnation du Verbe, expliquée dans l'épître du Souverain Pontife à Flavien de Constantinople. Il souscrivit en ces termes les actes du Concile : « *Ego Graddus prœsbiter directus ab episcopo meo Eustasio Ecclesiœ Augustanœ, vice ipsius, supra in omnia scripta consensi et subscripsi Anathema dicens iis qui de incarnationis dominicœ sacramento impie senserunt etc.* »

Ces deux premiers évêques ont eu d'illustres successeurs, dont quelques-uns sont inscrits au catalogue des

---

» Jésus sur leurs portes, ce qui a esté faict comme on voit encore en
» plusieurs maisons anciennes de la Cité.

« Et quelque temps après a esté dressée une croix de pierre taillée
» au milieu de la ville, comme on remarque par écrit au pied d'icelle,
» du 14 may 1541. »

Saints et des Bienheureux. Nous devons mentionner plus particulièrement saint Grat et saint Joconde, deux des patrons tutélaires du pays : ils ont occupé le siége épiscopal d'Aoste vers la fin du VIII<sup>e</sup> et le commencement du IX<sup>e</sup> siècle, et leurs reliques sont précieusement conservées à la Cathédrale.

Le premier, saint Grat, n'est pas seulement en grande vénération dans tout le Duché, mais encore en Piémont, en Savoie, en Suisse, en Bourgogne, en Dauphiné et même en Alsace, en Italie, en Allemagne, d'où l'on venait ou envoyait presque tous les ans, avec une grande dévotion, recourir à son intercession pour être préservés des grêles et des tempêtes.

On trouvera en fin de ce recueil une chronologie des Evêques d'Aoste, au moins de ceux dont on a pu avoir connaissance.

*Vacances.* — C'était autrefois, de toute ancienneté, le Chapitre qui administrait les revenus de la mense épiscopale pendant les vacances du siége. Nous en trouvons déjà des preuves dans un document de l'an 1147, existant à l'Archive de l'Evêché.

C'est un acte, ou décret, par lequel le Comte Amé, assisté de son fils et de son frère « *ego Comes Amœdeus et filius meus Humbertus et frater meus Reynaldus* » défend à l'avenir la spoliation de la maison et l'invasion des biens de l'Evêché à la mort des Evêques, et pourvoit à l'administration temporaire en ces termes : « *Rogando* » *etiam præcipimus.... quatenus sine fraude et malo* » *ingenio res episcopalis successori episcopo secundum* » *dispositionem clericorum ejusdem ecclesiæ conservare* » *etc.* » Cela résulte aussi amplement du verbal de clôture et de publication du coutumier d'Aoste, des comparaissances des Etats et d'autres actes. Mais à présent, c'est le roi qui les fait donner à ferme, afin d'empêcher que la Chambre Apostolique ne s'en saisisse : le cas s'est présenté en 1607 et en 1691, au décès des Evêques Ferrero et Bully.

*Dépendance*. — Dans les premiers temps de son établissement, l'Evêché d'Aoste s'est reconnu suffragant de la métropole archiépiscopale de Milan. Mais vers la fin du VIII<sup>e</sup> siècle, l'empereur Charles-Magne ayant obtenu du Saint-Siége l'usage du *pallium* en faveur de l'Eglise Cathédrale de Tarentaise, l'Evêché d'Aoste devint suffragant de cette dernière.

*Election*. — Les Evêques d'Aoste étaient anciennement élus par le suffrage commun du Clergé et du peuple. Tel était d'ailleurs l'usage de la primitive Eglise : tous ses pasteurs, jusqu'au chef suprême, étaient élus de la même manière.

Quelquefois cependant, c'était le Clergé seul qui choisissait, sans le suffrage du peuple, comme il conste des provisions accordées en 1191 par le Prince Thomas, prohibant la spoliation des demeures épiscopales en cas de mort : « *ut omnia venturo episcopo quem sanior pars ecclesiæ elegerit in integrum reservetur etc.* »

D'autres fois encore, c'étaient les Souverains auxquels la Vallée d'Aoste a successivement obéi, qui pourvoyaient eux-mêmes, sans autres recours qu'au sacre du métropolitain *in partibus*, avec assistance de quelques évêques ou autres mineurs prélats voisins.

Mais, depuis que la Cour de Rome s'est insensiblement attribué dans le monde chrétien l'entière autorité de pourvoir aux bénéfices, soit depuis environ le III<sup>e</sup> siècle, il a fallu en aller prendre la collation des Souverains Pontifes. Il est vrai, que par une bulle particulière en date du 4 des ides de janvier 1451, le Pape Nicolas V accorda comme une grâce à la Couronne de Savoie, de pouvoir nommer et présenter les sujets de son choix, jugés capables pour remplir les siéges épiscopaux et autres dignités consistoriales dans ses Etats ; que cette **première** bulle, délivrée en faveur du Duc Louis, a été confirmée depuis par plusieurs autres bulles postérieures, notamment par celles de Léon X, du 16 des calendes de juillet 1515 ; de Clément VII, aux ides de février 1524, en faveur du Duc Charles le Bon ; de Jules III, en date 6 des ides d'octobre 1554, en faveur du Duc Emmanuel-Philibert (celle-ci est très spécifique) ; de Grégoire XIII, datée du lendemain des ides d'octobre 1572, en faveur du même Prince ; de Clément VIII, en date 13 des calendes de juillet 1601, et dernièrement encore, par celle de Benoit XIII en faveur de Roi Victor-Amé ; mais les Saints Pères se sont toujours réservé d'en conférer eux seuls la collation, pour ne pas priver leur Chambre Apostolique des droits de chancellerie qu'on a introduits pour l'expédition des bulles.

Ainsi donc, l'on serait induit à croire, par les résolutions des Assemblées Générales du 3 et 7 juin 1557, 24 juillet 1572, 29 juin et 15 juillet 1585, que les Trois Etats, parmi lesquels le Clergé compte pour le premier ordre, avaient conservé jusqu'à ce temps-là, depuis les premiers siècles de l'Eglise, le droit d'élire eux-mêmes les Evêques ; mais il n'en est rien, et l'on ne doit entendre ce qui est dit dans ces résolutions, que comme des recours au Souverain, afin qu'il lui plût élire et présenter à S. S. les personnes qu'on lui proposait. Nous rappellerons comme exemple, celui que fit le Conseil des Commis par acte du 6 mars 1592, reçu par le Sieur Bonaventure-Philibert Bornyon comme notaire : le Conseil, assemblé par devant le Seigneur Vibaillif Roux Favre, avait désigné les Seigneurs Charles-Gaudens de Madrus, fils de Madame Isabelle de Challand et pour lors Prieur Commandataire de Saint-Ours, l'Archidiacre Marc-Antoine Dalbard et Jean-Louis D'Avise, Prévôt de la Cathédrale, suppliant S. A. de favoriser l'un d'eux de son placet, afin qu'il fût élu Evêque d'Aoste ; mais la présentation n'eut pas lieu, et ce fut le Seigneur Honoré de Lascaris qui obtint la préférence.

*Revenus de l'Evêché. — Titre d'Evêque et Comte.* — Quoique fort ancien, l'Evêché d'Aoste n'a jamais possédé une grande opulence; il a toujours été dans une condition de fortune plutôt médiocre, et peu en harmonie avec la dignité dont il jouit dans l'Eglise et dans l'Etat. Il était cependant autrefois beaucoup plus considérable qu'il ne l'est aujourd'hui.

Outre les revenus temporels des jurisdictions de Cogne, de Rhins et de la tour d'Issogne, il jouissait encore du tiers, non seulement du péage, mais encore de tous les autres profits, émoluments, obventions et autres droits que les Souverains pouvaient percevoir dans les confins de la Cité et Bourg. Ce droit du tiers était fondé sur une ancienne coutume, reconnue et admise par le Comte Thomas en 1191 en ces termes : « *Ego reddo et restituo Vualperto Augustensi Episcopo illam tertiam partem talliarum et accidentium quocumque nomine censeantur quae in futurum in civitate ipsa fient et in suburbio de porta Sancti Ursi,* etc. »

Il fut encore confirmé dans le traité d'adhérence fait avec ce même Prince, où, après réglé les accidents du péage, il était dit : « *De omnibus proventibus praefatae civitatis et suburbiorum debet habere Episcopus tertiam partem et Comes duas, tam de praesentibus quam de futuris,* etc. »

Il jouissait encore d'une infinité de biens-fonds et de grosses dîmes dans les mandements de Valdigne, de Bard, Chatelargent, Gignod, Quart, Chatillon, Saint-Marcel, Brissogne, Aymavilles, Sarre, de la Cité et Bourg et ailleurs, c'est-à-dire, dans la plupart des ressorts du Duché. Les anciens titres et mémoires existant dans l'archive de l'Evêché en font foi. Or, tout cela devait nécessairement donner à la Mense des revenus considérables, si nous en jugeons par ce que produisait à lui seul le mandement de Sarre : il rendait en effet 50 muids de seigle, 10 muids de froment, 20 muids de vin rouge et 10 de blanc, cent livres annuelles de cense, un florin d'or de servis avec le plaid et cent florins d'or d'intrage à chaque renouvellement de reconnaissance.

Malheureusement, les Evêques avaient autrefois, comme en général tous les bénéficiers, avant que les Conciles y eussent mis des bornes, entière liberté d'aliéner, échanger, inféoder à leur volonté les biens et droits de leurs bénéfices ; et tant qu'ils avaient eu le champ libre, ils en avaient usé largement. Ils avaient donc successivement inféodé la plupart de leurs ruraux, juridictions et dîmes, partie aux Seigneurs temporels des terres, partie à de simples nobles, et partie, enfin, à des particuliers de moindre condition.

Rappelons notamment la cession de l'important droit du tiers rappelé ci-dessus, faite par l'Evêque *Arditio* au Comte Amé le Grand en échange de certains autres biens, par transaction du 17 octobre 1318, approuvée par le Métropolitain de Tarentaise et par le Chapitre de la Cathédrale, lesquels y apposèrent leurs sceaux respectifs. Cette cession fut faite « *salvis tamen pedagio, leyda, fenestagio et bamno vini* » et avec réserve du titre d'*Evêque* et *Comte*, comme marque du droit des Evêques sur une partie du domaine temporel de la Cité et Bourg. D'où il y a apparence, qu'à l'imitation des autres Prélats et Gentilshommes de la Bourgogne Transjurane, l'Evêque d'Aoste serait entré en possession de ce titre ainsi que de la Seigneurie, sous le Règne du dernier Roi Rodolphe, et que le Comte Thomas, sans rechercher d'autres titres ou investitures que la possession, lui en aurait accordé la confirmation, renouvelée depuis par ses successeurs à la Couronne, lorsqu'ils venaient tenir à Aoste les Assises de Justice.

Citons encore le fief de Rhins, dont le revenu était assez considérable, vendu ou inféodé par l'Evêque Pierre De Bossa ; l'inféodation de la dîme de Sarre, faite par l'Evêque Eméry au Chapitre de la Cathédrale, contrat du 8 février 1375 ; le gros grangeage de la Croix-Blanche, existant sur le revers du château de Saint-Pierre, avec dîmes en froment, inféodé aux nobles *de Sancto Petro* et ainsi des autres, dont le détail serait trop long. Ces inféodations, d'où les bailleurs tiraient de gros intrages dont ils disposaient à leur gré, se faisaient pour quelques fidélités et légers tributs. C'est pourquoi, il advint par la suite, que la minime importance de ces tributs et fidélités fit négliger la reconnaissance des fiefs dont ils provenaient, et la Mense épiscopale perdit par là de grands biens, dont aujourd'hui l'on trouve à peine les désignations, et encore, fort confuses, à cause des différents mas dont ils étaient composés, dans des territoires éloignés les uns des autres, sans estimations ni confins certains.

D'un autre côté, les inondations du Buthier, lorsqu'il changea de lit, avaient ravagé la plupart des ruraux, moulins, battoirs et autres édifices existant depuis la Mère des Rives jusque vers l'arc de Triomphe, lesquels tous étaient fiefs de l'Evêché et soumis à de grosses censes en froment, blé et argent, outre certains autres devoirs féodaux,

Avec toutes ces aliénations, inféodations et pertes, il n'y a pas à s'étonner si les revenus de la Mense Episcopale avaient si fort diminué, qu'ils ne suffisaient plus à la dépense. Il ne restait que le temporel de Cogne, les moindres censes et dîmes, dont on ne tirait que peu de chose, et quelques casuels. C'était bien peu et les Evêques d'Aoste se fussent trouvés hors d'état de soutenir leur dignité et leur caractère, si les unions des hôpitaux de la Maladière et de Nabuisson, du Prieuré de Sainte-Hélène de Sinsod, ainsi que d'un canonicat avec sa prébende obtenu par bulle du Pape Benoit XIII, renouvelée par autres du Pape Clément VII fulminées le 22 mai 1400 et le 2 juillet 1403, ne fussent venues fort à propos à leur secours. Ces unions forment à présent le plus liquide et le plus essentiel de leurs revenus.

Les nouveaux et les anciens, réunis, ne rapportent guère plus de six mille livres annuelles, exigibles pour la plupart en denrées.

*Paroisses du Diocèse.* — On tient par tradition, que dans les premiers temps, le Diocèse d'Aoste n'avait que fort peu d'églises paroissiales. En tout le Valdigne, il n'y en avait qu'une seule, celle de Morgex. C'est pour cela qu'elle porte le titre de plébanie, qui lui donne la préséance sur les autres églises du mandement.

Depuis le Valdigne jusqu'à la Cité, y compris toutes les vallées latérales, il n'y en avait que deux : celle de Villeneuve et celle de Sainte-Hélène de Sinsod.

Tout le reste du pays était pourvu en proportion.

Cette particularité n'a cependant rien qui doive surprendre. Il ne faut pas oublier que, si la Vallée d'Aoste se remettait peu à peu des terribles secousses qu'elle avait éprouvées au temps de la décadence de l'empire, et surtout au passage d'Attila, elle ne commençait cependant à se repeupler que le long des routes conduisant aux deux passages du Grand et du Petit-Saint-Bernard. Tout le reste était demeuré inculte et déshabité, depuis plusieurs siècles; les profondes vallées et les hautes montagnes étaient remplies de broussailles et d'épaisses forêts.

Avec le temps, on commença à bâtir dans ces régions désertes de mauvaises chaumières, pour servir d'abri au bétail qu'on y menait pâturer en été, et au berger qui en avait le soin; puis on défricha, on cultiva, on ensemença ces terres; enfin, on y construisit des demeures stables, où le peuple, qui s'allait multipliant, faisait sa demeure toute l'année.

Dès lors, le besoin d'augmenter le nombre des églises se fit vivement sentir; car ces populations dispersées ne pouvaient qu'à grand' peine satisfaire aux devoirs de la religion, ou s'approcher des églises assez souvent pour s'instruire comme il faut des vérités qu'elle enseigne, surtout pendant la rigueur de l'hiver, avec les difficultés des communications et le danger de se mettre en chemin parmi les neiges.

Le zèle et la charité des fidèles y ont suppléé peu à peu.

Le Diocèse d'Aoste compte aujourd'hui soixante-dix-huit Cures, entre grosses, petites et médiocres, dont sept ou huit n'ont été érigées que pendant le siècle passé. Il s'en érige encore de temps en temps quelques-unes.

Les églises paroissiales à charge d'âmes, dont elles portent le titre, sont les suivantes :

1. S. Nicolas et S. Barthélemy La Thuile
2. S. Laurent . . . . . . . Pré-Saint-Didier
3. S. Pantaléon . . . . . . Courmayeur
4. L'Assomption . . . . . . Morgex
5. S. Cassien . . . . . . . La Salle
6. S. Sulpice . . . . . . . Derby
7. S. Brice . . . . . . . . Avise
8. S. Grat . . . . . . . . Valgrisanche
9. S. Antoine . . . . . . . Arvier
10. Ste Marie . . . . . . . Rhèmes
11. S. Georges . . . . . . . id.
12. S. Paul . . . . . . . . Introd
13. Ste Marie . . . . . . . Valsavaranche
14. Ste Marie . . . . . . . Villeneuve
15. S. Nicolas . . . . . . . Saint-Nicolas de Sivoyes
16. La Chaire de S. Pierre Saint-Pierre en Chatelargent
17. S. Maurice de Sinsod . . Sarre
18. S. Eustache . . . . . . Chezalet
19. S. Martin . . . . . . . Saint-Martin de Corléan
20. S. Ours . . . . . . . . Cogne
21. S. Léger . . . . . . . . Aymavilles
22. S. Martin . . . . . . . id.

| | | |
|---|---|---|
| 23. S. Ours | . . . . . . . | Jovençan |
| 24. La Madeleine | . . . . . | Aymavilles |
| 25. S. Etienne | . . . . . . | Gressan |
| 26. S. Jean l'Evangéliste | . . | Chevrot |
| 27. S. Jean-Baptiste | . . . . | Aoste |
| 28. S. Laurent | . . . . . . | id. |
| 29. S. Etienne | . . . . . . | id. |
| 30. S. Hilaire | . . . . . . | Gignod |
| 31. L'Assomption | . . . . . | Etroubles |
| 32. S. Oyen | . . . . . . . | Saint-Oyen |
| 33. S. Rhemy | . . . . . . | Saint-Rhemy |
| 34. S. Etienne | . . . . . . | Allain |
| 35. S. Blaise | . . . . . . . | Doues |
| 36. S$^{te}$ Colombe | . . . . . | Charvensod |
| 37. S. Georges | . . . . . . | Pollein |
| 38. S$^{te}$ Catherine | . . . . . | Brissogne |
| 39. S. Pantaléon | . . . . . | Valpelline |
| 40. S$^{te}$ Marguerite | . . . . | Bionaz |
| 41. S. Victor | . . . . . . | Roisan |
| 42. S. Christophe | . . . . . | Saint-Christophe |
| 43. S. Eusèbe | . . . . . . | Quart |
| 44. S. Hilaire | . . . . . . | Nus |
| 45. S. Barthélemy | . . . . . | Nus |
| 46. S. Marcel | . . . . . . | Saint-Marcel |
| 47. S. Maur | . . . . . . . | Fénis |
| 48. S$^{te}$ Luce | . . . . . . | Verrayes |
| 49. S. Martin | . . . . . . | Id. |
| 50. S. Denys | . . . . . . | Saint-Denys |
| 51. S. Laurent | . . . . . . | Chambave |
| 52. S. André | . . . . . . | Antey |
| 53. S. Martin | . . . . . . | Torgnon |
| 54. S. Antoine | . . . . . . | Valtornenche |
| 55. S. Pantaléon | . . . . . | Chamois |
| 56. S. Martin | . . . . . . | Pontey |
| 57. S. Pierre | . . . . . . | Chatillon |
| 58. S. Vincent | . . . . . . | Saint-Vincent |
| 59. S. Germain | . . . . . . | Montjovet |
| 60. S$^{te}$ Marie | . . . . . . | Id. |
| 61. S. François de Sales | . . | Champ-de-Praz |
| 62. S. Soluteur | . . . . . | Issogne |
| 63. S. Gilles | . . . . . . | Verrès |

| | | |
|---|---|---|
| 64. S. Victor | . . . . . . . | Challand |
| 65. S. Maurice | . . . . . | Brusson |
| 66. S. Martin | . . . . . . | Ayas |
| 67. S. Martin | . . . . . . | Arnaz |
| 68. S. Blaise | . . . . . . | Hône |
| 69. S. Grat | . . . . . . . | Pontbozet |
| 70. S. Nicolas | . . . . . . | Champorcher |
| 71. S. Pierre | . . . . . . | Donnas |
| 72. S. Martin | . . . . . . | Pont-Saint-Martin |
| 73. S. Sauveur | . . . . . , | Perloz |
| 74. S. Roc | . . . . . . . | Lillianes |
| 75. S. Antoine | . . . . . . | Fontainemore |
| 76. S. Jacques | . . . . . . | Issime |
| 77. S. Jean-Baptiste | . . . . | Gressoney |
| 78. La Trinité | . . . . . . | Id. (1) |

Une partie de ces Cures sont encore soumises, pendant certains mois de l'année, à la collation de Rome ; d'autres, à celle du Rév$^{me}$ Evêque ; quelques-unes sont de droit patronat ecclésiastique ou séculier ; quelques autres dépendent, pour la nomination, du Chapitre de la Cathédrale, ou de la Collégiale de Saint-Ours ; quelques autres, enfin, de la Prévôté du Saint-Bernard, ou de celle de Saint-Gilles, qui, les ayant occupées dans des temps calamiteux, où elles durent fournir de leurs religieux pour desservir les paroisses, à cause du nombre insuffisant de prêtres séculier dont pouvaient disposer les Evêques, s'y sont ensuite maintenus et n'ont plus voulu les rendre. Il y en a même encore plusieurs qui sont contentieuses.

Les Cures dépendant du Chapitre de la Cathédrale sont parmi les meilleures du pays. Telles sont entre autres celles de Courmayeur, Pré-Saint-Didier, Derby, Alain,

---

(1) *Cures établies depuis* — S. Anselme de Quinsod — S. Panlaléon, Emarèse — S. Michel, Oyace — S. Augustin, Ollomont — Ville-sur-Nus, Nus — Excenex, Aoste — S. Michel, Gaby-Issime — La Madeleine, Antey.
*Cures supprimées.* — Chevrot — S. Martin de Corléan.

Saint-Jean d'Aoste, Saint-Martin de Corléan, unies au Chapitre par bref du Pape Jules II, du 3 des calendes de mai 1508, pour l'entretien du maître de musique et de grammaire aux enfants de Chœur ; de Chatillon, par autre bref du même Pape, aux ides de décembre de la même année ; de Saint-Christophe, par bref du Pape Paul III, au 3 des nones de novembre 1534 ; de Saint-Etienne, par bref du même Pontife, au 5 des ides de juillet 1547 ; de La Salle, par bref du Pape Grégoire XIII, aux nones de septembre 1573, etc.

Ces messieurs avaient trouvé le secret, à Rome, de les faire unir à leur Corps pour en augmenter le revenu. Ils avaient su représenter aux Souverains Pontifes, que les fruits et revenus de leurs Canonicats étaient si modiques, qu'ils ne suffisaient pas à leur honnête entretien et aux charges accollées à leurs bénéfices ; tellement que la plupart des Chanoines, au grand péril de leur âme et contre le décor de leur Eglise, ne laissaient pas, en mourant, de quoi payer leurs créanciers et satisfaire aux frais de leurs funérailles; en quoi ils n'avaient peut-être pas tous les torts, car il est évident que leurs entrées, alors non plus qu'à présent, n'approchaient pas de la richesse.

Ils firent valoir aussi la supposition, qu'ils étaient en coutume ancienne, approuvée et paisiblement observée, de présenter les vicaires et les recteurs de ces sortes de Cures à toutes les vacances, coutume fondée sur des statuts qui doivent avoir été faits et confirmés du temps de Nicolas III *De Bersatoribus*. Le fait est que leurs instances furent admises et la chose consacrée par un premier bref du Pape Sixte IV, sous les calendes d'avril 1476, confirmé et augmenté par autre bref du Pape Clément VII.

Dans quelques-unes de ces paroisses, comme à La Salle et à Chatillon, les administrations locales ont su se retenir les titres des Cures, et empêcher que MM. les Chanoines ne prissent possession des biens et revenus temporels qui en dépendaient; elles sont desservies par des Chanoines de la Cathédrale; mais ceux-ci ne sont que vicaires capitulaires, *ad nutum*, et non pas bénéficiers en titre, quoiqu'ils jouissent du revenu tout entier.

Les autres chanoines augmentent leurs propres revenus du produit des prébendes et des distributions journalières de ceux qui sont revêtus *pro tempore* de ces bénéfices.

D'autres paroisses sont desservies par des vicaires entièrement amovibles, et d'autres encore par des vicaires perpétuels; mais le Chapitre leur a enlevé la plupart des biens, et particulièrement les censes, jadis affectés en propre à ces Cures, ou bien, a exigé d'eux une pension sur ceux dont il les laisse jouir.

Les Cures dépendant des Prévôtés de Saint-Bernard et de Saint-Gilles, sont toutes desservies par des vicaires amovibles, comme tous les bénéficiers sujets aux vœux d'obéissance et de religion.

INQUISITION. — Le redoutable tribunal qu'on appelle le Saint-Office a mis en usage, pour s'introduire dans la Vallée d'Aoste, toutes les pratiques, tous les détours possibles. Il eût sans doute fini par s'y établir, si les Rév[mes] Seigneurs Evêques ne l'en eussent empêché, à cause du préjudice qu'il eût porté à leur autorité et à leur juridition, tandis que d'un autre côté, la vigoureuse résistance du Gouvernement et des Etats, appuyée par la puissante protection du Souverain, opposait à chacune de ses tentatives un obstacle invincible. Le Duché fut ainsi préservé d'une telle juridiction, non seulement si opposée à ses franchises, coutumes, privilèges et à son ordre judiciaire, mais encore si dangereuse et si effrayante, que chez les nations où elle a pu s'imposer, elle fait trembler tout le monde, depuis les plus petits jusqu'aux plus élevés en dignité.

Les conséquences sinistres qu'on a vu se produire, ont

cependant fait ouvrir les yeux aux puissances : la plupart ont à présent mis des bornes à la procédure cruelle des inquisiteurs et les ont obligés à se conformer à l'exercice de la justice ordinaire.

*Première tentative à Aymavilles — Autres tentatives jusqu'en 1499 — Députations aux Souverains en 1479, 1484 et 1499.* Ce fut vers le milieu du quinzième siècle que les officiers de l'inquisition firent dans la Vallée d'Aoste leur première tentative d'y introduire leur juridiction.

Un de ces Pères inquisiteurs, de l'ordre de Saint-Dominique, avait commencé quelques formalités à Aymavilles. Il avait même fait procéder à une exécution corporelle contre une domestique, jusque dans le château du Seigneur de l'endroit, le Comte Jacques de Challand. Le noble Comte était alors absent ; mais lorsque, à son retour, il eut été informé de ce fait, il obligea ce bon Père à décamper au plus tôt de son château et de sa terre, et cela, d'une façon qui ne dut pas trop lui être agréable.

Cependant, ce premier échec ne les avait pas découragés ; leurs pratiques recommencèrent dans la suite, et si bien, qu'elles obligèrent les habitants du Duché à recourir à la protection de leur Souverain, demandant des provisions contre les Inquisiteurs de la foi, soit contre l'ordre soi-disant tel, qui les grevaient par des compositions et des rançonnements.

Ils envoyèrent une première députation au Duc Philibert Ier, au commencement de 1479, à l'occasion de la convocation générale des Trois Etats de Savoie et d'Aoste à Moncalier. Les députés obtinrent du Prince, par sa réponse au 21e article des chapitres qu'ils lui avaient présentés, réponse confirmée par patente du 23 février, les provisions qu'ils étaient allés demander au nom de tout le pays.

Mais si ces provisions purent suspendre pendant quelque temps les agissements de l'Inquisition, il est bien certain qu'elles n'en arrêtèrent pas le cours, et que peu d'années après, en 1484, une nouvelle députation dut être envoyée au Duc Charles Ier, à l'Assemblée des Trois Etats de Savoie et Aoste tenue à Chambéry. Elle reçut, elle aussi, un accueil favorable ; la réponse, avec patente de confirmation du 23 novembre, faite par le Souverain à l'art. 13 de leur mémorial (ou *chapitres*) fut telle que le pays pouvait la désirer. Seulement, ces nouvelles provisions n'eurent guère plus d'effet que les précédentes.

Les pratiques de l'Inquisition reprirent de plus belle en 1486-1487 et années suivantes, de telle façon, qu'en 1499, on fut obligé d'envoyer une nouvelle députation, pour se plaindre des oppressions que l'on souffrait pour ce motif au pays d'Aoste. Les députés se présentèrent à leur Souverain, le Duc Philibert II, à l'assemblée générale des Trois Etats tenue à Genève le 9 août, et par sa réponse à l'art. 7 de leur mémorial, obtinrent la promesse qu'il serait pourvu à leurs plaintes et recours.

*1515-1580 — Le Duc Charles recourt au Pape — Aoste sans inquisition au temps des évêques Gazin et Bobba.* — Cependant, les Inquisiteurs de la foi s'allaient répandant peu à peu par tous les Etats de la Maison de Savoie, deçà et delà les monts. Ils y procédaient à des captures et emprisonnements contre les suspects d'hérésie, sans autre preuve que le soupçon et sans observer aucun ordre de justice. Le Duc Charles le Bon voyant que ses sujets se trouvaient par là réellement grevés et opprimés, ou pour le moins, notés d'une infamie de fait, et qu'un pareil état de chose scandalisait ses peuples et semblait les ébranler en quelque manière de son obéissance, fit en 1515 présenter au Pape Léon X une supplique pour se plaindre de procédés si peu conformes à l'équité,

Il obtint de ce Pontife, sous la date du 28 mai de la même année, un bref apostolique portant défense expresse aux Inquisiteurs, sous peine de censures dont ils ne pourraient être absous que par le Pape même, hormis le cas de mort, de procéder en aucune manière que ce fût contre les sujets et habitants de ses Etats, tant ecclésiastiques que séculiers, pour quelque crime ou excès que ce fût, même en cas d'hérésies, à captures, tortures ou sentences, tant interlocutoires que définitives, si ce n'est en présence des ordinaires locaux, de leurs vicaires et officials, après dues informations prises et suffisant examen. Tout ce qui aurait été fait, ou se ferait à l'avenir, contrairement à ces dispositions, était déclaré de nulle valeur.

Ce bref était adressé aux Evêques de Turin, de Maurienne et de Genève, ou à l'un d'eux seulement, pour le faire publier et mettre en exécution dans tout l'Etat. Cependant, quant au Duché d'Aoste, il ne paraît pas que dans cette année 1515, et encore longtemps après, les inquisiteurs aient voulu y faire aucune fonction, ni autrement exercer leur juridiction. Au contraire, pendant le temps que les Evêques, Pierre Gazin et son successeur Marc-Antoine Bobba ont occupé le siège épiscopal d'Aoste, à l'époque où Luther et Calvin répandaient leurs erreurs dans les pays voisins, on trouve que quelques citoyens ayant été intitulés ou soupçonnés d'hérésie, leur procès fut fait par les Vicaires de ces mêmes Prélats; et ceux qui furent reconnus coupables, furent ensuite remis pour l'exécution de la sentence aux Seigneurs Pairs, Nompairs et Coutumiers, comme bras séculier, sans que pour lors il s'y parlât d'aucun inquisiteur de la foi, ni que personne fût intervenu en cette qualité dans la tissure de ces procès.

*1581. — Evêque Gromis — L'Inquisition à Challand — Barbaries — Emotion dans le pays.* — Dans les premiers mois de 1581, nouvelle tentative de l'Inquisition pour s'introduire dans le Duché. Cette fois, c'était l'Evêque lui-même, Mgr César de Gromis, qui lui en ouvrait les portes. Ce prélat, piqué d'un différend qu'il avait eu avec le Gouverneur Messire Claude de Challand, Grand-Maître de Savoie, et sans considérer le tort qu'il faisait à sa propre juridiction, à son église, à son peuple, à tout le pays, avait permis à un inquisiteur de venir faire le procès à quelques particuliers de Challand, accusés de sorcellerie. L'inquisiteur, comme on peut se l'imaginer, n'eut rien de plus pressé que de profiter de la permission. Il s'appelait frère Daniel, de l'ordre de Saint-Dominique, appartenait au Couvent de Verceil et se qualifiait d'Inquisiteur d'Aoste Prétoire. Accompagné de quelques officiers de l'Evêque et de ceux de M$^{me}$ la Comtesse Isabelle de Challand, qui prêtait aussi la main à cette affaire, il se rendit à Challand pendant la semaine sainte, et y fit le procès à plusieurs personnes. Quatre femmes, entre autres, y furent d'abord tirées à la corde, puis fouettées, et ensuite condamnées à être enfermées entre quatre murailles pour le reste de leur vie.

Le Conseil des Commis, en ayant eu avis, trouva cette manière de procéder si extraordinaire, si barbare, qu'elle était bien plus propre à porter ces malheureuses au désespoir qu'à les induire à pénitence, si tant était qu'elles se fussent véritablement noircies d'un crime si détestable. Il considéra d'ailleurs que tout cela s'était accompli sans intervention d'aucun des officiers de Justice, soit du Souverain, soit des Pairs, Nompairs et Coutumiers, sans l'assistance desquels, suivant les coutumes et privilèges observés de toute ancienneté dans le Duché, on ne peut infliger aucune peine de sang ou torture, ni sentencier qui que ce soit à mort naturelle ou civile. C'est pourquoi, il députa un Commissaire pour en prendre toutes dues informations, et celles-ci lui ayant été rapportées dans l'assemblée du 15 avril, il en référa directement au Souverain.

D'autre part, un des accusés avait interjeté appel, comme d'abus, au Souverain Sénat de Savoie, contre les procédures et exécutions dont il avait été victime. Il s'y fit conduire, et après avoir été ouï en contradictoire de ses accusateurs, il fut libéré ; il y eut même ajournement personnel contre l'Evêque et son Vicaire.

Les avocats et procureurs généraux de ce suprême Magistrat ne s'en tinrent pas à cet acte de justice ; mais sous la date du 10 mai suivant, ils écrivirent encore à S. A. S. une lettre fortement sentie, pour lui faire connaître l'abus de ces sortes de procédures, ainsi que le tort, pour ne pas dire le mépris qu'elles faisaient à Son Autorité Souveraine.

Dans ce même mois de mai, les Etats d'Aoste tinrent assemblée, et non contents de la lettre écrite quelque temps auparavant à S. A. ils chargèrent encore leurs députés d'un recours, protestant contre la nouvelle apparition de ce Tribunal et contre ses tentatives, renouvelées de temps en temps, pour faire dans le pays des actes d'exercice.

Ces députés se présentèrent au Prince le 1er juin de cette même année 1581, et en réponse à l'art. 1er de leur mémorial, ils en rapportèrent un ordre exprès au Sénat de Savoie, qu'il eût à pourvoir sur le contenu des représentations faites par les recourants, à procéder contre les violateurs de son autorité et des privilèges et coutumes de son Duché d'Aoste, ainsi qu'il venait de faire en toute raison, enfin, à veiller pour que sa juridiction et celle de l'Eglise ne fussent point violées et que les dits privilèges et coutumes fussent entièrement observés.

*1588 — 1597. — Archidiacre Marc-Antoine Dalbard — Violente tentative — Alarme dans le pays.* — Les provisions rapportées en 1581 du Souverain Sénat de Savoie, avaient fait cesser les troubles et ramené les choses dans leur ordre naturel. Mais ce ne fut pas pour longtemps. Au commencement de 1588, par le moyen de l'Archidiacre Marc-Antoine Dalbard, soi-disant Commissaire, l'inquisition fit de nouveau faire en cette ville des procédures et des publications. Le Conseil des Commis s'en émut aussitôt, et dès le 17 février, il présentait un nouveau recours au Duc Charles-Emmanuel I$^{er}$. Cependant, la chose parut cesser, ensuite de la déclaration faite par l'Archidiacre même, dans une lettre du 14 mars adressée au Vibaillif Roux Favre, de n'avoir jamais eu l'intention d'exercer l'inquisition dans le Duché, quoiqu'il en eût la Commission.

Mais cette déclaration du Seigneur Archidiacre n'était qu'un artifice de sa part. En 1595, toujours en vertu de sa prétendue commission, et conjointement avec un certain religieux dominicain appelé frère Maurice Neyro, soi-disant vicaire de l'inquisiteur général frère Cyprien Uberti, il fit tout à coup arrêter le Sieur De Porzan, prédicateur ordinaire de l'Evêque et recteur des écoles d'Aoste, lequel fut emprisonné à l'Archidiaconat, où ces messieurs le firent répondre *in vinculis*.

Ces actes obligèrent de nouveau le Conseil à recourir à la protection du Souverain. C'était encore le même Duc Charles-Emmanuel I$^{er}$.

S. A. S$^{me}$ fit immédiatement écrire par le Baron Roncas son premier ministre et secrétaire d'Etat, sous la date du 9 novembre, une lettre à ce prétendu commissaire, pour lui signifier qu'il devait s'abstenir de toute innovation au sujet de l'inquisition. Mais la lettre du Ministre ne produisit pas sur cet esprit remuant tout l'effet qu'on avait le droit d'en attendre.

Les Etats du Duché s'étant sur ces entrefaites réunis les jours 11, 12 décembre et suivants, cette question brûlante y fut agitée par des représentations si vives, on en considéra les conséquences comme si dangereuses, qu'on résolut d'envoyer de nouveau deux députés au Souverain.

On fit pour cet objet une belle supplique : après avoir fait protestation de zèle et d'obéissance pour la foi et la religion catholique, apostolique et romaine, l'Assemblée exposait à S. A. que de toute ancienneté ses sujets d'Aoste n'avaient été responsables, en matière temporelle, que par devant le Tribunal de la dite Altesse, en matière ecclésiastique, par devant leur Evêque et en dernier ressort, par devant le métropolitain de Tarentaise ;

Qu'à présent, le Seigneur Archidiacre, ayant obtenu la charge de Grand Vicaire de l'Inquisition, cherchait à introduire dans le pays un nouveau Tribunal, et à créer des prisons nouvelles dans la maison de l'Archidiaconat, se faisant servir par les sergents du Bailliage, et leur commandant absolument, sans réquisitoire, comme s'il eût sur eux quelque autorité temporelle ; le tout avec une telle arrogance, que le Procureur fiscal lui ayant représenté qu'il ne pouvait, sans permission, ni se servir des sergents, ni faire emprisonner personne, il lui avait répondu avec fierté qu'il commandait aux juges même et à lui Procureur fiscal, menaçant d'excommunication l'Evêque, le Conseil des Commis et tous autres officiers qui s'opposeraient à ses ordres ;

Que ces procédés avaient mis parmi les populations une appréhension, une allarme si grande, qu'elle surpassait de beaucoup celle qu'elles avaient eue quand les Français ennemis de S. A. R. étaient aux portes du pays, et qu'on déclarait ouvertement que si ce redoutable Tribunal prenait pied, sans qu'il y fût remédié, on aurait plutôt déshabité que de se soumettre à un joug si insupportable.

On finissait en suppliant le Souverain de ne pas permettre que les coutumes et anciens usages du pays fussent altérés, ni qu'il y eût d'autres tribunaux que ceux susdits de S. A. S. et de l'Evêque, et en implorant ses bons offices auprès du Souverain Pontife pour faire cesser cette nouveauté.

Ces députés rapportèrent du Prince, en réponse au 3ᵉ article du mémorial qu'ils lui avaient présenté dès le 23 de ce même mois de décembre 1596, une provision portant que S. A. entendait qu'il ne fût introduit dans le Duché d'Aoste aucune forme d'inquisition sauf celle qu'on y avait exercée de toute ancienneté. S. A. promettait aussi de faire vers Sa Sainteté les offices qu'on lui demandait.

Le Duc Charles-Emmanuel s'empressa, en effet, de mettre sa promesse en exécution. Il écrivit en Cour de Rome, et obtint de la Sacrée Congrégation, en réponse à sa lettre, que rien ne devait être innové, sur le fait de l'Inquisition en Vallée d'Aoste, à ce qui avait été en usage par le passé.

Il notifia cette réponse au Conseil par une lettre de cachet qu'il lui fit l'honneur de lui adresser sous la date du 28 février 1597.

*1601-1602-1603.* — *Frère Lactance Baldi.* — En décembre 1601 et en janvier 1602, il y eut quelques petits remuements; mais ils n'eurent pas de suite et tout resta tranquille, jusqu'en mai 1603.

En ce temps-là se trouvait à Aoste un certain religieux dominicain appelé frère Lactance Baldi, soi-disant vicaire de ce même frère Cyprien Uberti qui depuis plusieurs années s'attribuait la qualité d'inquisiteur d'Aoste Prétoire. Il n'avait en réalité jamais exercé cette charge et n'était effectivement que Théologien Consulteur de l'Evêque pour les causes d'hérésie (1).

---

(1) Jolie tournure adoptée par ces RR. PP. de l'Inquisition, pour désigner le surveillant qu'ils avaient placé à côté de l'Evêque! Cela

Le 29 mai donc, après les vêpres, en pleine chaire, au moment où tout le peuple était assemblé dans la Cathédrale, il se mit tout à coup à publier deux bulles de Sa Sainteté, l'une sous la date du 1er décembre 1601 et l'autre sous celle du 3 février 1603, avec au bas les décrets de frère Cyprien, en date du 12 et du 15 du même mois.

Les Syndics de la Cité et Bourg, qui étaient pour lors Noble Philibert Saluard et Noble et Spectable Jean-Guillaume Martinet, docteur ès-droit, tant à leur nom qu'à celui de toutes les autres Communes du Duché, s'opposèrent fortement à cette publication, comme faite de la part du frère Cyprien en qualité d'inquisiteur d'Aoste, nièrent à celui-ci cette qualité, et lui soutinrent en face que cet office et cette publication de bulles appartenaient aux seuls RR. Evêques, dont on avait de toute ancienneté subi le tribunal en fait d'inquisition.

Ils relevèrent le lendemain cette opposition par devant le Conseil des Commis, qui leur en accorda acte et la manda intimer par son huissier au frère Lactance Baldi, au Prieuré de Nus où il s'était retiré (1). Elle resta sans réponse.

*1604. — Frère Cornelius Priatonus.* — Au mois de février de l'année suivante (1604) il vint à Aoste un certain religieux appelé Frère *Cornelius Priatonus*, des frères Mineurs de Saint François. Il se disait Commissaire apostolique. En vertu de ce titre, il se fit ouvrir l'archive des Cordeliers, afin d'y chercher des procédures, qu'on disait y devoir être, et qui serviraient à prouver l'exercice de l'inquisition dans le Duché. Il y trouva en

---

rappelle à s'y méprendre les modestes *résidents* que les Anglais ont l'habitude de coller au flanc de leurs *amis* et *alliés* de l'Asie et de l'Afrique.

(1) Le Prieuré de Nus appartenait alors aux Dominicains. Voyez volume *Des Seigneuries*, page 94.

effet quelques actes et fragmeut d'anciennes procédures, faites vers le commencement du XVIe siècle.

Sa recherche faite, il prit à part les plus anciens religieux du Couvent, et après leur avoir imposé de garder le secret sous peine de suspension et de censure, il les somma, en vertu de la sainte obédience, de lui déclarer s'ils savaient qu'il y eût ailleurs d'autres écritures à ce sujet, et s'ils savaient qu'il y eût eu en ce pays, et dans quel lieu, des inquisiteurs lesquels y eussent exercé les fonctions de leur office. Tout ce qu'il en put tirer, ce fut que deux de ces religieux déposèrent, l'un par ouï dire et l'autre pour l'avoir connu, qu'un certain religieux de leur ordre, appelé frère Didier Theodorici, avait été qualifié comme inquisiteur d'Aoste et qu'il devait avoir assisté à plusieurs procédures, sans qu'il fût possible de désigner le temps ni le lieu où elles pouvaient avoir été faites.

Le Commissaire dressa procès-verbal de ces recherches et de ces dépositions, sous la date du 9 février 1604, et l'emporta à Turin. Armé de ce document, il prétendit faire conster par devant le nonce de Sa Sainteté, entre les mains duquel il remit tout ce qui avait été opposé par le Duché, que ce n'était point une nouveauté et que l'inquisition avait été autrefois introduite et exercée dans ce pays.

Le Nonce s'adressa pour cet objet à S. A. S. le Duc Charles-Emmanuel Ier, et lui fit de si vives remontrances, que ce Prince se vit obligé de demander au Conseil des Commis, par une lettre de cachet du 19 avril même année, de lui envoyer incessamment, un exposé des motifs pour lesquels on prétendait empêcher l'érection de ce Tribunal, ainsi que des députés pour les soutenir de vive voix. Il donnait le pouvoir, s'il en était besoin, de convoquer pour ce sujet le Conseil Général.

Les Etats du Duché s'assemblèrent effectivement le 30

de ce même mois, pour satisfaire à la demande de leur Souverain, et lui députèrent trois de leurs membres les plus apparents. C'étaient le Baron de Fénis, le Baron de Quart et l'avocat de Granges. Ces députés furent munis d'amples mémoires instructifs, par le moyen desquels il leur fut aisé de prouver que les procédures dont le frère Cornelius Priatonus avait fait état dans son procès-verbal avaient toutes été faites par les officiers de l'Evêque; que le frère Didier Theodorici n'y était intervenu que comme Théologien consulteur, de la part de Monseigneur l'Evêque Amédée De Berrutis; que si, peu après ce temps-là, quelques habitants avaient eu la faiblesse de se laisser séduire en matière de religion, ils avaient été processés par devant leur ordinaire, suivant le style et la coutume du pays; que toutes les procédures et sentences de juges ecclésiastiques qu'on leur opposait, avaient toutes été rendues et prononcées par les Evêques et leurs Vicaires, et jamais par aucun autre juge, qui eût tribunal formel et séparé; enfin, que par rapport aux sorciers, les juges séculiers, chacun dans son ressort, avaient de toute ancienneté été en usage d'instruire les procès et prononcer les sentences suivant le style accoutumé.

La force de ces raisons, soutenues par les remontrances verbales des députés, satisfit le Nonce. Il se désista de sa poursuite. S. A. S. s'empressa d'en informer le Conseil des Commis, par une lettre de cachet en date du 17 mai, dont Elle chargea les députés à leur retour, avec ordre de l'assurer qu'en toute occasion Elle protégerait le pays de tout son crédit, sur la confiance qu'Elle avait dans la continuation de la foi de ses sujets envers Dieu et de leur fidélité envers leur Prince, foi et fidélité qu'ils avaient si louablement gardées jusqu'alors.

1614. — *Barbenare.* — Le 17 février 1614, certain religieux dominicain appelé Jean-Ambroise Barbenare, inquisiteur des provinces de Verceil et Ivrée, et soi-disant aussi d'Aoste, avait fait afficher dans cette ville certains placards, sous la date du 1er du même mois, portant ordre à toute personne indistinctement, qui aurait notice d'un certain Jérôme Meotti, du Monte Santo dans les Marches, fugitif des prisons du Saint Office de Rome et dont on marquait la stature et la physionomie, de le signaler au dit Saint Office, sous peine d'excommunication. Dès que le Conseil eut avis de ces placards, il les fit arracher, comme contraires aux usages et privilèges du pays, et affichés sans la participation de S. A. S$^{me}$ ni de ses officiers, et à l'insu de l'Evêque, à qui seul appartient la connaissance de tous cas inquisitionnels.

1620-1621. — *Lettre du Nonce — Marcobetto* — Le 26 novembre 1620, le R$^{me}$ Seigneur Evêque Louis Martini produisait en Conseil une lettre, par laquelle le Nonce de Sa Sainteté résidant pour lors à Turin, se plaignait du refus qu'on opposait au Père Inquisiteur de Verceil et à son Vicaire, relativement à l'exercice de l'inquisition dans le Duché. Au vu de cette lettre, l'Assemblée prit feu. Elle en fit immédiatement donner part au Souverain, et par deux délibérations consécutives des jours 26 décembre 1620 et 15 janvier 1621, on fit partir le Sieur Avocat Maillet, avec des mémoires instructifs, pour aller à nouveau recours à S. A. S$^{me}$.

Pendant que le député du pays travaillait à cette commission, on faisait à Aoste une nouvelle tentative. Au mois de mars, un religieux dominicain nommé frère Marcobetto, se qualifiant comme Vicaire de l'Inquisiteur de Verceil, voulut s'y mettre en possession de l'exercice de l'inquisition. On s'y opposa encore, au nom de tout le pays, et on en fit passer avis en Piémont, au S$^r$ Avocat Maillet, afin d'ajouter un nouvel acte à son recours.

On eut, cette fois encore, gain de cause : par sa réponse en date du 7 avril 1621, à l'article 6 du mémorial présenté par l'avocat du pays, S. A. S$^{me}$ déclara qu'Elle entendait que rien ne dût être altéré de tout ce qui avait été de tout temps observé dans le Duché en matière d'inquisition.

*Conclusion*. — Cependant, toutes ces provisions souveraines, tous les obstacles que ces prétendus inquisiteurs ont rencontrés dans la personne des R$^{mes}$ Seigneurs Evêques, toutes les oppositions vigoureuses des Etats, n'ont pas encore entièrement fait perdre aux dominicains de Verceil la prétention d'introduire leur tribunal dans le Duché. Quelques émissaires, esprits inquiets et perturbateurs du repos public, ont tâché de temps en temps d'y glisser quelques actes en leur faveur ; il a toujours fallu se tenir sur ses gardes, afin d'empêcher des surprises. En février de 1696, on a encore fait sortir du pays un religieux de Saint-François, le P. Ginet, de Chambéry, qui s'y était fait établir Vicaire du Saint Office. L'inquisiteur général des provinces de Verceil, Bielle et Ivrée continue toujours à se qualifier aussi d'inquisiteur d'Aoste, dans tous les actes qu'il fait là où il exerce son autorité. On peut s'en assurer par les placards qu'on voit affichées dans les sacristies et aux portes des églises dans ces trois provinces. Mais il n'oserait en faire autant dans le Duché d'Aoste, ni même y venir en personne revêtu de ce caractère.

Les Rév$^{es}$ Seigneurs Evêques, suivant l'usage de tout temps observé et conforme d'ailleurs à la pratique adoptée dans le diocèse de l'Eglise de Tarentaise, métropole de celle d'Aoste, y ont seuls le droit d'inquisition. Mais, par la grâce du Seigneur, ils n'ont pas souvent l'occasion de mettre en exercice cette jurisdiction, le peuple valdôtain étant soumis, avec une entière et humble obéissance, à tout ce que la Sainte Eglise Catholique, Apostolique et Romaine lui commande de croire et de professer.

# CHRONOLOGIE

*des Nobles* **Syndics** *de la Cité et Bourg d'Aoste, selon l'ordre successif des élections faites dans les Conseils des dits Cité et Bourg, tenus régulièrement le 25 du mois de janvier de chaque année* (1).

---

Il est bon de se rappeler qu'anciennement, et encore quelque temps après que la Vallée d'Aoste se fut donnée à la Royale Maison de Savoie, la Cité et Bourg d'Aoste étaient divisés en trois quartiers : *de Bicheria, de Malo Consiglio* et *de Porta Sancti Ursi*, dont chacun faisait corps de communauté à part. Cette division était cause de grande désunion et même quelquefois de véritables différends.

Jusque vers 1356, chaque quartier était régi par deux Syndics. Depuis cette époque jusqu'à la fin de ce même siècle, ils n'en eurent plus qu'un seul pour chacun. Enfin, le Comte Amé le Vert, et après lui le Comte Amé le Rouge, ayant acquis, partie par échute et partie par achat, les portions de juridiction que certains Seigneurs avaient sur ces quartiers, ce dernier les réunit en un seul corps de communauté, auquel, pour marque de cette réunion à son domaine immédiat, il accorda le privilège d'ajouter à ses armoiries la Croix blanche de Savoie en chef; car Aoste ne portait auparavant, comme premier

---

(1) Cet usage s'est conservé avec peu de variations, sauf au temps de l'occupation française, jusqu'en 1832, où la nomination des **Syndics** est devenue une prérogative royale.

membre du Duché, que le champ de sable au lion rampant d'argent armé et lampassé de gueules, qui est l'arme du Duché. Ce fut vers l'an 1390.

Depuis lors, un certain ordre s'établit ; il n'y eut plus que deux Syndics, l'un en Ville et l'autre au Bourg. Cependant en 1590 et 1591 on en trouve trois, deux en Ville et un au Bourg, sans qu'on ait pu savoir pourquoi.

Ainsi, dans la note qui suit, quand on trouvera trois Syndics, les deux premiers sont pour la Ville et le troisième pour le Bourg ; quand il y en a de décédés pendant leur syndicat, on y ajoute la parole *décédé* et alors celui qui suit ne fait que remplacer le défunt (1).

1333. — Léonard De Villa — Viorin Boverie — Giles de Chevrères — Brunet du Fossé — Vuillerme Tropel.
1351. — Noble Henry d'Oscano et Jean Valcarier (*Pour Mal-Conseil*). — Maître Raymond Jérémie notaire et Jean Bergerii (*De Bicheria*). — Hugonet de Harlio et Jean Avilié (*De Porta Sancti Ursi*).
1353. — Noble Pierre Rulliardy — Maître Jean Pollet — Jean de Rovereto (*De Bicheria*).
1356. — Bertrand Gotorosi et Antoine de Pallen (*De Bicheria*). — Hugonet de Harlio et Bernard Pociolaz (*De Malo Consilio*). — Noble Pierre De Palatio et Pierre Gonteret notaire (*De Porta Sancti Ursi*).
1360. — Maître Hugonet De Arlio notaire.
1401. — Maître Jean Mayneti notaire — Jean Malluquin.
1428. — Noble Urbain de Léaval au Bourg.
1436. — Noble Claude Vaudan — Egrège Georges Taridan.
1439. — Noble Hugonet De la Tour Piquart — Egrège Martin Pignet.
1443. — Noble Scano de Pallen — Maître Antoine Berard not.
1457. — Noble François Rulliardy — Noble Jean de Reymondis.
1460. — Noble Boniface De la Tour en Gressan — Maître Jean Verchy notaire.

---

(1) La chronologie des Syndics, puisée dans les rares documents que l'on possédait, est fort incomplète jusqu'au xvi⁰ siècle. Elle ne commence régulièrement que depuis l'institution du Conseil des Commis.

1467. — Egrége Jean Tharida praticien — Maître Barthélemy Ducis notaire.
1471. — Jean Meynet notaire — Jean De Roveria notaire.
1472. — Commandable Pierre Dubois — Pierre de Rovarey notaire.
1481. — Noble Guillaume Dubois — Maître Jean de Horto not.
1487. — Egrége Louis Saluard — Discret Boson Laurensety.
1503. — Maître Jean Alexonc notaire — Maître Jean Beatrice notaire.
1505 et 1506. — Noble Boniface de Tollen — Egrége Jean de Marcenasq.
1512. — Jean Pensa, Jacques Mugnery ; ce dernier n'ayant pu exercer à cause de ses infirmités, Jean Ottin fut élu à sa place le 17 mai.
1513. — Egrége Jean Chamin notaire — Jacques Mugnery notaire.
1514-1515. — Egrége Claude Mistralis notaire — Provide Marcel Du Prez.
1516. — Egrége Jacques Bernardi notaire — Discret Jean Cathérelly.
1528. — Egrége Nicolas-François Guichardy — Discret Jean de Prés.
1529. — Noble Jean Saluard — Discret Jean Ottin.
1530. — Maître François Jacquemody notaire — Discret Jean Gueuillardy.
1531. — Le Seigneur Antoine de Bosses — Egr. Antoine de Pré.
1532. — Noble Pierre Fabri — Maître Antoine Bufantan.
1533. — Noble François la Crête — Maître Antoine Caterel.
1534. — Denys Arragonis — Maître Jean de Canaly.
1535. — Le Sieur avocat Jean Martinet — Discret Jean Maguet.
1536. — Maître Pantaléon Ottini — Maître Pantaléon Berthody.
1537. — Noble Jean-François Vaudan — Discret Jean Bianquin.
1538. — Egrége Jean-François Beillety — Maître Jean Galli not.
1539. — Noble Michel Saluard — Maître Sulpice Milliéry.
1540. — Noble Antoine Vaudan — Noble Jean Passerin.
1541. — Noble Bart$^{mi}$ Lacheriety — Maître François Bianquin.
1542. — Antoine De Bertharinis — Discret Claude Bocheti.
1543. — Provide Jean de Pensa — Maître Humbert Cathérel.
1544. — Provide de Jean de Rou apoticaire — Noble Antoine Vaudan.
1545. — Provide Michel Guichardy — Provide Pierre Puppon,

1546. — Comandable Barthélemy De Carreria — Pantaléon Camin.
1547. — Egrège Pantaléon Pepolin — Egrège Grat Berthui.
1549. — Egrège François Bornyon — Egrège François Gilliet.
1550. — Noble René Lostan — Egrège Sulpice Gorra.
1551. — Discret Nicolas Bandelli — Discret Pantaléon Clauselina.
1552. — Provide Jean Quey — Maître Pierre Gerliery.
1553. — Maître Pierre de Berthaz Notaire — Noble Jean Andrée.
1554. — Noble Pantaléon Vaudan — Noble Jean Saluard.
1555. — Noble Jean Malliet — Maître Grat Duc Notaire.
1556. — Maître Claude Excoffieri — Discret Rou Goillard.
1557-58-59. — Le Seigneur Nicolas D'Avise — Noble Claude Saluard.
1560-61. — Noble Bonaventure Vaudan — Noble Pierre Foldon.
1562. — Noble Jean Tillier — Egrège Martin Nigri.
1563. — Maître André Fuaz — Maître Etienne Sourelley.
1564. — Noble Jean Cerise — Maître Sulpice Martinet.
1565. — Maître Pierre Roncassi Médecin — Noble Nicolas Menet Saluard.
1566. — Maître Jean Martin Fuaz Notaire — Discret Antoine Meynet.
1567. — Le Seigneur Léonard de Bosses — Maître Hyblet Foldon.
1568. — Noble Pierre Saluard — Maître Sébastien Sattenin.
1569. — Noble Jean Boniface Malliet — Maître $B^{mi}$ de Pré.
1570. — Noble François La Grive — Noble Etienne Batiany.
1571. — Provide Claude Quay — Docteur Guillaume Jacquemin D'Hérin.
1572. — Provide Mathieu Pensa marchand — Docteur Guillaume Jacquenin D'hérin, et à sa mort, le Docteur Jean Savini.
1573. — Noble Bening La Cheriéty — Noble Antoine Gal.
1574. — Sire Antoine Berard — Discret Martin Bazelly.
1575. — Sire François Poncet — Discret Jean Pessin.
1576. — Sulpice Varineis — Jean De Pré.
1577. — Noble Antoine Philibert Regis — Noble Aymé Andrée.
1578. — Maître Thibaud de Valette — Maître $B^{mi}$ Clavel.
1579. — Mathieu Defeyes — Jean Ravet.
1580-81. — Maître Marcel Sebrié — Maître Vincent Ottiné.
1582. — Hilaire Pointiers — Louis Bianquin.
1583. — Noble Bonaventure Philibert Bournyon — Noble Pierre Chanvillair.
1584. — Egrège Grat Phillippon — Egrège Eusèbe Munier.

1585. — Egrége Grat Phillippon — Egrége Nicolas Péclet.
1586. — Noble Pierre Saluard — Egrége Jean Pantaléon Bussautan.
1587. — Noble Nicolas Tillier — Noble Etienne Favre.
1588. — Discret François Aymonety — Discret Léger Milliéry.
1589. — Sire Grat Bertharin — Discret Louis Avoïat.
1590. — Noble Etienne Pepelin — Jean Milliet. — Pantaléon Malliet.
1591. — Noble Jean Antoine la Crête — Vincent Jeantet — Noble Antoine Foldon.
1592. — Noble Philippe Cerise — Noble Jean-Barth$^{mi}$ Saluard.
1593. — Maître Claude Dunoyer — Maître Pantaléon Cantamot.
1594. — Maître Antoine Berardy — Discret Jean Malliet.
1595. — Maître Marc Carlin — Maître Claude Poignendy.
1596. — Noble Pantaléon La Cheriète — Noble J$^n$-Antoine Gorra.
1597-1598. — Discret François Carabel — Discret Jean Grimod.
1599. — Noble Jean-Jacques Malliet — Noble Nicolas Saluard.
1600. — Noble Rolland Giavin — Noble Antoine Gilliet.
1601. — Maître Jacques Berard — Maître Michel De Vevey.
1602. — Pantaléon Buthod — Barthélemy Pasteur.
1603. — Noble Philibert Saluard — Le Sieur avocat Jean Guillaume Martinet.
1604. — Noble Philibert Saluard — Noble Pierre Chanvillair.
1605. — J$^n$-François Cuchat — François Cornillon La Valleta.
1606. — Discret André Marcoz — Discret Pierre Marcoz frères.
1607. — Maître Jean Remondé — Maître Jean-Bart$^{mi}$ Martinet.
1608. — Maître Jean-Pierre Jeantet — Maître Bart$^{mi}$ Pomat.
1609. — Nob. Vincent La Cheriette — Nob. François Chanvillair.
1610. — Noble Vincent La Cheriette — Noble Jules Phebe Gilliet
1611. — Barthélemy Vignettaz — Michel de Collin.
1612-1613. — Provide André Savin trésorier — Egrége Sulpice Derriard.
1614. — Nob. Jean-François Tillier — Nob. J$^n$-Jacques Passerin.
1615. — Claude Gaberand — Etienne Dossan.
1616. — Noble Jean-François Decré — Etienne Dossan.
1617. — Noble Philibert Giavin — Sire Laurent Favale.
1618. — Noble Georges De Granges mort — Nob. Jean-François Lostan — Noble Jean-Antoine Gal.
1619-20. — Nob. Jean-François Lostan — Nob. Jean-Antoine Gal.
1621-22-23. — Noble Nicolas Besenval — Maître Guillaume Mochety.

1624. — Provide Pierre Savin — Discret André Bianquin.
1625-26-27. — Egrége Jean-Balthasard Pascal — Egrége François Poignendy.
1628. — Maître Jean-Nicolas Desaymonet — Maître Gennin Lantamot.
1629. — Le Sieur médecin Jean Milliet — Noble Etienne-Philibert Dunoyer.
1630. — Le Sieur médecin Jean Milliet, après la mort discret Pierre Blanc, après la mort Egrége Nicolas Bovety — Noble Etienne-Philibert Dunoyer.
1631. — Egrége Nicolas Bovety — Noble Etienne-Philibert Dunoyer.
1632. — Egrége Jean-Antoine Jeantet — Egrége Jean-Jacques De Pléoz.
1633-34. — Egrége Hugonet Dérivoz — Egrége Jean-Jacques De Pléoz
1635. — Discret Pierre Cossard — Jacquemet Fleur.
1636. — Maître Pantaléon Buthier — Maître Antoine du Vevey.
1637. — Maître Louis Pomat — Maître Antoine Charvoz.
1638. — Noble Laurent Vuillet — Noble Antoine Gal.
1639. — Noble Jean-Vincent La Cheriette — Noble Jean-François Passerin.
1640-41. — Noble Philibert Aymonier — Provide Antoine Martini.
1642. — Le Sieur Jean-Baptiste Bertoz trésorier — Provide Antoine Martini.
1643. — Noble Mathieu Decré — Egrége Jean-Claude Mochety.
1644-45. — Noble Mathieu Decré — Noble Claude-François Bettety
1646. — Barthélemy Gogioz — Grat-Philippe Gaberand.
1647. — Grat-Philippe Gaberand — Jean Betemps.
1648. — Noble Jean Passerin mort — Egrége Jean Parise — Egrége Nicolas-Gaspard Peclet.
1649. — Egrége Jean Parise — Egrége Antoine des Chenaux.
1650. — Vuillien Tissioret — Claude Martini.
1651. — Noble Marc-Antoine Decré — Egrége Michel Martinet
1652. — Egrége Sulpice Derriard — Maître Jean-Pierre Pontey.
1653. — Egrége Jean-Antoine Ducloz — Maître Jean-Pierre Pontey.
1654. — Egrége Jean-Antoine Ducloz — Egrége Claude Pomat.
1655. — Egrége Erasme Passan — Egrége Martin Vuillien.

1656. — Egrége Claude de Charles Mollier — Egrége Martin Vuillien.
1657. — Egrége Claude de Charles Mollier — Egrége Jean-Claude Péclet.
1658-59-60. — Egrége Jean-Boniface Festaz — Egrége Jean Camos.
1661-62. — Noble Pierre Passerin — Noble Jean-Baptiste Galeux.
1663. — Le Sieur Mathieu Viettes — Le Sire Louis Réan.
1664-65. — Le Sieur Cyprien Pascal — Egrége Nicolas Revel.
1666-67. — Egrége Grat Meilleur — Egrége Philibert-Amé Arnod.
1668-69. — Noble Jean-Balthasard La Crête — Noble François-Jérôme Françon.
1670-71. — Egrége Jean-Gaspard Bolossier — Egrége Pierre Viérin.
1672. — Le Sire Antoine Petitjacques — Pantaléon Des Chenaux.
1673-74-75. — Le Sire Jourdan Germain — Sire Jean-Pierre Buillet.
1676-77. — Noble Jean-Michel Passerin — Noble Jean-Louis Passerin.
1678. — Egrége Germain Diémoz — Egrége Jean-Joseph Lyboz.
1679-80-81. — Noble Jean-Claude Pascal — Claude Anselme Dunoyer.
1682. — Maître Jean-Pantaléon Valettaz — Maître Martin Gonraz Notaire.
1683. — Maître Erasme-Nicolas Viettes — Maître Martin Gonraz.
1684-85-86. — Egrége Jean-Baptiste Figerod. — Egrége Aymé Hugonin.
1687. — Le Sieur Jean Bus — Egrége Humbert Péclet, lequel ayant refusé au Bourg l'office on mit pour économe Egrége Pierre Viérin.
1688. — Le Sieur Jean Bus — Egrége Pierre Viérin économe.
1689. — Le Sieur Jean Bus — Egrége Pantaléon Noir.
1690. — Le Sieur François Gogioz médecin — Egrége Pantaléon Noir.
1691. — Spectable Jean-André Curard — Egrége Jean-Pantaléon Noir.
1692. — Egrége Jean-Antoine Millet — Egrége Jean-Rhémy Tillier.
1693-94. — Egrége Jean-Antoine Michelet — Egrége Jean-Rhémy Tillier.

1695. — Egrége Jean-Jacques Ducloz — Le Sieur avocat Jean Porliod.
1696-97-98. — Egrége Jean-Antoine Blanc — Egrége Jean-Georges Pepelin.
1699. — Le Sire Bart$^{mi}$ Ubertin — Sire Jean-Antoine Perlaz.
1700. — Le Sire Bart$^{mi}$ Ubertin décédé — Le Sieur Jean-Louis Perinod — Le Sire Jean-Antoine Perlaz.
1701. — Egrége Jean-Louis Perinod — Sire Jean-Antoine Perlaz.
1702. — Egrége Jean-Cristophe Bertaz — Maître Jean-Baptiste Vercellin.
1703. — Noble Jacques Bioley — Egrége Jean-Baptiste Vercellin
1704. — Egrége Jean-André Milet — Egrége Jean-François Droz.
1705-6. — Egrége Jean-Pantaléon Vivier — Egrége Jean-François Droz.
1707. — Le Sire Jean-Pierre Empereur — Le Sire Jean-Dominique Biancoz.
1708. — Egrége Jean-Joconde Jotaz — Sire Jean-Dominique Biancoz.
1709. — Egrége Pierre-Joseph Droz — Egrége Charles-Emmanuel Roveyaz.
1710. — Egrége Nicolas Bufloz — Egrége Charles-Emmanuel Roveyaz.
1711. — Le Sire Jean-Pierre Burgay — Egrége Charles-Emmanuel Roveyaz.
1712-13. — Le Seigneur François-Joseph Passerin de Brissogne — Le Seigneur François-Antoine Passerin d'Entrèves.
1714. — Le Seigneur François-Joseph Passerin de Brissogne — Noble Claude-Anselme Dunoyer.
1715. — Le Sire Hiacinthe Milloz — Discret Jean-Joseph Zaganaz.
1716-17-18. — Le Sieur avocat Jean-Maurice Gérard — Le Sieur Philippe Réan.
1719. — Le Sire Jacques Ubertin — Le Sire André Dartaz.
1720. — Egrége Octave Cossard — Egrége Michel-Joseph Derriard — Michel-Joseph Derriard.
1721-22. — Egrége Blaise-Joseph Pascaz.
1723-24. — Egrége Jean-Grat Usel — Maître Jean-Barthélemy Varisel.
1725. — Maître Jean-Jacques Squinabol — Maître Jean-Bart$^{mi}$ Varisel.

1726-27-28. — Le Sire Claude Blanc — Discret Jean-Léonard Vevey.
1729-30-31. — Noble Jean-André Carrel — Noble Guillaume Tillier.
1732. — Noble Pierre Savin — Noble Jean-Jacques Bioley.
1733. — Sire Jean-Antoine Gippaz — Discret Etienne Varisel.
1734-35. — Egrége Léonard Favre notaire — Egrége Blaise-Hiacinthe Derriard.
1736. — Le Sieur avocat Jean-Jacque Thedy décédé — Le Sieur avocat Mar-Antoine Ducrüe — Egrége Blaise Hiacinthe Derriard.
1737. — Egrége Nicolas-Pierre Pussod — Egrége Jean-Pantaléon Perret.
1738. — Le Sieur avocat Grat-Joseph Figerod — Le S$^r$ Jean-Pantaléon Perret.
1739. — Le Sieur Jean-Pierre Favre procureur — Le Sieur Jean-Pantaléon Perret.
1740-41. Le S$^r$ Jean-Pierre Favre — Egrég. Léonard Ansermin.
1742. — Le S$^r$ Jean-François Derriard lieutenant au bailliage — Le Sieur Léonard Ansermin.
1743. — Le Seig$^r$ Joseph-Nicolas Freydoz Seigneur de Champorcher et Saint-Martin — Nob. Jean-Louis De Tillier.
1744-45. — Le Sieur avocat Jean-Baptiste Davite — Le S$^r$ Jean-Baptiste Réan.
1746-47-48. — Egrége François-Léonard Millet — Egrége Jean-François Diernat.
1749-50-51. — Le Sieur Albert Bus capitaine des milices — Le Sieur Droz capitaine des milices.
1752-53. — Le S$^r$ J$^n$-Pierre Bois — Le S$^r$ André Grivon proc.
1754. — Egrége Jean-Pierre Bois notaire — Egrége Blaise-Maurice Tercinod.
1755. — Le S$^r$ avocat Maxime Pascaz — Le S$^r$ Blaise-Maurice Tercinod.
1756. — Le Sieur médecin Louis-César Forré — Le S$^r$ Blaise-Maurice Tercinod.
1757-58. — Le Sieur Forré César médecin — Le Sieur avocat Vacher Mathieu.
1759. — Le Sieur Antoine-Sulpice Savin de Bosses — Spectable avocat Vacher Mathieu.
1760-61. — Le Seigneur Antoine-Sulpice Savin de Bosses — Le Seigneur Elzéard Arnod d'Entrèves.

1762. — Le Seigneur Elzéard Passerin de Brissogne — Le Seigneur Elzéard Arnod d'Entrèves.
1763-64. — Le Seigneur Elzéard Passerin de Brissogne — Spectable Jans Jean-Baptiste médecin.
1765. — Le Seigneur Louis Sariod de la Tour de Bard — Spectable Jans Jean-Baptiste médecin.
1766-67. — Le Seigneur Louis Sariod de la Tour de Bard — Le Seigneur Jean-François Passerin d'Entrèves.
1768. — Le Sieur Joseph Contoz notaire — Le Sieur Jean-Jacques Charles notaire.
1769-70. — Le Sieur Joseph Savoye notaire — Le Sieur Jean-Jacques Charles notaire.
1771-72-73. — Illustre Seigneur Jean-Joseph De Nicolas Comte de Bard — Spectable Jean-Jacques Rolland.
1774. — Nob. Claude-Mich. Barillier — Nob. Guillaume Champion.
1775. — Le S$^r$ Grat-Joseph Cocoz not. — Nob. Guillaume Champion.
1776. — Spectable avocat Pierre-Joseph Ansermin — Noble Guillaume Champion.
1777. — Le Seigneur François-Louis Sariod de la Tour de Bard — Spectable avocat Jérôme Dhesia Ducretton.
1778. — Le Sgr Comte de Bard fils — Spectable avocat Grivon.
1779. — Spectable avocat Pierre-Joseph Ansermin — Le Sieur notaire Jean-Jacques Charles.
1780. — Le Seign. Comte de Bard fils — Le S$^r$ notaire Arbaney.
1781. — Le S$^r$ not. Joseph Savoye — Le S$^r$ Guillaume Champion.
1782-83. — Spectable av$^t$ D'Avise — Spect$^e$. avocat Rebogliatti.
1784. — Le Seign. Passerin d'Escalier — Le S$^r$ François Gay.
1785. — Le Seigneur Sariod de la Tour de Bard — Le Sieur notaire et procureur Pierre-Antoine Pesse.
1786. — Le Seign. Comte de Bard — Le S$^r$ Maurice Revillod.
1787. — L'avocat Pierre-Joseph Ansermin — Le notaire et procureur Etienne-Joseph Jotaz.
1788. — Spectable Jans Jean-Baptiste médecin — Le Sieur procureur Jean-Joseph Troc.
1789. — L'avoc$^t$ Jacques Rolland — Le notaire Joseph Savoye.
1790. — D'Avise Baron de Charvensod — Guillaume Champion.
1791. — L'av$^t$ Jean-Léger Bianquin — Sieur notaire Tillier.
1792. — Spect. av$^t$ Bianco — Le S$^r$ négociant Maurice Revillod.
1793. — Spectable av$^t$ Pierre-Joseph Ansermin — Sieur notaire Tercinod Jean-Laurent.
1794. — Spectable av$^t$ Jacques Rolland — Le S$^r$ négociant Ruffier.

1795. — Spectable médecin Jans Jean-Baptiste — Le Sieur notaire et procureur Laurent Jean.
1796. — Spect. av{t} Gerbore — Le Sr négociant Maurice Revillod.
1797. — Le Seigneur Baron de Charvensod — Le Sieur notaire Jean-Laurent Tercinod.
1798. — Spect. av{t} Cantaz — Le géomètre Jean-Balthazard Droz.

RÉORGANISATION DE LA MUNICIPALITÉ.

*République Française*
(An 7 le 14 Nivose = 3 janvier 1799).

*Présidents provisoires.*

1° Le citoyen Christillin avocat Jean.
2° Le citoyen Chantel Joseph.

*Présidents décadaires.*

1° Le citoyen Revillod Maurice.
2°     »     Laurent Jean-Valentin notaire.
3°     »     Alby
4°     »     Pignet Jean-Baptiste.
5°     »     Barrillier Claude-Nicolas.
6°     »     Joseph Chantel chanoine.
7°     »     Revillod Maurice.
8°     »     Laurent Jean-Valentin.

RECONSTITUTION DE L'ANCIEN CONSEIL
(avec les mêmes Syndics de 1798)
le 7 mai 1799

Le 8 mai 1799 nomination de nouveaux Syndics.
Le Comte Antoine-Philippe de Bard — Le notaire Joseph-Thomas Chenevrier.

1800. — Spectable av{t} Dominique Bianco remplacé par l'avocat Dominique-Charles Rebogliatti — Joseph-Antoine Ruffier négociant.

INSTALLATION DE NOUVELLE MUNICIPALITÉ
le 18 août 1800.

*Présidents décadaires.*

1° Citoyen Gerbore Philibert avocat.
2°    »    Régis Claude-François.
3°    »    Revillod Maurice.
4°    »    Cantaz avocat.
5°    »    Laurent Jean-Valentin notaire.

6ᵉ  »  Carrel.
7ᵉ  »  Favre.
8º  »  Régis Claude-François.
9ᵉ  »  Revillod Maurice.
10ᵉ »  Laurent Jean-Valentin.
11º »  Carrel.
12º »  Blanchet Etienne avocat.
13ᵉ »  Garçon Jean-Pierre notaire.

1801
*Présidents décadaires.*

1º Citoyen Gorret.
2º  »  Pignet.
3º  »  Rebogliatti Dominique avocat.
4º  »  Chenevrier Joseph-Thomas.
5º  »  Revillod Maurice.
6º  »  Ruffier Antoine-Joseph.
7º  »  Régis Claude-François avocat.
8º  »  Tercinod Jean-Laurent notaire.
9º  »  Pignet.
10º »  Rebogliatti avocat.
11º »  Régis Claude-François avocat.
12º »  Chenevrier Joseph-Thomas.
13º »  Tercinod Jean-Laurent notaire.
14º »  Revillod Maurice.
15º »  Ruffier Antoine-Joseph.
16º »  Pignet.
17º »  Rebogliatti Dominique avocat.
18º »  Régis avocat Claude-François.
19º »  Chenevrier Thomas.
20º »  Tercinod Jean-Laurent notaire.
21º »  Revillod Maurice.
22º »  Ruffier Antoine-Joseph.
23ᵉ »  Pignet.
24º »  Rebogliatti Dominique.
25º »  Régis Claude-François avocat.

*Maires.*

1802-3-4-5-6-7. — Revillod Maurice.
1808. — Cerise — Réan Jean-Baptiste.
1809-10. — Réan Jean-Baptiste.
1811-12. — Cerise.
1813. — Revillod Maurice.

## Syndics.

1814. — Le Comte Louis-Antoine Sariod de la Tour — Le notaire Jean-Laurent Tercinod.
1815. — Le Comte Louis-Antoine Sariod de la Tour — Le Comte de Brissogne.
1816. — Le Comte de Brissogne — Le notaire Cognein.
1817. — Rebogliatti Jean-Laurent — Barrillier.
1818. — L'av$^t$ Régis Claude-François — Pesse Pierre-Antoine.
1819. — Le Comte de Brissogne — Le géomètre Droz.
1820. — L'avocat Alby — Pignet.
1821. — Le Comte de la Tour de Bard — Jérôme Savin.
1822. — L'avocat J.-B. Réan fils — Le Docteur Thomas Villot.
1823. — L'av$^t$ Régis Claude-François — Le notaire Barmettes.
1824. — L'avocat Jean-Léger Tercinod — Le pharmacien Léandre Galeazzo,
1825. — Vassal de Bosses — Pesse Pierre-Antoine.
1826. — L'avocat Empereur — Jérôme Savin.
1827. — L'avocat De la Pierre — Derriard Laurent.
1828. — Le Comte de la Tour de Bard — Le Procureur Francey.
1829. — Le Chevalier de Courmayeur — Pesse Pierre-Antoine.
1830. — L'av$^t$ Donnet Joseph-Octave — L'av$^t$ Gerbore Joseph.
1831. — Vagneur Augustin Bar$^{mi}$ — L'avocat Tercinod Maurice.
1832. — L'avocat Defey — Barmettes.
1833. — Le Docteur Boggioz — Galeazzo.

*(Depuis cette date la nomination est royale).*

1834. — Le Comte Louis de la Tour — Laurent-Aug$^n$ Derriard.
1835. — Docteur Augustin Vagneur — Jean-Joseph Pesse.
1836-37. — L'av$^t$ J.-Octave Donnet — L'av. Maurice Tercinod.
1838-39. — Le Baron Bich Emmanuel — Laurent Argentier.

*(Depuis cette époque commencent les Vice-Syndics.*

1840-41. — Le Docteur Bich Emmanuel.
1842-43-44. — L'avocat Octave-Joseph Donnet.
1845-46. — Le Baron Protomédecin Bich Emmanuel.
1847-48. — L'av. Maurice Tercinod.
1849. — Le proc. Vallier Ambroise.
1850-51. — Le notaire Carlon Laurent.
1852-53-54-55-56-57-58-59-60-61-62-63. — L'avocat Favre Bruno.
1864-65-66-67. — Chevalier Rhemy avocat.
1868. — Interrègne.

1869-70-71-72. — Le notaire Dalbard Joseph.
1873. — Interrègne.
1874. — L'avocat Rosset Victor.
1875-76. — Le notaire Carlon Laurent.
1877-78-79-80. — L'avocat Jules Martinet.
1881-82. — Le chev. Berguet Vincent.
1883. — Interrègne.
1884-85. — Le Chev. Berguet Vincent.

# TABLE DES MATIÈRES

## I. DUCHÉ

| | |
|---|---:|
| Armoiries | 5 |
| Situation | 5 |
| Etendue | 5 |
| — Démembrement de Carême | 6 |
| Confins | 7 |
| — Démembrement de partie du Haut Chablais | 8 |
| Vallées latérales | 9 |
| — Valdigne | 9 |
| — La Thuile — Alpes Graïes — Petit-Saint-Bernard | 9 |
| — Courmayeur — Minières — Passages — Sources | 11 |
| — Désastre de Val Ferrex | 12 |
| — Source de Pré-Saint-Didier | 14 |
| — Valgrisanche | 14 |
| — Val des Rhêmes | 15 |
| — Valsavaranche | 15 |
| — Cogne — Minières | 15 |
| — Champorcher | 16 |
| — Vallaise | 17 |
| — Greines | 17 |
| — Valtornenche | 18 |
| — Valpelline — Minières | 18 |
| — Gignod — Etroubles — Saint-Rhemy | 19 |
| — — Alpes Pennines — Grand-Saint-Bernard — Prévôts de Montjoux | 20 |
| Rivières et Torrents — Doire | 25 |
| — — Branches de La Thuile — Lac du Ruitort | 26 |
| — — Branches Courmayeur — Lac Comballe | 27 |
| — — Baltée | 27 |
| — — Buthier — Ses ravages | 28 |

Rivières et Torrents — Autres torrents — Ruisseaux . 30
Généralités — Population — Pourquoi diminuée—Mœurs 30
— Climat — Années froides . . . 32
— Agriculture . . . . . 33
— Gattes (Invasion des) . . . 34
— Productions . . . . . 35
— Emigration . . . . . 37
Ruisseaux . . . . . . . 38
— Ru Prévôt . . . . . . 38
Noblesse — Lustre — Décadence . . . 39
— Famille de Challand . . . . 41
— Vicomté d'Aoste . . . . 43
Charité (Bureaux de) . . . . . 49

## II. VILLE.

Aoste (Cité d') — Ruine — Renaissance . . . 52
— Situation . . . . . 55
— Edifices . . . . . 57
— Eaux . . . . . . 57
— Foires et Marchés . . . 58
— Conseil et Syndics . . . 58
— Quartiers et Portes . . . 59
Cathédrale — Description — Mausolées — Reliques . 64
— Chapitre. . . . . . 67
— — Dignités — (Archidiacres et Prévôts — Contestations) . 68
— — Autres charges . . . 73
— — Rentes . . . . 73
— — Nominations . . . 73
— — dans les premiers temps (régularité) . . . . 74
— — Statuts . . . . 77
— Bénéfices et Confréries . . . 78
Collégiale de Saint-Ours — Description . . . 79
— Premier oratoire — Anciens Evêques — Saint Ours . . 79
— Prieuré . . . . . 80
— Statuts . . . . . 85
— Mixtim avec les Cathédraux . . 87
— Revenus . . . . . 88
— Chapelles et Confréries . . . 89

| | |
|---|---:|
| Collégiale de Saint-François — Description — Mausolées | 90 |
| — Confréries | 91 |
| — Historique | 92 |
| Collège de Saint-Bening | 94 |
| — Saint-Bening aux Bénédictins | 95 |
| — — Prieuré | 95 |
| — — érigé en Collège | 99 |
| — — et les Chanoines de Notre-Sauveur | 100 |
| Saint-Jacquême — Prieuré — Demeure des Prévôts de Montjoux — Ecole de Philosophie et de Théologie | 103 |
| — Expropriation des biens du Saint-Bernard — Hôpital Mauricien | 104 |
| Sainte-Catherine — (Chanoinesses de) | 105 |
| — Tentative de fusion avec les Visitandines | 109 |
| — Statuts | 109 |
| Visitation (Dames de la) | 112 |
| Lorraine (Dames de) | 113 |
| Capucins | 114 |
| Confraternité de la Miséricorde | 115 |
| Hôpitaux — Hospice de Charité | 116 |
| — Maladière | 117 |
| — Nabuisson | 118 |
| — Saint-Jean de Romeyran | 118 |
| Ordres militaires | 119 |

## EGLISE.

| | |
|---|---:|
| Privilèges de l'Eglise d'Aoste | 120 |
| Rite spécial — Luttes pour le conserver | 121 |
| Aoste jouissant des privilèges des Eglises de France et d'Italie | 122 |
| Concile de Trente | 124 |
| Religion — Plocéan — Calvin | 125 |
| Juridiction religieuse | 129 |
| Evêques d'Aoste | 131 |
| — Vacances | 132 |
| — Dépendance | 133 |
| — Election | 133 |
| — Revenus — Titre de Comte | 135 |
| Paroisses du diocèse | 138 |
| Inquisition | 143 |

| | | |
|---|---|---|
| Inquisition — Première tentative à Aymavilles, jusqu'en 1499 | | 144 |
| — Autres tentatives (1515-1580) | | 145 |
| — Le Duc Charles — Aoste sans inquisition au temps de Calvin — Evêque Gromis — Inquisition à Challand — Barbaries — Emotion (1581) | | 146 |
| — Archidiacre Dalbard — Violente tentative — Alarme (1588-97) | | 148 |
| — Frère Lactance Baldi (1601-1603) | | 151 |
| — Frère Cornelius Priatonus (1604) | | 152 |
| — Barbenare (1614) | | 154 |
| — Lettre du Nonce — Marcobetto | | 155 |
| — Conclusion | | 156 |
| Chronologie des Syndics d'Aoste | | 157 |

# HISTORIQUE

DE LA

# VALLÉE D'AOSTE

# HISTORIQUE

DE LA

## VALLÉE D'AOSTE

PAR

J.-B. De TILLIER

SECRÉTAIRE DES ÉTATS DU DUCHÉ D'AOSTE

DES

## SEIGNEURIES

**AOSTE**
LOUIS MENSIO, IMPRIMEUR-ÉDITEUR. 1882.

DES

# SEIGNEURIES

Après la Cité, qui est la Capitale de tout le Duché, la Vallée d'Aoste compte encore plusieurs bonnes bourgades assez bien bâties et raisonnablement peuplées, surtout le long de la grande route qui conduit en Piémont, et plusieurs terres titrées (fiefs, châteaux et Seigneuries), quelques-unes dépendant immédiatement de la Couronne, et les autres, subalternes et de la juridiction des Seigneurs Vassaux, bannerets et hauts-justiciers.

On a cru à propos de donner ici le dénombrement de ces terres et de ce qu'il y a de plus remarquable en chacune, avec l'ordre que les seigneurs qui en sont investis tiennent dans les Assemblées générales des Etats.

## VALDIGNE

Le Mandement Royal de Valdigne, était anciennement composé de six belles paroisses, dont Morgex, qui jouit du droit de bourgeoisie, faisait la Capitale. Morgex avait foire et marché, par provisions souveraines accordées aux bourgeois du dit lieu par le Comte Amé le 4 juillet 1306, confirmées par un autre Comte Amé le 8 juillet 1391, et encore par une autre provision de S. A. S. le Duc Charles-Emmanuel 1er, du 19 novembre 1628.

La Paroisse de Morgex a de tous temps tenu le premier rang parmi les autres du dit Mandement. A quelques cent pas du bourg, il y a un couvent de Capucins, qui ne s'y est établi qu'en 1633, quoiqu'il y eût précédemment un hospice.

Venaient ensuite : La-Salle, dont la Cure est desservie par un Chanoine de la Cathédrale, et qui jouit aussi d'un privilége de foire franche faisable le 10 novembre de chaque année; Pré-st-Didier, sur le finage de laquelle sont les fontaines chaudes propres à faire les bains; La-Thuile, première terre que l'on trouve après avoir passé la Montagne du Petit-St-Bernard; Courmayeur, sur le ressort de laquelle sont les fontaines vitrioliques, et qui, par concession souveraine confirmée en 1662 et entérinée en Conseil le 6 mai du dit an, jouit aussi du droit d'une foire franche faisable le 26 septembre de chaque année; et Derby : mais ces deux dernières terres ont été démembrées du Mandement de Valdigne, et inféodées ainsi qu'on le rapportera en son lieu.

Les quatre autres premières terres du dit Mandement

ont toujours immédiatement dépendu des Souverains, depuis que la Vallée d'Aoste leur a fait adhérence, quoique quelques-uns aient voulu assurer que l'ancienne famille des nobles Grassy, du Chatelart sur La-Salle, et celle des nobles de Canaly aient eu jurisdiction sur La-Salle; cette dernière l'aurait même eue en 1285, comme le rapporte le Révérendissime Seigneur *Franciscus ab Ecclesia* dans la première partie de son histoire, à page 107.

Pendant la favorable régence de S. A. R. Madame Chrétienne de France, duchesse de Savoie, le Seigneur Pierre-Philibert Roncas, Conseiller Président des Royales Finances, et Baron de Châtel-Argent, réussit, par ses pressantes sollicitations, à obtenir de cette Princesse la Seigneurie des dites quatre terres de Valdigne, sur la supposition qu'il lui fit, que la plupart des revenus lui avaient déjà été inféodés ; mais ce n'étaient en vérité que le Greffe, les obventions et parties casuelles, et certaines minuties de redevance que S. A. S. le Duc Charles-Emmanuel 1er avait aliénées avec le revenu du bailliage au Baron Pierre-Léonard Roncas son père, lorsqu'il érigea la Seigneurie de Châtel-Argent en Baronie, et ce, par contrat du 24 avril 1602.

La Seigneurie de Valdigne fut donc par la dite Princesse Royale, comme tutrice et Régente, inféodée au dit Baron Roncas par patente du 3 février de l'an 1639, et unie à la Baronie de Châtel-Argent sous les mêmes conditions que celle-ci, moyennant trois mille ducatons déboursables tous à la fois, et sauf la réserve du domaine direct et du rachat perpétuel, pour le réunir à son domaine immédiat ou pour l'inféoder à quelque prince de la Maison Royale de Savoie et non à d'autres.

La Chambre des Comptes de Piémont refusa par deux arrêts, en date des jours 14 et 19 du dit février, d'entériner cette aliénation, et ne le fit qu'à la troisième jussion, par patentes du 22 mai suivant.

Le Baron de Chatelargent se fit confirmer par les sérénissimes Princes Maurice et Thomas de Savoie, par autre acte du 5 septembre 1639 entériné en Chambre le 29 même mois, moyennant la finance de deux autres mille ducatons d'augmentation. Ensuite de quoi, ayant obtenu commission de la même Chambre, en la personne du sieur Gabriel-François Vernoni, secrétaire ordinaire de S. A. et de sa Chambre des Comptes, pour en être mis en possession, il en fit exploiter les lettres le 8 d'octobre suivant.

Mais toutes ces précautions et diligences n'empêchèrent pas que les habitants de la Valdigne ne refusassent vigoureusement de le reconnaître et de lui prêter serment de fidélité.

Il les fit citer par devant la dite Chambre, où ils comparurent, faisant conster qu'ils avaient toujours été sous l'immédiate juridiction et autorité des Comtes et Ducs de Savoie, sans avoir jamais été soumis à d'autres inférieurs ; auxquels Princes, comme investis des grands chemins, bois noirs, eaux, pâquiers et autres droits de Régale, ils prêtaient serment de fidélité lige, avec obligation à la cavalcade, déjà du temps des Comtes Edouard et Aymon, ainsi qu'il résultait des actes de reconnaissance des jours 14 juin 1324 et 4 avril 1337, reçus par Jean Rainaud, et ensuite, de tous les actes des audiences générales, puis, dès qu'on en eut discontinué l'usage, à chaque avènement de Prince à la Couronne ;

Que d'ailleurs, par privilége à eux accordé par le Comte Amé dit le Rouge sous la date du 28 juillet 1371, la justice s'y devait administrer sur les lieux, par le baillif d'Aoste ou par son lieutenant, à l'exclusion de tous autres ;

Qu'ils ne pouvaient autrement agir, par toutes les dites raison que de refuser de prêter le serment requis.

Il s'ensuivit que les Communiers des quatre terre des Valdigne, après avoir plaidé pendant plusieurs années de suite et supporté de gros frais, obtinrent enfin, moyennant la restitution des cinq mille ducatons de finance au seigneur Baron Roncas, d'être maintenus sous le domaine immédiat de la Couronne de Savoie, avec la réserve de ne pouvoir en être aliénés à l'avenir et l'entière confirmation de tous leurs priviléges et prérogatives, dont ils jouissent encore actuellement, nonobstant que le Greffe, les amendes, les servis et autres accidents casuels comme sus vendus, soient possédés par les héritiers du dit Baron Roncas.

On trouve rière le Mandement susdit plusieurs tours et maisons fortes de gentilhommes, dont les principales sont celles de l'Archet, de Rubilly, de Léaval, de la Ruine et de Bozel sur Morgex, du Chatelar, de Lecours, des Corsi, et de Passorio, autrefois des Boveti, à La-Salle, et encore du Chatelar à la Thuille, dont les familles sont à présent toutes entièrement éteintes et anéanties.

## BARD

Le Mandement royal de Bard était autrefois composé du bourg de ce nom, du bourg de Donas, et d'une partie de la ville de Champorcher et des terres d'Hône, de Vert et d'Arnaz, dont le Seigneur du Pont-Saint-Martin avait le surplus. Mais aujourd'hui, tout ce Mandement a été démembré et vendu à des Seigneurs particuliers, ainsi qu'on le rapportera en son ordre. Il ne reste à présent au souverain que le seul bourg de Bard, rière lequel, quoique situé dans une fondrière de montagne et cul de sac, parmi d'affreux rochers, il y avait jadis quantité de noblesse, un hôpital d'ancienne fondation, et d'assez belles maisons, dont la plupart tombent en ruines. Les souverains y faisaient autrefois tenir un siége de justice, où les trois ordres de pairs, nompairs et coutumiers s'assemblaient souvent en connaissance des causes civiles et criminelles ; mais à présent la justice ne s'y exerce que par un juge royal, qu'ils y créent directement. et qui n'a juridiction que sur le peu d'habitants du Bourg ; car les Seigneurs qui ont acquis ces démembrements, ont leur justice à part. Encore, depuis 1730, cette création de juge n'a-t-elle été faite que par le Seigneur gouverneur du Duché.

Le Bourg de Bard n'est presque plus habité que par les officiers, soldats ou vivandiers de la garnison.

Le château est très-considérable ; il occupe presque toute la capacité d'une roche vive, autour de laquelle la rivière a creusé un profond fossé naturel, qui l'enferme presque de trois côtés. Les fortifications de ce *Préside,* qui ferme entièrement le passage dans un endroit des plus étroits de la Vallée du côté du Canavais, prennent sous le mont septentrional, enferment tout le bourg et vont joindre le vieux château. Elles consistent en plusieurs rideaux de murailles, qui vont serpentant de côté et d'autre sur les inégalités de ce rocher ; en portes, ponts-levis et fossés les uns sur les autres ; en quelques bastions, demi-lunes, chemins couverts et autres ouvrages à la moderne, munis de bonne artillerie, dont les feux croisent les deux avenues qui donnent de ce côté-là l'entrée ou la sortie de la Vallée.

Mais toutes ces fortifications sont commandées par l'éminence appelée le mont Albart, qui se trouve de l'autre côté du vieux château.

Ce fort est entretenu de réparations, de garnison, d'armement, de munitions et de toutes autres fournitures, des seuls deniers du Souverain. Le Duché n'est obligé d'y concourir en rien que ce soit, surtout depuis le donatif de mille pistoles que les Etats firent le 17 décembre 1642, pour se rédimer des inquiétudes que les officiers et soldats du dit *Préside* causaient au pays, par lequel ils prétendaient être payés de certains ustensiles et autres droits. Sous ce prétexte, ils exerçaient des violences envers les passants et faisaient des exécutions dans les terres voisines, où ils n'ont cependant aucune autorité, car la leur est bornée au seul enclos de leurs murailles.

Le fort est sous les ordres du gouverneur en chef de tout le Duché. Après lui, il y a un Commandant, qui y réside ordinairement et qui porte le titre de gouverneur en second, un major, un aide major, et plusieurs autres officiers, avec deux compagnies, quelques fois plus, quelque fois moins, de soldats invalides. Mais en cas de guerre, la garnison est plus nombreuse, et proportionnée au besoin.

Le Mandement de Bard était anciennement sous la juridiction des Seigneurs du même nom, que l'on croit avoir tiré leur origine des anciens comtes de Bard en Lorraine. Cette opinion se fonde sur la conformité des armoiries, qui sont entièrement égales en toutes leurs pièces et émaux, et sur celle du nom qu'ils ont donné à cette forteresse.

Leur ancien château n'occupait que le coupeau du rocher existant sur le côté méridional du bourg. Les murailles en sont encore sur pied; mais il est à présent déshabité, et cette clôture, avec quelques restes de bâtiments qu'il y a, ne sert plus que de magasin et de prison.

Hugo ou Hugues, seigneur de Bard, donna son consentement au premier traité d'adhérence fait avec le comte Thomas en 1191, et reconnut ce Prince pour son Seigneur souverain.

Mais Hugues, son fils aîné, voulut dans la suite se soustraire à la fidélité que son père avait promise par un acte si solennel, et refusa de reconnaître aussi pour son souverain légitime le Comte Amé, successeur de la couronne, auquel les trois Etats de la Vallée d'Aoste venaient de faire nouvelle adhérence. Il s'était dans le même temps brouillé avec les Vicomtes d'Aoste, ne pouvant souffrir qu'ils eussent quelque prééminence au-dessus de lui. Enfin, il rançonnait encore, à ce qu'on dit, les passants, par son péage.

Le comte Amé réduisit d'abord la portion de seigneurie que le dit Hugues avait rière les Mandements de Chatelargent et de Sarre mais voyant que cela ne suffisait pas pour le ramener à son devoir, il fit en 1242 un traité avec le Vicomte Godefroy et ses frères, pour l'assiéger dans son château.

Les termes de la convention sont les suivants:

« que le Seigneur Godefroy et ses prédits frères, moyen-

« nant stipulation, ont formellement promis qu'ils donne-
« ront conseil, aide et assistance, en bonne foi et fidèlement,
« au prédit Seigneur Amédée et aux siens, jusqu'à ce que le
« Seigneur Comte Amédée ait pris la forteresse de Bard ;
« et qu'ils ne donneront ni accepteront trève ni paix
« avec le Seigneur Hugues de Bard et les siens, sauf
« par volonté du Seigneur Comte, tant que le dit Sei-
« gneur Comte ne sera pas en possession de la for-
« teresse ou ne l'aura pas soumise à son vouloir.
« A son tour, le Seigneur Comte susdit a promis
« de bonne foi au Seigneur Godefroy et à ses frères,
« de leur payer, lorsqu'il aura pris la dite forteresse de
» Bard, ou qu'il l'aura eue en son pouvoir, après avoir
« complètement défait le Seigneur Hugues de Bard, cinq
« cent marcs d'argent etc., ce que tout les parties ont
« juré par les saints Evangiles d'observer en bonne
« foi et ont donné des gages, etc. (1)

Mais ce Seigneur, prévoyant bien qu'il ne pourrait longtemps résister à la puissance ainsi unie de ce prince avec les Vicomtes, n'attendit pas l'extrémité. Il jugea à propos, pour se tirer d'un si mauvais pas, d'en venir à une composition, par laquelle il céda au comte Amé sa forteresse, ses fiefs et tous autres droits qu'il avait,

---

(1) Quod Dominus Gottofredus et prœdicti fratres sui, mediante stipulatione firmiter promiserunt quod prœdicto Domino Amædeo et suis dabunt consilium, auxilium et juvamen bonâ fide et fideliter quousque Dominus Amædeus Comes castrum de Bardo acceperit, nec treguas vel pacem, cum D. Hugone de Bardo et suis, accipient vel facient, nisi de voluntate Domini comitis, quousque dictum castrum Dominus comes acceperit, vel voluntatem suam de eodem castro habuerit; et Dominus comes supradictus versavice promisit dicto Gottofredo, et fratribus suis bonâ fide, postquam dictum castrum de Bardo acceperit, vel habuerit in potestate sua, diffidato (*diffindato?*) pœnitus D$^{no}$ Hugone de Bardo, quod ipse domino Gottofredo et fratribus suis quingentas marchas argenti etc., et super hoc partes juraverunt ad Sancta Dei Evangelia attendere bonâ fide et pignora tradiderunt etc.

tant rière le mandement de Bard que celui de Chatelargent, moyennant une somme qu'il reçut comptant.

Avec cela, il se retira de la vallée d'Aoste, ainsi que son frère Anselme, qui avait déjà précédemment cédé au même prince sa portion de jurisdiction et ses fiefs en Chatelargent. Ils allèrent l'un et l'autre chercher fortune ailleurs, sans que depuis l'on ait jamais plus ouï parler d'eux en vallée d'Aoste. On croit pourtant qu'un des frères s'établit en Bourgogne, et que sa famille y subsistait encore au seizième siècle. Un de ses descendants doit avoir, en ce temps-là, envoyé chercher en ce pays des titres, pour faire preuve qu'il en tirait son origine. Ceci ne se dit cependant que par tradition.

Le seigneur Hugues avait encore un frère du nom de Vuillerme, chevalier et conseigneur du mandement de Bard, avec lequel il eut de grands démêlés, parce qu'il prétendait l'exclure de sa portion de la roche et château de Bard, en lui laissant le château du Pont-st-Martin et ses dépendances. Ces deux seigneurs, après s'être assez longtemps maltraités, après avoir pillé et ravagé les terres, brûlé les maisons et fait prisonniers les sujets l'un de l'autre, en vinrent enfin à un compromis, par la médiation du révérendissime évêque d'Ivrée Oltinus, et de deux autres seigneurs de la même ville, appelés l'un Boémond de Foro et l'autre Boémond de Solerio.

Ils firent, sous la date du jeudi 19 juin 1214, indition seconde, un traité dont ils jurèrent l'observance entre les mains des dits arbitres ordonnateurs. Par ce traité, ils se restituaient réciproquement leurs prisonniers, parmi lesquels était le propre fils du seigneur Vuillerme, et se donnaient l'un à l'autre l'absolution des maux qu'ils s'étaient faits, dont l'une des parties avait brûlé le château de Champorcher, et l'autre, le bourg et les vignes de Donnas. Hugues, le premier, resta maître de tout le château de Bard et de celui de la tour d'Avise, avec leurs dépendances, et Vuillerme, le second, eut ceux du Pont-St-Martin et d'Arnaz.

Ce traité, qui est trop long pour être rapporté dans ce recueil, fut stipulé dans l'Eglise de st-Pierre, à Donnas, en présence de plusieurs témoins de distinction, et reçu par un Martin, notaire du Sacré Palais. Un des originaux qui furent expédiés aux parties, est dans l'archive du seigneur du Pont-st-Martin.

Après la cession du fort de Bard au comte Amé, le seigneur Vuillerme du Pont-st-Martin ne se fit pas tirer l'oreille ; il s'empressa de lui faire adhérence et de le reconnaître pour son sonverain ; en considération de quoi ce prince le confirma dans tous ses fiefs et droits, avec la priorité des terres. Celui-ci n'a point quitté les armoiries de Bard ; mais il les a écartelées, pour se distinguer des autres branches, d'un pont surmonté de deux tours d'argent maçonnées de sable sur un champ de gueules, et ses descendants ont toujours conservé depuis ces armes ainsi modifiées.

Le même Seigneur Vuillerme a encore mis sa souscription sous le nom de *Vuillermus Dominus Pontis Sancti Martini*, et donné son consentement aux Règlements de justice ajoutés à la dédition par le Prince Thomas de Savoye Comte de Flandres, sous le 9 des Calendes de septembre de l'an 1253.

Le susdit Seigneur Hugues de Bard avait eu quatre fils : *Marco* ou *Marquetus*, *Aymo*, *Reynerius et Rosselus*.

On ne sait rien des deux derniers; mais Aymo laissa à son tour deux fils, Jacques et Obertin. Ceux-ci, avec Marco leur oncle, n'avaient en rien concouru à la rébellion ou autres fautes d'Hugues leur père et aïeul; c'est pourquoi le Comte Amé, à la prière des Vicomtes, convint par le susdit traité de 1242 de leur céder, après l'évacuation de Bard, la Seigneurie de Sarre et la portion que Marco possédait déjà du vivant de son père en Introd et Sarriod rière le

Mandement de Chatelagent, et certains autres biens depuis Nus jusqu'à la colonne de Joux; mais défense leur fut faite de bâtir aucune tour ni forteresse, particulièrement sur le territoire d'Introd, sans le consentement et vouloir du Vicomte Godefroy et de ses frères.

« Et le Seigneur Comte prédit promit de son côté au
« Seigneur Geoffroy et à ses frères, etc. *de céder au*
« *Seigneur Marco de Bard* et à ses neveux fils d'Aymon
« de Bard, à titre de restitution de leur ancien domaine,
« soit le Château de Sarre avec ses dépendances, comme
« leur propre héritage, soit toutes les terres que le Seigneur
« Marco possède et tient depuis le château de Nus
« jusqu'à la Colonne de Joux, tant en montagne qu'en
« plaine ; le tout, après qu'il se sera emparé du château
« de Bard, et sauf la maison forte d'Introd avec ses dépen-
« dances, en ajoutant cette clause, que le Seigneur Comte
« doit retenir entre ses mains la dite maison d'Introd,
« s'il le veut, et s'il ne le veut pas, il sera tenu
« de la détruire de fond en comble, et le Seigneur
« Marco ne pourra construire ni tour ni autre mai-
« son forte dans le prédit lieu d'Introd ni ailleurs,
« depuis Nus en amont, si ce n'est avec le consentement
« du Seigneur Geoffroy et de ses frères. (1)

Ainsi fut fait. Marcus prit le surnom de *Sario*, tiré

---

(1) Et Dominus Comes supradictus versavice promisit Domino Gottofredo etc. et nepotibus suis filiis Domini Aymonis de Bardo, quondam redditus dominii, sive Castrum de Sarro cum appendentiis suis pro hæreditate ipsorum, et totam terram quam D$^{nus}$ Marco possidet et tenet a Castro de Nus usque ad columnam Jovis, tam in monte quam in plano, postquam Castrum de Bardo habuerit, salvà domo de Introd cum appendentiis ipsius domús, hoc addito, quod Dominus Comes debet tenere domum de Introd in manu sua si voluerit, vel si ipsam tenere noluerit, funditus destruere teneatur, nec Dominus Marco possit aliquam turrim vel fortelitiam de cætero construere in prædicto loco de Introd vel alio loco à Nus superius, nisi de voluntate Domini Gottofredi et fratrum suorum.

d'une maison rière le finage de St-Pierre où il établit sa résidence, ne pouvant pas, aux termes du traité, occuper la maison forte d'Introd. Il eut pour sa portion, juridiction indivise sur une partie des six paroisses du Mandement de Chatelargent. Jacques fils d'Aymon, eut toute la Seigneurie de Sarre et de Chézallet avec leurs dépendances, et il en prit le titre.

Ils changèrent ainsi leur nom et les armoiries de la maison dont ils tiraient leur origine. Ce fut, comme on le croit, à cause de la prévarication de leur père. Mais il ne faut pas oublier que cela se pratiquait communément, en ce temps-là, entre les différentes branches sorties d'une même tige ou famille : on changeait de nom et d'armoiries pour se distinguer les uns des autres. Plus particulièrement vers le onzième et le douzième siècle, et même encore après, chacun se faisait des armoiries à sa volonté, ainsi que le rapporte Corbinelli, écrivain du 17$^{me}$ siècle, fondé sur ce qu'en ont écrit avant lui Luc Bobbio et Scipion Ammirato. On en trouve encore des preuves dans le *Miroir de noblesse de Hasbaye*, composé en 1388 par Jean d'Héméricour, chevalier de saint Jean de Jérusalem.

C'est de ces seigneurs que sont descendus en droite ligne les seigneurs d'Introd et de la Tour et les anciens seigneurs de Sarre, ainsi qu'on le rapportera plus au long en leur ordre, avec les preuves claires de cette descendance.

Les frères Aymon, Pierre et Hugues, fils du dit Marc seigneur de Sario, et Jacques, fils d'Aymon et seigneur de Sarre, ont aussi donné leur consentement aux règlements de justice de l'an 1253. Ils y sont nommés en ces termes : *Aymo, Petrus et Hugo de Sario, fratres et Jacobus de Sarro.*

Lorsque le comte Amé fut entièrement maître du château et du mandement de Bard, il en fit donation au

prince Thomas de Savoie son frère, comte de Flandres et de Hainaut, par acte du 15 des cal. de novembre de la même année 1242, conçu en ces termes: « Par cet
« acte de donation et d'inféodation il a donné et trans-
« porté à son cher frère le comte de Flandres et de Hai-
« naut et à ses héritiers à perpétuité, à titre de noble et
« gentil fief, le château de Bard avec ses dépendances et
« cohérences, comprenant dans la même donation son
« péage de Donnas, à la condition expresse toutefois, qu'il
« sera tenu de lui rendre le dit château, selon ce qui est
« en usage dans la vallée d'Aoste, et que le même seigneur
« Thomas susdit sera tenu de rendre hommage au dit sei-
« gneur comte Amédée son frère, tant pour le château de
« Bard et dépendances que pour le fief qu'il possède en
« Piémont de la main du même seigneur comte Amédée,
« etc. Le présent a été dressé à Aoste, dans la maison du
« seigneur Evêque, où, sur réquisition, sont intervenus et
« ont signé les témoins, seigneur Guy de Hamarin, Joran
« de Chambéry, Vuillerme Bonivard, Gocelin de Chambéry, Rostan de Rochette, etc. » (1)

Le château et mandement de Bard sont depuis restés dans la descendance de ce prince, jusqu'à ce que la souveraineté du comte de Savoie y est entrée en la per-

---

(1) Hoc donationis et infeudationis instrumento dedit et tradidit dilecto fratri suo comiti Flandriæ et de Hailnaut et ipsius hæredibus in perpetuum, nomine gentilis et nobilis feudi, castrum Bardi, cum suis pertinentiis et coherentiis, intelligendo in eadem donatione pedagium suum de Donatio, conditione tamen apposita, quod ipsum castrum sibi teneatur reddere, secundum quod est consuetudo in Valle Augusta, et quod ipse Dominus Thomas supradictus, tam pro ipso castro Bardi cum pertinentiis, quam pro feudo, quod ab ipso Domino comite Amedeo in Pedemonte possidet, eidem Domino Amedeo comiti fratri suo ad hominium teneatur, etc. Actum hoc apud Augustam, in domo Domini Episcopi, ubi adfuerunt vocati testes, et rogati, Dominus Guigo de Hamarino, Jorencus de Cambuero, Vuillermus Bonivardi, Gocelinus de Cambuero, Restanus de Rupecula, etc.

sonne d'Amé de Savoie, surnommé le Grand. Par là, il s'est réuni au domaine de la Couronne, dont il n'a plus été séparé depuis, à la réserve de ses dépendances, qui en ont été démembrées, comme on le dira en son ordre à la suite de ce recueil.

# COGNE

La Seigneurie de Cogne, dépendante de la Mense épiscopale d'Aoste, consiste dans une grande Vallée très-spacieuse, qui n'a cependant qu'une seule paroisse, située dans la haute montagne, en lieu habitable, assez fertile en grains, seigles, orge et avoine, et très-abondant en gras pâturages.

Quelques-uns qualifient cette Seigneurie de Comté, à cause du titre des révérendissimes Seigneurs Evêques d'Aoste et Comtes; mais on rapporte la raison de ce titre là où il est spécialement question de l'Evêché d'Aoste.

On n'a pas pu découvrir quand ni comment cette Seigneurie est parvenue à la Mense épiscopale; mais il est certain que de tout temps, même avant les traités de dédition de la Vallée d'Aoste, elle leur appartenait déjà. On est donc fondé à croire que ce dut être par quelque donation des Rois de Bourgogne, ou peut être des empereurs qui ont succédé aux droits de ces derniers. On peut aisément reconnaître cette ancienneté par les termes suivants, tirés d'un traité fait entre le Comte Thomas de Savoie et Vualpert Evêque d'Aoste en 1191, dont l'original est aux Archives de l'Evêché: « Il a été con-
« venu, que si le même Evêque veut élever un château
« dans la vallée de Cogne, afin que ses hommes et les
« miens soit en état, au besoin, de faire la paix ou la
« guerre avec d'autres.... etc. » (1)

---

(1) Pactum insuper fuit, ut ipse Episcopus si voluerit in Valle de Cogniâ Castrum erigere, unde homines sui et mei pacem vel guerram si necesse fuerit aliis facere valeant... etc.

Le Révérendissime Evêque Humbert de Villette y a fait bâtir, environ l'an 1270, une tour soit maison forte pour marque de la jurisdiction des évêques sur cette Vallée. Tout auprès, ils ont leur Tribunal de Justice.

Mais à la vérité, l'un et l'autre de ces deux bâtiments auraient besoin de beaucoup de réparations, car ils vont tombant peu à peu en ruine, faute d'être entretenus en l'état où ils devraient être pour soutenir le décor d'une si belle et si ancienne jurisdiction temporelle.

C'est la seule jurisdiction que nos Prélats aient à présent dans toute l'étendue du Duché ; et ils ne reconnaissent la tenir que de Dieu seul depuis qu'ils sont entrés en possession du siége épiscopal. La reconnaissance que les sujets de Cogne ont jurée en 1408 en faveur du Révérendissime Evêque Pierre de Sonnaz en est la preuve : « Ils reconnaissent que l'Evêque a dans la Vallée « de Cogne le même droit, la même autorité qu'a un Prince, « Duc, Roi ou Empereur dans son domaine... etc. » (1).

Le Sénat de Savoie en a cependant, par son arrêt du 25 mai 1605, réservé la souveraineté suprême en faveur de S. A. S. le Duc Charles-Emmanuel et de ses successeurs à la couronne.

Elle a appartenu sans contredit à ces princes, depuis que l'empereur Charles V par ses diplômes du 1$^{er}$ mai 1521 et 10 décembre 1547, et l'empereur Ferdinand 1$^{er}$ par celui du 6 mars 1562, ont soumis les prélats à cette Souveraineté suprême, en confirmant, sans restriction ni réserve, à la Royale Maison de Savoie le Vicariat perpétuel du Saint Empire Romain. C'est pourquoi les Révérendissimes Seigneurs Evêques en prêtent à présent à la Couronne le Serment de fidélité lige, tout comme les autres Seigneurs Vassaux.

---

(1) Recognoscunt episcopum habere idem jus ed dominium in Valle de Cogniâ quod habet Princeps, Dux, Rex et Imperator in dominio suo, etc.

## CHALLAND

Le Comté de Challand est un des premiers fiefs de l'illustre maison qui le possède, et celui dont elle a tiré son nom.

Godefroy, Aymon et Bozon, Vicomtes d'Aoste, par acte du 14 des Calendes de Janvier 1242, reçu par Jacques des Jacques Notaire du Sacré Palais, ont reconnu tenir à fief du Comte Amé le Château de Ville en Challand, en ces termes exprès: « Ils ont reconnu tenir en « fief du Seigneur Amé Comte de Savoie, le vicecomté, « le Château de Châtillon, le Château de Fénis, le Châ- « teau de Ville en Challand et beaucoup d'autres, etc » (1)

Le Vicomte Ebal en a fait autant envers le Comte Philippe de Savoie, par autre acte du jour avant les Calendes de Juin de l'an 1277, et encore envers le Comte Amé, par autre acte du lundi après la fête de S. Luc de la même année.

La Seigneurie de Challand, qui donne son nom à tout le Comté, n'est composée que d'une grosse terre de la même dénomination, qui jouit du droit de foire franche faisable le 15 juin de chaque année; mais elle a sous sa dépendance plusieurs autres terres, qui lui sont annexées, et composent avec elle le Comté.

Le Château de Challand, communément appelé *Castrum de Villa*, est, après la maison forte des Vicomtes d'Aoste

---

(1) Confessi sunt tenere in feudum a Dom. Amædeo Comite Sabaudiæ Vice Comitatum, Castrum Castellionis, Castrum de Fenis, Corpus Castri de Villà in Challand et multa alia, etc.

près la Porte Béatrix, le plus ancien bâtiment que les Seigneurs de cette famille aient fait élever en ce Pays. Ebal, Seigneur de Challand, surnommé le Grand chevalier, le fit considérablement agrandir ; il y faisait lui-même sa résidence.

Mais ses successeurs l'ont depuis longtemps abandonné ; ils ont cherché ailleurs des habitations plus belles et plus commodes, et le château, resté entièrement déshabité, est tombé en ruines ; on n'en voit plus que les débris, avec un reste de tour.

GREINES — La Seigneurie de St Martin de Greines et de son mandement, fait partie du Comté de Challand.

Deux grosses terres en ressortissent, Brusson et Ayas. Elle tire son origine et sa dépendance de la célèbre Abbaye et Chapitre de S. Maurice en Chablais, à présent du Valais, dont les anciens Abbés la possédaient en qualité de donataires de Sigismond, Roi de Bourgogne de la première race. Ce prince avait, en 517 de l'Ère Chrétienne, ordonné la fondation de ce Monastère ; il l'assigna en dot à Ynemond, qu'il y constitua premier abbé, avec plusieurs biens en Aoste et ailleurs, pour son entretien et celui de ses successeurs et de ses religieux. Les termes précis de cette fondation sont rapportés à la partie de ce livre consacrée à l'historique de la Vallée en général ; quelque gothiques et barbares qu'ils soient, on retient pourtant qu'une partie des biens qu'ils désignent, sont des dépendances du dit Mandement.

Les Abbés Commendataires qui se sont succédés dans la suite des temps à S. Maurice, ont, vers la fin du douzième siècle, inféodé ce Mandement aux Vicomtes d'Aoste, avec tous les droits Seigneuriaux et de haute régale, jusqu'aux minières fines qui en dépendent, moyennant la redevance de vingt sols viennois de servis annuel et de quarante sols pareils de plaît à la mort de chaque vassal et Seigneur.

Le Vicomte Godefroy en a passé nouvelle reconnaissance au dit Monastère par acte du samedi, jour après la fête de Ste Madeleine de l'an 1263; les frères Pierre, Boniface, Jean et Jacomet De Challand, par deux autres actes des jours 26 décembre 1338 et 3 octobre 1360; le Seigneur Yblet, Seigneur de Challand, Verrès, Montjovet et Chatillon, par autre acte du 28 mai 1390; le Comte François de Challand par deux autres du 19 juillet 1429 et 5 septembre 1437. Tous les autres Comtes de Challand, jusqu'au Comte René en ont fait de même; et lorsque la succession de ce dernier, en vertu de la disposition portée par son testament, passa à Madame la Comtesse Isabelle sa fille, cette dernière en fit autant par acte du 29 septembre 1565.

Le Seigneur Charles-Emmanuel de Madrus, en qualité de Comte de Challand descendu de la dite Dame, renouvela ces reconnaissances par actes réitérés des jours 21 août 1615, 3 septembre 1634, 6 juillet 1641 et 10 août 1658. Les Seigneurs Henri et Charles-Louis de Lenoncourt, le 18 juillet 1661 et 16 octobre 1672.

Depuis la mort de ce dernier, le Comté de Challand ayant été revendiqué par les Seigneurs de Challand de la branche de Fénis, l'Abbé et le Chapitre de S. Maurice ne manquèrent pas de faire toutes leurs instances auprès du Seigneur Georges-François, Comte de Challand, pour le renouvellement de cette reconnaissance. Celui-ci s'en excusa, disant qu'il n'y procèderait pas sans l'agrément de son Souverain. Ils furent obligés de lui intenter un procès. Mais le Seigneur Georges y fit intervenir le Procureur du Roi, qui porta la Cause en la Chambre des Comptes, où elle fut commencée par rescrit du 30 juin et continuée jusqu'à sentence du 28 novembre 1727.

Cette sentence condamnait l'Abbé et le Chapitre à prêter foi et hommage au Roi, comme Souverain du Duché d'Aoste et à prendre de lui l'investiture du fief: ils furent obligés de passer par là, s'ils voulaient s'y maintenir, et de prendre pour la première fois leur investiture de la dite Chambre, ce qui fut exécuté en vertu de Patentes du 20 décembre suivant.

Ces mêmes Patentes déclaraient aussi le Comte de Challand tenu de passer la reconnaissance qu'on réclamait de lui; mais jusqu'ici l'Abbé et son Chapitre ne sont pas encore parvenus à la lui arracher ensuite, des nouveaux obstacles qu'il leur a opposés, en demandant que l'on réunisse de nouveau à la masse de ce fief certaines montagnes et autres droits qui ont été aliénés pendant que les Seigneurs de Madrus et de Lenoncourt en ont été indûment les détenteurs.

Le Château de cette Seigneurie s'élève sur une haute roche environnée de précipices, à droite, en remontrant la Vallée qui conduit à Brusson. C'est un bâtiment très-ancien; il paraît de loin assez vaste; mais comme tant d'autres, il s'en va aujourd'hui dépérissant peu à peu, d'autant plus que ni le Seigneur ni personne autre ne l'habite.

VERRÈS — La Seigneurie de Verrès dépend, elle aussi, du Comté de Challand.

La bourgade de Verrès est une des plus belles du pays; elle est située dans une plaine des plus ouvertes et spacieuses de la Vallée après la Cité, sur la grande route entre Bard et Montjovet, et jouit du droit de foire franche faisable le 6 novembre de chaque année. La place est presque toute environnée et embellie par des bâtiments à la moderne.

De la place on monte insensiblement, par une rampe de trente ou quarante pas, à l'Eglise, qui est sur une petite éminence tout joignant les maisons du Bourg.

Cette Eglise dépend de la Prévôté de St-Gilles, qui lui est unie: le tout est assez bien bâti, autant que l'inégalité de ce terrain l'a pu permettre.

4

Prévôté de S.-Gilles. — Les Marquis de Monferrat de la première race ont jeté les premiers fondements de ce bénéfice vers l'an 985. Quelques-uns croient qu'ils y établirent des Chanoines réguliers de S. Augustin ; mais il est certain que ce furent, comme au Prieuré de Chambave qui en dépend, de ceux de la célèbre Abbaye de S. Bening et Fructuaire en Canavais, de la règle de S.-Benoit, auxquels ils assignèrent de bons revenus pour leur subsistance.

Les Seigneurs de Challand, ayant acquis du Comte Amédée de Savoie dit le Vert toute la Seigneurie de Verrès, trouvèrent ce bénéfice pour ainsi dire enclavé dans leur domaine, et l'augmentèrent considérablement, tant en rentes qu'en édifices. Le Seigneur Yblet, père du Comte François de Challand en fit particulièrement l'objet de ses libéralités. C'est lui qui, au commencement du quinzième siècle, y fit bâtir la Chapelle de Challand jointe à l'église de la Prévôté, et dans laquelle il ordonna sa sépulture. C'est encore lui, qui, par son testament du 15 février 1405 ordonna, pour le repos de son âme et de celles de ses prédécesseurs et successeurs, une augmentation de trois chanoines réguliers prêtres ; il assignait à la Maison, non-seulement tous les ornements nécessaires pour la dite Chapelle, mais encore des fonds suffisants pour les entrenir, et pour la subsistance des trois nouveaux religieux, et voulut que ceux-ci fussent obligés à perpétuité de dire tous les jours la Sainte Messe, une grande, avec diacre et sous-diacre et les deux autres basses, mais avec application jour par jour de la manière dont chaque messe devait être célébrée à cette intention.

Qu'elle ait été exécutée ou non, cette intention du testateur, ce n'est pas ce qui fait le sujet du présent discours : les héritiers en firent la promesse avec serment, dans le testament même ; mais il est certain, s'il faut le dire en passant, que cette Chapelle reste à présent toujours fermée, et qu'on n'y dit pas même la Sainte Messe.

Le Comte Georges-François de Challand, dernier décédé à Issogne, y est enterré.

La Prévôté de S. Gilles à Verrès a été dans son commencement desservie par des Bénédictins, et ensuite par des Chanoines Réguliers de S.-Augustin. Pendant environ quatre siècles dès sa fondation, elle a été dirigée par des Prévôts Claustraux qui y ont fait observer une exacte discipline et une parfaite régularité. Mais depuis, elle a été réduite en Commende, et gouvernée sous ce titre par des Prévôts Commendataires qui n'y venaient que très-rarement et seulement pour le possessoire ; encore le faisaient-ils le plus souvent prendre par des procureurs, et ne venaient-ils pas du tout. Aussi cette Maisn ne tarda-t-elle pas à déchoir du bon état dans lequel elle se soutenait lorsque les Prévôts Claustraux et les Religieux vivaient et la dirigeaient ensemble.

Cette Prévôté avait autrefois sous sa dépendance beaucoup de bénéfices, et entre autres le Prieuré de Chambave, et plusieurs bonnes cures, comme sont encore celles de Verrès, Arnaz, Antey, Fénis et S.-Marcel. Ajoutons-y le Prieuré de Bellentre en Tarentaise, dont fait mention dans les termes suivants le testament du Comte Louis de Challand, en date 22 avril 1487, à l'endroit où ce Seigneur dispose de la pension du Seigneur Charles son fils cadet : « Charles son fils bien aimé, Protonotaire « Apostolique, Commendataire de la Prévôté de S.- « Gilles de Verrès et du Prieuré de Bellentro, membre « de la même Prévoté, etc..... » (1)

---

(1) Carolus dilectus ejus filius, Apostolicus Pronotarius, Commendatarius Præpositurœ sancti AEgidii in Veretio, et Prioratus Bellentri membri ejusdem Præpositurœ, etc.

Vers le commencement du seizième siècle, le Comte Réné de Challand fit auprès de ce même Seigneur Charles son oncle, alors depuis longtemps en possession de ce bénéfice, ainsi que du Prieuré de Saint-Ours d'Aoste, toujours en qualité de commendataire, des instances réitérées pour l'amener à accepter pour coadjuteur à la Prévôté, François de Challand son fils naturel. Mais il ne put y réussir, par suite des fortes raisons que le bénéficier lui allégua. Ce Seigneur, piqué du refus de son oncle, prit son temps, et fit demander à Rome de lui accorder le droit de Patronage laïque sur ce bénéfice, ce que le Comte Louis son aïeul y avait déjà fait solliciter en 1479, mais inutilement. La protection que le Seigneur Réné rencontra en cette Cour, le crédit et les bons offices de ceux qui s'intéressèrent à lui dans cette affaire et l'habileté avec laquelle il sut y faire connaître qu'il avait le droit de pourvoir à une grande partie des Curés de ses terres, où il était, supposait-il, nécessaire qu'il y eût des curés de sa connaissance et de sa confiance, dans un temps où les hérésies de Luther et de Calvin se répandaient dans le voisinage du Duché, engagèrent la Sainteté du Pape Léon X à lui en accorder les bulles, ainsi qu'à ses successeurs au Comté de Challand.

Ces bulles furent puis confirmées par autres de Clément VII, à de certaines conditions, celles entre autres d'augmenter au moins d'un tiers les revenus de la Prévôté.

Lorsque le Prévôt Charles de Challand fut mort, le Seigneur François de Challand susdit se trouva trop jeune encore pour être pourvu de ce bénéfice. Le Seigneur Réné, usant de son droit de patronage, y nomma d'abord un certain Jean Gombaudelly, Lorrain de nation, chanoine de l'Eglise Cathédrale de Notre Dame d'Aoste, Puis le Seigneur Guillaume de Valpergue, et successivement un Augustin a Ferrariis, tous trois fort avancés en âge. Après la mort de ce dernier, le fils naturel du Seigneur Réné eut enfin l'âge qui lui était nécessaire pour pouvoir posséder ce bénéfice, et il en fut investi vers l'an 1540.

Depuis lors, Madame Isabelle de Challand, femme du Seigneur Jean-Frédéric de Madrus devenu Comte de Challand, et après eux les Seigneurs Emmanuel-Réné et Charles-Emmanuel de Madrus, en qualité aussi de Comtes de Challand, ont continué de nommer à ce bénéfice.

Ce dernier était aussi Evêque et Prince de Trente, et Prévôt Commendataire de Verrès. En septembre de 1647, il introduisit dans cette maison les Chanoines Réguliers de la congrégation de Notre Sauveur, de la réforme du S. Père Pierre Fourrier de Mathaincourt, et se démit du bénéfice en leur faveur.

Ces Messieurs, cependant, n'en purent prendre la réelle possession qu'au mois de janvier de l'année suivante, à cause des oppositions qui leur furent faites, d'un côté par le Seigneur Claude de Challand, Baron de Fenis, et de l'autre, par le Procureur général du Duché, qui croyait pouvoir faire unir ce bédéfice au Collége d'Aoste. Dès qu'ils en furent les maîtres paisibles, ils y établirent leur réforme.

Les deux Prévôts Claustraux qui se sont succédés depuis lors dans la direction de cette maison, l'ont remise en très bon état, ainsi que tous les biens qui en dépendent; ils en ont même augmenté les revenus par des acquisitions de rentes en biens fonds.

Le Rév. Père Jean-Nicolas Deffeyes, dernier des deux Prévôts de cette congrégation, mourait le 29 mars 1712. Le premier Claustral convoqua dès le lendemain le Chapitre de la Maison. Voici en quels termes on y fit mention du droit de Patronage laïcal des Seigneurs Comtes de Challand : « Ayant porté son attention sur le

« droit de patronage que les très-illustres Seigneurs
« Comtes de Challand prétendent avoir sur cette Prévôté,
« et dont ils ont obtenu la concession de S. Sainteté le
« Pape Clément VII ; considérant que les conditions
« sous lesquelles cette concession leur a été accordée
« n'ont pas été remplies jusqu'ici, et que par conséquent,
« les dits très-illustres Comtes doivent être exclus du
« droit de nommer à la dite Prévôté, le Chapitre, vou-
« lant user de son droit, après avoir invoqué le secours
« du Saint Esprit, etc. » (1)

L'élection eut lieu ; le Chapitre nomma pour son Prévôt, à la pluralité des suffrages, le Révérend Père Antoine-Joseph Busquet, Prêtre, Chanoine régulier de la
dite Congrégation, et fils aîné du Comte Erasme-Joseph
Busquet, Président au Royal Sénat du Piémont, et ancien
Commandant et Vibaillif en ce Duché

Informé du fait, le Comte Georges-François de Challand, dont le père était rentré en possession des terres
dépendantes du Comté, voulut soutenir le droit de patronage qu'avaient obtenu les anciens Seigneurs de sa
famille. Il commença par faire réduire tous les revenus
du bénéfice sous séquestre de justice, hors ce qui était
strictement nécessaire pour la subsistance des religieux,
et mettre le scellé aux écritures ; puis il prit à procès
les Chanoines qui l'occupaient, pour les obliger à en
vider leurs mains, et pour être maintenu au possessoire
de la nomination du Prévôt.

Pendant qu'on se chamaillait en procédures, le Révé-

---

(1) Et attentione facta circa jus patronatus ab Illustrissimis Dominis Comitibus Challandi, circa dictam Præposituram pretentum et
obtentum a Sanctissimo D. D. nostro Papa Clemente VII, cujus conditiones sub quibus illis concessum est, nedum completæ sunt, et
consequenter, cum dicti Illustrissimi Comites ad dictam Præposituram
nominandi, jure debeant excludi, dictum Capitulum, volens suo jure
uti, invocato prius Spiritus Sancti auxilio, etc,

rend Père Busquet ne perdait pas son temps, et par bulles du Pape Clément XI en date du 7e des Ides de juin (19 juin) de cette même année 1712, il obtenait du Saint Siége la confirmation de son élection, pour la mise en possession du bénéfice.

La fulmination de ces bulles se fit à Aoste par-devant le Révérend Seigneur Réné Ribitel, Vicaire général et Official du Diocèse, en sa qualité de Commissaire Apostolique, par acte du 4 août 1715, et le possessoire lui fut conféré par autre acte passé à Verrès le jour suivant. Il obtint ensuite un arrêt du Souverain Sénat de Savoie pour être maintenu dans la possession de son bénéfice. Mais le Comte de Challand ne se tint pas pour battu. Il chercha pour le soutien de son droit de nouveaux titres, avec lesquels il recourut à la royale protection de son Souverain, et put obtenir, malgré le dit arrêt, que la décision de ce différent fût confiée à de nouveaux délégués, par-devant lesquels le Prévôt Busquet et ses Chanoines furent cités à comparaître. Le fait ayant été nouvellement contesté et la production des titres faite, les choses changèrent complètement de face en faveur du Comte de Challand. M. le Prévôt Busquet, voyant qu'il ne pouvait absolument pas se soutenir dans ce bénéfice, s'en démit entre les mains du Révérendissime Seigneur Evêque d'Aoste François-Amédée Milliet d'Arvillar, par acte passé en cette ville sous la date du 22 juin 1717 par le Seigneur Prévôt de Montjoux son Procureur spécial.

Peu de temps après, les délégués rendirent leur arrêt, qui fut confirmé par patente du Roi, et par lequel le Comte de Challand fu maintenu au possessoire du droit de Patronage sur la dite Prévôté de S.-Gilles, le Prévôt Busquet condamné à la vider et les Chanoines réguliers déclarés intrus au dit bénéfice.

Le Comte de Challand se hâta d'y nommer le Seigneur

Paul-François de Challand son frère, et cette nomination fut confirmée par bulles de Sa Sainteté le Pape Clément XI, du 14ᵉ des Calendes de février 1718. La fulmination s'en fit au Château d'Issogne le 11 mai de la même année, par le Rév. Seigneur Chanoine Figerod Official d'Aoste, comme Commissaire Apostolique, lequel, par autre acte du même jour, conféra au nouveau bénéficier le possessoire de l'Eglise de S. Gilles, de la Prévôté et de tous les biens et rentes qui en dépendent, *more solito*.

Le même jour aussi, le Seigneur Abbé Paul-François de Challand, reçu Prévôt de Verrès, fit profession et vœu de Religion et prit l'habit de Chanoine Régulier de S. Augustin entre les mains du Rév. Commissaire Apostolique, conformément aux prescriptions de la bulle de confirmation et suivant l'ancien usage observé dans la Maison avant que les Chanoines de la Congrégation y eussent introduit leur réforme.

Les Religieux dépossédés se trouvèrent alors dans un grand embarras. La plupart étaient valdôtains et n'étaient entrés dans cette Maison que sous l'espérance d'y passer le reste de leurs jours et d'être pourvus à leur tour des bénéfices qui en dépendent. Il leur fallait maintenant, ou la quitter pour se retirer en Lorraine, ou se départir de l'obéissance qu'ils avaient jurée à leur général pour faire adhérence au Prévôt de Challand. Il n'y avait point de milieu entre ces deux expédients ; quelque répugnance qu'ils pussent y avoir, ils devaient opter pour l'un ou pour l'autre ; et encore, pour le second fallait-il une permission et la dispense de Rome.

Heureusement, cette permission ne fut pas difficile à obtenir. Le général lui-même, menacé de se trouver sur les bras une troupe de Religieux surnuméraires qui auraient incommodé leurs maisons en attendant qu'on pût les employer, s'empressa de la leur accorder par deux actes sous les dates du 26 juin et 10 septembre 1719. Il se contenta de rappeler les Lorrains qui étaient parmi eux.

En conséquence de ces permissions, le Chanoine Figerod, comme délégué du Roi, manda citer, par acte du 12 octobre, tous les Chanoines Réguliers nationaux de la Congrégateon, à comparaître personnellement par-devant lui, dans la Salle Capitulaire de la Maison, pour le 16 du même mois.

Ils n'y manquèrent point. Dès qu'ils furent réunis, le délégué leur fit foi des bulles de Sa Sainteté qui constituaient le Seigneur Abbé de Challand pour Prévôt Régulier de S. Gilles ; il leur exhiba aussi l'acte de profession religieuse du nouveau Prévôt, et les exhorta à le reconnaître, suivant la permission de leur Général, pour leur vrai et légitime supérieur, et à vivre dans sa Prévôté, sous son obéissance, selon la règle qu'ils avaient professée.

Dix des Religieux assemblés en passèrent d'abord expédient ; dix autres s'en excusèrent sur l'insuffisance de la permission de leur Général, disant n'avoir pas vu le bref de Rome auquel elle se rapportait. Le lendemain, ceux qui avaient passé expédient offrirent de faire adhérence et soumission ; sept des autres se joignirent à eux. Ils prêtèrent serment et reconnurent le Seigneur Prévôt de Challand pour leur vrai et légitime supérieur, promettant de suivre son obéissance suivant la règle de S. Augustin et les constitutions dont ils avaient fait profession, et de vivre avec lui en parfaite Communion.

Cette cérémonie eut lieu à l'Eglise ce même jour 17 octobre : le Seigneur Prévôt étant assis dans un fauteuil au pied du maître-autel, les Religieux vinrent l'un après l'autre, par ordre de réception et de profession, fléchir le genou devant lui. Il se levait à moitié de sa chaise pour les recevoir, et les embrassait en leur disant : *pax tecum*, à quoi était répondu : « *Et cum spiritu tuo*. La cérémonie de cette reconnaissance mutuelle se termina par le chant du *Te Déum*.

Trois religieux, cependant, s'étaient retirés, après avoir refusé de faire adhérence ; c'étaient les Curés d'Arnaz, de Fenis et de Saint-Marcel ; mais ils ont été obligés dans la suite d'y satisfaire, s'ils ont voulu conserver leurs Cures.

Au sortir de l'Eglise le Seigneur Prévôt de Challand s'en alla directement à la Salle Capitulaire, suivi de ses Chanoines Réguliers. Ainsi capitulairement assemblés, ils établirent plusieurs constitutions nouvelles, pour la bonne discipline et la règle de la Maison. Ce sont en partie les suivantes :

1° Que le Prévôt et les Chanoines vivront en communauté régulière pour la table, pour les habillements et pour le soin des malades, sous la direction et obéissance du Prévôt, auquel il sera cependant permis de manger quelquefois en particulier quand bon lui semblera ;

2° Que le Prévôt nommera un Vicaire Général qui aura le soin de l'administration spirituelle de la Prévôté et l'inspection de l'observance régulière ;

3° Que pour les soins du temporel, il élira un Procureur et deux discrets assistants, chargés de l'audition des Comptes, qui se rendront chaque deux mois ; et il lui sera loisible de renouveler chaque année par Chapitre les dits officiers ;

4° Que lorsqu'une somme provenant d'un capital ou de quelque legs sera payée en argent comptant, tel argent sera mis dans un coffre sous deux clefs, dont le Prévôt aura l'une et le premier discret l'autre, jusqu'à ce qu'il soit dûment et capitulairement colloqué ;

5° Que pour les Cures dépendant de la collation du Prévôt qui viendraient à vaquer, celui-ci prendra conseil de son Chapitre, sans cependant venir aux suffrages, afin d'y établir ceux qu'il estimera les plus dignes d'y êtres nommés ;

6° Qu'il pourra appeler à la Prévôté, pendant un certain temps, un des Curés pour faire l'Office de Vicaire Général, et un autre pour enseigner la Théologie, en leur donnant uu suppléant pour leurs Cures, dont ils garderont le titre. Ces suppléants seront choisis entre deux ou trois Réguliers désignés par les Curés.

7° Qu'il nommera deux Confesseurs auxquels les dits Chanoines Réguliers se confesseront ;

8° Que ce sera au Prévôt de régler l'hospitalité et les aumônes sans cependant qu'il puisse distraire, engager ni aliéner aucun fonds de la Prévôté autrement que selon ses lois canoniques et avec l'intervention de tout le Chapitre ;

9° Qu'il sera permis au Prévôt d'admettre les postulants pour les preuves ; mais que pour la vesture et la profession, ils n'y seront admis que Capitulairement, à la pluralité des suffrages ;

10° Cet article établit l'uniformité des habits, les collets à la Romaine, les roquets à l'ordinaire et des boutons aux habits au lieu de crochets ;

11° Le Prévot aura toujours deux voix dans les délibérations où l'on agira par suffrages et à la pluralité. Il pourra faire les corrections simplement régulières. Quand il s'agira de procès ou corrections canoniques, il y procèdera avec l'intervention de son Vicaire Général et d'un de ses discrets, et l'autre fera l'office de Secrétaire ; s'il en est besoin, il établira un Promoteur.

12° A la visite des Curés, le Prévôt sera accompagné de deux de ses hanoines.

13° Il sera fait un état distinct des fonds, droits, créances et meubles de toute la Prévôté, pour servir d'instruction au Prévôt et de règle aux discrets pour l'audition des Comptes.

Toutes les Capitulations qui précèdent furent arrêtées et signées par le Prévôt et les Chanoines, qui en jurèrent l'observance, se réservant, s'il était jugé nécessaire, d'en faire de nouvelles au premier Chapitre.

C'est l'état présent de la Maison de S. Gilles.

TOUR DE VERRÈS. — Sur une haute roche faisant face d'un côté sur le bourg et la plaine de Verrès, et de l'autre sur le grand chemin de la Vallée de Challand, la gorge du torrent entre deux, s'élève un très-fort château appelé *la Tour de Verrès*. A la vérité, ce n'est pas un ouvrage des Romains ; mais si on le considère avec attention, on trouvera, que quoique plus moderne de quatorze siècles, il ne le cède guères à ceux tant vantés de cette ancienne et puissante Nation. On peut dire sans exagération que c'est un des bâtiments les plus solides et les plus fameux qu'un Vassal ait pu faire construire dans le domaine d'un prince Souverain.

On n'aperçoit de loin qu'une grosse tour carrée, ayant douze toises de hauteur sans compter les couverts et les souterrains, et treize toises et deux tiers de largeur sur chaque face, avec une couronne de gros modillons en pierres de taille, que déborde le toit, et qui forment tout à l'entour une rangée de meurtrières en saillie.

Au centre de cette tour est une place découverte, autour de laquelle règne un large escalier aux marches en pierres de taille tout d'une pièce, qui donne entrée aux appartements. Les angles, les cordons, les chambranles des portes, des fenêtres, des armoires, et les lambris des cheminées sont aussi tous en pierres de taille artistement travaillées. Ces derniers surtout sont d'une grosseur prodigieuse; on a peine à comprendre comment on a pu remuer et mettre en œuvre de si lourdes masses.

Au milieu de la tour il y a une citerne creusée dans le roc, laquelle, dit-on, se remplit en partie d'une source d'eau vive et en partie des eaux que les chénaux des couverts y conduisent, en sorte qu'elle ne pourrait jamais tarir.

Outre les appartements pour la demeure des personnes il y a dans la tour des locaux destinés à servir de magasins, de prisons, d'arsenal et d'archives, un four, un moulin; rien n'y manque, en un mot, de ce qui est nécessaire à une forteresse bien ordonnée et à la commodité des logements.

Ce vaste bâtiment est environné de fortifications à la moderne, dont les embrasures étaient autrefois garnies de bonnes pièces d'artillerie en fonte portant les armoiries de Challand, et dont la principale entrée est défendue par une porte de fer, avec un pont-levis jeté sur un précipice.

Toutes ces fortifications extérieures sont encore encloses dans une ceinture de murailles très-fortes, serpentant sur les inégalités du rocher, et formant un grand parc, où, parmi la mousse et les broussailles, il croit encore assez d'herbe pour servir de pâture à de bons troupeaux de moutons.

C'est dans cette tour que les puissants Comtes de Challand, tenaient jadis leurs écritures et leurs meilleurs effets, sous la protection d'une garnison; mais elle est à présent tout à fait négligée; bien loin d'y faire rester quelqu'un pour en avoir du soin, on la laisse à l'abandon, sans quasi la fermer, de manière qu'elle commence à aller en ruine. Et c'est un grand dommage; car de tous les monuments que cette illustre Maison a laissés dans notre pays, et dont plusieurs, comme entre autres les Châteaux d'Issogne, de Chatillon, de Fenis et d'Aymavilles, sont fort considérables, il n'en est aucun qui fasse tant éclater le haut degré de splendeur où elle a été autrefois, que la fameuse tour de Verrès.

Le Seigneur Yblet de Challand, Père du Comte François, fit bâtir la seule tour vers la fin du quatorzième siècle, ainsi qu'il résulte de l'inscription suivante, gravée sur le marbre en vieux caractères au-dessus de la première porte: *Dominus Eballus De Challant et Montisjoveti œdificare fecit hoc castrum*. C'était sur l'emplacement même où une des familles qui avaient juridiction sur Verrès avait autrefois sa maison forte.

Le Comte René, Maréchal de Savoie, y fit édifier, dans les commencements du seizième siècle, toutes les fortifications modernes extérieures, et les garnit de canons qu'il fit venir d'une fonderie qu'il avait en sa principauté souveraine de Vallangin en Suisse.

Tous ces édifices, ces fortifications et ces armements ne purent se faire sans des dépenses excessives. Des connaisseurs modernes qui les ont examinés et taxés en gros sur le lieu, les ont évalués à beaucoup plus d'un million de livres.

Après la mort, sans enfants mâles, de ce dernier Comte de Challand, le duc Emmanuel-Philibert fit mettre garnison dans la forteresse, sous les ordres d'un capitaine qu'il subordonna au Gouverneur du fort de Bard. Ses successeurs continuèrent à en faire de même, jusqu'à ce qu'en 1661 S. A. R. le Duc Charles-Emmanuel II la fit évacuer, et fit conduire les canons, les armes et la munition au fort de Bard.

Elle a été depuis, en 1696, lorsque les Seigneurs Barons de Fénis et de Chatillon eurent obtenu l'arrêt de revendication et les investitures du Comté, rendue à la famille de Challand, mais sans armes et sans artillerie, avec réserve au Souverain de pouvoir en disposer et y mettre garnison dans toutes les occasions où il jugera utile de le faire pour son service.

On ne doit donc pas s'étonner de l'état d'abandon où se trouve aujourd'hui cet insigne bâtiment; si le Seigneur Comte de Challand, qui en est le légitime propriétaire, voulait le tenir avec l'ordre et le décor qu'il avait autrefois, outre qu'il s'engagerait dans une grosse dépense, et que ses revenus actuels, grevés de tant de pensions, ne sauraient y suffire, il pourrait encore inspirer de la jalousie. La politique moderne de nos Augustes Souverains n'est pas, sur cet article, si facile que de permettre à des Vassaux d'avoir à leur disposition de semblables forteresses, qui cependant ne devraient plus être considérées que comme ayant une importance tout à fait secondaire par rapport aux forces présentes de l'Etat. *Altri tempi, altre cure.*

Le Bourg de Verrès et son territoire ont été anciennement sous la juridiction indivise de trois différentes familles, dont la première ne portait que le seul nom de *De Verretio*, la seconde celui d'*Alexini* et la troisième celui de *De Turrillia*. Thibaut *de Verretio* fut le dernier mâle de la première, et mourut peu après les audiences générales de 1368, auxquelles il était encore intervenu. Il paraît que son fief fut dévolu à la couronne faute de successeurs, puisque le Comte Amé de Savoie surnommé *le Rouge,* après avoir acquis la portion de juridiction du Seigneur Vuillerme Alexini, inféoda, vers l'an 1390, le bourg et territoire de Verrès, avec le droit de péage, au Seigneur Yblet de Challand, chevalier du Grand ordre de Savoie et Lieutenant Général en Piémont, qui y fit bâtir la tour dont on a parlé ci-devant. Quant à la portion des Seigneurs De Turrillia, Pierre de Challand, Seigneur de Chatillon, l'avait déjà acquise précédemment et revendue ensuite aux Seigneurs frères Jean et Jacquemin de Challand, père et oncle du dit Seigneur Yblet, ainsi qu'il conste de la reconnaissance que ce dernier en passa au Comte Amé par acte du 19 août 1409, reçu par Jean Ballay, notaire impérial et Secrétaire de ce Prince.

ISSOGNE. — La Seigneurie d'Issogne dépendait anciennement, en partie, de la Mense Episcopale d'Aoste, qui y possédait une tour soit maison forte, avec entière juridiction sur un certain nombre d'hommes et sur une étendue de terrain limitée par des confins déterminés, et en partie des nobles De Verretio et De Turrillia, notamment ce qui forme à présent le ressort de S. Soluteur. Les Seigneurs de Challand ayant acquis les portions de ces derniers, comme on l'a dit à l'article précédent, recherchèrent aussi avec empressement celle de la Mense, bien moins à cause des revenus, qui en étaient fort médiocres, que pour la convenance qu'ils y trouvaient par rapport aux autres domaines qu'ils avaient tout à l'entour. Ce fut encore le puissant Ebal ou Yblet. Seigneur de Challand, de Greines, de Montjovet et d'autres terres qui sut l'obtenir : il fit échange, avec le révérendissime Evêque Jacques, second du nom, par contrat du 21 juin 1399 reçu par le Notaire de Champlaurensal, de la dite tour soit maison forte, Seigneurie, censes, rentes et devoirs féodaux en dépendant, dont les revenus furent taxés à cent huitante livres annuelles, pour d'autres biens qu'il promit d'assigner à la dite Mense à pareille concurrence aux environs de la Cité.

Il se chargeait de payer lui-même le dit revenu en attendant cette assignation, qu'il fit ensuite sur la maison, les biens, les bois et certaines rentes qu'il possédait sur les territoires de Charvensod, Aymavilles et Chatel-Argent. Réserve fut cependant faite qu'il serait loisible au Révérendissime Seigneur Evêque et à ses successeurs, de se servir des prisons de la tour d'Issogne pour y enfermer leurs rebelles.

Par ce traité d'échange, le Seigneur de Challand promettait en outre de tenir cette tour à fief de la Mense Episcopale, moyennant la redevance d'une fidélité noble d'un fer à cheval de servis avec le plaît, et d'une haquenée à tous les voyages que les dits Evêques seraient obligés de faire à Rome pour le service de leur église.

Le Comte François De Challand en a passé reconnaissance en cette conformité au Rév. Evêque Ogerius, par acte du 9 juin 1425, et ses successeurs ou ayant cause en la Comté de Challand ont continué d'en faire de même jusqu'à ce jour.

Issogne n'a rien de particulier, si ce n'est un beau château, ou plutôt un palais, bâti conjointement, vers la fin du quinzième siècle, avec une grosse dépense, par le Seigneur Georges de Challand (qui parmi les nombreux bénéfices dont il était revêtu avait encore en Commende le Prieuré de S. Ours) et par Madame Marguerite De la Chambre, veuve du Comte Louis et tutrice de ses enfants. L'entrée dans la cour de ce Palais est vraiment magnifique : les ailes de trois corps de bâtiments se présentent à la vue, en face, dans un bel ordre d'architecture, tandisque du côté gauche on voit un parterre dont les murailles sont enjolivées de paysages, de figures et de sentences. Le pavé de la cour est tout carrelé en pierres de taille ; on y admire un bassin octogone, tout en marbre sculpté, du milieu duquel sort un arbre en fer ayant deux toises environ de hauteur, très artistement travaillé, avec ses branches, ses feuilles et ses fruits, servant de tuyau à la fontaine qui rejaillit en pluie dans ce bassin. Des portiques ornés de bonnes peintures conduisent à un escalier large et commode, fait à coquilles, dont les marches sont toutes en pierres de taille et d'une seule pièce, depuis la cave jusqu'au grenier.

Les appartements sont nobles et bien ordonnés, au moins pour autant que le comportaient le goût et l'architecture du temps. La chapelle, les chambres, les galeries, tout y est relevé de dorures et de peintures ; il n'y a pas jusqu'aux endroits les plus reculés des murailles de la cour et du jardin qui n'en soient embellis.

C'est grand dommage qu'une si belle maison, surtout pour un pays de montagne, soit située dans une position si peu avantageuse et si désagréable, au bas d'une haute colline, à l'envers de la Vallée, hors de la portée de la grande route, sans avenues ni promenoirs; il n'y a dans ses environs que des chataigniers, quelques vignobles, de méchantes chaumières éparses ça et là, et des rochers charriés par les débordements impétueux d'un torrent qui se sépare en deux branches à un trait ou deux de mousquet seulement au-dessus du château. Le château même n'aurait pas attendu jusqu'à présent à être emporté par ses fondements, si l'on n'avait pris la précaution, peu de temps après qu'il avait été bâti, de le garantir en pratiquant un puissant éperron, formé de gros quartiers de roches étroitement liés l'un à l'autre par de fortes barres de fer scellées et plombées, lequel partage en deux les déluges d'eaux et de graviers qui dégorgent quelquefois d'entre les deux montagnes voisines.

GRESSONEY. — La portion de Seigneurie et de jurisdiction que la maison de Challand possède en la vallée de Gressoney, consiste dans les deux tiers environ des Paroisses de S. Jean et de la Trinité. Les anciens Seigneurs de Challand l'ont eue, moitié des nobles Denabian par acquisition, et le reste par voie d'échanges, des Seigneurs de la maison de Vallaise, auxquels ils cédèrent d'autres fiefs et droits Seigneuriaux qu'ils possédaient sur les confins de la Vallée et Mandement de Vallaise. Cette portion de Seigneurie est aussi une dépendance du Comté de Challand, auquel elle fut unie dès son érection. On l'a, dès cette époque, fait faire corps avec le mandement de Graines, quoiqu'elle en soit entièrement séparée, de ressort et de fief.

CHALLAND (Comté de). — Ces terres et Seigneuries ainsi unies, plus celles de Montjovet et de Chatillon dont on parlera ci-après, furent érigées en titre et dignité de Comté, sous le nom de *Comté de Challand*, par le Duc Amé de Savoie surnommé le Pacifique, par Lettres Patentes du 19 février 1416, c'est-à-dire dans le même temps où l'Empereur Sigismond érigea la Savoie en Duché en faveur de ce prince.

Ce fut le Seigneur François, fils d'Yblet et Seigneur de toutes ces terres, qui porta pour le premier le titre de Comte de Challand. A l'occasion de cette érection, le Duc fit encore l'éloge de ce gentilhomme, un des premiers Seigneurs titrés de ses Etats, et celui de sa famille en ces termes :

« Voulant etc. la constance et la fidélité dont notre
« spectable, fidèle et bien-aimé conseiller François Sei-
« gneur de Challand et les siens, de la Baronie, maison
« et domaine de Challand ont donné de si magnanimes
« et lumineuses preuves, envers nous et nos illustres
« aïeux d'insigne mémoire, pendant un long espace de
« temps et dans des circonstances difficiles et imprévues
« etc., c'est pourquoi, de notre certaine science et dans
« la plénitude de notre pouvoir, ouï préalablement le
« Conseil de nos illustres Princes et autres conseillers,
« après avoir aussi accompli toutes autres solemnités
« propres à la louange de Dieu, duquel nous invoquons le
« secours, nous érigeons, proclamons et ordonnons à
« perpétuité la prédite Baronie de Challand, avec toutes
« ses terres et tous ses domaines, en Comté et dignité
« Comtale, par les présentes Lettres Patentes, et nous
« faisons, constituons et créons Comte du dit Comté le
« même Seigneur François, ici présent et humblement
« demandant, lequel stipule pour lui et ses successeurs lé-
« gitimes, etc. et nous l'investissons et retenons du dit
« Comté, avec la dignité, les terres et les domaines y
« annexés, par la tradition du glaive tiré, etc. (1) »

---

(1) Volentes fidelitatis constantiam quam erga nos et inclitæ recordiæ Illustres progenitores nostros, spectabilis Consiliarius et fidelis noster dilectus Franciscus Dominus Challandi, et sui a Baronia Do-

Le Seigneur François, premier comte de son illustre famille, étant décédé sans enfants mâles en décembre de 1442, le Comté de Challand fut vivement disputé. D'un côté le patrimoine du Souverain demandait la réversibilité de ces fiefs comme dévolus à la couronne, suivant le droit écrit des fiefs et la coutume du Duché d'Aoste, qui déclare les femmes incapables de pouvoir posséder ceux des anciens pairs ; de l'autre, les Dames Catherine et Marguerite, filles du Comte François, prétendaient y avoir droit en vertu du testament de leur père en date 21 juillet 1437, qui les instituait héritières : elles avaient même déjà, par acte du 27 mai 1445, procédé au partage des Châteaux, fiefs et terres qui en dépendaient ; d'un autre côté encore, les agnats des trois branches de Fénis, des Aymavilles et d'Ussel faisaient valoir les substitutions fidéicommissaires des Seigneurs Yblet, Jean et Ebal, respectivement père, aïeul et bisaïeul du dit Comte François, qui les appelaient à défaut d'enfants mâles, sans que celui-ci pût en disposer autrement.

La contestation qui s'était élevée pour cette riche succession se prolongea pendant plusieurs années, même par des voies de fait et des coups de mains qui se firent à Chatillon. Elle fut enfin décidée en faveur de Jacques

---

moque et Dominiis Challandi progressi, diuturnis temporibus, in arduis obruentibus negotiis magnanimiter claruerunt etc. idcircó, ex nostra certa scientia deque nostræ potestatis plenitudine, Illustrium Principum et aliorum Consiliariorum nostrorum primitus participato Concilio, adhibitis etiam aliis solemnitatibus opportunis ad laudem Dei cujus opem invocamus, prædictam Baroniam De Challant, cum suis terris et dominiis universis in Comitatum, dignitatemque Comitalem, præsentium indulto Litterarum erigimus, extollimusque, præficimus et perpetuo ordinamus, et eumdem Franciscum presentem humiliter deposcentem, ac pro se et suis successoribus legitimis stipulantem, in Comitem ipsius Comitatus facimus, constituimus et creamus, etc. de ipso Comitatu dignitateque terris, dominiis ejusdem per traditionem evaginati ensis investimus et retinemus, etc.

Seigneur d'Aymavilles, fils d'Amédée second fils d'Aymon Seigneur de Fénis et d'Aymavilles, au préjudice de Boniface et Amédée, Seigneurs de Fénis et de Varey, qui étaient pourtant les aînés de cette descendance, car ils étaient fils de Boniface, Maréchal de Savoie et premier fils du dit Aymon.

Supposant que le Comté de Challand était indivisible de sa nature, et qu'il importait à son service et à la chose publique qu'il en fût ainsi; se dépouillant d'ailleurs lui-même, à titre de donation, de tous droits quelconques qu'il pouvait avoir sur ce Comté ou sur quelqu'une de ses dépendances, comme aussi de toutes les commises et amendes qu'il eût pu prétendre pour raison des voies de fait dont on vient de parler et de désobéissance à ses ordres, le Duc Louis de Savoie, par acte daté de Bourg en Bresse le 30 juin 1456, en investit le dit Jacques Seigneur d'Aymavilles, le préférant à ses propres droits, à ceux de tous les autres agnats et aux prétentions des filles. Il se réserva cependant la Seigneurie de Montjovet, ainsi qu'il sera dit plus amplement en parlant de cette terre.

Les termes dont le Prince se servit dans cet acte d'investiture sont si honorables et si distingués, qu'on a cru, pour la satisfaction des lecteurs les devoir référer ci-après.

« C'est pourquoi, considérant que ce Comté est de sa
« nature indivisible par droit ; que Notre bien aimé père,
« en créant Comte le Seigneur François, a évidemment
« voulu que ce Comté fût indivisible ; qu'il est aussi de
« Notre intérêt et de celui de notre Etat que le Comté soit
« en effet indivisible, et qu'il n'y ait qu'un seul Comte;
« que partant, le dit Comté doit demeurer tel qu'il est,
« sans en rien retrancher ;

« Attendu que nous en réputons très-digne le prédit
« spectable Jacques de Challand Seigneur d'Aymavilles,

« fils du Seigneur Amédée, notre bien aimé conseiller
« et chambellan, élevé auprès de nous, à nous connu,
« distingué par sa prudence et par les rares qualités
« dont il est orné, ainsi qu'il a été dit plus haut ;

« Que le même Seigneur Jacques et les autres agnats
« du dit feu le Seigneur Comte François, sont envers le
« dit feu Seigneur François dans le même degré d'agna-
« tion pour la succession dans le dit Comté ;

« Que les filles du même Seigneur François, et autres
« femmes, sont, par le droit écrit des fiefs et par la cou-
« tume du pays d'Aoste, incapables de fiefs ;

« Pour ces motifs et pour d'autres non moins louables,
« préalable mûre délibération au mérite des Seigneurs
« Barons et des experts, de Notre certaine science et
« plénitude de pouvoir, pour Nous et tous Nos héritiers et
« successeurs, avec ces manières, droits, voies et formes
« que mieux pouvons, Nous nommons par les présen-
« tes lettres, élisons et constituons Comte de Challand,
« et nous élevons et soulevons aux titre, dignité, honneurs,
« prééminences et droits quelconques du même Comté,
« comme en fief qu'il tient de ses aïeux paternels, le
« prédit spectacle Jacques de Challand, comme très digne
« d'une pareille distinction et très-agréé par Nous, ici
« présent et acceptant humblement, les genoux pliés,
« pour lui et ses enfants et agnats capables de fiefs
« selon la coutume du pays.

« De plus, voulant combler de grâces le même spec-
« table Jacques, Nous lui donnons et cédons à titre de
« donation à lui personnelle, tous et un chacun les droits
« et actions de quelque genre et espèce qu'ils soient, qui
« Nous compètent ou peuvent Nous compéter, soit dans
« le dit Comté et quelqu'un de ses membres ou pertinences,
« soit dans les affaires du dit Comté, quelles qu'elles soient
« et quelle qu'en soit l'origine, et encore envers et contre
« les filles du dit feu le Seigneur Comte François de Challand,

« quelle que ce soit d'entre elles, et leurs maris, pour raison
« et motif de désobéissance et toute autre occasion, rai-
« son ou cause quelconque ; cédant aussi au même Jacques
« tous bans, peines et amendes encourus jusqu'à présent
« par les dites filles, et quelle que ce soit d'entre elles
« et leurs maris, à l'occasion des mêmes biens ou pour
« telle autre cause que ce soit, tant déclarés qu'à décla-
« rer.

« En mettant en Notre lieu et place le dit spectable
« Jacques dans tous et un chacun ces droits et actions,
« Nous le constituons par les présentes procureur en sa
« propre cause, par droit de fief, de fidélité, hommage,
« domaine direct, supériorité et ressort dans le prédit
« Comté et ses dépendances, sauf que Nous retenons et
« réservons spécialement pour Nous et pour Nos succes-
« seurs le château, terre, confins et territoire de Mont-
« jovet, avec des mêmes et de quelque ce soit d'entre
« eux, tout pouvoir pur ou mixte et jurisdictions de tou-
« tes manières, droits et pertinences quelconques, etc. (1)

---

(1) Cum autem de naturâ Comitatûs existat de jure quod sit indivisibilis, sitque quod prælibatus Dominus genitor noster, præfatum Dominum Franciscum creando videtur voluisse Comitatum illum indivisibilem esse, nostra vero et reipublicæ nostræ interest Comitatum ee indivisibilem, et in eo esse tantummodo unum Comitem, Nos præfatum spectabilem Jacobum De Challand Dominum Amavillæ filium supradicti Domini Amœdei, Consiliarium, Chambellanumque nostrum, summé dilectum, apud nos nutritum, et nobis notum, prudentiáque et virtutibus multis, ut supradictum est decoratum, ab hujus modi Comitatu nemini detrahendo, deputamus esse dignissimum, cumque ipse Jacobus et alii Agnati dicti quondam Domini Francisci Comitis, sint ipsi quondam Domino Francisco in eodem gradu agnationis succedendi in dicto Comitatu, ipsiusque Dom. Francisci filiæ et aliæ fæminæ, sint et jure scripto feudorum et consuetudine patriæ Vallis Augustæ, feudorum incapaces, his igitur et aliis laudabilibus moti considerationibus, maturâ etiam super his Baronum Procerum et peritorum deliberatione præhabita, ex nostrâ certâ scientiâ et potestatis plenitudine, pro nobisque et nostris hæredibus et successoribus universis, hiis quidem modis, jure, viâ et formâ quibus melius possumus præfatum

Armé de ce titre, le Seigneur Jacques entra dès le 14 octobre de la même année 1456 en possession du Comté de Challand et de la Seigneurie de Chatillon.

Il s'occupa aussitôt de se fortifier dans sa nouvelle dignité contre les solides prétentions des autres agnats de la branche aînée, dont il a été parlé plus haut, et il eut l'adresse de se procurer, de la part des Dames filles du Comte François, des donations de tous les droits qu'elles pouvaient mesurer sur le Comté par le testament de leur père. Catherine, l'aînée, veuve du Seigneur Jean de Challand et pour lors femmes du Seigneur Pierre de Chissé Ballif d'Aoste, la lui fit par acte du 17 décembre 1456 reçu par noble Claude Vaudan, et Marguerite, femme du Seigneur Antoine de Montbel Comte d'Entremont,

---

spectabilem Jacobum de Challand tanquam dignissimum et nobis gratissimum, ibidemque præsentem et genibus flexis humiliter acceptantem, pro se et ejus liberis et agnatis de more patriæ, feudorum capacibus et tanquam in feudum avitum et paternum harum serie eligimus, assumimus et constituimus Comitem Challandi et ad ipsius Comitatûs titulum, dignitatem. honores, præminentias et jura quæcumque erigimus, insignimus et sublevamus, et ulterius volentes ipsum spectabilem Jacobum ampliare gratiâ, pro seque sibi donamus et cedimus titulo donationis omnia et singula jura et actiones cujuscumque generis et speciei sint, nobis competentes et quæ competere valeant, sivè in dicto Comitatu et quolibet ejus membro atque ejus pertinentiis, sive in rebus dicti Comitatûs et quâlibet earum quâvis ex causâ, nec non contrà et adversus filias dicti quondam Domini Francisci Comitis Challandi et quamlibet earum ac earum Viros ratione et causâ inobedientiæ et aliâ quâcunque occasione, ratione sivè causâ, cedentes etiam ipsi Jacobo omnes pænas, bamna et mulctas per dictas filias et ipsarum qualibet et earum Viros occasione ipsorum bonorum et aliâ quavis causâ hactenus commissas tam declaratas quam declarandas, ipsumque spectabilem Jacobum in hiis omnibus et singulis juribus et actionibus in locum nostrum ponendo procuratorem in rem suam constituimus per præsentes, jure tam feudi, fidelitatis, homagii, directi dominii, superioritatis et ressorti in prædicto Comitatu et ejus pertinentiis nobis et successoribus nostris retentis, salvisque et specialiter riservatis, Castrò, villâ, finibus et territorio Montisjoveti ac ipsorum et cujuslibet eorum, mero et mixto imperio et omnimodâ jurisdictione, et suis juribus et pertinentiis quibuscumque, etc.

par acte du 14 janvier 1457, reçu par noble Nicolas de Lazol.

Boniface et Amédée Seigneurs de Fénis et de Varrey, restés seuls, n'osèrent plus continuer la lutte, et cédèrent aussi leurs droits par transaction du 11 juin suivant.

Le Comte Jacques resta donc paisible possesseur du Comté, et après lui les aînés mâles de cette branche. De nouvelles reconnaissances en furent passées par le Comte Louis aux Ducs Amé le bienheureux et Philibert, les jours 6 mai 1469 et 20 décembre 1478, et par le Comte Philibert à la Duchesse Blanche le 28 octobre 1490. Amédée, Seigneur de Varrey avait bien voulu de nouveau rechercher sa part au dit Comte Louis, mais il avait encore trouvé à propos de transiger, par acte du 28 mars 1470.

Depuis lors, la succession au Comté de Challand ne fut plus contestée jusqu'à la mort du Comte René, Maréchal de Savoie, arrivée en 1565.

Ce Seigneur, en conséquence de la permission qu'il en avait obtenue de son Souverain le Duc Emmanuel-Philibert par patentes du 14 août 1556, avait, par son testament du 31 mai 1557, disposé en faveur de sa fille Isabelle de Challand, mariée au Seigneur Jean Frédéric de Madrus, Comte d'Avie et marquis de Sonurian. Isabelle eut encore la précaution de faire confirmer cette disposition, vingt-trois ans après la mort de son père, par autres lettres patentes du 1er février 1588, enterinées en la Royale chambre le 22 mars suivant.

Ce fut ainsi que le Comté de Challand passa à cette Dame et à ses descendants : Isabelle en prit les investiàures par acte du 17 janvier 1588, le Seigneur Emmanuel-Réné de Madrus son fils, par acte du 5 mai 1604, et le Révérendissime Seigneur Charles-Emmanuel de Madrus, Evêque et Prince de Trente, par autre acte du

5 avril 1647, le tout au préjudice d'une infinité de substitutions fidéicommissaires et transactions passées entre les différentes branches de la maison de Challand pour conserver les biens et fiefs de la Vallée d'Aoste dans la seule agnation, à l'exclusion des filles.

Cependant la branche aînée ne s'était pas éteinte ; les quatre frères François, Georges, Claude et Jean de Challand, Barons de Fénis et fils de Charles de Challand descendu en droite ligne de Boniface, maréchal de Savoie et fils aîné d'Aymon, intentèrent un procès à la Contesse Isabelle, prétendant la faire exclure du Comté, Baronie des Aymavilles et autres terres et Seigneuries dont le Comte René était mort vêtu et saisi rière le Duché d'Aoste. Mais les Seigneurs Barons de Fénis avaient à faire à trop forte partie ; après quelques années de procédure, ne pouvant plus d'ailleurs en continuer les frais, ils trouvèrent à propos de transiger. L'acte en fut reçu par Claude Ravier et Etienne Foldon, notaires, sous la date du 18 juillet 1568.

Par cette transaction, les Seigneurs frères de Fénis cédaient à la Dame Isabelle tous les droits et prétentions qu'ils pouvaient avoir sur le Comté de Challand, Baronie des Aymavilles, Greines, Verrès et Issogne ; de son côté, la dite Dame leur cédait, du consentement et autorité de son mari, les châteaux, jurisdictions, censes, rentes, biens féodaux et autres dépendances de Chatillon, Ussel et Saint-Marcel, avec la permission d'entrer en possession de ces terres aussitôt que le contrat aurait obtenu l'approbation de S. A. S$^{me}$ et l'intérination de sa Royale Chambre des Comptes. Les quatre frères se hâtèrent de se procurer l'une et l'autre par actes du 5 et du 11 août de la même année. Mais lorsque la Comtesse fut requise de se conformer à son tour à la convention, elle s'y refusa, prétendit revenir de cet accommodement, sur la supposition qu'elle s'en était trouvée lésée, et qu'elle n'avait été induite à le faire que par crainte et par les menaces du Comte son mari, et se fit absoudre de serment par sentence du Révérendissime Seigneur Evêque d'Aoste en date 23 avril 1569.

Il fallut donc que les Seigneurs de Fenis recommençassent à plaider, ce qu'ils firent par acte du 14 juin de la même année. Cette fois, ils poussèrent leur procès vivement, jusqu'au bout, et obtinrent gain de cause : par arrêt du souverain Sénat de Piémont, prononcé en audience publique sous la date du 10 juillet 1573, il fut déclaré ni avoir lieu à lésion, ni par conséquent à la rescision de la transaction demandée par la Dame Isabelle, avec ordre à la même de remettre aux dits seigneurs les châteaux, censes, rentes et biens féodaux de Châtillon, Ussel et Saint-Marcel, conformément à ladite transaction, avec les fruits échus dès le jour de l'intérination.

Cet arrêt fut exécuté dans toute son étendue.

Les quatre frères se partagèrent ensuite leurs terres : François, l'aîné, fut Baron de Fenis ; Georges, le second, fut Baron de Chatillon et d'Ussel ; Claude eut la Seigneurie de Villarsel et Jean celle de Saint-Marcel.

Mais leurs fils et petits fils ne s'accommodèrent pas de ce traité ; les descendants des deux branches qui ont laissé une suite recommencèrent ce procès contre les héritiers de la Dame Isabelle, après cependant la mort du Révérend$^{me}$ Seigneur Charles-Emmanuel de Madrus, arrivée en janvier 1659. Ce fut le Seigneur Antoine-Gaspard de Challand Baron de Fenis, qui, en son nom et au nom de ses frères, en reprit les errements pardevant la Chambre des Comptes, contre la Dame Charlotte-Eléonore-Christine de Madrus, femme du Seigneur Charles Marquis de Lenoncourt, à laquelle étaient dévolus le Comté de Challand et la Baronie d'Aymavilles, comme plus prochaine et légitime héritière du défunt

Seigneur Evêque son oncle. Commencé par rescrit du 4 février de la même année 1659, ce nouveau procès fut poursuivi jusqu'en septembre 1660, où par arrêt du Magistrat il fut déclaré n'y avoir lieu, et la Dame Charlotte maintenue au possessoire, qui lui fut conféré le 4 octobre suivant par le patrimonial même de la dite Chambre.

Les Seigneurs Barons de Fenis et de Chatillon ne se rebutèrent pas pour cela. Ils recommencèrent le procès pour la quatrième fois, au Sénat, contre la dite Dame par acte du 27 mai 1661, et après sa mort, contre les Seigneurs Henri et Charles-Joseph de Lenoncourt ses descendants, toujours cependant avec peu de succès.

Mais ce dernier ayant été malheureusement tué à la bataille de Marsaille, donnée en Piémont le 4 octobre 1693, la Dame Christine-Maurice sa sœur, marquise de Ballestrin-Carret, se mit en possession du Comté. Les Seigneurs Barons de Chatillon et de Fenis, pour lors seuls agnats, recommencèrent immédiatement pour la cinquième fois ce grand procès avec beaucoup plus de vigueur qu'on ne l'avait fait jusque là. Ce fut par rescrit du 6 octobre suivant, contenu dans l'acte de réduction des fiefs en litige, et ils surent fort habilement tirer parti de ce que le Marquis refusait de faire adhérence pour le fief impérial de Balestrin qu'il possédait dans les *Langhes*, sur le finage des terres et domination de la Maison de Savoie.

Ils obtinrent d'abord du Souverain un décret d'évocation de la cause à la personne royale, et ensuite délégation à la chambre des Comptes pour la décider autant sur le possessoire que sur le pétitoire, tant ensemble que séparément. Ils purent enfin, sous la date du 23 juin 1696, obtenir contre la Dame Christine-Maurise de Lenoncourt, marquise de Ballestrin, et contre le Seigneur Dominique-Donat et autres, ses fils, ce fameux arrêt de revendication du Comté de Challand, Baronie des Aymavilles, biens et fiefs en dépendant, avec adjudication des fruits liquidés à une grosse somme de deniers.

Les Seigneurs Barons de Chatillon et de Fénis furent revêtus de ces fiefs, châteaux et seigneuries par lettres-patentes du 24 août suivant, et ils en prirent possession au mois de septembre de la même année : ils avaient été hors de la famille et possédés par des seigneurs étrangers pendant cent trente et un ans.

Ensuite du décès, sans héritiers directs, du Seigneur Antoine-Gaspard, dernier baron de Fénis de la descendance de François de Challand, sa succession ayant été dévolue au Seigneur Georges-François Comte de Challand, celui-ci a pris, sous la date du 3 avril 1715, de nouvelles investitures du Comté et de la Baronie de Fénis conjointement, près la Royale Chambre des Comptes de S. M. le Roi Victor-Amé, siégeant à Turin.

MONTJOVET. Le Comté de Montjovet n'était autrefois qu'une simple seigneurie comprenant le bourg et paroisse de Saint-Vincent, une des plus étendues et meilleures terres de tout le Duché et formant à elle seule la moitié de ce mandement, Emarèse, Saint-Germain, le bourg de Montjovet, Saint-Eusèbe et la Rivière de Montjovet ; mais une partie de ces terres ayant été démembrées de ce ressort, il ne lui reste aujourd'hui que le bourg de Montjovet, Saint-Germain et Saint-Eusèbe, qui ne font guère plus du quart de ce qu'il a été. Cette jurisdiction appartenait anciennement en son entier à deux différentes familles.

La première portait le nom de Chenal. Son château, soit maison-forte, était posté sur un haut rocher tout à fait escarpé, du côté du levant ; les masures en sont encore aujourd'hui sur pied, et connues sous le nom de Château-Neuf de Chenal. Il fut démantelé du temps des guerres de 1540 et autres suivantes, à cause du préjudice qu'il portait à celui de Montjovet.

La portion de jurisdiction de cette famille est parvenue dans la maison de Challand par le mariage d'Ebal-le

Grand avec Alexia, restée seule fille et héritière du Seigneur Philippe de Montjovet de Chenal ou Chinal, conseigneur du dit mandement.

On ne sait point le nom de la seconde famille.

Son château s'élevait sur la croupe du roc appelé Montjovet, qui domine le grand chemin et qui a donné son nom au reste du mandement. On croit que ce sont les Romains qui en ont jeté les premiers fondements, et qu'ils lui ont donné le nom de *Monsjovis* à cause de quelque monument consacré en cet endroit au culte de cette divinité du paganisme

La portion de juridiction de cette famille fut enlevée par le Comte Philippe de Savoie à un certain Seigneur nommé Feydinus Montisjoveti ; ce fut, à ce que l'on croit, pour le motif qu'il maltraitait, par lui-même ou par des émissaires à son nom, ceux qui passaient dans le grand chemin sous son château, au moyen de rençonnements, concussions et exactions indues et violentes qui avaient donné lieu à plusieurs plaintes.

Cette juridiction lui fut pourtant rendue par le même Prince, moyennant soumission de fidélité lige, et la caution qu'il lui donna par acte du lendemain des nones de juin *(6 juin)* 1274 touchant l'accomplissement de sa promesse.

Voici les propres termes de cet acte, tirés d'un authentique fait par la Chambre des Comptes de Savoie :

« Moi, Feydinus, Seigneur de la moitié de Montjovet,
« je fais connaître à tous ceux qui liront les présentes
« lettres, comme quoi mon très illustre et très cher
« maître le Seigneur Philippe, Comte de Savoie et de
« Bourgogne, ayant occupé comme son fief propre mon
« château de Montjovet, pour cause de certaines offenses,
« et m'ayant ensuite, par un effet de sa miséricorde,
« fait rémission des dites offenses, m'a restitué le prédit
« château pour le tenir en fief du même Seigneur Comte.

« C'est pourquoi, présent le dit Seigneur Comte et
« sur son interrogation, je reconnais et confesse tenir à
« fief de Lui le dit Château avec son mandement,
« domaine et jurisdiction, excepté les biens qui pour-
« raient m'appartenir en franchise ou être d'un autre
« fief ; que le dit Château doit être rendu au dit Sei-
« gneur Comte selon la coutume de la vallée d'Aoste
« pour lequel fief, j'ai fait au même Seigneur Comte
« hommage lige auquel je confesse être tenu pour le dit
« fief. Je promets aussi au même Seigneur Comte d'être
« homme et vassal fidèle et d'obéir à ses ordres et bon
« plaisir ; je promets de plus au même Seigneur Comte
« de conserver, garder et maintenir sûre la route, soit
« le chemin, autant que je pourrai, de ne point faire
« d'agression sur cette route, ni par moi-même ni par
« le fait de mes gens, et si d'autres voulaient en faire,
« de ne point y consentir, etc.... Et pour majeure garan-
« tie de l'exacte observation de ces promesses, je donne
« les fidéjusseurs ci-après désignés, à savoir : le Sei-
« gneur Aymon Vicomte d'Aoste, Jacques Seigneur de
« Quart, Aymon Seigneur de Nus, chevaliers, et Yblet,
« Seigneur de Challand, damoiseau.

« De quoi tout a été prêté serment sur les Saints
« Evangiles de Dieu tant par le Seigneur Feydinus que
« par les fidéjusseurs, lesquels se sont par cette fidéjus-
« sion obligés pour autant que durera la vie mortelle
« du dit Seigneur Philippe, tandis que le dit Feydinus
« a contracté son obligation à perpétuité, etc. » (1)

---

(1) Ego Faidinus Dominus medietatis Montisjoveti, notum facio universis præsentes litteras inspecturis, quod cum illustris et carissimus Dominus meus, Dominus Philippus Sabaudiæ, et Burgundiæ Comes, propter quasdam offensas, teneret castrum meum Montisjoveti tanquam feudum suum dictasque offensas ductus misericordia mihi remiserit et castrum prædictum ab eodem Domino Comite tenendum in feudum mihi restituerit. Ego confiteor et recognosco, in præsentia

Mais soit que le Seigneur Feydinus se fût dans la suite rendu indigne de cette grâce, en rentrant dans sa mauvaise conduite et dans ses habitudes criminelles, soit qu'il fût décédé sans enfants mâles, il est certain que peu d'années après, son fief avec son château et toutes ses dépendances furent réunis à la couronne, et que le Comte Amé de Savoie, surnommé le Grand, qui avait succédé au Comte Philippe, les échangea pour les droits du Vicomté d'Aoste, avec le Seigneur Ebal de Challand; le contrat en fut passé le samedi après la fête de St-Maurice de l'an 1295 et fut reçu par Vuillerme, des bons Notaire du Sacré Palais, en ces termes :

« De son côté le dit Seigneur Comte a échangé, et
« par le dit échange a donné, transporté et concédé en
« fief au prédit Seigneur Ebal ici présent, demandant et
« acceptant, le Château du même Seigneur Comte de
« Montjovet, lequel château devra être rendu toutes et
« quantes fois il adviendra que le prédit Seigneur Comte
« ou ses héritiers dans la possession du Comté ou de
« la dite Vallée, viennent en vallée d'Aoste, y compris

---

dicti Domini Comitis et ad interrogationem ipsius dictum castrum cum mandamento, dominio et jurisdictione ejusdem, exceptis illis quæ de allodio meo esse possent aut de feudo alieno, me tenere in feudum a dicto Domino Comite, et dictum castrum esse reddibile dicto Domino Comiti secundum consuetudinem Vallis Augustæ, pro quo quidem feudo feci eidem Domino Comiti homagium ligium ad quod pro dicto feudo confiteor me teneri, promitto etiam eidem Domino Comiti esse fidelis homo et vassallus, et ejus mandatis et beneplacitis obedire, promitto insuper eidem Domino Comiti, me stratam seu caminum conservare, custodire et securam tenere posse meo, et in dicta strata per me vel per meos non offendere, nec alicui volenti offendere consentire, etc. Et pro iis firmius attendendis do fidejussores infrascriptos, videliscet Dominum Aymonem Vicecomitem Augustæ, Jacobum Dominum de Quarto, Aymonem Dominum de Nus milites, Eibletum Dominum de Challand militem domicellum, et hoc per juramentum super sancta Dei Evangelia proestitum, tam per Dominum Feidinum quam per fidejussores, qui ex hac fidejussione se obligaverunt quandiu dictus Dominus Philippus fuerit in humanis, dicto Feydino in sua obligatione in perpetuum remanente, etc.

« tous hommes, vassaux, feudataires, emphytéotes, fiefs,
« juridictions hautes et basses, rentes, services, usages,
« cens, propriétés, possessions, péages, servitudes, vignes,
« prés, pâturages, et autres sans exception, lesquels et
« lesquelles le même Seigneur Comte a, tient et possède
« ou bien doit en quelque sorte avoir dans tout le Châ-
« teau et terre de Montjovet et dans tout son territoire
« et district, tel que le même Seigneur Comte l'a eu
« de Feydinus de Montjovet, avec tous droits, etc. (1).

Après le Seigneur Ebal, la Seigneurie de Montjovet, ainsi unie en un seul mandement, passa à ses successeurs, jusqu'au premier Comte, le Seigneur François, qui, se trouvant chargé du payement de quelques dettes et dots, le vendit au Duc Amé le Pacifique. Le contrat en fut passé à Ripailles par Nobles Claude de Thora et Aymonet de Bosses ses procureurs, et reçu par Noble François Fabri, notaire et secrétaire de ce prince, sous la date du 10 février 1438.

Le Comte François mourut sans enfants mâles, et Jacques de Challand, Seigneur d'Aymavilles, fut choisi par le Duc Louis sur tous les autres agnats de la famille, pour occuper le Comté de Challand et les autres Seigneuries qui en dépendaient. On a déjà référé plus haut les propres termes de l'acte d'investiture du 30 juin

---

(I) Et viceversa dictus Dominus Comes permutavit et ex causa permutationis prædictorum donavit, tradidit et concessit prædicto Eballo præsenti, petenti et recipienti in feudum castrum ipsius Domini Comitis de Montejoveto reddibile, quandocumque dictum Dominum Comitem vel ejus hæredes Comitatum tenentes vel terram dictæ vallis, in Valle Augusta pervenire contigerit, item omnes homines, vassallos, feudatarios, emphyteotas, feuda, jurisdictiones altas et bassas, redditas, servitutes, vineas, prata, nemora et res alias universas, quas et quæ et quos idem Dominus Comes habet, tenet, possidet et quasi vel habere debet in castro toto Montisjoveti et villa et in toto ejus territorio et districtu, sicut idem Dominus Comes habuit a Faydino de Montejoveto cum omnibus juris, etc.

1456, par lequel ce Seigneur passa expédient que son prince Souverain, qui l'avait comblé de tant de faveurs, se retînt pour lui et pour ses successeurs le château et Seigneurie de Montjovet avec tous ses droits et dépendances.

Ce mandement fut depuis lors du domaine exclusif de la Couronne pendant plus d'un siècle; puis il eut à subir diverses vicissitudes.

Ce fut d'abord S. A. S. le Duc Emmanuel-Philibert, qui par ses patentes du 14 mai 1563, lesquelles ne furent entérinées en chambre que le 19 octobre 1623 après plusieurs jussions du sérénissime prince de Piémont, commença à faire don au Seigneur Jean-François Costa Comte d'Arignan, gouverneur de ce Duché, d'une pension de trois cents écus sur les revenus courants du mandement, en récompense de plusieurs dépenses faites par le dit Seigneur à la suite de la fortune errante de ce prince durant les guerres du Duc Charles le Bon son père avec la France : cette dépense avait été liquidée en la somme de six mille écus caméraux, rachetables à perpétuité pour quatre mille écus de même qualité.

SAINT-VINCENT ET CHAMPDEPRAZ. — S. A. S. le Duc Charles-Emmanuel 1 en démembra ensuite Saint-Vincent et le ressort de Champdepraz soit rivière de Montjovet, qu'il inféoda, par patentes du 1er mars 1586, au Seigneur Claude de Challand des Barons de Fénis, Seigneur de Villarsel, grand-maître de la Garderobe, chev. du grand ordre de Savoie, gouverneur et grand Baillif de ce Duché, en échange des prétentions que ce Seigneur et ses frères mesuraient envers la Couronne pour la terre, Seigneurie et Baronie de Varey au pays de Bugey en Bourgogne. Car il faut savoir que le Seigneur Etienne-Philibert de Challand, dernier Baron de Varey de cette famille, étant décédé sans enfants, le Duc Emmanuel-Philibert avait vendu cette terre et Seigneurie à Messire Claude de l'Aubespine, Seigneur de Sylli, gentilhomme bourguignon, avec garantie expresse de toute éviction, nonobstant que les autres branches de la maison de Challand fussent aussi appelées à en recueillir la succession en vertu de plusieurs substitutions fidéicommissaires des ancêtres du dit Seigneur Etienne-Philibert.

Le Seigneur Claude de Challand n'eut à son tour, de son mariage avec Madame Bonne de Savoie, fille du Seigneur Philippe de Savoie, Seigneur de Racconis, qu'une fille nommée Paule. Celle-ci ayant été mariée au Seigneur Louis Solar Comte de Morette, écuyer et gentilhomme de la chambre de S. A. R., la juridiction de Saint-Vincent et la rivière de Montjovet furent cédées à cette Dame pour ses droits dotaux. Le même Seigneur Comte de Morette, tant en son nom qu'en celui de son épouse, en prit de nouvelles investitures par acte du 6 mai 1593. Mais quelques années plus tard, au moyen d'un échange pratiqué avec S. A. R. le Duc Charles-Emmanuel I par acte entériné en la Chambre des Comptes le 10 mai 1613, il s'en dessaisit pour une partie du Marquisat de Dogliani en Piémont, qui était plus à sa convenance. Par ce fait, ces deux terres ainsi démembrées se trouvèrent de nouveau réunies au mandement de Montjovet.

Le même Prince, par patentes du 23 décembre 1593, dûment signées et contresignées, en démembra encore dix seyteurs de pré à la plaine de Montjovet et six muids de blé de cense à Emarèse, qu'il vendit au Seigneur Pierre-Léonard Roncas son secrétaire d'Etat pour le prix de huit cents écus d'or d'Italie, sous la grâce de rachat perpétuel. Ces patentes furent entérinées en Chambre le 19 mai 1595 et confirmées par autres du 5 avril 1600.

La terre de Saint-Vincent ne resta pas longtemps réunie à la Couronne. Le même Prince la réinféoda de nouveau, par patentes du 13 août 1613 entérinées le même jour par la R. Chambre des Comptes de Piémont, au Sieur Charles, fils d'Antoine Perron, gros partisan de la ville d'Ivrée, en payement et à compte des sommes considérables que lui devaient les finances pour les munitions qu'il avait fournies aux troupes pendant les guerres précédentes. Le Seigneur Charles Perron prit les investitures de cette Seigneurie par-devant la Chambre des Comptes par acte du 19 août 1619.

ÉMARÈSE SEIGNEURIE. — En 1635, par patentes du 19 juin, le Duc Victor Amé I céda au même Seigneur Roncas baron de Chatelargent, son premier ministre et secrétaire d'Etat, en considération de ses bons services, la Seigneurie, juridiction, puissance du glaive et tous autres droits, sur les quatre villages d'Emarèse, Sommarèse, Erèse et Cheissan, le tout dépendant du mandement de Montjovet.

Ce Seigneur en fut inféodé pour les mâles et les femelles, sous réserve de rachat, moyennant une certaine somme d'argent, et il en prit investiture en Chambre le 3 août de la même année 1635 Mais l'année suivante, il fit cession de cette portion de seigneurie ainsi démembrée à noble Marc-Antoine de Cré, citoyen d'Aoste, son premier secrétaire, tant pour les sommes qu'il lui devait, qu'en récompense des services signalés qu'il en avait reçus, spécialement durant le temps qu'il avait été obligé, pour des raisons d'Etat, de garder les arrêts dans la citadelle de Turin.

Le noble de Cré prit dans la suite le titre de Seigneur d'Emarèse, et son rang dans les assemblées des Etats.

*Montjovet Baronie puis Comté.* — La Seigneurie de Montjovet fut ensuite érigée en Baronie au mois d'octobre de l'an 1640, et inféodée, du temps des guerres civiles, par les sérénissimes Princes Maurice et Thomas de Savoie au sieur de Piochet leur Secrétaire d'Etat. Mais Madame la Duchesse Royale Christine de France, tutrice de son fils Charles-Emmanuel II et Régente durant sa minorité, étant rentrée dans l'administration de l'Etat, reprit aussi le domaine de la seigneurie de Montjovet.

Ce reste de seigneurie, qui ne consistait plus qu'en la juridiction sur le bourg, sur le ressort de St-Germain et sur celui de St-Eusèbe sans autre revenu que la baguette, fut ensuite élevé au titre de Comté, et comme tel vendu et inféodé par patentes du 29 décembre 1662 au seigneur Charles-François des barons de Vallaise et d'Arnaz, moyennant la somme de deux cent cinquante pistoles que ce seigneur paya au trésorier de Madame Royale à l'occasion du prochain mariage du jeune Duc. On lui cédait aussi les raisons du rachat des revenus cédés au Comte d'Arignan et pour lors possédés par le Comte de Polonghera. Ce rachat devait se faire pour le prix de huit cents pistoles, avec la condition que ces revenus resteraient dès lors réunis au fief, sans donner droit à rembours du prix en cas de dévolu à la Couronne. Le payement en fut exécuté le 26 janvier 1663, les lettres-patentes enterinées le 27 et les investitures de la Chambre prises le 29.

En 1701, le seigneur Baron Charles-François de Vallaise, ayant perdu son fils unique auquel il faisait porter le nom de Comte de Montjovet, recourut à S. A. R. demandant de pouvoir vendre ce fief avec son revenu. Il obtint l'agrément du Prince par lettres-patentes du 30 mars 1707, en vertu desquelles il se défit de son fief en faveur des seigneurs frères Georges Comte de Challand et Joseph Félix Baron de Chatillon, pour le prix de vingt-deux mille livres. Le contrat en fut reçu le 11 mai suivant par le notaire Jean-Baptiste Vercellin,

Par autre acte du 2 avril 1712 cette jurisdiction passa en entier, avec ses revenus, au Comte de Challand, tant par la vente que lui en fit le Baron de Chatillon que par la cession du seigneur maître auditeur Berlia, droit ayant dudit Baron. Mais lorsque le Seigneur Comte voulut poursuivre en Chambre les investitures de la seigneurie, le patrimonial du Souverain, bien loin d'y donner son consentement, et en vertu de l'édit royal du 7 janvier 1720, fit en 1723 réunir ces revenus, comme étant de ceux qui avaient été distraits de la Couronne par titre de donation révocable, contrairement aux dispositions des édits qui en prescrivaient l'inaliénabilité.

Le Souverain a depuis lors fait exiger par un économe les revenus avec le péage, de manière qu'il n'est resté au Comte de Challand que la simple jurisdiction ; mais il a eu son recours sur les vingt-deux mille livres que lui et son frère avaient déboursées : cette somme se trouvant par hasard imposée et en emploi sur le général du pays, il la fit saisir, et une transaction s'ensuivit, par laquelle on lui céda dix-huit mille livres, à titre de dédommagement.

Ce reste de jurisdiction sur le bourg de Montjovet et sur les deux ressorts de St-Germain et St-Eusèbe est encore à présent possédé, avec les seuls revenus du greffe par son fils aîné le Seigneur Charles-François-Octave, comte actuel de Challand.

*Montjovet forteresse.* — Pendant tous ces divers changements advenus depuis 1438, les Souverains s'étaient toujours gardé le château de Montjovet. C'était autrefois une forteresse de grande considération, bâtie sur la croupe d'un haut rocher faisant face au grand chemin et accessible de ce seul côté-là, par un sentier serpentant le long de la pente escarpée, au dessous des murailles. Elle était encore renforcée par une espèce de bastion et d'autres ouvrages à la moderne qu'on y avait ajoutés suivant que les inégalités du roc avaient pu le permettre, et de plus, munie de plusieurs pièces d'artillerie. Les Souverains y tenaient une garnison commandée par un capitaine subordonné, comme celui de la Tour de Verrès, au Gouverneur du fort de Bard. Mais elle eut aussi le même sort que la Tour de Verrès : en 1661 on en fit évacuer les canons, les munitions, les armes et les autres effets, et depuis lors cette forteresse a été tellement délaissée qu'elle est entièrement tombée en ruines ; les vastes bâtiments ne sont plus que des masures et il n'y a plus rien de couvert, si ce n'est la tour, qui se trouve presque au milieu de l'esplanade la plus élevée. (1)

*Route de Montjovet.* — La montée et la descente de la grande route, qui passait autrefois sous cette forteresse, du côté du midi et du couchant, était dangereuse et très pénible, surtout pour les voitures, à cause des mauvais

---

(1) Dans la séance des Etats du 3 août 1648 il a été donné lecture d'une lettre du très-illustre Seig. Gouverneur datée de Turin le 30 juillet, par laquelle il dit qu'il a reçu une lettre de S. A. R. qui l'assure, que pourvu que ce Duché augmente le donatif de 30/m. livres qu'il lui a accordé le 2 juin, le portant jusqu'à 40/m. Elle lui fera la grâce de lever les soldats des présides de Montjovet et de Verrès, et de réduire à 25 hommes sous le commandement d'un officier, les soldats du préside de Bard. Le peuple aurait répondu ne pouvoir accorder plus de 30/m. livres.

La note qui précède est écrite sur le manuscrit par une autre main, et ne semble pas être de l'auteur.

Le bon De Tillier aime ces châteaux, dont il écrit l'histoire au prix de tant de recherches consciencieuses ; il contemple leurs ruines avec douleur, il s'apitoie sur leur sort et se plaint de les voir abandonnés et déserts. En parlant du château de Verres, il a même exprimé ses regrets d'une manière assez vive. Mais il oublie, paraît-il, que les garnisons de Verrès et Montjovet furent supprimées en suite des instances réitérées de la congrégation des Trois Etats, à cause des désordres qu'elles commettaient.

L'assemblée du 4 novembre 1645 supplie Madame Royale de « donner les remèdes convenables « affin que les soldatz des présides du Peys ne dérobent ny endommagent davantage les person« nes et terres de leurs circonvoisins, lesquelles ilz rendent presque désabitables... »

Celle du 3 août 1658 charge ses députés de supplier S. A. R. de « leuer tout à faict les soldatz « de la tour de Verrès et chasteau de Montjouet pour le peu de seruice qu'ilz y rendent, affin de « n'empêcher le passage et commerce comme ilz ont faict du passé et continuent du présent par « leurs violences et concussions et forcées compositions qu'ils font aux terres circonvoisines. »

*N. de la R.*

pavés, et des glaces que quelques petites sources et les eaux coulant des rochers voisins y formaient en hiver. Ces graves inconvénients, que l'on ne pouvait empêcher, quelque précaution que l'on prît, et qui rebutaient les passants, ont enfin déterminé le conseil des Seigneurs Commis de ce Duché, par raison d'état et pour ne pas voir perdre entièrement un reste de petit commerce, à faire modifier ce tronçon de route en la faisant passer par le revers de la croupe du mont. Il en a fait dresser le plan par un ingénieur, qu'il a ensuite envoyé à la Cour avec le détail des raisons qui obligeaient ce Conseil à rechercher un pareil changement.

Le roi Charles-Emmanuel les fit examiner, et par sa lettre de cachet du 21 mars 1738, non seulement il accorda son agrément et sa permission pour une telle entreprise, mais il chargea encore le Conseil lui-même d'y tenir la main. C'est pourquoi cette grande œuvre a été exécutée cette même année 1738, sans aucun obstacle, par des entrepreneurs qui en ont pris le parti, et sans aucun égard pour le bourg de Montjovet, qui n'étant déjà plus habité que par un reste de quelques misérables familles, va devenir entièrement désert.

Les frais de ce changement ont été pris sur les deniers publics, et la dépense s'est élevée jusqu'à la somme de six mille cinq cents livres. Aussi cette route est-elle à présent très aisée et commode.

**CHATILLON BARONIE.** — La Seigneurie de Chatillon, à présent Baronie, est une ancienne terre de la maison de Challand. Déjà par acte du 14 des kalendes de janvier 1242, les trois frères Godefroy, Aymon et Bozon, vicomtes d'Aoste, fils de Bozo et celui-ci d'Aymon qui est pris pour tige de la famille, reconnaissaient en ces termes tenir à fief du Comte Amé, outre le Vicomté et d'autres terres, encore la Seigneurie de Chatillon :

« Ils ont en outre reconnu tenir à fief du même Sei-
« gneur Comte la bourgade de Chatillon et le château
« *Des Rives,* où était le bourg, etc. » (1)

Ce château des Rives était une maison forte élevée sur une butte de sable tout proche de la Doire; on en voit encore les vestiges. Il y avait autrefois là bas un ancien bourg, appelé lui aussi le bourg des Rives, et une grande route; mais déjà avant cette époque, l'un et l'autre avaient disparu, emportés, selon toute apparence, par quelque furieux débordement de la Doire et du torrent descendant de la vallée de Valtournanche, qui ravagea toute la plaine qui s'étend au pied de la colline où s'élève aujourd'hui le bourg de Chatillon. Il y a environ dix ans, on voyait encore le long de la Doire les vestiges du grand chemin de dessous, qui était soutenu en plusieurs endroits par des murailles dont on ne découvre plus que quelques fragments; le reste a été renversé par les débordements de la rivière. Ces murailles étaient si fortes et si puissantes que l'on eût pu les croire bâties par les Romains, si les ponts de Chatillon et de St-Vincent, qui sont sans contredit des ouvrages de ce peuple conquérant, n'étaient là pour nous faire connaître que la grande route qu'ils avaient établie et les habitations de leur temps étaient plus haut, et que le prétendu bourg d'en bas, avec le chemin contre Doire, étaient plus anciens et peut être même l'œuvre des premiers peuples Salasses.

Quoi qu'il en soit, la Seigneurie de Chatillon et celle de Cly, avec leurs dépendances, furent le partage du Vicomte Bozon, troisième des frères susdits. Après lui, Chatillon passa à Godefroy son second fils, de celui-ci à

---

(1) Item confessi sunt se tenere in feudum ab eodem Domino Comite Borgesiam De Chatillion et castrum De Rives ubi Burgum erat, etc.

Pierre et de Pierre à Boniface. Ce dernier étant mort sans enfants vers le milieu du xiv⁰ siècle, le Comte Amé surnommé le Vert, se prévalant de la coutume du Val d'Aoste, qui déclare les fiefs des anciens pairs réversibles, se mit en possession du château, ville et mandement de Chatillon et de toute la juridiction, droits et rentes qui en dépendaient.

Il les garda ainsi, par ce seul droit, pendant plusieurs années; puis le Seigneur Yblet, Seigneur de Challand et de Montjovet, capitaine général en Piémont et père du comte François de Challand, l'ayant supplié de les lui donner en fief et de l'en inféoder, ce prince les lui accorda volontiers, moyennant cinq mille florins d'or du plus grand poids, qui furent effectivement payés, ainsi qu'il résulte des propres termes de l'acte, en date 15 juin 1366 :

« C'est pourquoi le dit Seigneur Comte, considérant
« et observant les chers et agréés services faits et ren-
« dus à lui et à ses ancêtres par le dit Yblet de Mont-
« jovet et par ses prédécesseurs; tenant compte aussi des
« travaux continuels, que le même Yblet et ses prédé-
« cesseurs ont toujours eus jusqu'ici, avec un soin et
« une vigilance extrêmes, pour la conservation de l'honneur
« et de l'Etat du même Seigneur Comte et de ses an-
« cêtres et de tout le Comté de Savoie, etc...
« pour soi et tous ses héritiers et successeurs, cède,
« donne, transporte et accorde en fief noble, ancien, pa-
« ternel et de famille, au même Yblet présent et accep-
« tant pour lui et les siens, le château, ville et mande-
« ment du dit lieu de Chatillon en vallée d'Aoste, auto-
« rité pure et mixte et juridiction de tout genre,
« hommes, hommages, fidélités, rentes, services, posses-
« sions, domaines, usages, tributs et tous et un chacun
« les autres droits appartenant au dit château de Cha-
« tillon et existant par le fait du fief du même Seigneur
« Comte, etc...

« pour laquelle inféodation le même Seigneur Comte
« reconnaît avoir eu et réellement reçu du même Yblet,
« en bons florins de bon or et de grand poids qui lui
« ont été réellement comptés, soit par la main de son
« clerc Antoine Barbier, cinq mille florins d'or des-
« quels, etc... (1)

Le même Seigneur Yblet, par autre acte du 19 août 1409, reconnaissait comme suit tenir à fief la seigneurie de Chatillon du Comte Amé surnommé le Pacifique:
« Plus il reconnaît tenir à fief les bourgs du bourg de
« Chatillon, plus la terre de Promiod, qui sont de Reyta,
« plus le ressort de Nissod et celui de Chanton, qui sont
« de Cuvunana, plus le marché le mardi de chaque se-
« maine, au bourg dn Chatillon, plus le péage qu'il est
« d'usage de payer et de recevoir, plus les bois, les eaux
« et les pâturages, avec autorité simple et mixte et
« toute juridiction, depuis le pont de pierre jusqu'au
« milieu de la vallée de Meyran, et depuis le milieu de
« la Doire jusqu'au sommet des monts, ainsi que et

---

(1) Hinc est quod dictus Dominus Comes, considerans et attendens grata et accepta servitia sibi et suis progenitoribus facta et impensa per dictum Ybletum de Montejoveto et predecessores ejusdem, et advertens etiam ad labores continuos quos summis curis et vigiliis ipse Ybletus et predecessores semper hactenus habuerunt, pro conservatione honoris et status ipsius Domini Comitis progenitorumque suorum ac totius Sabaudiæ comitatus, etc... pro se et suis hœredibus et successoribus universis, eidem Ybleto præsenti et recipienti pro se et suis, dat, donat, tradit et concedit in feudum nobile, antiquum, avitum et paternum, Castrum, villam et mandamentum dicti loci Castellionis in Valle Augusta, merum et mixtum imperium ac jurisdictionem omnimodam, homines, homagia, fidelitates, redditus, servitia, possessiones, prœdia, usagia, tributa et alia jura universa et singula ipsi loco Castellionis pertinentia et de feudo ipsius Domini Comitis existentia, etc... pro qua quidem infeudatione idem Dominus Comes confitetur se habuisse et realiter recepisse ab ipso Ybleto in bonis florenis boni auri et magni ponderis, sibi realiter numeratis, per manum videliscet Antonii Barberii clerici sui, quinque millia florenorum auri de quibus, etc.

« comme il a été limité, avec ses parts-ayant, et pour
« les susdits, le même Seigneur Yblet reconnaît devoir
« à notre dit Seigneur et aux siens un hommage-lige,
« et une fois par an, lorsque le même Seigneur Comte
« viendra en vallée d'Aoste pour administrer la justice,
« s'il passe par Chatillon, deux parts d'un intrage, et
« trente livres de plaid au changement du vassal;
« plus il reconnaît tenir, par effet de la prédite inféo-
« dation, sur le territoire de Pontey, etc. (1).

Le Seigneur Yblet laissa en mourant cette Seigneurie et jurisdiction à Jean son second fils, qui en fit bâtir le château tel qu'on le voit aujourd'hui, sur une éminence au-dessus du bourg, dans une situation agréable mais extrêmement battue par le vent. C'est là que les Seigneurs de Challand font à présent leur principale demeure.

Jean de Challand étant mort sans enfants mâles, la Seigneurie de Chatillon, en vertu des substitutions fidéicommissaires qui en excluent les filles, passa au Seigneur François, son frère aîné. C'est ainsi que lors de l'érection de la Seigneurie de Challand en Comté, elle se trouva unie à celui-ci, et que, après la mort du Comte François,

---

(1) Item confitetur se tenere in feudum burga burgi Castellionis, item villam de Promioz qui sunt de Reytà, item villam de Nisso e villam de Chianton quœ sunt de Annuvana, item mercatum in die martis qualibet hebdomada in burgo Castellionis; item pedagium quod est consuetum levare et capere, item nemora, aquas et pascua, cum mero et mixto imperio et omnimoda jurisdictione, a ponte marmoreo usque ad medium vallis de Meyran, et a medio Duriœ usque ad summitatem montium, prout et sicut est limitatum cum ejus consortibus, et pro dictis confitetur idem Dominus Ybletus debere dicto domino nostro et suis unum homagium ligium et semel in anno quando idem dominus Comes venerit in vallem Augustam pro jure reddendo, si transierit per locum Castellionis duas partes unius recepti, ac triginta libras de placito ad mutationem Vassalli, item confitetur tenere ex infeudatione prœdicta in loco de Ponteys, etc.

elle passa avec le Comté dans la branche du Comte Jacques. Elle resta à ses descendants, jusqu'à ce que la Comtesse Isabelle, fille et héritière du Comte Réné de Challand, la céda en 1568, avec le consentement exprès du Comte de Madrus son époux, aux Seigneurs de la branche de Fénis qui lui disputaient le Comté, ainsi qu'on l'a amplement rapporté ci-devant.

La Seigneurie de Chatillon est à présent réunie à la primogéniture, et fait partie du domaine du Seigneur Comte de Challand. Ce n'était autrefois qu'une simple Seigneurie; elle n'a commencé à porter le titre de Baronie que depuis la cession que nous venons de rappeler, et lorsque les quatre frères de Challand se partagèrent les terres qu'on leur avait cédées; car ils voulurent la rendre pour ainsi dire égale en dignité à celle de Fénis dont ils étaient issus et qui portait déjà ce titre depuis plusieurs années.

Elle était pour lors composée du bourg ou soit ville de Chatillon, des ressorts de Promiod, Nissod, Chamois, d'une partie de la paroisse de Pontey et du mandement d'Ussel avec ses dépendances, quoique ce dernier doive faire, comme autrefois, une jurisdiction et Seigneurie particulière, ainsi qu'on le rapportera ci-après en son ordre.

Le bourg de Chatillon est situé sur la grande route, à moitié chemin environ de Bard à la Cité, dans une belle exposition pour l'agrément de la vue, du soleil et du bon air. C'est un des endroits les plus peuplés de bourgeois commodes. Il y a un marché qui, du mardi où il avait été fixé lors de son institution, a depuis été transporté au samedi de chaque semaine, et une foire franche faisable le 4 octobre de chaque année.

Chatillon ne manque pas d'un certain commerce, quoique le seigneur ait le droit d'y faire exiger le péage sur le passage de certaines marchandises. Une longue et large rue, par laquelle il faut un peu monter et descendre, le traverse d'un bout à l'autre ; elle est bordée à droite et à gauche de maisons assez bien bâties et d'assez belle apparence. Il est même surprenant que ce bourg ait pu se rétablir si bien et se relever de ses ruines après avoir été complètement détruit par un incendie général arrivé l'an 1430, dont il est fait mention dans les franchises accordées au dit bourg et paroisse par le Comte François de Challand sous la date du 21 mai 1436.

L'église paroissiale est raisonnablement ornée et assez bien bâtie ; elle a trois nefs et un beau chœur ; elle est desservie par un chanoine de la cathédrale, ainsi qu'il est dit en son lieu. Cette église s'élève sur une éminence entre le château et le bourg.

Il y a encore à Chatillon, vers le milieu du bourg un couvent de capucins. Ces religieux s'y sont établis en 1633, par la piété et la libéralité des seigneurs de cette terre et d'autres bienfaiteurs, comme les maisons Brunod, Carrel, Castellet, Chandiou, Passerin, etc.

USSEL SEIGNEURIE. — La seigneurie d'Ussel est aussi une ancienne juridiction de la maison de Challand. Par ce même acte du 4 des kalendes de janvier 1242, déjà plusieurs fois rappelé, par lequel ils ont reconnu au Comte Amé de Savoie les droits du Vicomté et autres terres, les frères Godefroy, Aymon et Bozon vicomtes d'Aoste lui reconnaissaient aussi les plaids de Viereng, dépendant de la seigneurie d'Ussel.

Ebal de Challand, par son testament du 23 mars 1323, institue entre autres ses fils Jean et Pierre dans les juridictions de Montjovet, Ussel, Pontey et leurs dépendances, depuis Eau Noire en descendant jusqu'aux confins de la seigneurie de Verrès.

Le premier des deux, Jean, eut Montjovet ; Pierre, qui était ecclésiastique, eut Ussel et Pontey.

Après sa mort cette juridiction parvint aux deux fils de Godefroy, sénateur de Rome et frère aîné de Jean et de Pierre. Ils s'appelaient Aymon et Ebal II; par acte du 23 mai 1337, entre autres terres dont ils étaient en possession, ils reconnurent spécialement tenir à fief Ussel du comte Aymon de Savoie.

Les deux frères ayant ensuite partagé entre eux, Ebal, qui était le plus jeune, eut pour son lot la Seigneurie d'Ussel, plus Saint-Marcel qui fut pour lors détaché du mandement de Fénis avec lequel il faisait corps. Il forma de ces terres ainsi unies une juridiction particulière qui a subsisté assez longtemps. Ce fut lui qui fit bâtir le château tel qu'on le voit à présent, sur une butte de rocher faisant face au grand chemin.

Il le laissa, avec la Seigneurie de ces deux terres, à Pierre son fils aîné; et Pierre en fit autant, à son tour, en faveur de son premier fils François. Mais ce dernier n'eut point d'enfants de son mariage avec Madame Bonne fille de François de Gin Seigneur d'Inone au pays de Vaud. Il appela donc à sa succession le Comte Louis de Challand, auquel il fit donation de son château et de ses terres; et le Comte Louis les laissa en mourant à Jacques son second fils, par testament du 22 avril 1487, les ajoutant à la seconde géniture d'Aymavilles ordonnée par le Comte Jacques son aïeul.

Mais ce ne fut pas pour bien longtemps; car le Seigneur Jacques étant décédé sans enfants, Ussel et Saint-Marcel furent réunis au Comte Philibert son frère aîné et passèrent après lui au Comte René fils unique de ce dernier.

On sait déjà comment le Comte René disposa de ses fiefs en faveur de M$^{me}$ Isabelle de Challand sa fille, femme du Comte de Madrus. Il en fit autant d'Ussel et de St-Marcel, au moins pour le droit de fonds, car pour le reste il les avait vendus en 1556, sous grâce de rachat perpétuel, au Seigneur Capitaine Paul de Madrus, pour payer une partie de la rançon dont il était convenu avec le Maréchal de Brissac, général des troupes françaises, qui l'avait fait prisonnier peu de temps auparavant à l'emblée soit surprise de la ville de Verceil en Piémont.

Le Capitaine de Madrus posséda cette Seigneurie jusqu'en 1574, où la Dame Isabelle et les quatre frères de Challand Seigneurs de Fénis qui lui disputaient le Comté la dégagèrent, pour être remise avec Chatillon à ces derniers, ainsi qu'ils étaient convenus par la transaction du 10 juillet 1873 dont il a été parlé en son lieu.

Depuis lors le Château d'Ussel avec ses dépendances est toujours resté réuni à la baronnie de Chatillon. Les revenus en sont encore présentement engagés à la maison de Villette, pour les droits dotaux de Madame Marguerite fille du Seigneur Georges de Challand et femme de Messire Gaspard de Chevron Baron de Villette en Tarantaise, relevant à trois mille et cent écus d'or.

La jurisdiction d'Ussel est toujours possédée, avec la baronnie de Chatillon, par le Seigneur Comte de Challand, quoique le Seigneur Joseph de Challand, baron de Chatillon, ait le droit de la prétendre, comme jouissant de la secondegéniture de la famille, à laquelle cette Seigneurie et celle de Saint-Marcel ont été ajoutées ainsi qu'on l'a rapporté plus haut. C'est même pour cette raison, c'est-à-dire en dédommagement du revenu de ces deux terres, et jusqu'à ce que le Comte de Challand en ait fait le dégagement, qu'il jouit d'une pension annuelle de cinquante pistoles sur la baronnie de Fénis, et depuis la vente de cette baronnie, sur celle de Chatillon.

Depuis la mort du Seigneur François de Challand dernier Seigneur d'Ussel, les Comtes de Challand, qui avaient des habitations plus commodes, et après eux les barons de Chatillon, qui étaient à portée de se faire rendre les redevances de cette terre à Chatillon même, où ils faisaient leur demeure, ne se sont plus souciés du château d'Ussel. Ils l'ont abandonné et laissé tomber en ruines, en sorte qu'il n'y a plus aujourd'hui rien de couvert. Il n'en subsiste que les murailles, la plupart desquelles sont encore à présent sur pied.

---

C'est là l'état présent des terres appartenant à l'aîné de l'illustre Maison de Challand dans le Duché d'Aoste. Les Seigneurs Antoine-Gaspard et François-Jérôme de Challand, qui les ont fait réunir à la famille, les ont laissées au Seigneur Georges-François, fils aîné de ce dernier, qui a succédé au Comté par droit de primogéniture; et celui-ci les a laissées au Seigneur François-Octave, son fils aîné, à présent Comte de Challand.

AYMAVILLES BARONNIE. — Il y avait autrefois dans le mandement des Aymavilles une véritable pépinière de noblesse. On ne comptait presque point de village ou de hameau qui n'eût un Seigneur avec sa maison forte et jurisdiction sur un certain finage de peu d'étendue.

On trouvait à Gressan les maisons de *La Cour*, de *Rive* et de *Balnea*.

Cette dernière avait succédé à une autre plus ancienne dont on ignore le nom, laquelle habitait une tour soit maison forte située peu en dessus et en droiture de l'église de Gressan, sur le grand chemin dit de dessous. Il ne reste plus à présent de cette tour que quelques pans de vieilles murailles, contre lesquelles on a fabriqué d'autres mauvaises maisons. D'après une ancienne tradition, on croit que c'est de là que tira son origine le grand S. Anselme, archevêque de Cantorbéry en Angleterre, qui sur la fin du XI$^e$ siècle a fait tant de bruit dans l'Eglise par la sainteté de sa vie. On dit qu'il était fils du Seigneur Randolphe, lombard de nation, et d'Ermemberge sa femme, lesquels, suivant les mémoires du Châtelain Claude Mochetty, habitaient la tour qui fut depuis des nobles de Balnea.

A la Madeleine, dominait la maison de *La Tour* dite de Gressan, une de celles qui faisaient le plus de figure et avaient le plus d'autorité dans ces quartiers.

Jovençan avait les Nobles de *Jovensano*, de *Plantata* et de *Pompiod*.

Dans les deux paroisses supérieures il y avait la maison de *Amavilla*, à laquelle ont succédé les anciens Seigneurs de *Curia Majori*, et celles de *Montbel*, de *Dallian*, de *Pondel*, de *Viaye*, de *Silvenoire* ou de *Casaleto*, la plupart desquelles doivent avoir tiré leur origine des Seigneurs de Amavilla, ou avoir été sous leur dépendance.

Une partie de ces maisons nobles furent anéanties par les Comtes de Savoie dès l'époque où la vallée d'Aoste s'est soumise à leur obéissance; quelques autres purent conserver leurs biens nobles et les prérogatives de parité dont elles étaient revêtues, et furent seulement dépouillées de leurs Seigneuries et jurisdictions. Ces Seigneurs furent ainsi maltraités, à ce que l'on croit, pour la raison qu'ils ne pouvaient s'assujettir à cette dépendance, et qu'étant accoutumés à traiter leurs jurisdiciables avec une jurisdiction tyrannique, ils ne pouvaient se résoudre à changer cette manière de vivre. Quelques-uns cependant, mieux avisés ou plus sages, comme furent les Seigneurs de Montbel et de Amavilla, se réduisirent sans difficulté à ce que la justice et la charité exigeaient d'eux et conservèrent par là leurs biens et leurs fiefs.

Ce fut ainsi que les prédécesseurs du Comte Amé surnommé le Vert acquirent peu à peu les différentes portions de ces Seigneurs. Ce prince acheta encore des Seigneurs de Curia Majori, peu avant le milieu du quatorzième siècle, les fragments de celle de la maison De

Amavilla. Devenu maître de toute la juridiction, il en revendit premièrement un douzième, puis la moitié des autres onze douzièmes, puis le huitième de l'autre moitié, de la même manière que ses prédécesseurs l'avaient eue de ces maisons nobles et que lui-même l'avait acquise de Gonteret, descendu de Pierre de Curia Majori, au Seigneur Aymon de Challand Seigneur de Fénis, en augmentation de son dit fief de Fénis et sous les mêmes conditions et parité. Cette vente eut lieu pour le prix de cinq mille florins d'or, et l'investiture se fit par acte du 23 octobre 1354.

Enfin, par acte d'investiture du 24 février 1357, le Comte Vert vendit au même Seigneur Aymon le reste de la juridiction des Aymavilles pour le prix de mille et sept cents florins de même aloi, en ces termes :

« Il a inféodé au Seigneur Aymon de Challand, en
« droit fief noble perpétuel, avec la parité des terres et
« à titre de donation pure, parfaite et irrévocable, du dit
« Seigneur Aymon et de ses héritiers mâles, et à qui
« écherra, en augmentation des fiefs des châteaux de Fé-
« nis et d'Aymavilles, et sous les mêmes formes, modes,
« coutumes, franchises et usages par lesquels il tient les
« dits châteaux de Fénis et d'Aymavilles avec leurs per-
« tinences, et comme les autres pairs des terres en vallée
« d'Aoste tiennent leurs châteaux et leurs juridictions
« du susdit Seigneur Comte, toute juridiction quelconque
« haute et basse, autorité simple et mixte, soit d'un côté
« depuis le milieu de la Doire, etc., avec les fidélités etc.
« pour le prix de mille sept cents florins d'or, avec la
« clause qu'il devra encore etc., sauf toujours au même
« Seigneur Comte l'hommage lige, fidélité, droit de fief,
« de supériorité et de ressort et tous autres, etc. (1)

---

(1) In rectum feudum perpetuum nobile cum paritate terræ ac titulo puræ et perfectæ donationis irrevocabilis in feudum cessit Domino Aymoni De Challant, ad opus dicti Domini Aymonis hœredunque suorum masculorum, et cui accederit, et in augmentum feudorum castri Fenitii et Amavillæ, et sub iisdem formis, modis, consuetudinibus

Voilà comment l'illustre maison de Challand parvint à acquérir tout entière la jurisdiction et Seigneurie des Aymavilles, de laquelle on a fait ensuite une Baronie considérable.

En effet, elle comprend six clochers ou mieux paroisses, Chevrot, Gressan, La Madeleine, Jovençan, St-Martin et St-Léger, dont la seconde, la cinquième et la sixième sont raisonnables, la quatrième médiocre, la première et la troisième très petites.

Elle n'a commencé à porter le titre de Baronie que depuis environ l'an 1550.

Aymon de Fénis, premier Seigneur d'Aymavilles de la maison de Challand, en a fait bâtir le château, ou du moins, flanquer la tour carrée des anciens Seigneurs De Amavilla des quatre belles et hautes tours rondes qui en forment le donjon. On les y voit encore aujourd'hui telles qu'il les a laissées, avec leur couronne de créneaux, et un rang de meurtrière que soutiennent de gros modillons en pierre de taille sortant de la muraille dans un bel ordre d'architecture ; avec fossé, plateforme et parapets aussi garnis de créneaux tout à l'entour. L'entrée dans le bâtiment est défendue par une poterne en fer et un pont-levis, ouvrage digne de la grandeur de cette maison, à la dépense duquel contribua aussi, dit-on, de ses deniers le Seigneur Antoine de Challand archevêque de Tarentaise et cardinal de la sainte Eglise Romaine, cinquième fils d'Aymon.

---

libertatibus et usibus quibus tenet dicta castra Fenitii et Amavillæ cum pertinentiis ipsorum et ut alii pares terræ in Valle Augusta tenent castra sua et jurisdictiones suas a supradicto Domino Comite, totam et omnimodam jurisdictionem altam et bassam, merum et mixtum imperium, videliscet intermediam Duriam ab una parte etc. cum fidelitatibus etc. pro pretio florenorum mille septingentum auri cum clausula ad habendum etc. salvis semper ipsi Domino Comiti homagio ligio, fidelitate, jure feudi, superioritatis et ressorti et aliis omnibus, etc.

Aymon de Fénis laissa, par son testament du 15 avril 1377, la Seigneurie d'Aymavilles à son second fils Amédée. Celui-ci y appela Jacques son fils aîné, qui déjà du vivant de son père, fit bâtir sur le midi, en dessous de la place du donjon, l'appartement noble en forme de demi-cercle qu'on y voyait autrefois, avec de grandes écuries à côté, et encore un grand colombier presque attigu aux écuries.

Le même Seigneur Jacques de Challand, ayant été dans la suite investi du Comté après la mort du Comte François, ainsi qu'il a déjà été raconté, fit de cette baronie, par son testament du 5 août 1458, une seconde-géniture en faveur des seconds nés de sa famille. Le Comte Louis, qui fut son successeur au Comté, y ajouta comme on l'a rapporté en son lieu, les Seigneuries d'Ussel et de Saint-Marcel.

Tant l'un que l'autre appelèrent, au défaut de leurs branches, celles de Varey et de Fénis.

Le Comte Louis a passé deux fois reconnaissance de cette terre aux Ducs Amé et Philibert par actes du 6 mai 1469 et 20 décembre 1478. Après lui, elle fut du domaine du Seigneur Jacques de Challand son second fils. Celui-ci étant décédé sans enfants, elle se réunit au Comte Philibert son frère aîné, qui la reconnut à la Duchesse Blanche, le 27 octobre 1490.

Du Comte Philibert elle passa au Comte René son fils unique, et celui-ci en disposa aussi, comme de tout le reste, en faveur de M$^{me}$ la Comtesse Isabelle de Challand, femme au Seigneur Comte Jean-Frédéric de Madrus.

Celle-ci en prit de nouvelles investitures de S. A. S. le Duc Charles-Emmanuel I, par acte du 5 janvier 1588.

La baronie des Aymavilles resta, depuis lors, dans sa famille ou dans celle de ses héritiers, jusqu'à la revendication du Comté de Challand, obtenue en 1696 par les Seigneurs Antoine-Gaspard et François-Jérôme de Challand, barons de Fénis et de Chatillon. Elle devint alors du domaine du Seigneur Baron de Fénis jusqu'à sa mort arrivée en 1796. Après lui, ce fut le Seigneur Joseph-Félix de Challand qui en prit possession; mais comme les seigneuries d'Ussel et de St-Marcel se trouvèrent engagées pour les droits dotaux des filles du Seigneur Georges de Challand, Baron de Chatillon, mariées dans les maisons Solar-Morette et de Chevron-Vilette, on lui assigna une pension à prendre d'abord sur les revenus de la Baronie de Fénis et ensuite sur celle de Chatillon. Cette rente ne fut vraiment qu'en dédommagement de celle qu'il aurait dû percevoir de la ferme de St Marcel ; car pour ce qui est de la Seigneurie d'Ussel, il s'en était départi en faveur du Seigneur Georges-François Comte de Challand son frère aîné, en décharge de la portion des dettes contractées à la poursuite du procès dont il aurait dû s'acquitter pour la part de la seconde-géniture.

Dès que le Seigneur Joseph-Félix de Challand fut maître de la Seigneurie des Aymavilles et que la paix de 1713 eut rétabli la tranquilité dans le Duché d'Aoste, il fit abattre toutes les anciennes fortifications et les vieux bâtiments du château et les remplaça par des terrasses spacieuses, remplies de jardins, de vergers, de promenoirs et de fontaines ; au donjon lui-même, il ne toucha que pour réduire les chambres obscures qu'il y avait, et qui ressemblaient plutôt à des prisons qu'à des habitations nobles, en salons, chambres et cabinets éclairés par des ouvertures suffisantes et relevés d'enjolivements à la moderne ; il en a fait, en un mot, de cette demeure un des endroits les plus agréables et les mieux disposés que l'on puisse voir de bien loin.

Les revenus de toutes les terres de cette baronie, si l'on en excepte les fabriques, ne va tout au plus qu'à deux mille cinq cents livres, quoique les Seigneurs Comtes Jacques et René les aient augmentés par des acquisitions de biens nobles, censes et rentes des maisons de Plantata, de Dallian, de Montbel et de quelques autres.

*Le peu qui suit l'histoire de la maison de Challand n'est évidemment pas de De Tillier, qui mourut en 1745, mais d'un ou plus probablement de deux continuateurs successifs de son œuvre.*

Le Seigneur Joseph-Félix ayant passé sa vie dans un célibat continuel, cette jurisdiction est ensuite passée à son frère François-Jérome, chevalier de Verrès, qui mourut lui aussi à Chieri, sans s'être marié.

A sa mort, son neveu le Seigneur Charles-François-Octave, Comte de Challand, se hâta de s'en mettre en possession. Il la retint jusqu'à ce que le Seigneur Maurice-Philippe son frère cadet, après un long procès, réussit à se la faire adjuger par arrêt de la royale Chambre des Comtes du 13 septembre 1769. Ce fut le vibaillif De Fabar qui mit au possessoire le nouveau maître des Aymavilles; mais le Château n'avait plus les beaux ameublements dont il était jadis orné; le Comte Octave, prévoyant bien qu'il allait en être privé, l'avait complètement dépouillé. Il est aujourd'hui déshabité et va toujours de pire en pire, car le Seigneur Baron, n'ayant qu'un modique revenu, n'est pas en condition d'y faire les réparations convenables.

Ce Seigneur n'a point d'enfants de son épouse, fille du Seigneur Joseph Nicolas Freydo, baron de Champorcher. La jurisdiction attend après lui sa destinée. Il en sera de même des autres terres de la maison de Challand après la mort du Seigneur Comte Maurice-Grégoire, qui ne se décide pas pour le mariage.

*Ajouté postérieurement d'une autre main.*

Il s'est marié avec Mad$^{elle}$ Gabrielle, fille du Comte de Cumiana. Leur descendant Philippe-Maurice de Challand est mort à Chatillon le 4 mai 1802 à l'âge de sept ans.

La veuve du Comte Maurice-Grégoire a épousé secrètement à Aoste Noble Aimé Louis, Conseigneur d'Entrèves, capitaine dans le régiment d'Aoste, devenu, depuis cette haute alliance, major d'infanterie, chevalier des SS. Maurice et Lazare, et enfin Commandeur de la sacrée religion et hôpital d'Aoste, et successeur du Commandeur Jean-Sébastien Linty, d'heureuse mémoire pour le bien qu'il a fait durant sa vie et pour celui qu'il a fait après sa mort en faisant le dit hôpital son héritier.

## VALLAISE.

La Baronie de Vallaise est un ancien Mandement de ce Duché. La famille qui en porte le nom est une des plus considérables du pays ; elle tient rang parmi la noblesse immédiatement après la maison de Challand, quoique celle du Pont St-Martin, comme tirant son origine des anciens Seigneurs de Bard, lui ait disputé cette prérogative, prétendant, sans cependant en avoir pu jamais produire des preuves, que l'ancienne famille des Seigneurs de Vallaise aurait failli et que celle d'aujourd'hui ne serait qu'agrégée. Quoi qu'il en soit, la maison de Vallaise a toujours été en possession de la préséance, qui lui a été confirmée, nonobstant les oppositions de l'autre maison, par ordonnance de S. A. R. le Duc Charles-Emmanuel II en date 12 décembre 1655.

Ce Mandement compte, dans le Duché seulement, six clochers, qui sont Perloz, Lillianes, Fontainemore, Issime, et un peu plus du tiers des deux paroisses supérieures de St-Jean et de la Trinité de Gressonney. Autrefois ces deux dernières appartenaient, elles aussi, en entier aux Seigneurs de Vallaise ; mais le reste fut partie vendu et partie échangé, ainsi qu'on l'a raconté ci-devant en faisant le détail des terres du Comté de Challand. Les Seigneurs de Vallaise rentrèrent par cet échange en possession du Château d'Héréraz avec ses biens, fiefs et Seigneuries qui s'étendaient sur Perloz et Lillianes et que Yblet, Seigneur de Challand et Montjovet, avait autrefois acquis de Dominique de Héréraz des dits Seigneurs de Vallaise.

Une grande portion de la terre de Carême, diocèse d'Ivrée, appartient aussi à ce mandement. Cette terre faisait autrefois partie du Duché, dont elle ne s'est séparée que vers le milieu du XVIe siècle pour s'unir au Canavais, par un pur effet de caprice qui lui a coûté cher dans la suite.

Toutes ces terres ainsi unies ne sont jamais sorties de la famille de Vallaise, au moins depuis que la vallée d'Aoste a reconnu la Royale Maison de Savoie. Quoique cette famille ait été divisée en plusieurs branches, lorsque l'une d'entre elles est venue à faillir, sa portion a toujours passé à celle qui était la plus proche et qui avait droit d'en recueillir la succession.

Outre les châteaux et maisons fortes que les Seigneurs de ces différentes branches de la maison de Vallaise possédaient dans les confins de ce Duché, cette famille jouissait encore de plusieurs autres terres et seigneuries; c'étaient : celle d'Aigremont dans la vallée d'Ormond au pays de Vaud, diocèse de Lausanne; celle de Brents en Chablais, diocèse de Genève; le château de Castrusson sur Carême (1); le château et seigneurie de Setto Vitton (1); le château et seigneurie de Montestru (1); le château et seigneurie de Montalt (1); le château et seigneurie de Burol (1), Lisolette (1) et moitié de Coassol (1); le château, seigneurie et mandement de Bay (1) de Cordola, avec leurs droits, péages, biens, fiefs et dépendances dans les diocèses de Verceil et d'Ivrée. Tout cela résulte des documents ci-après rapportés. A présent, la plus grande partie de ces domaines se sont éclipsés; il ne reste aux Seigneurs de la maison de Vallaise que les terres enclavées dans la vallée d'Aoste, avec la portion de Carême. La branche du Seigneur Philibert a de plus le château

---

(1) Carema, Settimo-Vittone, Montestrutto, Montalto, Burolo, Lessolo, Quassolo et Bajo.

et terre de Montalto, près d'Ivrée, récemment rentré dans sa famille par l'inféodation que le feu roi Victor-Amé en a accordée à ce gentilhomme en reconnaissance du plus important des services; car il s'est jeté en péril évident de la vie pour sauver celle des jeunes princes, enfants du roi.

Il est hors de doute que les Seigneurs de Vallaise ont fait adhérence de leur vasselage et de leurs fiefs, comme les autres Seigneurs de la vallée d'Aoste, aux premiers princes de Savoie avec qui l'on a été en traité pour la dédition; ils sont intervenus et ont fait hommage de leur fidélité dans les actes des audiences générales que ces princes sont venus tenir dans la Vallée pour les affaires de la justice; on les y trouve spécifiquement nommés. Aussi, est-ce un fait surprenant que, non seulement vers cette même époque-là, mais encore bien des années après, jusqu'au XV$^{me}$ siècle, ils aient passé des reconnaissances de leurs fiefs de la vallée d'Aoste aux empereurs d'Allemagne, et pris directement d'eux les investitures de leurs Seigneuries. Voici quelques détails de ces divers actes.

Les Seigneurs Jacques et Ardusson l'ancien, son neveu, chevaliers Conseigneurs de Vallaise, ont juré reconnaissance à l'empereur Frédéric en ces termes, que nous ne traduisons pas pour ne pas faire des répétitions inutiles : *Recognoscunt omnimodam jurisdictionem, merum et mixtum imperium quod et quam habet in Vallesia, in Riparia, Lumbardia, jurisdictionem omnimodam, merum et mixtum imperium in loco de Issima et Grassoneti ab utraque ripa de Hellesii, item castrum et omnimodam jurisdictionem Castelizonis, et in Caremma; item castrum et omnimodam jurisdictionem Septimi; item castrum et jurisdictionem Montistruti; item castrum et jurisdictionem omnimodam Montisalti, Curolii, Isoletae, cum media via de Coassol, Baii et Cordolae cum villa etc.*

Desquels fiefs et châteaux cet empereur les réinvestit par acte passé à Milan en 1211, la troisième année de son règne.

Le même Jacques, chevalier conseigneur de Vallaise et son neveu Ardusson, sont intervenus et ont donné leur consentement aux règlements de justice que le Prince Thomas de Savoie, Comte de Flandre et de Hainaut, a ajoutés aux susdits traités de dédition par acte passé à Aoste le 9 des kalendes de septembre 1253.

Le Seigneur François de Vallaise, tant à son propre nom qu'en celui de Jean et Bertollin ses frères, d'Amé et Jean autres frères de Vallaise et d'Assodin de Vallaise, dit de Héréraz, a passé reconnaissance à l'empereur Henri comme suit : *Recognovit merum et mixtum imperium et omnimodam jurisdictionem Vallesiœ, scilicet a parte Hellesii versus Lombardiam, et omnimodam jurisdictionem Issimœ et Grassoneti ab utraque ripa a ponte de Guimour superius, item castra et jurisdictiones Castelizonis Caresimœ, Septimi, Isoletœ, Coassolli, Baiœ Cordolœ et Castrumsusiti*, etc. Cet empereur lui accorda, ainsi qu'à ses consorts, la réinvestiture de tous ces fiefs et châteaux par acte passé à Novare le 10 des kalendes de janvier de l'an 1310.

Le même Seigneur François de Vallaise est intervenu et a donné son consentement aux règlements que le Comte Aymon de Savoie fit à Aoste sur le cours et la valeur des monnaies, par acte du 21 avril 1337.

Dominique, Ardusson et Amé, cousins conseigneurs de Vallaise, ont fait hommage de leurs fiefs et de la parité aux audiences générales du Comte Amé dit le Vert, en 1368.

Jean et François, fils de Rolet, et Jean leur cousin, conseigneurs de la dite vallée de Vallaise, en ont fait autant à celle du Comte Amé, de l'an 1407.

Le Seigneur Bertholin, tant en son nom que comme

syndic et procureur de Jean Rolet, chevalier, conseigneur de Vallaise, en a juré une nouvelle reconnaissance à l'empereur Sigismond en ces termes : « *Recognovit, merum mixtum imperium et omnimodam jurisdictionem Vallesiæ, Issimæ et Grassoneti, Castrasusili et Castelizonis in Caresima, Septimi, Burolii, Isoletæ Coassolli, Baii Cordolæ, cum suis pedagiis et pertinentiis universis etc.* » ; et cet empereur le réinvestit encore des dits fiefs et châteaux par acte passé à Constance sous la date du 4 des ides de mars de l'an 1418.

Les Seigneurs frères Amé et Michel, fils de Jean, et leurs cousins Bertholin fils de Roulet, à son nom et comme conjoint d'Ardusson, François fils de François et Jean-Jacques fils de Jean, tous conseigneurs de Vallaise, ont passé reconnaissance au Duc Amé de Savoie, des terres de Vallaise et de Carême, et aussi, pour la première fois, de celle d'Arnaz. Par cette reconnaissance, où ne sont pas mentionnées les autres terres ci-dessus spécifiées, ils promettaient de payer la somme de dix livres de tout plait et la redevance de cinq clients pour servir aux cavalcades aux frais du Souverain, pendant un mois tous les ans. L'acte en fut reçu par François Guigonard du Pont de Vaux, secrétaire et commissaire de ce Prince, le 6 septembre 1430.

Les Seigneurs François, fils d'Amé, à son nom et d'Antoine son frère, François, fils de François, en son nom et d'Ardusson son frère, et Jean-Jacques, fils de Jean, tous conseigneurs de Vallaise, ont pareillement reconnu au Bienheureux Amé, Duc de Savoie, les châteaux, Seigneuries, jurisdictions, empire simple et mixte, biens et fiefs en dépendant, d'Arnaz, de Vallaise, d'Héréraz, de Susey et de Carême, avec la jurisdiction des grands chemins et les collations des protocolles pour les mêmes redevances que dessus, non seulement en une des sessions des audiences générales que ce Prince y vint tenir en mai de l'an 1466, mais encore par acte à part reçu par le sieur Antoine du Plastre, le 7 juin suivant.

Depuis lors, ils ont continué en cette conformité.

ARNAZ. — La Seigneurie d'Arnaz, appartenant à la maison de Vallaise déjà depuis plusieurs siècles, est une jurisdiction séparée, indépendante de celle de Vallaise. Il est probable qu'elle a eu anciennement des Seigneurs particuliers, qui en jouissaient avec la parité, ainsi qu'on le collige de plusieurs anciens titres. *Emeritius et fratres sui de Arnado* sont nommés dans les lettres de sauvegarde accordées en faveur de l'Eglise et Monastère de St-Ours d'Aoste en 1179 par le Comte Humbert, comme Gouverneur de la vallée d'Aoste ou comme Vicaire Général de l'Empire en Italie et en Piémont. Un autre Vuillerme De Arnado est déjà nommé précédemment parmi les autres gentilshommes Valdôtains intervenus dans l'acte que le Comte Amé, soit Gouverneur Amé fit à Aoste en 1147 pour empêcher la spoliation de la maison des Evêques, après leur mort. *Oddinus et Emeritius*, frères Seigneurs d'Arnaz, ont donné leur consentement au premier traité de dédition du pays, fait avec le Comte Thomas vers la fin de ce même XII$^e$ siècle Un demi-siècle plus tard, *Petrus, Vuillencus et Morellus*, frères Seigneurs d'Arnaz sont intervenus au *vidimus* du dit traité et aux règlements de justice que le Prince Thomas de Savoie, Comte de Flandre y a ajoutés le 9 des kalendes de septembre 1253. Ces derniers étaient eux-mêmes fils de Ruffin, conseigneur d'Arnaz, ainsi qu'il conste de l'inféodation que le Seigneur Vuillerme de Bard lui fit, conjointement avec ses fils prénommés, de la moitié du dit château et Seigneurie d'Arnaz par contrat du 7 des kalendes de mai 1237, reçu par Jacques du Jacques, notaire du sacré Palais.

Les Seigneurs actuels de Vallaise assurent cependant que la Seigneurie d'Arnaz a toujours appartenu à leur famille ; les Seigneurs que l'on vient de nommer et qui se trouvent mentionnés dans ces vieux écrits sous le nom de *De Arnado*, auraient, selon eux, effectivement fait partie de la maison de Vallaise, et n'auraient été ainsi nommés que parce que leur branche habitait le vieux château sur Arnaz, tandis que les autres habitaient ceux de la vallée, dont ils tiraient aussi leur nom. Mais si ces messieurs veulent bien se donner la peine d'examiner les trois investitures impériales dont il a été parlé à l'article précédent, lesquelles contiennent une exacte énumération de tous les châteaux, fiefs et seigneuries de la maison de Vallaise, ils n'y rencontreront pas Arnaz ; et non plus dans leur généalogie les noms des Seigneurs d'Arnaz ci-dessus rappelés : ce qui paraît donner lieu de douter que cette Seigneurie ait appartenu anciennement à leur famille.

La Seigneurie d'Arnaz était autrefois un peu plus étendue du côté du couchant, qu'elle ne l'est à présent ; elle s'avançait sur le finage de Verrès jusqu'à certaines maisons peu distantes du Bourg. Ebal de Challand, surnommé le Grand, vicomte d'Aoste, acquit sur la fin du XIII$^e$ siècle la portion du Seigneur Morel d'Arnaz, troisième des frères nommés plus haut. Les Seigneurs Boniface et Jean, fils d'Ebal, reconnurent cette portion au Comte Amé dit le Vert, par acte du 1$^{er}$ décembre de l'an 1378 ; son petit-fils Yblet, Seigneur de Challand, de Verrès et de Montjovet, en fit autant, plus spécifiquement encore, par deux autres actes des jours 30 juillet et 13 août 1409, au Comte Amé qui fut depuis premier Duc de Savoie (1).

---

(1) Item confitetur ut supra se tenere in feudum, ea quæ habuit a Domino Morello de Arnado quæ tenebant tam Domini Montisjoveti quam dictus Morellus de Arnado in feudum a dicto Domino Comite; item confitetur se tenere in feudum ut supra omnes et singulas res

Il faut que ces anciens Seigneurs d'Arnaz, s'il est vrai, comme il est presque probable, qu'il y en ait eu qui ne fussent pas de la maison de Vallaise, n'aient pas duré au delà du xiii<sup>e</sup> siècle. Le fait est qu'on ne trouve plus sous ce nom de *De Arnado* aucune trace de leur existence dans les différents actes des audiences générales que les Comtes de Savoie ont successivement tenues à Aoste dans les siècles suivants. On ignore également si ce fut par succession, donation, ou acquisition, ou échange que la seigneurie d'Arnaz parvint à la famille de Vallaise, si tant est qu'elle n'ait pas été de son domaine dès les premiers temps. Tout ce qu'on peut dire de certain, c'est que celle-ci est en possession, au moins de la portion des deux autres frères de Morel d'Arnaz, depuis environ la fin du xiv<sup>e</sup> siècle.

Le château des anciens seigneurs d'Arnaz était situé sur une croupe de rochers et de terrains fort élevée, se détachant de la montagne qui la couvre du côté du septentrion, et isolée entre deux grandes ravines creusées par les eaux des grosses pluies, qui dégorgent avec impétuosité de deux profonds vallons. Il est déshabité depuis longtemps et presque en ruine ; mais quoiqu'il n'y ait plus rien de couvert, les principales murailles sont encore sur pied tant elles sont solides et bien faites. Les Seigneurs de Vallaise ont fait bâtir à quelques centaines de pas au delà, au bas de la colline cultivée, en perspective de ces ravins, mais cependant à l'abri de tout danger et dans une position bien plus favorable et commode que l'ancienne, deux beaux châteaux à la moderne, dans lesquels ils font à présent la plupart du temps leur demeure.

---

homines, homagia, redditus, servitia, usagia et alia quæcumque sint et quocumque nomine censeantur, quos quas et quæ acquisivit et habuit dictus Dominus Eballus avus paternus dicti quondam Domini Eballi confitentis, a Domino Morello de Arnado et ejus predecessores, quam sucessive Domini Montisjoveti ad causam prædictam dicti Domini Morelli in feudo a dicto Domino Comite Sabaudiæ tenuerunt ab antiquo etc.

Les terres qui composent les mandements de Vallaise et d'Arnaz ainsi unies ont été érigées en Baronie par lettres patentes du Duc Charles le Bon en date du 19 avril 1553, en faveur du Seigneur Colonel Antoine de Vallaise et de ses fils. Elles sont encore aujourd'hui possédées par deux branches soit familles, dont l'ainée est celle de S. E. le Seigneur Philibert des Barons de Vallaise et d'Arnaz, Comte de Montalt, Chevalier de l'ordre suprême de l'Annonciade et grand écuyer de S. M., et la seconde, celle du Seigneur Philippe Antoine de Vallaise, dit *de l'hôtel*, des Barons de Vallaise et d'Arnaz.

## PONT SAINT-MARTIN

Le Pont Saint-Martin est la dernière terre de la Vallée du côté du Canavais et donne son nom à l'une des plus anciennes juridictions de ce Duché. La famille des Seigneurs du Pont Saint-Martin tient le troisième rang parmi la noblesse, quoiqu'elle ait toujours prétendu précéder celle des Barons de Vallaise, et qu'il y ait toujours eu entre elles des protestations à ce sujet dans la plupart des Assemblées générales des Trois Etats. On a déjà parlé de ces différends dans l'article relatif à la maison de Vallaise.

La Seigneurie du Pont Saint-Martin fut dans les commencements démembrée de l'ancien mandement de Bard, et fit le partage de Vuillerme, frère de Hugues et d'Auserme et fils de ce *Ugo de Bardo* qui en 1147 est intervenu dans l'acte par lequel le Comte soit Gouverneur Amédée a défendu le premier la spoliation de la maison des évêques après leur mort. Nous avons déjà raconté précédemment (V. Bard) que cette seigneurie lui fut conservée par le Comte Amé de Savoie, en considération de sa fidélité après la cession du fort de Bard faite à ce prince par le Seigneur Hugues. Elle était anciennement composée, non seulement du ressort du Pont Saint-Martin, qui ne fut érigé en paroisse que dans le courant du XVIe siècle, mais encore d'une partie des ressorts de Champorcher, d'Hône, de Vert et d'Arnaz, et faisait le tiers, ou un peu plus, de tout le mandement de Bard.

C'est de ce même Vuillerme que sont descendus en droite ligne tous les autres Seigneurs du Pont Saint-Martin.

Leur juridiction est restée longtemps indivise d'avec celle du Souverain. Ils avaient droit à une portion du péage du Pont Saint-Martin et la faisaient exiger à part, dans les confins de leur ressort. Ils ont toujours porté les armoiries des anciens Seigneurs de Bard, quoique écartelées d'un Pont, qu'ils ont ajouté à leur écusson pour se distinguer des autres branches.

Cette juridiction, avec la parité des terres, est toujours restée dans la même famille depuis le susdit Vuillerme. Il est vrai que cette famille a été subdivisée en plusieurs branches; mais ces branches se sont dans la suite réunies à leur tige. Les Seigneurs qui en sont successivement descendus ont reconnu leur juridiction aux Souverains dans les actes des audiences générales, comme fief masculin. Citons entre autres le Seigneur François du Pont Saint-Martin en 1337, au Comte Aymon; le Seigneur Jean en 1368, au Comte Amé le Vert; le Seigneur Ardusson en 1409 et 1430, au Comte et puis Duc Amé; le Seigneur Bertrand en 1466, au Duc Amé le Bienheureux; et ainsi de suite, sans compter les actes à part entre les mains des Commissaires de ces mêmes Souverains.

L'ancien château des Seigneurs du Pont Saint-Martin est bâti sur une roche faisant face au bourg et pont de ce lieu. Quoiqu'il soit déshabité depuis longtemps, comme on a eu soin de le tenir fermé et bien couvert, il serait encore habitable. Mais les modernes Seigneurs aimaient mieux demeurer dans une autre maison forte qu'ils avaient dans la plaine, et qui était autrefois la grange de leur château, à deux pas du bourg, avec de beaux biens ruraux dans les environs, surtout au dessous du chemin, que de rester dans ce vieux manoir solitaire, sans voisins ni promenoirs.

La famille du Pont Saint-Martin est aujourd'hui éteinte, ensuite du décès sans enfants du Seigneur Joseph-Philibert, dernier de cette descendance, advenu le 27 du mois de septembre 1737.

Peu après sa mort, le Seigneur Procureur général du Roi a fait réduire ce fief avec ses dépendances sous séquestre de justice, contre les prétentions du Comte de Setto, qui croit y avoir des droits comme descendant d'une dame du Pont Saint-Martin.

*Note ajoutée d'autre main, postérieurement à la mort de De Tillier.*

Cette juridiction, ainsi réunie à la Couronne, a été inféodée avec le titre de Baronie, par patentes de S. M. le Roi Charles Emmanuel en date 17 décembre 1745 intérinées à la R. Chambre le 22 même mois, en faveur du Seigneur Joseph Ducretton, citoyen d'Aoste et originaire de Chatillon. Celui-ci en prit l'investiture dès le jour suivant, avec commission au Vibaillif et au Conseil des Commis pour l'enregistrement des dites patentes et la mise en possession, ce qui fut fait par verbal des jours 4, 5 et 6 février 1746.

Mais le Seigneur Baron Ducretton n'a pas joui longtemps de sa baronie. Car le Sieur Chatelain Nicolas de Bard, s'étant fait anoblir, a offert la sexte au royal patrimoine, ensuite de quoi le Procureur général de S. M. ayant fait notifier au dit Seigneur Baron le rescrit caméral par lequel le Sieur Nicolas avait augmenté la sexte sous la date du 14 de ce même mois de février, concluant pour l'inféodation de la Baronie, il s'est allumé un procès entre le Procureur général et le Seigneur Baron, par-devant la royale Chambre. Le Seigneur Baron a eu le dessous, et le dit Sieur Nicolas a été invêtu de la Baronie du Pont Saint-Martin, ainsi que de la juridiction de Bard érigée en Comté.

Le Seigneur Comte Nicolas en est encore aujourd'hui le possesseur. Son fils unique a épousé en premières noces la fille du Sieur avocat Ducrue, et en second lit une demoiselle piémontaise, sœur du Sieur avocat Vuy, (premier officier de la secrétairerie d'Etat pour les affaires externes, et depuis prisonnier *ad vitam* au Château de Cève pour crimes dont il a été convaincu). Ce fils, pour certaines raisons à lui connues, avait demandé l'administration de la maison au préjudice de son dit père, attendu le grand âge et la mauvaise économie de celui-ci, et s'était fait adjuger cette curatelle; mais ces provisions ont été ensuite révoquées par arrêt du Sénat de Savoie, où le Seigneur Comte s'était rendu appelant. Le fils, profitant alors du crédit de son beau-frère, a réussi à faire surseoir à l'exécution du dit arrêt et obtenu de S. M. une délégation au Seigneur Baron Vignet, intendant de ce Duché, lequel a définitivement établi le Comte de Bard fils économe de la maison, et adjugé à son père une pension viagère de huit cents livres.

*Note d'autre main.*

La paroisse de Champ-de-Praz, sous le vocable de S. François de Salles, fut fondée en 1686, comme conste du procès verbal du 7 juillet même année, signé Ribitel, vicaire général et official, et à ce député spécialement par l'Evêque d'Aoste.

## NUS

La jurisdiction de Nus est aussi une ancienne Seigneurie. La famille qui la possédait et qui en portait le nom tenait le quatrième rang parmi la noblesse de ce Duché.

Cette juridiction n'est pas nombreuse en clochers; elle n'en compte que deux, qui sont ceux de Nus et de St-Barthélemy; mais elle est en revanche considérable en étenduë de terrains et en nombre de focages; elle en a autant que celle d'Aymavilles qui compte six clochers, et elle est aussi beaucoup plus forte en revenus.

Le principal centre d'habitation est le bourg, situé sur la grande route à moitié chemin environ de la Cité à Chatillon. Il est traversé d'un bout à l'autre par une rue assez longue et est encore passablement bien bâti, quoique que quelques-unes de ces maisons s'en aillent dépérissant par la faiblesse de ceux qui en sont les maîtres, et qui, quoique portés de bonne volonté, manquent de moyens pour les soutenir : car ce lieu est sans commerce.

Sur une éminence peu distante du Bourg, s'élève l'église, avec un prieuré d'ancienne fondation. L'Inquisition de Verceil, soit le couvent des Dominicains qui y est établi, a réussi, vers la fin du XV$^{me}$ siècle, au moyen d'un narré supposé que les directeurs de ce redoutable tribunal ont fait exposer à Rome, à se faire adjuger ce prieuré. Il serait aisé de les en faire déloger, s'il se trouvait des personnes qui se voulussent donner le soin d'en faire les poursuites et de fournir à la dépense qu'il conviendrait peut-être de supporter pour obtenir en Cour de Rome les dues provisions.

La Seigneurie de Nus, pour autant qu'on peut en avoir connaissance, a toujours été possédée par des Seigneurs de la même famille, quoique, à plusieurs reprises, ils aient été subdivisés en plusieurs branches collatérales qui se sont enfin réunies en une seule tige.

Vuillerme de Nus et ses frères sont intervenus et ont donné leur consentement au premier traité de dédition des Valdôtains, contracté avec le Comte Thomas en 1191; ils y sont nommés en ces termes : *Vuillermus De Nuus et fratres ejus Petrus et Aymo.*

Aymon, autre Seigneur de Nus, a pareillement donné son consentement aux règlements de justice ajoutés au dit premier traité par le Prince Thomas de Savoie, Comte de Flandre, sous la date du 9 des kalendes de septembre 1223. Un autre Vuillerme est le premier qu'on trouve en avoir passé reconnaissance à la Maison royale de Savoie, par acte passé après la fête de S. Luc de l'an 1288, reçu et signé par Guillaume des Bons, notaire du sacré palais en ces termes : *Confessus fuit per sacramentum Vuillermus de Nuus se tenere ad feudum a dicto Domino Comite, et de ejus dominio, Castrum de Nuus, bamna, justitias, plœnum dominium,* etc.

Plusieurs autres Seigneurs de la famille, soit dans les actes des audiences générales, soit par des reconnaissances à part reçues par les secrétaires et commissaires des extantes de nos augustes souverains après les dites audiences, ont reconnu tenir en commun leur fief de la Couronne avec la parité des terres. Voici entre autres celle qu'Alexandre et Jean, Conseigneurs de Nus, ont passée au Comte Aymon le 2 avril 1337, acte reçu par Jean Reynaudi. « Ils ont reconnu tenir à fief du dit Seigneur,
» Comte le Château de Nus avec ses fortifications et
» édifices, la maison forte située au bourg de Nus, à
» l'entrée de la terre en venant d'Aoste, autorité simple
» et mixte, et toute juridiction dans le mandement de

» Nus et dans tout son territoire, car eux tous de leur
» habitation sont hommes liges du dit Seigneur Comte
» et de ses successeurs, tant pour raison de fief que pour
» raison de parité, et devoir pour le dit fief cinquante
» livres de tout plaid au cas échéant et quatre muids
» d'avoine pour la garde etc. » (1)

Le Seigneur Vuillerme, fils de ce même Jean, Conseigneur de Nus, pour une moitié, et les frères Thomasset et Alexandre fils du Seigneur Alexandre, pour l'autre moitié, ont passé de nouvelles reconnaissances, non seulement aux audiences générales du mois de mars de l'an 1351, mais encore par acte à part passé le 26 août suivant, reçu par le même Jean Reynaudi. Le même Alexandre et Guillaume son cousin, conseigneurs de Nus, en firent de même aux audiences générales du mois d'août 1368. Guillaume fils de Jean et Alexandre fils d'Alexandre, autres Conseigneurs de Nus, en ont juré nouvelle reconnaissance entre les mains de noble Boniface de La Mothe, commissaire, le 22 juillet 1376. Jacques, conseigneur de Nus, fils du dit Alexandre, en a fait autant aux audiences générales de 1409, et par acte à part du 23 août même année, reçu par Jean Belley, et encore par autre acte du 8 septembre 1430 reçu par le notaire Guigonard.

Tous ces différents actes sont conçus exactement dans les mêmes termes, clauses et conditions de la reconnaissance ci-dessus, du 2 avril 1337.

Dans la reconnaissance contenant réinvestiture qu'il a

---

(1) Confessi sunt se tenere ad feudum a prædicto Domino Comite Castrum de Nus cum fortalitiis et ædificiis, domum merlatam sitam in Burgo de Nus, in introitu villæ veniendo de Augusta, merum et mixtum imperium, et omnimodam jurisdictionem in mandamento de Nus, et in tota terra ipsius, quod ipsi omnes de albergo ipsorum sunt homines ligii dicti Domini Comitis et successorum suorum, tam ratione feudi quam paritatis, et debere pro dicto feudo quinquaginta libras de toto placito quando acciderit, et quatuor modia avenæ annuatim pro garda etc.

jurée au Duc Amé le Bienheureux le 17 mai 1466, acte reçu par Antoine Du Plastre, secrétaire de ce prince, le Seigneur Pantaléon, tant en son nom qu'en celui de son frère Georges et de ses cousins François, Louis et Alexandre, autres frères conseigneurs de Nus, s'exprime en termes très spécifiques : *Præfatus Dominus noster Dux ipsum Panthaleonem præsentem, ad opus sui et dictorum ejus fratris ac Francisci, Ludovici et Alexandri de Nusio ejus consanguineorum, suorumque hæredum et successorum, de more tamen patriæ capacium de prædictis feudis bonis et juribus feudalibus, prout et quemadmodum ipsi eorumque prædecessores alias investiti fuerunt et retenti, per unius daguæ traditionem investivit et retinuit,* etc.

Le Seigneur François-René, tant en son nom qu'en celui de Georges et Pierre-Nicolas ses cousins, tous conseigneurs de Nus, a pris de nouvelles investitures du susdit fief, aux mêmes conditions que ci-devant, par lettres patentes du 30 avril 1580.

Toutes ces différentes branches, étroitement affrérées entre elles pour conserver leurs fiefs et biens dans l'agnation de Nus pendant qu'elle subsisterait, se sont dans la suite réunies en une seule tige; ce fut particulièrement dans le siècle passé, où de sept frères qu'ils étaient descendus du Seigneur Philibert de Nus, tout s'est réuni en la personne du Seigneur François-René, fils unique de Georges, le seul des sept qui ait laissé des enfants, quoique trois aient été mariés.

C'est ce qui engagea le Seigneur François-René, qui déjà précédemment, et sans concession, avait pris le titre de Baron de Nus, à ériger cette terre et tous ses autres biens en titre de primogéniture au profit de son fils aîné. Il y ajouta aussi la Seigneurie de Rhins et les portions à lui appartenantes du château et juridiction de Cève, et des lieux de Lezègne, Torizella et Roascio au dit marquisat de Cève, ainsi que la maison par lui acquise et faite bâtir au Bourg de St-Ours d'Aoste : de tous lesquels biens il défendit expressément l'aliénation, pour quelque cause que ce pût être. Il ne laissait aux cadets qu'une pension de quarante ducatons, avec leur entretien dans la maison, ainsi que celui d'un cheval et d'un vallet, et aux filles qui se marieraient, une dot limitée à mille ducatons, appelant toujours les mâles d'aîné en aîné, successivement et par ordre, tant qu'il y en aurait, et ensuite l'aînée des filles qui se trouveraient vivantes lorsque les mâles seraient venus à manquer, puis son aîné mâle dans le même ordre de succession, à la charge de porter le nom et les armes de Nus. Toutes ces dispositions furent sanctionnées par acte passé à Turin le 9 juin 1682, reçu par le sieur Jacques Paschalis, notaire et procureur collégié au Souverain Sénat de Piémont.

Cette érection de primogéniture fut confirmée par provision souveraine entérinée l'an 1693, tant au Sénat qu'à la Chambre des comptes de Piémont et publiée à St-Jean d'Aoste le 26 mai 1701 et à Nus le dimanche 16 juin suivant, préalable Décret du Seigneur Vibaillif et du Sieur juge de Nus, qui la prononcèrent pour duement faite et devant sortir son plein et entier effet contre quiconque prétendrait de l'impugner.

L'ancien château de la terre de Nus était cette maison forte *(merlata)* dont est fait état dans les reconnaissances du fief. Les murailles en sont encore sur pied, à la tête du Bourg du côté de la Cité; mais il y a plusieurs siècles qu'il a été brûlé. Les Seigneurs de Nus perdirent même dans cet incendie la plupart des vieux titres de la famille. Ils firent édifier un autre château sur une motte de terre et de rocher assez élevée, à un petit quart d'heure environ au-dessus du Bourg, ayant du côté du couchant un fossé naturel profondément creusé par les eaux du torrent. Il est assez bien bâti et dans une bonne exposition; on y a fait élever des terrasses avec des jardins qui en rendent le séjour fort agréable. Aussi les Seigneurs y faisaient-ils volontiers et très souvent leur demeure.

Le Seigneur Georges-Philibert-Marie de Nus, fils aîné du Seigneur François-René, fut après son père, en raison du prédit acte de primogéniture, Baron de Nus et Seigneur de tous les autres fiefs, tant en Aoste qu'en Piémont, à l'exclusion de ses deux frères cadets. Or, il arriva que ses deux frères moururent tous les deux de son vivant, l'un à Venise et l'autre en sa maison du Bourg.

Resté seul et dernier mâle de sa famille, et n'ayant eu de son épouse, M<sup>me</sup> Gonthéry de Cavaglià, que deux enfants, dont un mâle qui le précéda dans la tombe à l'âge de quatre ou cinq ans, il s'éteignit lui-même, le 4 décembre 1736, sans autre enfant qu'une fille.

Ainsi finit l'agnation de cette maison : *Vanitas vanitatum et omnia vanitas!* On avait cherché à la relever par cette progéniture, et ce fut précisément la cause de sa perte. Le seigneur Procureur Général de S. M., ayant eu notice de ce décès, présenta immédiatement supplique à la Royale Chambre, de laquelle il obtint un arrêt en date du 22 même mois de décembre, portant commission au Vibaillif du Duché d'Aoste, soit à celui qu'il députerait, de réduire sous séquestre de justice la dite baronnie et toutes ses dépendances, et d'y faire destiner un économe.

Cette commission fut exécutée dès les premiers jours du mois de janvier suivant, nonobstant les oppositions du seigneur Joseph-Galéas Scarampe, marquis de Pruney, époux de M<sup>me</sup> Madeleine-Gabrielle-Bernardine, fille unique et héritière du seigneur Georges-Philibert.

Le Procureur Général du Roi ayant ensuite, au moyen d'une autre ordonnance de la Royale Chambre, fait extraire et conduire en Piémont tous les titres et écritures qui étaient au château de Nus, put, à l'aide de ces documents, se procurer toutes les connaissances nécessaires dans l'intérêt de son principal. Un procès s'ensuivit et fut plaidé de part et d'autre par devant la Royale Chambre des Comptes, laquelle, par un arrêt définitif du 3 janvier 1741, prononça devoir être confirmée, comme elle confirma, la réduction du fief, château, maison forte, juridiction, bois noirs, eaux, pâquiers, îles et rivages du lieu et territoire de Nus et de tous les autres droits dépendant du dit fief portés par les consignes soit reconnaissances des jours 19 décembre 1287 et 2 avril 1337 et les investitures du 17 mai 1486 et dernier avril 1580; quant aux autres biens, revenus et effets aussi décrits dans l'acte de réduction, elle en manda ôter la main royale et mettre en possession la dite Dame Marquise Scarampe, comme fille et héritière du seigneur Baron de Nus, avec les fruits échus depuis la réduction. Le seigneur Marquis de Pruney, au nom de son épouse dont il avait défendu les droits, fut donc mis en possession, par autre arrêt successif de la Chambre, de la plus grande et meilleure partie des censes de ce fief, qui en forment le principal revenu.

# RHINS

La Seigneurie de Rhins est une petite terre qui n'a sous la jurisdiction de son château ou maison forte qu'environ dix-huit à vingt familles. Elle est située dans un enfoncement, entre les deux baronnies de Gignod et de Quart; pour le temporel, elle est presque toute sur le finage de la première; mais pour le spirituel, elle reconnaît l'église de Roisan qui est de la seconde. Comme elle a dépendu en dernier lieu de la maison de Nus, on lui fait suivre le même rang.

Si l'on en croit à la tradition, cette Seigneurie aurait eu anciennement des seigneurs du même nom de Rhins, auxquels on donne pour armoiries un champ d'azur au chevalier armé d'argent, la face découverte au naturel, les deux pieds sur une givre d'or dont il tient la queue de la main gauche, tandis que de la droite il brandit son épée nue prêt à la frapper. Cette tradition ne dit point quand cette maison a commencé, ni quand elle a failli, ni comment la Seigneurie de Rhins est parvenue à l'Eglise; mais si elle n'est point apocryphe, du moins doit-elle être fort ancienne : car les Evêques d'Aoste assurent que cette Seigneurie leur appartenait déjà bien avant que la Vallée d'Aoste eût fait adhésion aux Comtes de Savoie.

On trouve en effet dans les archives de l'Evêché que Pierre, premier de ce nom, Evêque d'Aoste, de la famille des anciens Seigneurs de Bosses, l'inféoda à un seigneur de sa famille. Les descendants de ce seigneur en firent, à leur tour, cession au Rév$^{me}$ Evêque seigneur

Nicolas II des *Bersatoribus*, pour deux cents marcs d'argent qu'il déboursa comptant, par contrat du 10 des kalendes de mai 1296.

Ce prélat ne garda pas longtemps son nouveau fief; il le réinféoda en fief masculin au Chevalier Jacques II, Seigneur de Sarre, pour douze deniers de servis et deux sols de plait, outre les anciens tributs, par acte du 1$^{er}$ des ides de juillet (15 juillet) 1299.

Ce fief ayant fait échutte par le décès, sans enfants mâles, de Pierre Seigneur de Sarre, arrivé en 1369, le Rév$^{me}$ Evêque Emery II de la maison des anciens Seigneurs de Quart, le réinféoda à son frère aîné, le Seigneur Henri Sire de Quart, pour lui et ses hoirs mâles et femelles ou ayant cause; mais le Seigneur Henri étant décédé lui aussi, sur la fin de 1378, sans enfants mâles, ce fut le Comte Amé de Savoie qui lui succéda dans ses droits, tant à cause de la nature de ses fiefs qu'ensuite de la soumission qu'il en avait faite à ce Prince, par acte du 1$^{er}$ décembre 1368.

C'est ainsi que le fief de Rhins passa à la Maison de Savoie, sans pourtant cesser de dépendre de la Mense épiscopale.

Le Comte Amé de Savoie, dit le Pacifique, petit-fils du précédent, avait, en 1405, inféodé au Seigneur Thibaut de Montagny, les seigneuries de Sarre et de Brissogne. Il y ajouta, par contrat du 17 août 1414, celle de Rhins, pour des prétentions que ce seigneur mesurait envers la Couronne, soit à cause de la plus value de la terre de Montagny, cédée en échange et dont il sera parlé plus au long à propos de la Seigneurie de Brissogne, soit encore pour le reste des droits de M$^{me}$ Marguerite de Quart, femme du Seigneur Thibaut et l'une des filles du Seigneur Henri, à la dot qui lui avait été assignée par Madame la Princesse Bonne de Bourbon ; soit enfin, pour le legs de deux mille florins d'or fait à cette même Dame Marguerite par sa mère M^me Pantasilée de Saluces, veuve de Henri dernier Seigneur de Quart.

Le Seigneur Antoine de Montagny, fils unique de Thibaut, en a passé nouvelle reconnaissance au Rév^me Evêque Georges de Saluces, par acte du 3 avril 1437.

La Seigneurie de Rhins resta dans la maison de Montagny avec Sarre et Brissogne, jusqu'à l'extinction de cette famille qui advint vers la fin de ce même XV^e siècle.

Au Seigneur Antoine de Montagny, avait succédé Humbert son fils unique, et à celui-ci, Jacques fils unique aussi; mais Jacques étant décédé en bas âge, peu après son père, ce furent ses sœurs Claudine et Bénigne qui se trouvèrent substituées à lui et qui héritèrent des fiefs de Rhins, Sarre et Brissogne.

Bénigne mourut, elle aussi, jeune et sans alliance. Claudine son aînée, restée seule, porta ce fief dans la maison de Genève, par son mariage avec Aymé de Genève Seigneur de Lullin. Il ne resta de cette alliance que M^me Marguerite de Genève, qui, en 1556, vendit, sous grâce de rachat perpétuel, le fief de Rhins au Seigneur Charles Garin, neveu du Rév^me Evêque d'Aoste Pierre Garin; en 1562, elle vendit encore le droit de fonds au Seigneur François-Réné de Nus, qui se hâta d'en opérer le dégagement.

Le Rév^me Seigneur Evêque Bobba approuva cette vente ainsi faite, et réinféoda le fief de Rhins au Seigneur François-Réné, pour lui et ses enfants mâles et femelles, par acte du 13 août de l'année suivante 1563, moyennant la redevance d'une fidélité noble et de vingt sols de plait.

Philibert de Nus, fils du précédent, engagea ce fief, aussi sous grâce de rachat perpétuel, par contrat du 18 août 1581, au Seigneur Roux Gaspard Favre, Seigneur de Courmayeur; mais ayant ensuite épousé une de ses filles, il le reprit en dot et le réunit à sa famille.

Les Seigneurs Georges et Claude-René ses fils, tant en leur nom qu'en celui de leurs autres frères, en passèrent nouvelle reconnaissance à l'Evêque Louis Martini, reçue par le notaire Pierre-Hercule Remondé; et le Seigneur François-Réné Baron de Nus, au Rév$^{me}$ Evêque Philibert-Albert Bally, par autre acte du 23 octobre 1676.

Cette Seigneurie appartient à présent au Seigneur Joseph-Galéas Scarampe Marquis de Pruney, comme mari et conjointe personne de M$^{me}$ Madeleine-Gabrielle-Bernardine de Nus, fille et héritière du Baron George-Philibert, dernier seigneur de cette famille.

## QUART.

La Baronie de Quart, Valpelline, Oyace et dépendances, est une des plus considérables du Duché, tant en revenus qu'en étendue.

Les anciens maîtres de cette Seigneurie, au temps où la Vallée d'Aoste a fait adhérence à la Maison de Savoie, s'appelaient *De Porta Sancti Ursi*. Cela se relève de l'acte de donation que le Seigneur Jacques de Quart fit au Comte Amé, sous la date du 6 avril 1252, dans lequel il se qualifie en ces termes : *Jacobus de Quarto filius quondam Domini Jacobi Portæ Sancti Ursi Augustæ*, etc. Ils portaient ce nom parce qu'ils étaient aussi seigneurs de la porte Saint-Ours d'Aoste, avec la tour et maison forte adjacentes, appelées à présent de La Trinité, et des maisons qui étaient aux environs, en dehors de l'enclos des murailles de la Cité, d'où leur juridiction se continuait jusques aux confins de celles de Nus et de Saint-Marcel.

Les frères Jacques, Aymon qui a été Evêque d'Aoste, Elician et Bernard, sous le nom de Seigneurs *De Porta Sancti Ursi*, sont nommés dans les lettres de sauvegarde faites en faveur de l'Eglise de Saint-Pierre et Saint-Ours d'Aoste l'an 1179. Jacques et Elician sont intervenus, sous le même nom, et ont donné leur consentement au premier traité de dédition de la Vallée d'Aoste fait avec le Comte Thomas de Savoie.

Ils se sont, dans la suite, fait appeler de préférence *Sires de Quart*, depuis que le Seigneur Jacques de la

Porte Saint-Ours, second du nom, en eut fait bâtir le château.

Ces seigneurs étaient si puissants qu'ils disputaient la préséance à l'illustre maison de Challand. Il résulte d'une enquête contenue au Livre Rouge des Franchises de la Cité et Bourg d'Aoste, datée du 6 mai 1317, que comme successeurs aux droits des Seigneurs de la Porte d'Aoste, ils avaient même juridiction dans la Cité, sur le quartier de Mal-Conseil jusqu'à la Croix de Ville.

Ils ne purent cependant jamais l'emporter sur la maison de Challand, qui eut toujours, sans contredit, le pas sur eux.

Jacques de Quart, fils de Jacques Seigneur de la Porte Saint-Ours, fit en 1242 hommage de sa Seigneurie au Comte Amé. Dix ans après il fit donation à ce même prince, non seulement de sa Seigneurie et de son château de Quart, mais encore de tous les autres biens, droits, terres et fiefs qu'il possédait, tant en Vallée d'Aoste, qu'à sa Châtellenie d'Entremont en Chablais, à présent du Vallais, et en autres lieux, en quoi qu'ils eussent pu consister, ne s'en réservant que l'usufruit sa vie durant, plus cent livres viennoises à disposer en dernière volonté sur ses biens allodiaux, dix mille sols viennois pour les droits dotaux de sa femme, et dix autres livres de la même monnaie de pension annuelle à sa dite femme, payable, sa vie durant, à Aoste ou en Savoie, à son choix. Le contrat en fut passé à Chillion et reçu par Jacques Barbery notaire du Sacré Palais et secrétaire du Comte Amé, sous la date du 27 mars 1252 (1). Mais cette donation devint caduque par le prédécès du donataire; elle n'était d'ailleurs que conditionnelle, pour le cas où le Seigneur Jacques n'aurait point eu d'enfants mâles

---

(1) Au commencement de ce chapitre, il était dit *6 avril* et non pas *27 mars*.

de légitime mariage; or ce cas même ne se vérifia point, car il devint, en second lit, père de quatre fils : Jacques, qui fut son snccesseur; Emery, évêque ; Pierre, prévôt, et Guillaume, archidiacre de l'église Cathédrale d'Aoste.

Le Seigneur Jacques, fils ainé et successeur du précédent, reconnut, par autre acte du 12 octobre 1287, reçu par Guillaume des Bons, tenir à fief lige et direct du Comte Amé dit le Grand, les châteaux et seigneuries de Quart, Brissogne, les fiefs qu'il possédait dans la Châtellenie d'Entremont dans le Haut-Chablais, la tour et maison forte de la Porte Saint-Ours, une portion du château de Saint-Pierre en Châtelargent, avec leurs dépendances, domaines, justice et jurisdiction, pour lesquels il s'était obligé de payer vingt-cinq livres viennoises de plait quand il échoirait.

Ce même Seigneur était encore, en ce temps-là, Seigneur du Villair, de Valpelline, du ressort d'Ollomont, de la paroisse de Doues et d'une partie de celle d'Allain, que le Comte Amé, fils et successeur du Comte Thomas I$^{er}$, en étant devenu possesseur par la cession que lui en avaient faite les Seigneurs *de Gignio*, de Dochan et de la Porte d'Aoste, avait réalbergés déjà en 1252 au Seigneur Jacques son père, par acte à part du même jour 27 mars cité plus haut, reçu par le même notaire Barbery.

Il était encore Seigneur du château et territoire d'Oyace et Bionaz, qui formaient jadis une jurisdiction à part, possédé par les Seigneurs d'Oyace : ces anciens seigneurs faisaient leur demeure dans le château de ce nom, bâti sur un haut rocher de cette étroite vallée, dont il subsiste encore une tour octogone presque en entier et les restes des murailles de quelques autres bâtiments.

Il eut pour successeur un de ses fils, un autre Jacques Chevalier Conseigneur de Quart, qui, par acte du 2 octobre 1326, reçu par noble Boniface *De Motha*, fit hommage au Comte Edouard de tous les fiefs ci-dessus, moyennant quoi ce Prince l'en réalbergea.

Henri de Quart, son fils, fit un pareil hommage au Comte Aymon, tant à son nom qu'à celui de son oncle Guillaume et de ses frères Jacques et Henri, dans la session des audiences générales qui eut lieu le 15 mars 1337, et fut réinvesti des mêmes seigneuries, par acte à part du 28 avril suivant, reçu par Jean Reynaudi.

Par autre acte du 5 septembre 1351, reçu par Boniface De Motha, le même seigneur Henri de Quart fit hommage à son Souverain, le Comte Amé dit le Vert, de la parité de sa personne et de tous les mâles de sa race, se confessa son homme lige et vassal fidèle, et reconnut en tenir à fief les châteaux de Quart et de Brissogne et les maisons fortes de Saint-Ours et de Pollein avec leurs jurisdictions et dépendances.

A propos de la porte Saint-Ours il s'exprimait en ces termes : *Item domum suam fortem portæ Sancti Ursi cum omnibus et singulis juribus, pertinentiis, appendentiis, mero, mixto imperio et jurisdictione omnimoda*, etc., ce qui prouve suffisamment qu'il était Seigneur des maisons qui étaient en dehors de l'enclos des murailles, et sur lesquelles et leurs pertinences le château de Quart perçoit encore à présent l'utile des fiefs qu'il y possédait.

La jurisdiction de ce seigneur s'étendait sans discontinuation depuis la maison forte de la porte Saint-Ours jusques à Quart; il payait pour tous ces fiefs vingt-cinq livres de plait.

Il en passa nouvelle reconnaissance au même Comte Amé, par acte du 2 juin 1364.

Le Comte Amé étant revenu à Aoste au mois de novembre 1368, pour y tenir son siège de justice et audiences générales, les sujets de Quart lui présentèrent une supplique remplie de plaintes contre le Seigneur Henri, qui, au préjudice des libertés et franchises que les seigneurs Jacques son aïeul et Guillaume son oncle leur avaient accordées par contrat du 27 juillet 1333 reçu par Aymon Parnieri notaire impérial, les chargeait de tailles, de corvées et autres impôts tant réels que personnels, leur prenant et retenant leurs biens et faisant emprisonner leurs personnes. Le Seigneur Henri fut donc cité à comparaître. De son côté, le procureur patrimonial du Prince, représentant que le Seigneur Jacques, sans le consentement de son Souverain, à qui les fiefs de Quart et Brissogne étaient réversibles en cas d'échute, avait aliéné des droits qui en dépendaient en faveur de ses sujets, et que le Seigneur Henri, ayant d'ailleurs été duement requis de remettre ses châteaux et maisons fortes aux députés du Souverain, ainsi qu'il y était obligé pendant le terme des audiences, s'était rendu contumace et n'était point venu renouveler l'hommage qu'il devait, tant pour la parité que pour ses fiefs, en requit la commise. Le procès eut lieu et occupa plusieurs sessions de ces mêmes audiences de 1368. Enfin, à celle du jour 30 novembre, le Seigneur Henri fut condamné à la perte de ses fiefs, qui furent déclarés avoir encouru la commise.

Après sa condamnation, il ne restait au Seigneur Henri d'autre espoir qu'en la clémence de son Souverain; il se soumit. Le bon Comte Amé lui pardonna et lui rendit ses fiefs, moyennant la promesse de faire justice à ses sujets.

L'acte de nouvelle inféodation en fut passé le jour suivant, 1er décembre 1368; en voici quelques passages : *Actendens veram fidelitatis constantiam, et sinceræ dilectionis insignia quibus dictus dominus de Quarto et antecessores ejusdem erga nos et progenitores nostros, per veram non fictam operis experientiam claruerunt, et actendens quod melius est de misericordia quam ri-*

*gore reddere rationem, ad supplicationem et requisitionem humilem per dictum dominum de Quarto factam, dictisque præcibus annuens, favorabiliter et benigne ex nostra certa scientia, etc., tradimus et infeudamus in feudum rectum, nobile, ligium, antiquum et paternum dicto domino Henrico de Quarto et ejus hœredibus maribus ex suo proprio corpore et legitimo matrimonio descendentibus castra Quarti et Brissoniæ, etc.*

Par cette concession de nouvelle investiture, et en vertu des expressions que nous venons de citer, non seulement les fiefs de Quart et de Brissogne, mais encore tous les fiefs et seigneuries que le Seigneur de Quart possédait en Vallée d'Aoste et ailleurs, dans les Etats de nos Souverains, devinrent directs et masculins, restant écarté tout doute qu'il pût y en avoir parmi eux qui ne fussent pas de la nature de ceux des anciens pairs; car, de par la loi des fiefs et coutumes de la Vallée d'Aoste, ils doivent tous être tels, ainsi qu'on l'expliquera mieux en son lieu, en parlant des audiences générales et des affaires que l'on y traitait.

Huit ans après, en 1376, le Comte Vert, étant nouvellement revenu tenir ses assises de justice à Aoste, le Seigneur Henri, par autre acte de reconnaissance du 2 août, reçu par noble Boniface de La Mothe secrétaire et commissaire aux extantes de ce Prince, reconnut tenir à fief direct comme ci-dessus, non seulement les châteaux de Quart et de Brissogne, la maison forte de Saint-Ours *cum mero et mixto imperio et omnimoda jurisdictione*, mais encore la maison forte de Pollein, qu'il avait eue du Chevalier Godefroy fils de Boniface, des Seigneurs de Nus, avec sa jurisdiction confinée au couchant par le torrent de Tarensan, au midi par la sommité des monts, au nord par la Doire, et au levant par le village dit La-Vallée-de-Brissogne. Il reconnut encore, par ce même acte, tenir à fief une partie du château et jurisdiction de Saint-Pierre en Châtelargent, qu'il avait acquise d'Aymery et Aymonet, frères, fils du Chevalier Godefroy Gontar, par contrat du 15 mars 1355, avec leur portion de jurisdiction indivise sur les six paroisses du mandement de Chatelargent ; *plus totum plenum dominium et omnimodam jurisdictionem in tota Vallepellina, Dovia et medietate parrochiæ Alleni;* et encore *Castrum et mandamentum Sarri cum suis omnibus pertinentiis universis et jurisdictione prout quondam domini de Sarro prædicta omnia in feudum tenebant a Domino et facere pro prædictos quadraginta solidos de placito.* Il promettait de plus, par le même acte, de reconnaître à son Prince *Castellaniam Intermontium in manibus commissarii deputandi per dominum Comitem ex recipiendas extentas in Castellania Sembrancerii,* etc. de laquelle dépendait encore la maison forte de Saint-Oyen, avec les grands biens ruraux, censes, rentes, devoirs féodaux et montagne de Citrun que Madame Bonne de Bourbon Comtesse de Savoie, conjointement avec le Comte Amé son fils, donna dans la suite à la maison de St-Bernard de Mont-Joux.

Outre toutes ces terres, le Seigneur Henri de Quart jouissait encore de la seigneurie et maison forte de Rhins avec les biens et censes qui en dépendaient, les tenant, comme ses prédécesseurs, en arrière-fief de la mense épiscopale d'Aoste pour un très léger tribut.

Ce Henri Seigneur de Quart fut le dernier mâle de cette illustre famille. Il mourut vers la fin de l'an 1378, ne laissant de sa femme, M<sup>me</sup> Pantasilée de Saluces, que deux filles, Marguerite et Catherine.

Jacques, son second frère, était mort Baillif du Chablais, sans avoir jamais contracté d'alliance ; le trosième des frères, Emery, fut évêque d'Aoste, second de ce nom.

Peu après le décès du Seigneur Henri, tous les châteaux, terres et Seigneuries qu'il avait tenus à fief, tant par la nature même de ces fiefs et la coutume de la Vallée d'Aoste qui déclare les filles incapables d'y succéder, qu'en vertu de ce qui avait été convenu par la réinféodation du 1er décembre 1368, furent dévolus au Souverain par droit de réversibilité, ainsi qu'il conste entre autres d'une supplique présentée au Comte Amé par les sujets de Quart, et des franchises que ce Prince leur accorda le 22 décembre de cette même année 1378.

Marguerite, l'aînée des filles du Seigneur Henri, fut mariée par M$^{me}$ la Princesse Bonne de Bourbon au Seigneur Thibaut de Montagny, lequel fut plus tard Seignenr de Brissogne, de Sarre et de Rhins au pays d'Aoste, ainsi qu'on le dit en son lieu. Cathérine, la seconde, fut mariée par la même princesse au Chevalier Aymar de Grolée, Seigneur d'Alluys, Divisieu, Messimieu et Véracieu en Bresse, par contrat fait et passé au château de Chambéry le 18 mai 1392 : M$^{me}$ de Bourbon y assistait en personne, au nom de son petit-fils le Comte Amé de Savoie, qui constitua la dot de M$^{me}$ Cathérine de Quart et l'assigna sur la Seigneurie d'Alluys.

Quant aux biens allodiaux que possédait le Seigneur Henri de Quart, il les laissa au Seigneur Vuillermet Alexini, Conseigneur de Verrès, son proche parent, de qui le Comte Amé les racheta comme étant à sa bienséance par rapport aux châteaux et maisons fortes qui venaient d'être dévolus à son domaine, et pour en augmenter les revenus.

La Maison de Savoie eut ainsi ce riche héritage, la plus grande partie par échutte et le reste par acquisition.

Les Comtes et Ducs qui ont régné depuis lors ont gardé ces Châteaux et Seigneuries plus ou moins longtemps, ainsi qu'on le rapportera dans l'ordre qu'ils tiennent aujourd'hui.

Pendant qu'ils ont été unis au domaine de la Couronne,

nos Princes en faisaient exiger les revenus et les devoirs féodaux par des châtelains qui y faisaient leur résidence. Celui de Quart n'en est sorti qu'en 1550, sous le règne du Duc Charles le Bon. Ce Prince, chargé de beaucoup de dépenses, dans un temps où la France occupait la plus grande partie de ses Etats, le vendit sous grâce de rachat perpétuel, ainsi que Roisan et Valpelline, au Seigneur Président Laschis, pour le prix de huit mille écus d'or, outre ce qu'il devait rembourser aux sujets de ces mêmes terres, à qui il avait précédemment engagé les laods et certains autres devoirs.

L'année après, le Président Laschis revendit cette Seigneurie au Seigneur Charles de Balbis des Marquis de Cève, avec la parité qui y était annexée.

Celui-ci, après avoir fait présenter les investitures en Conseil Général du 25 août 1551 et pris sans aucune opposition son rang tel qu'il le tient encore à présent, s'y vint établir avec sa famille.

En 1610, le Seigneur Nicolas Coardo acquit de la Couronne, par contrat du 27 septembre entériné en Chambre le 11 octobre, le droit de fonds de la Seigneurie de Quart. Par contrat du 13 novembre suivant, Turreri Notaire, il acquit encore de Gaspard De Balbis la maison de Messieurs Fabri à Aoste. Il revendit le tout, deux ans après, au Seigneur Charles Perron ; l'acte en fut passé le 1er septembre 1612, et entériné le 3 novembre suivant.

En vertu de la primogéniture, portée par l'investiture même du fief, au Seigneur Charles De Balbis avait succédé le Seigneur Gaspard son fils ainé. Le Seigneur Gaspard eut à son tour pour successeur Jules-Phèbe, non seulement comme son fils ainé, mais encore comme droit ayant des Seigneurs Nicolas Cohardo et Antoine Perron, ainsi qu'il résulte d'arrêt rendu par le Sénat de Piémont le 23 juin 1646 et prise de possession du

24 septembre suivant, et encore du rescrit obtenu de S. A. R. par le Seigneur Jules-Phèbe le 16 mai 1652, dûment signé et scellé.

Mais ces Seigneurs ne possédaient le Château et Seigneurie de Quart et Valpelline que par manière de gage et hypothèque : Mme Prospère Perron-St-Martin-Bellegarde, en sa qualité de mère et tutrice de son fils Charles-Philippe, héritier du Seigneur Antoine Perron son oncle, en fit la rédemption et dégagement en 1653, en vertu du droit de fonds, des mains du Seigneur Gaspard De Balbis, arrière petit-fils du Seigneur Charles.

Le Seigneur Charles-Philippe Perron la laissa en mourant à son fils ainé Charles-Frédéric, et celui-ci au Seigneur Charles-François-Balthazard qui en est le possesseur actuel.

La Seigneurie de Quart est à présent composée de cinq belles paroisses, qui sont Quart, Saint-Christophe, Roisan, Valpelline et Ste-Marguerite de Bionaz, et encore d'une bonne partie de celles de St-Laurent et de St-Barthélemy, avec un très bon revenu.

Elle a été érigée en baronie vers l'an 1600 ; on trouve du moins que le Seigneur Jules-Phèbe De Balbis était déjà qualifié du titre de Baron de Quart par le Conseil des Commis, dans une commission qui fut députée au Souverain pour les intérêts de ce Duché.

Valpelline jouit du droit foire franche faisable le 18 septembre de chaque année, par concession du 18 août 1660 entérinée au Conseil des Commis le 5 septembre suivant.

CHATEAU DE QUART. — Le Château des anciens Seigneurs de Quart s'élève dans le centre de cette paroisse, sur une butte de rocher tout à fait détachée de la montagne, dont elle est séparée par de profonds précipices qui lui servent de fossés naturels au levant et au septentrion. De ce côté-là l'œil ne rencontre que des pierres et des ravines sauvages. Du côté du midi et du couchant, la vue s'étend sur toute la plaine d'Aoste. Le château n'est accessible que du seul côté du couchant, dont il est encore séparé par un petit torrent très rapide, qu'il faut passer au moyen d'un pont jeté sur un précipice.

Le corps du château est un composé de hautes murailles, de tours, de bâtiments hauts et bas, qu'on a ménagés sur les inégalités du rocher, sans aucun ordre ni régularité, de manière qu'il serait plus propre pour y faire un ermitage, ou pour servir de prison, que pour être la demeure de personne de condition, tant la situation en est vraiment incommode et affreuse. Cependant il est encore en bon état pour être habité. Les Seigneurs De Balbis y ont fait leur séjour ordinaire et l'avaient passablement rétabli.

VILLEFRANCHE. — La Villefranche, petit bourg du finage de Quart, sur la grande route, a toujours dépendu, dès l'ancien temps, de cette juridiction. Un des Seigneurs Jacques de Quart, ainsi qu'il est mentionné dans la transaction du 3 avril 1337, contenue au Livre Rouge des franchises de la Cité d'Aoste, obtint de son Souverain de faire, comme il fit, fermer ce bourg d'une enceinte de muraille, d'y établir une foire, un marché et droit de bourgeoisie. Outre les péages que ces Seigneurs y faisaient exiger, ils y avaient encore un tribunal pour la justice, en sorte que cet endroit, qui était assez bien bâti, a été longtemps de quelque considération.

A présent, il n'y a plus que des masures et quelques pans de la vieille enceinte de murailles. Ce fut pendant les guerres de 1596 et 1630 que cette bourgade fut ainsi réduite.

Le commerce et le passage des grandes voitures ayant depuis cessé, elle n'a jamais pu se relever de ses ruines ; elle n'est aujourd'hui habitée que par des étrangers et par de pauvres gens, la plupart desquels, pour pouvoir vivotter, font le métier de pêcheurs, à cause du voisinage de la rivière.

## SAINT-VINCENT.

La Seigneurie de Saint-Vincent et de la Rivière, appartenant à la même famille Perron, suit le rang de la Baronie de Quart. Quoique jurisdiction particulière et entièrement indépendante, elle n'a point de château, parce qu'elle a été démembrée de la Seigneurie de Montjovet, de la manière dont on l'a raconté ci-devant. C'était autrefois une des bourgades les plus grandes et les mieux bâties du pays, sur la grande route entre Chatillon et Montjovet, avec privilège de marché, qui lui avait été accordé par le Duc Louis par patente du 13 août 1444 et confirmé par le Duc Amé le 23 mai 1465. Elle est à présent bien déchue : quantité de masures et de maisons ruinées, que les particuliers ont abandonnées pour s'aller établir sur la côte, sont encore les tristes marques de ce qu'elle a souffert, comme tant d'autres, durant les guerres de 1600 et de 1630. L'église paroissiale, située à l'entrée du Bourg du côté du Piémont, est à trois nefs et assez spacieuse ; elle est à présent assez bien réparée, mais elle a beaucoup souffert en 1630, ensuite d'un incendie qui s'y déclara par un cas assez étrange et faillit la détruire entièrement.

La Seigneurie de Saint-Vincent, appartenant à la primogéniture de la maison Perron, a suivi et suit la même destinée.

*Ajouté postérieurement d'autre main.*

Le Seigneur Comte Charles-François-Balthazar de Perron, chevalier grand-croix de l'Ordre Militaire des

SS. Maurice et Lazare, Lieutenant général de cavalerie, capitaine de la 2^me Compagnie des Gardes du Corps de S. M. et Ministre d'Etat pour les affaires externes, fut informé par son Juge, l'avocat Carrel de Chatillon, que le Révérend Jean-Baptiste Perret, prêtre de Saint-Vincent, qui s'appliquait beaucoup à des recherches de minéraux, avait découvert, dans un vallon au levant du Bourg, une petite source d'eau minérale qui se filtrait au travers d'un rocher, et qui était d'un goût très singulier, à peu près semblable à celui des eaux de Courmayeur.

Quelques médecins en avaient fait l'essai et en avaient constaté l'efficacité. Le noble Comte, plein de bonté et d'affection pour ses sujets et d'empressement pour l'avantage du public, chargea le Juge de lui en envoyer à Turin une certaine quantité, dont il aurait fait faire l'analyse à l'Université. Le sieur Carrel lui en envoya, en 1777, à ses frais, une caisse de seize bouteilles par le voiturier Borrel d'Ivrée. L'analyse en fut faite par le Docteur collégié Gioanetti, qui, la trouvant très avantageuse pour le public, en fit une dissertation qu'il dédia à S. E. le Seigneur Comte, et celui-ci la présenta à S. M. le Roi Victor Amé III.

S. M. la jugea digne d'être imprimée, mais le Docteur Gioanetti s'en excusa, disant qu'il aurait souhaité auparavant de voir l'endroit et d'avoir une plus grande quantité d'eau, pour en faire une analyse parfaite. C'est pourquoi S. M. l'a envoyé à Saint-Vincent en 1778 aux dépens des R. Finances, avec M. le Chev. Buttet, ingénieur savoyard ; ils y ont séjourné quelque temps, et M. Gioanetti a fait une analyse qu'il va mettre sous presse.

En attendant, cette eau commence à prendre crédit et produire de bons effets, au point qu'elle est très fréquentée par le public des environs et même par des étrangers, parmi lesquels je n'oublie pas le Révérend Seigneur Rouero de Saint-Jean de Turin, neveu du feu Cardinal-Archevêque Rouero, Gouverneur du Collège des Nobles.

# CLY

La Seigneurie, soit Baronie de Cly, a appartenu anciennement à l'illustre Maison de Challand. Bozo ou Bozon, fils d'Aymon Vicomte d'Aoste qu'on fait tige de la famille, était déjà en 1200 Seigneur de Chatillon et de Cly, ainsi qu'en fait foi la concession du Comte Thomas I de Savoie, du 6 avril de la même année. Par acte du 14 des calendes de janvier 1242, reçu par Jacques Barbery, Notaire du sacré Palais et Secrétaire du Prince, et passé dans la maison de l'Evêché, les Vicomtes Godefroy, Aymon et Bozon, fils du précédent, reconnurent au Comte Amé de Savoie, avec les autres terres et fiefs qu'ils possédaient en Vallée d'Aoste, aussi celles de Chatillon et de Cly, avec devoir de faire pour ces deux terres, entre autres redevances, un repas entier quand les Comtes de Savoie passeraient par la Vallée d'Aoste sans armes.

Elles échurent en partage à Bozon le troisième des frères, qui les laissa à ses deux fils Godefroy et Boniface.

Le premier eut Chatillon et le second eut le Cly.

Comme cette dernière terre était sans château, parce qu'elle était soumise auparavant à celui de Chatillon, le Seigneur Boniface fit bâtir le Château de Cly. Il laissa trois fils : Godefroy, son aîné, mourut jeune du vivant de son père ; Boniface, le second, avait embrassé l'état ecclésiastique et fut évêque et préfet du Valais ; la Seigneurie resta donc à Pierre, qui était le troisième. Mais ce jeune Seigneur ne se conduisit guère selon les principes de la justice ; au contraire, il exerçait des violences envers ses sujets et rançonnait les passants par ses péages. Cela donna lieu à plusieurs plaintes contre lui : à la poursuite du Procureur fiscal du Souverain, il fut cité aux audiences générales que le Comte Amé le Vert vint tenir à Aoste en septembre 1351. Mais non seulement il refusa de comparaître ; il refusa encore de remettre les clefs de son château, ainsi qu'il y était obligé par les statuts mêmes des audiences. Il fut donc condamné à la commise et dévolution de son fief ; mais il fallut employer les armes pour avoir le château, dans lequel il avait mis du monde pour le garder.

Tant que régna le Comte Vert, le Seigneur Pierre de Cly, quelques instances qu'il fît, ne put jamais rentrer en grâce ni être réintégré dans sa seigneurie.

Mais après la mort de ce prince, il recourut à son fils le Comte Amé, surnommé le Rouge, se plaignant de ce qu'on lui retenait son château et sa seigneurie, selon lui, avec peu de fondement et de justice, et le réquérant avec soumission de les lui restituer.

Le jeune prince, en digne héritier des vertus et de la couronne de son père, voulut marquer son avènement par un acte de clémence, et déférer aux instances du Seigneur de Cly. Il ne lui rendit cependant pas pour autant sa Seigneurie de Cly ; mais en contre échange et dédommagement, il lui céda le Château et Seigneurie de Chatel Saint-Denys au Canton de Fribourg en Suisse ; il lui paya encore à part une somme de quatre mille florins d'or, et lui fit grâce de la peine à laquelle il avait été condamné, ainsi qu'à ses domestiques et adhérants.

C'est ce qui résulte des termes de la transaction qui en fut faite sous la date du 15 janvier 1384, acte reçu par Pierre Magny, de la Ville de Chambéry, Notaire Impérial et Secrétaire du Comte Amé.

» *Item Dominus noster Comes, volens gratiosè tractare*

» cum favoribus et favore dictum Dominum Petrum De
» Cly, pro se, suis hœredibus et successoribus in futu-
» rum, dat, donat, tradit, confert pœnitus et concedit
» dicto Domino Petro De Cly, præsenti, stipulanti
» solemniter et humiliter recipienti, pro se, suis hœre-
» dibus et successoribus universis, videliscet castrum, ju-
» risdictionem, mandamentum et territorium castri De
» Chatel, alias vocati Sancti Dionisii in Fruentia, cum
» ædificiis dicti castri, hominibus, homagiis, fidelitatibus,
» feudis, retrofeudis, mero mixto imperio, jurisdictione
» et omnimoda cohersione, et cum villis, villagiis,
» mandamento etc., nihil retinendo nisi duntaxat directum
» dominium, homagium et fidelitatem ligiam etc. ut ipsa
» omnia teneat, tenereque debeat, in feudum antiquum,
» avitum et paternum, et sub homagio, ligio, modo,
» conditione, paritate, forma et consuetudinibus vallis
» Augustæ quibus idem Dominus Petrus tenebat dictum
» Castrum De Cly etc.

» Item quod ultra prædicta dictus Dominus noster
» Comes eidem Domino Petro De Cly semel dedit, do-
» navit et concessit quatuor millia florenorum auri boni
» ponderis, quæ idem Dominus Petrus, a dicto Domino
» Comite confessus fuit habuisse realiter, etc.

» Item Dominus noster Comes, volens adhuc magis
» tractare gratiose dictum Dominum Petrum, eidem et
» suis familiæ adhærentibus, valitoribus et sequacibus
» remittit et quittat de gratia speciali onmes offeusas
» et delicta per eos et eorum quemlibet factas et facta,
» tam in terra De Cly quam in quibuscumque locis
» totius Sabauditæ Comitatus et extra etc.

Après cette transaction, le Seigneur Pierre De Cly se retira dans son nouveau domaine de Chatel St-Denis, avec toute sa famille; mais sa descendance n'y a pas longtemps subsisté.

Depuis lors, les Comtes et les Ducs de Savoie ont

toujours possédé la Seigneurie de Cly comme dépendant de leur domaine immédiat, et ils en faisaient exiger les revenus et les devoirs féodaux par un chatelain qu'ils obligeaient à faire sa demeure dans le château.

En 1550, le Duc Charles le Bon l'engagea pour quatre mille écus d'or au Seigneur Christophe Moralès, gentilhomme et capitaine espagnol qui commandait pour le Roi d'Espagne et pour le Duc de Savoie en la ville et préside d'Ivrée. Mais ce Seigneur ayant en 1554, par lâcheté, félonie ou trahison, rendu cette place aux Français sans même essayer de la défendre, il fut privé du fief par le Duc, et dégradé de tous ses offices par le Gouverneur de Milan, qui, en surplus, le confina encore pour le reste de ses jours à l'île de Lipari, au septentrion de la Sicile.

La Seigneurie De Cly se trouvait donc de nouveau réunie à la couronne, mais elle n'y resta pas longtemps. Quelques années après, le Duc Emmanuel-Philibert, par contrat du 10 septembre 1562, reçu par Maurice Ferrier Notaire et Secrétaire des Commandements de ce prince, la revendit encore, avec privilége de parité, à noble Jean Fabri, citoyen d'Aoste, maître auditeur en la Chambre des Comptes, Conseiller et Secrétaire d'Etat et des finances, pour lui et ses hoirs, successeurs testamentaires ou *ab intestat*, ou bien à qui bon lui semblerait de la remettre et aliéner par contrat entre vifs, pour le prix de huit mille écus d'or d'Italie et sous la réserve de rachat perpétuel, avec encore promesse de garantie et relevation envers les héritiers du Seigneur Moralès.

Ces patentes furent ratifiées par autres du 1er mars 1564, et toutes deux furent entérinées à la Royale Chambre des Comptes de Piémont le 5 mai de la même année, avec déclaration du déboursé des deniers opéré au profit de la Couronne, et que la dite acquisition et inféodation s'entendait être en fief masculin et féminin.

Les successeurs du Seigneur Jean Fabri l'ont possédée jusque vers l'an 1638, où Pierre-Clément Fabri De Cly, dernier Seigneur de cette famille, mourut à la guerre en Hongrie, où le Marquis Roncas de Caselles son parent l'avait envoyé pour le façonner.

Son hoirie passa à M$^{me}$ Emérentienne de Vaudan, fille de M$^{me}$ Cassandre Fabri De Cly, sa cousine germaine et sa plus proche parente, et pour lors femme du dit Seigneur Pierre-Philibert Roncas Marquis de Caselles. C'est pourquoi ce Seigneur, au nom et comme procureur de son épouse, en ayant obtenu l'investiture de M$^{me}$ la Duchesse Royale Chrétienne de France par Lettres du 3 décembre 1638, en prit possessoire, ainsi que du Château, jurisdiction et de tous droits dépendants, justice et devoirs féodaux, par acte des jours 17 décembre même année et 6 janvier 1639, malgré les oppositions de M$^{me}$ Laure de Tillier et d'autres prétendants.

Ces difficultés surmontées, le Marquis de Caselles réunit et dégagea peu à peu les portions de la jurisdiction qui étaient engagées pour des droits de dot ou autrement aliénées, et entre autres envers les Messieurs De Granges et la dite Dame Laure de Tillier qui avait eu pour premier mari le Seigneur Hector Fabri de Cly. Ces diverses passivités ne s'élevaient pas à moins de neuf mille cinq cent quarante écus avec leurs accessoires légitimes.

Il érigea ensuite de lui-même cette Seigneurie en Baronnie, sans aucune commission ni concession, ainsi qu'on peut le vérifier aisément, tant par les investitures sus désignées que par les subséquentes accordées en faveur du Seigneur Comte Bergère.

En 1656, par capitulation du 4 octobre suivie de contrat du 16 novembre reçu par le notaire Ducloz, ce même Seigneur Pierre-Philibert et son épouse, à l'occasion du mariage de Mll$^e$ Marie-Marguerite leur seconde fille au Seigneur Comte et Chevalier Charles-Joseph Bergère, érigèrent la Seigneurie de Cly en primogéniture en faveur de l'aîné des enfants mâles qui viendraient de ce mariage.

Le Comte Charles-Joseph étant mort en mai 1679, ce fut le Seigneur Jacques-Antoine-Philibert son fils aîné qui se trouva appelé à la succession du fief de Cly. Le nouveau Seigneur s'occupa d'abord de faire approuver la primogéniture érigée en sa personne, ce qu'il obtint de M$^{me}$ la Duchesse Royale Marie-Jeanne-Baptiste de Savoie, tutrice et régente, par patentes du 10 juin suivant, entérinées le 18 du même mois. D'un autre côté, le vieux Marquis de Caselles venait aussi se départir en sa faveur de tous ses droits sur la Seigneurie de Cly, par acte du 8 même mois, le constituant même son procureur pour en demander l'investiture; et M$^{me}$ la marquise en faisait autant, sauf l'usufruit sa vie durant : de façon que le Seigneur Jacques-Antoine-Philibert Bergère put en obtenir les investitures de la Chambre des Comptes de Piémont, par patentes du 20 décembre de cette même année 1679, du vivant même de son aïeul et de son aïeule.

Ce Seigneur et ses successeurs en ordre de primogéniture en sont restés depuis en possession.

La Seigneurie, soit Baronnie de Cly est une des plus grandes du Duché, quant à l'étendue, car elle est composée de sept clochers faisant autant de bonnes paroisses qui sont : Valtournanche avec droit de foire faisable le 9 septembre de chaque année, Torgnon, Antey, bourgade avec aussi droit de foire au 25 mai, Verrayes, Diémoz, St-Denis et Chambave ; mais elle est médiocre en revenus, parce que les Seigneurs Fabri en ont aliéné plusieurs des ruraux, et ont affranchi beaucoup de censes.

Chambave, sur la grande route, est un bourg assez bien bâti ; il sert pour ainsi dire de capitale à tout ce mandement ; mais il est extrêmement exposé à l'impétuosité d'un torrent, ou ravine, qui y fait quelquefois des ravages étranges. L'an 1519, ce torrent rompit la barrière au dessus du bourg, qu'il faillit abimer entièrement, ayant rempli presque toutes les maisons de terre et de gravier jusqu'au second étage.

PRIEURÉ DE CHAMBAVE. L'église de St-Laurent, qui sert de paroisse à ce bourg et autres hameaux de son ressort, est un prieuré séculier possédé à titre de Commende depuis environ trois siècles. La paroisse est desservie par un économe *ad nutum*, de la nomination du prieur.

Ce bénéfice est de très ancienne fondation ; il remonterait, à ce que l'on conjecture, au temps où, par la piété et la libéralité des Marquis de Montferrat de la première race, a commencé la Prévôté de Saint-Gilles à Verrès. Ce qui parait certain, c'est que le Prieuré de Chambave a dû dépendre autrefois de cette Prévôté et qu'il a été quelque temps régulier sous sa direction, motif pour lequel on lui attribue les mêmes armoiries. Toutes les bulles des Prieurs qui en ont été successivement pourvus à titre de Commende, jusqu'à celles des plus modernes, font mention très-espresse de cette dépendance, sans parler de bien d'autres titres qui existent aux respectives archives de Verrès et de Chambave.

C'étaient les religieux de St-Benoit, de la célèbre abbaye de St-Béning de Fructuaire en Canavais, qui possédaient ce Prieuré dans les commencements, ainsi qu'on le collige des bulles du Souverain Pontife Clément IV, des ides de juillet (7 juillet) 1265; on y lit en effet ces paroles, dans l'endroit où est faite l'énumération des églises et bénéfices dépendant de l'abbaye : *Ecclesiam Cambavæ cum villa in Episcopatu Augustano*, etc.

Par acte du 24 avril 1618, capitulairement passé en chapitre de Saint-Gilles par devant le seigneur Prévôt Octave Dalbard, le Rév. sieur Marc-Antoine Dalbard, pour lors prieur de Chambave, a certifié et déclaré en la plus ample forme, avoir reconnu par les titres de son Prieuré, que celui-ci, ainsi que la cure d'Arnaz, était autrefois une dépendance de l'abbaye de St-Béning, et que ces deux bénéfices avaient été échangés environ trois cents ans auparavant, avec un abbé de cette abbaye duquel il ne désigne cependant pas le nom, contre d'autres bénéfices à sa bienséance dans le diocèse d'Ivrée.

CHATEAU DE CLY. L'ancien château de la Baronnie de Cly est situé sur une roche extrêmement élevée, tout à fait escarpée et inaccessible du côté de la plaine de Chambave à laquelle il fait face. Les vestiges et les murailles qu'on voit encore sur pied font conjecturer qu'il a été dans son temps assez considérable. Il a toujours été habité jusque vers le milieu du XVIIe siècle, où le Marquis de Caselles, ne s'accommodant pas de cette habitation sauvage, seule, sans voisins, sans dehors, éloignée de l'église, le fit démanteler, et en employa les matériaux à bâtir la maison qu'il a fait élever à l'entrée occidentale du bourg de Chambave. Cette maison, qu'on appelle de préférence le Palais, sert à présent de château à toute la juridiction.

C'est le seigneur Comte Jacques-Antoine Bergère, petit-fils du Comte Jacques-Antoine-Philibert ci-dessus nommé qui en est le possesseur actuel.

*Ajouté postérieurement d'autre main.*

Après sa mort, arrivée le 12 février 1772, cette juridiction a été contestée entre le seigneur Chevalier Jacques-Philibert Bergère, référendaire du Conseil d'Etat et des mémoriaux et depuis sénateur, et la Dame Thérèse-Béatrix Bergère de Vaudan, fille et héritière du défunt, et pour lors femme du seigneur Marquis Jean-Baptiste Gozani d'Olmo, de Casal. Un arrêt du Sénat de Turin, de l'an 1774, l'avait d'abord adjugée à Mme la

Marquise et au Marquis Charles-Antoine Gozani son fils. Mais le Chevalier ayant ensuite obtenu la révision de cet arrêt, les parties ont fini par en venir à une transaction, qui a été passée le 8 octobre 1778 et approuvée par le Sénat le 15 janvier 1779, et par laquelle M. le Chevalier a renoncé à ses droits moyennant la somme de vingt-deux mille livres.

## GIGNOD.

La Baronnie de Gignod est aussi une des Seigneuries les plus étendues du Duché, et une des plus considérables en nombre de terres. Sept clochers, soit autant de bonnes paroisses la composent : la principale est Gignod, qui donne son nom à la baronnie ; les autres sont St-Etienne, Etroubles, St-Oyen, St-Remy et Bosses, Allain et Doues.

Gignod et St-Etienne étaient autrefois sous la juridiction indivise des Seigneurs Archiery et de Gignod ; Allain, Doues et le Villair de Valpelline avec le ressort d'Ollomont, sous celle aussi indivise des Seigneurs de Gignod, de la Porte d'Aoste et de Dochan. Mais le Comte Amé, fils du Comte Thomas de Savoie, à qui la Vallée d'Aoste avait fait nouvelle adhérence, la leur ôta en 1240 et les obligea à lui en faire cession. Il est à croire que ce fut à cause qu'ils maltraitaient leurs sujets. Il leur laissa cependant leurs maisons fortes, biens nobles, censes, rentes, et la parité ; mais ces familles se sont dans la suite insensiblement anéanties.

En 1252, par acte du 27 mai reçu par le Notaire Barbery son Secrétaire, le même Comte Amé réalbergea ces jurisdictions au Sire Jacques de Quart ; mais elles se réunirent de nouveau à la Couronne, lorsque la ligne masculine des anciens Sires de Quart vint à faillir en 1378.

Le château et maison forte des Seigneurs de Gignod était posté sur la motte de terrain où s'élève à présent l'église paroissiale.

Selon la tradition, ce serait même du domaine de ces seigneurs que seraient sortis une partie des biens ruraux et censes qui dépendent aujourd'hui de cette église.

ETROUBLES, SAINT-OYEN, ST-RHEMY. — Les paroisses d'Etroubles, de Saint-Oyen et le ressort de St-Rhemy n'avaient point de seigneurs particuliers, au moins dont on ait pu avoir connaissance, lorsque la Vallée d'Aoste a fait adhésion à la Maison de Savoie. L'acte des franchises que le Comte Amé accordait à ceux de Saint-Rhemy et d'Etroubles sous la date du 24 octobre 1246, semble en faire foi, lorsqu'il dit : *Nos Amœdeus Comes Sabaudiæ notum facimus, quod nos promisimus bona fide, hominibus nostris Sancti Remigii et Etroubles quod non vendemus ipsos neque alio modo de manu nostra alienabimus, nisi forte contingeret quod nos alienaremus totam Vallem Augustam*, etc.

Ce qu'il y a de bien certain, c'est que depuis lors ces terres ont toujours été du domaine de nos Souverains, jusques à l'érection en baronnie dont il sera parlé ci-après.

Il y a pourtant apparence que les maisons *Archiery, de Gignio* et *de Porta* y ont eu quelque droit de supériorité, puisque ceux qui leur ont succédé par acquisitions ou par nouvelles investitures, exercent encore aujourd'hui la juridiction sur toute la voirie, soit grande route, depuis le ruisseau de Rumeyran jusqu'au sommet de la montagne du Grand St-Bernard, où sont les confins du Duché.

DOUES SEIGNEURIE. — La paroisse de Doues et la côte d'Allain ont formé, pendant près d'un demi-siècle, une juridiction particulière : Noble Nicolas La Crète, gentilhomme de Doues où il avait beaucoup de biens, ayant fait des épargnes dans des commissions où il avait été employé pour le service de la Couronne, avait acquis cette Seigneurie du Duc Charles-le-Bon, pour le prix de

1500 écus d'or d'Italie et sous grâce de rachat perpétuel, par contrat du 26 août 1543 reçu par le seigneur Pierre-Hercule Vuillet de Saint-Pierre, Notaire et Secrétaire de ce Prince. Ce fut alors qu'elle fut démembrée du mandement de Quart, dont elle avait fait partie jusque là, et cessa de dépendre du Château d'Oyace, duquel elle ressortissait depuis l'albergement de 1252 rappelé plus haut.

Le même Prince ayant ensuite inféodé, par contrat du 16 juillet 1551, le château et seigneurie de Quart avec toutes ses dépendances au seigneur Charles-François De Balbis, des Marquis de Cève, lui transporta aussi la faculté de pouvoir rédimer du seigneur La Crète la Seigneurie de Doues et de la Côte d'Allain. Mais le seigneur Charles-François ne se prévalut point de cette faculté.

Après sa mort, le seigneur Jules Phèbe, devenu Seigneur de Quart, ne se trouvant pas en état d'opérer ce rachat, et d'ailleurs, voulant reconnaître les services importants qu'il avait reçus du seigneur Jean-François La Crète, Secrétaire de S. A. I., lui fit don, cession et rémission du rachat de la Seigneurie de Doues. Le contrat en fut passé à Ivrée, aux mains du notaire Jean-François Scaglione, à de certaines conditions cependant, et entre autres, que le seigneur Jules Phèbe et ses enfants pourraient à perpétuité racheter la Seigneurie de Doues du dit seigneur La Crète, et pour le même prix de 1500 écus d'or d'Italie, mais uniquement pour la réunir au Mandement de Quart dont elle avait été démembrée, sans pouvoir l'aliéner à d'autres, et encore, qu'en tous les cas ce rachat ne se pourrait faire avant quinze ans révolus. Cette cession fut approuvée par patentes souveraines du 10 août 1574.

En vertu des droits dont il venait ainsi d'être revêtu, le seigneur Jean-François La Crète se hâta de faire opérer le rachat de la Seigneurie, qui était alors possédée par son cousin Aimé-Gaspard, fils et héritier de Noble Nicolas La Crête. La convention relative en fut faite et jurée entre les mains de Maître Philibert Arrayon le 10 septembre 1574, par noble François-Léonard de Vaudan, en qualité de Procureur du seigneur Jean-François.

Quant au Seigneur Jules-Phèbe De Balbis, bien loin de penser à réunir la Seigneurie de Doues et Allain à celle de Quart, ou du moins, d'en laisser le droit à ses enfants, il fit, quelques années après, un nouveau don, cession et rémission du droit de fonds en faveur du seigneur Secrétaire La Crête; et ce fut par contrat passé à Turin le 5 mars 1581, reçu par égrège Bonaventure-Philibert Bornyon, Notaire de la Cité d'Aoste.

GIGNOD BARONNIE. — Quelque temps après, en considération des bons services qu'il avait rendus au feu Duc Emmanuel-Philibert son père, et aussi à lui-même, spécialement dans la négociation de son mariage avec l'Infante Catherine d'Autriche, fille de Philippe II Roi d'Espagne, le Duc Charles-Emmanuel I$^{er}$ élevait le Secrétaire La Crête à la charge de Conseiller et de Premier Secrétaire d'Etat.

Parvenu à cette dignité, le Seigneur La Crête trouva que le simple titre de Seigneur de Doues n'était plus proportionné au degré d'honneur dont il jouissait; il lui en fallait un plus grand, au moyen duquel il pût figurer au milieu de la plus illustre noblesse.

C'est pourquoi ayant jeté les yeux sur les terres de Saint-Martin de Corléans, Saint-Etienne, Gignod, Etroubles, Saint-Oyen, Saint-Rhemy et Bosses, alors dépendantes du balliage, et qui faisaient une espèce de cercle autour de celles d'Allain et de Doues qu'il possédait déjà, il les demanda à son Souverain. Le Duc, qui ne pouvait rien lui refuser, les lui accorda en pur don, d'autant plus facilement que, quoique nombreuses en apparat de clochers, elles n'avaient que des revenus fort médiocres. Ceux-ci ne consistaient en effet qu'en quelques rentes de menus servis, plus la partie casuelle du greffe, et en outre ce que pouvaient produire les redevances de la moitié de la voirie de Mont-Joux et du péage ; mais ces redevances rendent peu de choses depuis la cessation du passage des grandes voitures ; on ne les loue à présent que L. 500 environ, et L. 1200 avec les revenus de Doues et Allain.

Le Duc Charles-Emmanuel érigea ces huit paroisses ainsi unies en titre et dignité de baronnie, avec la parité des terres, en faveur du seigneur La Crète. Il en fit expédier les lettres patentes d'investiture, signées de sa main, scellées de son grand sceau et contresignées Bruiset, en la ville de Chambéry, sous la date du 25 août 1584. Ces lettres, entérinées à la Chambre des Comptes de Piémont le 29 septembre suivant, portaient réserve de la faculté, pour lui et ses successeurs, de pouvoir au besoin démembrer une ou deux de ces paroisses sans déroger à la dignité de la Baronnie.

Tel était le crédit dont ce seigneur jouissait auprès du grand Prince son Souverain, que le 17 novembre de la même année, il en obtint encore de nouvelles lettres patentes par lesquelles il était expressément commandé aux Gouverneurs, Baillifs et autres officiers de lui donner, tant à lui qu'à ses successeurs, en tous Conseils généraux ou particuliers, en toutes assemblées, en tous actes publics ou privés, lieu et rang immédiatement après le dernier baron du Duché et avant tous les autres seigneurs Bannerets qui ne seraient pas décorés de ce titre, avec ordre au Secrétaire du pays de l'enregistrer dans ses registres, et au Procureur fiscal d'y tenir la main malgré toutes oppositions et appellations, et sans préjudice.

Armé de ces titres, le seigneur Jean-François La Crète fit d'abord prendre la possession de la Baronnie ; puis le 28 décembre de cette même année, il faisait présenter en Conseil général son privilège de préséance par maître Philibert Arrayon son procureur, immédiatement après qu'on eut appelé les seigneurs Barons de Fénis et de Chatillon. Le seigneur Gouverneur, requis de l'exécuter, se déclara prêt à obéir aux commandements de S. A. mais tous les autres Seigneurs se levèrent de leurs places et s'y opposèrent avec vigueur, demandant acte de leur opposition et en appelant au Souverain. Le Gouverneur ne put faire autre chose que de renvoyer les parties au Prince.

Les seigneurs Bannerets relevèrent leur appel par une supplique à laquelle souscrivirent Georges et Claude frères de Challand, Humbert, Louis et Pierre, cousins, Conseigneurs de Vallaise; Hercule et Jean-Humbert, Seigneurs de Pont Saint-Martin, Philibert de Nus, Jean-François Sarriod Conseigneur d'Introd, pour lui et pour son frère; Pierre-Gaspard Sarriod Conseigneur de La Tour, pour lui, le Seigneur de Saint-Pierre et les enfants du Seigneur Claude d'Avise; Prosper et Jean-Prosper de Leschaux, Seigneurs de Sarre, et enfin Louis Fabri, Conseigneur de Cly, tant en son nom qu'en celui de ses frères.

S. A. donna pour délégués aux parties le seigneur Marquis d'Este, Chancelier de Savoie, M. de Leny et M. le Grand Maître de Savoie par devant lesquels on contesta pendant quelque temps. Il ne paraît cependant pas que, du vivant du Baron La Crète, il s'ensuivît aucune sentence, quoique ce seigneur eût encore obtenu de son Souverain une nouvelle provision confirmative, en date du 7 octobre 1586.

Après sa mort, le différend est resté indécis. Les barons de Gignod de la maison Pallavesin, qui lui ont succédé, ont été longtemps appelés hors rang, et après toutes les comparaissances des seigneurs et sujets, sans autre décision. Il en fut ainsi jusqu'au Conseil Général du 12 janvier 1632, où le seigneur Marquis Charles-Emmanuel Pallavesin, Baron de Gignod, fut appelé et prit rang immédiatement après les Maisons de Nus, de Quart et de Cly. Cet ordre fut toujours maintenu depuis, malgré les oppositions des autres seigneurs Vassaux, et malgré la tentative que fit en conseil général du 26 avril 1694 le Marquis François-Marie-Adalbert Pallevesin, Grand Ecuyer et Chevalier de l'Ordre de l'Annonciade, de renouveler la première prétention et prendre rang immédiatement après les Barons de Vallaise.

On peut juger, par les mariages qu'il fit de ses deux filles aînées sur la fin de 1586, de la grande fortune qu'avait faite en si peu d'années le seigneur Baron Jean-François La Crête. Il maria la première, Marie, dans la maison du Seigneur Impérial Doria, Marquis de Dolceacqua, et Anne, la seconde, dans la maison Pons, Marquis de Voghera. Il assigna à chacune d'elle une dot de dix-huit mille écus d'or, sommes des plus considérables dans ce temps-là. Mais cela finit tristement; il eut la douleur de les voir mourir toutes deux sans enfants, en peu de mois; lui-même ne leur survécut que jusqu'en 1588.

M.me Anne sa veuve et la Dlle Philiberte sa troisième fille prirent de nouvelles investitures de la Baronnie, en date du 13 juillet 1589, par patentes du même Duc Charles-Emmanuel, la première pour l'usufruit seulement et la seconde pour la propriété.

Ce fut donc à celle-ci que passa la Baronnie de Gignod à la cessation de l'usufruit. Ayant ensuite épousé le Marquis Adalbert Pallavesin, elle la transmit dans cette famille.

De ce mariage est sorti le seigneur Charles-Emmanuel Pallavesin, qui fut Baron de Gignod après sa mère, avec obligation pour lui et les ainés de sa descendance de porter le nom et les armoiries de La Crête, ainsi que l'avait ordonné par son testament le seigneur Baron Jean-François.

La Baronnie de Gignod a continué après lui et continue encore d'être possédée par cette illustre famille.

Le seigneur Victor-Maurice, Marquis Pallavesin, en prit de nouvelles investitures de S. A. R. le Duc Charles-Emmanuel II, par patentes du 13 septembre 1651, aussi bien que du droit de péage qui s'exige à Etroubles et à Saint-Rhemy, conformément aux investitures précédentes.

La Baronnie a passé ensuite au seigneur Dom François-Marie-Adalbert Pallavesin, Marquis de Frabousc, Grand Ecuyer et Chevalier du Grand Ordre de Savoie, et après lui, à la Dlle Anne-Victoire Pallavesin, fille unique de son fils Charles-Emmanuel prédécédé.

La Dlle Anne-Victoire en a pris possession après la mort de son aïeul, en vertu des primogénitures établies par le Baron Jean-François La Crète et par la Marquise Philiberte Pallavesin sa fille. Pour que la Baronnie ne sortît pas de la famille, et pour ne pas diviser l'hoirie et la maison du Seigneur Dom François-Marie-Adalbert, on a fait épouser à cette noble demoiselle, par dispense, le seigneur François Pallavesin, fils ainé de son grand-oncle le Seigneur Charles-François Pallavesin, Président au Sénat de Nice.

Depuis lors, le Seigneur François Pallavesin, officier de première volée dans les troupes du Roi, a pris le titre de Marquis Pallavesin La Crète, et jouit, avec son épouse, de la Baronnie de Gignod et Seigneurie de Doues.

# CHATELARGENT

Le Mandement de Chatelargent, composé des paroisses de St-Pierre, St-Nicolas de Sivoies, Villeneuve, Valsavaranche, Introd, St-Georges et Notre-Dame dans la vallée de Rhême et Arvier, auxquelles s'ajoutaient encore Sarre et Chesalet, jusqu'au torrent de *Cloznoz* (Clouneuf), était autrefois sous la jurisdiction indivise des Seigneurs de Bard et des Seigneurs de St-Pierre.

Les premiers la tenaient à fief de l'empire.

Hugues *de Bardo* et les frères Hugues, Guillaume et Eméry *de Sancto-Petro* avaient donné leur consentement au premier traité de dédition (1191) et juré fidélité au Comte Thomas de Savoie.

Les Seigneurs de St-Pierre persévérèrent dans la foi jurée, et furent laissés en paix dans leur portion de fief ; mais lors de la seconde dédition, Hugues de Bard et les siens refusèrent de faire nouvelle adhérence. Nous avons déjà raconté en son ordre (V. Bard) comment le Comte Amé contraignit en 1242 le Seigneur Hugues, avec ses fils Marcus et Aymon et son frère Anserme, à lui faire cession de leur part du fief de Chatelargent, et comment, pourquoi et à quelles conditions il en rendit ensuite une portion à Marcus ou Marco, tige des Seigneurs de Sarriod et une autre portion à Jacques fils d'Aymon, tige des anciens Seigneurs de Sarre.

Ce Seigneur Marcus, fils d'Hugues de Bard est enterré au cimetière de St-Ours. C'est de lui qu'étaient issus les frères Pierre, Aymon, Mathieu et Hugues, chevaliers

Seigneurs de Sarriod. Outre les actes et titres cités à propos de la maison de Bard, cette descendance se prouve encore : 1° Par une donation que fit Aymon à l'église de Ste-Hélène de Sinsod à Sarre, d'une cense annuelle de dix setiers de blé imposés sur une pièce à Introd, sous la date de la série VI du mois de juin sans désignation d'année, donation qui fut ratifiée par le Seigneur Marcus son père, par ses frères Hugues et Pierre, par Mme Nodrade sa femme et par sa sœur Bruffe ; 2° par deux anciens procès, l'un tiré de la grosse du Seigneur de Chambéry, et l'autre agité par devant la Cour de l'officialité d'Aoste, en 1292, aux mains de Pierre Quartoxoz clerc notaire du Sacré Palais, entre le seigneur Jacques de Sarre, Uldricus ou Gilbertus prieur de Saint-Ours et Vualter curé de Saint-Maurice de Sinsod à Sarre, touchant la sépulture de la dame Alasie femme de ce seigneur.

Le Chevalier Pierre Sarriod, Seigneur d'Introd, prit de nouvelles investitures de son fief en septembre de 1253, du Prince Thomas de Savoie, Comte de Flandre et de Hainaut, comme tuteur du jeune Comte Boniface son neveu. La pièce originale est scellée d'un côté du grand et ancien sceau de Savoie au chevalier à cheval, et de l'autre, du lion rampant des armoiries de Flandre.

Le Seigneur Pierre n'eut point d'enfants; il fit donation de ses biens à son neveu Vuillerme, fils d'Aymon. C'est de ce Vuillerme que sont descendus en droite ligne les Seigneurs actuels d'Introd et de la Tour.

De ces quatre frères chevaliers Sarriod, les deux premiers conservèrent seuls leur seigneurie en Chatellargent; Mathieu, le troisième, vendit sa portion au noble chevalier Guide Gontar, qui en passa reconnaissance au Comte Amé dit Le Grand par acte du samedi après la St-Michel de l'an 1287, reçu par Vuillerme des Bons; le quatrième, Hugues, vendit la sienne au Comte Amé.

Le Seigneur Jacques de Sarre céda au Comte Philippe de Savoie la juridiction qu'il avait sur une partie du ressort de St-Nicolas et sur la Villeneuve de Crétaz, en échange du rivage de la Doire depuis la droiture de l'église de St-Jaquème jusqu'au torrent de Clouneuf. Il obtint en outre, en augmentation de son fief de Sarre, la moitié du ban des usuriers et des bâtards.

Le Comte le lui inféoda pour cinquante livres viennoises, et moyennant cette somme, il lui remit et pardonna encore certains excès pour lesquels il avait encouru des bans. L'acte en fut reçu par Jacques Bonnet, notaire du Sacré Palais, le 6 des ides de juin (18 juin) 1277 et se trouve uni aux pièces du procès dont il a été parlé ci-dessus.

Les maisons nobles de Saint-Pierre et des Gontar s'étant dans la suite subdivisées entre plusieurs frères et cousins, les Comtes de Savoie continuèrent d'acquérir de petites portions de cette seigneurie.

Hugues de *Sancto Petro* et ses trois fils vendirent la leur au Comte Amé.

Pierre et Danizel, fils de Vuillerme *De Sancto Petro*, ayant vendu une autre portion au seigneur Jean fils de Jacques de Sarre pour cent soixante livres viennoises, ce seigneur en aliéna le rachat perpétuel au Comte de Savoie, auquel resta aussi la propriété par la mort sans enfants de Louis, dernier Seigneur de Sarre.

Humbert fils de Rollet Gontar, et Jacques, Albert et Vionin frères Gontar en vendirent encore une autre portion au même Comte Amé.

Les frères Aymery et Aymonet, fils de Godefroy Gontar, ayant par contrat du 15 mars 1355 vendu une portion de la même seigneurie au Sire Henri de Quart, ainsi qu'on l'a déjà rapporté, elle se réunit elle aussi à la Couronne à la mort de ce seigneur.

C'est ainsi que se forma peu à peu la juridiction des

Comtes de Savoie sur les terres dépendant du mandement de Chatelargent. Ils purent bientôt en composer une châtellenie, dont les baillifs avaient la direction.

Il ne restait aux Seigneurs de Sarriod que les portions de Pierre et Aymon fils de Marcus de Bard; aux Seigneurs de Saint-Pierre, le droit et portion que le Comte Amé dit le *Pacifique* réinféoda en 1409 à Jean fils d'Antoine *de Sancto Petro*, acte reçu par Jean Ballay Secrétaire de ce Prince; à Pierre fils de Vuillermet de Merlin Gontar, *simple et furieux* (1), le droit de son aïeul Merlin; enfin aux nobles Nerii, la portion que Vuillermet fils d'Albert Gontar avait vendue par contrat du 14 septembre 1397, Pierre Pepelin notaire, à Boniface Nerii, de Morgex, bourgeois de Villeneuve et commissaire des extantes du Souverain au mandement de Chatelargent, vente ratifiée par le Comte Amé le 28 octobre suivant, et que ce même Prince, devenu Duc, confirma plus tard en faveur de noble Urbain Nerii fils de Boniface.

Mais ces jurisdictions ainsi possédées en commun, donnaient lieu à de fréquentes contestations entre les parts-ayants; c'est ce qui détermina le Duc Amé à les séparer et à donner à chacune des confins certains; il le fit par acte du 8 septembre 1436, dans les termes suivants :

« *Amœdeus Dux Sabaudiæ etc. universis modernis*
» *et posteris serie præsentium fiat manifestum quod cum*
» *jurisdictio Castri Argentei in sex parrochiis, videliscet*
» *Sanctæ Mariæ Villæ Novæ, Sancti Petri Castri Ar-*
» *gentei, Sancti Nicolai de Sivoies, Arverii, Introdi*
» *e Remæ, procedendo a jurisdictione seu territorio de*
» *Sarro et Amavillæ usque ad jurisdictionem seu terri-*
» *torium Avisii, ab utraque parte Duriae, protenderetur,*

---

(1) Détour respectueux pour exprimer que ce noble rejeton des seigneurs Gontar était un crétin.

> *jam aliquandiu fuisse et esse per praeventionem, prae-*
> *occupationemque, aut aliter indivisa et communis inter*
> *nos ex prima, nec non dilectos, fideles Franciscum,*
> *Petrum, Ludovicum et Antonium Sariodi, fratres,*
> *filios et hæredes defuncti nuper Ybleti Sariodi Domi-*
> *ni Introdi, Joannem Sariodi eorum patruum Dominum*
> *Turris Sariodorum ex secunda, Humbertum de Sancto*
> *Petro, suo et nominibus fratrum et nepotum suorum*
> *accuratorio nomine Petri filii Vuillermeti Merlini*
> *Gontardi dementis, etiam Urbani Nerii, velut causam*
> *habentem Vuillermeti filii Alberti Gontardi quondam*
> *ex tertia partibus, per quam quidem jurisdictionem*
> *communem etc.*

VILLENEUVE. — Le bourg de Villeneuve était autrefois comme la capitale de tout ce mandement. C'était là que les Souverains faisaient tenir leur Cour de Justice de la Châtellenie, dont ressortissaient aussi, depuis les partages mentionnés ci dessus, Arvier, Valsavaranche, et partie de St-Nicolas et d'Introd. Les Baillifs d'Aoste en étaient toujours les châtelains. Ils avaient la charge d'en faire recouvrer les revenus, desquels ils rendaient compte au Souverain, par devant les maîtres auditeurs qui accompagnaient sa personne.

Aussi, ce petit bourg, quoique situé dans un lieu si désagréable, pressé d'un côté par la Doire et de l'autre par d'affreux rochers qui semblent devoir l'écraser à tout moment, ne laissait-il pas d'être pour lors de quelque considération; on y comptait un certain nombre de familles nobles et d'autres personnes aisées, que cette Justice, la commission des fiefs dépendant de la Seigneurie, le grand passage des marchandises d'Italie en France, ses foires et ses marchés y faisaient subsister honorablement.

Villeneuve jouit bien encore à présent de ce dernier droit de foire et de marché; ses habitants l'ont fait reconfirmer du temps de la régence de Madame Royale la Duchesse Jeanne-Baptiste, par patentes du 7 février 1681 entérinée en Conseil des Commis le 30 juin suivant ; mais cette bourgade n'est plus que l'ombre de ce qu'elle a été autrefois ; elle est presque déshabitée ; les meilleures maisons s'en vont peu à peu en ruines, car leurs propriétaires actuels ne sont pas dans des conditions de fortune qui puissent leur permettre de les relever ou même de les soutenir.

L'église paroissiale de Villeneuve est dans une situation fort incommode. Il faut que les habitants l'aillent chercher à presque un quart de lieue de distance, sur un roc un peu élevé ; et ils sont obligés pour cela de passer et repasser deux fois la rivière sur deux différents ponts, ou bien de monter et descendre par un chemin rempli de précipices, au travers du rocher sur lequel est bâti le vieux château.

MAISON SARIOD. — Les Seigneurs de Sariod avaient leur juridiction sur la portion d'Introd dite *le Plan*, *les Buillets* et *Ansermets*, sur toute la vallée des Rhêmes et sur une partie des paroisses de Saint-Nicolas et de Saint-Pierre.

Ils avaient en outre une portion du château de Chatelargent, et du temps qu'il était habitable, ils y faisaient aussi leur demeure. On en trouve mention expresse dans le testament fait en 1279 par le Chevalier Vuillerme Sariod Conseigneur de Chatelargent, en présence de Simon Evêque d'Aoste, étant malade dans une chambre supérieure de ce même château :

« *Nos Simon Dei miseratione Episcopus Augustensis,*
» *universis praesentes litteras inspecturis vel audituris,*
» *salutem cum notitia rei gestae, noveritis quod Domi-*
» *nus Vuillermus Sariodi de Castro Argenteo miles,*
» *in nostri praesentia constitutus, suum testamentum*
» *fecit, condidit et ordinavit in modum qui sequitur, etc. »*

Et plus bas :

« *Item volo, praecipio et ordino quod Domina Leonarda uxor mea post decessum meum, habeat, teneat et regat sicut Domina in vita sua, totam domum meam in Castro Argenteo in qua moror, etc.* ».

Et à la fin :

« *Actum apud Castrum Argenteum, in domo dicti Vuillermi, in camera superiori nuncupata magna ala die veneris post festum Sanctorum Petri et Pauli Apostolorum, anno Domini millesimo ducentesimo septuagesimo nono.* »

Les Seigneurs de Sariod étaient restés longtemps unis entre eux, tenant leurs fiefs sous la seule dépendance du Château d'Introd.

Dans la suite ils se partagèrent en deux branches, formant deux familles distinctes. Cette séparation commença vers la fin du xive siècle, avec Yblet et Jean fils de Louis Sariod. Yblet, l'aîné, eut pour sa portion la vallée de Rhêmes et Introd avec son château, et prit le nom de Sariod d'Introd. Jean eut la moitié de la juridiction de Saint-Pierre et celle de Saint-Nicolas de Sivoies ; il se fit bâtir un château, soit maison forte, en dessous du bourg de Saint-Pierre, dans un endroit où il y avait déjà une tour avec de grands biens aux environs, qu'on appelait la Tour des Sariod, et prit le nom de Seigneur de la Tour.

L'aîné garda sans aucun mélange les armoiries de la famille des Sariod, qui sont un champ d'argent à la bande d'azur chargée de trois lionceaux d'or ; le Seigneur de la Tour les distingua par une tour de gueules maçonnée de sable dans le canton senestre de l'écu, ainsi qu'il avait été convenu entre eux.

Les listes de leur partage, faites le 3 mars 1418, ont été réduites en contrat, sous la date du 18 janvier 1420 et ratifiées par le Duc Amé le 20 du même mois,

**MAISONS DE SAINT-PIERRE ET GONTAR.** — La jurisdiction des anciens Seigneurs *de Sancto Petro* et des Seigneurs Gontar, avant le partage fait en 1436 entre le Souverain et les autres seigneurs, ne consistait qu'en la douzième partie du territoire existant depuis les Crêtes de Saint-Jaquême près de Sarre jusques au fossé de Sivoies, et depuis la Doire jusqu'au sommet des monts. Ils possédaient cette jurisdiction par indivis avec les autres partsayants, ainsi qu'on peut le relever, soit de la reconnaissance reçue par Jean De Villa Notaire Impérial, que le Seigneur Hugonet de *Sancto Petro* en fit au Comte Amé le 9 avril 1321, soit de la réinféodation fait par le Comte Edouard aux nobles de Gontar le 6 décembre 1326.

Ensuite du partage, elle fut restreinte à la moitié ou un peu plus du bourg et paroisse de Saint-Pierre en Chatelargent avec quelques hameaux, et chacune des deux familles eut sa maison forte séparée et indépendante. Mais ce ne fut pas pour longtemps; car les Gontar vinrent à faillir peu à peu par la mort du dernier mâle de cette famille, l'imbécile Pierre.

Humbert de *Sancto Petro*, son proche parent, et qui avait aussi été son administrateur, hérita de sa portion et de ses droits. Il dégagea aussi en même temps la portion que Vionin, fils de Jacquemet, ou soit Guillermet Gontar avait engagée à noble Urbain Nerii, gentilhomme originaire de Morgex et établi à Villeneuve.

Pierre de *Sancto Petro*, fils aîné d'Humbert, succéda à son père, et reconnut ces portions à la Couronne par acte du 8 mars 1470, reçu par Pierre Henrici, Commissaire des Extantes du Souverain, avec Louis et Gaspard ses frères, et encore Jean et Jacques leurs oncles, fils de Jean d'Antoine de *Sancto Petro*. Il mourut sans enfants vers la fin du XVe sièle. Toute la jurisdiction de ces deux familles se réunit alors en la personne de son oncle Jacques, qui fut le dernier seigneur du nom de *Sancto Petro.*

Le Seigneur Jacques n'avait eu de son mariage que deux filles. Françoise l'aînée était un peu pesante et matérielle ; elle décéda sans alliance, du vivant même de son père ; elle avait cependant vu s'accomplir le mariage de sa sœur cadette Guillermine avec le Seigneur Jean Vuilliet, Conseiller, Maître Auditeur en la Chambre Souveraine des Comptes de Savoie, Maître d'Hôtel et Premier Secrétaire d'Etat de S. A. R. le Duc Charles le Bon.

Ce fut par contrat du 12 septembre 1507, passé en présence de ce Prince, que le Seigneur Jacques de Sancto Petro, Conseigneur de Saint-Pierre en Chatelargeut et de la Tour des Crêtes, maria sa fille Guillermine, qu'il tenait comme fille unique et son héritière, au Seigneur Jean Vuillet.

En cette considération, et nonobstant la nature et rectitude du fief masculin, à laquelle il dérogea par autre acte du même jour joint au précédent dûment signé et scellé du grand sceau à cheval, le Duc en inféoda le Seigneur Jean Vuillet, conjointement avec Guillermine de Sancto Petro sa future épouse, pour en jouir après la mort de son beau-père, et aux mêmes conditions.

Ces deux contrats furent reçus par noble Pierre Troillet Notaire public et Secrétaire privé du Souverain. Voici quelques passages de l'acte d'inféodation :

« *Ad habendum, et quidquid eisdem nobilibus Joanni*
» *et Guillerminæ jugalibus futuris suisque haeredibus*
» *et successoribus quibuscumque in perpetuum et habi-*
» *turis causam ab eis placuerit perpetue faciendum, abs-*
» *que contradictione Domini nostri Sabaudiae ducis*
» *praesentis et ita volentis et fieri mandantis etc., in*
» *nobile et gentile avitunque ac paternum feudum etc.,*
» *praenominato Joanni Vulliet recipienti pro se et suis*

» *praedictis habentibus et habituris causam ab eis, et*
» *quibus dare et concedere voluerint, tam in testamento*
» *quam extra, videliscet supradictum Castrum, locum,*
» *castellaniam et mandamentum praedicti loci Sancti*
» *Petri, aedificii, solo fossatis et fortalitiis, nec non cum*
» *mero et mixto imperio etc., et quidquid eorum haere-*
» *dibus et successoribus quibuscumque masculis et femel-*
» *lis et quibus dare et concedere voluerint etc. cum ense*
» *etc. dictum Joannem Vulliet suo et conjuncto nomine*
» *dictae ejus sponsae et uxoris futurae investivit*, etc.

Pour donner plus de force à cet acte, le Seigneur Jacques fit encore l'année suivante, en faveur de son beau-fils, une donnation de tous ses biens. Le contrat en fut reçu par égrège Guillaume Pœnceti, notaire de Salanches, et porte la date du 15 septembre 1508.

Après quoi, il obtint de S. A. ratification de l'investiture et quittance des laods, par patentes du 1er avril 1509.

Le Seigneur Jacques jouissait encore de plusieurs autres biens, censes et décimes qu'il tenait à fief noble de l'Eglise, et entre autres, du considérable grangeage existant sur le revers du château de Saint-Pierre et dépendant de la directe de la mense épiscopale, moyennant la cense de trois perdrix, deux fidélités liges et huit livres de plait lorsqu'il échéait. Ils s'en firent renouveler les investitures, lui et son beau-fils, par la reconnaissance qu'ils jurèrent au Révᵉ Seigneur Evêque Hercule *de Azilio* le 10 octobre 1509 et dont voici les termes :

« *Concessit in feudum ad feudumque perpetuum,*
« *nobile, antiquum et paternum, nomineque perpetui,*
» *antiqui et paterni feudi investiendo de novo ut moris*
» *est traditione sui annuli, praefatis nobilibus et potenti-*
» *bus Dominis Jacobo de Sancto Petro et Joanni Vulliet*
» *ejus genero, praesentibus stipulantibus et solemniter*
» *recipientibus pro se et suis liberis masculis et in de-*

» *fectu masculorum femellis, et cuilibet eorumdem et*
» *cui perpetuo acciderit ad formam contractus inter eos*
» *initi etc.*

Ces investitures furent renouvellées par le Rév⁰ Seigneur Evêque Amédée *De Berrutis* le 10 octobre 1514 ; elles le furent encore une autre fois, en faveur de Jean Vulliet seul, après la mort de son beau-père, le 5 mars 1529, par le Rév⁰ Pierre Gazin.

Le droit patronat de l'église de St-Pierre avait aussi été inféodé par la Mense épiscopale en faveur des nobles de *Sancto Petro* : le Seigneur Jean Vulliet le fit confirmer à sa famille en 1505 « *pro se et masculis inde faeminis* » par bulle du Pape Léon X fulminée le 25 avril 1517.

Non content de toutes ses précautions, et voulant que son beau-fils pût amplement et sans difficulté entrer en jouissance de tous ses biens, le Seigneur Jacques de *Sancto Petro* fit encore en sa faveur un testament, reçu par égrège Louis Guichard, notaire, le 28 avril 1513, et l'institua son héritier universel.

Enfin pour que tout concourût à l'entier établissement de sa famille en Vallée d'Aoste, le même duc Charles accorda à Jean Vulliet, pour lui et ses hoirs mâles de lui descendant, jusqu'à l'infini, la parité des terres, sous les mêmes conditions que la tenaient les Seigneurs de *Sancto Petro*, et ce, par patentes données à Chambéry le 24 mai 1516.

Le Seigneur Jean prit effectivement possession de la parité, par acte du 23 janvier 1518, fait et dressé par noble Claude Ruffier Vibaillif d'Aoste, et scellé du sceau du bailliage. Il fit encore confirmer tout cela par autre acte du 1ᵉʳ février suivant, signé Savinis secrétaire ducal.

Ayant ainsi tout disposé, le Seigneur Jacques de Sancto Petro vécut encore bon nombre d'années auprès de ses enfants et de ses petits-enfants. Il mourut le 29 février 1529.

Après son décès, le Seigneur Jean Vulliet se fit nouvellement inféoder du fief et jurisdiction de Saint-Pierre en Chatelargent, avec ses dépendances, par lettres patentes du pénultième de novembre de cette même année 1529, reçues et signées par noble Claude-Antoine de la Porte, Secrétaire ducal. Par le même acte, il fit ériger ce fief en titre de primogéniture pour son premier-né, et les premiers-nés qui descendraient de son premier-né jusqu'à l'infini, et en cas de défaut des mâles, la fille aînée qui se trouverait la plus prochaine à succéder *pro tempore*, et l'aîné de ses descendants à perpétuité.

Il confirma cette primogéniture par son testament du 10 décembre 1539, reçu par noble Jean Maillet comme notaire, avec les inhibitions les plus fortes de rien pouvoir aliéner des biens ainsi consignés et constitués en primogéniture, tant féodaux de la Couronne que de la mense épiscopale, *ad formam investiturarum ducalis et episcopalis*.

Le Seigneur Vulliet en passa plus tard nouvelle reconnaissance à la Couronne en cette conformité, par acte du 30 septembre 1547, aussi reçu et signé par noble Jean Maillet, Commissaire député au renouvellement des extantes dans le bailliage d'Aoste et la châtellenie de Chatelargent : dans lequel acte de reconnaissance, on trouve amplement ténorisé tout ce qui vient d'être exposé ci-dessus, aussi bien que ce en quoi consistaient les portions de jurisdiction dépendant du château de Saint-Pierre, avec le détail des terres, confins, censes, devoirs féodaux et plaids dus pour cet objet à la Couronne.

Le Seigneur Charles Vulliet, fils aîné de Jean, fut héritier de la seigneurie en vertu de la primogéniture ; et après lui, le Seigneur Jean Pierre Vulliet son aîné.

Celui-ci ne tarda pas à en aliéner la plupart des biens-fonds et des censes les plus liquides, jusqu'aux émoluments du greffe, le tout pourtant sous grâce de rachat perpétuel.

Voyant cette dissipation, son cousin Jean-René, fils de Pierre-Hercule Vulliet, comme son plus proche parent et agent, se fit, lui vivant, déclarer par ses curateurs et par arrêt du Sénat de Piémont, en date 9 décembre 1602, successeur nécessaire au fief et juridiction de St-Pierre. Mais à peine eut-il obtenu cet arrêt, qui lui assurait la succession de la primogéniture, que ses curateurs, pour faire plaisir et service à celui à la bienséance duquel ils étaient et qui les recherchait sous main, engagèrent le Seigneur Jean-René à présenter un placet à son Souverain pour lui demander de pouvoir vendre le fief, s'appuyant sur la considération qu'il était le dernier qui fût appelé à en jouir, qu'il n'avait pas le moyen de racheter les biens aliénés par son cousin à moins de sacrifier son propre patrimoine, ni de payer les dettes à la restitution desquelles il était obligé, et sans oublier encore que s'il venait à décéder sans enfants mâles, ses héritiers en seraient exclus. Il obtint cette permission par décret du 19 février 1603.

C'est en exécution de ce décret que le jeune Seigneur Jean-Réné Vulliet, majeur de seize ans et mineur de vingt-cinq, assisté de ses curateurs et avocats, et par devant un sénateur député par le Souverain, vendit par contrat du 13 mars 1603, au Seigneur Pierre-Léonard Roncas, Conseiller, Ministre et premier Secrétaire d'Etat de S. A. S. et Seigneur de Chatelargent, le château et seigneurie de Saint-Pierre, biens féodaux, allodiaux et tous autres droits en dépendant, avec pouvoir de retirer et racheter des tiers possesseurs les biens aliénés et vendus par son cousin le Seigneur Jean-Pierre. Cette vente fut faite pour le prix de cent mille écus de soixante sols de Savoie pièce, que le Seigneur Roncas promit de payer dès que le Seigneur Jean-René trouverait un ou plusieurs fonds pour les y employer du consentement de l'acheteur.

Le Seigneur Pierre-Léonard Roncas fit cette acquisition pour avoir un château à sa seigneurie de Chatelargent (car le château de ce nom n'était plus habité), et pour en augmenter les revenus, afin de pouvoir la faire ériger en Baronnie, ainsi qu'on le dira plus avant.

Tout cela se fit nonobstant les inhibitions fidéicommissaires et la primogéniture en faveur des aînés, laquelle n'est allée que tout au plus à la troisième génération, au préjudice des autres agnats des branches collatérales, qui en auraient pu soutenir le lustre : ce qui fait voir que plus on pense rendre un héritage indivisible et permanent, plus tôt il se dissipe.

Les terres qui composaient autrefois l'ancien mandement de Chatelargent, sont aujourd'hui désunies et forment trois juridictions séparées et distinctes.

CHATELARGENT BARONNIE. — La baronnie de Chatelargent tient le premier rang parmi ces trois seigneuries. Elle possède Villeneuve, qui jouit, ainsi qu'on l'a déjà rapporté, du privilège de foire franche faisable le 13 octobre de chaque année et d'un marché toutes les semaines. Ce privilège lui a été confirmé par concession souveraine du 6 février 1681 entérinée au Conseil le 20 juin suivant (1). La foire va encore se soutenant, mais quant au marché, il est entièrement tombé depuis que le passage des grandes voitures a cessé.

Les autres paroisses de la Baronnie sont Arvier, Valsavaranche, la moitié ou un peu plus d'Introd, soit les ressorts des Combes et des Villes, et encore la moitié environ du bourg et paroisse de Saint-Pierre, avec la maison forte des anciens Seigneurs de Sancto Petro.

C'est à présent cette maison forte qui sert de château à la Baronnie; car pour ce qui est du vieux château

(1) En parlant de Villeneuve, dans ce même chapitre, de Tillier avait dit 7 février et 30 juin.

commun à tous les conseigneurs du mandement, il y a longtemps déjà qu'on l'a laissé tomber en ruines.

L'ancien château était posté sur une haute roche, au dessus de Villeneuve ; c'est un endroit d'où l'œil embrasse une grande étendue de pays ; mais il n'est environné de toutes parts que de précipices et d'affreux rochers, sur lesquels il n'y a pas seulement assez de terrain pour nourrir un petit buisson, ni une goutte d'eau pour l'arroser, tant ce lieu est sec, stérile, infructueux et battu du vent (1). Selon qu'on peut en juger par les vestiges de murailles qui se découvrent dans toute la circonférence inégale du rocher, il devait être d'une très vaste étendue et à peu près imprenable, avant qu'on eût introduit l'usage de la poudre. Il faut qu'il ait été abandonné depuis très longtemps, car il est à présent tout en ruines. De tous les anciens bâtiments, il n'y a plus rien en entier, si ce n'est une haute tour ronde, et tout auprès une citerne toute creusée dans la roche vive. Cette citerne servait apparemment aux seigneurs à réduire les vins de la jurisdiction, lorsqu'elle était toute unie, ou de magasin à vin en temps de guerre ; car on y distingue encore parfaitement, après tant de siècles révolus depuis que le château est déshabité, le tartre attaché aux parois du rocher.

Dans la partie la plus élevée de l'enceinte, on voit encore les vestiges d'une chapelle. Quelques tables de marbre, deux entre autres portant des inscriptions latines, traînaient sur ces débris. Sur la principale de ces tables on lisait le nom de Petilius plusieurs fois répété. Or, ce nom fut porté par une des familles les plus illustres et les plus considérables de l'ancienne Rome, non

(1) Si ceci est exact, les choses ont bien changé depuis, car aujourd'hui, non seulement les vignes arrivent jusqu'au pied des vieilles murailles, mais depuis quelques années un beau vignoble occupe toute l'enceinte même du château.

seulement dans l'ordre des citoyens et des chevaliers de cette fameuse et puissante nation, mais encore parmi les familles sénatoriales et consulaires. Ce qui autorise à conjecturer, qu'après l'entière défaite des Salasses, et après que Terentius Varron, général de l'empereur Auguste, eut fait aux capitaines et aux soldats qui l'avaient suivi dans cette expédition, le partage des biens et de la dépouille du peuple vaincu (1), quelque seigneur de cette famille a pu s'établir dans cet endroit et jeter les premiers fondements du château ; ou tout au moins, il y aurait consacré quelque monument à la gloire de sa famille.

Cette dernière opinion paraît la plus probable, si l'on veut bien considérer que ce qui reste encore sur pied de cet ancien bâtiment quoique exposé depuis plusieurs siècles à toutes les injures de l'air et aux changements des saisons, n'a cependant rien de comparable à la solidité et à l'architecture des ouvrages que les Romains ont élevés dans notre Vallée. La chapelle paraît d'ailleurs plus moderne que le reste, et selon toutes les apparences, elle fut consacrée au vrai Dieu; car on peut encore reconnaître au fond les vestiges d'un autel, et sur les parois, des restes de peintures représentant des saints.

Cet autel a été démoli par la convoitise de ceux qui ont fouillé jusque dans ses fondements, et même percé en plusieurs endroits la tour ronde, dans l'espérance d'y trouver des trésors cachés.

La table de marbre portant l'inscription, quoique un peu usée et rompue en deux pièces, est assez grande, et relevée par les ornements dont les Romains avaient

---

(1) Je n'ai pu m'empêcher de modifier ici, outre le style toujours déplorable, les expressions même du bon De Tillier, qui semble n'avoir d'admiration que pour le peuple conquérant. Le manuscrit porte :
« ... fait aux capitaines et aux soldats Romains qui avaient été à sa
» suite les compagnons de ses victoires et de ses triomphes sur ces
» peuples rebelles le partage de leurs terres et de leurs dépouilles,
» etc. »

coutume d'embellir leurs monuments. Elle est malheureusement restée trop longtemps dans cette chapelle ; mais présentement elle n'y est plus, car le Seigneur Marquis de Saint-Georges Baron de Chatelargent, ne voulant pas laisser perdre ce précieux monument, l'a fait transporter au château de Saint-Pierre.

La seigneurie de Chatelargent, dont la Couronne de Savoie avait eu tant de peine à rassembler et acquérir les différentes portions, sortit de son domaine en 1598. S. A. S$^{me}$ le Duc Charles-Emmanuel I$^{er}$ la vendit et l'inféoda, par patentes du 18 février 1598 entérinées à la Chambre des Comptes le 7 août suivant, en faveur du Seigneur Pierre-Léonard Roncas son premier ministre et secrétaire d'Etat, pour le prix de six mille écus d'or. L'entérination porte la désignation de l'emploi de ces deniers, fait au profit de la Couronne. Le Duc fit cette cession sous pacte de rachat perpétuel faisable pour le prix de huit mille écus d'or, ayant fait donation des deux autres.

Chatelargent ne portait pour lors que le titre de simple seigneurie. Mais depuis que ce seigneur eut acquis de son Souverain, par contrat du 20 avril 1602, les revenus du bailliage d'Aoste précédemment assignés au Seigneur de Raconis, ainsi que le greffe, obventions et parties casuelles de la mistralie du Valdigne, pour le prix de cinq mille écus d'or, et du Seigneur Jean-René Vulliet, par contrat du 13 mars 1603, le château et juridiction de Saint-Pierre, le même Duc Charles-Emmanuel érigea ces deux seigneuries ainsi unies et jointes aux dits revenus, en titre et dignité de Baronnie et fief masculin et féminin, avec cession du droit de rachat réservé comme sus, dont il lui faisait don.

Ce fut par patentes du 5 avril 1605. Le Duc voulut par là honorer davantage le Seigneur Pierre-Léonard Roncas, dans l'ambassade à laquelle il l'avait destiné auprès de S. M. Catholique pour rappeler d'Espagne les princes ses fils.

Le baron Pierre-Léonard Roncas eut pour successeur Pierre-Philibert son fils, qui fut aussi dans la suite Marquis de Caselles en Piémont, et qui prit de nouvelles investitures de la baronnie par acte du 5 septembre 1639.

La maison forte des Seigneurs de *Sancto Petro* était située sur une roche, au dessus du bourg et de l'église de Saint-Pierre. Les Seigneurs Vulliet l'avaient déjà assez bien rétablie, et depuis l'union des deux jurisdictions, elle avait été destinée à servir de château à la Baronnie.

Le baron Pierre-Philibert Roncas Marquis de Caselles, s'y plaisait extrêmement, à cause de son agréable situation. Il l'avait fait considérablement agrandir, autant du moins que pouvait le lui permettre une roche aussi inégale que celle-là ; d'une maison forte, il en avait fait un lieu de délices, où tout ce qu'il y avait de personnes de condition et de mérite, tant étrangères que du Duché, était accueilli et festoyé avec toute la courtoisie que l'on pouvait attendre d'un seigneur si riche et si généreux. Les appartements, les peintures, les meubles, tout dans cette maison était magnifique et bien ordonné ; la cave et la dépense bien fournies surtout pour n'être pas surpris.

Mais à présent, ce beau château semble faire le deuil du maître qui lui avait donné tant d'éclat. Il n'est habité que par les chauves-souris et les hirondelles ; les fermiers même n'y tiennent que les denrées de la ferme. Les Seigneurs qui le possèdent aujourd'hui, quoique très puissants, et fort exacts à en percevoir les revenus, n'y font qu'avec une extrême répugnance les réparations les plus indispensables pour l'empêcher de tomber tout à fait en ruines.

Le baron Pierre-Philibert Roncas Marquis de Caselles n'avait point eu d'enfants mâles. Après sa mort, la baronnie de Chatelargent a passé dans la maison des Seigneurs Blandrata, marquis de St-Georges, par le mariage du Seigneur Charles-Albert-François Blandrata de St-Georges, Comte d'Alex, avec la Dame Marie-Véronique de Carret Bagnasc. Cette noble dame, fille aînée de S. E. le marquis Dom Charles-Jérome de Bagnasc Carret, chevalier du grand ordre de l'Annonciade de Savoie, et de Madame Christine de Maillard Fournon, était petite-fille, par sa mère, du Seigneur Félix-Emmanuel Maillard Fournon, baron de la Croix, et de Madame Jeanne-Marie Roncas fille aînée du défunt baron Pierre-Philibert, et la plus prochaine à lui succéder en vertu du fidéicommis et primogéniture établis par son grand-père le Seigneur Pierre-Léonard Roncas premier baron de Chatelargent, en faveur des aînés mâles de sa descendance, et à défaut, des femelles : laquelle primogéniture, ce Seigneur avait ordonnée tant par acte du 3 novembre 1605, reçu et signé par Noble Jean Carron, notaire et son secrétaire, que par son testament.

C'est aujourd'hui le Seigneur Guide Maurice-François Blandrata, petit-fils du Seigneur Charles-Albert-François Blandrata de St-Georges et de Madame Marie-Véronique de Carret Bagnasc, qui est en possession de la baronnie, sous le nom de marquis de St-George-Chatelargent.

Il était ci-devant sous la direction et tutelle de S. E. le Seigneur Guide-François-Marie Aldobrandin Blandrata marquis de St-Georges, chevalier de l'Ordre Suprême de l'Annonciade de Savoie, lieutenant général des armées de S. M. et Grand-Maître de la maison Royale, son bisaïeul et son légitime administrateur, lequel a pris en son nom de nouvelles investitures de la baronnie de Chatelargent par lettres patentes de la Royale Chambre des Comptes de S. M. datées du 28 janvier 1715, duement scellées et signées, et à sceau pendant.

Depuis le décès de son bisaïeul, le Seigneur Guide-

Maurice-François a d'abord possédé la Seigneurie sous la curatelle de M$^{me}$ sa mère. Il en jouit aujourd'hui sans aucune dépendance.

*Prieuré de Saint-Jacquème.* — A trois ou quatre cents pas environ au levant du bourg de Saint-Pierre, et encore dans les confins de la seigneurie de Chatel-argent, il y a, au dessus du grand chemin, un ancien prieuré régulier sous le nom de Saint-Jacquème dépendant de la dévote maison du Grand-Saint-Bernard de Mont et Colonne-Joux. Les revenus sont en partie affectés à l'entretien de l'hospitalière maison, soit hospice, du Petit-Saint-Bernard.

La chapelle est faite en dôme, de figure octogone et d'un dessin bien entendu. Elle est bâtie tout de neuf, avec un maître-autel en marbre gris veiné. La maison du bénéfice, très spacieuse, carrée et assez régulière, est aussi toute neuve, sans compter d'autres bâtiments et places pour le rustique et la ménagerie. La plus grande partie de ces constructions ont été élevées depuis peu d'années, par les soins et les épargnes du très révérend seigneur Jean-Pierre Persod, prévôt de Montjoux, après un incendie considérable qui avait presque détruit l'ancien prieuré.

SARIOD DE LA TOUR. — Des trois jurisdictions qui se sont formées de l'ancien mandement de Chatel-argent, la Seigneurie De la Tour des Sariod a toujours tenu et tient encore à présent le second rang dans les assemblées générales des Trois Etats, quoique les Seigneurs de Sariod de la branche d'Introd soient, sans contredit, les aînés de la famille, du propre aveu de l'autre branche. On ignore comment et par quelle raison ils se sont laissé prendre le pas devant.

Cette Seigneurie contient, dans les confins qui lui ont été fixés par les partages, une bonne partie du bourg et paroisse de Saint-Pierre, c'est à-dire, la partie méridionale de ce bourg avec quelques hameaux dans la colline, plus la paroisse de Saint-Nicolas de Sivoies, à l'exception du petit quartier de Liverola qui est encore à la Seigneurie de Chatelargent, et aussi de quelques ressorts dépendant du mandement d'Avise. Elle comprend encore dans toute son étendue, la seigneurie des grands chemins ajoutée par le Duc Louis en augmentation du fief par investiture à part du 21 mai 1438.

Le château que les Seigneurs Sariod de la branche De la Tour se sont fait bâtir depuis la séparation, est à l'extrémité de la plaine, au dessous du grand chemin et au couchant du bourg, dominant, du haut d'une côte escarpée, le lit profond de la rivière. C'est un assemblage de bâtiments fabriqués à diverses reprises, avec au milieu une grosse tour carrée. L'ordre et la régularité y ont été peu observés. Les dehors et les avenues du château sont fort agréables. La Doire lui sert de fossé naturel du côté du midi; de tous les autres côtés on y aborde en traversant de longues allées garnies d'arbres ou couvertes de treilles, tracées au milieu des prairies.

Ce château était autrefois possédé en commun, aussi bien que ses dépendances, sans autre partage que de simples listes faites entre les chefs des deux branches ou familles descendues du Seigneur Jean, premier seigneur du nom De la Tour.

Ces familles sont maintenant réduites à une seule, par la mort sans enfants du Seigneur Claude-Antoine De la Tour Sariod, arrivée le 4 mai 1729. Les nobles De la Crête et Battiani, enfants de deux sœurs du défunt, ont bien cru pouvoir avancer des prétentions, comme les plus prochains à lui succéder; mais toutes leurs recherches ont été vaines; la nature et rectitude du fief ont été pour le Seigneur Jean-Gaspard Sariod De la Tour, premier agnat.

C'est lui qui est actuellement en possession de tout le château et seigneurie De la Tour.

*Ajouté postérieurement d'autre main.*

Il a eu pour successeurs son fils, le Seigneur Louis-François Sariod De la Tour de Bard, et son frère le Rév. Seigneur Philibert chanoine de la cathédrale d'Aoste, docteur en théologie et curé de Chatillon.

Le Seigneur Louis-François avait obtenu, par patentes de S. M. le Roi Victor-Amé en date du 19 janvier 1790, l'investiture du titre de Comte de Saint-Nicolas. Il avait en outre le grade de lieutenant-colonel des milices du Duché. Il eut pour épouse la noble Dame Marie-Françoise, fille du Seigneur Intendant Biolley et veuve du Seigneur Charles-Antoine Gyppaz Conseigneur d'Hône, avocat et conseiller des Seigneurs Commis.

A ces époux a succédé leur fils unique, le Comte Pierre-Louis-Antoine (1) Sariod De la Tour de Saint-Nicolas, lieutenant-colonel dans le Régiment de Novare. Il a épousé Mlle Christine, fille du Seigneur Comte Château Dauphin de Saluces, dont il a eu un fils unique.

Ce fils unique, le Comte Louis-Antoine-Hyacinthe Sariod De la Tour de Saint-Nicolas, semble devoir être le dernier de ce nom. Il était lieutenant dans le Régiment de Novare ; mais ensuite d'un équivoque de jeunesse (2), il a dû renoncer à la carrière militaire. Il n'est pas marié.

---

(1) Le Comte Pierre-Louis-Antoine était né le 19 mai 1767, il mourut le 2 mai 1821.

(2) Ce que l'annotateur anonyme appelle *équivoque de jeunesse*, laissant ainsi le champ libre aux interprétations les moins favorables, ce fut la participation de ce jeune et brave officier aux généreux mouvements libéraux de 1821, aurore de la glorieuse épopée italienne. La réaction victorieuse le priva de son grade et de ses privilèges. Rentré dans ses foyers, il fût pendant plusieurs années sous la surveillance spéciale de la police ; mais cela ne l'empêcha point de secourir de toutes ses forces, au péril de sa vie, les nombreux proscrits qui passèrent alors à Aoste, fuyant leur patrie et allant chercher un asile dans l'hospitalière Suisse.

Le noble Comte n'a jamais démenti ces généreux sentiments de sa jeunesse, et a toujours pris une part active à l'administration du pays.

Il était né le 7 octobre 1798 ; il est mort le 18 juin 1840.

Le Comte Pierre-Louis son père avait trois sœurs : Antoinette, l'aînée, fut mariée au Chev. Merlo, lieutenant du préside de Bard, où elle est morte; Julienne, la seconde, heureusement vivante, est restée fille; la troisième, Marie-Anne, vit en France avec son époux, M. Blanchard, Directeur des Douannes.

*Autre note portant la date du 15 septembre 1876, écrite de la main de M. le cadastraire Chappuis.*

Le Comte Louis-Antoine-Hyacinthe a épousé la Dlle Elisabeth Décoularé. Il a eu un fils, Gaëtan, décédé jeune et trois filles, Dauphine, Christine et Césarine, célibataires.

SARIOD D'INTROD. — La Seigneurie de la branche des Sariod d'Introd suit immédiatement la précédente et tient le dernier rang parmi les trois jurisdictions séparées qui sont nées du démembrement de celle de Chatelargent.

En vertu des partages, elle jouissait par le passé des revenus de la vallée de Rhêmes et de partie de la paroisse d'Introd. C'est même ce quartier qui a donné le nom au restant de la paroisse, à cause de sa situation entre deux eaux, et c'est par ce même nom que cette branche des Sariod s'est distinguée de l'autre.

Le château et l'église sont situés sur une langue de terrain élevée, soutenue sur des rochers et environnés de profonds précipices; deux torrents rapides, profondément resserrés, descendant l'un de la vallée de Rhêmes et l'autre de celle de Valsavaranche viennent se joindre au pied de ce rocher, formant ainsi un fossé naturel bien supérieur, sans comparaison, à tous ceux que l'art saurait inventer.

Si cet endroit était moins commandé, et qu'il se trouvât dans une position à pouvoir défendre l'entrée de la Vallée, il n'y en aurait aucun de plus propre à être fortifié.

Il serait presque inexpugnable, tant il est d'un abord difficile. Cette langue de terre n'est en effet accessible que par un pont jeté au travers du précipice, à l'endroit le plus étroit, sur un gouffre qui peut avoir de vingt-cinq à trente toises de profondeur ou bien par le côté où elle se rattache à la montagne voisine, mais il faudrait remonter bien loin l'un et l'autre de ces deux torrents, pour trouver à les pouvoir passer.

C'est de cette situation que l'on a formé le nom d'Introd, c'est-à-dire *entre deux eaux*. Il s'écrivait autrefois *Entreaux*, ainsi qu'on le voit en de vieilles écritures.

Yblet Sariod Seigneur d'Introd, le premier qui s'est séparé de l'autre branche, fut aussi Seigneur d'une partie de Courmayeur, par son mariage avec M$^{me}$ Jeannette, fille et héritière de noble Jean De La Court, Seigneur d'Entrèves, du Pucey et de la Chenal.

Il reconnut ce fief au Comte Amé, conjointement avec ses fils, par acte du 8 septembre 1430, reçu par François Guigonard, notaire et secrétaire de ce Prince.

François, fils d'Yblet, à son nom et à celui d'Antoine son frère, reconnut Introd et Entrèves aux ducs Aimé et Philibert, par deux actes des jours 20 avril 1433 et 19 juillet 1477, tous deux reçus par noble Pierre Henrici, du diocèse de Lyon, notaire, secrétaire et commissaire aux extantes de ces deux princes.

Pantaléon, Humbert et Georges, frères, « fils de Jean du dit François du dit Yblet Sariod d'Introd », en ont fait de même par autre acte du 5 avril 1530, reçu par noble Jean Malliet, commissaire du Bailliage et de la Chatellenie de Chatelargent pour S. A. S. le Duc Charles Le Bon.

François, Louis, Georges, Antoine et Jean-Antoine Sariod, Conseigneurs d'Introd, en ont fait de même, tant à leur nom propre qu'en celui de leurs consorts, par autre acte du 9 avril 1597, reçu par noble Pierre de

Chanvillair, commissaire au Bailliage de Chatelargent pour S. A. R.

Le château des Seigneuries d'Introd est de figure octogone. Tout à l'entour de ce rond, sont les appartements et de grandes salles Au milieu, s'élève une tour dépassant tout le reste. Dans ce centre est aussi la citerne, où, dit-on, les anciens Seigneurs tenaient autrefois leur vin.

Les environs du château sont cultivés en champs, vignobles ou prairies.

Les greniers et les belles et grandes écuries qui dépendent de ce château, font aisément juger que les Seigneurs d'Introd étaient autrefois riches et puisants. Mais aujourd'hui ils sont déchus considérablement de cette aisance, leur juridiction s'étant démembrée en plusieurs pièces.

Le Seigneur Pierre-Philibert Roncas, Marquis de Caselles, en eut une, par la donation que lui fit vers l'an 1648 Melchior Sariod, Conseigneur d'Introd et de Rhèmes, de sa portion et de celle qu'il avait héritée de Georges son cousin, consistant entre les deux en six focages, tant au plan d'Introd qu'en la vallée de Rhèmes.

Après le décès du Seigneur Pierre-Philibert Roncas, ces six focages ont passé dans la famille du Seigneur Président D'Oncieux, de la ville de Chambéry, Comte de Douvres, qui avait pour épouse M$^{me}$ Marie-Marguerite Roncas, seconde fille du défunt Marquis.

Le Seigneur D'Oncieux est encore actuellement en possession de cette juridiction, comme héritier de sa femme ; mais il y a longtemps qu'elle est à vendre, car les revenus en sont si minces, qu'ils ne méritent pas même qu'on en fasse mention.

Le Seigneur Jean-Gaspard De La Tour en a eu une autre portion, comme successeur aux droits de M$^{me}$ Jeanne-Louise Sariod des Dames d'Introd, sa cousine et sa première femme, soit de ceux du Seigneur César-Auguste leur fils, consistant en six focages existant dans la vallée de Rhêmes, aux lieux dits Frassiney, Proussa, La Barma, Mognod, Planpraz et Cortod.

De ces six focages, le Seigneur De La Tour, par transaction particulière du 31 août 1668, Philibert-Amé Arnod notaire, en céda cinq au prédit marquis de Caselles, pour éviter toutes plus amples discussions, et assoupir certaines raisons que celui-ci prétendait avoir sur la juridiction De La Tour, ensuite de la donation à lui faite par un des frères du Seigneur Jean-Gaspard, prêtre, dans un temps qu'il était privé de son bon sens.

A son tour, le Seigneur marquis de Caselles, par contrat du 12 mai 1682, Jean Baudin notaire, cédait en payement les cinq focages qu'il venait d'acquérir au Seigneur avocat Sébastien de Pléoz. Celui-ci, ayant obtenu de la Chambre des Comptes de Piémont, sous la date du 2 juin suivant, les investitures de cette portion de juridiction, et leur entérinement en Conseil le 17 du même mois, en prit possession sans aucune opposition de la part des autres Seigneurs de la branche d'Introd.

Cette portion de Seigneurie avait ensuite passé à Noble André-Philibert De Pléoz, le seul des enfants mâles de Sébastien qui lui eût survécu; mais celui-ci étant décédé en 1723 sans enfants et sans héritiers, le fisc royal s'en est fait adjuger l'hoirie, et la portion a été réunie à la Couronne. Les sieurs avocats François-Jérôme et Jean-Louis, père et fils Brunel, respectivement beau-frère et neveu du Seigneur André-Philibert, se la sont fait adjuger par transaction judiciairement passée le 3 avril 1728, en payement des prétentions qu'ils avaient sur son hoirie, pour les droits de dot de la femme du premier et mère du second.

Après la mort de son père, Jean-Louis Brunel a obtenu les investitures de la R$^e$ Chambre des Comptes de Piémont en date 5 septembre 1733, entérinées en Conseil des Commis le 14 décembre suivant ; en vertu de quoi il est entré en possession de cette portion de fief sans revenus, ou du moins, avec aussi peu de revenus que la précédente, mais qui cependant donne rang dans les assemblées générales en ordre de réception.

Le Seigneur Jean-Louis Brunel n'en a pas joui longtemps, car il est décédé sans enfants le 9 décembre 1740. Il en avait disposé précédemment, par testament, en faveur du fils ainé à venir de noble Joseph-Balthazard Vernetti, des Seigneurs Pairs, son proche parent, et à défaut, en faveur d'Antoine, fils aîné du Seigneur François-Albert Bus, son filleul : mais le premier n'ayant pas d'enfants, du moins pour le moment, et le second ne pouvant pas posséder cette portion de fief sans se faire anoblir, le procureur du Roi l'a fait réduire *in manus domini* sous séquestre de justice *ad salvum Jus habentis*.

Le dernier des six focages parvenus, comme nous l'avons dit plus haut, au Seigneur Jean-Gaspard Sariod De La Tour, est resté dans cette famille. Après lui, il a passé au Seigneur Claude-Antoine son fils ; et celui-ci étant décédé en 1729 sans enfants, le Seigneur Jean-Gaspard De La Tour, son cousin, en est entré en possession en vertu du fidéicommis fait entre les deux familles De La Tour.

Le Seigneur Philibert-Amé Arnod, Conseigneur de Courmayeur et d'Entrèves, conjointement avec les autres parts-ayants, a détaché de la Seigneurie d'Introd une troisième portion, consistant en la sixième partie de celle qui était parvenue au Seigneur Georges-Anselme, fils de Jean-Antoine Sariod d'Introd. Il l'a eue par donation que lui en fit, sous la date du 15 mai 1686, Paul-Antoine, second fils du Seigneur Georges-Anselme ; et cette donation fut ratifiée par quatre de ses frères, Jean-Jacques, Jean-Anselme, Barthélemy-Joseph et Guillaume-

François, tous Conseigneurs d'Introd, par acte du 6 septembre suivant.

Le Seigneur Arnod a obtenu de la Royale Chambre des Comptes de Piémont, en date du 6 mai 1697, l'investiture de sa portion du fief. Mais ni lui ni ses descendants n'ont jamais pu exercer leur seigneurie; ils ont rencontré un obstacle insurmontable dans les oppositions et empêchements que leur a faits le Seigneur Jean-Pierre Sariod d'Introd, chanoine de l'église cathédrale d'Aoste et quatrième des fils du Seigneur Georges-Anselme, tant lorsqu'ils ont voulu faire entériner leurs provisions en Conseil les jours 5 janvier et 16 février 1699, et en prendre ensuite le possessoire, qu'en toutes les assemblées générales des Trois Etats de ce Duché où ils ont comparu et se sont présentés lorsqu'on a appelé les Seigneurs d'Introd.

Le Seigneur chanoine D'Introd, et après lui son neveu le Seigneur Jean-André, se sont opposés dans ces Assemblées, non seulement contre les Seigneurs père, fils et petit-fils Arnod, dont la portion ne peut guère consister qu'en quatre focages et un quart environ et n'est pas plus opulente en revenus que les deux précédentes, mais encore contre tous les autres possesseurs paisibles de portions de la jurisdiction et Seigneurie d'Introd, soutenant que ce fief est de sa nature masculin et inaliénable, comme il doit l'être effectivement, suivant la loi des fiefs et coutumes de la Vallée d'Aoste.

Nonobstant ces oppositions, les nouveaux acquéreurs et inféodés ont continué à se maintenir et se maintiennent encore dans la réelle possession de ces portions démembrées, car les modernes Seigneurs d'Introd n'ont pas les moyens de faire valoir efficacement leurs raisons. Cependant, ces acquéreurs ne tiennent dans les assemblées générales que le rang de leurs acquisitions et in**vestitures.**

La portion de seigneurie, restée à celui qui porte à juste titre le véritable nom de Seigneur d'Introd, se trouve donc aujourd'hui bien raccourcie. En effet, si des quarante focages composant toute la paroisse d'Introd et toute la vallée des Rhèmes, nous déduisons les quatorze et un tiers des hameaux de Combe et Ville unis à la Baronnie de Chatelargent, un restant au Seigneur De la Tour, six à la maison D'Oncieux, cinq autres au feu vassal Brunel soit à ses ayant cause, et quatre et demi environ au Seigneur Arnod d'Entrèves, il n'en reste pour la Seigneurie d'Introd qu'environ neuf et demi.

Le château est déchu dans la même proportion : la plus grande partie des biens ruraux qui en dépendaient, aussi bien que les rentes, censes, servis et autres redevances que les anciens Seigneurs avaient donnés à fief, ont été vendus ou engagés, et les paysans leurs sujets, affranchis de tous devoirs féodaux. Tout cela est au préjudice de la rectitude du fief, auquel il ne reste guère plus de revenus que n'en possèdent les portions démembrées.

Quoi qu'il en soit de cette dernière portion, elle est aujourd'hui possédée par le Seigneur Jean-André D'Introd, qui a succédé à son père, à ses oncles et à ses frères.

## AVISE.

La Seigneurie d'Avise se composait autrefois, non seulement de la paroisse de ce nom, mais encore de celle de Valgrisanche, du ressort de Liverogne dépendant, pour le spirituel, de la paroisse d'Arvier, et de quelques hameaux de celle de Saint-Nicolas de Sivoies.

Elle a été pendant plusieurs siècles sous la juridiction indivise des Seigneurs de ce nom.

Ces Seigneurs prétendaient tirer leur origine des familles dont sont sortis les anciens Comtes de Clèves et de Juliers en Allemagne. Ils n'en avaient à la vérité d'autres preuves que la tradition et une ressemblance des armoiries qui paraît en laisser une légère idée; mais, au fond, il peut bien se faire que quelque cadet de ces illustres familles, venu en mission ou autrement dans cette Vallée, au temps des Rois de Bourgogne ou des Empereurs qui leur ont succédé, s'y soit établi. Ce qui est certain, c'est que les premiers Seigneurs de cette famille dont on ait connaissance tenaient leur fief directement de l'Empire.

Ugo, Seigneur d'Avise, en a passé reconnaissance à l'Empire en 1091, indiction quatrième, à la fête de la Bienheureuse Vierge Marie, acte reçu par Guillaume Bovio, de Normandie, notaire impérial.

Guido et Thibault, ses arrière-petits-fils, en ont fait de même entre les mains de Michel, lieutenant du Seigneur Chancelier, devant l'église de Sainte-Marie et de Saint-Jean d'Aoste, le 2 octobre 1195, sous le règne de l'empereur Henri VI.

Le même Guido, à son nom et de ses consorts, l'a renouvelée entre les mains de Jean, lieutenant du Seigneur Chancelier, sous la date du 6 des ides de juin 1210, le siège de l'Empire étant vacant. L'acte en fut reçu par Vuillerme De la Fontaine notaire impérial.

On ne sait pas quand les Seigneurs d'Avise ont fait adhérence à la Maison de Savoie. Aucun d'eux n'est intervenu ni a donné son consentement au premier traité de dédition fait avec le Comte Thomas en 1191. Il paraîtrait même qu'ils refusèrent de reconnaître ce Prince, qu'ils levèrent contre lui le pont sur la Doire conduisant à leur château; et qu'ils furent pour ce fait privés de la parité.

Leur descendant Guide ou Guidonin, déjà nommé ci-dessus, fit adhérence au Comte Amé, fils ainé et successeur de Thomas. Ce Prince le donna même pour caution, avec son fief, aux Vicomtes d'Aoste, dans le traité de confédération qu'il fit avec eux en 1242 pour l'expugnation du château de Bard.

Le même Guido, ainsi que ses cousins et consorts Thibaut et Anselme, Thibaut, Pierre et Aymonet fils de Pierre de Thibaut, et Guido dit Demer et Ansermet fils d'Aymon de Thibaut, tous arrière-petits-fils du Seigneur Ugo, leur bisaïeul commun, ont passé nouvelle reconnaissance du fief d'Avise entre les mains du Comte Amé l'an 1243, en présence des métraux de Valdigne, moyennant quoi ce prince les confirma dans leur fief et juridiction. L'acte en fut passé et scellé à Morgex la veille de l'Epiphanie; il détermine les confins extrêmes de cette juridiction qui s'étendaient depuis le pont de Liverogne en sus jusqu'à la barme de Charopéry dans toute la vallée de Grisanche, et depuis le torrent de Gabuel jusqu'au col de Vertosan, avec le droit des bois noirs, pâquiers, eaux et rivages existant dans ces confins.

Vingt-six ans plus tard, et précisément par acte fait

à Sembranché en Chablais, le jeudi jour avant la fête de Saint-Simonet Juge de l'an 1269, Vuillerme, fils de Guido ou Guidonin, à son nom et en celui de son frère, et les frères Anserme, chanoine d'Aoste, et Aymon, fils de Pierre de Thibaud, ont passé nouvelle reconnaissance du fief au Comte Philippe de Savoie.

Le même Guidonet ou Hugonet, à son nom et de ses consorts, par autre acte passé dans le verger de l'Evêché d'Aoste le mardi, jour après l'octave de St-Michel de l'an 1287, et reçu par Vuillerme Des Bons, notaire du Sacré Palais, reconnut au Comte Amé dit Le Grand, non seulement le fief d'Avise, mais encore des biens et pâquiers à Quart et à St-Christophe, les plaids de la voirie du Grand-St-Bernard, des biens et dîmes à Gignod, et l'usage des bois noirs et eaux de Valdigne, confessant devoir pour tout cela six livres viennoises de plaid, la fidélité lige, et aller en personne à la cavalcade ou bien y envoyer quatre arbalétriers ou six clients à son choix.

La branche de Thibaud, second fils du premier Hugo, étant sur ces entrefaites venue à manquer, tout se réunit dès lors dans les descendants de la branche d'Hugonin ou Guidonin, hormis la portion d'une sixième, parvenue à la Couronne on ne sait comment.

Après la mort de Guidonin, Rodolphe son aîné se vit, avec ses deux fils Pierre et Humbert, recherché par le baillif d'Aoste Pierre de Duing, qui lui voulait inhiber la construction du Château de Planaval, celle d'un étang, soit vivier, dans le voisinage, la culture du Clos de Goille Richard, et la jouissance des eaux, vacoles et bois noirs, prétendant que c'étaient là des droits de régale, non compris dans l'inféodation.

Le Seigneur Rodolphe fut obligé de se défendre par devant les Commissaires que le Souverain envoya pour ce sujet à Aoste. Il n'eut pas de peine à faire conster de ses droits, au moyen des titres cités ci-dessus et d'autres qu'il produisit, et à obtenir sentence favorable. C'est pourquoi les Commissaires, à leur retour en Savoie, et sur l'avis du Conseil résidant à Chambéry, prononcèrent que le Seigneur Rodolphe et ses fils devaient être maintenus sans aucun trouble dans l'usage de toute la juridiction dont ils étaient en possessoire, et ce même Conseil souverain les y réintégra et les en réinvestit au nom de Comte Amé, suivant la coutume de la Vallée d'Aoste, moyennant un hommage lige de quarante-huit sols annuels outre les tributs et autres devoirs auxquels ils étaient tenus à part pour les autres biens qu'ils possédaient.

Cette sentence était datée du vendredi après la fête de St-Barnabé apôtre de l'an 1312.

La famille d'Avise a été souvent subdivisée en plusieurs branches se distinguant entre elles par le surnom des différents châteaux que ces Seigneurs avaient fait élever sur de hauts rochers, tels que ceux de Rochefort, de Montmayeur et de Planaval.

Ces châteaux n'étaient à proprement parler que des maisons fortes, destinées à faciliter la protection et la défense des différents ressorts de la juridiction en temps de guerre entre Seigneurs. Lorsqu'elles eurent cessé de servir pour cet usage, ces sauvages demeures furent laissées dans un tel abandon, qu'elles ne tardèrent pas à tomber entièrement en ruines. On ne les reconnaît aujourd'hui que par quelques vestiges et de méchants lambeaux de murailles que les injures du temps n'ont pas encore pu anéantir. Rochefort et Montmayeur étaient pourtant encore habités en 1430 ; car il conste des actes des audiences générales tenues au mois de septembre de cette année-là qu'ils furent munis de garnisons, comme forteresses.

Quant à la maison forte de La Mothe, avec censes et biens nobles, existant sur une éminence au dessus du grand chemin et de l'église d'Arvier, elle n'est entrée dans la famille d'Avise que vers les commencements du xiv<sup>e</sup> siècle, par le mariage de Pierre d'Avise, fils de Rodolphe, Seigneur de Montmayeur et docteur en droit, avec madame Jeannette, fille et héritière de noble Pierre de La Mothe.

Cette maison forte, de construction plus moderne, est encore sur pied. Les Seigneurs d'Avise avaient d'ailleurs grand soin de l'entretenir ; ils la considéraient comme une maison de plaisance, à cause de son agréable situation, et ils allaient souvent s'y délasser. C'est grand dommage que les Seigneurs qui en sont actuellement les maîtres l'abandonnent comme ils font, tandis qu'ils pourraient à peu de frais réparer et rendre parfaitement habitable un si bon corps de logis. Une moitié de l'aile orientale est tombée en ruines depuis quelques années, faute d'avoir été étayée.

Ce même Pierre d'Avise Seigneur de Montmayeur, avait acquis du Comte Amé Le Grand la sixième partie de jurisdiction que ce prince avait eue de l'un des descendants de la branche de Thibaut, ainsi qu'on l'a dit plus haut.

N'ayant lui-même point d'enfants, il en fit héritiers, aussi bien que de la maison de La Mothe et de tous ses autres biens, ses cousins Vionnin fils de Vuillerme et Eustache fils de Vionnin, Conseigneurs d'Avise.

Ce dernier étant aussi venu à mourir sans enfants, laissa héritières ses trois sœurs Ambrosine, Françoise et Catherine.

Ambrosine, la première, en son nom et en celui de ses sœurs, en passa reconnaissance au Comte Amé, aussi bien que de la portion de leur père Vionnin et de leur oncle Aymon.

Par autre acte du 12 août 1363, reçu par le notaire Guiges, du Pont, diocèse de Bellay, Aymonet de Bri-

duiria et Jacquemin de Lecours, comme procureurs et au nom d'Ambrosine, femme de ce même Jacquemin, et de Catherine sa sœur administrée, associèrent le Comte Amé le Vert en la quatrième partie, à elles appartenante, du château, juridiction, territoire, empire simple et mixte, hommes, hommages et autres droits à elles parvenus tant par la succession de Vionnin leur père et d'Eustache leur frère que d'Aymon leur oncle. Cette cession fut faite au lieu et récompense de six focages de leurs meilleurs hommes du mandement, que les dits procureurs lui avaient précédemment engagés pour le prix de cent florins d'or, contrat reçu par Jean Ravais.

Peu d'années après, par contrat passé à Château Chillon le 23 juin 1379, reçu par Vuillerme Genevesii, de Clarafond, la même Ambrosine, du consentement de noble Robert de Mont-Provent, époux d'Isabelle sa fille, conçue de noble Antoine Hubodi, habitant pour lors à Sierru, vendait au Comte Amé de Vert, pour le prix de mille florins d'or, la juridiction et héritage provenus de Vionnin, Eustache et Aymon, en quoi qu'ils pussent consister.

Le Comte Amé le Rouge en réinféoda pour une somme d'argent les frères Antoine dit le Jeune et Pierre, fils de Rollet et petits-fils d'Emery fils aîné de Rodolphe, pour les mâles et les femelles, en augmentation des autres fiefs qu'ils tenaient de la Couronne, tant au mandement d'Avise qu'ailleurs dans la Vallée.

Le mandement d'Avise se retrouvait ainsi réuni sous la juridiction de trois frères : Antoine dit le Jeune, Pierre et Jean.

Le second ne laissa point de successeurs, non plus qu'Antoine fils de Jean ; mais Antoine le Jeune, leur aîné, avait eu sept fils, dont quatre lui survécurent : Jean dit l'Ancien, Boniface, Jean dit le Jeune et Rollet.

Ces quatre frères prirent chacun le nom d'un ressort

de la juridiction : Jean l'Ancien fut Seigneur de Valgrisanche, Boniface de la droite d'Avise, Rollet de Liverogne et de Planaval, et Jean le Jeune de Runaz.

Mais le partage de la juridiction ne fut stipulé que plus tard, par contrat du 20 août 1498, reçu par noble Boniface Ducret notaire au dit lieu d'Avise et Antoine Paschal notaire de Morgex. Y intervinrent Boniface, le seul des quatre frères qui fût encore vivant, et ses neveux Théodule, Rollet, en son nom et en celui de ses frères François et Antoine, fils de Jean l'Ancien, et Jean-Gaspard, à son nom et de ses frères, tous petits-fils d'Antoine le jeune.

Leurs descendants en ont passé depuis nouvelles reconnaissances au Duc Charles le Bon, acte reçu par noble Jean Maillet, Commissaire aux extantes du Bailliage et de la châtellenie de Chatelargent sous la date du 15 janvier 1543; et encore par autre acte du 22 mai 1594, reçu par noble Pierre Chamvillair en la même qualité.

La branche de Jean le Jeune et une partie de celle de Jean l'Ancien se sont, dans la suite, réunies à celle de Boniface, qui a fini la dernière, en la personne du Seigneur Baron François-Gaspard D'Avise, le 31 août 1729.

L'autre partie de celle de Jean l'Ancien s'est encore subdivisée en deux autres, son petit-fils Humbert fils de Thadée n'ayant laissé que deux filles, Charlotte-Philiberte et Antoine-Barbère.

La première fut mariée à un de ses cousins de la branche de Rollet, le Seigneur Charles D'Avise, duquel est issu le Seigneur Pierre-Gaspard D'Avise, et de celui-ci, Melchiotte sa fille unique, qui fut alliée à noble Mathieu de Lostan, docteur en droits, et porta dans cette maison la moitié du château de La Mothe d'Arvier avec une des tierces de la Seigneurie de Valgrisanche.

Cette portion de la Seigneurie a passé au successeur

de noble Mathieu de Lostan. Le possesseur actuel, qui est le Seigneur François-Joseph de Lostan, en a pris le nom de Conseigneur d'Avise, et siége dans les assemblées avec les autres conseigneurs de ce mandement.

Antoine-Barbère, seconde fille et cohéritière d'Humbert D'Avise, fut femme du Seigneur Pierre Sariod Conseigneur De la Tour. Elle porta dans cette maison l'autre moitié du château de La Mothe et une autre tierce de la Seigneurie de Valgrisanche. C'est actuellement le Seigneur Jean-Gaspard Sariod De la Tour qui est en possession de cette portion. Il porte lui aussi, pour cette raison, le titre de Conseigneur d'Avise.

L'autre tierce de Valgrisanche, appelée tierce de Fornet, la plus haute des tierces de cette paroisse, avait été précédemment cédée par le Seigneur Thadée, père d'Humbert, à son cousin Guillaume de la branche de Boniface, en vertu du testament du 14 août 1656. Cette portion étant dans la suite parvenue au Seigneur François-Gaspard D'Avise, celui-ci l'a vendue en 1699 à noble Jean-Nicolas Paschal, ainsi qu'il sera plus amplement rapporté en son ordre de réception.

Quant à la branche de Rollet, Seigneur de Liverogne et de Planaval, elle a passé d'abord à Théodule son fils, et de celui-ci à Jean son aîné. Jean s'établit en Savoie et entra dans la magistrature ; il fut Sénateur au souverain Sénat de Savoie. Nicolas son fils aîné et Prosper son petit-fils le furent successivement après lui.

Ce dernier, n'ayant point d'enfants, disposa de la Seigneurie par testament, au préjudice des autres agnats de la famille d'Avise, en faveur des Seigneurs Claude et Josué de Blonay ses neveux, fils de M.me Marie d'Avise sa sœur et du Seigneur Jacques de Blonay de la province de Chablais.

Le Seigneur Claude de Blonay en a pris de nouvelles

investitures après la mort de sa mère, par acte des jours 20 et 27 mars 1649.

Ses descendants l'ont fait ériger en Baronnie vers l'an 1663, par le Duc Charles-Emmanuel II, et ont soutenu tout seuls la dépense pour cette érection.

A leur imitation, les Seigneurs de l'autre branche, soit le Seigneur François-Gaspard d'Avise, ont pris eux aussi le titre de Barons, sans autre érection ni investiture à part.

Depuis qu'elle est entrée dans la maison De Blonay, la Seigneurie de Liverogne et Planaval a toujours été unie à la primogéniture. Un des cadets de la famille, le Seigneur Jacques de Blonay, a bien joui de cette portion de jurisdiction érigée en Baronnie; mais ce n'a été que sa vie durant, par convention particulière faite avec le Seigneur Claude de Blonay son frère aîné. Après sa mort, elle est rentrée à la primogéniture sans que sa fille ait eu droit d'y prétendre.

Le Seigneur Claude l'a laissée à son fils aîné, le Seigneur Claude-Louis, qui en est le possesseur actuel.

En parcourant la grande route d'Aoste à Morgex, on voit à sa droite, au delà d'Arvier, sur une élévation de terrain, le vieux château d'Avise: c'est la maison noble des anciens Seigneurs de ce lieu. Il consiste en une grosse tour carrée, avec un vieux corps de bâtiments qui paraît assez spacieux. Il est aujourd'hui commun entre les Seigneurs De Blonay et d'Avise; mais ces derniers en ont un autre à part, plus moderne, et dans une situation plus commode, avec sa tour à pavillon couverte en ardoises, et quelques appartenances en jardins, vergers, prairies, et autres terres.

S'appuyant sur certains fidéicommis et pactes de succéder faits par ses ancêtres en faveur des seuls agnats, à l'exclusion des filles, le Seigneur Baron François-Gaspard d'Avise avait voulu essayer de revendiquer toutes les portions démembrées de la Seigneurie. Il y était surtout poussé par le désir de pouvoir profiter d'une minière de fer très abondante, découverte peu d'années auparavant dans une des portions démembrées, à l'entrée de la Vallée de Grisanche, et dont l'exploitation était louée jusqu'à trois cents philippes de Milan, soit quatorze cents livres par an.

Il entreprit donc à procès, en 1726 les Seigneurs Barons Claude et Jacques frères De Blonay, les Seigneurs cousins Claude-Antoine et Jean-Gaspard Sariod De la Tour et le Seigneur François-Joseph De Lostan, qui tous en étaient paisibles possesseurs, par leurs ascendants, depuis un siècle environ, et les fit condamner par la Cour des Connaissances de ce Duché. Mais ces Seigneurs en appelèrent de cette sentence au Royal Sénat de Savoie, et cette Cour suprême, par son arrêt du 13 septembre 1727 amplement motivé, déclara avoir été mal jugé par la Cour des Connaissances, du jugé de laquelle il était appel, et l'émendant et corrigeant, débouta le dit Seigneur François-Gaspard Baron d'Avise de sa demande.

Il recourut alors au Souverain pour demander révision de cet arrêt ; mais ses conseils ne lui ayant pas donné toute la raison qu'il croyait avoir, fatigué d'ailleurs de la grande dépense qu'il avait déjà faite, épouvanté de celle qu'il fallait encore faire, incertain du succès, il laissa écouler le temps utile et se désista de cette poursuite.

Moins de deux ans après cet arrêt, le 31 août 1729, il mourait subitement d'un coup d'apoplexie. Il ne laissait pas d'enfants.

Le Seigneur Baron François-Gaspard d'Avise a été le dernier agnat de cette ancienne famille. En vertu des dispositions contenues au testament de son père, le Seigneur Antoine-Balthazard, portant la date du 9 février 1677, sa portion de fief, Seigneurie et Juridiction, consistant en la moitié, ou un peu plus, du mandement d'Avise, ainsi que les autres biens composant son hoirie, ont passé, sauf les droits de M^me la Baronne sa veuve, à M^me Claire-Marie d'Avise sa sœur unique, femme du Seigneur Charles-Joseph Bianco de la ville de Turin, Comte de St-Second en Piémont et Baron de Saint-Marcel en ce Duché. C'est encore ce Seigneur qui en est le possesseur actuel, comme usufructuaire des biens de son épouse.

## BRISSOGNE

Brissogne, si l'on s'en tient à une tradition assez communément acceptée, aurait eu autrefois des seigneurs particuliers du même nom, habitant la maison forte appelée plus tard Château de Brissogne, et dont la juridiction s'étendait non seulement sur cette terre, mais encore sur Charvensod et une partie de Pollein.

En tous cas, ces anciens Seigneurs de Brissogne ont dû exister avant que la Vallée d'Aoste ne se fût soumise par dédition à la Royale Maison de Savoie, car on n'en retrouve aucune trace, ni dans les reconnaissances des fiefs, ni dans les *comparoissances* des audiences générales qui eurent lieu depuis cette époque.

Ce que l'on peut donner comme certain, c'est que la Seigneurie de Brissogne s'est trouvée dans la suite faire partie du domaine des Sires de Quart. Comment était-elle passée d'une maison à l'autre? Cela s'était-il fait par alliance, par acquisition ou autrement? On l'ignore.

Par acte du samedi après la fête de Saint-Luc de l'an 1278, reçu par Guillaume des Bons, notaire du Sacré Palais, le Seigneur Jacques de Quart reconnut tenir à fief cette Seigneurie du Comte Amé de Savoie dit Le Grand : « *Item tenet ab eodem Domino Comite Castrum de Brissognia cum toto plœno dominio dicti Castri, etc.* »

Le Seigneur Henri de Quart en fit autant par trois autres reconnaissances consécutives du 5 septembre 1351, 2 juillet 1364 et 2 août 1376, la première et la troisième reçues par noble Boniface De la Mothe et la seconde par Jean Ravais, notaires et commissaires des extantes du Souverain en Vallée d'Aoste. Les termes en sont les mêmes : « *Recognovit se publice tenere in feudum a dicto Domino Comiti Castra de Quarto et de Brissognia, cum ipsorum jurisdictione, dominio, pertinentiis, et appendentiis, et dicta Castra esse redibilia, dicto Domino Comiti et successoribus suis, ubi, quando et quoties dictum Dom. Comitem ad partes Vallis Augustæ venire contingerit pro justitia ministranda, etc.* »

Quant à la partie de Pollein déterminée par les confins ci-après, il est constant qu'elle avait des seigneurs particuliers. Ils avaient leur maison forte sur une élévation de terrain appelée encore aujourd'hui *Le Château*.

Un Godefroy de Nus, fils de Boniface, en était seigneur sur la fin du XIII<sup>e</sup> et au commencement du XIV<sup>e</sup> siècle. Il en passa reconnaissance comme suit au Comte Amé, sous la date du 29 septembre 1318, acte reçu par Jean *de Villa*, notaire impérial : « *Constitutus in præsentia Illustris Viri Dom. Comitis Sabaudiæ, Vir nobilis Gottofredus filius quondam Bonifacii De Nus, confessus fuit et publice cognovit se tenere in feudum ab ipso Domino Comite Domum fortem suam de Pollen, cum mero et mixto imperio et omnimoda jurisdictione loci de Pollen, videlicet a torrente de Tarensan usque ad villam de Brissognia et a Duria usque ad summitatem montium et in una insula quæ est juxta Duriam subtus Pollen, asserens quod consanguinei sui Condomini de Nus debent ipsum servare de toto usagio quod sit ratione feudi memorati, fidelitate duntaxat excepta, quam fidelitatem ipse Gottofredus, etc.* ».

C'est de ce seigneur que le Sire Henri l'avait acquise. Il la reconnut à part et avec les mêmes restrictions portées par la reconnaissance qui précède, dans chacun des trois actes rappelés plus haut, et plus spécifiquement dans celui du 2 août 1376 : « *Item recognovit se tenere*

*in feudum a dicto Domino Comite Domum suam fortem
de Pollen, quæ fuit quondam Dom. Gottofredi de Nus
militis, item merum et mixtum imperium et jurisdictionem omnimodam dicti loci, videliscet a torrente... »*
ut sup<sup>a</sup>.

La lignée des Seigneurs De Quart ayant failli en 1378 avec Henri, dernier mâle et agnat de sa famille, la Seigneurie de Brissogne passa, par droit de réversibilité, au domaine de la Couronne.

Ce fut peu d'années après, par acte du 15 octobre 1390, que M<sup>me</sup> Bonne de Bourbon, Comtesse de Savoie, en qualité de mère et tutrice du Comte Amé dit Le Rouge, fit aux Prieur et chanoines de Saint-Ours d'Aoste la célèbre donation des îles de Pollein.

Les Comtes de Savoie possédèrent la Seigneurie de Brissogne pendant quelques années. Ils l'avaient soumise, pour la justice et pour l'exaction des revenus, à la direction du châtelain qu'ils faisaient résider au château de Quart. Enfin, le Comte Amé dit le Pacifique en inféoda, par contrat du 24 mars 1405, conjointement avec le château et Seigneurie de Sarre, le Seigneur Thibaud de Montagny, gentilhomme du pays de Vaud, en échange du Château, Bourg et Mandement de Montagny près de Payerne, en ce même pays de Vaud, dont il investit Humbert, bâtard de Savoie.

Ce Prince fit insérer dans l'inféodation de Brissogne et Sarre les clauses suivantes : « *Dat, tradit, investit pariter et concedit ad rectum et perpetuum feudum nobile, ut est moris, dicto Theobaldo Domino Montagniaci, præsenti, stipulanti solemniter et recipienti, pro se et suis hæredibus maribus et femelis, ex ipso Theobaldo et Margarita de Quarto ejus consorte natis et nascituris et cui vel quibus ipse Theobaldus et dicti ejus hæredes mares et femellæ ut supra dare, vendere, permutare aut aliter quovismodo alienare voluerint, perpetue et successive, semel et pluries, et cui perpetue et successive acciderit, salvis tamen in praedictis omnibus juribus, laude et consensu dicti Domini nostri Comitis et suorum hœredum quorumcumque, videliscet Castra Brissogniæ et Sarri etc.* »

Le Seigneur Thibaud en passa nouvelle reconnaissance au même Comte Amé, lors des audiences générales tenues à Aoste en 1409, et ce, par acte du 30 juillet : « *in rectum et perpetuum feudum nobile sibi traditum per dictum Dominum suum Comitem, pro se et suis liberis maribus et femelis ex ipso Theobaldo et Margarita de Quarto ejus uxore natis et nascituris etc.* »

Le Seigneur Antoine, fils aîné de Thibaud de Montagny prit de nouvelles investitures du Duc Amé le Bienheureux, par autre acte passé aux audiences générales de 1466, avec la clause suivante : « *in feudum nobile, ligium, subque homagio et fidelitate ligiis, pro se suisque hœredibus et successoribus suis, de more tamen patriæ capacibus et quemadmodum ipse Antonius et sui prædecessores a quibus causam habent per suos antecessores alias de eisdem investiti fuerunt et retenti, etc.* »

Antoine de Montagny laissa plusieurs enfants et entre autres Humbert, qui lui succéda dans la Seigneurie de Brissogne et de Sarre.

Humbert en disposa, par son testament du 6 février 1491, en faveur de Jacques de Montagny son fils unique, lui substituant au besoin ses deux filles Claudine et Bénigne. Il mourut vers la fin du XVe siècle.

Jacques étant décédé lui aussi peu de temps après son père, en bas âge et sans alliance (dont il n'était pas encore capable,) le fisc royal fit aussitôt réduire les fiefs de Brissogne et de Sarre sous main et séquestre de justice, croyant les faire déclarer dévolus à la Couronne. Mais la nature de l'inféodation primordiale faite en faveur de Thibaud de Montagny ayant été reconnue appeler les femelles en défaut des mâles, Claudine et Bénigne, les deux sœurs du dernier des Montagny, furent en 1502 réintégrées en la possession de leurs fiefs.

Peu après, Bénigne mourait elle aussi, en bas âge et sans alliance, et la Dlle Claudine, l'aînée, restait seule héritière de toute la Seigneurie.

Claudine de Montagny épousa, trois ans plus tard, Messire Aymon ou Aimé de Genève, Seigneur de Lullin, Baron de la Bastie, qui fut dans la suite Chevalier du grand ordre de l'Annonciade, gouverneur de la personne de S. A. S. le Duc Emmanuel-Philibert et lieutenant général deça et delà les monts. Elle transmit dans la maison de son mari toute l'hoirie des Seigneurs de Montagny, ainsi qu'on le relève de leur contrat de mariage passé sous la date du 4 mars 1595.

Des enfants qu'elle eut de cette alliance, il ne lui resta qu'une fille, Marguerite de Genève-Lullin, en faveur de laquelle elle disposa des Seigneuries de Sarre et de Brissogne, par son testament du 1er juillet 1536, qui fut aussi la date de sa mort.

Marguerite de Genève, devenue par le décès de sa mère Dame de Brissogne, de Sarre et de Rhins, fut mariée au Seigneur Aimé-Gaspard de La Ravoire, Seigneur de Corsinge, auquel elle fit donation de ses terres, par contrat du 22 mai 1542. C'est pourquoi ce Seigneur se fit appeler et mettre en comparaissance en son propre nom, dans tous les Conseils Généraux du Duché d'Aoste, au rang des Seigneurs de Brissogne et de Sarre, ainsi qu'il résulte des registres de ce temps-là. Mais cette donation devint caduque, autant par le prédécès sans enfants du Seigneur de Corsinge, que parce que Marguerite de Genève avait été liée par sa mère, au moyen d'une transaction du 2 septembre 1523, par laquelle il avait été convenu que si Marguerite venait à décéder sans enfants mâles, les Seigneuries de Brissogne et de

Sarre appartiendraient au Seigneur Aimé de Genève son père, et après lui, aux enfants mâles qu'il pourrait avoir.

Or, le Seigneur Aimé de Genève avait eu d'un second lit trois fils, Georges, Guide et Prosper. Après la mort de leur père, ils recoururent à S. A. S. le Duc Emmanuel-Philibert et obtinrent de lui, par lettres patentes du 31 janvier 1558, la permission de vendre les seigneuries de la Vallée d'Aoste, avec cette clause cependant : « *Eorumque hœredum et successorum utriusque sexus ad formam permutationis et excambii feudi de Montagniaco.* »

Les trois frères de Genève avaient déjà porté la Dame Marguerite, leur sœur paternelle, à engager, en 1556, le fief de Rhins, qui n'était pas de la directe du Souverain, au Seigneurs Charles Gazin, neveu du Rév$^{me}$ Seigneur Evêque Gazin, et en 1562, le droit de fonds au Seigneur François-René de Nus. En conséquence de la permission obtenue, ils lui firent encore vendre, par contrat du 24 novembre 1565, le château et Seigneurie de Sarre, biens féodaux et allodiaux en dépendant, à noble Antoine de Leschaux, gentilhomme Savoyard, pour lors baillif d'Aoste, conjointement à noble George-Gaspard de Leschaux son fils aîné, pour le prix de 2500 écus d'or.

M$^{me}$ Marguerite de Genève, se trouvant sur ses vieux jours, fit son testament sous la date du 1$^{er}$ avril 1567. En corroboration de la transaction 2 septembre 1523 mentionnée plus haut, elle instituait pour son héritier Messire Prosper de Genève, Seigneur de Lullin, de la Bastie, etc., resté seul de ses trois frères paternels.

Elle ne survécut pas longtemps.

Messire Prosper prit donc de la Chambre des Comptes les investitures du Château et Seigneurie de Brissogne, par patentes du 5 août 1568. Mais il n'en resta pas longtemps possesseur. Il s'en défit trois ans après, en faveur de Noble Michel de Tollen et du Sieur Antoine

Gal, par contrat du 27 juin 1571, Jean-Jacques Berard notaire, pour le prix de sept mille écus d'or.

Ainsi prit fin la descendance de la maison de Montagny au Duché d'Aoste, et furent dispersés les fiefs Seigneuriaux qu'elle y avait possédés.

Michel de Tollen et Antoine Gal avaient fait cette acquisition par moitié.

Le noble de Tollen recourut le premier à la Chambre des Comptes pour être investi de sa moitié. Après plusieurs difficultés, suscitées par les patrimoniaux du Souverain, il obtint enfin, sous la date du 1er septembre 1573, les investitures nécessaires pour en pouvoir jouir « *per se, suoi heredi et successori maschi et femmine,* » *et per quelli alli quali essi vorranno dare vendere et* » *permutare alla forma delle precedenti concessioni etc.* »

Le Sieur Gal, après plusieurs recours, obtint lui aussi les investitures de sa moitié, avec les mêmes clauses, le 21 janvier 1574.

Tant l'une que l'autre de ces investitures ont été renouvelées par actes des jours 23 juin 1581 et 23 juin 1583.

Le Château et Seigneurie de Brissogne étaient donc désormais en possession de deux familles.

Ce Château s'élève sur une hauteur de terrain, dans la paroisse de Brissogne, faisant face sur la plaine de Quart. C'est un corps de bâtiment de forme carrée, un peu plus long que large, formé d'anciennes murailles crénelées. Au milieu s'élève une grosse tour ronde à l'antique. Le tout est à présent fort délabré, par le peu de soin des nombreux propriétaires qui s'y sont succédés, ayant été, comme on va le voir, subdivisé en petites portions par une quantité de partages.

La portion du Seigneur Michel de Tollen, à l'acquisition de laquelle n'avait pas peu contribué la bourse du Seigneur René de Tollen, Prévôt de Montjoux, ne resta pas longtemps dans cette famille. Les frères Prosper et Gaspard, fils et héritiers de Michel de Tollen, s'étaient partagé cette moitié de château et Seigneurie par contrat du 26 avril 1606, reçu par les notaires Guédoz et Grimodi ; mais ils ne gardèrent leur héritage que jusque vers la moitié du siècle. Ils ne furent pas meilleurs ménagers l'un que l'autre. Après avoir dissipé et vendu tous les ruraux et les censes, se trouvant réduits à la dernière misère, ils s'accommodèrent, un peu par vente, un peu par donation, avec le Seigneur Pierre-Philibert Roncas Marquis de Caselles, pour pouvoir subsister les quelques jours qu'ils avaient encore à vivre, des restes de cette portion, lesquels ne consistaient presque plus que dans la baguette.

Ils mirent ainsi fin d'eux-mêmes, non seulement à cette Seigneurie, mais encore à la famille des Tollen.

La portion du Sieur Antoine Gal fut soumise à bien d'autres vicissitudes.

Il en disposa par testament du 1er août 1605 en faveur de ses deux fils Gennin ou Eugène et Jean-Antoine, qui en jouirent en commun.

Ce dernier disposa de sa portion, c'est-à-dire de son quart, par testament du 23 juillet 1643, en faveur des Dlles Antoinette, Violante ou Yolande et Marie-Catherine ses filles, dont la première fut femme de noble Jean-Jacques Passerin, la seconde de noble Jean-Jacques Carrel, et la troisième de noble César-Auguste Mistralis de Saint-Vincent. Ces dames portèrent dans la maison de leurs maris, chacune pour sa part soit pour un douzième, le quart de Seigneurie de Brissogne qu'elles avaient hérité de leur père.

La Dame Antoinette, restée veuve de Noble Jean-Jacques Passerin vers le commencement de 1688, fit donation de sa portion à nobles Jean-Louis et Jean-Joseph ses fils, par acte du 24 mai de cette même année. Les deux frères en obtinrent les investitures par patentes du 22 juin suivant, entérinées en Conseil le 2 août. Plus tard, Jean-Louis, ne laissant qu'une fille de deux alliances qu'il avait contractées, disposa de sa portion par testament en faveur de son frère Jean-Joseph.

La part de Yolande Gal a passé à noble Balthazard Carrel son fils. Celui-ci étant décédé sans alliance, sa sœur Marie-Gasparde, femme de noble François de Lostan Conseigneur d'Avise, lui a succédé, et son fils après elle. Le Seigneur François-Joseph de Lostan, Conseigneur d'Avise et de Brissogne, en jouit actuellement.

La portion de M$^{me}$ Catherine Gal devait, après elle et après l'usufruit de noble César-Auguste Mistralis son mari, passer à leurs communs enfants; mais ceux-ci étant tous décédés après leur mère et du vivant de leur père, ce fut lui qui leur succéda dans leurs droits sur cette portion de juridiction. Il la vendit peu d'années après aux Seigneurs Jean-Joseph Passerin et François-Joseph de Lostan, qui possédaient déjà l'héritage des deux autres sœurs. Ces deux Seigneurs la réunirent à la leur consistant en trois focages chacun ; ils eurent ainsi, entre les deux, un quart de toute la Seigneurie.

Le Seigneur Jean-Joseph Passerin a depuis disposé de sa part en faveur du Seigneur François-Joseph son fils aîné, qui en est le possesseur actuel.

La portion de Gennin ou Eugène Gal était passée successivement, après sa mort, à Jean-Antoine et puis à Jean-Gaspard ses fils. Ce dernier ne fut guère plus économe que Messieurs De Tollen. Après avoir aliéné la plus grande partie des ruraux et des revenus, ne se voyant d'ailleurs que des filles, il vendit ce qui lui restait au Seigneur Pierre-Philibert Roncas.

Par cette acquisition, jointe à celle qu'il avait faite des frères De Tollen, le marquis de Caselles se trouva maître des trois quarts du Château et Seigneurie de

Brissogne. Après sa mort, arrivée en 1683, tout cela passa à sa fille M^me Marie-Marguerite Roncas, pour lors femme en second lit du Seigneur Président d'Oncieux.

Le Seigneur Président d'Oncieux, comme administrateur de ses fils François, Antoine, Guillaume et Pierre-Philibert, et le Seigneur Président Dom Jacques-Antoine Bergère, Baron de Cly, comme fils en premier lit de M^me Marie-Marguerite Roncas, ont vendu le 12 juin 1689 cette portion de Seigneurie au Sieur Antoine Rapet, homme de fortune originaire de St-Maurice en Valais. Cette vente fut approuvée par patentes du 6 mai 1691, entérinées à la Chambre des Comptes le 13 juillet suivant et vérifiées en Conseil le 12 août 1693.

Mais ce Seigneur, et après lui son fils Jean-Baptiste, ne l'ont gardée qu'environ quinze ans. Ce dernier la vendit par contrat du 12 mars 1708, avec la Baronnie de Sarre, au Sieur avocat Jean-François Ferrod, Conseiller du Conseil des Commis, qui en obtint les investitures sous la date du 8 juin suivant et la fit vérifier en Conseil le 18 même mois.

Les biens de celui-ci ayant été depuis réduits sous séquestre de justice, à la réquisition des créanciers de son hoirie, et mis en cause de concours, c'est ce même concours qui fait percevoir les revenus de cette portion de Seigneurie, en attendant que quelque créancier s'en paye, ou qu'il se présente un acheteur.

Le Seigneur Jean-François Ferrod son fils s'est déclaré héritier de son père et y fait actuellement administrer la justice à son nom.

*Note postérieure*

Depuis sa mort, cette portion est dévolue au patrimoine royal.

Le vieux château s'est écroulé en 1777.

## BOSSES

La Seigneurie de Bosses est une toute petite juridiction ; elle ne se compose que d'une sixième partie environ du ressort de ce nom, existant au bas de la montagne du Grand-Saint-Bernard, à gauche de la grande route.

Tout le ressort est de douze focages, dix dépendant de la Baronnie de Gignod et deux seulement de la Seigneurie de Bosses, et reconnaît pour le spirituel la paroisse de Saint-Rhemy. Il a été tout entier autrefois sous la juridiction des anciens Seigneurs *de Gignio* et ensuite sous celle des Sires de Quart.

Ces seigneurs en avaient fait un arrière-fief dépendant de leur château, ainsi qu'on le relève de la reconnaissance passée au Seigneur Jacques de Quart en 1300 par Rollet, fils du chevalier Vuillerme de Bosses, à son nom, de son frère Boniface et de ses autres consorts, acte reçu par Jacques Bonet, notaire du Sacré Palais, où il est dit : « *quod feudum olim tenebatur ab illis de Gignio* ».

La portion qui forme à présent la juridiction de Bosses, est fort ancienne dans la famille qui en jouit, et à laquelle on croit qu'elle a prêté le nom. Elle fut en premier lieu donnée en arrière-fief par les Seigneurs *de Gignio* ; et cette concession fut ensuite continuée et confirmée par les Sires de Quart, comme successeurs à leurs droits, sous les mêmes conditions et nature de fief masculin avec lesquelles ils possédaient le leur.

Il paraît même que cette inféodation primordiale fut faite avant que la Vallée d'Aoste ne se fût soumise à la Royale Maison de Savoie, car on trouve des Seigneurs

de ce nom déjà depuis le xie siècle. Un Girard *de Bocha* a servi de témoin à une reconnaissance que noble Girard *de Gignio*, chevalier, a passée à Hugonet Seigneur d'Avise le 9 octobre 1095, acte reçu par Jean *de Marlio* notaire impérial. Un *Petrus de Boscha*, évêque d'Aoste, a souscrit aux Règlements de Justice ajoutés au traité de la dédition sous la date du 9 septembre 1253. On en pourrait citer d'autres encore. On croit cependant que la famille des anciens Seigneurs s'est éteinte. Ceux qui leur ont succédé auraient pris le même nom, continuant de le porter de père en fils depuis plus de trois siècles ; mais leur surnom serait Tanpan, ainsi qu'on peut assurer l'avoir vu dans plusieurs titres en ces termes « *de Bossa alias Tanpan* » ; ils n'auraient donc été qu'agrégés à la famille d'autrefois, aussi bien que les nobles De la Tour d'Etroubles et ceux *de Vacheria*, qui ont eu part à cet arrière-fief. La reconnaissance de Rollet de Bosses dont il est parlé ci-dessus, semble faire foi lorsqu'elle s'exprime comme suit : « *Constitutus*
» *in præsentia nobilis viri Jacobi Domini de Quarto*
» *Roletus filius Domini Vuillermi de Boscha, militis,*
» *ad manifestandum feudum quod ipse et consortes sui*
» *tenent ab eo, quod feudum olim tenebatur ab illis de*
» *Gignio, unde D. Roletus, præsentibus, consentientibus*
» *et volentibus Bonifacio fratre ejus, Girado et Thoma*
» *fratribus, Jacobo seniore et Jacobo juniore fratribus,*
» *Thoma et Henrico fratribus, filiis quondam Aymonis*
» *de Boscha, dixit et recognovit quod hoc quod tenet,*
» *vel alter pro eis, a chantelo cumbæ de Falqueis superius usque in vertice prati de Amail, item plœna*
» *bamna, dominium plœnum, jurisdictio, justitiæ, cohertio*
» *in hominibus illorum qui non sunt homines illorum*
» *de turre de Stipulis, et tota alia plœna jurisdictio et*
» *dominium in dicta valle, pro quo sunt homines ligii*
» *Domini de Quarto, et est feudum equi, et ad fidelita-*

» *tem ligiam, et quod Dominus de Quarto habet in ipsis*
» *et super eis et eorum quemlibet plœnam jurisdictio-*
» *nem, cohertionem, dominium, mœrum et mixtum im-*
» *perium, ita tamen quod Dominus de Quarto, vel hœ-*
» *redes aut propinqui ejus ad quos spectabit dominium,*
» *ipsos citare vel ajornare non possint extra bamna*
» *Augustœ, vel nisi a sponte de Stipulis superius usque*
» *ad Sanctum Remigium, vel in Valle de Boscha, nisi*
» *evidenti necessitate ipsorum vel ipsius Domini de*
» *Quarto, propter quam ipsos ad hospitium ipsorum*
» *citare possit infra terram suam de Quarto, pro isto*
» *autem feudo non potest Dominus de Quarto aliquem*
» *ex iis compellere ad guerram faciendam, et hoc pro-*
» *miserunt etc. Recepit Jacobus Boneti Notariis Sacri*
» *Palatii anno 1300 in die 13 kal. septembris.* »

Quoi qu'il en soit, on trouve plus tard qu'un Jacquemet et Henri *De Boscha* sont intervenus dans une sentence rendue par les pairs, nonpairs et coutumiers assemblés en connaissance à Villeneuve le 2 octobre 1317 ; un Boniface de Bosses s'est fait prêter hommage et fidélité par les habitants du fief par acte du 7 septembre 1339, et un François de Bosses, par autre acte du 12 mars 1354 ; mais on ne trouve nulle part, tant que la ligne masculine des anciens Seigneurs de Quart a subsisté, qu'aucun des Seigneurs de Bosses ait reconnu directement ce fief à la Couronne. Bien au contraire, Henri, dernier Seigneur de Quart, par acte du 2 août 1376, reçu par noble Boniface *de Motha*, et dans lequel un « *Petrus de Boscha domicellus* » a servi de témoin, a passé reconnaissance de tout le ressort de Bosses au Comte Amé en ces termes « *Item confitetur nomine quo supra se tenere*
» *in feudum a dicto Domino Comite et suis ut supra*
» *totum ploenum dominium, merum, mixtum imperium*
» *et omnimodam jurisdictionem quod et quam habet, tenet,*
» *possidet, habere, tenere et possidere consuevit, vel quasi*

» *vel per se vel per alium aut alius, vel alii pro eo, et*
» *ab eo tenent ab eodem, territorium et locum de Bos-*
» *cha in plano et in monte una cum nemoribus nigris,*
» *pascuis, ripagiis et acquarum magnarum decursibus*
» *universis praedicti per ipsum confessati pertinentibus*
» *et spectantis ad eumdum ut supra etc.*

Ce ne fut que depuis le retour de la Seigneurie de Quart à la Couronne en 1378, que les Seigneurs de Bosses commencèrent à en dépendre. Jean et Pierre de Bosses ont les premiers passé reconnaissance au Comte Amé de ce petit ressort de Seigneurie et de la tour ou maison forte qu'ils y possédaient, par acte du 23 septembre 1406. Les autres Seigneurs de cette famille ont successivement continué, tant dans les audiences générales que par d'autres actes à part, de reconnaître leur fief des Comtes et Ducs de Savoie, mais toujours avec la clause suivante : « *Ad causam Castri eorum de Quarto, et*
» *ressortorum ejusdem, quod feudum dicitur esse feu-*
» *dum equi etc.* » Citons entre autres les reconnaissances de Pierre-Louis, Félix et Léonard, fils de Pierre, et Jean et Antoine leurs cousins au Duc Amé surnommé le Bienheureux, et de Pierre, tant à son nom qu'en celui de Louis et Léonard fils de Félix au Duc Philibert II, les premiers sous la date du 17 mai 1466, le second sous celle du 19 juillet 1473, et encore une autre du 24 février 1500, reçues les unes et les autres par Antoine De Solerio et Pierre de Villario, notaires et commissaires des extantes de ces Princes dans tout le mandement de Quart et ses ressorts ; elles sont très explicites et font sensiblement connaître la nature et qualité de ce fief, ou mieux arrière-fief.

En 1490, par contrat du 17 novembre, un Louis Conseigneur de Bosses avait échangé sa portion de Seigneurie avec le Seigneur Boniface d'Avise, et celui-ci l'avait vendue à noble François Carmagne, vibaillif d'Aoste, par acte du 27 septembre 1498. Plus tard, ce fut le Seigneur chevalier Humbert de Lostan, comme héritier testamentaire de noble Antoine-Nicolas de Bosses, qui prétendit lui aussi avoir part à la maison forte et Seigneurie de Bosses. Mais Guillaume et Léonard Conseigneurs de Bosses, le premier en 1509 et le second en 1582, les en firent exclure, tant en vertu de la nature du fief qu'au moyen de fidéicommis faits par les Seigneurs Guillaume et Barthélemy de Bosses pour conserver cette portion de fief dans leur agnation.

Ce ne fut que depuis 1550 et 1551, lorsque les Souverains eurent aliéné le château et Seigneurie de Quart, que la petite Seigneurie de Bosses cessa d'être arrière-fief.

Elle commença dès lors à dépendre immédiatement de la Couronne, de laquelle ces Seigneurs prirent directement leurs investitures sans faire mention de l'antique dépendance du château de Quart. Ils eurent aussi leur place dans les Assemblées générales des Trois Etats, auxquelles ils n'intervenaient pas auparavant, ni même encore longtemps après, ainsi que cela se vérifie des anciens registres, car il ne se hâtèrent pas de prendre possession de leur siège.

Léonard de Bosses est le premier qui ait commencé à jurer nouvelle reconnaissance au Duc Charles le Bon en 1551.

Quelques années après, ce même Seigneur ayant fait venir à Aoste un Sénateur du Sénat de Savoie, pour faire exécuter certaines provisions qu'il avait rapportées de ce même Sénat contre ses sujets, ceux-ci se soulevèrent en tumulte. Le Seigneur et le Sénateur risquèrent fort d'être maltraités ; ils furent obligés, pour pouvoir se retirer sans avarie, de recourir à la simulation et feindre de consentir à un accord, qu'ils allèrent stipuler dans l'église de Saint-Rhémy, et par lequel le Seigneur Léonard renonçait à toutes ses prétentions moyennant une somme convenue.

De retour à Aoste, le magistrat y dressa son procès verbal et l'envoya à S. A. pour l'informer de ce qui s'était passé. Le Souverain manda aussitôt au Baillif de monter à Bosses avec un grand nombre de gens d'armes pour arrêter les mutins; mais ceux-ci, avertis à temps, s'étaient déjà sauvés en Valais. Les gens qui étaient allés pour les prendre ne purent faire autre chose que de piller leurs maisons et de s'en retourner avec leurs dépouilles.

Quelque temps après, les rebelles ayant recouru à la clémence du Souverain, obtinrent grâce moyennant une finance de trois mille écus.

Qui profita de cette sédition, ce fut le Seigneur Léonard, qui put en attendant faire donner pleine exécution à ses provisions et se rendre paisible possesseur de la juridiction avec tous les droits qui en dépendaient.

Le Seigneur Léonard de Bosses transmit la Seigneurie à Michel son fils, qui a été vibaillif; celui-ci, à François-Léonard, et ce dernier, à Michel-Joseph et Jean-Louis. Jean-Louis a laissé entre autres enfants, le Seigneur François-Félix, qui a possédé la Seigneurie jusqu'à son décès, arrivé le 2 mai 1742.

Comme il avait toujours vécu dans le célibat, la famile s'est éteinte avec lui. Le procureur général de S. M. a fait réduire ce fief sous séquestre et main royale de justice, comme masculin et de la même nature que celui de Quart. Il en fait exiger les revenus en attendant que quelqu'un en fasse acquisition.

*Note postérieure.*

Par arrêté de la R. Délégation du Duché d'Aoste en date 30 janvier 1782, la Communauté de Bosses a été unie à celle de Saint-Rhemy, pour n'en plus faire qu'une à l'avenir, sous une seule et même administration, « tout comme, y est-il dit, elles n'ont formé jusqu'ici

» qu'une seule paroisse, pour prendre les noms de Com-
» munauté de Saint-Rhemy en Bosses, dont le bourg, situé
» sur la grande route du St-Bernard, sera à perpétuité
» et en tous sens le chef-lieu. »

Par acte du 20 octobre 1771, Avoyer notaire, avait été fondée à Bosses, une Rectorerie, par les particuliers du lieu, en augmentation d'un legs déjà fait par Jean-Antoine Cargnan, vigueur de testament du 18 juin 1757, Marcoz notaire.

Par décret du 13 avril 1824, rendu par les vicaires généraux capitulaires Jean-Antoine Passerin d'Entrèves, prévôt de la Cathédrale, et Gaspard-Prosper Chapelain, chanoine, la Rectorerie de Bosses a été érigée en bénéfice cure, avec droit de patronage en faveur de S. M. comme Grand-Maître de l'Ordre des SS. Maurice et Lazare.

# DERBY

La Seigneurie de Derby, dans le mandement de Valdigne, n'est composée que d'une seule paroisse ; et encore, certains hameaux sur la gauche de la Doire, comme Les Alberteys, ne sont du ressort de Derby que pour le spirituel, et dépendent de La Salle pour le temporel.

Cette Seigneurie est de toute ancienneté de la jurisdiction immédiate de l'église Cathédrale et de la Collégiale d'Aoste, qui n'en ont jamais passé reconnaissance ni pris investiture de qui que ce soit. On croit communément que le Comte Humbert, fils de Bérold de Saxe, leur a fait cette libéralité vers l'an 1040 ; mais cette opinion, appuyée uniquement sur une pièce sans sceau ni signatnre ni autre caractère d'authenticité, ne semble pas mériter toute l'importance qu'on lui a donnée.

Sans répéter ici ce qui a été abondamment expliqué dans la première partie de cet ouvrage, on soutient toujours que le meilleur titre dont ces deux Corps soient armés, à l'appui de leur domaine temporel sur la tour de Derby, c'est leur ancienne possession plusieurs fois séculaire.

La Cathédrale et la Collégiale se sont depuis longtemps partagé cette terre par moitié ; elles y ont chacune leur maison forte séparée, distincte, indépendante de l'autre. Mais la portion du Chapitre de la Cathédrale est devenue dans la suite bien plus forte que l'autre, par l'addition du ressort des Alberteys, situé au plus haut de la colline et appartenant à La Salle.

Pour ce qui regarde ce ressort, il est évident et incontestable qu'il ne provient pas de la donation supposée du Comte Humbert, mais bien d'une belle et bonne acquisition que le Prévôt et Chapitre de la Cathédrale en ont faite en pur et franc alleu, moitié de noble Théodule de Lescours, par acte du 3 janvier 1372 reçu par Aymonet Boveti notaire impérial, et moitié du Seigneur Louis de Provanes Baillif d'Aoste, agissant au nom du Comte Amé de Savoie qui avait eu cette portion, par composition, de Jacquemin de Lescours. Ce second contrat fut reçu le 21 février 1375, par Martin de Chamlaurensal, et ratifié par le Prince par patentes du 14 décembre suivant.

Les nobles de Lescours avaient acquis le ressort des Alberteys de la Maison de Montjoux, par contrat passé le dimanche des Rameaux de l'an 1303. Quant à la Maison de Montjoux, elle l'avait eu par donation de Bozon ou *Bosius* archevêque de Tarentaise, bien longtemps auparavant.

*Note postérieure.*

L'ancienne commune de Derby a été unie à La Salle par un arrêté de la R. Délégation du Duché d'Aoste en date du 8 mai 1782 (v. le reg. part. des congrues). Par un autre arrêté du 24 août 1787 (v. reg. ordinaire) cette même Délégation a approuvé les conventions de ces deux communes sur cette union, contenues au verbal d'audiences du 21 même mois, insinué à Aoste au liv. 6e de 1787, fol° 681.

# ÉMARÈSE.

La Seigneurie d'Emarèse n'est composée que de quatre petits villages qui sont Aymarèse, Sommarèse, Erèse et Cheissan, faisant en tout neuf focages et quelques fragments, soit la moitié, ou environ, de la paroisse de Saint-Gërmain, autrefois dépendante du mandement de Montjovet.

Cette Seigneurie d'Emarèse n'a ni château ni maison forte, quoiqu'elle ait d'ailleurs un revenu raisonnable, si l'on tient compte de son peu d'étendue et de sa situation élevée au milieu des châtaigniers.

On a déjà rapporté, à propos de la Seigneurie de Montjovet, comment Emarèse parvint en 1635 au Seigneur Pierre-Léonard Roncas, et de celui-ci, l'année suivante, à noble Marc-Antoine De Cré. Ce Seigneur laissa en mourant cette terre à Sulpice De Cré son fils aîné, et ce dernier en disposa par testament en faveur de Mademoiselle Marie-Anne De Cré sa seconde fille.

C'est encore cette seconde fille, aujourd'hui veuve du Sieur médecin Brunod de Chatillon, qui est actuellement Dame d'Emarèse, en vertu de l'institution de son père, confirmée par plusieurs sentences et par accord passé avec sa sœur aînée; mais ce n'a pas été sans contraste qu'elle est restée dans la paisible possession de cette Seigneurie, car sa sœur aînée prétendait y avoir droit, ensuite de la disposition de son aïeul, qui appelait à la succession les aînés mâles, et à leur défaut, l'aînée des filles, laquelle n'entendait pas que son père eût eu faculté de déroger par son testament.

*Note postérieure.*

Par la mort de la Dame Marianne De Cré, veuve Brunod, le Sieur François-Joseph et ses autres enfants n'étant pas habiles à posséder des fiefs jurisdictionnaux, cette Seigneurie a été réunie au Domaine Royal. Les tributs féodaux ont été éteints moyennant la somme de L. 6000, que cette communauté s'est engagée à payer en quatre termes. Il n'y a donc plus que le droit de baguette.

Cette terre a fait grand bruit, il y a quelques années, à l'occasion des morceaux d'or fin qu'on y a trouvés à diverses reprises. Les habitants n'ont pas su en tirer grand profit ; n'en connaissant ni la nature ni la valeur, ils se laissaient exploiter par des négociants rusés, qui savaient les leur arracher pour des riens. Cependant, le bruit de ces trouvailles, faites par les laboureurs dans les champs, par morceaux détachés et épars, avait fini par réveiller l'attention des souverains. Ils y ont entretenu pendant plusieurs années des ouvriers et une compagnie d'artillerie, qui ont fait diverses recherches et se sont ensuite retirés. On y trouve cependant toujours quelques grains, mais en petite quantité, en lavant la terre.

## SAINT-MARCEL.

La Seigneurie de Saint-Marcel porte à présent le titre de Baronnie. Elle n'est composée que d'une seule paroisse, mais d'une assez vaste étendue. Les Romains y ont fait travailler anciennement à l'excavation de plusieurs sortes de métaux, dont les montagnes abondaient. Les grandes et profondes cavernes qu'on a creusées en plusieurs endroits, les monceaux de crasses (scories) entassés les uns sur les autres dans les lieux où l'on fondait et épurait le minerai, témoignent de l'importance qu'eut jadis cette exploitation. Mais ces riches filons d'autrefois ont été presque totalement épuisés. On ne travaille plus à présent qu'à une mine de cuivre aujourd'hui fort maigre, et à une autre de manganèse, qui donne un profit raisonnable, car on débite une quantité de cette pierre dans les pays étrangers, où elle est employée à polir les glaces, à purifier les verres et à plusieurs autres usages.

On a découvert dans la montagne, en 1732, une de ces anciennes mines, très vaste et très profonde, avec des puits et des galeries à plusieurs branches, d'où l'on croit que les Romains ont tiré beaucoup de cuivre. Ils en avaient dans la suite, paraît-il, fermé l'entrée faute de bois, ou pour quelque autre raison à présent inconnue. Le principal puits était rempli d'eau ; on a travaillé pendant près de deux ans, avec une grande dépense, à le vider. Mais les avances que les entrepreneurs ont faites n'ont pas été infructueuses, car ils en retirent à présent un grand profit.

Cette terre appartenait autrefois à la maison de Challand ; elle était unie à la Seigneurie de Fenis.

Les Vicomtes Godefroy, Aymon et Bozon l'ont comprise dans la reconnaissance de cette Seigneurie, qu'ils ont jurée au Comte Amé en 1242.

Elle passa après eux à Ebal, fils de Godefroy.

Cet Ebal en disposa par testament du 23 mai 1323 en faveur de ses petits-fils Aymon et Ebal, issus de son fils aîné Godefroy, Sénateur de Rome.

Aymon et Ebal s'étant ensuite partagé les terres qui leur étaient parvenues de leur aïeul, Aymon, l'aîné, fut Seigneur de Fénis ; Ebal le fut d'Ussel et de Saint-Marcel.

Ebal reconnut cette Seigneurie au Comte Amé, avec la parité de sa personne, aux audiences générales de 1337, par acte du 21 avril. Ayant, à peu près dans le même temps, fait bâtir le château d'Ussel, il y établit la résidence de sa famille et soumit depuis Saint-Marcel à sa dépendance.

Il laissa en mourant ces terres à Pierre son fils, et celui-ci à François son fils aîné.

François n'ayant pas d'enfants, non plus que son frère cadet auquel il avait survécu, en disposa en faveur de son cousin le Comte Louis de Challand ; et celui-ci, par testament du 22 avril 1487, l'unit à la secondegéniture d'Aymavilles, ordonnée par le Comte Jacques son père.

Après sa mort, Saint-Marcel passa au Seigneur Jacques son second fils, qui en fit bâtir le château, augmenté depuis par les Seigneurs de la branche de Fénis.

Mais le Seigneur Jacques étant décédé sans enfants, la Seigneurie de Saint-Marcel se réunit au domaine du Comte Philibert son frère aîné, et de celui-ci, elle passa au Comte Réné son fils unique.

Le Comte Réné l'engagea en 1556, sous grâce de rachat perpétuel, au Seigneur capitaine Paul de Madrus, de la Principauté de Trente, pour payer une partie de sa rançon au Maréchal de Brissac, général des troupes françaises, qui l'avait fait prisonnier de guerre l'année précédente à Verceil.

Elle suivit depuis la même destinée que la Seigneurie d'Ussel, engagée de la même manière, jusqu'à ce qu'elles furent dégagées l'une et l'autre en 1574 par la Comtesse Isabelle et les quatre frères François, Georges, Claude et Jean de Challand Conseigneurs de Fénis, ainsi qu'il a déjà été raconté, ensuite de la transaction de 1568.

Les quatre frères s'étant ensuite partagé les terres que Madame la Comtesse Isabelle leur avait cédées, ainsi que celles qu'ils avaient héritées de leur père, la Seigneurie de Saint-Marcel échut au Seigneur Jean, quatrième des frères.

Celui-ci étant décédé en 1577 sans enfants mâles, elle revint au second des frères le Seigneur Georges, Baron de Chatillon, et passa après lui à son fils aîné Paul-Emmanuel.

C'est à ce dernier que furent séquestrés la Seigneurie de Saint-Marcel et les grands prés de Chatillon, comme gages des droits de dot des dames Luciane, Bonne et Marguerite ses sœurs, mariées, la première dans la maison du Comte de Saint-Pierre, la seconde dans la maison Solar-Moretti de Saint-Second et la troisième dans celle de Chevron-Villette en Tarantaise.

M. le Baron Charles Bianco, Comte de Saint-Second, a dans la suite acquis les droits des deux premières, en déboursant le montant de leurs dots; en vertu de quoi il jouit en guise de gage et hypothèque, non seulement des prés de Chatillon, mais encore de toute la Seigneurie de Saint-Marcel avec ses dépendances.

Depuis l'arrêt de revendication du Comté de Challand, le Seigneur Joseph-Félix de Chaland Baron d'Aymavilles, mis par la mort du dernier Baron de Fénis en possession de la secondegéniture à laquelle appartenait Saint-Marcel a bien cherché de la faire réunir; il a même intenté procès à ce sujet par devant le Royal Sénat de Piémont; mais il a été condamné.

## CHAMPORCHER.

La Seigneurie de Champorcher, ou du moins, de cette portion consistant en un peu plus du tiers de la vallée de ce nom, qui dépendait autrefois du Château de Bard, était toujours restée au domaine de la Couronne depuis que les Princes de Savoie étaient devenus les maîtres de ce fort et de son mandement.

Le Duc Charles-Emmanuel I$^{er}$ la démembra pour la vendre et inféoder, sous grâce et puissance de rachat perpétuel, au Seigneur Jean-François Bruiset, un de ses secrétaires d'Etat, avec la portion de la paroisse d'Hône qui était du domaine ducal, et le péage de Bard, divisé d'avec celui que perçoit le Seigneur de Pont-St-Martin. Cette vente se fit par patentes du 4 mars 1592, entérinées le 20 juillet suivant, pour le prix de six mille écus d'or d'Italie, plus autres mille écus petits qu'il fallait rendre au Capitaine Jean-Jacques Rigarant, de Bard, à qui certains revenus étaient engagés.

La Seigneurie de Champorcher fut ensuite possédée par le Seigneur Pompée Bruiset fils du précédent. Il la tint jusqu'en 1669, où la Couronne en reprit la jouissance, en lui restituant les deniers que son père avait déboursés. Les sujets avaient largement contribué à cette restitution, pour se rédimer des continuelles recherches et inquiétudes auxquelles ils se trouvaient en butte de la part de ce Seigneur.

On voit auprès de l'église de Saint-Nicolas, paroisse supérieure de la vallée de Champorcher, une vieille tour carrée n'ayant plus que les quatre murailles. On l'appelle le *Château*. C'était en effet l'ancien château, soit maison forte de ce lieu ; mais il est déshabité depuis bien longtemps, n'ayant jamais plus été rétabli depuis qu'il fut brûlé dans les commencements du XIII° siècle pendant les guerres acharnées que se firent les Seigneurs Hugues de Bard et son troisième frère Vuillerme, tige des Seigneurs du Pont-Saint-Martin.

Peu après la restitution des deniers de la première vente au Seigneur Pompée Bruiset, les communiers de cette partie de Champorcher et d'Hône, conjointement avec ceux de Donnas, moyennant payement d'une grosse somme d'argent qu'ils avaient empruntée à cet effet, se sont rédimés et affranchis des censes, servis, laods, tributs et tous autres devoirs féodaux auxquels ils pouvaient être obligés pour les biens, qu'ils tenaient à fief du Château de Bard.

La portion de juridiction de Champorcher était cependant toujours réservée au Souverain. Elle fut nouvellement aliénée, peu d'années après, au Sieur Jean-François Freydoz, avocat de Verrès, par patentes du 12 août 1682, entérinées en Chambre le 18 du même mois, pour le prix de quatre cents pistoles, et avec la condition que dans le cas où il n'aurait point d'enfants, cette portion de fief, avec la parité, noblesse et pouvoir de faire une primogéniture, passerait aux enfants mâles du Sieur Pierre-Antoine Freydoz son frère, et à défaut, pour une fois tant seulement, à la fille aînée du dernier qui en décèderait vêtu et saisi, le fils aîné de laquelle reprendrait le train de la juridiction.

Le Seigneur Jean-François Freydoz ne s'étant jamais marié, la laissa en mourant à ses neveux Boniface et François-Joseph.

Boniface n'ayant point eu d'enfants mâles, son frère lui succéda et se trouva ainsi maître de toute cette portion de juridiction.

Il la transmit à son fils aîné, le Seigneur Joseph-Nicolas

Freydoz de Champorcher, qui en est le possesseur actuel.

Ces derniers cependant, quoique appelés dans cet ordre aux assemblées générales, n'ont pas encore pu s'en prévaloir jusqu'ici et opinent hors rang, ensuite de la querelle de préséance et des empêchements que leur ont suscités les Seigneurs de Saint-Martin de Corléan, d'Entrèves et de Donnas, de récente inféodation, pour n'avoir pas pris d'autres investitures de ce fief depuis la mort de leur respectif oncle et grand-oncle le Seigneur Jean-François.

## HONE ET VERT.

Une partie de la paroisse d'Hône, ainsi qu'on l'a raconté au chapitre précédent, après avoir été aliénée aux Bruiset, avait été de nouveau réunie à la Couronne par rachat, en 1669.

Quinze ans plus tard, cette même portion, avec une portion de Vert, ancienne dépendance elle aussi du château et mandement de Bard, fut inféodée par le Roi Victor-Amé au Seigneur Jean-Pierre Marelli, Président et Général des Royales Finances, avec titre et dignité de Comté, par patentes du 13 décembre 1684, entérinées à la Chambre des Comptes de Piémont, vues et visées en Conseil des Commis le 12 novembre de l'année suivante.

Le Seigneur Marelli avait encore arrondi son fief d'une partie des portions d'Hône et de Vert dépendantes du Château et Seigneurie du Pont-Saint-Martin : il les avait acquises à part du Seigneur Marc-Charles-François de ce nom.

Ce dernier étant mort, le Seigneur Joseph-Philibert, son fils et successeur, a voulu revendiquer ces portions, prétendant qu'elles étaient inaliénables, tant par la nature masculine du fief que par les dispositions fidéicommissaires de ses ancêtres ; il a plaidé pendant quelques années contre le Seigneur Comte Philippe-Antoine Marelli fils du précédent ; mais après quelques procédures, le Seigneur du Pont-Saint-Martin a fini par accommoder ce différend avec le Seigneur Marelli, moyennant la rétrocession de quelques-uns de ces fragments de jurisdiction et le payement d'une somme d'argent, que celui-ci lui a fait compter pour bien de paix.

Le Seigneur Président et Général Marelli avait fait bâtir devant l'église d'Hône, dès les premiers temps de son investiture, un château à la moderne, en forme de palais, avec des appartements réguliers et jardin en face.

Le ressort de Vert n'a point de clocher. Il dépend de Donnas pour le spirituel. Le territoire en serait très fertile s'il n'était pas si exposé aux inondations; mais outre qu'il est extrêmement bas, le rocher de Donnas repousse aisément la Doire de ce côté. Aussi y fait-elle des ravages incroyables. L'an 1574, elle y ruina quantité de maisons, avec perte de personnes et d'effets. Les habitants de ce ressort ne se garantissent à présent contre ces dangereuses visites qu'au moyen de fortes barrières, construites et entretenues à grands frais.

C'est encore le Comte Philippe-Antoine Marelli, Sénateur au Royal Sénat de Piémont et fils du Seigneur Général des Finances, qui possède actuellement la Seigneurie de ces deux ressorts,

*Note postérieure.*

sauf les fragments relâchés au Comte de Saint-Martin, comme il a été dit plus haut.

Le Seigneur Comte-Sénateur Philippe-Antoine Marelli étant dans la suite décédé sans enfants, sa Seigneurie échut à la Couronne.

Le Roi Charles-Emmanuel en a invêtu le Sieur Jean-Antoine Gippa, natif de Varal, qui avait fait un commencement de fortune à l'exploitation des minières de Saint-Marcel.

Du Seigneur Jean-Antoine Gippa d'Hône, cette portion a passé au Seigneur Antoine son fils, avocat et conseiller des Commis, qui eut pour femme Marie-Françoise fille de l'Intendant De Biolley. Il mourut jeune, laissant trois fils et deux filles.

De ces trois fils, deux seuls ont recueilli sa succession : Charles-Gaudence, lieutenant au Régiment de Saluces et Pierre-Joseph, bénéficier à la Cathédrale. L'autre frère était entré dans les Cordeliers, sous la règle de saint François ; plus tard, ayant été sécularisé, il fut chanoine de la Collégiale de Saint-Pierre et Saint-Ours, dans laquelle est mort aussi noble Pierre-Joseph son frère, revêtu de la même dignité que lui.

Les deux filles du Seigneur Antoine s'appelaient Marie-Virginie et Jeanne-Christine-Thérèse. La première eut pour époux le Seigneur vassal Charles-Joseph Passerin de Brissogne, et la seconde le notaire Octave-Antoine Carrel de Chatillon.

Le noble Vassal Charles-Gaudens Gippa d'Hône, devenu capitaine des invalides, a épousé noble Victoire Bola de Bibbiana. De cette alliance sont née deux filles, dont l'une a épousé un capitaine et l'autre M. l'avocat Donnet de La Salle.

## DONNAS

La Seigneurie de Donnas, autre dépendance du château et mandement de Bard, fut vendue et inféodée par patentes d'investitures du 6 septembre 1694, avec le titre et dignité de Comté, au Seigneur Marc-Antoine Henrielly, Comte de Coassè, gentilhomme de la ville d'Ivrée. Elle n'est composée que du ressort, vignes et bourg du même nom.

Le bourg de Donnas n'est qu'à un petit quart de lieue du fort de Bard. Il est passablement bâti ; c'est un des endroits les plus peuplés et les plus fréquentés après la cité : il possède un hospice pour les capucins et un ancien hôpital érigé en 1290 ; il s'y tient un marché toutes les semaines.

Grand dommage que ce bourg soit si près de la Doire et si sujet à se voir inondé toutes les fois que la rivière s'enfle et déborde. Il y a longtemps qu'il aurait été balayé par les eaux, si ses fondements n'étaient pas solidement assis sur la continuation d'une roche vive qui lui sert aussi de barrière.

Donnas, Pont-Saint-Martin, Carême et quelques autres endroits des environs sont à l'abri du vent ; aucune gorge ni glacier n'y répand ses mauvaises influences ; ils ont en outre le soleil de bonne heure en toute saison. Aussi le climat y est-il beaucoup plus doux, non seulement que dans le reste de la Vallée, mais encore que dans les plaines du Piémont : on n'y ressent que peu ou point les rigueurs de l'hiver, et on n'y voit presque jamais ni neige ni glace ; on y trouve au contraire toujours des jardinages et des fleurs et les fruits y mûrissent beaucoup plus tôt qu'ailleurs. Les vins du crû sont fort estimés.

On a donné à ce petit quartier, à cause de son climat doux et sain, le nom de *Provence du Duché d'Aoste*.

Donnas n'a ni château ni maison forte. Le Seigneur du lieu a dû y acheter une maison, pour pouvoir s'y loger lorsqu'il vient dans sa terre. La Seigneurie ne lui donne d'ailleurs que très peu de revenus, les sujets s'étant affranchis de tous devoirs féodaux dès l'an 1669, ainsi qu'il a été raconté au chapitre de Champorcher.

Le Seigneur Marc-Antoine Henrielly a laissé ce Comté à son fils Jean-Baptiste, et celui-ci à son fils unique, autre Marc-Antoine, qui en est le possesseur actuel.

## SAINT-MARTIN DE CORLÉAN

Saint-Martin de Corléan est une petite terre sans château et sans revenus, que l'on trouve presque au sortir de la ville, du côté du couchant. Elle était autrefois unie avec Saint-Etienne et Gignod, sous la juridiction indivise des Seigneurs de la Porte d'Aoste et *de Gignio*, et passa comme les autres à la Couronne de Savoie, par la cession que ces Seigneurs furent obligés d'en faire au Comte Amé un peu avant la moitié du XIIIe siècle. Elle continua depuis à être une dépendance du mandement de Gignod. C'est ainsi qu'elle fut cédée au Seigneur Jean-François La Crête par le Duc Charles-Emmanuel Ier en 1584, comme il a été rapporté à propos de l'érection de ce mandement en Baronnie ; et que du Seigneur Baron Jean-François La Crête, mort sans enfants mâles, elle passa, par le mariage de Mlle Philiberte La Crête, sa troisième fille et son héritière, dans la maison du Seigneur Adalbert Pallavesin des marquis de Cève.

Ce fut peu de temps après, que Saint-Martin fut détaché du mandement de Gignod. Le Seigneur Adalbert, ayant été destiné, par lettres de cachet du 12 octobre 1602, pour aller en Espagne au service du Prince Philippe-Emmanuel de Savoie, fils aîné de S. A. Sme le Duc Charles-Emmanuel, et n'ayant pas l'argent nécessaire pour son voyage, obtint du Souverain par patente du 26 même mois, de pouvoir aliéner la Seigneurie et paroisse de Saint-Martin de Corléan malgré l'erection en primogéniture et les restrictions fidéicommissaires portées par le testament du Baron La Crête. C'était, de toutes les terres de sa juridiction, celle dont l'aliénation était le moins dommageable ; car ses revenus n'allaient tout au plus qu'à deux écus d'or, valant en ce temps-là sept livres et quelques sous entre les deux. Il la vendit donc, du consentement de M^{me} Philiberte son épouse, et de leur fils aîné Charles-Emmanuel, avec tous droits seigneuriaux en dépendant, en quoi qu'ils pussent consister, conformément à l'investiture qu'en avait reçue le Baron de La Crête. Le contrat en fut passé à Turin le 29 de ce même mois d'octobre, par devant le notaire Jean-Martin Calleri, de Garessio.

L'acquéreur fut le Seigneur Pierre-Léonard Roncas, Baron de Chatelargent, qui déboursa comptant le prix convenu de cinq cents écus d'or.

Le Baron Pierre-Philibert Roncas Marquis de Caselles, son fils et successeur, en fit une juridiction particulière, pour augmenter ses titres et le nombre pompeux de ses terres, et enrichir son écusson de cette nouvelle armoirie.

Après son décès arrivé en 1683, cette terre passa à M^{me} Marguerite sa seconde fille, pour lors femme du Seigneur Président d'Oncieux.

Treize ans plus tard, ce dernier, comme administrateur de ses fils, et conjointement au Seigneur Dom Jacques-Antoine Bergère fils aîné en premier lit de la Dame Marguerite Roncas, la vendit au Seigneur Jean-Balthazard Aymonier des Seigneurs Pairs, déjà possesseur de beaucoup de biens-fonds sur cette même terre.

Le Seigneur Aymonier obtint de la Royale Chambre des Comptes de Piémont, pour lui, ses descendants mâles et femelles et autres successeurs et héritiers, les deux investitures de sa Seigneurie, par patentes du mois d'août 1696, vues et vérifiées en Conseil des Commis le 17 décembre suivant, jour auquel il prit dans ce corps son possessoire au rang des vassaux.

Il y institua en mourant son petit-fils Jean-François

de Blonay, lui substituant au besoin ses nièces Françoise-Antoine Paschal de Fornet et Antoinette-Marguerite De Cré d'Emarèse. Or, la première de ses dites nièces étant décédée du vivant même du Seigneur pupille De Blonay, et celui-ci peu de temps après, en fort bas âge, c'est en faveur de M$^{me}$ Antoinette-Marguerite De Cré que la substitution a eu lieu.

C'est encore cette Dame, aujourd'hui veuve du Seigneur François-Joseph Freydoz Conseigneur de Champorcher, qui est actuellement Dame de Saint-Martin de Corléan, quoiqu'elle en ait fait donation à son fils aîné le Seigneur Joseph-Nicolas Freydoz de Champorcher, comme cadeau de noces, en 1735.

En réalité, le présent n'est pas fort considérable, car cette terre n'a d'autre revenu que le greffe, qui ne se loue que huit à dix livres par année; ce n'est pas là vraiment un grand objet à lui faire porter le titre de Baronnie.

# COURMAYEUR.

La Seigneurie de Courmayeur et d'Entrèves, quoique comprise au nombre des terres qui composent le mandement de Valdigne, avait anciennement plusieurs Seigneurs particuliers. Les maisons nobles *De Curia majori*, de La Court, d'Entrèves, du Pucey et de La Chenal en ont eu chacune une portion.

Celle *de Curia majori* était la plus ancienne ; elle y devait tenir un rang considérable déjà dès le temps que la Vallée d'Aoste a fait adhérence à la R. Maison de Savoie, puisque le Comte Amé, fils et successeur de Thomas, donnait encore à fief à un Pierre *de Curia*, fils de Benoit, par acte du 3 avril 1233, les biens suivants en ces termes :

« *Ego Amœdeus Comes Sabaudiœ et in Italia Marchio dono et concedo ad perpetuum et gentile feudum Petro Benedicti de Curia Majori et hœredibus suis totam balmam ...... ..... ..... ..p... Salsam, ut in ea œdificat et faciat ad voluntatem suam, etc. promittens dicto Petro et hœredibus suis, dictam balmam et res suas garentire et defendere et manutenere in pacem, mandans successoribus suis hanc donationem protegere in perpetuum, quicumque hanc infrangere prœsumpserit in centum marchas puri argenti puniatur. Actum apud Sanctum Martinum de Ayma, anno et die quo supra cum magno sigillo aquilœ ex altera parte in cœra alba impresso.* »

Deux ans après, par acte 12 juin 1234, ce même Prince prend sous sa protection et sauvegarde Marie de Curia Majori et ses fils, leurs hoirs et leurs biens, en ces termes :

« *Nos Amœdeus Comes Sabaudiœ et in Italia Marchio, accipimus in nostra guardia et protectione dominam De Curia Majori, et filios et hœredes, et bona, promettimus defendere et garentire omnes res cultas et incultas quæ tenet a nobis in alpe de Frenex et de La Lex Blanche, cum eorum pertinentiis, nemoribus, aquis etc. Actum anno dieque quo supra, cum eodem sigillo militantis equitantis ex una parte, et parvo sigillo aquilæ ex altera impresso in cœra alba.* »

Cette portion ne resta dans cette famille que jusque vers le milieu du siècle suivant, où l'un de ses seigneurs, en vendant au Comte Amé le Vert la portion de noble Gonteret de Pierre *De Amavilla*, à lui parvenue par droit héréditaire et consistant en un douzième de la tour, maison forte, biens ruraux, censes et rentes existant en la ville de Courmayeur, se dessaisit aussi de sa portion de la dite seigneurie, qui fut depuis unie à la Couronne avec le reste du mandement royal de Valdigne qui en dépendait déjà immédiatement.

Un autre noble Jean *De Curia Majori*, par acte passé au Château de Chambéry le 16 avril 1359, prit à fief du Comte Amé le Vert, et en augmentation des autres fiefs qu'il avait déjà au dit lieu, sous la fidélité lige et parité, la juridiction que ce Prince avait sur les hommes demeurant dans les confins ci-après : « *Concedimus et donamus fideli nostro dilecto Johanni de Curia Majori in Valle Augusta, præsenti, stipulanti et recipienti pro se et cui vel quibus dare voluerit aut aliter alienare, et si non daret ejus hæredibus utriusque sexus vel cui acciderit, et titulo purae perfectae et irrevocabilis donationis in feudo cedimus in augmentum alterius feudi quod a nobis tenet et sub fidelitate et homagio ligiis et sub eisdem modis, formis, consuetudinibus, libertatibus, usibusque quibus cœteri pares Vallis Augustae tenent jurisdictiones suas in ipsa Valle, videliscet homines, homagia, redditus, census, juraque omnia etc. quae habemus etc. et quae nobis debent homines utriusque sexus commorantes et commoraturi sciliscet a molendinis de Saxa prout mons Cheytis per arestam et crestam dicti montis usque ad sommitatem montis de La Leys Blanche et ab illo loco per cristam montium usque ad summitatem montis de Ferreys et prout aquae pendent seu discurrunt et labuntur infra confines praedictos, usque ad dicta molendina, inclusis dictis molendinis, una cum mero, mixto imperio et jurisdictione omnimoda etc.*

Le prince ne se réservait que la juridiction des grands chemins, s'il y en avait dans les dits confins, et autres droits de régale, outre ceux des autres Seigneurs qui y tenaient des biens en fief.

Cette inféodation fut faite pour le prix de mille et quatre cents florins d'or d'intrage, avec le pouvoir de faire faire les publications et criées concernant la dite juridiction à l'église de Courmayeur, après cependant celles de la juridiction appartenant à la Couronne.

La maison de La Court avait juridiction à Courmayeur, avec la parité sur une certaine étendue de terrain et de maisons.

A cette portion se doit être unie par succession des temps celle de la maison d'Entrèves, faisant la quatrième partie de toute la juridiction de Courmayeur. Entrèves est un village resserré au pied d'une haute montagne presque toute couverte d'affreux glaciers, dans un angle formé par deux torrents dont l'un descend de la gorge de La Lex Blanche et l'autre de celle de Ferrex. Les Seigneurs de ce nom y possédaient une maison forte avec de grands biens ruraux, censes, rentes, montagnes et autres droits, lesquels, si l'on tient compte des confins décrits ci-dessus, paraissent être précisément les mêmes qui avaient été inféodés en 1359 à Jean *de Curia Majori*.

Toute cette portion est tombée dans la maison Sariod

d'Introd, vers le commencement du xv⁰ siècle, par le mariage du Seigneur Yblet Sariod d'Introd avec M^me Jeannette, fille et héritière du Seigneur Jean de La Court.

Son épouse étant décédée avant lui, le Seigneur Yblet fit hommage au Duc Amé, au nom de ses fils comme héritiers de leur mère, de tous les biens de cette famille à la neuvième session des audiences générales de 1430.

François son fils, à son nom et de ses frères, en passa nouvelles reconnaissances aux Ducs Amé et Philibert, par actes des jours 20 avril 1433 et 19 juillet 1477, tous deux reçus par noble Pierre Henrici Secrétaire et Commissaire de ces deux Princes.

Pantaléon, Humbert et Georges d'Introd, petit-fils de François, en firent de même par acte du 22 avril 1530, reçu par noble Jean Maillet Commissaire de la Couronne au bailliage et châtellenie de Chatelargent, ils y reconnaissaient aussi en particulier une tour, maisons adjacentes et autres pertinences existant en la ville de Courmayeur, lesquelles avaient autrefois appartenu à Pierre *de Amavilla*, chevalier, et sont relatées en une reconnaissance faite par Jean *de Curia* le 20 juillet 1381 et reçue par noble Nicolas Malluquin, Commissaire au mandement de Chatelargent.

La maison de Pucey avait juridiction sur un village de ce nom. Cette juridiction était parvenue dans la suite du temps à la maison de La Chenal, qui en fit hommage au Comte Amé dans les audiences générales de 1409. Peu de temps après, elle passa encore à la même maison d'Introd, qui par ces différents héritages s'était peu à peu acquis une bonne partie de la juridiction de Courmayeur, avec de grands biens.

Mais la maison Sariod d'Introd s'étant subdivisée par des partages en plusieurs petites portions, et la dissension s'étant mise entre frères et cousins, la plupart se ruinèrent en procès, et quelques-uns de ces seigneurs commencèrent peu à peu, pour soutenir leurs chicanes, à devoir aliéner d'abord les censes et biens ruraux et ensuite leurs portions de juridiction.

Noble Roux Favre, vibaillif d'Aoste en titre et lieutenant au gouvernement de ce Duché, Seigneur puissant par ses grandes richesses, acquit en 1562, de deux frères Sariod, la Seigneurie du village du Pucey et de La Chenal, et en 1569, des frères François-Louis et Jean-Antoine Sariod, celle de La Court, avec la tour et maison forte qui en dépendait, et qu'il fit ensuite rebâtir tout de neuf ou à peu près, telle qu'on la voit aujourd'hui.

En 1575, il acquit encore des mêmes frères et de leur cousin Erasme, fils de Bernardin Sariod, la juridiction d'Entrèves.

Il ne lui manquait plus, pour avoir toute la Seigneurie, que la portion des Seigneurs de *Curia Majori*, laquelle était du domaine de la Couronne depuis l'acquisition qu'en avait faite le Comte Amé.

Or, cette portion était extrêmement à sa bienséance ; c'est pourquoi il sut si bien profiter du crédit et de la faveur que ses emplois lui donnaient à la Cour, qu'il obtint par lettres patentes de S. A. S. le Duc Charles-Emmanuel en date 20 mai 1600, non seulement l'investiture de cette portion du domaine, mais encore de toute la Seigneurie et juridiction de Courmayeur, en fief masculin et féminin.

Cette cession lui fut faite moyennant la finance de deux mille écus d'or, dont il a déboursé mille seulement, son Souverain lui ayant fait don des autres mille pour des services rendus, et sous réserve de rachat perpétuel faisable pour la dite somme de deux mille écus d'or.

Le Seigneur Roux Favre prit possession en 1601 et se fit toujours depuis appeler Seigneur de Courmayeur (1).

___

(1) Par acte 3 novembre 1603, Antoine Derriard notaire, les nobles Jean-Boniface et Marc-Antoine Molliet, de Morgex, et les nommés Adaz, Rollier, Rosset, Ruffier et Vennitier, de Courmayeur, ont reconnu

Cette Seigneurie ainsi réunie passa, après son décès, aux Seigneurs Charles et Antoine Favre, le second et le troisième de ses fils, car Roux son aîné était mort avant lui sans enfants.

De Charles, elle parvint à Roux son fils, qui mourut en 1631, sans enfants des deux alliances qu'il avait contractées, et fut le dernier décédé du mal contagieux.

La juridiction fut ensuite contestée entre le Seigneur Pierre-Philibert Roncas Marquis de Caselles et le capitaine Jéronime des Comtes de Valpergue, ainsi qu'il conste des comparaissances des conseils généraux des jours 23 mai et 10 septembre 1632.

Par décret particulier de ce dernier jour, il fut refusé au Seigneur Jéronime d'y prendre place en qualité de Seigneur de Courmayeur, jusqu'à ce qu'il en eût reçu les investitures de S. A. R., quoique la juridiction eût été adjugée à son épouse M$^{me}$ Luciane Roncas, fille du Seigneur Pierre-Léonard Roncas Baron de Chatelargent et veuve du Seigneur Roux Favre.

Le même Seigneur de Valpergue put comparaitre sans obstacle à l'assemblée générale du 6 mai 1642, comme Seigneur de Courmayeur et au nom de sa femme; mais dans celles du 4 janvier 1649 et du 6 septembre 1650, ce fut le Marquis de Caselles qui comparut, comme héritier du Seigneur Roux Favre, malgré les empêchements des Seigneurs de Valpergue et les protestations des sujets de Courmayeur. Il trouva dans la suite moyen de con-

tenir à vrai, droit et perpétuel fief du magnifique Seigneur Roz Favre Seigneur de Courmayeur, vibaillif et lieutenant au gouvernement du Duché, celui-ci en qualité de cause ayant de spectable Seigneur Antoine Sariod comme par contrat 6 mai 1586 Antoine Pernodi notaire, tout l'alp des *Jués* en la vallée de Ferrex sur Courmayeur, sous les prestations y convenues, et notamment, d'apporter à l'instant les *seillées de caillée cuite* accoutumées, savoir : une le jour de Saint-Pantaléon, une autre le jour de l'Assomption et une autre le jour de la Nativité de Notre-Dame. *(Note postérieure).*

tenter son beau-frère et sa sœur, en leur cédant par about la maison des nobles Favre au bourg de Saint-Ours, avec ses dépendances et quelques autres biens, pour toutes leurs plus amples prétentions sur la Seigneurie de Courmayeur.

A la mort du Seigneur Marquis de Caselles, cette Seigneurie échut à sa seconde fille M$^{me}$ Marie-Marguerite Roncas, pour lors femme en second lit du Seigneur Président D'Oncieu.

Après le décès de cette Dame, le Seigneur D'Oncieu, en qualité d'administrateur de ses fils François, Antoine, Guillaume et Pierre-Philibert, successeurs aux biens de leur mère, vendit la Seigneurie de Courmayeur, par contrats des jours 25 août 1696 et 10 mars 1697, aux Seigneurs Jean-Pierre Persod, Prévôt de Mont et Colonne Joux, Antoine-François et Emmanuel-Anserme de feu noble Jean-Michel Passerin, des Seigneurs pairs, et Philibert-Amé Arnod, savoir : au Seigneur Prévôt Persod pour les trois quarts, et aux autres pour un quart seulement entre tous.

Les acquéreurs obtinrent de S. A. R. le Duc Victor-Amédée II, en date 28 mars 1697, les investitures de leur Seigneurie, avec la prérogative de la parité pour le Seigneur Prévôt et le Seigneur Arnod, et avec obligation au Seigneur Prévôt de Mont-Joux de payer aux finances chaque vingt années, pour ses trois quarts, un laod à proportion, et, à mesure que la prévôté passerait à un autre, d'en obtenir de nouvelles investitures et renouveler le serment de fidélité. Ils firent produire et vérifier leurs investitures en Conseil le 29 avril suivant, jour auquel il leur fut donné place au rang des vassaux.

Quoique les Seigneurs frères Passerin et Philibert Arnod aient pris le nom d'Entrèves dont le ressort fait la quatrième partie de la jurisdiction, celle-ci est cependant toujours indivise et possédée en commun dans la proportion établie par l'acte d'acquisition.

Les trois quarts appartenant aux très Rév. Seigneurs Prévôts de Mont-Joux ont continué en la personne de ceux qui ont été canoniquement pourvus de ce bénéfice.

Les deux tiers du quart, formant la portion des Seigneurs frères Passerin, se sont réunis en la personne d'Antoine-François par le prédécès du second, mort chanoine d'Aoste.

Le tiers du quart, formant la portion du Seigneur Arnod, est parvenu à sa mort au Seigneur François-Joseph son fils, et après celui-ci, au Seigneur Guillaume-René, fils unique aussi, qui en est l'actuel possesseur.

*Note postérieure.*

La Maison de Mont-Joux ayant été depuis supprimée, sa part de seigneurie appartient aujourd'hui à la Sacrée Religion des SS. Maurice et Lazare.

Le Seigneur Antoine-François Passerin, ensuite du prédécès du Seigneur Michel son fils, a transmis sa portion à son petit-fils le Seigneur Antoine-François-Elzéar possesseur actuel.

# FORNET.

La Seigneurie de Fornet en Valgrisanche, consistant en trois focages et trois quarts, forme la tierce la plus élevée de cette vallée.

Depuis le partage que les quatre frères fils d'Antoine d'Avise avaient fait de tout leur mandement par confins et ressorts séparés, elle avait passé et repassé en différentes branches des seigneurs de cette maison. Elle en fut enfin démembrée par la vente que le Seigneur Baron François-Gaspard, dernier agnat de la famille d'Avise, en fit au Seigneur Jean-Nicolas Pascal par contrat du 22 novembre 1699, reçu par le Sieur Jean-Baptiste Figerod comme notaire, pour le prix de deux mille et cinq livres, la lui maintenant héréditaire et disponible pour les mâles et les femelles. Le Seigneur Baron d'Avise avait obtenu, par patentes du 14 février 1700, l'agrément de son Souverain pour la vente de cette portion de fief.

Ce Seigneur Pascal en obtint de la R. Chambre des Comptes de Piémont, sous la date du 12 mai 1702 et moyennant finance de deux cent dix livres pour les laods, les investitures pour lui et ses enfants mâles et femelles, avec tous les autres droits et prérogatives des autres Seigneurs Bannerets du pays ; lesquelles investitures furent vérifiées en Conseil des Commis le 19 juin suivant, jour où il lui fut donné place et siège au rang des vassaux dans son ordre de réception. Il prit aussi le même mois, sur les lieux, la possession de sa juridiction, dont les revenus sont si minces qu'il ne vaut pas la peine d'en parler.

Le Seigneur Pascal est décédé en octobre 1736. N'ayant point d'enfants pour recueillir sa succession, il en a disposé en faveur de nobles Jean-François et François-Louis Passerin, établis à Sarre, l'un mari et l'autre fils aîné de sa nièce Marie-Marguerite De Tillier, fille de sa sœur Françoise Pascal veuve de noble Jean-Claude-Félix De Tillier de Morgex.

Ce sont encore présentement ces deux Seigneurs, neveu et petit-neveu du Seigneur Pascal, qui sont en possession de la Seigneurie de Fornet. Mais s'ils ont voulu l'avoir, ils ont dû l'acheter de nouveau des Royales Finances; car, lorsque noble Jean-François Passerin en a cru demander les investitures à la Royale Chambre, tant pour lui que pour son fils, le Procureur Général de S. M. a prétendu que ce fief avait fait échutte au domaine de la Couronne par la mort sans enfants du Seigneur Pascal, premier acquéreur, lequel n'avait pas le droit d'en disposer en dernière volonté. Cette nouvelle acquisition a été faite pour le prix de trois mille francs, payés comptant, selon qu'il a été convenu par patentes données à Plaisance le 8 avril 1742, avec l'astriction de fief recte et propre et pour les mâles seulement; au moyen de quoi ils ont obtenu arrêt d'entérination le 27 août suivant, et prêté serment de fidélité lige et pris les investitures de la Chambre des Comptes le 31 même mois, avec concession des minières, à la réserve de celles d'or et d'argent, et sous les obligations féodales de renouveler les dites investitures, faire les consignements et payer les cavalcades lorsqu'elles seront imposées.

Il a fait exhiber tout cela au Conseil des Commis le 24 septembre suivant, jour auquel lui a été accordé acte de cette exhibition et son rang au nombre des vassaux, le dernier en ordre. Il en a pris possession à la première session des Etats, tenue le lendemain.

## SARRE ET CHEZALLET.

La Seigneurie de Sarre et Chezallet, aujourd'hui Baronnie, est très ancienne. D'après les mémoires et notes existant à l'archive de l'Evêché, les Seigneurs Evêques d'Aoste y avaient autrefois de gros droits ; mais ce ne peut être que longtemps avant que la Vallée d'Aoste eût fait adhérence à la Royale Maison de Savoie, car il y avait déjà des seigneurs de Sarre au temps du premier traité de dédition : ils étaient de la maison des anciens Seigneurs de Bard, ainsi qu'il a été dit en son endroit. Ces seigneurs, ainsi que les nobles *de Pallatio* et *de Thora*, issus de la même famille, tenaient autrefois à fief des Evêques d'Aoste la plupart de leurs biens, alpéages, montagnes, décimes, naissants et autres droits des ressorts de Ville-sur-Sarre, Thora, Russin, Franières, Moron et autres, moyennant certaines redevances ; mais ces redevances se sont peu à peu éteintes ; on a raconté comment au chapitre relatif aux revenus de l'Evêché.

Jacques, Seigneur de Sarre, fils d'Aymon de Bard, fut un des signataires des *Règlements de Justice* ajoutés en 1253 au traité de dédition par le Prince Thomas Comte de Flandre. Ses descendants s'appelaient dans les anciens écrits *domicelli de Sarro*.

Pierre Seigneur de Sarre, comparut au rang des pairs aux audiences générales tenues à Aoste par le Comte Amé dit le Vert en septembre de 1368. Il avait déjà, par acte du 19 juin de la même année, reçu par Boniface *de Motha*, passé reconnaissance à ce Prince. Il eut d'Alasie sa femme deux enfants : Louis, décédé jeune du vivant de son père, et Jeanne qui épousa vers 1373 le Seigneur Jacques de Nus.

Jeanne n'hérita cependant de son père que quelques biens allodiaux; car, pour le château et fief de Sarre, comme pour lors il était masculin de sa nature et un de ceux auxquels les filles suivant la Coutume de la Vallée d'Aoste, ne pouvaient pas succéder, il fut dévolu à la Couronne. Le Comte Amé le Vert le réalbergea peu de temps après, moyennant une certaine somme d'argent, au Sire Henri de Quart, sous les mêmes conditions auxquelles il tenait déjà à fief les châteaux et Seigneuries de Quart et de Brissogne.

Le Sire Henri en passa nouvelle reconnaissance à ce Prince aux audiences générales de 1376, acte du 2 août reçu par le même Boniface de La Mothe, Commissaire des Extantes du Souverain et Secrétaire des audiences:

« *Item Henricus miles, nomine quo supra, confitetur se tenere a prædicto Domino Comite in rectum feudum ligium, nobile, antiquum et paternum, videliscet castrum de Sarro et mandamentum ipsius, merum et mixtum imperium et jurisdictionem omnimodam dicti castri et mandamenti de Sarro, una cum universis et singulis hominibus, homagiis, fidelitatibus, talliis, nemoribus, aquarum decursibus, ripagiis, furnis, molendinis et marescaltiis, boschassiorum, bastardorum, spuriorum obventionibus, bonis et juribus universis pertinentibus et appendentibus ad prædictum Castrum de Sarro et appendentiis ipsius, una etiam cum rivo seu balearia subtus dictum Castrum existente cujus sinum recipitur et sumitur ex aqua Duriæ, una cum omni commodo et stratis publicis, et eorum juribus et exitibus, prout et quemadmodum Domini quondam de Sarro prædicta omnia in feudum tenebant a Principe memorato, etc.* »

Le Seigneur Henri de Quart étant décédé lui aussi sans enfants mâles sur la fin de 1378, la Seigneurie de

Sarre se réunit de nouveau à la Couronne. Elle y resta cette fois jusqu'à l'année 1405, où le Comte Amé dit le Pacifique, par contrat du 24 mars, la donna à fief masculin et féminin, avec la Seigneurie de Brissogne, au Seigneurie Thibaut de Montagny (V. Brissogne).

Le Seigneur Thibaut en passa nouvelle reconnaissance, aux audiences générales de 1409, et Antoine son fils, à celles de 1466.

RUINE DE THORA. — La Seigneurie de Sarre était autrefois bien plus importante en terrain et en nombre d'habitants. Une épouvantable catastrophe a totalement détruit, en 1564, le grand village de Thora, dont le ressort était compté pour six focages et demi et faisait plus du tiers de la paroisse. Ce fut le jeudi 6 juillet, à six heures du matin : la pointe de la montagne au couchant de Thora, appelée la *Becca France*, se détachant tout à coup, s'écroula dans le vallon, qui fut à l'instant comblé de ses débris : maisons, habitants, bétail, propriétés, tout fut écrasé, anéanti, enseveli sous cette immense avalanche de rochers, de graviers et d'autres matériaux, qui n'offrent encore à présent qu'une surface infructueuse et incultivable.

On dit que cette chute laissa pendant très longtemps dans les environs une odeur en partie sulfureuse et presque insupportable (1).

SAINTE-HÉLÈNE PRIEURÉ. — Au bas de la colline, dans la plaine de Sarre, il y a une ancienne église avec sa maison. On croit, d'après la tradition, que dans

---

(1) Le village de Thora était composé d'environ 50 feux ; il y avait une ancienne et belle maison des Seigneurs de ce nom, des granges appartenant à des gentilshommes de la Cité, des artifices de moulin, d'autres de drap du pays, un pressoir pour l'huile de noix. Au haut du village, une chapelle de St-Théodule, fondée par les Seigneurs de Lostan. Le nombre des victimes fut de cent vingt. Verbal fut dressé de cette ruine le 2 mai 1583, par commission du Souverain, par Jean Tillier, Lieutenant et Juge du Bailliage.

les commencements de l'Evêché d'Aoste, elle servait de cure pour tout le côté droit (rive gauche), depuis Avise jusqu'à la Cité ; le châtelain Mocheti assure dans ses remarques en avoir vu des mémoires dans les archives de l'Evêché.

Dans la suite, toujours selon la tradition, cette même église, avec les biens ruraux, bâtiments, censes et rentes qui en dépendaient, aurait d'abord appartenu à la célèbre Abbaye de Saint-Béning de Fructuaire en Canavais, et plus tard à l'ordre militaire des Chevaliers du Temple de Jérusalem.

Cette tradition n'est pas sans fondement. Il est certain qu'en 1263 il y avait là des moines ; on en trouve la preuve dans le procès qui fut agité par devant l'officialité entre *Gilbertus*, prieur de St-Ours, Jean, *religieux de Ste-Hélène de Sinsod à Sarre*, et *Vualterius*, curé de Saint-Maurice de Sinsod à Sarre, pour la sépulture de M$^{me}$ Alasie, femme du Seigneur Jacques de Sarre.

Quant aux Templiers, la tradition se trouve singulièrement confirmée par une découverte toute récente, dont l'importance ne saurait être mise en doute. En 1723, cette ancienne église, abandonnée depuis de longues années, tombait complètement en ruine. Le R$^{me}$ Seigneur évêque Milliet d'Arvilars en fit démolir les nefs latérales et tout le reste, n'y laissant qu'une chapelle qu'il fit réparer et mettre en ordre. Ces travaux amenèrent la découverte de plusieurs tombeaux de pierre, et les ossements qu'on y trouva étaient, dans quelques uns, accompagnés de grands éperons dorés et d'une longue et large épée à l'antique ; cela dénoterait assez que ce devaient être les monuments de quelques chevaliers de cet ordre militaire autrefois si fameux.

Vers le milieu du XIV$^e$ siècle, ce bénéfice fut érigé en Prieuré séculier, et régi pendant un peu plus de cent ans par des prieurs commendataires sans obligation de résidence. Le Seigneur Claude de Sablone fut le dernier de ces prieurs. Après son décès, la charge fut abolie d'autorité apostolique.

Un peu avant la moitié du xvi<sup>e</sup> siècle, le Saint-Siége donna le Prieuré de Sainte-Hélène au Rév<sup>me</sup> Seigneur Evêque d'Aoste Pierre Gazin; ce fut sur représentation que celui-ci avait fait faire en Cour de Rome, d'en avoir besoin pour commencer l'établissement d'un séminaire où l'on pût élever des prêtres capables de bien instruire les peuples et de les tenir en garde contre les hérésies qui se répandaient alors dans les Etats voisins. D'anciennes reconnaissances des fiefs de ce bénéfice font encore mention de cette concession pour un séminaire. Mais avec le temps, la Mense Episcopale s'est sensiblement annexé le Prieuré; elle y tient un fermier pour la culture des ruraux, comme si c'était une grange quelconque, et en fait exiger les censes à part, avec les autres qui lui appartiennent.

Par contrat du 29 octobre 1629, reçu par les notaires Arnaud et Remondé, le Rév<sup>me</sup> Seigneur Evêque Jean-Baptiste Vercellin avait donné en amphitéose les domiciles et ruraux de Sainte-Hélène à noble André Savin, pour les tributs convenus entre eux; mais cette inféodation n'aura point pu passer à Rome, ou bien quelque autre raison en aura empêché l'effet, car il ne résulte pas que noble Savin ou ses successeurs en aient jamais joui en aucune manière; bien au contraire, c'est la Mense Episcopale qui a toujours continué et continue encore d'en être en possession.

SÉMINAIRE. — Le Séminaire actuellement existant à Aoste a commencé en 1699, par les libéralités du Rév<sup>me</sup> Seigneur Alexandre De Lambert, pour lors Evêque d'Ivrée, et venu expressément de cette ville à Aoste, dont il avait précédemment occupé le siège pastoral, avec **une grosse somme d'argent** pour une si bonne œuvre.

Cet établissement, quoique de récente fondation, s'est déjà depuis considérablement accru par la générosité de pieux donateurs.

---

La Seigneurie de Sarre n'a été possédée par la maison de Montagny que pendant un siècle environ. En 1505, par le mariage de Mlle Claudine de Montagny avec Messire Aymon de Genève, Baron de Lullin et de la Bastie, elle passa dans la maison de Lullin-Genève avec Brissogne, dont elle partagea les vicissitudes déjà amplement racontées à son endroit, jusqu'à ce qu'elle fut vendue, le 24 novembre 1565, par Marguerite de Genève à nobles Antoine De Leschaux vibaillif d'Aoste et Georges-Gaspard son fils, gentilshommes Savoyards, pour le prix de 2500 écus d'or.

Les Seigneurs De Leschaux, devenus maîtres de Sarre ensuite de cette acquisition, se pourvurent par devant la R. Chambre des Comptes de Piémont et en obtinrent les investitures par LL. PP. du 11 mars 1566, avec la clause suivante : « *Per loro, loro eredi e successori tanto maschi che femmine e per chi averà ragione e causa da loro, nel modo et forma che si contiene nelle precedenti scritture sovra questo fatte etc.* »

Le Seigneur Jean-Gaspard, fils aîné de Georges-Gaspard de Leschaux passa nouvelle reconnaissance de ce fief par acte du 13 juin 1575. Il mourut fort jeune et sans enfant.

Par suite de ce décès, le château et Seigneurie de Sarre passèrent à sa sœur, pour lors femme de noble Jean-Nicolas La Crête, vibaillif d'Aoste.

Mme Laure De Leschaux eut de son mariage deux enfants, Jean-Gaspard et Geneviève.

Mlle Geneviève La Crête fut mariée au Seigneur Claude-René de Nus, qui fut lui aussi vibaillif d'Aoste après son beau-père.

Quant à Jean-Gaspard La Crête, le Seigneur Jean-

Nicolas, immédiatement après la mort de son beau-frère Jean-Gaspard De Leschaux et pour suivre l'ordre de succession du fief, lui en avait fait prendre de nouvelles investitures par patentes du 3 juin 1597.

Jean-Gaspard La Crête fut marié à M^me Lucrèce fille du Seigneur Baron Pierre-Léonard Roncas, par contrat du 4 juillet 1632 qui constituait à l'épouse une dot de six cents pistoles. Il décéda le 11 mars suivant, sans enfants, et sa mère, M^me veuve Laure De Leschaux-La Crête, se fit réintégrer dans le droit de succession au fief et Seigneurie de Sarre en vertu de la substitution portée par le testament du Seigneur Georges-Gaspard De Leschaux en date 6 octobre 1569.

Mais le Seigneur Baron Roncas, toujours attentif à ses intérêts et trouvant que cette Seigneurie était fort à la bienséance de sa Baronnie de Chatelargent, commença par inspirer à sa fille Lucrèce de demander à M^me Laure sa belle-mère la restitution de ses droits dotaux. Il trouva ensuite le secret de faire monter ces droits, avec les avantages y annexés, de 600 pistoles à 1020, et de les faire imposer par M^me Laure tant sur le Château et Seigneurie de Sarre que sur les autres biens du Seigneur Jean-Gaspard existant dans le Duché d'Aoste.

Cela ayant été convenu et exécuté par acte du 14 octobre 1633, il se fit, par autre acte du 3 mars 1634, céder ces 1020 pistoles, contre pareille somme que sa fille confessait avoir reçue au comptant, pour tous ses droits en général imposés comme sus sur la Seigneurie de Sarre.

Indépendamment de ces mesures primordiales, le Seigneur Roncas eut encore la précaution de se faire passer par M^me Laure, en date du 29 juillet 1637, un contrat de vente du château et Seigneurie de Sarre avec leurs dépendances, sauf l'usufruit à la dite dame sa vie durant ; et pour d'autant mieux s'en assurer, il se fit encore instituer son héritier, par testament qui suivit de près cette vente.

Armé de tous ces actes, reçus et signés par le Sieur Jean-Jacques Arnodi châtelain de Chatelargent comme notaire, il fut facile au Seigneur Roncas d'obtenir les investitures de la R. Chambre des Comptes de Piémont, par patentes du 13 décembre même année et de se faire appeler en Conseil, le 21 mai suivant, au rang et place des Seigneurs de Sarre.

Mais tout cela s'était accompli au préjudice de Victoire, fille unique de Claude-Réné de Nus et de Geneviève, sœur du Seigneur Jean-Gaspard La Crête dernier invêtu de la Seigneurie et mort sans enfants. Or, c'était Mlle Victoire de Nus qui était la plus proche à succéder, tant comme nièce du Seigneur Jean-Gaspard, que comme à ce nécessairement appelée à défaut des mâles, par la nature des inféodations et investitures précédentes.

Après la mort du Baron Pierre-Léonard Roncas, arrivée en 1639, le Château et Seigneurie de Sarre passèrent à son fils, le Seigneur Baron Pierre-Philibert Roncas marquis de Caselles, qui les vendit par contrat du 13 mai 1647, sous grâce de rachat perpétuel, au Seigneur Jean-Baptiste Valle, baron turinais.

Le Seigneur Baron Valle en prit les investitures le 12 juin 1648, et les posséda jusqu'en 1668, où le marquis de Caselles s'en fit passer la rétrovente par acte du 17 décembre.

Mais comme, pour racheter cette Seigneurie, il s'était servi des deniers appartenant aux enfants du Comte Charles-Joseph Bergère Seigneur de Cly, ses pupilles et ses petits-fils, il les dédommagea en la cédant, sauf l'usufruit durant sa vie, à l'aîné d'entre eux, le Seigneur Jacques-Antoine Bergère, pour lors Sénateur au royal Sénat de Piémont.

Le Seigneur Comte et Sénateur Bergère en prit possession après le décès de son aïeul et en jouit pendant quelques années ; puis il la vendit au Sieur Antoine Rapet, homme de fortune originaire de Saint-Maurice en Valais, par contrat du 12 juin 1689 se rapportant à la vente faite en 1637 au Baron Roncas.

Cette nouvelle vente fut approuvée par lettres patentes du 6 mai 1691, en conséquence de quoi le nouveau Seigneur put obtenir de la Royale Chambre des Comptes les investitures du Château et Seigneurie de Sarre, avec cette portion de la Seigneurie de Brissogne qu'il avait acquise le même jour, comme que nous l'avons déjà raconté, du même Seigneur Sénateur Bergère conjointement au Seigneur Président Doncieu. En même temps, le Seigneur Rapet faisait démembrer de la portion de Brissogne la paroisse de Charvensod, pour l'unir à Sarre et Chesalet et les faire, ainsi unies, ériger en baronnie sous le nom de Baronnie de Sarre. Il en obtint l'approbation par patentes du 13 juillet 1691, qu'il ne fit entériner en Conseil des Commis que le 12 août 1693.

Le Seigneur Baron Jean-Baptiste Rapet, fils unique du précédent, prit de nouvelles investitures par patentes du 24 février 1708.

Le 12 mars suivant, il passait vente du château et Baronnie de Sarre, y compris la portion détachée de Brissogne, au Sieur avocat Jean-François Ferrod, qui avait fait une grosse fortune dans les minières de Valpelline, ainsi que dans les fournitures faites aux troupes de France pendant qu'elles occupaient le pays en 1705 et 1706.

Cette vente fut faite pour le prix de quarante mille francs. Le Souverain l'approuva par patente du 5 mai même année, la Chambre des Comptes en accorda les investitures le 8 juin, et le Conseil des Commis les vérifia le 18 même mois, jour où le Seigneur Baron Ferrod prit place au rang des vassaux, dans son ordre de réception.

Le Château de Sarre avait grand besoin d'être réparé. Il lui fallait un maître qui eût du goût pour bâtir et les moyens de le faire. Tel a été le Seigneur Ferrod : il n'avait trouvé que de vieux appartements, dans un vieux château délabré, menaçant ruine en bien des endroits : il en a fait une maison à la moderne, avec un jardin soutenu par des terrasses, ce qui, joint à son élévation, lui donne un aspect fort agréable.

Tous ces travaux lui avaient coûté des sommes considérables, dépassant la moitié du prix d'acquisition.

Une si grosse dépense eût été bien plus utile à sa famille, si le Seigneur Baron l'avait employée à payer le fonds même de l'acquisition, car il n'avait déboursé, en la faisant, que le tiers environ du prix convenu. Or, ses affaires étant plus tard insensiblement tombées en décadence, il ne put plus faire face à ses engagements, et les arriérés s'accumulèrent, grossis par des revenus arrérages.

C'est pourquoi Mme Barbe-Victoire Rapet Comtesse de Solar, fille unique du Seigneur Jean-Baptiste Rapet, se prévalant de l'hypothèque spéciale réservée par son père, s'est fait adjuger en 1723, par arrêt du Sénat de Piémont, le Château et Seigneurie de Sarre en payement de sa créance.

C'est encore cette dame qui en a la possession actuelle.

---

Cent ans s'étaient écoulés depuis la vente de 1637, sans que les divers maîtres qui s'étaient succédés au château et Seigneurie de Sarre eussent jamais été troublés ni inquiétés dans leur paisible possession, lorsqu'en avril 1738, le Sieur avocat Auguste, de Chieri en Piémont, conjointement à Mme Victoire-Cécile sa mère, descendue de Mme Victoire de Nus, a entrepris d'en faire la revendication. C'est pourquoi il a pris à procès par devant la Chambre des Comptes M^me la Comtesse Solar-Rapet, et celle-ci de son côté, a fait convenir en relevation le Seigneur Comte Jacques-Antoine Bergère Baron de Cly, petit-fils du Sénateur de ce nom.

Avant que d'entrer dans le détail des motifs invoqués par les demandeurs, il paraît nécessaire, pour majeur éclaircissement, d'établir comme suit leur descendance.

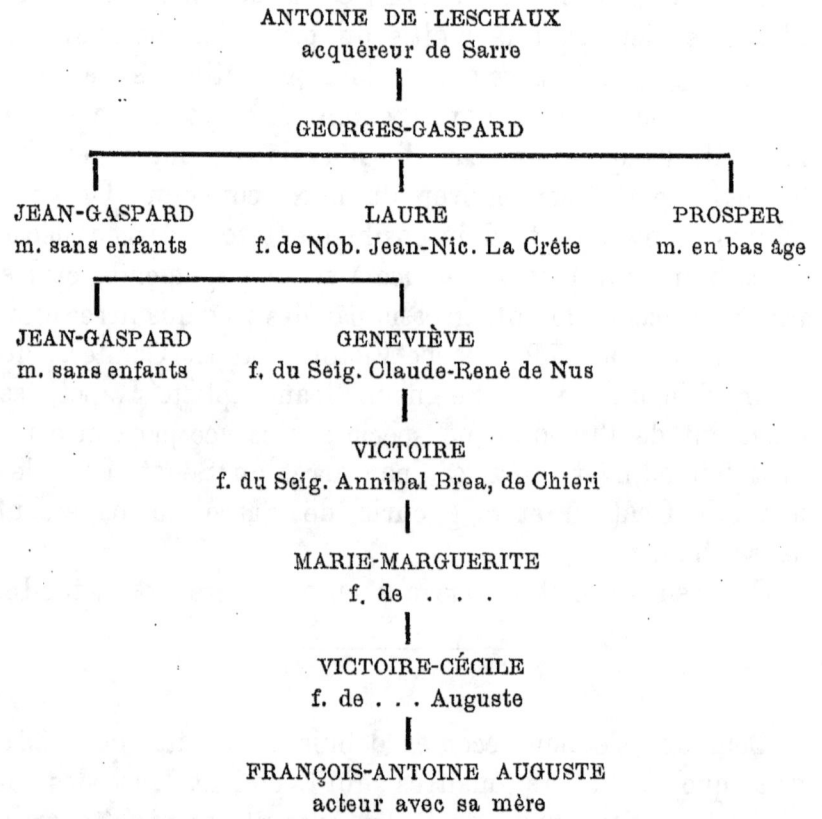

M. l'avocat Auguste et sa mère prétendent que le fief de Sarre, tant par la première inféodation faite en 1405 au Seigneur de Montagny que par les investitures subséquentes, qui toutes se rapportent à celle-là, est recte, propre et héréditaire de mâle en mâle tant qu'il y en a, et à leur défaut, héréditaire aux femelles, tout comme était celui de Montagny au pays de Vaud, contre lequel il a été échangé ; que par conséquent, la vente faite en 1637 par M^me Laure de Leschaux en faveur du Baron Roncas, au préjudice des droits de Mlle Victoire de Nus, est nulle nonobstant la substitution portée par le testament de son père ; que les investitures obtenues par suite de cette vente sont entièrement obreptices et subreptices, pour n'avoir le dit Seigneur Roncas fait état ni présenté le titre primordial de 1404, duquel ressortait la rectitude et nature du fief, et pour avoir tu à la Chambre l'existence en vie de Victoire de Nus, nièce de sœur du dernier invêtu Jean-Gaspard La Crête, et son successeur unique et légitime à l'exclusion de M^me Laure qui n'y avait aucun droit ; que cela empêcha le magistrat de venir à juste connaissance de la succession du fief ; que d'autre part, Mlle Victoire ne fut pas ouïe en ses raisons, ni ses droits défendus dans ces temps calamiteux, agités par des guerres et autres troubles, tandis qu'elle-même, orpheline, pupille, mineure de quatorze ans, était hors d'état de résister à la trame ourdie à son préjudice et d'empêcher cette aliénation indue, faite en tête d'un personnage puissant, accrédité comme premier ministre, lequel personnage maria plus tard dans son propre Château la Dlle Victoire selon son bon caprice, après s'être établi et constitué de sa propre autorité l'arbitre despotique des raisons qui pouvaient lui appartenir, réussissant ainsi à se maintenir dans la possession paisible du fief.

Cette question a été remise à jugement déjà depuis la fin de l'an 1740.

# FÉNIS

La Seigneurie de Fénis, à présent baronnie, est une des plus anciennes terres que l'Illustre Maison de Challand ait possédées en ce Duché. Le vicomte Godefroy et ses frères Aymon et Bozon la reconnurent au Comte Amé en ces termes :

« *Ita confessi sunt se tenere in feudum ab eodem* » *Domino Comite Vicecomitatum, mistraliam et corpus* » *Castri de Fenis, ab arco usque ad pontem Limogii,* » *in podio et plano etc.*

Cet acte fut reçu par Jacques Barberis, notaire du Sacré Palais le 14 des calendes de janvier 1242.

Fénis échut en partage à Godefroy, et de celui-ci, à son fils Ebal, qui en passa reconnaissance au Comte Philippe le jour avant les calendes de juin 1277.

Ce même Ebal, surnommé *Le Grand*, disposa de cette Seigneurie par testament du 23 mai 1323, en faveur de ses petits-fils descendus de Godefroy son fils aîné, sénateur de Rome, et la lia en faveur des agnats de la famille, par les plus fortes et indissolubles substitutions fidéicommissaires des uns aux autres, à l'exclusion des filles.

Deux de ses petits-fils, Aymon et Ebal, en passèrent reconnaissance au Comte Aymon de Savoie le 21 avril 1337, à l'occasion des audiences générales, acte reçu par Jean Raynod notaire et secrétaire de ce Prince, en ces termes : « *Recognoverunt se tenere a dicto Domino* » *Comite in feudum ligium, nobile, antiquum Castrum* » *de Fenitio cum mero mixto imperio et omnimoda ju-* » *risdictione infra mandamentum, territorium et dis-*

» *trictum dicti loci, quod mandamentum protenditur et*
» *durat ut asserunt dicti fratres, a fine territorii Bris-*
» *soniæ inferius usque ad aquam nigram et a medio*
» *Duriæ usque ad summitatem montium et ultra quan-*
» *tum jus dictorum fratrum protenditur etc.*

Lorsque les deux frères partagèrent, ce fut Aymon, l'aîné, qui eut Fénis. Il en fit rebâtir le château tel qu'on le voit aujourd'hui. C'est un corps de bâtiment à l'antique, avec une double enceinte de murailles garnies de tours, ce qui le rendait autrefois fort à la main; mais il serait à présent plus propre à servir de prison qu'à être la demeure de personnes de condition.

Le Seigneur Aymon renouvela, dans son testament du 15 avril 1377, les substitutions fidéicommissaires établies par son aïeul. Il disposa de la Seigneurie en faveur de son fils aîné Boniface, qui fut depuis Maréchal de Savoie.

Boniface de Challand jura nouvelle reconnaissance au Comte Amé dit le Pacifique, par acte du 23 juillet 1409.

La Seigneurie passa sans aucun empêchement à ses descendants, jusqu'à Humbert son petit-fils, qui en renouvela la reconnaissance au Duc Philibert II en 1498.

Charles et Gaspard de Challand, fils d'Humbert, se partagèrent l'hoirie de leur père. Fénis fut de la portion du second, et passa après lui à son fils Claude.

Le Seigneur Claude de Challand étant décédé sans alliance en 1557, à la bataille de Saint-Quentin en Picardie, cette Seigneurie, à laquelle les femmes ne pouvaient succéder, tant à cause de la nature du fief que des substitutions fidéicommissaires des ascendants de la famille, retourna au Seigneur Charles de Challand, son oncle et plus prochain agnat, nonobstant les empêchements et le procès suscités par M.me Charlotte de Challand sœur de Claude et femme du Seigneur de Château-Vieux.

Le Seigneur Charles en passa nouvelle reconnaissance au Duc Emmanuel-Philibert, par acte du 9 juin de la même année 1557.

Au Seigneur Charles succéda François, l'aîné de ses quatre fils.

Ce fut dès lors que la Seigneurie de Fénis commença à porter le titre de Baronnie, quoique composée seulement de la paroisse de Fénis et de la rivière de Chambave. Bien qu'elle ne soit pas nombreuse en clochers, elle est pourtant meilleure en revenus que celle d'Aymavilles qui en compte six, et tout aussi grande en étendue de terrain. On y travaillait anciennement à l'excavation et à la fonte de plusieurs sortes de métaux, mais les filons les plus féconds ont été épuisés, et l'on ne travaille plus maintenant qu'à un seul, de cuivre, qui est maigre et de peu de rapport.

La Baronnie de Fénis a continué dans la branche de François de Challand, jusqu'à son arrière-petit-fils le Seigneur Antoine-Gaspard-Félix, qui en est décédé revêtu et saisi le 14 septembre 1705.

Comme il n'avait point d'enfants, son héritage a passé au Seigneur Comte Georges-François de Challand, son cousin en quatrième degré, descendu de Georges second fils du Seigneur Charles nommé ci-dessus et le plus prochain agnat à lui succéder.

Le Comte Georges-François a pris de nouvelles investitures de la Baronnie de Fénis par LL. PP. du 3 avril 1715; puis, se trouvant chargé du payement des dettes contractées par son père le Seigneur François-Jérome de Challand à la poursuite du grand procès de la revendication du Comté gagné en 1696, ainsi que du payement des dots de plusieurs demoiselles de la maison, il demanda et obtint de son Souverain la permission de la vendre, nonobstant toutes les astrictions fidéicommissaires et les transactions passées entre les agnats des différentes branches de la famille sur l'inaliénabilité des fiefs et biens de la Vallée d'Aoste.

En vertu de cette permission, de plusieurs arrêts du

Sénat de Piémont et du consentement prêté par les frères cadets du Comte de Challand, le Seigneur Comte de Castellar Paesana Balthasard Salasses, Sénateur au dit Sénat, a fait acquisition de Fénis en 1716, pour le prix de L. 90,000. Il en a obtenu les investitures le 12 septembre de la même année, et les a fait vérifier et enteriner en Conseil des Commis le 11 avril 1718, après être déjà entré en possession du Château, territoire, mandement, jurisdiction, biens, rentes et autres dépendances de sa Baronnie.

Il est mort en 1735, la laissant à son fils aîné.

---

Voilà tout le dénombrement des terres et Seigneuries titrées ou non titrées qui composent le Duché d'Aoste, avec l'ordre et rang que les Seigneurs qui en sont inféodés tiennent présentement dans les assemblées, à la réserve des portioncules d'Introd, d'Avise et de Bard, que possèdent quelques gentilhommes particuliers, et qui ne suivent que le rang de leurs acquisitions et de leurs investitures.

FIN DES SEIGNEURIES.

# TABLE DES MATIÈRES

|  | Pages |
|---|---|
| DES SEIGNEURIES (Introduction) | 5 |
| VALDIGNE, Mandement royal | 6 |
| — Maison Roncas | 7 |
| — Maisons anciennes | 9 |
| BARD, Mandement royal | 10 |
| — Château et forteresse | 10 |
| — Ancienne maison de Bard | 12 |
| — Souche des Seigneurs du Pont-Saint-Martin | 14 |
| — Souche des Seigneurs Sariod et de Sarre | 15 |
| — Bard à la Couronne | 17 |
| COGNE, Seigneurie de la Mense Episcopale | 20 |
| CHALLAND | 22 |
| — Greines, Seigneurie | 23 |
| — Verrès, Seigneurie | 25 |
| — — Prévôté de Saint-Gilles | 26 |
| — — Tour de Verrès | 36 |
| — Issogne, Seigneurie | 39 |
| — Gressoney, Seigneurie | 42 |
| — Challand érigé en Comté | 42 |
| — — Comté de Challand à des Seign$^{rs}$ étrangers (Madrus, Lenoncourt) — procès — Revendication | 49 |
| — Montjovet, Seigneurie | 53 |
| — — Anciennes maisons — Challand — La Couronne | 53 |
| — — S$^t$-Vincent et Champdepraz détachés de Montjovet | 58 |
| — — Emarèse détaché de Montjovet | 60 |
| — — Montjovet Baronnie, puis Comté | 60 |
| — — Montjovet forteresse | 62 |
| — — Route de Montjovet | 63 |
| — Chatillon, Baronnie | 64 |
| — Ussel, Seigneurie | 70 |

| | | |
|---|---|---|
| — | AYMAVILLE, Baronnie . . . . . . . . | 73 |
| — | — Anciennes maisons . . . . . . | 73 |
| — | — Maison de Challand . . . . . | 75 |
| — | — Notes postérieures . . . . . | 70 |
| VALLAISE . . . . . . . . . . . . . . . . | | 81 |
| — | ARNAZ . . . . . . . . . . . . . | 86 |
| — | — Vallaise et Arnaz, Baronnie . . . . | 89 |
| PONT-SAINT-MARTIN . . . . . . . . . . | | 90 |
| — | Note postérieure — Ducretton — Comte de Bard | 92 |
| NUS . . . . . . . . . . . . . . . . . . | | 94 |
| — | Prieuré de Nus appartenant à l'Inquisition . . . | 94 |
| — | Château de Nus . . . . . . . . . | 98 |
| RHINS . . . . . . . . . . . . . . . . | | 101 |
| — | Anciens Seigneurs . . . . . . . . | 101 |
| — | Mense Episcopale . . . . . . . . | 101 |
| — | Maisons diverses : Bosses — Sarre — Quart — Montagny — Garin — Nus — Scarampe . . . | 102 |
| QUART . . . . . . . . . . . . . . . . | | 105 |
| — | Seigneurs De Porta Sancti Ursi — Sires de Quart | 105 |
| — | Quart à la Couronne . . . . . . . | 112 |
| — | Maisons Laschis — De Balbis — Coardo — Perron | 113 |
| — | Château de Quart . . . . . . . . | 114 |
| — | Villefranche . . . . . . . . . . | 115 |
| SAINT-VINCENT . . . . . . . . . . . . | | 116 |
| CLY . . . . . . . . . . . . . . . . . | | 118 |
| — | Maison de Challand . . . . . . . | 118 |
| — | Cly à la Couronne . . . . . . . . | 124 |
| — | Moralès — Fabri — Roncas — Bergère . . . | 121 |
| — | Prieuré de Chambave . . . . . . . | 124 |
| — | Château de Cly . . . . . . . . . | 125 |
| GIGNOD . . . . . . . . . . . . . . . | | 127 |
| — | Anciens Seigneurs — Sires de Quart . . . . | 127 |
| — | ETROUBLES, SAINT-OYEN, SAINT-RHEMY . . . | 128 |
| — | DOUES Seigneurie (maison La Crête . . . . | 128 |
| — | Gignod Baronnie . . . . . . . . | 130 |
| — | Maison Pallavesin . . . . . . . . | 133 |
| CHATELARGENT . . . . . . . . . . . . | | 135 |
| — | Anciennes maisons de Bard et de Saint-Pierre | 135 |
| — | Villeneuve . . . . . . . . . . | 139 |
| — | Sariod . . . . . . . . . . . . | 140 |
| — | Saint-Pierre — Gontar — Vulliet . . . . | 142 |

| | | | |
|---|---|---|---|
| — | Chatelargent Baronnie | | 148 |
| — | — | Château | 149 |
| — | — | Roncas, puis Blandrata | 151 |
| — | — | Château de Saint-Pierre | 152 |
| — | — | Prieuré de Saint-Jacquême | 154 |
| — | Sariod de la Tour | | 154 |
| — | Sariod d'Introd | | 157 |
| — | — | Démembrement de la Seig$^{ie}$ d'Introd : Roncas — D'Oncieux — De la Tour — De Pléoz — Brunel — Arnod | 159 |

AVISE . . . . 164
— Maisons fortes de Rochefort, Planaval, Montmayeur et La Mothe . . . . 167
— Partage en quatre ressorts : Valgrisanche, Avise, Liverogne et Planaval, Runaz . . . . 170
— Subdivisions : De Lostan — Pascal — De Blonay . 170

BRISSOGNE . . . . 175
— Seigneurs de Quart et de Nus . . . . 175
— Maison de Montagny . . . . 177
— Genève-Lullin — De Corsinge . . . . 179
— De Tollen — Gal — Passerin — Carrel — Mistralis — De Lostan — Roncas — Rapet — Ferrod . . . . 180

DERBY, Seigneurie des chapitres de la Cathédrale et de la Collégiale . . . . 192

ÉMARÈSE . . . . 194
— Maison Roncas — De Cré . . . . 194
— Recherche d'or . . . . 195

SAINT-MARCEL . . . . 196
— Minières anciennes — De Challand . . . . 196
— Maison Bianco . . . . 198

CHAMPORCHER . . . . 199
— Maison Bruiset . . . . 199
— Maison Freydoz . . . . 200

HONE ET VERT . . . . 202
— Maison Marelli — Gippa . . . . 202

DONNAS . . . . 205
— Maison Henrielly — Doux climat . . . . 205

SAINT-MARTIN DE CORLÉANS . . . . 207
— La Crête — Pallavesin — Roncas — D'Oncieux — Aymonier — De Cré . . . . 207

| | |
|---|---|
| COURMAYEUR . . . . . . . . . . . . . . . . . . . . | 210 |
| — Maisons anciennes : De Curia Majori — La Court | 210 |
| — D'Entrèves — Sariod d'Introd . . . . . . . | 212 |
| — De Pucey — Roux — Roncas et Valpergue | 213 |
| — D'Oncieux — Persod — Passerin — Arnod | 216 |
| FORNET . . . . . . . . . . . . . . . . . . . . . . | 218 |
| — Maisons Pascal — Passerin . . . . . . . . . | 218 |
| SARRE ET CHEZALLET . . . . . . . . . . . . . . | 220 |
| — Maisons anciennes : Sarre — Thora . . . . | 220 |
| — Quart — Montagny . . . . . . . . . | 221 |
| — Ruine de Thora . . . . . . . . . . . | 222 |
| — Prieuré de Sainte-Hélène . . . . . . . . | 222 |
| — Séminaire d'Aoste (commencement du) . . . | 224 |
| — De Leschaux — La Crête . . . . . . . | 225 |
| — Comment Sarre parvint au Baron Roncas . . | 226 |
| — Valle — Bergère — Rapet — Ferrod . . | 227 |
| — Château de Sarre . . . . . . . . . . | 229 |
| — Procès pour la Seigneurie de Sarre . . . . | 229 |
| FÉNIS . . . . . . . . . . . . . . . . . . . . . . . | 232 |
| — Maison de Challand . . . . . . . . . . . . | 232 |
| — Château . . . . . . . . . . . . . . . . . | 233 |
| — Fénis Baronnie — Minières . . . . . . . . | 234 |
| — Fénis vendu au Comte Castellar . . . . . . | 235 |

# HISTORIQUE

DE LA

# VALLÉE D'AOSTE.

# HISTORIQUE

DE LA

## VALLÉE D'AOSTE

PAR

J.-B. De TILLIER

SECRÉTAIRE DES ÉTATS DU DUCHÉ D'AOSTE.

---

DU

## GOUVERNEMENT

POLITIQUE ET ÉCONOMIQUE.

**AOSTE,**
LOUIS MENSIO, IMPRIMEUR-ÉDITEUR 1880.

## INTRODUCTION.

*De tous les auteurs, qui ont entrepris d'écrire l'histoire de la Vallée d'Aoste, le plus complet, le plus indépendant, le plus consciencieux, c'est, certainement, M. J.-B. De Tillier, d'une antique famille noble de la Vallée d'Aoste, né le 24 juin 1678 et décédé à St-Christophe vers le milieu du siècle dernier. Longtemps secrétaire des Etats de ce Duché, ayant à sa disposition les archives de la cité, si riches, autrefois, de documents antiques, de mémoires historiques, il lui était plus facile qu'à tout autre de compiler les annales du pays. Il a rempli avec un généreux patriotisme et un profond savoir la tâche qu'il s'était imposée. Il n'est pas sans doute à l'abri de toute critique. On lui reproche, et avec raison, quelques erreurs de faits et de dates; son style n'est pas celui du beau siècle de la littérature française. Il s'en faut beaucoup. Les phrases sont longues, enchevêtrées et fatigantes. Malgré ces défauts, l'ouvrage de De Tillier est un précieux monument historique qui fait un grand honneur à la Vallée d'Aoste. Sa lecture est très-propre à inspirer à notre jeunesse un amour plus vif et plus éclairé pour le pays, et ne présente plus les dangers que le gouvernement de Turin y trouvait dans le siècle dernier. M. le procureur général Maistre écrivait, en 1747, au gouverneur du Duché d'Aoste : Le manuscrit* de M. De Tillier, contenant l'histoire de la Vallée d'Aoste est propre à fomenter l'esprit d'indépendance parmi ces populations. Il n'est donc pas convenable de le laisser lire, et pour cela, faites disparaitre, le plus possible, toutes les copies de ce manuscrit. *Cet ordre fut exécuté, autant qu'il pouvait l'être ; c'est ce qui explique l'existence d'un grand nombre de copies de l'ouvrage de M. De Tillier, aux archives d'Etat à Turin, et leur rareté dans la Vallée. Le manuscrit que le soussigné se propose d'éditer porte la date de 1725. Il est traduit, le mieux possible, dans la langue parlée aujourd'hui sans toutefois que la pensée de l'auteur soit dénaturée. Il espère publier en entier l'œuvrage de notre célèbre compatriote si les corps moraux et les personnes qui s'intéressent à l'histoire de notre Vallée, lui viennent en aide soit par des abonnements à la* Feuille d'Annonces *soit par des subsides.*

Louis MENSIO.

DU

# GOUVERNEMENT

POLITIQUE ET ÉCONOMIQUE

---

### DOMAINE DU SOUVERAIN.

Le premier Comte de Savoie auquel la Vallée d'Aoste a fait adhérence n'y avait, au commencement, pour tout domaine, que les casuels de la justice dans une partie du mandement du Valdigne, dans la Cité et le bourg d'Aoste qui se soumirent d'abord à sa juridiction immédiate. Du produit du péage de la Cité, une moitié était dévolue au Souverain, l'autre moitié à l'Evêque d'Aoste ainsi qu'il avait été convenu par le traité de dédition, en ces termes : *Præterea Comes et Episcopus habeant pro equo et equa si vendantur infra predictum terminum quatuor denarios pro ove et capra et porco obolum etc. (1)*

Une part des droits de justice appartint aussi aux Vicomtes d'Aoste jusqu'à l'échange des droits de la Vi-

---

(1) Pour la vente d'un cheval dans ces trois juridictions, on devait donner au Comte et à l'Evêque quatre deniers; pour la vente d'une brebis, d'une chèvre, d'un porc etc. une obole. A cette époque le denier représentait, en monnaie d'aujourd'hui, environ 40 centimes, et l'obole, environ 20 centimes.

comté en 1295, comme il résulte de la liste des droits des dits Vicomtes ainsi mentionnés : *debent habere pro libra sua in die quindecim denarios, item bamna sexaginta solidorum, item quintam partem omnium bamnorum summam 60 solidorum excedentium etc.*

Ces premiers Souverains avaient encore tant à la Cité qu'à Morgex un droit de douze deniers annuels sur chaque toise des maisons faisant face sur les rues.

Les citoyens leur avaient constitué cette redevance en leur faisant hommage de leur fidélité par le même traité, en ces termes : *præterea omnes habitatores infra predictum spatium* (les habitants de la Cité et du Bourg) *constituunt reddere annuatim Comiti, Episcopo et successoribus eorumdem, duodecim denarios pro qualibet extensa brachiorum domus suæ, ita quod per anteriorem partem secundum latitudinem protendatur exceptis domibus clericorum, militum et religiosorum etc.* (1)

Les mêmes habitants payaient encore une redevance pour les fenêtres, la laide (2) pour la vente des vins et autres marchandises. Ces droits étaient encore divisés entre le Comte et les Evêques, d'après les termes du dit traité : *de omnibus proventibus præfatæ Civitatis et suburbiorum debet habere Episcopus tertiam partem et Comes duas tam de præsentibus quam de futuris etc.*

Cette comparticipation aux revenus de la Couronne de Savoie, plus tard échangée pour d'autres biens constituant la Mense Episcopale, avait été sans doute accordée à l'Evêque Vualpert, qui souscrivit au traité de dédition, en compensation des droits que lui et ses successeurs avaient au domaine de la Cité et du Bourg.

---

(1) On payait, annuellement, au Comte et à l'Evêque douze deniers pour chaque toise de largeur extérieure des maisons; les habitations des clercs, des soldats et des religieux étaient exemptes de cet impôt.

(2) La laide était le droit levé, dans les foires et les marchés, sur la vente des marchandises.

Le Comte Amé fils de Thomas et son successeur à la Couronne et quelques-uns des autres princes, qui l'ont portée après lui, ont insensiblement augmenté leur domaine dans ce Duché, soit par les services et autres devoirs féodaux qu'ils se réservaient, à la reconnaissance des fiefs et des juridictions immédiates des seigneurs, vassaux, bannerets, justiciers ou simples nobles ; soit par les dépouilles de ceux d'entr'eux qui refusaient de se soumettre ou qui maltraitaient leurs sujets. Ils les privaient de leurs fiefs et de leurs biens, pour les punir de leur malversation; quelquefois aussi ils se les faisaient céder pour de l'argent. — Ils ont ainsi formé plusieurs chatellenies comme celles de Valdigne, de Bard, de Châtelargent, de Gignod, de Cly — d'autres leur vinrent par eschute (1) comme celles de Quart, de Sarre, de Brissogne. — Ces châtellenies jointes à la juridiction du baillage d'Aoste leur fournissaient d'assez bons revenus que les baillifs ou chatelains leurs subordonnés étaient chargés d'exiger. Ceux-ci recevaient aussi l'argent et les présents qu'on donnait aux princes lorsqu'ils venaient administrer la justice dans les audiences générales, ainsi que le prix des augmentations ou des nouvelles concessions de franchise; car alors comme à présent on n'obtenait rien pour rien; avec la différence seulement que ces sortes de présent étaient bien peu de chose en comparaison de ce que les habitants doivent payer aujourd'hui pour être maintenus dans la jouissance des faveurs que leur bonne foi et leur fidélité leur ont acquises.

Mais, plus tard, ils ont dû aliéner tous ces domaines, céder les casuels de justice et les échutes du mandement du Valdigne et même les revenus du baillage d'Aoste les seuls qui, dans tout le Duché, aient été soumis à leur juridiction immédiate.

---

(1) Echutes *(escheita)* = Succession d'un main-mortable qui échéait au seigneur.

Ils n'y exigent, à présent, que le produit de la Gabelle du sel et de la traite foraine des marchandises étrangères que le Duc Emmanuel introduisit en 1560 et qu'on fut obligé d'accepter par les raisons qu'on dira dans la suite, et ce que les Etats du Duché leur accordent gratuitement de donatif dans les besoins pressants de leurs services, comme dans les cas de guerre, de mariage, de naissance de princes ainés, de voyages ou d'autres semblables causes extraordinaires que leurs augustes souverains leur font exposer.

Les peüples d'Aoste toujours plus fidèles et empressés à leur rendre service se croient obligés de les secourir de leurs petites facultés. — Mais depuis que des circonstances urgentes et des cas fâcheux de guerre les ont mis dans la nécessité d'aliéner ces domaines, il leur a fallu augmenter les donatifs au point que le peuple, quoique porté de bonne volonté, ne peut presque plus les soutenir, étant destitué de tout commerce et des ressources qui rendent un état riche. — On ne laisse pas cependant de venir en aide au Souverain, en le servant en temps de guerre, et en contribuant aux finances nécessaires pour l'entretien des troupes royales.

## CAVALCADES.

En temps de guerre, le Duché d'Aoste fournissait, anciennement, par le moyen des vassaux, (1) bannerets (2) ou feudataires, les *Cavalcades* qui étaient des services personnels qu'ils devaient par eux-mêmes ou qu'ils faisaient faire par leurs sujets avec un certain nombre d'arbalétriers (3) ou de clients. Ils devaient en fournir plus ou moins selon l'étendue et la valeur des fiefs, des mandements, communautés ou ressorts soumis à leur juridiction.

Les hommes qui leur étaient demandés étaient levés par les baillifs (4) ou par leurs lieutenants qui en prenaient le commandement, mais sous la bannière des respectifs seigneurs vassaux et bannerets feudataires. Ceux-ci étaient obligés au service personnel lorsque le Souverain le requérait et ils servaient à leurs propres frais pendant quelques mois de l'année seulement; après ce service, ils étaient congédiés et rentraient chez eux.

Lorsque la manière de faire la guerre a changé et qu'on a cessé d'exiger ce service personnel, il s'est introduit une autre espèce de milice qui a commencé durant les guerres de l'empereur Charles-Quint contre les rois de France François I et Henri II.

---

(1) *Vassaux*. = Possesseurs de fiefs par opposition aux seigneurs suzerains dont ils relevaient.

(2) *Bannerets*. = Gentilshommes qui réunissaient les titres nécessaires pour porter bannière à l'armée.

(3) *Arbalétriers*. = Soldats armés d'une espèce d'arc avec lequel on lançait des flèches.

(4) *Bailli* ou *bailif* (du bas latin *bajulus* garde protecteur) commissaire nommé par le chef d'un Etat pour examiner si la justice était bien rendue par les comtes et seigneurs juges ordinaires.

Le Duc Charles notre Souverain était engagé dans cette guerre, et le Duché d'Aoste se trouvant, dans cette conjoncture, environné de tous côtés d'ennemis, n'osait pas tout à fait se fier aux traités de neutralité qu'on avait contractés de peur d'être pris au dépourvu.

L'an 1548 les gentilshommes du Duché résolurent de dresser un modèle de milice et avec la permission du Souverain, ils créèrent trois colonnels du pays qui furent le seigneur Antoine baron conseigneur de Valleise, le seigneur Gabriel Sarriod conseigneur De la Tour et le seigneur Jean-François Vaudan gentilhomme de la Cité qui venait d'exercer l'office d'ambassadeur de son Souverain auprès de l'empereur et du duc de Saxe.

On donna à ces trois colonnels le commandement des douze Compagnies dans un certain nombre de terres. Chaque colonnel avait quatre lieutenants sous ses ordres. — Ces Compagnies ainsi formées eurent d'abord, pour quartier d'assemblée, Verrès, pour celles recrutées dans la Basse Vallée; Morgex, pour celles du Valdigne, et la Cité d'Aoste pour celles du Centre de la Vallée. Elles y passèrent une revue générale. Elles furent ensuite instruites et dressées aux exercices et à la discipline pendant quelques jours ayant ordre de se tenir prêtes au premier appel.

Mais elles restèrent dans cet état jusqu'en 1554 année où elles furent appelées à garder les avenues du pays du côté du Piémont pendant que M. le maréchal de Brissac lieutenant général des armées du roi de France en Piémont faisait le siége de la ville d'Ivrée.

Le quartier d'assemblée fut alors assigné à ces douze Compagnies dans la plaine de Verrès où elles comparurent toutes et passèrent une nouvelle revue générale au nombre de quatre mille hommes sous la conduite des trois colonnels: le seigneur Antoine baron et conseigneur de Valleise, le seigneur Gabriel De la Tour et le seigneur René Lostan subrogé à la place du seigneur de Vaudan décédé deux années auparavant.

Les capitaines de la première élection s'y trouvèrent tous les mêmes à l'exception du sieur Barthélemy Gorra, homme expérimenté qui avait servi en pays étranger, lequel fut subrogé à la place du seigneur René Lostan promu Colonnel. La compagnie de la Cité fut confiée à noble François La Crète.

Ces Compagnies se tinrent ainsi campées et cantonnées au dit quartier de Verrès jusqu'à ce que M. le maréchal de Brissac eut retiré son camp d'Ivrée après la prise de cette ville, et qu'il eut assuré les députés du Duché que, de son côté, il observerait très-exactement le traité de neutralité.

Après le décès du seigneur Gabriel De la Tour, les deux autres colonnels se partagèrent les quatre compagnies qu'il commandait. Le seigneur Claude De Challant, qui avait succédé dans ce grade au seigneur Antoine De Valleise, eut le commandement de la compagnie de Cly et de celle du Revers, depuis Fénis à Aymavilles, et le seigneur Lostan celui de la compagnie du Valdigne et d'Avise.

Après la mort de ce dernier le seigneur Humbert Lostan son frère lui succéda et le seigneur Georges De Challant remplaça son frère Claude que son prince appela ailleurs pour son service.

Ces colonnels ainsi que les autres officiers avaient une solde fixe, que le Souverain leur accordait, comme on le voit dans l'ordonnance que le Duc Emmanuel Philibert fit à Bruxelles le 28 février de l'an 1558. Lorsque ce dernier fut rentré en possession de ses Etats par la paix signée en 1559 et qu'il eut réorganisé les affaires d'Etat les plus urgentes, il songea en 1562 à donner des ordres nécessaires pour l'armement de la milice du pays dont il fit lui-même en bonne partie les frais.

Le 24 janvier 1566 Madame Marguerite de France Duchesse de Savoie au nom de S. A. S. Mgr le Duc Emmanuel Philibert son mari lui accorda d'amples priviléges que celui-ci confirma encore dans la suite par patentes du 29 mai 1573.

En 1569 ce prince étant venu à Aoste voulut passer en revue cette milice et il en fut très-satisfait.

L'année suivante 1570 il envoya à Aoste un officier expérimenté dans l'art de la guerre, nommé Jacques Petri de Lucques qu'il nomma sergent-major des deux corps composant cette milice afin de lui donner l'instruction nécessaire et lui apprendre la discipline militaire. Le premier soin de cet officier fut de donner une revue particulière à chacune des douze compagnies.

L'année suivante 1571 il en fit une générale dans la Cité. Après cette revue, il fit dresser des forts sur les ailes de la Cité dans lesquels il mit une partie des soldats pour les défendre et il destina les autres pour en faire l'attaque. Afin de les instruire et exercer, il leur fit faire cette manœuvre, deux fois par an, pendant plusieurs années de suite afin de les présenter suffisamment instruites à S. A. S. qui désirait les voir. Mais les grandes occupations de ce prince l'ont empêché de revoir cette milice qu'il avait tant à cœur.

En 1580 S. A. S. Mgr le Duc Charles Emmanuel I son fils les passa en revue, les fit examiner ensemble, l'année suivante 1581, partie à Verrès, partie à la Cité, et il fut fort satisfait de l'expérience de ces soldats. Des fenêtres de la maison du seigneur de Cly, où il était logé, il les vit défiler en très-bon ordre par la ville.

En 1583, ce même prince confirma et augmenta les priviléges de cette milice, par patentes du 15 janvier de la même année. Depuis cette époque, cette milice ainsi divisée en deux bataillons ayant chacun son colonnel et ses autres officiers séparés, distingués et indépendants les uns des autres, a continué de servir dans les cas de trouble sous les ordres de ces officiers auxquels on ajouta encore deux Lieutenant-colonnels, deux majors, deux aide-majors et des lieutenants et enseignes pour chacune des douze compagnies.

Les hommes qui composaient ces compagnies se levaient, quand le service l'exigeait, dans les terres du ressort ou canton assigné à chacun. Son étendue était proportionnée au nombre des focages (1) qu'il renfermait.

Chaque bataillon était, anciennement, de mille hommes. Mais dans la suite la population du pays ayant beaucoup diminué, le Gouverneur et le Conseil des Commis obtinrent du Souverain de réduire l'effectif des bataillons à 100 hommes chacun, ce qui apparait du nouveau règlement en date du 2 juin 1704.

Les officiers étaient autrefois choisis parmi les membres les plus distingués de la noblesse du Duché, ou parmi les personnes de mérite qui avaient déjà longtemps servi. On se faisait gloire d'entrer dans leurs rangs, parce que la milice faisait corps et avait les mêmes honneurs que l'ordonnance. — Pendant qu'elle était en activité de service, les officiers étaient chargés de la maintenir en exercice, de lui donner, de temps à autre, des revues ou partielles ou générales afin de l'instruire et de l'accoutumer à la subordination.

Les souverains allouaient aux officiers, même quand ils ne servaient pas, un petit traitement annuel de 150 livres à chaque capitaine, de 300 livres aux colonnels. Ces appointements se puisaient sur les fonds de la Gabelle du sel. Mais depuis les dernières guerres, l'organisation de ce corps ayant subi des modifications, le zèle de la noblesse, pour cette milice, s'est rallenti; car elle préférait servir dans l'ordonnance, où elle pouvait ob-

---
(1) *Focages* = Dans la Vallée, le focage comprenait cinq personnes. Une famille de dix membres formait deux focages.

tenir de l'avancement, de sorte qu'il fallut donner le grade d'officiers de la milice, hormis ceux de l'état-major des dits bataillons, à des hommes du peuple, de fortune ordinaire, et beaucoup moins distingués. Cette milice jouissait autrefois de nombreux priviléges et prérogatives. Elle en fut privée dans la suite. Ces gens de guerre sortaient rarement du pays parce que la milice n'a été créée anciennement que pour la garde des frontières et la défense des forteresses du Duché. Plus tard, dans des cas de nécessité, les Souverains, en ont fixé une partie pour servir en Piémont, en Savoie ou ailleurs, soit en campagne, soit en garnison; mais une moitié au moins restait dans le Duché, afin qu'il ne restât pas entièrement dépourvu de gens d'armes. Ils avaient soin, cependant, de faire relever les soldats valdôtains, après un certain temps de service, pour qu'ils pussent rentrer dans leurs villages et y travailler leurs terres, et lorsque la guerre ou les troubles qui les avaient obligés à prendre les armes, avaient cessé, ils les envoyaient en congé définitif et chacun rentrait dans sa maison pour y vaquer à ses affaires.

C'est de cette manière que les Comtes et Ducs de Savoie ont autrefois employé les hommes d'armes du Duché d'Aoste et ce système parait conforme au traité primordial fait avec le Comte Thomas dans lequel sont contenus les termes suivants : *Nunquam deinceps ego vel successores mei tallias vel exactiones invitas per me vel per mistrales meos faciam etc. Si quis vero in Episcopatu Augustano Comitem offenderet, cives, burgenses Comitem pro viribus suis juvare debent, extra vero Episcopatum pro facultatibus suis similiter juvabunt, hoc autem per universum Comitatum cum juramento observare pro posse firmiter etc.*

## SOLDATS POUR L'ORDONNANCE

La promesse que le Comte Thomas fit aux Valdôtains de ne point faire des exactions contre leur gré, y est très-expresse, de même que l'obligation qu'il leur impose de se servir de toutes leurs forces en cas d'attaque dans la Vallée. Mais s'ils sont tenus de le servir en temps de guerre dans le pays, le service militaire au dehors ne leur est point obligatoire. Tous nos augustes souverains, qui ont régné depuis, nous ont maintenus dans cette exemption, et ils n'ont ordonné aucune levée d'hommes dans notre pays pour les incorporer et les faire servir dans les troupes d'ordonnance jusque à S. A. S. le Duc Victor Amé II.

Lorsqu'en novembre de l'an 1661 ce prince fit demander au Duché quatre cents hommes pour remettre sur pied son régiment, auquel il faisait porter le nom d'Aoste, le Conseil des Commis lui ayant fait représenter l'état auquel on réduirait ce Duché, en fournissant un tel nombre d'hommes, il voulut bien l'en exempter moyennant le payement d'une somme qu'il employa pour en faire les recrues ailleurs. C'était le cas de *extra episcopatum pro facultatibus*. Et si dans la suite, c'est-à-dire en 1701, 1707, 1708, le Duché a fourni, avec une humble soumission aux ordres de son souverain, des levées nouvelles dont la première n'était que de 60, ce fut pour lui donner des preuves de son zèle dans le grand et pressant besoin qu'il avait de compléter son régiment de Savoie à cause de la guerre qui éclata entre les deux plus puissants princes de l'Europe et dans laquelle il se trouvait lui-même engagé. Cet excès de zèle pour le service militaire, dans une conjoncture si pressante, bien loin d'avoir causé des conséquences fâcheuses aux usages des fidèles sujets de ce Duché, parait au contraire leur avoir acquis un mérite singulier et infini.

Il s'est cependant trouvé des *interprètes nouveaux* qui ayant été consultés, d'ordre du roi Victor, sur ce qu'il devait répondre aux Valdôtains qui recouraient à lui contre l'édit général des consignes, dans lequel ils étaient compris, il s'est trouvé, dis-je, des *interprètes* qui ont interprété bien autrement le texte du traité pour engager S. M. à uniformer ce Duché au reste des Etats dans la création des régiments nationaux qu'il a fait mettre sur pied en 1714 et 1715. Ces interprètes défendirent l'édit des consignes en s'appuyant non seulement sur des cas des levées precédentes, dont a été fait mention ci-devant, mais encore sur deux autres faits plus anciens tirés des registres du Duché: le premier se rapporte à une levée qui se fit par ordonnance du Conseil général des jours 4 et 5 septembre de l'an 1591 sur la réquisition que fit faire S. A. R. le Duc Charles Emmanuel I de 25 hallebardiers qu'on lui envoya en Provence pour la garde de sa personne; le second à une autre levée de trois cents hommes que les Etats du Duché accordèrent volontairement, au mois de juin de l'an 1637, à la réquisition de S. A. R. le Duc Victor Amé I aussi pour servir à la garde de sa personne.

Le second d'une autre levée de trois cents hommes que les Etats du Duché accordèrent volontairement au mois de juin de l'an 1637, à la réquisition de S. A. R. le Duc Victor Amé I, aussi pour servir à la garde de sa personne sacrée.

Tant l'un que l'autre de ces deux princes déclarèrent qu'ils souhaitaient d'avoir, de préférence à tous les autres, des Valdôtains pour ce service, parce que eux-mêmes comme leurs Sérénissimes prédécesseurs les avaient toujours reconnus d'une fidélité inviolable. Ils promirent qu'ils les feraient bien traiter et bien payer afin qu'ils pussent s'entretenir honorablement à leur service. Mais si les interprètes, qui citèrent au Roi les cas de levée, leur eussent aussi expliqué le sujet pour lequel elles avaient été faites et leur eussent représenté que ces hommes, après quelques années de service, plutôt comme officiers que comme simples soldats, furent ensuite congédiés avec distinction, ils auraient peut-être, en rendant justice au pays, porté le Roi à ne pas toucher à nos usages sur ce sujet; car Sa Majesté, ayant entendu, avec sa bonté ordinaire, les humbles représentations des députés chargés du recours fait à sa personne à ce sujet n'a rien prononcé à leur préjudice, rien qui put les déclarer engagés pour toujours au soutien de ces régiments. Il leur a seulement répondu, verbalement, qu'il croyait être de son service et de celui du Duché d'Aoste, qu'il y eut dans le même un certain nombre d'hommes instruits dans l'art de la guerre, dont il put se prévaloir pour sa propre défense lorsque le cas s'en présenterait.

C'est sur cette assurance que s'est faite pour la première fois la levée des deux Compagnies Nationales demandées à ce Duché. Si l'on examine, sans prévention, cette nouvelle charge imposée au pays par ces levées d'hommes, elle ne parait pas lui être trop onéreuse soit parce que ces soldats sont bien traités pendant leur service, comme il a été dit plus haut, et entretenus aux frais de leur souverain; soit parce qu'en temps de paix ils rentrent dans leur pays pour se livrer à la culture de leurs terres ou à leur négoce d'hiver.

Et si, suivant l'art. 39 de l'édit du 4 mars 1737, ceux qui passent dans d'autres régiments étaient considérés au service, sans obligation aux communes de les remplacer, il n'aurait point alors été dérogé au service militaire des deux bataillons des milices du Duché.

Mais, dans la suite, ces compagnies ont été abolies n'ayant plus été pourvu au remplacement des officiers et des soldats qui quittaient le service, le pays ne pouvant en fournir d'autres après des levées si souvent réitérées.

## GABELLES.

Les souverains ont toujours religieusement respecté les réserves portées par les traités d'adhérence par lesquels les Comtes Thomas et Amé s'engagèrent à n'imposer au pays ni tailles ni gabelles contre son gré. L'attachement et la constante fidélité des Valdôtains les portaient, d'ailleurs, à les maintenir dans la jouissance de ces prérogatives, quoique quelques-uns de leurs employés aient cherché à plusieurs reprises de leur porter atteinte.

*Gabelles du sel.* — Le sel s'y vendait autrefois, publiquement, comme toute autre marchandise, par qui voulait en faire commerce; et si en 1540 on a accepté la Gabelle du sel, ce fut afin d'avoir un débit permanent, abondant et assuré pour les besoins domestiques et parce qu'il s'y vendait à meilleur marché que celui qu'on trouvait dans le commerce; ce qui a déterminé les Valdôtains à ne se servir que de celui de la Gabelle que les Ducs de Savoie leurs souverains faisaient débiter abondamment comme dans leurs autres Etats; mais à la condition qu'on leur enverrait toujours du sel de la meilleure qualité sans en augmenter le prix, et avec la réserve que lorsque les bancs ou magasins établis dans le Duché viendraient à en manquer, il serait facultatif à chacun de s'en procurer ailleurs pour ses besoins.

Cette réserve a été confirmée par patentes des jours 3 août 1585 et 28 mars 1594. Mais dans la suite on a eu peu d'égard pour cette réserve. Depuis l'établissement de la Gabelle, le sel y fut distribué à la mesure, jusqu'à l'an 1618 et ensuite au poids jusqu'à l'an 1633; depuis lors, partie à poids, partie à mesure.

En 1638 le Duché fut obligé d'en prendre une quantité fixe. Madame la Duchesse Chrétienne de France Tutrice et Régente, sur la très-humble supplication des députés du Duché le rétablit au poids caméral de Piémont de douze onces la livre.

Le grenier destiné pour ce Duché au temps de l'introduction de la Gabelle se trouvait à Montmélian. Le sel ne s'y vendait que dix gros de Savoie le quarteron, ainsi qu'il résulte des supplications et mémoires présentés à S. A. R. le Duc Emmanuel Philibert de la part des très humbles et obéissants sujets du Duché d'Aoste en date du 13, 18 octobre et du 14 novembre 1560, et par l'article 2 de celles faites le 30 juin et 1 juillet 1563. Depuis lors, le prix a bien augmenté, quoique la circulation des espèces d'or et d'argent ait aussi augmenté. Lorsqu'on a cessé de le distribuer à la mesure, pour le distribuer au poids, il coûtait deux sous et demi la livre camerale et le débit a continué à se faire, à ce prix, jusqu'au mois de novembre de l'an 1642. Cette année, la Duchesse Royale Chrétienne fit porter le prix du sel à trois sous la livre, à cause de la mauvaise condition de ses finances épuisées pour soutenir les guerres civiles pour la Régence. Au mois de janvier de l'an 1644, cette princesse le fit encore augmenter d'un sou en élevant le prix à quatre sous la livre, eu égard à la circulation des espèces d'or et d'argent. L'augmentation des trois deniers par livre qu'il faut payer aujourd'hui a été faite pour le traitement des banquerots et des commis à la distribution et pour les frais de transport et voiture.

## DOUANE.

Le Duché d'Aoste jouit d'ailleurs de l'exemption de tout droit de douane sur ce qui s'y introduit des pays étrangers pour l'usage et subsistance de ses habitants, soit en denrées, bestiaux, soit en tout autre commerce. Il peut aussi exporter, sans aucun droit de douane, les produits de ses fabriques et de son agriculture. Cette exemption a été maintenue par lettres patentes des jours 1 janvier 1597, 10 avril 1602 et 16 mai 1667 ainsi que par plusieurs réponses aux articles des mémoriaux présentés à leur Souverain, par les députés du Duché. Ces concessions leur ayant été particulièrement accordées en conformité du traité d'adhérence fait avec le Comte Thomas. Mais lorsque les Souverains, à l'imitation des princes leurs voisins, ont établi dans leurs Etats, ces sortes d'impositions, le commerce a été presqu'entièrement anéanti, au grand préjudice des pauvres sujets.

Actuellement, cette exemption des droits de douane ne s'applique plus que pour l'intérieur du Duché, car les receveurs du Domaine n'ayant pu venir à bout de faire ériger un bureau de douane dans le Duché ont *tant fait et tant tourné* qu'ils ont trouvé le moyen d'en faire ériger d'eux aux deux avenues par où l'on sort de ce Duché pour aller en Piémont et en Savoie. Le premier fut établi vers le commencement du dix-septième siècle, et le second seulement depuis 1735.

Ces bureaux exigent maintenant même avec beaucoup de rigueur, des droits inusités sur toutes les denrées et marchandises qu'on exporte du pays; et les Valdôtains sont ainsi traités en vrais étrangers entre deux autres parties de nos Etats quoique des plus anciens sujets de la Maison Royale. Cette exemption de douane qui devait être générale comme dans le commencement pour tout ce qui s'importe n'existe plus à présent que pour quelques denrées exemptées par des priviléges particuliers,

## DACE DE SUSE.

Le bureau qu'il y a, à la Cité, avec un régulateur et des commis sous ses ordres aux deux passages du Grand et du Petit-St-Bernard, et aux portes de Gressoney n'y est établi que pour l'exaction et la conservation des droits de la traite foraine sur le transit des marchandises, comme aussi pour le paiement des droits du *Dace de Suse*. Ce droit, qui ne s'exigeait autrefois qu'en ce lieu, S. A. S. le Duc Emmanuel Philibert le fit introduire à Aoste, en 1561, pendant que le passage de Suse était fermé pour cause de contagion. On l'a plus tard rétabli à Suse sans cependant l'ôter de la Vallée d'Aoste. Mais ce prince d'une grande loyauté, sachant qu'il n'était pas légitime d'établir une pareille exaction dans cette ville, voulut bien, par un principe d'équité, dédommager ses sujets de cet impôt, en leur accordant, par patentes du 17 décembre 1564, confirmées par celles des jours 23 mars 1571, 5 juin 1581, et par plusieurs autres, une pension perpétuelle de trois cents écus d'or par an, à puiser sur les fonds produits par le même *Dace*, et à défaut de ceux-là, sur les fonds de caisse de la traite foraine. Ces trois cents écus d'or ont plus tard été réduits à trois cents livres annuelles de Savoie pour les causes amplement développées dans les lettres patentes du 26 août suivies de la transaction du 1 septembre 1683.

Cette exemption de ce qui croit, nait et se fabrique dans le Duché et qui s'exporte dans les pays étrangers, était générale et généralissime dans son principe, pour toutes sortes de denrées et marchandises sans exemption. Elle n'existe à présent que pour le seul passage du Grand-Saint-Bernard qui conduit en Vallais où l'on n'a pas pu établir de bureau comme aux autres; car du côté de la Savoie l'exportation n'a été exempte de droit que pour les bestiaux, brebis, moutons, denrées, peaux de mouton et pour les châtaignes qu'on porte de ce Duché en Savoie, ainsi qu'il est établi par lettres patentes du 16 mars 1664, et par lettres de cachet de feu S. A. R. Lieutenant Général du Roi Victor son père écrites au vibaillif Planchamp en date du 25 avril 1714.

Pour la sortie du côté du Piémont, on avait établi un bureau de douane aux portes de la Bardesa, première terre après Pont-St-Martin; l'on n'y exigeait, autrefois, qu'un simple droit de péage pour le compte du Souverain. Il a fallu, pour mettre fin aux chicanes continuelles et aux vexations des commis de ce bureau contre les négociants, fixer le passage et la sortie de la *grassine* aux dites portes, savoir, le fromage, à 1600 rubs, le céras à 50, l'huile de noix à 50 et les noix à 800 rubs, relevant en tout à la quantité de 24875 rubs et réduire encore la pension de trois cents écus d'or à trois cents livres de Savoie, ce qui fut exécuté par lettres patentes et transaction du 1683. Il est vrai que toute cette quantité de *grassine* n'est pas toujours du duché, et qu'à son défaut, on y supplée par de gros draps ou par les amandes, les bestiaux, vins, grains, gibiers et autres sortes de denrées et marchandises. Sont réservés le cuivre et le fer qui se tirent de nos minières. Ils continuent à jouir de la même exemption, tant au dit bureau de douane de la Bardesa, qu'aux péages de Setto Vittone, Bourgfranc et Monthaut. Celui de Bourgfranc a été supprimé, et les habitants du Duché ont été soumis au payement d'un tarif excessif nouvellement fait par la Chambre des Comptes de Piémont, le 29 juin 1733. Nonobstant l'exemption obtenue du Duc Charles Emmanuel I, ensuite du mémorial du 7 avril 1621, les Valdôtains furent condamnés, sommairement, sans avoir aucun égard à la possession immémoriale de leurs droits d'exemption. Quoique l'on eut prouvé que le susdit péage s'exigeait déjà par la ville d'Ivrée avec laquelle cette communauté faisait autrefois corps, les raisons du seigneur du lieu nouvellement inféudé prévalurent sur celles du Duché. Quant aux péages que quelques seigneurs vassaux du pays ont droit d'exiger sur la grande route du Duché, comme ceux de Pont-St-Martin, de Bard, de Verrès, de Montjovet, de Chatillon, de Cly, de Nus, de Villefranche, de Villeneuve, d'Etroubles, de St-Rhemy et de l'Evêché, ils sont minimes. Les tarifs sur ce fait ont été approuvés par la Chambre des Comptes, mais ils rendent fort peu à ces seigneurs, surtout depuis la diversion du passage des grandes voitures. On projeta par conséquent de supprimer ces péages dans tout le Duché afin de rappeler le commerce éclipsé.

*Péages du Duché.* — La première proposition s'en fit aux Etats assemblés le 27 mars 1635; mais on n'y fit aucune réponse; on la renouvela en 1685, on en commença même l'exécution l'année suivante en supprimant le péage à Montjovet, d'accord avec le seigneur Charles François des barons de Valleise et d'Arnad pour lors seigneur du dit Montjovet, moyennant la somme de deux mille livres, contrat reçu par le sieur conseiller Jean Gaspard Bolossier notaire. L'ordre de n'y plus rien exiger des allants et venants fut publié le 18 mars 1686, mais soit que les autres seigneurs vassaux qui avaient aussi droit de péage dans leur ressort, n'aient pas voulu consentir à la dite extinction ou qu'ils n'aient pas osé le faire, ce qui est très-probable, sans la permission du Souverain à qui leurs fiefs sont reversibles en cas d'échutes, ce bon projet s'est évanoui et le seigneur baron de Valleise fut, par décret des jours dix-sept décembre 1694 et 24 février 1695, rétabli dans la possession du droit d'exiger son péage au dit lieu de Montjovet, moyennant la restitution de l'obligation qui avait été passée en sa faveur lors de la dite extinction.

## ENTERINEMENTS.

Le Duché d'Aoste jouit encore de l'exemption des logements, quartiers, passages des gens de guerre, levée ou sortie des milices, sauf dans les cas pressants, et de plusieurs autres grâces particulières concernant le gouvernement politique ou les affaires de la justice. On en fera mention lorsqu'on traitera cette matière. Toutes les concessions que les Souverains accordent au dit Duché n'ont aucunement besoin pour avoir leur plein et entier effet, d'être vérifiées et intérinées par les Sénats souverains ou Chambre des Comptes de Savoie ou de Piémont, ainsi que le déclare la patente que le Duc Emmanuel Philibert leur accorda, sous la date du 1 mars 1582, relative à l'ancien usage toujours pratiqué à l'égard du dit Duché. Le dit privilége est confirmé par tous les princes ses successeurs et en particulier par autres patentes des jours 31 janvier 1660, 28 janvier 1719, et par les réponses aux articles 2 du mémorial du 7 avril 1621, 8 de celui du 4 octobre 1650, 6 de celui du 14 décembre 1655, 5 de celui du 23 mai 1659, 5 de celui du 14 juillet 1666 et finalement par lettre à cachet du 3 août 1595, et les expéditions des dites concessions que les princes de la Royale Maison de Savoie accordent au dit Duché ont été de tout temps faites gratis et sans dépenses, surtout celles contenues dans les chapitres et mémoriaux du 7 septembre 1487, du 29 mars 1591, du 24 février 1629 et la plupart de ceux qui ont suivi comme plusieurs patentes en font expresse mention.

## GOUVERNEMENT ET SON UNION.

Le gouvernement de la Vallée d'Aoste a été, de tout temps, partagé entre le Gouverneur que les Souverains y établissaient, les Etats du Clergé et la Noblesse du lieu. Il semble que cette louable distribution des pouvoirs était déjà en usage dans la Vallée du temps qu'elle reconnaissait l'autorité de l'Empire. Les Gouverneurs et la noblesse réglaient, de concert, toutes les affaires d'état. C'est ce qu'on prouve par l'histoire et par des titres; par l'histoire, en ce que Simphorien Champier a rapporté. Lorsque le Comte Amé, fils et successeur de Thomas, étant entré par la Valdigne, vers 1232, pour attaquer les Vald'Aostains retranchés à Pierretaillée, il dit que, quand les mêmes surent que leur Gouverneur pour l'empire avait été tué en Chablais et ses troupes dispersées, le clergé et la noblesse tinrent conseil et délibérèrent de s'accommoder avec ce prince. Par titres, on n'a qu'à voir les traités de la dédition pour s'en convaincre et spécialement encore les actes des franchises, statuts et règlements de justice du 9 des kalendes de septembre de l'an 1253 que le prince Thomas de Savoie, Comte de Flandre, ajouta à ces mêmes traités par la clôture duquel acte il appert évidemment qu'il n'y a eu que le Clergé et la Noblesse qui aient donné leur approbation, par voie de suffrages, en ces termes: *Et specialiter volentes et expresse consentientes Dominus Petrus Augustensis Episcopus, Petrus prepositus atque Canonici et Capitulum dictæ Ecclesiæ cum toto clero ipsius exceptis quibusdam capitulis in quibus ap-*

*ponitur pœna sanguinis in quibus noluerunt consentire propter irregularitatem, nec etiam eis contradixerunt Gottofredus et fratres sui Aymo Vice Comes et Boso, Aymo Dominus de Nus, Bernardus Philippus Montisjovetis etc.*

Ce qu'il y a encore de très-certain c'est que depuis que la Vallée d'Aoste a été paisiblement soumise à la Royale Maison de Savoie, cette union a toujours été inviolablement gardée et observée, comme on peut le remarquer particulièrement dans les délibérations des assemblées générales des jours 26 février 1536, 22 juin et 10 octobre 1537, 25 septembre 1539; 10 mars 1541, 4 janvier 1542, 26 novembre 1550; dans celles prises pour contracter des neutralités en temps de guerre et autres affaires publiques.

S. A. S. le Duc Emmanuel Philibert, de glorieuse mémoire, par le 5e article de son diplôme du 24 juillet 1578, fondé sur l'ordre invétéré et la fidélité constante des Vald'Aostains, leur a confirmé cette importante prérogative dans la plus ample forme et n'ont pas permis qu'il y fut porté atteinte.

## LES ETATS D'AOSTE.

L'assemblée générale des Etats du Duché d'Aoste qu'on appelle aussi Conseil Général des Trois Etats est celle qui réglait toutes les affaires d'Etat et de politique dont elle a eu la Direction depuis plusieurs siècles. Les Etats d'Aoste étaient composés des trois ordres du dit Duché: le Clergé, la Noblesse et les Peuples. Ces trois ordres devaient être convoqués, à jour fixé, par une lettre-circulaire au Révérendissime Evêque comme chef du Clergé et à tous les seigneurs vassaux et gentilshommes ayant fief, ou juridiction avec exercice de justice. Cette circulaire devait contenir le fait essentiel pour lequel les dits ordres étaient convoqués, ainsi que l'invitation de s'y rendre au jour assigné. Le menu avis était aussi expédié à toutes les communautés immédiates et subalternes de tout le Duché avec invitation d'y envoyer leur syndic ou procureur député avec procuration spéciale qu'ils devaient consigner au Secrétaire d'Etat lorsqu'il faisait la proclamation des sujets immédiats et de ceux des dits seigneurs vassaux, chacun en son rang. On ne pouvait point s'assembler, sans la permission du Souverain, depuis que le Duc Emmanuel Philibert en a introduit l'usage en 1560; quoique jusqu'alors les assemblées générales aient été bien plus fréquentes; cette précaution n'était pas nécessaire suivant les usages du Duché, ainsi que cela se vérifie des lettres patentes du même prince données à Rivoles le 9 septembre de l'année suivante 1561. Ce prince, sur le recours qui lui était présenté par les vassaux et sujets de son dit Duché déclara, à la vérité, de ne vouloir rien innover sur le fait en question, mais il ne fit surseoir à cette défense qu'à l'occasion de sa venue dans ce pays. Ce nonobstant, on a toujours continué depuis lors à prendre la dite permission.

Dans les affaires qui intéressaient généralement leur état, tous les Corps ecclésiastiques du Duché jusqu'aux ordres religieux y envoyaient leurs députés et, lorsqu'ils avaient du temporel en propre, les curés eux-mêmes y intervenaient, ainsi qu'il résulte des procès-verbaux des assemblées générales en date des jours 4 avril et 21 novembre 1537, 10 décembre 1540, 1 septembre 1542, 12 janvier 1552, 9 février 1554, 3 janvier 1555, 11 octobre 1560, 3 septembre 1586 et autres. Les révérendissimes évêques étaient à leur tête. Lorsque le siége épiscopal était vacant, il appartenait à l'un des prélats des deux premières dignités de l'Eglise cathédrale, de représenter l'Evêque et de présider l'ordre ecclésiastique; ces deux premières dignités étaient toujours occupées par des personnes de condition ou distinguées par des grades de doctorat en toute littérature. Quelquefois aussi la présidence était représentée par le révérend official ou par le plus apparent député du vénérable Chapitre comme administrateur de la mense épiscopale pendant le siége vacant. Mais lorsque les trois Etats s'assemblaient seulement pour des donatifs, levées de gens de guerre, munitions, armements, ou pour délibérer sur le payement des sommes d'argent que les Souverains faisaient demander suivant leurs besoins, ou sur les impositions qu'on devait appliquer pour les nécessités de la province, dans ces cas, les évêques seuls ou ceux qui étaient admis à leur place, pendant la vacance du Siége, représentaient tout le corps ecclésiastique, soit le premier ordre, et cela parce que les personnes et les biens du clergé n'étaient pas soumis aux charges publiques et ne devaient pas concourir à ces sortes d'impositions hormis pour les biens ruraux de nouvelle acquisition.

*Donatifs ecclésiastiques*. — D'ailleurs lorsque le clergé avait la bonne volonté de concourir de ses facultés temporelles aux besoins de la Couronne, il faisait ses dons gratuits à part, comme il le fit en l'année 1596 ainsi qu'il apparait de l'article 2 du mémorial que le Clergé fit présenter au Souverain le 2 mai de la même année; par ce mémorial il lui offrait la belle somme de 1300 écus d'or en se mettant sous sa protection royale afin d'être exempté de payer les décimes qui lui étaient réclamées par la Cour de Rome.

Le second ordre, celui de la noblesse, était composé des seigneurs vassaux, bannerets et feudataires ayant juridiction tant ecclésiastique que séculière. Figuraient aussi dans le second ordre les deux syndics de la Cité et du Bourg d'Aoste avec quelques nobles, quelques gradués ou praticiens fameux qui faisaient également partie du Conseil des Commis, et ils y avaient voix délibérative quoiqu'ils ne fussent que de l'ordre du tiers état n'ayant ni sujets ni juridiction.

Le troisième ordre était composé des officiers de justice, des syndics ou procureurs députés des mandements et des communautés de tout le pays.

Venaient d'abord en première ligne ceux qui dépendaient immédiatement de la Couronne, et ensuite ceux des terres et des seigneuries appelés les uns après les autres dans le même ordre que leurs seigneurs justiciers. Mais les représentants du peuple n'avaient aucune autorité dans ces assemblées et n'y ont été admis que depuis que nos augustes Souverains se sont peu à peu accoutumés à demander à leurs fidèles sujets des secours d'argent pour subvenir à leurs besoins, et depuis qu'il a été question d'établir des impositions pour les nécessités publiques.

Les impôts en argent dont on ordonnait les levées ne devaient être supportés que par les sujets du troisième ordre; il a fallu nécessairement faire appeler les peuples aux dites assemblées afin d'avoir leur consentement pour ces sortes d'impositions, non pas par la voie du suffrage qui n'appartenait qu'aux deux premiers ordres, mais seulement d'une manière cumulative entre eux. Cette intervention personnelle des délégués du peuple leur a donné dès lors quelque relief et une espèce d'autorité dans ces sortes d'assemblée.

## TRESORERIES.

Les baillifs dans les terres du domaine et les seigneurs justiciers soit leurs chatelains, faisaient, anciennement, eux-mêmes, la collecte des impôts; mais comme il en demeurait toujours quelque partie en arrière, et que les peuples se plaignaient de ne pas voir les comptes, les Etats l'ont depuis lors commise à des officiers qualifiés de trésoriers des deniers publics, qu'ils ont soumis à des comptes exacts et rigoureux à rendre aux auditeurs ou réviseurs élus par les communautés en pleine assemblée générale.

## LES TROIS ÉTATS DU DUCHÉ D'AOSTE.

Il n'y avait ainsi que les seigneurs du Clergé et de la Noblesse avec les Syndics et les autres Conseillers du Conseil des Commis qui prenaient siége et place dans les assemblées générales des Etats du Duché. Mais leur installation a toujours donné lieu à un nombre infini de contestations pour la préséance. Quelques-uns prétendaient avoir la préséance pour l'ancienneté de leur investiture, d'autres, pour les titres et les dignités dont leurs fiefs étaient décorés, d'autres enfin pour quelques autres raisons, la plupart mal fondées et frivoles. Cependant ceux qui étaient installés retenaient leur place, et pour mettre fin aux contestations qui renaissaient sans cesse quand on laissait le champ libre aux discussions des prétendants, on leur promettait de renvoyer leur différent à la décision du Souverain; mais dès que les assemblées étaient congédiées, on n'y pensait plus.

L'ordre de préséance des seigneurs a été souvent bouleversé par suite du changement des seigneurs qui ont passé et repassé à différentes maisons et familles. Car c'était la règle que les derniers venus en investiture devaient prendre le dernier rang. S. A. R. Madame la Duchesse Chrétienne l'ayant ainsi ordonné par sa lettre de cachet du 15 mai 1645; mais l'on a parfois dérogé à cette règle quand les intéressés s'en montraient peu soucieux. Les seigneuries de Quart, de Cly, de Gignod, de Châtelargent prétendaient aux premiers rangs quoiqu'ils n'aient été acquis par les auteurs des seigneurs qui les possédaient, que depuis 170 ans environ.

Ces trois ordres de gens d'église, de noblesse et des peuples étaient ce qu'on appelait, à juste titre, les trois Etats du Duché d'Aoste. Ce Corps s'est de tout temps distingué par son union et par son zèle dans les affaires qui ont pu intéresser le service royal et le bien public de tout l'Etat en général. La manière dont il s'est conduit, pendant la troisième partie du seizième siècle, autant pour se préserver de la fausse doctrine des novateurs de ce siècle si fatale à la vraie religion, que pour se maintenir sous l'obéissance de nos augustes Souverains pendant les guerres du même siècle, comme il est rapporté ailleurs, est digne d'une très-grande admiration.

Ces trois Etats s'entraidaient avec empressement à soutenir les dépenses publiques qu'il convenait de faire pour se mettre à couvert des calamités dont on était menacé. Le Clergé, quoique dans un état fort pauvre, outre les prières qu'il faisait continuellement, ne laissait pas que de contribuer gratuitement de ses facultés temporelles. La Noblesse qui payait de sa personne pour le service militaire et pour les commissions que ceux de son ordre allaient faire dans les pays étrangers, en exposant leurs biens et leur vie pour la cause commune, se cottisait également de son côté pour aider aux peuples à supporter le poids des dépenses, comme on peut s'en convaincre par ce qui a été spécialement octroyé de sa part dans les assemblées générales des jours 22 et 23 mars 1736 et 23 mai, 12 juillet, 14 et 15 décembre même année; 10 mars 1541, 22 janvier 1551, 10 janvier 1554, 4 janvier 1555, 28 août dite année; 16 février et 1 mars 1556 et autres.

Mais, aujourd'hui, ce zèle si louable et si conforme à l'esprit de la véritable charité que le texte sacré enseigne, s'est beaucoup rallenti surtout dans ces derniers temps. Quand un ennemi vainqueur, sur la fin de juin 1691, menaçait de livrer tout le pays au pillage et au feu et se disposait à en venir à la funeste exécution si l'on ne payait dans un bref délai, une contribution excessive qu'il demandait, les deux premiers Etats qui étaient alors beaucoup plus à leur aise que le dernier concoururent bien par leurs vœux et leurs suffrages à la convention qu'on fut forcé de conclure pour cette contribution, comme aussi par quelques vases d'argenterie des églises, quelque somme de deniers, quelques meubles précieux, par des denrées et autres effets au payement qui se fit comptant, et donnèrent même des ôtages de leurs états pour le supplément de ce qui avait été promis; mais dès qu'ils virent l'ennemi repasser les monts et les ôtages échappés de leur détention, et qu'il fut question de restituer ce qu'on avait emprunté, bien loin de se cotiser eux-mêmes pour leur contingent à cette dépense, ou tout au moins par quelques dons gratuits comme ils faisaient anciennement, leurs biens étant exempts des impôts, ces deux états, dis-je, eurent la dureté de se faire payer ou passer obligation de toutes leurs avances, de la plupart desquelles ils exigent encore à présent les intérêts sans aucun scrupule, n'ayant pas été possible de leur faire entendre raison, quoique les biens de l'Eglise et de la Noblesse dans une si triste conjoncture se fussent trouvés exposés aux mêmes dangers que ceux du peuple.

## CONSEIL DES CITOYENS ET BOURGEOIS D'AOSTE ET CONSEIL DES COMMIS.

Durant les premiers siècles depuis que la Vallée d'Aoste s'est soumise à la couronne de Savoie jusque vers le milieu du seixième, le Conseil des Citoyens et Bourgeois d'Aoste conjointement avec quelques gentilshommes et seigneurs des terres voisines, qui y fesaient leur résidence, règlaient une bonne partie des affaires d'état même les plus ardues et les plus importantes, quand elles exigeaient une prompte provision et toutes les autres communautés de la province approuvaient, sans difculté leurs délibérations. On trouve dans les archives des dits Etats plusieurs patentes, mémoriaux et priviléges obtenus des Souverains à la seule réquisition des habitants de la cité et du bourg d'Aoste ou de leurs députés, bien que ces concessions souveraines intéressassent le Duché tout entier. Le diplôme du Comte AYMON sur la date du 2 juin 1337, qui récapitule les traités de la dédition, est déjà formel et le décret rendu par le Conseil des Citoyens et Bourgeois, au mois d'août de an 1467, tant à leurs noms qu'à celui des autres communautés du pays sur l'observance des franchises et des coutumes ne l'est pas moins. Ce fut seulement, vers l'année 1535, que l'on commença à projeter dans les Conseils Généraux, de nommer des députés qui représenteraient chaque communauté dans les assemblées des dits Citoyens et Bourgeois et prendraient part à leurs délibérations.

Ces députés furent appelés *les Commis*. Leur nombre n'était pas déterminé; mais selon qu'il plaisait aux communautés d'en élire pour chaque mandement. Le même secrétaire qui recevait les actes du Conseil de la Cité, recevait aussi les délibérations des dits États lorsqu'il s'assemblaient, et ne tenaient pour tous les deux corps délibérants qu'un seul et même registre. C'est ce qu'on peut voir dans les écrits d'un noble Barthélemy Saluard et dans ceux d'égrège Martin Avoyery de Jean Paris, desquels on trouve encore quelques fragments, les héritiers de ces secrétaires n'ayantpas eu soin de les conserver en entier.

Les années 1535 et 1536 étant devenues très-fécondes en faits de haute importance, les dits Etats Généraux durent s'assembler jusqu'à six, sept, huit fois, par année, pour délibérer sur les matières qui se multipliaient considérablement. Et, comme il s'en trouvait qui exigeaient une prompte provision, et qui souffraient du retard en attendant la décision des Etats et qu'il était d'ailleurs trop dispendieux aux uns et aux autres de ces trois Etats, de s'assembler si souvent, ils jugèrent convenable d'élire un nombre de citoyens capables de représenter dignement les dits Etats. La première création de ces Conseillers choisis, s'est faite par les Etats assemblés dans l'Eglise de St-François de cette ville, le sept mars de la dite année 1536. La cité et bourg comme chef-lieu de toutes les autres communautés du pays, fit dresser le rôle des plus apparents de ces citoyens existant dans chaque rue. Tous les mandements et autres communautés immédiates et subalternes fournirent aussi les leurs. Tous les rôles étant parvenus, les dits Etats firent choix d'un certain nombre de députés, lesquels, conjonctivement avec ceux de la cité, tiendraient conseil en assistance du seigneur Baillif ou de son lieutenant. Les mandants donnèrent à leurs députés les promesses nécessaires et leur firent prêter serment de servir avec fidélité et secret. Mais comme le nombre des élus était laissé à la discrétion des communautés et que ce nombre dépassant de soixante membres, ca' ait de la confusion, les mêmes Etats, s'étant nouvellement assemblés, le 21 du dit mois de mars, soit pour prévenir les mouvements qui auraient pu résulter du grand nombre d'élus ayant des pouvoirs considérables, soit pour ne pas s'engager dans des dépenses superflues, délibérèrent d'en réduire considérablement le nombre, mais il- ne purent le limiter; et il continua à être indéterminé. Cette élection toute informe qu'elle fut, ne laissa cependant pas d'être approuvée par le Duc Charles le Bon par acte passé à Versaille la dite année ainsi qu'il résulte d'une lettre du dit Conseil au seigneur Marquis de Lullin de Genève, leur Gouverneur, en date du 29 août 1611.

# CHOIX DES MEMBRES DU CONSEIL DES COMMIS.
# ATTRIBUTIONS
### RÉSERVÉES AU CONSEIL GÉNÉRAL.
## NOMINATION DES OFFICIERS PUBLICS,
## DONATIFS.

Ces élus étaient autrefois appelés *Deputati pro agendis bene agibilibus hujus patriæ*, comme on le voit dans les écrits du procureur Avoyéry. Ils étaient choisis dans les mêmes trois ordres que ceux des dits Etats. Les Révérendissimes Evêques représentaient le Clergé; les vasseaux les plus distingués et les plus éclairés étaient élus pour représenter la Noblesse; les deux syndics de la Cité et du Bourg, quelques simples nobles gradués en droit, des chatelains, des praticiens ou d'autres personnes de condition et de capacité étaient choisis pour représenter le troisième ordre. Le dix mars 1541 les Etats assemblés en confirmèrent sept de ceux qui avaient été élus précédemment; mais le nombre des députés à élire a toujours été indéterminé jusqu'au 4 janvier de l'an 1555 où les Etats assemblés réduisaient à 25 le nombre des membres qui devaient former le Conseil des Commis. Ils en firent l'élection le jour même, et ils statuèrent que le même Conseil traiterait séparément les affaires de la Cité et du Bourg d'avec celles du Duché en général afin d'éviter toute confusion.

Dans ce but ils nommèrent un Secrétaire d'Etat à part, pour rédiger les délibérations et tenir un registre particulier pour celles concernant les dites affaires d'Etat. Ce n'est que depuis lors que le Conseil des Commis a véritablement fait corps séparé et indépendant, lequel fut, dans la suite, maintenu et confirmé dans ses fonctions, notamment par les lettres patentes de S. A. S. le Duc Emmanuel Philibert, en date du 18 janvier 1570, et par celles de Monseigneur le Duc Charles Emmanuel I son successeur, en réponse au 5e article du mémorial que les Etats du Duché d'Aoste lui firent présenter le 24 février 1629.

Les augustes Souverains lui attribuèrent même la connaissance de plusieurs nouvelles affaires et commissions. Il avait toute autorité de pourvoir aux affaires d'Etat au nom du Conseil Général dont la convocation ne se fit plus que très-rarement pour délibérer sur des matières très-ardues et de la dernière importance, ou quand il s'agissait de voter des dons gratuits aux Souverains lorsque des circonstances extraordinaires les obligeaient d'en faire demander à leurs sujets du Duché d'Aoste. Cette autorité lui étant réservée, ainsi que celle de créer de nouveaux commis, ou de nommer les officiers publics tels que l'Avocat ou Procureur Général, les Secrétaires des dits Etats, les Trésoriers des deniers publics, les Auditeurs pour la révision des comptes, les Liquidateurs des comptes particuliers, le Médecin et le Chirurgien gagés, le Capitaine des gardes des passages et autres employés que le Conseil des Commis ne pouvait nommer que provisoirement en attendant la ratification du Conseil Général.

Quand il s'agissait de voter des donatifs en argent, leur montant était déterminé par l'assemblée générale des dits Etats à la pluralité des suffrages de tous les assistants des deux premiers ordres. Ces votes étaient annotés par le secrétaire qui en proclamait sur le champ le résultat à haute voix. On en donnait ensuite connaissance aux chatelains, aux syndics et aux procureurs des mandements et des communautés formant le troisième ordre qui n'avait ni *rang* ni *séance*. On faisait ensuite consulter à part quelques députés de cet ordre pour demander leur avis sur la possibilité ou l'impossibilité de pouvoir supporter le poids des dits donatifs. Si leur opinion n'était pas conforme à la pluralité des suffrages des deux premiers ordres, les délégués qui les avaient entendus en faisaient rapport à l'assemblée générale. Dans ce cas on refaisait la votation.

Par sa délibération du 4 septembre 1586, le Conseil Général réduisit encore à 24 le nombre des membres du Conseil des Commis, mais quelques années après ce nombre fut reporté à 25.

Le Conseil des Commis des Etats du Duché d'Aoste qui n'était, à proprement parler, qu'un abrégé du Conseil Général et dont l'origine est aussi ancienne que les Etats eux-mêmes, n'a jamais dépendu d'aucun des magistrats souverains de Savoie ou de Piémont et il ne reconnaissait pour supérieur que la personne sacrée du Roi, à laquelle seulement on pouvait appeler de ses sentences, ordonnances ou décrets.

## CONNAISSANCE DU CONSEIL DES COMMIS.

Il connaissait, comme Corps représentatif du Conseil Général, de toutes les affaires d'Etat, de guerre, d'économie politique, de celles relatives à la santé et à la sûreté publique et de bien d'autres importantes, dans l'intérêt du service royal et du public. Il avait, par conséquent, le pouvoir de faire constater et châtier les abus relatifs à ces matières, ainsi qu'il a été décidé par propositions souveraines des jours 13 décembre 1646 et 8 mars 1648. Ces prérogatives fondées d'abord sur son ancien possessoire, lui ont encore été confirmées par patentes expresses de S. A. S. Monseigneur le Duc Emmanuel Philibert, en date du 24 juillet 1578, par deux lettres à cachet de son successeur le Duc Charles Emmanuel I, des jours 12 février 1595 et 13 mai 1618, et par sa réponse aux articles 5 et 13 des mémoriaux en date du 24 janvier 1629, 4 octobre 1690 et 13 juillet 1694 et, en particulier, pour ce qui concerne la santé publique, par l'art. 2 du mémorial du 23 septembre 1713, comme aussi par lettre à cachet de S. A. R. le Duc Victor Amé dernier, en date du 22 avril 1631 et par un autre du Roi Charles Emmanuel du 1 août 1739.

C'est en vertu de cette juridiction que le Conseil des Commis réglait les étapes aux troupes de passage, dont la direction lui avait été confirmée par les réponses aux art. 4 et 5 des mémoriaux des jours 29 mars *1591* et 21 avril 1644; qu'il ordonnait et répartissait les contributions en temps de guerre et que les officiers et soldats des deux bataillons des milices du Duché, étaient soumis à l'autorité de ce Corps qui avait droit d'en ordonner les levées et de les faire marcher aux portes du pays et là où les ordres du Souverain les appelaient.

Il appartenait aussi au même Conseil de connaitre de leur malversation, insubordination, rebellion et mutinerie tant à l'égard des officiers qui commandaient ces milices, qu'à celui des syndics des communes qui les nommaient et autres semblables et de faire châtier les délinquants.

Par ces mêmes titres et raisons il avait autorité sur les médecins, les chirurgiens, les apoticaires, les vendeurs de beaume d'Orviétan et sur tout autre individu exerçant une semblable profession qui cherchait à s'établir dans ce Duché et d'y exposer en vente des remèdes. Dans l'intérêt de l'hygiène publique, il faisait examiner si les exerçants de l'art sanitaire étaient nantis de l'autorisation nécessaire, ainsi que leur capacité et la bonté des remèdes et des drogues qu'ils débitaient et il faisait châtier sévèrement ceux qui transgressaient ses ordonnances.

Le Conseil des Commis connaissait aussi des affaires concernant le domaine du Souverain ou qui intéressaient le bien de l'Etat du Duché. Il répartissait sur les biens cottisables de chaque communauté en raison du nombre de ses focages, la taille, soit la collecte des deniers qu'on imposait pour le payement des semestres, des donatifs, des intérêts d'emprunt, des appointements, gages, pensions et de tous autres frais et dépenses publiques et imprévues que le pays était obligé de supporter. Il la faisait exiger par le receveur appelé trésorier du Duché d'Aoste, qui ne dépendait que de lui et ne subissant le contrôle d'aucun magistrat, ni d'aucun agent de finance, ne rendait compte qu'aux auditeurs élus, chaque trois ans, pour examiner sa comptabilité annuellement et toutes les fois qu'il surgissait des différends entre cet officier et les communes du pays pour le fait des dites tailles. Lorsque les syndics et les percepteurs se rendaient rénitents pour n'avoir pas pu payer leur quote-part ou seulement une partie, il n'appartenait qu'au dit Conseil de connaitre de cette matière exclusivement à tous les autres officiers de justice du Souverain dans les terres du Domaine comme dans celles des vassaux, dans toute l'étendue de leurs fiefs.

La gabelle du sel ayant été acceptée dans le Duché pour les motifs indiqués, la connaissance des fraudes et les contraventions qui se commettaient contre les règlements établis pour le débit de cette marchandise, et le pouvoir de faire châtier les délinquants, a été attribuée et confirmée à ce Conseil par les articles 1, 3 et 8 des mémoriaux répondus sous la date des jours 23 septembre 1584, 30 mars 1648, 5 novembre 1718, 17 décembre 1730 et par deux lettres à cachet des jours 26 septembre 1652 et 9 juin 1658.

Lorsqu'il plaisait au Souverain de faire quelque nouveau tarif ou quelque changement aux règlements relatifs à la valeur des espèces de monnaie d'or ou d'argent d'alliage étrangère et frappées à ses coins, c'était toujours au Conseil des Commis qu'il adressait ses ordres pour les faire exécuter et observer dans le Duché. Lors du changement de la monnaie de Savoie qui y avait cours auparavant et qui y fut substituée par celle de Piémont qu'il décréta devoir y être reçue et débitée en 1633, il attribua au même Conseil le pouvoir de décider les différends qui auraient pu surgir relativement à cette innovation.

Le même Conseil connaissait encore des fraudes et contraventions aux droits que les Souverains faisaient exiger dans le Duché, sur les denrées, bestiaux et autres marchandises soumises au payement du dace de Suse et de la traite foraine.

Cette connaissance lui a été attribuée par deux lettres

à cachet l'une de Madame la Duchesse Chrétienne de France sous la date du 16 mai 1645, l'autre de S. A. R. Monseigneur le Duc Charles Emmanuel II, du 31 mai 1649 et encore par une réponse au 3e article du mémorial du 17 décembre 1730.

Il était aussi chargé de veiller à la conservation des remparts servant d'enclos à la ville et de châtier ceux qui osaient en détacher des pierres de taille, y faire des brêches ou appuyer des bâtiments sur les mêmes sans préalable autorisation, ainsi qu'il appert de la lettre à cachet de la même princesse sous la date du 15 mai 1645 et d'une patente de Madame la Duchesse Royale Marie Jeanne-Baptiste Tutrice et Régente, sous la date dn 20 avril 1679.

Lorsque les seigneurs vassaux qui avaient droit de péage dans leurs fiefs excédaient par eux-mêmes ou par leurs commis dans l'exaction du droit, il n'appartenait qu'à ce Conseil, d'en réprimer les abus. Plusieurs procédures, ainsi que plusieurs ordonnances émanées par lui, nous l'attestent. Cette autorité lui fut nouvellement confirmée par la réponse à l'art. 6 du mémorial du 13 fuillet 1694 et ce, nonobstant la prétention qu'ont messieurs les Baillifs, Vibaillifs ou Juges ducaux, de régler ces affaires, en leur qualité de juges des seigneurs bannerets en toutes causes.

En sus des dites connaissances, il était encore de la compétence du même Corps, de donner les ordres nécessaires pour les réparations et manutentions des chemins et des ponts situés sur la grande route, depuis Pont-St-Martin jusqu'aux passages des deux St-Bernard, ainsi que de faire construire des barrières pour arrêter les débordements de la rivière, d'imposer des bans pour la conservation des bois, aux endroits où ils sont nécessaires à l'entretien et à la conservation de la dite grande route, et de punir les contrevenants;

A juger les différends qui s'élevaient entre les communes, les ressorts ou les particuliers touchant les dites réparations et manutentions et la non exécution de ses mandements. Les Etats nommaient pour la direction de ces services des commissaires qu'on appelait Grands Voyers. Ils étaient pris parmi les membres du Conseil des Commis qui en avait la surveillance et le pouvoir d'imposer des amendes et des peines à ceux qui refusaient d'obéir. Chacun de ces commissaires avait son département dont il devait faire la visite deux fois par an.

Il faisait intériner toutes les investitures, les actes d'acquisition de fiefs, les lettres patentes, les lettres de concession de priviléges accordés à quelques communautés particulières, lorsque le public pouvait y avoir quelque intérêt; les brevets des colonels et des autres officiers des deux bataillons de la milice, les lettres de grâce des condamnés par le même corps qui les obtenaient de la bonté et de la clémence du Souverain. Il faisait aussi exécuter les indults que les Souverains accordaient à leurs sujets, alors même qu'ils s'appliquaient aux condamnés du *Tribunal des connaissances* ainsi qu'il le fit ensuite de l'indult général qu'il a plu au Roi Charles Emmanuel d'accorder à ses sujets en date du 27 septembre 1730, lors de son avénement au trône.

Enfin il avait entière connaissance, autorité et juridiction dans toute l'étendue du Duché, sur tout ce qui concernait le gouvernement politique et économique, sur l'observance des ordres généraux et particuliers qu'il donnait en matière d'état, de guerre, de police et d'hygiène, dont a été fait mention ci-devant.

Quiconque oserait mettre en doute l'étendue de cette autorité et juridiction pourra aisément s'en convaincre par la lecture des registres des actes du Conseil.

Ce Corps faisait par lui-même et sans qu'il en coûtât rien aux Souverains, les mêmes fonctions qu'exerçaient dans les autres provinces du deça et du delà des monts, le Conseil d'Etat, la Chambre des Comptes, les magistrats de santé et les intendants qui y sont respectivement établis, au moins pour tout ce qui regarde le Duché d'Aoste. Et lorsque quelques magistrats du Souverain des autres provinces ont cherché à porter atteinte à cette juridiction ou s'attribuer quelque autorité sur ce Corps, les augustes Souverains l'ont pris sous leur protection en le traitant toujours avec les mêmes marques de distinction et d'honneur dont ils usaient à l'égard des autres provisions dont l'archive du Duché est remplie. Ces documents sont là qui rendent un perpétuel et glorieux témoignage de la fidélité et de l'attachement inviolable de cet illustre Corps pour le service de ses Souverains.

Cependant cette ample juridiction, quoique solidement établie tant sur l'ancien possessoire du gouvernement des Etats que sur des concessions de nos augustes Souverains, n'a pas été exempte de contestation en plusieurs circonstances de la part des officiers mêmes des tribunaux souverains qui ne voyant qu'avec une espèce d'envie l'indépendance et l'autorité de ce Corps, n'ont rien épargné pour tâcher de l'amoindrir et de la faire méconnaitre.

En 1733 toute sa juridiction a été à la veille d'être complètement anéantie. Car le Roi dans le commencement de son règne ayant été prévenu que l'on n'y procédait que par la voie du commandement et non pas avec les formalités juridiques fit adresser une lettre de cachet datée du 14 février de la même année par laquelle S. M. faisait connaitre son intention qu'il n'y eut plus de différence entre le Corps du Conseil et celui des Connaissances, tant pour ce qui concerne sa juridiction et délibération, que pour les appels de ses sentences, qu'elle voulait faire ressortir du Sénat.

Mais sur un recours adressé à sa personne sacrée, S. M. par une autre lettre de cachet du 26 juin suivant eut la bonté d'assurer le dit Conseil que pour ce qui concernait son autorité et sa juridiction l'ayant trouvée énoncée en des termes vagues et indéfinis elle n'était pas en état de résoudre définitivement cette question et que pour le faire d'une manière qui ne laissât plus à l'avenir aucun doute, il convenait que l'expérience fût fondée sur des règles fixes et permanentes, soit pour ce qui concernait sa compétence, soit relativement à l'inappellabilité de ses sentences.

Sa Majesté entendait qu'on lui représentât distinctement quelles étaient les matières et quels étaient les cas que le même Conseil avait droit de connaître et de juger, voulant bien, en attendant permettre, par provision et jusqu'à nouvel ordre, qu'on appelât directement à sa personne des sentences dudit Conseil; mais que, quant à l'exécution, on continuat à observer la délibération, se réservant de pourvoir aussi sur ce chef, lorsqu'Elle serait à même de régler le premier. — Pour répondre à cette demande, les Messieurs du Conseil envoyèrent par un député, à S. M. un état circonstancié de toutes les matières qu'il connaissait, en l'accompagnant des preuves tirées des propres registres originaux pour lui faire plus amplement connaître de quelle manière il exerçait cette juridiction. La vision en fut confiée à des ministres; mais la guerre étant survenue en septembre, ceux-ci durent s'occuper d'affaires bien plus intéressantes pour le royal service. On fut donc obligé de rappeler le député et la question est restée sans ultérieure décision. — On a cependant tout lieu d'espérer de la justice de S. M. qu'Elle voudra bien daigner laisser toujours le Conseil de son Duché d'Aoste dans la jouissance de ses anciens exercices suivant le coutumier, et cela avec d'autant plus de fondement qu'Elle a déjà laissé lui renvoyer les registres originaux et tous ses titres, et ordonna l'observance des usages par deux mémoriaux consécutifs des années 1730 et 1736.

## PRÉÉMINENCE DU CONSEIL.

Le Conseil des Commis avait encore une prérogative particulière. Il avait la prééminence non seulement sur le Conseil de la Cité et Bourg d'Aoste, mais encore sur celui des connaissances. Celui-ci se composait de tout ce qu'il y avait de plus relevé parmi la noblesse, et de ce qu'il y avait de plus célèbre et de plus honorable parmi les gens de justice et de pratique des trois ordres de pairs, non pairs et coutumiers. Cette préséance avait été règlée par lettre de cachet de madame la Duchesse Royale Chrétienne de France sous la date du 15 mai 1845.

## AMENDES DU CONSEIL.

Toutes les sentences et toutes les ordonnances que ce Corps rendait dans les causes de sa juridiction étaient exécutoires dans toute l'étendue du Duché nonobstant toutes les oppositions et appellations. Cette prérogative lui a été accordée par privilége particulier contenu dans une lettre patente de S. A. S. l'Infante Madame Catherine d'Autriche Duchesse de Savoye, sous la date du 18 décembre 1595. On a cependant toujours laissé libre cours aux appels qui se faisaient à la personne sacrée de nos Souverains, eu égard à la profonde et très-respectueuse soumission qu'on leur doit. Mais on ne se pourvoyait par devant le Souverain que contre les décrets arbitraires relatifs à la police et à l'hygiène exigeant une prompte exécution.

Cette faculté fut confirmée par autre lettre patente du 2 octobre 1599 et par lettre à cachet de S. A. R. le Duc Charles Emmanuel, en date du mois d'août 1627 et par autre de S. A. R. le Duc Victor Amé premier du 22 avril 1631. Elle s'appliquait à toutes les peines que les tribunaux souverains pouvaient infliger. Le produit des peines pécuniaires et des amendes pour contravention à l'hygiène publique a été pendant un certain temps et par un privilége particulier du Souverain, partagé entre les membres du Conseil des Commis qui n'avait alors aucun autre appointement. Plus tard, S. A. R. le Duc Charles Emmanuel I en disposa autrement. Il ordonna par sa réponse au 1er article du mémorial du 1 juin 1581 et par une autre patente du 5 du même mois que, sauf le quart denier réservé au procureur fiscal, le produit des amendes fut employé à l'entretien des gardes, à des réparations publiques et à d'autres dépenses qu'on faisait supporter au peuple.

Il autorisa en même temps le Gouverneur et le Conseil de nommer un percepteur pour exiger ces deniers dont il ne devait rendre compte qu'au conseil. Cependant la Chambre des comptes de Piémont voulut en 1612, prendre connaissance de ce fait, et députa un commissaire pour faire rendre compte au percepteur établi par le conseil. Celui-ci ayant recouru à S. A. R. Monseigneur le Duc Charles Emmanuel premier, en reportant une patente sous la date du 26 mars de la même année 1612 contenant le décret de révocation de la dite commission avec ordre à la Chambre des comptes de ne point inquiéter le dit percepteur qui était noble François Bellesi sécrétaire des Etats.

Quelques années après, sur le recours que le Conseil des Commis fit présenter au même Prince, il eut la bonté de confirmer cette concession par sa réponse à l'article du mémorial envoyé le 15 septembre 1620. Mais six ans après il y dérogea par une adjudication qu'il fit sur les deniers des dites amendes, mais en déclarant par ses lettres du 19 février 1626 que ce ne serait que pour cette fois seulement, et sans préjudice pour la dite concession. Cependant en 1629 la Chambre des comptes de Piémont renouvella ses recherches sur les dits deniers en envoyant dans ce pays un de ses auditeurs pour y vérifier cette comptabilité. Mais le Conseil, ayant encore pétitionné au Roi, obtint par la réponse au sixième article du mémorial du 24 février de l'année 1629 et par patentes du 30 avril suivant, non seulement la main levée des deniers déposés pour ce sujet, mais encore une ample confirmation de la dite concession.

S. A. R. Monseigneur le Duc Victor Amé premier par deux patentes sous la date du 16 mai 1633 et du 15 novembre 1638, changea cette disposition et ordonna que les deniers qui proviendraient des dites amendes, seraient employés à l'entretien de la justice, aux réparations de la maison du Baillage, à l'achat du pain des pauvres prisonniers suivant les ordres qu'en donnerait le Gouverneur ou son lieutenant, et le Conseil des Commis, le quart denier du Procureur Fiscal toujours réservé.

S. A. R. Monseigneur le Duc Charles Emmanuel II confirma cette disposition par ses réponses aux articles 2 et 3 du mémorial envoyé le 14 décembre 1655; mais cette disposition n'a pas duré longtemps. Actuellement les Souverains font exiger ces deniers par le Receveur des parties casuelles, et en disposent à leur volonté, n'étant plus même facultatif au Conseil d'en appliquer une partie aux réparations du bureau.

## SÉANCES DU CONSEIL.

Le Conseil des Commis n'avait pas, autrefois, de jours fixes pour ses réunions. C'était un inconvénient qui retardait le service public et faisait perdre beaucoup de temps à ceux qui avaient besoin de se pourvoir par devant ce Corps. Le 5 janvier 1649, le Conseil général détermina que les Commis se réuniraient, régulièrement, tous les lundis, à une heure après midi. Cet ordre a été observé jusque en 1662. Par délibération du Conseil général du 29 octobre, les séances furent réduites à deux fois par mois. Elles avaient lieu le lundi de chaque quinzaine pour les affaires ordinaires, mais quand le service du Souverain ou celui de la province demandait de promptes provisions, les séances avaient lieu aussi souvent que le besoin s'en faisait sentir. En temps de guerre ou de contagion, on a tenu jusque à quatre séances par jour. Quelquefois on se réunissait durant la nuit. Ces réunions ou ces assemblées se tenaient tantôt chez les Révérendissimes évêques, tantôt chez les gouverneurs. Des difficultés ayant surgi entre ces deux autorités, toutes deux croyant de porter atteinte à la dignité de leur caractère en se rendant l'une chez l'autre, Madame la Duchesse Royale Chrétienne de France, régente, ordonna en 1638 que les assemblées auraient lieu dans la maison que le Duché possédait dans la cité. Cette maison ayant été vendue, les difficultés recommencèrent en 1657. Enfin en 1658, le pays fit acquisition d'une chambre, située dans l'enceinte du couvent de St-François, et contigüe à la grande salle où se sont tenues, de tout temps, les assemblées générales. Ce lieu étant neutre et indépendant, toutes contestations cessèrent entre les évêques et les gouverneurs, mais cette chambre était obscure, très-froide en hiver, trop petite pour tenir le Conseil et ses archives. Sur l'ordre du Conseil général, tenu en septembre 1724, le Conseil des Commis acheta, des Frères Mineurs Conventuels, par acte du 11 avril 1725, un espace de terrain situé dans l'enceinte du couvent de St-François sur lequel il fit construire l'hôtel neuf des Etats faisant face sur la place existante devant l'église du couvent (1). C'est là que se tiennent aujourd'hui le Conseil des Commis et les assemblées générales des Etats.

Les Révérendissimes évêques siègent au haut bout de la table à la droite des gouverneurs ou des lieutenants au gouvernement. Viennent ensuite les autres seigneurs commis, à savoir, les seigneurs vassaux et bannerets, chacun dans l'ordre suivi dans les Conseils généraux par rapport à leurs fiefs et juridiction. Après eux siègent les deux syndics de la Cité et du Bourg d'Aoste ensuite les autres nobles gradués ou praticiens, chacun par ordre de réception. Les places ont été réglées par lettre à cachet de S. A. R. le Duc Charles Emmanuel II, en date du 27 septembre 1647. On a cependant dérogé à cette disposition le 27 septembre 1730. Le roi Victor ayant établi, pour gouverneur, le Marquis de Suse de Savoie son fils, prince légitimé, il ordonna qu'il eut un fauteuil tout différent des autres, au haut de la table de l'assemblée et que le siége de l'évêque serait placé à la gauche de ce prince sans que cette prérogative put être réclamée par les autres gouverneurs et grands baillifs qui ne seraient pas de la qualité du dit seigneur Marquis de Suse. Le Révérendissime Mgr Grillet acquiesça

---

(1) C'est aujourd'hui le palais de justice.

à cette disposition pour ce qui le regardait. Le Conseil fit de même, mais ce cérémonial n'a pas eu lieu, car Mgr Grillet étant décédé avant l'arrivée du dit gouverneur et le siége épiscopal n'ayant pas été rempli depuis la tenue des Etats, ce prince s'est trouvé seul à la tête des deux assemblées générales qu'il est venu tenir en septembre 1730 et en octobre 1736.

Toutes les assemblées du Conseil des Commis aussi bien que celles des Etats doivent se tenir en présence des seigneurs gouverneurs s'ils sont dans la Vallée; en cas d'absence, par devant les lieutenants au gouvernement ou autres officiers qu'il plait aux Souverains de députer par patentes ou lettres expresses, dont les dits députés sont obligés de produire les originaux en plein Conseil. Ils doivent aussi y prêter serment d'observer les franchises, coutumes, usages du Duché, avant d'entrer dans l'exercice de leurs charges. Le même serment est prêté par les gouverneurs et les lieutenants au gouvernement entre les mains du premier commis siégeant *pro tempore* et du secrétaire des Trois Etats, lorsqu'ils prennent le possessoire de leur charge. Ils ne votent pas dans les assemblées, ils n'y interviennent que pour les autoriser au nom du Souverain. S'ils sont absents, le Conseil ne laisse pas de s'assembler sous la présidence du premier conseiller commis, qui perd, en ces circonstances, son droit de voter, ainsi qu'il a été réglé par réponse au premier article du mémorial de 1657, 5 septembre. Les délibérations et ordonnances de ce Corps doivent être signées par celui-là seul qui y représente la personne du Souverain, comme il a été décidé par une lettre à cachet de Madame la Duchesse Royale Jeanne Baptiste à la date du 25 août 1680. Il a le droit de percevoir un double honoraire selon ce qui a été ordonné par la réponse au 3e article du mémorial précité, soit deux ducatons de chambre qui valent dix livres de Piémont. Les Révérendissimes évêques ont le même droit lorsqu'ils sont présents. En leur absence le double honoraire appartient à celui qui tient le premier rang dans le Conseil. Les autres conseillers n'ont qu'un ducaton et le secrétaire trois livres pour chacune des 26 séances ordinaires qui se tiennent durant l'année. Le secrétaire est le normateur et délivre mandat au trésorier pour le paiement, par semestre échu, à la fin du mois d'avril et d'octobre. Ces honoraires ne sont délivrés qu'à ceux qui interviennent réellement dans chacune des dites assemblées. Les malades et ceux qui sont absents pour le service du pays n'y ont aucun droit. Ces deniers sont payés à part pour leurs vacations. Ces règlements ont été approuvés par le Conseil des Commis les jours 16 août, 13 et 27 septembre, 11 et 25 octobre 1660, d'après le pouvoir qui lui avait été donné par les Conseils généraux du 5 septembre 1645 et 4 janvier 1649. Le tout a été ratifié par les Etats le 29 octobre 1662.

Messieurs les Commis n'avaient, auparavant, pour tout appointement, que l'exemption de l'impôt territorial. On ne leur tenait aucun compte des séances extraordinaires et qui étaient très-fréquentes en temps de guerre et de contagion. Aujourd'hui, outre les cinq livres de Piémont par séance, ils reçoivent, annuellement, en don du Souverain, une balle de sel du poids de cent livres. Cette grâce particulière a été accordée l'an 1687. Il faut en renouveler la demande chaque six ans, soit à chaque donatif.

## ÉLECTION DES COMMIS.

Comme il résulte de la proposition faite sur la fin de la seconde session des trois Etats, tenue le 4 novembre 1586, les Seigneurs conseillers Commis étaient nommés sur la proposition des communes. Depuis 1616 ils furent choisis et nommés, à la pluralité des voix de tous les membres présents dans les assemblées générales. Les votes étaient donnés en public et de vive voix et toujours ils étaient dictés par l'amour du bien public. On a toujours préféré les vassaux anciens et résidants dans la vallée comme étant plus affectionnés au Royal service et à celui de la Patrie et plus capables de porter tous les sujets à y concourir. On a rarement élu des étrangers.

Ceux qui l'ont été, étaient des personnages de haut rang occupant de hautes charges à la cour, et, par conséquent, en position de protéger le pays. Ainsi en 1632, on élut le Seigneur Jean Carron Comte de Batiglière, connu sous le nom de Marquis de St-Thomas des Seigneurs Pairs, il possédait de grandes propriétés en ce pays; en 1682, le Comte Perron de St-Martin Baron de Quart; en 1686 le Seigneur Marquis Pallavesin Baron de Gignod; en 1730, le Comte de St-Second Baron de St-Marcel et d'Avise. De suite après leur élection, les Commis prêtaient serment de bien remplir leur charge. Les révérendissimes Evêques n'étaient pas exempts de ce serment, comme on le voit dans plusieurs délibérations des conseils généraux, dans celle du 10 mars 1541, du 4 janvier 1551, et du 4 septembre 1586.

Cependant, depuis cette époque, les révérendissimes Évêques et les deux Syndics de la Cité et Bourg d'Aoste par un consentement tacite des Etats, ont toujours fait partie du conseil des Commis, sans passer par les formalités de l'élection, les premiers à cause de leur éminent caractère et de la haute dignité qu'ils tiennent dans l'Église, les seconds à cause de leur charge qui les rend chefs de la première et principale communauté de tout le Duché. Les maisons de Challand, de Valleise, de Pont St-Martin, et de Nus, qui tiennent le premier rang parmi les vassaux et feudataires de ce Duché, sont toujours intervenus dans le conseil des Commis, depuis cette époque, et, pour ce motif, elles ont prétendu, dès 1642, de pouvoir entrer dans le Conseil par le seul droit de leur naissance et sans être élus. La maison de Challand divisée en deux branches prétendait à deux places, les trois autres familles nobles n'en demendaient qu'une pour les seuls aînés de la famille. Les autres Seigneurs vassaux Commis s'opposèrent à ces prétentions, mais, malgré leurs oppositions, malgré les procédures et recours qui ont eu lieu à ce sujet, les susdites familles se sont toujours maintenues dans cette prérogative. Il parait qu'elle leur a été conférée par les lettres patentes de S. A. S. le Duc Emmanuel Philibert du 18 janvier 1570 confirmant le conseil des Commis, dans lesquelles ces quatre familles seulement sont spécifiquement nommées. Par ces lettres patentes S. A. S. confirmait, députait de nouveau, le corps du conseil des Commis comme conseil d'Etat et Magistrat pour le Duché d'Aoste lui confirmait les honneurs, les prérogatives, les franchises, les libertés, droits et charges auxquels ces magistrats avaient droit, et ordonnait à tous les ministres, officiers, vassaux, sujets de considérer ces magistrats comme les représentants de S. A. S. dans le Duché d'Aoste et d'obéir à leurs commandements comme aux siens propres. Ce sont les termes de la pièce.

S. A. R. Monseigneur le Duc Charles Emmanuel II, par patentes du 12 janvier 1657, accorda aux conseillers Commis le droit de porter un manteau violet bordé d'un galon d'or, lorsqu'ils siègeraient au dit conseil, ou qu'ils interviendraient dans les fonctions publiques dépendantes de leur charge.

Cette provision n'a pu sortir son effet à cause des obstacles qu'elle a rencontrés dans son exécution. Certains Seigneurs vassaux trouvant que cette marque de distinction, bien loin de les illustrer et de les distinguer de ceux qui occupaient un rang inférieur dans ces assemblées, les confondait au contraire avec eux, ne voulurent jamais l'accepter; d'un autre côté, les Syndics de la cité et bourg d'Aoste, unis à quelques autres Syndics des mandements du Duché, s'opposèrent en leur nom et au nom de toutes les comunautés, à cette inovation, parce qu'ils ne voulaient pas supporter la dépense qui était toute à leur charge. En présence de ces contestations, le Souverain fut obligé de révoquer, l'année suivante, les provisions qu'il avait accordées en faveur de ce corps pour ce qui concerne le port du dit manteau, mais non pour ce qui concerne les prérogatives de ce corps considéré comme magistrat et conseil d'Etat.

Tous les princes Souverains lui ont toujours reconnu cette dignité. On peut le prouver par une infinité de lettres à cachet.

Le conseil des Commis n'avait pas, autrefois, de place distincte à la cathédrale, pour pouvoir intervenir, avec la distinction qui lui convenait, dans les fonctions et solennités publiques. Messieurs du Chapitre leur avaient toujours refusé une place, quoiqu'ils donnassent des stalles du chœur aux syndics de la cité et bourg et à d'autres personnes à l'occasion des sépultures. Cependant Messieurs les chanoines se radoucirent dans la suite.

Considérant que le corps du conseil était composé des

trois ordres, parmi lesquels le premier rang ne leur était pas contesté, ils reconnurent qu'il n'y avait aucune incompatibilité pour eux de se trouver ensemble, dans le chœur de la cathédrale, dans les grandes solennités et passèrent expédient le 26 mars 1724. Les articles de l'acte furent signés des parties respectives. Messieurs du chapitre accordaient au corps du conseil au moins quatorze places dans les stalles du chœur, y comprise celle de M. le Commandant, après lequel siégeraient immédiatement les chanoines, aux fêtes pontificales, aux Te-Deum, aux services solennels que le conseil ferait célébrer dans la cathédrale et non ailleurs. Deux des premiers conseillers occuperaient la 3me et 4me stalle à gauche du chœur et à côté du prieur de St-Ours, lorsque la collégiale intervient aux solennités, ou a côté d'un des premiers chanoines de la cathédrale, lorsque la collégiale n'intervient pas. Les autres conseillers prendraient place immédiatement après les chanoines de part et d'autre. Tous, chanoines et conseillers seraient encensés, de la même manière. Le conseil aurait ses bancs, pour assister aux sermons, à la hauteur de ceux des chanoines. Le prédicateur, après avoir salué les chanoines, saluerait aussi le conseil.

Ce règlement fut toujours observé depuis et sans difficultés.

Tout ce que l'on vient de dire des assemblées générales et du conseil des Commis est une preuve que le Duché d'Aoste a toujours été un Etat. Les soixante et dix-huit clochers soit les villes, bourgades, paroisses, communautés particulières qui existent dans la Vallée forment les membres de cet Etat gouverné politiquement et économiquement par le Conseil général ou le Conseil des Commis qui le représente. Les Commis règlent et ordonnent tout ce qui regarde le service du Souverain et du public; pour soutenir ce corps soit cet Etat, ils mettent, avec une sage proportion, les charges, les impositions et autres services publics, à la portée de chacun des dits membres, suivant leurs forces et le nombre des focages dont ils sont composés.

Il serait à souhaiter que ce bon ordre pût y subsister, éternellement, pour le bien public de ce pays. Malheureusement, les familles nobles les plus anciennes aussi bien que celles qui s'étaient élevées durant le courant des trois derniers siècles et qui étaient le plus en état de soutenir le décorum et la constitution de cet Etat, sont, la plupart, éteintes. Le chef du Conseil soit l'Evêque, qui impose toujours par son caractère, n'est pas remplacé. Depuis un certain temps, l'on a trouvé le secret de suspendre ou d'éloigner les élections aux places vacantes des Commis, sous divers prétextes, peut-être dans le but d'exclure du Conseil de très-bons sujets qui auraient servi et serviraient utilement le roi et la patrie, tandis que ceux qui en font partie, en ce moment, n'ont pas la force de s'opposer à de pareilles inovations et n'osent pas même recourir, comme ils le doivent, à la justice de notre auguste Souverain, lequel, par deux mémoriaux consécutifs, a ordonné l'observance de nos usages. Certainement, si l'on recourait au Roi, il ne permettrait pas qu'on dérogeât à un usage aussi essentiel que celui de maintenir le Conseil dans son intégrité. Agir autrement, c'est diviser le gouvernement du Duché, détruire son union; c'est nous faire appréhender que ce gouvernement ne tende à sa fin et que ce grand Hôtel des Etats, récemment élevé à sa gloire, ne devienne le monument qui indiquera l'époque de sa chute.

## UNION D'AOSTE AUX PROVINCES DE LA SAVOIE

Lorsque les provinces de la Savoie jouissaient de la prérogative de former un État, le Duché d'Aoste faisait corps avec elle dans les assemblées générales que les Souverains convoquaient, tantôt dans une ville, tantôt dans une autre, pour règler des affaires ardues ou pour demander des subsides dans de pressants besoins. Voici les dates de plusieurs lettres que le Souverain a adressées au Duché pour l'inviter à envoyer des députés à l'assemblée des dits Etats: le 28 juin 1471, lettre du Duc Amé le Bienheureux; 11 janvier 1499, lettre de Duc Philibert II. On prouve le même fait par les chapitres qui étaient adressés aux Souverains par les dits Etats ainsi unis, ou par les députés du Duché d'Aoste en particulier.

Ainsi des chapitres furent adressés à Moncalier, au Duc Philibert II, les jours 23 février 1479, 23 novembre 1484, 7 septembre 1487 et 4 août 1489; au Duc Charles premier dans les assemblées des dits Etats convoqués le premier, à Chambéri; le second, à Carignan, et le troisième encore à Chambéri; ceux du 4 août 1499 adressés au Duc Philibert II aux Etats assemblés à Genève le 5 août 1508, le 9 décembre 1522 au Duc Charles III aux Etats assemblés à Anneci et à Ivrée.

Les termes de la lettre adressée par le Duc Charles, le 4 janvier 1490, au Baillif d'Aoste pour le charger de prendre de secrètes informations sur le cours des monnaies d'or et d'argent, sont plus explicites encore: *Querelas accepimus super expositione monetæ argenti et auri ali-*

*ter in valle Augusta quam in Chamberiaco et ultra montes exponi quod cedit in maximum damnum ipsorum de valle Augusta qui sunt de Ressortu ultra montano et contribuunt cum ipsis de Chamberiaco in oneribus occurentibus etc.* (1)

Voici une déclaration qui n'est pas moins formelle du Duc Charles le Bon, datée de Chambéry, le 13 juin 1534.. *Ducatum nostrum Augustanum cum omni illius valle v tePtria ab immemorabili tempore fuisse et esse de Ressortu dominioque ac ditione patriæ nostræ Sabaudiæ cis montanæ a Ponte Sancti Martini citra et non italici seu Pedemontani... (2)*

(1) Nous avons reçu des plaintes contre le cours des monnaies d'or et d'argent qui n'est pas le même dans la vallée d'Aoste et à Chambéry, ce qui cause de grandes pertes aux habitants de la Vallée d'Aoste qui sont du ressort ultramontain et contribuent avec ceux de Chambéri dans les charges etc.

(2) Nous déclarons que notre duché d'Aoste, avec toute sa vallée et sa patrie, a été et est, depuis un temps immémorial, du ressort et du domaine de notre patrie de Savoie ultramontaine depuis le Pont-St-Martin qui n'est pas Italien soit Piémontais etc.

Ces espèces de subsides se payaient, tant en Savoie que dans la vallée d'Aoste, proportionnellement au nombre des focages existants dans chaque province. Les paiements se faisaient en monnaie de Savoie, la seule qui a eu cours dans la province d'Aoste, jusqu'au mois de mars 1633. A cette époque elle dut accepter les monnaies de Piémont; ce qui causa une grande perturbation dans le commerce et les affaires. La Savoie a éprouvé le même bouleversement, ces années dernières, lorsqu'elle à été obligée d'accepter, elle aussi, la monnaie de Piémont. Ces changements ont produit de déplorables effets, surtout à cause des contrats de rachat perpétuel, stipulé, en monnaie de Savoie et à cause des paiements des devoirs féodaux et menus services dûs aux Seigneurs vassaux et aux feudataires, aussi bien qu'à l'Eglise, qui avaient été arrêtés en sous et deniers de Savoie.

Il y avait, anciennement, dans la vallée d'Aoste des fabriques de monnaies. A Châtelargent, s'il faut en croire à la tradition et au sens de ce nom, les Romains ou les rois de Bourgogne ont frappé monnaie. Il conste qu'à une époque récente, il y avait dans la cité d'Aoste des hôtels de monnaie et des maîtres ouvriers qui y fabriquaient des pièces d'or et d'argent d'alliage ou de cuivre. Ainsi, au mois de 9bre 1549, on frappa monnaie dans la maison des nobles frères Tollen, au bourg de St-Ours. Aujourd'hui encore, elle est appelée la maison de la monnaie. On y fit des quarts, des forts, des gros, des testons valant quatorze gros de bon alliage et des écus d'or du poids de ceux dits du soleil. La direction de cet hôtel des monnaies avait été confiée à maître Nicolas Viallard de la ville d'Ivrée. Cela résulte d'une ordonnance du Duc Emmanuel Philibert datée de Bruxelles, le 28 février 1558 par laquelle Viaillard reçoit l'ordre de payer les colonels de la milice d'Aoste. On y travaillait encore en 1600, comme on le voit dans le recours présenté le 21 mars à S. A. par Cristophe Marquis et ses frères, par Barlan et autres ouvriers de l'hôtel des monnaies d'Aoste qui se plaignaient de ce qu'on leur avait mis un impôt, ce qui, disaient-ils, était contraire à leurs priviléges.

Quoique frappées par l'ordre de l'Etat d'Aoste parfaitement séparé des autres Etats, ces monnaies étaient frappés au coin de nos Augustes Souverains. Elles étaient évaluées pour le poids, le titre et le cours à celles de Savoie.

Le paiement de ces espèces de subsides était fait d'après le nombre des *focages* soit *affouages* ou *fouages*. Cette répartition était en usage en Savoie; de là, elle a passé dans la Vallée d'Aoste, vers le commencement du 14e siècle. Quelques-uns pensent que le focage comprenait une certaine étendue de terrain d'une valeur déterminée en argent; d'autres veulent qu'il a été déterminé d'après le revenu fixe que l'on pouvait tirer d'une certaine étendue de terres; d'autres enfin pensent qu'il comprenait un certain nombre de familles habitant une certaine étendue de territoire. Pour déterminer ce qu'il y a de vrai dans cette divergence d'opinions, il parait que l'on doit consulter l'histoire, cette source de la vérité. Remarquons d'abord que la maison royale de Savoie s'est, de tout temps, réglée, dans le gouvernement de ses peuples, sur celle de France avec laquelle elle a été si souvent unie par des alliances. Les rois de France ne faisaient rien d'important sans consulter les trois Etats de leur royaume, toutes les fois qu'ils devaient prendre une décision sur des questions ardues et d'un grand intérêt public. Ils assemblaient ces Etats tantôt dans une ville, tantôt dans une autre, quelquefois en plein champ sous des tentes à cause de la multitude des députés des provinces dont la plupart étaient pays d'Etat et des principales villes qui s'y rendaient aussi. Nos princes souverains, dont les sujets n'étaient pas aussi nombreux, les convoquaient aussi à l'imitation des rois de France, dans leur capitale et quelquefois ailleurs.

Les députés des trois ordres ou soit les Etats des provinces de Savoie et de la Val d'Aoste, les seuls qui fussent réputés Souverains soit Pays d'Etat, recevaient communication, dans ces grandes réunions, du motif pour lequel ils avaient été assemblés. Les Souverains leur demandaient des subsides en argent pour les aider dans de grandes dépenses qu'ils devaient soutenir pour un mariage, un long voyage, une guerre soit pour d'autres motifs. Les dits Etats les leur accordaient à proportion du besoin présent et sous le nom de dons gratuits, protestant des deux côtés que ces concessions ne pourraient jamais devenir obligatoires. Il a donc fallu, pour recueillir ces dons gratuits, établir des règles qui fussent solides et permanentes afin de garder l'égalité dans les cotisations qui se faisaient entre les personnes soumises à ces sortes de dons et de subsides.

La France, pour rendre plus facile l'exaction de ces dons, établit l'usage de cotiser les provinces, les villes, mandements et villages, selon le nombre de familles soit de feux existants dans chaque localité. De là vinrent les noms de *foages, fouages, focages* ou *affouages*. Ce fut Philippe V de Valois, roi de France, le même qui introduisit la *gabelle* du sel, qui commença à répartir par *feux* soit *focages* certain don gratuit que les Etats firent à ce monarque, en 1328, lors de son avènement au trône. Ses successeurs continuèrent cet usage et finirent par rendre stable une taille pour chaque *feu*. Les princes de Savoie suivirent leur exemple. Le Comte Amé dit *le Vert* fut le premier qui introduisit cet usage en Savoie vers l'an 1350, puis à Aoste, comme on le voit dans la transaction passée entre les citoyens et bourgeois de cette ville, le 17 juillet 1356, confirmée ensuite par patentes du même prince le 11 août suivant, que l'on peut lire dans le *Livre Rouge* des franchises de la Cité et Bourg. Jusqu'alors on n'avait jamais entendu parler de *feux* ou *affouages*. Chaque province, ville, mandement ou communauté se virent ainsi imposés proportionnellement au nombre de feux qu'ils renfermaient, mais cet impôt soit taille pour payer les subsides, cessait d'être exigé dès que la cause qui les avait fait accorder n'existait plus. Cet usage avait été adopté par les provinces voisines de la Savoie, par la Provence, le Languedoc, le Dauphiné.

Le Seigneur François Capré Maitre Auditeur de la Chambre Souveraine des Comptes de Savoie, dans son traité historique (page 178) dit, en termes exprès, que ces dons des Etats qui s'exigeaient par *feux* étaient certaines impositions que les princes demandaient à leurs sujets et aux hommes des Prélats, Barons et Seigneurs entre les mains desquels les roturiers devaient verser les sommes imposées. Le nombre des feux, leur estimation, n'était soumis dans les commencements à aucun règlement. Les feux pouvaient varier et être entièrement refaits non seulement quand il était question de secourir les Princes, en leur faisant de nouveaux dons, mais encore, lorsque le nombre et les ressources des personnes vivantes dans une localité venait à diminuer, lorsqu'éclatait une guerre ou qu'une calamité quelconque venait à fondre sur les provinces, les villes et les villages, de manière à les réduire à une condition inférieure à celle qu'ils avaient lors d'une première cotisation faite pour un précédent don gratuit. Alors, l'on recourait pour obtenir une nouvelle estimation de *feux*. C'est ce que l'on appelait *focagiorum revisio*, révision des focages. Il y en a eu plusieurs dans le Duché. Les unes ont été générales, les autres partielles comme celle qui a eu lieu pour le mandement de Gignod lorsqu'il fut réduit aux paroisses de Corléan, de St-Etienne, de Gignod et à cette portion d'Allein détachée de la côte de Doues. Cette révision fut faite par noble Pierre Carrelli vibaillif d'Aoste et commissaire du Duc Louis, à l'occasion du subside accordé pour le mariage de sa fille Madame la Dauphine du Viennois.

L'acte de révision fut reçu par le notaire Aymonet Salluard secrétaire du même prince; il fut ratifié par patentes données à Pont d'ain le 12 février 1452. Une révision générale de tous les focages fut ordonnée par le Duc Charles I$^{er}$ dit le Guerrier. Elle fut faite par Noble Michel Roffier vibaillif d'Aoste, sur l'instance de Pierre Roffier, procureur fiscal de Savoie et commissaire député par le même prince, par patentes données à Chambéri le 6 novembre 1486. Elle commença au mois d'avril de l'année suivante, il ne termina qu'en 1490.

Elle fut reçue par Egrège Nicolas Porteri de Donatis. Elle existe dans les registres de la Chambre des comptes de Savoie. Une autre révision fut faite, le 27 mai 1500, par le Seigneur Eynard Oddinet, secrétaire et auditeur de la Chambre des comptes, pour le mandement de Gignod, en 1583 pour Valsavaranche, en 1589 pour le mandement de Valleise, en 1594 pour Derby. Le mandement de Valleise fut déchargé de 90 focages, Valsavaranche de onze, Derby de 17. Il y a eu plusieurs autres révisions mais on en ignore les dates. Elles ont toutes été faites par ordre souverain ou par celui de la Chambre des Comptes.

Le diplôme du comte Amé dit le Vert, daté du 11 août 1356, s'explique ainsi sur les impositions par focages : *Item et quotiescumque alie tallie fuerint faciende in locis predictis vel onera evenerint quæ causam prebeant talleandi quod ipse tallee fieri debeant concorditer de ipsis omnibus simul tanquam de uno corpore unius communitatis et universitatis sine alia divisione ita quotalliari debeant per capita sive per focos promodo et potentia seu facultatibus personarum focum tenentium in quorum oneribus sustinendis observetur quod alias extitit consuetum.* (1)

(1) Si l'on doit varier ces impositions, ou si le besoin se fait sentir d'en établir dans les lieux susdits, qu'elles soient déterminées par corps de communauté ou d'universalité, sans autre division, tellement que ces communautés soient imposées par têtes soit par focages, selon le mode, la puissance soit les ressources des personnes qui forment les focages, et que l'on observe pour faire supporter ces charges ce qui a été en usage autrefois.

Cela prouve que, dans l'ancienne évaluation des focages qui composent le Duché d'Aoste, on n'a point mesuré les terrains ni évalué leur valeur. Dans la quittance d'un donatif de quelques cents florins fait au comte

Amé le Pacifique par les citoyens et bourgeois d'Aoste, quittance faite par le Vibaillif Pierre de Nées le 25 juillet 1413, On lit : *Demptis decem octo focis pro pauperibus*. En enlevant dix-huit focages pour les pauvres... Dans un acte de révision passé le mois de mai 1487 pour le mandement de Gignod, on lit : *non sunt alie persone in dicto mandamendo Gignodi focum facientes preter quam infra scripte persone nominatim que saltem possint vel valeant talleari seu œquari pro foco vel pro foco reputari respectu paupertatis ipsorum et ob decessum quam plurimorum qui in dicto mandamento Gignodi decesserunt morbo epidemie quam respectu guerre Vallesiensium detractis ultra predictum numerum miserabilibus personis viduis, clericis et pupillis qui non consceverunt talleari seu taxari in subsidiis et talleis.* (2)

(2) On ne trouve point dans le dit mandement de Gignod, d'autres personnes qui fassent *feu*, à l'exception des personnes sous nommées, lesquelles ne peuvent être imposées soit considérées comme formant des focages, eu égard à leur pauvreté et au grand nombre de décès qui ont eu lieu dans ce mandement de Gignod à la suite de l'épidémie et de la guerre des Vallaisans, surtout si l'on soustrait, outre les personnes ci-dessus tous les pauvres, les veuves, les clercs, les pupilles qui, d'ordinaire, n'ont jamais été imposés.

On peut donc assurer, avec fondement, que, puisqu'on ne tenait pas compte des personnes pauvres, des clercs, des veuves et des orphelins, on procédait à la détermination des focages d'après le nombre des habitants, considération faite des lieux qu'ils habitaient, de leur industrie, de leur commerce et de tous les avantages qu'ils pouvaient tirer de leur position. Nous avons une preuve incontestable de ce mode de répartition des focages, dans la cité et le bourg d'Aoste qui ont été imposés, eu égard au grand passage des voitures qui y affluaient autrefois et qui y faisait fleurir considérablement le commerce dans la communauté de Cogne imposée aussi plus que les autres, parce qu'on a tenu compte de ses minières inépuisables. Aussi, lorsque ces deux corps de communauté ont voulu répartir les donatifs, qu'on leur avait ordonné de payer, en les imposant sur les seuls biens-fonds contenus dans leur territoire, décrits et estimés dans leurs *livres terriers* (1) soit cadastres, bien loin d'avoir trouvé la mensuration de leurs propriétés égale à celle des autres terres qui ne jouissaient pas des avantages susdits, ils ont dû doubler, tripler, quadrupler leurs focages de manière qu'un *séteur*, soit journée de terrain, dût composer trois, quatre égances, et même davantage, pour y trouver leur compte.

Cependant, quoique la cité et le bourg d'Aoste aient vu diminuer, considérablement, le nombre de ses habitants ainsi que leur commerce, par suite de la cessation du passage des grands véhicules, on les a laissés tout aussi chargés de focages qu'ils en avaient autrefois, tandis qu'on a déchargé d'autres communautés pour des biens inondés ou couverts de quelques pierres qu'on peut faire disparaître peu à peu. En 1715, on a enlevé à Cogne neuf focages, quoique cette communauté n'ait rien perdu de ses avantages, que le nombre de ses habitants soit toujours aussi grand, que son commerce de minières subsiste toujours abondamment et lui fournisse de quoi acquitter toutes ses charges, sans qu'on soit obligé de mettre presque aucune imposition sur les biens-fonds, et cela parce qu'on a interrompu cet ordre de révision ancienne de focages par rapport aux personnes et aux avantages dont elles jouissaient, et qu'on veut, à présent, rendre

---

(1) Le cadastre n'a commencé à être en usage, à Aoste, que sur la fin du 16me siècle, sous le règne du Duc Charles Emmanuel 1er qui a rendu les dons gratuits plus fréquents et fait augmenter les charges et les dépenses publiques.

toutes les impositions réelles. On laisse cependant à juger laquelle de ces deux communautés, de la cité et bourg, ou de celle de Cogne aurait dû plutôt être déchargée de fourages. N'aurait-on pas dû avoir des égards pour la cité et le bourg par rapport aux contributions du fourage, de bois qu'on y a exigées, pendant les guerres, comme matières purement réelles et tirées des biens-fonds même.

Ayant cessé de reviser les focages à la manière susdite, la plupart des communautés de ce duché, durent faire le cadastre de leur territoire pour rendre plus faciles les collectes et les impositions lesquelles étaient autrefois partout également personnelles, suivant les priviléges accordés par Charles le Bon, à la date du 13 août 1542, aux citoyens et bourgeois d'Aoste de ne pouvoir être imposés pour tous les biens qu'ils pourraient avoir dans l'étendue du duché, ailleurs que dans les franchises de la Cité et Bourg où ces biens suivaient leurs personnes. Ce qui parait conforme à la lettre du Règlement coutumier art. 1, 4 et 15, au titre des tailles et 11, au tit. de l'état des personnes et 7e, au titre *Renvois en taille* purement réelles, affectées uniquement aux biens-fonds afin que les gens d'Eglise et de la noblesse, contre lesquels le tiers état se roidit si fort à présent, ne puissent pas jouir des exemptions qui leur compètent par rapport à leurs personnes, lesquelles, comme en Savoie, n'étaient point cotisables pour les biens-fonds que le Clergé et la Noblesse achètent quelquefois à présent, sans considérer que l'Eglise a plus inféudé et la Noblesse infiniment plus vendu d'anciennes propriétés qu'elle possédait autrefois, sans aucune charge, qu'elle n'en pourrait acquérir aujourd'hui. C'est évidemment un grand tort qu'on leur fait, car un grand nombre des maisons nobles qui possédaient autrefois de grands biens sont éteintes aujourd'hui, celles qui restent sont très-appauvries. Par conséquent, le tiers état qui jouit de leurs biens aurait dû être chargé d'un plus grand nombre de feux soit focages envers tout ce Duché, puisque, par la déclaration du Conseil des Commis du 8 août 1624, il est expressément ordonné que les biens seigneuriaux, qui passeraient entre les mains des personnes de condition cottisable, doivent être inscrits dans les cadastres des communautés pendant tout le temps qu'ils resteront hors de la maison des seigneurs, vassaux, bannerets ou autres privilégiés.

Telles sont les causes de la grande inégalité dans la répartition des focages de ce duché, supprimés en ce moment en Savoie. Il existe aujourd'hui, en certains endroits, des biens-fonds dont la valeur est estimée à 4000 ducatons, tandis que dans d'autres localités ils ne vaudraient pas la moitié de cette somme.

On ne faisait pas beaucoup d'attention, en ces temps-là, à ces inégalités de valeur des propriétés. Ce que l'on payait était si peu de chose, en comparaison de ce qu'on demande aujourd'hui, qu'il ne valait pas la peine d'y regarder de si près. Les donatifs qu'on fait à présent n'ont commencé à s'introduire que par de petits présents offerts, par quelques mandements, comme celui du Valdigne ou de quelques communautés les plus riches du duché, comme celle de la cité l'était autrefois, aux Souverains par manière de don gratuit lorsqu'ils passaient sur leur territoire. Ces donatifs étaient toujours suivis de la concession de quelques grâces, franchises ou priviléges, en des termes obligeants de la part des Souverains, lesquels avouaient et reconnaissaient que ces sortes de dons leur avaient été faits par grâce spéciale. Ainsi ont été considérés les dons faits au Comte Amé dit *le Vert* par les citoyens et bourgeois d'Aoste, comme il résulte des lettres patentes de concession de franchises, en leur faveur, portant la date des 6 mai 1353-22 juillet 1376-27 octobre 1381; au Comte Amé dit *le Rouge*, dans celles du 22 juillet 1391; au Comte Amé *le Pacifique*, en 1410, et par les communes du mandement du Valdigne, au Comte Amé *le Grand*, dans les lettres patentes de ce prince du 20 septembre 1318, au Comte Amé *le Rouge*, le 28 juillet 1391, et autres semblables faits par diverses communautés ou mandements particuliers. Cependant, depuis que les susdits focages ont été entièrement établis et stables, l'on a introduit l'usage de donner les subsides compartis à rate, les proportions de ces rates n'allaient pas au delà de quatre florins par focage. Encore, ne les accordait-on que rarement et l'on avait au moins, plusieurs années d'intervalle entre deux donatifs, c'était un repis pour se remettre, car alors les souverains s'entretenaient avec les revenus de leurs terres et de leurs domaines, et ne faisaient pas, de beaucoup près, tant de dépenses pour l'entretien de leur maison, en fortifications des places de guerre, ni en un si grand nombre de troupes, comme à présent. Mais les choses ont bien changé de face depuis que les conjonctures fâcheuses, qu'ils ont eu à essuyer, les ont obligés d'aliéner ces domaines, nonobstant les édits réitérés, dont quelques-uns ont été faits à la réquisition même des peuples prévoyant les conséquences qui pourraient arriver dans la suite, savoir: par le Duc Louis le 22 avril 1445, par le Duc Amé le Bienheureux, le 10 septembre 1470, par le Duc Charles Jean Amé le 23 août 1490, par le Duc Philippe II le 8 mars 1497, par le Duc Philibert II le 10 novembre de la même année, et enfin par le Duc Charles III le 21 août 1509. Tous ces princes ont déclaré inaliénables les terres, fiefs et domaines de la Couronne. Cependant leurs successeurs et entr'autres le Duc Charles-le-Bon, nonobstant son édit de 1509, se vit obligé d'y contrevenir pendant la longue guerre qu'il eut à soutenir contre la France. Il dut mettre des impositions sur les peuples pour subvenir aux besoins de leur maison et pour soutenir leur caractère et l'éclat de leur couronne. Il est vrai que le duché a eu le bonheur de se maintenir toujours dans l'usage de payer les donatifs et autres frais à rate de focages, mais, comme ils sont devenus bien plus fréquents et plus considérables, surtout à cause des guerres presque continuelles qui se font à présent par la jalousie des puissances de l'Europe qui ne sauraient demeurer en repos et qui obligent notre Souverain à rester toujours sur le *qui vive* et à maintenir beaucoup de troupes sur pied, à cause aussi du commerce entièrement anéanti depuis que les grandes voitures ont cessé de passer dans la vallée, cette inégalité de focages est devenue aujourd'hui bien à charge.

Les tailles, les *foulles*, les contributions, et les dettes qu'il a fallu nécessairement contracter, se sont accrues à un point extraordinaire. Ajoutez à cela le grand nombre de devoirs féodaux, des censes que les biens ruraux doivent à l'Eglise, aux Seigneurs et à la Noblesse. On ne saurait concevoir l'épuisement et la misère des peuples surtout dans les localités situées le long de la grande route qui étaient autrefois les plus aisées.

Dans les Etats assemblés le 24 mai 1628, on proposa de corriger cette grande inégalité de focages par une peréquation générale de toutes les terres, seul moyen de parvenir au but proposé. Le Conseil des Commis reçut l'ordre de prendre les mesures convenables, de dresser les mémoires pour obtenir du souverain les autorisations opportunes et l'ordre de procéder avec diligence. Les mêmes Etats assemblés le 30 juillet 1629 confirmèrent cette ordonnance et firent supplier le Souverain de sanctionner par son autorité suprême les résolutions des Commis et de leur accorder le pouvoir de décider, sommairement et sans appel, les difficultés qui pourraient surgir, *sola facti veritate inspecta*.

Malheureusement, on ne put en venir à l'exécution, à

cause de la guerre, de la famine et de la peste qui survinrent peu après et toutes à la fois. En 1632, le 14 janvier, les Etats généraux renouvelèrent au Conseil l'ordre de procéder à la péréquation. On ne fit cependant rien jusques à l'année 1645. Dans la seconde session des dits Etats qui eut lieu le 5 novembre, on en confirma le projet, mais le seigneur Claude Léonard de Challand baron de Fénis s'y opposa, tant en son nom qu'à celui des autres seigneurs de Challand, donnant pour raison qu'eux et leurs sujets avaient fait procéder à des cadastres, d'après lesquels ils payaient les contributions. Il ajouta que toutes les autres communautés pouvaient faire de même, chacune à ses frais, sans obliger le général du pays à une dépense nouvelle et si considérable. Il requit acte de son opposition, protestant d'en appeler au Souverain, en cas de refus.

Le 27 janvier 1649, le Conseil des Commis, en vertu de son pouvoir, nomma six commissaires des plus illustres et des plus éclairés de son corps, pour dresser le modèle et établir les règles que l'on devait observer pour exécuter cet important ouvrage. Le 22 février et le 1 mars de la même année, les dits députés firent déduire les articles par eux dressés sur lesquels ils demandèrent être pourvus pour aller au devant des difficultés qui pourraient survenir. Lecture en ayant été faite, il fut résolu d'en envoyer des copies à Messieurs les Ecclésiastiques, Vassaux et Communautés, en les invitant à venir, dans un mois, déclarer quels seraient les biens qu'ils entendent être mesurés et égancés et donner les raisons et l'exhibition des priviléges d'exemption.

Le 13 avril, les députés du Clergé, les vassaux et les députés des communautés comparurent et exposèrent leurs sentiments, les uns de vive voix, les autres par écrit, mais avant de délibérer au principal, on fit de nouveau sommer les communes et les mandements, qui n'avaient pas donné de réponses par écrit, de le faire dans la quinzaine. On nomma des commissaires pour les examiner et compter celles qui concouraient à la dite égance, celles qui s'en excusaient pour le moment et celles qui s'y opposaient, afin d'en faire un rapport à une nouvelle assemblée, mais les seigneurs barons de Fénis, de Pont-St-Martin, d'Avise, de Bosses, de Brissogne, de Champorcher et les deux députés des deux Chapitres mirent, de vive voix, opposition à la péréquation. Le baron de Fénis la renouvela, le lendemain, par écrit. Le seigneur Humbert Gaspard d'Avise fit de même par autre écrit du 10 mars 1650. Ainsi tous ces beaux projets de péréquation se sont insensiblement évanouis et sont restés sans exécution. Au reste cette péréquation est devenue toujours plus difficile, non seulement à cause des oppositions des seigneurs sus-nommés, mais par suite de l'épuisement des peuples, à présent hors d'état d'en faire la dépense, car l'augmentation des charges ne fait que croitre et se multiplier tous les jours.

Cependant, quoique le duché d'Aoste paie aujourd'hui tout autant qu'il peut faire, il a du moins encore cet avantage, qu'il tient de la bonté et clémence de ses augustes Souverains, de mesurer par lui-même et selon ses forces, les donatifs et autres impositions, comme cela se fait en France dans tous les pays d'Etat. Les provinces de Savoie n'ont plus cette importante prérogative. Elles s'en sont départies déjà sous le règne du Duc Emmanuel Philibert, dans l'assemblée de *Querasq* tenue au mois d'avril de l'an 1560. Toutes les provinces de Savoie, à la seule réserve du Duché d'Aoste, avaient reçu l'ordre d'y envoyer deux députés pour former un Conseil d'Etat.

Ce prince leur représenta l'incommodité et la dépense qu'ils éprouveraient, en se rendant si souvent en Piémont où il fixait sa résidence, pour délibérer sur les affaires d'Etat alors si fréquentes. Ces anciens sujets des provinces de Savoie accueillirent avec la plus entière soumission cette demande de leur prince, et envoyèrent à Quérasq des députés auxquels ils conférèrent toute autorité et tout pouvoir de décider non seulement sur les matières d'Etat qu'on leur proposerait, mais encore de fixer les subsides qu'ils devraient payer à la Couronne dans ses besoins. Ces députés étant décédés, ce grand prince aussi habile politique qu'homme de guerre, leur substitua, à mesure qu'ils vinrent à manquer, des hommes selon son choix, sans consulter les Etats de Savoie qu'il ne fit plus convoquer. Ses successeurs firent de même. De cette manière, les provinces de Savoie s'étant départies de leurs prérogatives de pays d'Etat, le duché d'Aoste s'en est depuis séparé et a fait un corps particulier qui subsiste encore aujourd'hui sous la seule autorité et obéissance de ses Souverains, sans être soumis aux magistrats de Savoie ou du Piémont, ni aux ordres et édits généraux qui se font pour les autres provinces. La province d'Aoste reste séparée et véritablement distincte des autres tant pour le spirituel que pour le temporel. Lorsque les Souverains ont besoin d'y ordonner quelque chose pour leur service, ils ont la bonté de le faire par lettres à cachets ou par des édits particuliers qu'ils adressent au Gouverneur et Conseil général soit aux Commis pour les faire exécuter. Les édits doivent être conçus en langue Française et non Italienne pour qu'ils puissent être entendus d'un chacun, ainsi qu'a été disposé par les articles 6 et 7 de la patente accordée au pays par S. A. S. le Duc Emmanuel Philibert, sous la date du 24 juillet 1575, confirmée par la réponse au 9me article du mémorial du 4 octobre 1650.

Le gouvernement ayant toujours été, ainsi qu'on l'a dit ci-dessus, inséparablement uni entre les gouverneurs lieutenants au gouvernement et Conseil général, ou Conseil des Commis, ne pouvant rien faire les uns sans les autres, hormis ce qui regarde le commandement et la disposition des troupes en temps de guerre, les présides de Bard, de Verrès et de Mont-jovet. Ces derniers, lorsqu'ils n'étaient pas encore abandonnés, seules forteresses du Duché, étaient et sont particulièrement sous les ordres des Seigneurs gouverneurs et n'exigent aucun entretien de la part du Duché.

## GOUVERNEURS.

Les Seigneurs gouverneurs ne peuvent rien exiger du Duché que leur logement meublé, lorsque une guerre éclate, ou que quelque conjoncture exige leur résidence à Aoste. Encore, cette coutume n'a commencé que par une honnêteté, dont l'assemblée générale voulut user, le 18 mars 1578, envers le Seigneur Claude de Challand qui était alors pourvu de ce gouvernement. On lui donna une maison meublée pour son logement et du bois, afin de ne pas céder en politesse, à la ville et province d'Ivrée dépendantes du même gouverneur, à qui elles avaient procuré ces avantages. On ne prévit pas, alors, que cet acte de civilité pouvait être tiré à conséquence pour un autre gouverneur, c'est ce qui arriva dans la suite. Bien loin de supprimer, comme l'on aurait dû le faire, ce nouvel usage, au contraire l'on a renchéri sur ces premières honnêtetés jusques à faire payer en deniers le dit logement. Les prétentions de Messieurs les gouverneurs vinrent à un point infiniment à charge. Le Conseil prit alors la résolution de recourir au Souverain pour qu'il eût la bonté de les fixer à l'avenir. C'est ce que fit S. A. R. le Duc Victor Amé II, dans son édit du 18 mars 1695, par un article ordonnant au pays de payer aux gouverneurs trois cents livres annuelles, en deux semestres, pour le logement, ustensiles et autres choses qu'ils pourraient prétendre.

Cette somme fut portée depuis à six cents livres que le même Souverain accorda au seigneur Jean-Baptiste Doria marquis del Marro et de Ciriè, sous la date du 3 janvier 1697. Quoique le Conseil ne se fut pas attendu à devoir payer une pareille somme aux gouverneurs, qui ne résidaient pas à Aoste, cependant, pour montrer sa soumission et son obéissance aux ordres de son Souverain, il promit, en juillet 1697, de la payer, tout en protestant que c'était une charge nouvelle et que l'on n'avait jamais rien donné aux gouverneurs lorsqu'ils étaient absents. Cette protestation demeura sans effet, et les 600 livres continuent à être payées des deniers publics. Ainsi, ce qui, une fois, a été fait par pure honnêteté, est devenu dans la suite une obligation. Bien plus, on ne laisse pas que de leur donner encore, lorsqu'ils sont obligés de rester dans leur gouvernement en temps de guerre ou dans d'autres conjonctures, non seulement le logement mais encore plusieurs autres fournitures.

Cette dépense n'est pas la seule dans laquelle ce Duché se trouve engagé. Il faut encore frayer messieurs les gouverneurs et toute leur suite, lorsqu'ils viennent prendre possession de leur gouvernement ou assister aux assemblées générales convoquées pour obtenir des donatifs, et leur faire des présents considérables en argent. L'une et l'autre de ces dépenses, qui sont bien à charge au public, ont eu la même origine, d'abord ce fut un régal d'un tonneau de vin de six charges avec un sac de froment, six moutons, deux veaux, une génisse, du fromage, de l'avoine, du bois et quelques volailles pour le prix de 250 florins, que le Conseil a fait fournir, le 29 août de l'an 1586, à la maison de M. le gouverneur Claude de Challand, lorsqu'il est venu à Aoste pour faire procéder à la publication du Coutumier; puis, ce fut un présent d'un tonneau de deux muids de vin, d'un veau, d'une vache, d'une certaine quantité de bois, de foin, d'avoine que le Conseil fit présenter à M. le gouverneur de la Bastie Lullin lorsqu'il prit possession de son gouvernement, le 8 juin 1595. Le 10 septembre 1393, le Conseil fit présenter à M. le gouverneur Georges de Challand, pour des services rendus, une chaine de la valeur de deux cents écus de cinq florins pièce. Autre présent de deux cents écus d'or donné par le Conseil général, le 11 juillet 1602, à M. le marquis de Lullin pour des services rendus. Enfin des frais de cabaret qu'on a fait payer, tant sur la route qu'en cette ville, soit pour la personne de MM. les gouverneurs que pour leur suite qui n'était pas au commencement aussi nombreuse que du depuis. Sur quoi l'on a cherché et l'on cherche de renchérir d'année en année, et particulièrement depuis que feu M. le marquis de Caselles Roncas s'est pris l'incombence de les festoyer.

C'est ainsi que s'est introduite, depuis l'année 1556, cette onéreuse coutume, qui a dans la suite dégénéré en une obligation absolue, de sorte que l'on a dû solliciter un édit souverain, dont j'ai fait mention ci-dessus, pour fixer le présent dû, lors des possessoires de Messieurs les gouverneurs de ce Duché, afin de mettre une borne à leurs plus amples prétentions.

Cependant plus tard, l'on a eu peu de souci à maintenir la somme qui avait été fixée à cent pistoles. On l'a toujours outrepassée et plus d'une fois on l'a portée à deux mille cinq cents livres, et, à l'occasion de la prise de possession, on l'a poussée jusqu'à trois, quatre, cinq mille livres et plus. Nous ne parlons pas même des dépenses que l'on fait à leur arrivée ou lorsqu'ils assistent aux assemblées des Etats.

## ADMINISTRATION DE LA JUSTICE.

Après avoir parlé en détail du gouvernement politique et économique du Duché, l'on a cru qu'il ne serait pas hors de propos de parler aussi des affaires de la justice soit ecclésiastique, soit séculière, si nécessaire au bon gouvernement d'un Etat.

Tandis que la Vallée d'Aoste a été soumise aux Romains, il est probable que la justice y a été exercée suivant les lois romaines et de la même manière qu'à Rome, mais lors de la décadence de ce puissant empire, cette vallée ayant souffert du flux et du reflux de tant de nations barbares qui y ont passé, la justice a dû y être peu connue, pendant cette période de temps, surtout depuis le milieu du V$^e$ siècle jusqu'à Charlemagne. Sous l'autorité de ce grand empereur, les peuples ont commencé à respirer. On croit que la Vallée a vécu dans un état fort paisible pendant la domination des rois de la Bourgogne transjurane, parce que par leur autorité ou par celle de leurs lieutenants qu'ils avaient installés dans les provinces des Alpes, ces rois avaient plus de facilité de maintenir dans leurs devoirs les seigneurs et les sujets. Mais sous le règne de Rodolphe *le fainéant*, le dernier roi de Bourgogne et depuis que cette vallée a passé sous les empereurs d'Allemagne, la tradition rapporte qu'elle eut beaucoup à souffrir, surtout dans le XI$^e$, XII$^e$ siècle et encore au commencement du XIII$^e$ siècle. A ces diverses époques, l'empire était contesté par plusieurs puissants compétiteurs, et les empereurs étaient occupés à des guerres au dedans et au dehors de leurs vastes possessions, pour se maintenir sur leur trône, tellement qu'ils avaient à penser à des affaires plus importantes et plus essentielles qu'à faire observer la justice, la discipline et le bon ordre dans un aussi petit pays que la vallée d'Aoste, dont ils ne connaissaient peut-être pas même le nom. On dit qu'alors la pauvre vallée d'Aoste était plongée dans la consternation et la misère la plus profonde. Les gouverneurs, lorsqu'il y en avait de résidants, surtout ceux de nation allemande étaient autant de petits tyrans qui maltraitaient sans miséricorde les peuples et s'enrichissaient de leurs dépouilles. Pendant l'absence des gouverneurs, les seigneurs gentilhommes, à leur exemple, s'érigeaient en autant de petits souverains, se faisaient les uns les autres la guerre, de leur propre autorité, pour s'entre détruire; retenaient dans les prisons étroites et obscures de leurs châteaux, les prisonniers qu'ils faisaient sur leurs ennemis; se faisaient livrer des ôtages pour assurer les rançons énormes qu'ils en exigeaient.

Ces sortes de guerres étaient, en ce temps-là, à la mode presque dans toute l'Europe. On avait si peu de respect pour les lois, et la faiblesse des magistrats était si grande que, même les simples particuliers prétendaient avoir le droit de se faire justice d'eux-mêmes, en employant le fer et le feu contre les maisons, les terres et les personnes. C'est ce que l'on peut constater par l'histoire, par les lettres de sauvegarde des premiers princes de Savoie en faveur des églises, par le compromis du 19 juin 1214 passé entre le seigneur Hugues de Bard et Vuillerme de Pont-St-Martin son frère, enfin par les premiers actes des audiences générales que les Comtes de Savoie y sont venus tenir. En voici les propres termes: *item eodem modo recognitum fuit quod in adventu domini Comitis in dicta valle omnes capti ratione guerræ sive hostagiamenta proinde data debent eidem domino*

*Comiti per quemcumque detemptorem libere expediri et dominus Comes potest de ipsis suam facere voluntatem.*

De plus, il fut également reconnu qu'à l'arrivée du Comte dans la dite Vallée, tous les prisonniers de guerre, les ôtages livrés dans ces circonstances doivent être livrés sans réserve au dit Comte par les détenteurs quels qu'ils soient et le seigneur Comte peut en disposer selon sa volonté.

D'ailleurs, ils chargeaient leurs sujets de tailles, de corvées, d'une infinité de services, de contributions nécessaires pour la défense de leurs châteaux et maisons fortes. Ils imposaient des *bans* et des peines, à leur caprice, sur toutes les choses qui leur venaient en fantaisie. Aux moindres manquements, les sujets, qui étaient soumis à leur juridiction, étaient traités en véritables esclaves et sans miséricorde. Il n'y avait partout que pillage confusion et désordre, jusque dans le centre même de la ville. De simples gentilhommes s'y érigeaient en seigneurs, ceux surtout qui avaient fait construire des tours sur les remparts de la cité, s'y disputaient, chaque jour, le droit de juridiction et de baguette, les armes à la main, de maison à maison.

Les Vicomtes, qui habitaient la tour et maison forte de la Porte Béatrix, prétendaient avoir une supériorité sur tous ces seigneurs, mais les seigneurs de la Porte St-Ours, qui habitaient la tour et la maison forte dite à présent de la Trinité, ne leur voulaient céder en rien et soutenaient leur juridiction sur les maisons et les habitants des environs de leur demeure, surtout hors des murailles. Les seigneurs de la Porte d'Aoste et de Gignod, qui habitaient les deux tours et maisons fortes latérales de la Porte de la Rive de St-Etienne, exerçaient leur juridiction avec opiniâtreté dans le quartier de Mal-Conseil et se qualifiaient du titre de *Vice Domini Augustæ* aussi bien que les seigneurs de Tourneuve et de Friour, on peut juger de la confusion qui devait régner au milieu de ces conflits de tant de juridictions.

Il y avait dans la Cité d'Aoste presque autant de communautés que de quartiers soit rues. Le Comte Thomas, avec lequel on a contracté le premier traité de dédition et d'adhérence, semble faire mention des mauvais traitements que les peuples de la Vallée éprouvaient encore dans ce temps-là lorsqu'il dit dans son diplôme : *Ego Thomas, etc. . . . Moi Thomas ayant vu et connu les calamités, les oppressions, les injures auxquelles la Cité était en butte je livre cette Cité avec ses fau bourgs à la liberté*, Sur la fin du même traité, il dit: *Pour réprimer la malice et les oppressions des hommes tant présents que futurs*, moi, Thomas, du conseil des Barons et des habitants de la ville d'Aoste, je reçois sous ma protection les personnes des clercs, des citoyens, des bourgeois, les vignes et toutes les possessions mobilières et immobilières et ceci pour tout le Comté etc.

Le terme de *trado libertati, je livre à la liberté* et la réception que ce prince fait de la personne et des biens des habitants de cette ville renaissant de ses cendres, pour réprimer leur malice et faire cesser les oppressions sous le poids desquelles ils étaient accablés, ne pouvaient nous être représentés d'une manière plus exacte. Enfin, dès que les premiers princes après Thomas, c'est-à-dire depuis que le Comte Pierre de Savoie eut obtenu les investitures de la vallée d'Aoste, nos augustes souverains de ces anciens temps, tous princes prudents et paisibles, suivant l'exemple des rois de France réprimèrent peu à peu chez les seigneurs vassaux la licence effrénée de se faire la guerre de leur propre autorité, et le bon ordre se rétablit. Les seigneurs vasseaux, bannerets et gentilshommes quoique soumis aux cavalcades n'ont plus entrepris de guerre pour raison de leurs fiefs, mais seulement sous les ordres des officiers établis par les Souverains.

Le Comte Thomas est le premier qui a commencé à redonner à la vallée d'Aoste des règles pour l'administration de la justice, à établir des peines contre les délinquants. Le Comte Amé son fils les a confirmées lorsqu'il a mis son sceau à ce même traité et a enlevé aux seigneurs, qui exerçaient de pareilles violences contre leurs justiciables, toute juridiction, obligeant les autres seigneurs à lui céder leurs juridictions contre de l'argent.

C'est ainsi qu'il rendit à la Cité d'Aoste cette liberté qu'elle devait avoir sous sa protection. Le prince Thomas Comte de Flandre, tnteur du jeune Comte Boniface a ajouté diverses autres ordonnances par acte du 9 des kalendes de septembre de l'an 1253 qui récapitule le premier traité. Les seigneurs des terres imitant l'exemple de ces princes débonnaires et pour ne pas s'exposer à être châtiés comme tant d'autres seigneurs qui avaient été dépouillés de leurs fiefs, commencèrent à devenir plus traitables. Ils affranchirent leurs sujets des diverses conditions auxquelles ils étaient soumis, moyennant quelques sommes d'argent.

Les services personnels qui ne différaient guère de l'esclavage furent changés en tributs payables en deniers, ainsi qu'on peut le voir dans le grand nombre de concessions qui se firent à cette époque par les principaux et les plus puissants seigneurs justiciers de la Vallée, spécialement par les maisons de Challand, de Quart, de Valleise, de Nus, de Bard et de leurs dépendants. Cependant, comme les Comtes de Savoie n'étaient pas encore entièrement paisibles possesseurs de ce pays, sur lequel les empereurs avaient toujours des prétentions jusques à la susdite investiture accordée au Comte Pierre l'an 1263, la justice n'a pas dû être paisiblement exercée dans la Vallée. On ne trouve, en effet, aucun écrit, malgré les recherches que j'ai faites, prouvant que la justice était rendue avec équité. Le premier acte que j'ai trouvé date du Comte Amé dit *le Grand*. On voit alors que quatre commissaires du Comte vinrent à Aoste et rendirent, en cette ville en 1317, une sentence contre quelques gentilhommes du pays et des bourgeois de Villeneuve qu'ils condamnèrent à de grosses somme d'argent et quelques-uns d'entre eux à voir leurs maisons abattues. Les condamnés en appelèrent de cette sentence au Conseil des Pairs et Impairs de la vallée d'Aoste selon la coutume qui était déjà en usage dès ce temps-là. La sentence fut, en effet, cassée et confirmée huit jours après, c'est-à-dire le 2 octobre 1317.

Le Comte Amé dit *le Grand* est aussi, le premier, d'après les mémoires que l'on possède, qui ait établi des officiers pour l'administration de la justice dans les franchises de la Cité et Bourg et dans les autres terres qui appartenaient au Domaine. Il les qualifia d'abord de podestats. Le seigneur Albert de Langiis en 1287 et le seigneur Olivier de Patermaco en 1290 furent de ce nombre. En 1303, on trouva que le seigneur Jacques Tortorini fut qualifié du titre de baillif de même que les seigneurs Jean de Ferrariis en 1307 et Pierre de Duing en 1310.

Le Comte Edouard fis du précédent ajouta, par patentes du 15 novembre 1326 quelques articles à ces premiers règlements de justice faits par le prince Thomas, pour ce qui concerne la juridiction du baillif dans les terres du baillage et du Domaine. Le Comte Amé dit *le Rouge* les augmenta, par patentes du 22 juillet 1391; le Comte Aimé dit *le Pacifique* fit de même par ses patentes du 20 août 1409; le Duc Amé *le Bienheureux*, par patentes du 9 juin 1466; le Duc Philibert Amé I par celles du 8 octobre 1481 et le Duc Charles-le-Bon par celles du 30 août 1551, imitèrent leurs prédécesseurs.

La plupart de ces règlements ont été faits dans les audiences générales présidées par les princes sus nommés qui consultaient, avant de les signer, les seigneurs pairs et impairs coutumiers, comme on le voit dans les diplômes du Comte Aimon du 21 avril 1337, du Comte Amé du 20 août 1409 contenant ces mots : *nec non de consilio et consensu expresso parium imparium nobilium et consuetudinariorum vallis augustæ infrascriptorum presentium volentium et expresse consentientium videlicet de consilio et expresso consensu Francisci domini de Challand, domorum Bonifacii de Challand, domini Fenicii, Amedei de Challand domini Amavillæ, Joannis de Vallesia.*

D'après le Conseil et le consentement verbal des pairs non pairs nobles et coutumiers de la vallée d'Aoste souscrits ici présents le voulant et y consentant expressément, c'est-à-dire, d'après le conseil et le consentement de François seigneur de Challand, du seigneur Boniface etc.

En 1430, on a cherché à déroger à cette louable et ancienne coutume. Le seigneur Jean de Beaufort chevalier de Savoie fit publier, rière les églises de la Cité et Bourg d'Aoste, certains décrets et statuts nouvellement compilés pour avoir force de loi dans ce Duché. Toute la noblesse prit la liberté d'y mettre opposition et cela par un acte consigné dans la session des audiences générales tenues le 26 septembre de l'année 1430. Voici en quels termes étaient conçues leurs remontrances: *Respondent ipsi supplicantes qui de laudabili et longeva consuetudine diu in ipsa valle observata nulla decreta sive statuta fieri possunt in ipsa valle Auguste nisi in quantum fuerit de voluntate consensu et autoritate nobilium Parium Imparium et sapientum consuetudinariorum dicte vallis unde causis et rationibus premissis ipsi supplicantes suis propriis nominibus et omnium aliorum cum ipsis adherere volentium supplicant humi-*

*liter antelate dominationi prefati domini nostri duci modo et forma quibus supplicatur premissa revocari debere de laudabili consuetudine patrie vallis auguste diu observata alias eisdem supplicantibus fieret prejudicium ac eorum juribus privilegiis et juridictionibus. Quod non creditur fore de intentu prefati domini nostri ducis et casu quo predicta decreta et statuta revocare et annullare prefatus dominus noster dux non curaret quod non creditur protestantur dicti supplicantes suis et quorum supra nominibus cum omni honore et reverentia quibus possunt ex eorum certa scientia de nullitate dictorum statutorum preceptorum decretorum et ordinatiouum nec eisdem consentiunt ullomodo in presenti nec in futurum consentire volunt nec intendunt quin immo de contraria consuetudine protestantur protestantes insuper si et in quantum dicta statuta et decreta sint in aliquo contra libertates privilegia et consuetudines dicte vallis quod eis non consentiunt nec consentire volunt &*

Les suppliants répondent que d'après une louable et longue coutume depuis longtemps observée dans la vallée, aucun décret, aucun statut ne peut être fait dans la vallée d'Aoste que de la volonté, du consentement et de l'autorité des nobles Pairs non Pairs et des sages coutumiers de la dite Vallée. Pour ces causes et motifs, les suppliants en leur nom et au nom de tous ceux qui s'uniraient à eux supplient humblement la domination de notre susdit seigneur Duc dans la forme ordinaire et manière de supplier de faire réformer ces décrets, disant que cela doit être fait conformément à la louable coutume de la patrie la vallée d'Aoste, observée depuis longtemps, qu'autrement on causerait un grave préjudice aux suppliants en attentant à leurs droits, à leurs priviléges et à leur juridiction ce qui ne peut être dans l'intention de notre susdit seigneur Duc. Et, dans le cas que notre seigneur Duc ne se soucie pas de révoquer et d'annuller les susdits décrets et statuts, ce que l'on ne croit pas, les suppliants protestent en leur nom et au nom des personnes sus-désignés, avec tout le respect et la soumission dont ils sont capables, et déclarent, de leur certaine science, que les dits décrets, statuts, commandements et ordonnances sont nuls, qu'ils n'y consentent pas, qu'ils ne peuvent en aucune manière y consentir ni aujourd'hui ni à l'avenir, que telle est leur intention, bien plus qu'ils invoquent la coutume contraire et protesteut contre ces décrets et statuts dans tout ce qu'ils renferment de contraire aux libertés, priviléges et coutumes de la dite Vallée etc.

Les seigneurs qui ont souscrit à cette protestation sont les suivants: Boniface de Challand seigneur de Fénis, Jacques de Challand seigneur d'Aymavilles; Amé, Michel et Bertolin seigneurs de Valleise, Jacques seigneur de Nus, Antoine de Montagny seigneur de Sarre, de Brissogne et de Rhins, Antoine seigneur de Pont-St-Martin, Jean Sarriod seigneur d'Introd, Jean premier né conseigneur d'Avise, de Rochefort et de Montmayeur, Humbert de St-Pierre, Pierre de la Tour en Gressan, Pierre conseigneur de Bosses tant en leur nom qu'en celui des autres seigneurs pairs, impairs, sages coutumiers de la vallée d'Aoste qui voulaient se joindre à eux en cette circonstance.

Le coutumier même n'a été accepté que sur l'avis et le consentement des susdits pairs, impairs et sages coutumiers, par un magistrat délégué du Souverain. Mais aujourd'hui les choses ont bien changé. Des oppositions non pas de la nature de celles que nous avons citées ci-dessus, mais beaucoup plus simples, toutes humbles, soumises et les plus respectueuses qu'on puisse les faire ne seraient pas bien reçues aujourd'hui.

Depuis la cessation des audiences générales, il n'a plus été permis de faire des remontrances, mais on a été autorisé à envoyer de très-humbles recours que nos augustes Souverains ont toujours reçus et écoutés avec leur bonté accoutumée.

## AUDIENCES GÉNÉRALES.

Le Comte Aimon de Savoie frère et successeur du Comte Edouard est le premier prince de la maison de Savoie qui ait tenu, personnellement, les audiences générales pour l'administration de la justice. On trouve les actes de celles qu'il présida au mois de mars de l'an 1337. Cependant ces audiences étaient déjà en usage avant cette époque, puisque en 1222 on a réglé la manière de les tenir et de les convoquer, comme on le voit dans un acte passé la susdite année, au verger du prieuré de St-Béning entre le Comte Thomas et la noblesse du duché d'Aoste. On y lit que *les châteaux et les maisons fortes devaient être remis aux Souverains pendant la tenue des audiences*. De plus, dans l'acte de donation faite par le Comte Amé fils de Thomas, en 1242, à son frère Thomas Comte de Flandre, du château et seigneurie de Bard, on lit ces mots: *Ipse castrum sibi teneatur reddere secundum quod est consuetudo in valle Augusta de castrorum redditionibus.* — *Le Comte de Flandre est tenu de remettre son château selon la coutume de la vallée d'Aoste concernant la reddition des châteaux.*

Il est donc évident que les audiences générales étaient depuis longtemps en usage, peut-être dès l'époque des rois de la Bourgogne transjurane, puis sous les empereurs. Ils n'y intervenaient pas personnellement, mais il est très-probable qu'ils s'y faisaient représenter par les gouverneurs, les comtes ou vicomtes, lesquels avaient part aux émoluments des actes qui s'y faisaient.

Les audiences générales étaient pour ce Duché le tribunal où se jugeaient les causes ardues et de grande importance surtout entre les seigneurs vassaux feudataires et les pairs, comme aussi certaines causes instruites par les baillifs, vibaillifs ou par les châtelains du Souverain dans le baillage et les domaines dépendant immédiatement de la Couronne, ainsi que les causes importantes instruites par les châtelains du Souverain ou par les officiers de justice des seigneurs vassaux et bannerets dans l'étendue de leurs fiefs. Ces jugements, quoique rendus et prononcés par nos augustes souverains sur l'avis de quelques docteurs en droit et celui des officiers des trois ordres dont nous allons parler, n'étaient cependant pas absolus et indépendants. Ils étaient soumis aux appellations des Chambres impériales et de la personne sacrée des Empereurs jusques au règne du Comte Amé dit *le Vert*, auquel l'empereur Charles IV donna et céda entièrement, par son diplôme du 12 des calendes d'août de l'an 1356, le droit de connaitre de toutes sortes d'appels. Voici en quels termes le diplôme était conçu : « *Imperiali autoritate decernimus ut omnes appellationes que a quibuscumque Archiepiscopis, Episcopis, Abbatibus et Prelatis et eorum locatenentibus judicibus secularibus infra terminos et limites comitatus tui Sabaudie constitutis adaudientiam et tribunal nostrum imperiale interponi hactenus consueverunt et de jure vel consuetudine interponi deberent ad tuam audientiam deinceps interponantur seu debeant interponi dantes tibi plenam et liberam de certa scientia potestatem universas appellationum causas quas a predictis et eorum quolibet sive ab actoribus sive a reis in quibuscumque causis secularibus criminalibus civilibus sive mixtis ad te vice nostra sicut premittitur vel etiam ad nos in futurum interponi contigerit et si que in preterito interposite adhuc pendent autoritate nostri Culminis audiendi cogno-*

*scendi terminandi decidendi sententias ferendi etiam si mandatum exigant speciale et que in talibus appellationum causis ipsi facere possumus et nossemus si illas personaliter tractaremus ratum habituri et gratum quidquid in eis et aliis circa hæc dependentibus emergentibus et annexis rite duxeris judicandis ratasque habituris sententias quas juste tuleris et penas quas contradictoribus duxeris infligendas mandamus igitur predictis archiepiscopis episcopis principibus comitibus vice comitibus fidelibus et subditis nostris et sacri imperii universis infra predictos Sabaudie comitatus terminos limites et pertinentias constitutis sub obtentu gratie nostre firmiter et districte quatenus super premissis quoties opus extiterit ad te vice nostra recurrant et recurri faciant illam tibi in his quam nobis deberent obedientiam et reverentiam exibendo et tuis mandatis atque sententiis absque contradictione parendo etc.*

Cette concession n'était pas irrévocable d'après l'acte qui précède, *hac nostra concessione et commissione ad nostre duntaxat voluntatis beneplacitum duratura etc.*

Cependant elle fut déclarée plus tard irrévocable par les successeurs à l'empire, comme on le voit dans les diplômes accordés aux Ducs de Savoie pour la confirmation du vicariat perpétuel du Saint-Empire Romain, par les empereurs Charles V et Ferdinand I. Un de ces diplômes a été donné à Worms le 1 mai 1521, l'autre à Prague le 6 mars 1562. Il existe d'autres concessions antérieures, par exemple, celle donnée à Augsbourg le 10 décembre 1547. On voit par cela que la puissance des anciens Comtes de Savoie était, pour lors, fort limitée et que l'autorité dont ils jouissaient, quoique héréditaire, n'était qu'une autorité d'office, comme on l'a dit ci-dessus. Ce n'est que depuis qu'ils ont commencé à se qualifier *par la grâce de Dieu Ducs de Savoie* qu'ils ont pu établir des Conseils pour rendre la justice. Ces conseils soit tribunaux ont été longtemps ambulants; ils suivaient la personne du Duc. Enfin ils sont devenus sédentaires à Chambéry puis à Turin où le Duc Emmanuel Philibert les a érigés en tribunaux souverains sous le nom de Sénats.

Sous le règne de Charles-le-Bon, les Baillifs et Vibaillifs, dans les diplômes qu'ils délivraient aux habitants du Duché d'Aoste qui se présentaient pour être nommés notaires, se servaient de ces termes: *Autoritate Domini nostri Ducis Sabaudie Vicariique Sacri Romani Imperii cujus in hac parte vices fungimur facimus constituimus et creamus etc....* c'est ce que l'on voit dans plusieurs lettres ou diplômes semblables. Ainsi, dans ces diplômes accordés aux frères Bertrand et Jean Claude Régis du mandement de Montjovet, par le seigneur Claude Ruffier vibaillif d'Aoste, sous la date du 2 novembre 1513, et dans les patentes de noblesse accordées le 1 septembre 1515 par Charles-le-Bon à Jean Marie Savinis établi à Bard, on lit ces mots: *Certa scientia proprioque motu de imperiali nostreque potestatis plenitudine harum serie nobilitamus etc....* Le Duc Emmanuel Philibert ayant accordé, à la recommandation du Révérendissime évêque d'Aoste Gazin, des lettres patentes d'ennoblissement aux mêmes frères Régis, le 18 juillet 1551 dans la ville de Milan, s'est aussi servi des termes suivants: *Ex certa scientia nostra imperialique qua in hac parte fungimur autoritate facimus constituimus et creamus etc.*

Le tribunal des Audiences Générales était composé du Souverain en personne, de son chancelier, des seigneurs de son Conseil qui formaient sa suite et qui étaient choisis parmi le personnages les plus distingués, prélats, barons, insignes docteurs en droit, enfin du Conseil des seigneurs Pairs et Coutumiers du Duché d'Aoste.

Les Pairs étaient, en ce temps-là, des vassaux, bannerets ou seulement de simples gentilshommes issus des maisons les plus anciennes et les plus illustres. Ils recevaient la parité de leurs princes souverains comme un fief masculin auquel les femmes, quoique de noble race, ne pouvaient pas succéder; elles ne pouvaient jouir des priviléges et prérogatives attachés à ce caractère. Cette haute dignité avait autrefois plus d'éclat qu'elle n'en a aujourd'hui. Lorsque les Souverains comme pères communs de leurs peuples et de leurs sujets se donnaient la peine de leur rendre justice par eux-mêmes, dans ces majestueuses assemblées, les Pairs avaient l'honneur d'être assis près de la personne sacrée du Souverain, et portaient l'épée. Ils servaient de conseillers et d'assesseurs nécessaires dans les jugements, comme le font à présent les présidents, sénateurs des Cours souveraines. lorsqu'il leur plait de venir tenir leur cour de justice.

Les Souverains ne prononçaient jamais de jugements sans avoir préalablement demandé l'avis des seigneurs Pairs. Quelques écrivains croient que cet usage venait de France où était aussi institué l'office des douze pairs; mais ces pairs ne servaient qu'au sacre des rois. Il est plus vrai de dire comme Jean de Lauge dans son journal des audiences du parlement de Paris :

« Celui des pairs des cours de justice de quelques provinces et pays d'Etat du même royaume composées d'un certain nombre de vassaux d'un même seigneur haut justicier auquel pour raison de leur fief ils étaient obligés à Sa Cour de Justice. » *Pares Curtis domini,* comme on le voit par ces termes tirés des actes des audiences générales. *Pares omnes et singuli comparere debent coram domino Comite et eidem quotidie assistere quamdiu idem dominus Comes tenet in valle predicta sedem suam secundum consuetudinem patriæ vallis Auguste pro jure reddendo etc.*

Ces anciens Pairs avaient le privilége de ne pouvoir être jugés que par le Souverain, en la Cour des Pairs

assemblés, en sa présence, dans les audiences générales.
Ils ne pouvaient être châtiés par aucune peine pécuniaire.
Leurs personnes et leurs biens ne pouvaient être saisis
par justice que dans le cas de prévarication, de trahison,
de rébellion contre leur seigneur Souverain et lorsqu'ils
auraient été reconnus incendiaires, assassins. Si, contrairement à ce privilége, leurs biens avaient été saisis et
réduits sous la main de l'autorité, un seigneur pair se
présentait devant le Baillif ou son lieutenant, prêtait le
serment d'ester en droit et raison par devant le prince
à la première occasion qu'il se rendrait à Aoste pour y
tenir ses Audiences générales, et dès lors, aucune réduction de biens ne pouvait être faite à son préjudice. Tout
acte contraire, toute peine imposée restait sans valeur
et inefficace. Telle a été la coutume observée de tout
temps, comme on peut s'en convaincre par la lecture
des procès-verbaux de ces audiences; mais, depuis que
les Souverains ont cessé de venir les tenir en personne
et que les Coutumes du Duché d'Aoste ont été écrites,
cette prééminence n'a servi à ceux qui étaient revêtus
de ce caractère que devant le Tribunal des Connaissances où ils avaient droit d'entrer à l'âge de 19 ans accomplis. Ils y portaient l'épée et y précédaient tous les
autres nobles même les seigneurs bannerets et vassaux
qui ne sont pas inféudés de la parité ou qui ne l'ont
pas par un brevet particulier. Ils avaient aussi l'avantage de ne pouvoir être cités devant un autre tribunal
que celui du Baillif. Ils prêtaient serment en haussant
le pouce de la main droite. On ignore l'origine de cet
usage; ce que l'on sait, c'est qu'il n'a pas toujours été
observé comme on peut s'en assurer en lisant les procès-verbaux des audiences générales de justice, des assemblées des trois Etats, des reconnaissances des fiefs que
les maisons les plus illustres ont faites et jurées aux
Comtes et Ducs de Savoie entre les mains de leurs com-

missaires. On voit aussi dans le testament d'Yblet chevalier seigneur de Challand, de Greines, Verrès et Montjovet, stipulé à Chatillon, le 15 février 1405, qu'autrefois les seigneurs, lorsqu'ils passaient des contrats, prêtaient le serment requis, en touchant la main du notaire, imitant ainsi les prélats, chevaliers ou seigneurs, de haute distinction, qui prêtaient serment en portant la main sur la croix pectorale, sur leurs armes ou sur quelques marques de leur dignité. Le coutumier d'ailleurs ne prescrit point aux seigneurs pairs cette forme de serment qui paraît n'avoir été mise en usage que depuis un siècle et demi, ou tout au plus depuis que les Audiences Générales ont cessé.

Lorsqu'une partie des anciennes familles illustres qui jouissaient de la parité vint à s'éteindre ou à tomber en décadence, les Princes Souverains, pour ne pas déroger à l'ordre de justice observé de tout temps dans la Vallée d'Aoste, créèrent de nouveaux pairs, mais cela n'arrivait que rarement. Le choix se faisait en pleine assemblée des Audiences générales, de l'avis et du consentement des autres anciens pairs, et il tombait toujours sur les sujets les plus distingués et les plus capables de soutenir l'éclat de cette dignité.

Amé le Pacifique dernier Comte et premier Duc de Savoie fut le premier qui fit un choix de ce genre en faveur du seigneur Tibaud de Montagny auquel il inféuda, par contrat du 24 mars 1405, les seigneuries de Brissogne et de Sarre avec la parité de cette dignité en pleine assemblée des audiences générales que ce Comte vint tenir à Aoste au mois d'août de l'an 1809. Les termes dont il se servit pour la cérémonie de l'installation sont les suivants: *Considerans quod prefatus Theobaldus Dominus Montagniaci ex nobili progenie et antiquis nobilibus Patrie Vaudi est et fuit oriundus et quod Margarita de Quarto ejus consors nata fuit ex paribus* terre Vallis Auguste *facit creat constituit et ordinat dictum Theobaldum prose et suis liberis masculis recipientem parem patrie Vallis Auguste ipsum Theobaldum et suos liberos nascendos cetui aliorum parium terre Vallis Auguste aggregando etc.*

Le Duc Charles fit de même en faveur du seigneur Jean Vuillet son secrétaire d'Etat, en lui inféudant, l'an 1516, le château et la seigneurie de St-Pierre dont il avait précédemment épousé l'héritière. Il le réintégra dans la même prérogative dont jouissaient les anciens seigneurs de Sancto Petro. Le même prince donna la parité au seigneur Charles de Balbis après lui avoir vendu et inféudé, en 1551, le château et la seigneurie de Quart, Valpelline et les dépendances.

Quant aux seigneurs des deux branches de la maison Sarriod, c'est le Duc Emmanuel Philibert qui, par patentes datées de Bruxelles le 1 juin 1554, a réintégré les seigneurs Humbert et Bernardin frères conseigneurs d'Introd après qu'ils lui eurent fait conster que ces seigneurs tenaient le rang des pairs parcequ'ils tiraient leur origine de la maison de Bard. Les seigneurs Gabriel et Léonard, autres frères Sarriod conseigneurs de la Tour, furent aussi réintégrés dans la parité par le même Prince, par patentes données à Verceil l'an 1555.

Emmanuel Philibert ayant vendu, par contrat du 10 octobre 1562, le château de la seigneurie de Cly à messire Jean Fabri son Conseiller secrétaire d'Etat et de ses finances, l'investit aussi du droit de la parité comme en avaient joui les anciens seigneurs de Cly. Cependant, comme ces seigneurs étaient, la plupart du temps, absents du pays ou demeuraient dans leurs châteaux éloignés de la cité où s'assemblait le Tribunal des connaissances, on avait souvent peine d'y trouver un nombre suffisant de seigneurs pairs pour juger les procès. Ce qui faisait murmurer le peuple. Les parties plaignantes, venant à la Cité des parties les plus reculées du pays pour demander justice, étaient obligées de s'en retourner perdant leur temps et leur argent, parce que le tribunal n'avait pas le nombre voulu d'assistants de ce premier ordre. C'est pourquoi, le Conseil général du 12 janvier 1573 supplia S. A. S. Monseigneur le Duc Emmanuel Philibert de créer des pairs résidants dans la Cité pour assister au tribunal et remplacer ceux qui ne pouvaient pas s'y trouver assez souvent. On lui proposa un certain nombre de sujets dignes d'être revêtus de cette dignité. Le Prince fit consulter les autres anciens Pairs d'Aoste et leur demanda si cette création ne leur serait pas nuisible. Le seigneur Jean Fabri qui était aussi citoyen et Baillif d'Aoste fut chargé de cette commission et lorsque, par son canal, il eut connu leur sentiment, le Prince créa des pairs, en outre, les seigneurs René Lostan et Roz, Gaspard Favre seigneur du Dupucey et de la Chenal, mais ce petit nombre d'élus ne suffisait pas encore.

Le Conseil des Commis, par délibération du 1 et 3 mai 1581, recourut à S. A. S. le Duc Charles Emmanuel qui mit au nombre des Pairs, au mois d'août suivant, les seigneurs Claude d'Avise, Gaspard de Vaudan, et l'année suivante, le seigneur Humbert Lostan; en 1584, le seigneur Jean-François La Crête en lui inféudant le mandement de Gignod avec le titre et la dignité de baron; en 1593, par patentes du 9 avril, il rétablit les seigneurs Etienne-Nicolas-Arthur-Philippe, Jean-Antoine et Jean-Boniface frères tous conseigneurs d'Avise, dans la parité comme en avaient joui leurs prédécesseurs dès le commencement et qu'ils avaient perdus à l'époque de la dédition de la vallée d'Aoste à la maison de Savoie.

Les successeurs du Duc Charles Emmanuel rendirent ensuite vénale la qualité de pair en ce Duché Ils conférèrent cette dignité à des gens de fortune nouvellement ennoblis; elle perdit beaucoup de son ancien lustre.

De plus, dès que le Coutumier fut publié, la taxe assignée pour les vacations des Pairs fut réduite de beaucoup et ne servait plus qu'à payer le vin de leurs valets. Ainsi dégoûtés, les anciens Pairs ne s'appliquèrent plus à la pénible étude des lois et du Coutumier, n'intervinrent plus avec assiduité au tribunal des Connaissances pour y décider les questions de droit, pour porter leur jugement dans les causes criminelles et celles qui concernent l'honneur et la vie des hommes. Ils ne se souciaient plus de quitter leurs châteaux pour venir dépenser leurs revenus à la Cité sans espoir de recevoir un honoraire proportionné à leur dignité. Ainsi cette importante prérogative, qui faisait autrefois un des plus beaux et des plus précieux ornements des maisons de distinction, tomba insensiblement dans le mépris. Elle ne tardera pas à disparaitre si on la néglige comme on le fait aujourd'hui sans considérer les conséquences de la perte d'une pareille autorité.

Le second ordre, soit les Impairs, intervenait aux Audiences Générales. Il était composé de quelques seigneurs Bannerets, de simples gentilshommes, de quelques gradués en droit. Ils jouissaient de ce privilège pendant leur vie. Ils siégeaient dans un rang différent et dans un degré inférieur à celui des seigneurs Pairs.

Le troisième ordre, appelé des sages et prudents Coutumiers, était composé de châtelains, procureurs et autres personnes de pratique et de justice, recommandables par leur probité, leur science, leurs connaissances des coutumes tant générales que locales de la vallée d'Aoste, d'après lesquelles on devait prononcer les sentences dans les procès qui étaient soumis au tribunal des Connaissances. Ils siégeaient dans un rang inférieur à celui des Impairs.

Les Souverains venaient, dans le Duché d'Aoste, une fois chaque sept ans], pour y tenir les Audiences Générales. Ils ne pouvaient le faire plus fréquemment sans déroger aux coutumes et aux usages du Duché. Ils étaient même obligés de faire notifier publiquement par le Baillif ou son lieutenant, quatre mois d'avance, l'époque de leur arrivée et le jour où devaient commencer les Assemblées. Celles-ci ne devaient durer qu'un mois de temps. Pour se rendre à Aoste, dans cette circonstance, les Princes devaient nécessairement suivre la route du Petit-St-Bernard, d'après l'usage établi de tout temps. S'ils en prenaient une autre, les seigneurs Vassaux, Bannerets, Pairs, Nompairs et Coutumiers et même les populations n'étaient pas obligés d'aller les recevoir avec les mêmes formalités que l'on suivait, lorsqu'ils arrivaient par Colonne-Joux.

Voici un extrait de la lettre du Comte Amé faisait notifier qu'il viendrait au mois de mars 1409, pour tenir les Audiences générales : *Amedeus Comes Sabaudie dilecto Ballivo nostro vallis Auguste seu ejus locum tenenti salutem. Quia nostre intentionis est de proximo et quam brevius commode valebimus Nostram Audientiam atque Curiam super universis et singulis paribus aliisque fidelibus et subditis nostris dicti Ballivatus et in eodem tenere pro certo tibi committimus et mandamus quatenus visis presentibus dictam audientiam et Curiam ut prefertur tenendam memoratis universis et singulis paribus fidelibusque et subditis nostris totius dicti Ballivatus annunties et intimes nostri parte quas eisdem et eorum cuilibet in solidum etiam intimamus per presentes datas Ciriaci die 12 mensis octobris 1408 per Dominum presentibus dominis Episcopo Mauriane Guillermo Marchiandi Canceliario Aymone De Challand Menthone Apostolico protonotario Humberto de Collomberio Lamberto Oddineti et Jacobo Sostionis Red.lit. post subscripsit Jcannes Boubat.*

Le lecteur lira sans doute avec intérêt la description

de la marche et des cérémonies que l'on observait dans ces circonstances.

Dès que les Souverains étaient au Petit-St-Bernard, ils députaient deux des seigneurs soit chevaliers des plus considérables de leur suite auxquels ils donnaient ordre d'aller en leur nom prendre la possession réelle de tous les châteaux et maisons fortes du Duché et même d'y faire mettre des gens pour les garder s'il était nécessaire. Les seigneurs vassaux feudataires et gentilhommes à qui ils appartenaient, étaient obligés d'en sortir et d'en remettre les clés sans difficulté aux seigneurs députés, mais dans l'acte de rémission ils ne manquaient jamais de faire insérer que le terme d'un mois entier, pendant lequel devaient durer les Audiences, étant écoulé, les clés leur seraient restituées pour rentrer dans leurs châteaux et les posséder sous les mêmes conditions feudales d'après lesquelles ils les avaient possédés précédemment, à moins que les dits châteaux ou maisons fortes avec leurs fiefs ne vinssent à être déclarées avoir encouru la Commise (1) ou à être confisqués, pour quelque crime, au profit du patrimonial, par sentence rendue dans les Audiences Générales. Cette rémission servait de citation précise et péremptoire pour comparaître aux Audiences, y assister personnellement pendant tout le temps qu'elles auraient duré, et ne pas s'en absenter sans cause légitime qu'il fallait énoncer en pleine assemblée pour en obtenir la permission. Le Duc Amé est venu deux fois à Aoste pour y tenir les Audiences, la première en mars 1409, auxquelles intervinrent le Rév$^{me}$ Evêque Pierre de Sonax et soixante et plus de gentilshommes tant vassaux, bannerets, pairs, impairs qu'autres personnes sans juridiction. Leurs noms sont spécifiés dans les actes, la seconde fois,

---

(1) Confiscation d'un fief au profit du seigneur faute de devoirs rendus par le vassal.

en septembre 1430, à cette assemblée intervinrent un nombre aussi grand de gentilshommes. Il serait impossible d'en réunir aujourd'hui un aussi grand nombre.

Le Prince étant en route, au mois d'août de l'an 1430 pour se rendre à Aoste, députa depuis Moutiers quatre procureurs soit commissaires pour remplir la charge dont on vient de parler. C'étaient les seigneurs Amblardi chevalier baillif de Savoie, noble Guigonet Jordan damoiseau du lieu d'Ayme, le seigneur Rodolphe d'Allinges chevalier seigneur de Coudrée et noble Hugues Bertrand de la Perrouse pour prendre possesion de tous les châteaux. Les deux premiers, depuis le St-Bernard jusque à la Cité, les deux autres, depuis Aoste jusque au bas de la vallée. Ces commissaires, en exécution de leur mandat, munirent la tour et maison forte du Chatelar à La-Thuile d'un client, les trois maisons fortes d'Entrèves, de la Court et de la tour de Courmayeur d'un client pour chacune, celle de Larchet à Morgex de deux clients, celle de Léaval d'un client, le château du Chatelar sur La-Salle d'un châtelain et de deux clients, celle de Les-Cours d'un client, les châteaux d'Avise, de Rochefort, de Montmayeur et de la Mothe d'Arvier d'un châtelain et deux clients, le château d'Introd d'un châtelain et quatre clients, le château de St-Pierre et de la Tour de Gontar d'un châtelain et trois clients, le château de la Tour des Sarriod d'un châtelain et deux clients, le château de Sarre d'un client, ceux de Gressan et de Plantata de deux clients chacun, le château d'Aimaville d'un châtelain et d'un client, ayant laissé la tour d'Allian parce qu'ils la trouvèrent en ruine. A la Cité, ils munirent les deux tours et maisons fortes latérales de la porte de la rive de St-Etienne d'un garde à chacune, la tour de la Trinité, de la porte Vaudan et de la Tourneuve d'un client à chacune, la maison forte des nobles Archieri à Gignod d'un client, les maisons fortes de

Vacherie et de la Tour d'Etroubles d'un client à chacune, le château de Nus d'un châtelain et de quatre clients, le château de Chatillon d'un châtelain et de six clients, celui d'Ussel d'un châtelain et de trois clients, le château de Montjovet d'un châtelain et de dix clients, celui de Verrès d'un châtelain et de six clients, celui de Challand de huit clients, celui d'Arnad d'un châtelain et six clients, celui de Lusey en Vallaise d'un châtelain et deux clients, celui de St-Martin d'un chatelain et cinq clients, celui de Fénis d'un chatelain et cinq clients, celui de Brissogne d'un chatelain et trois clients.

Le jour après leur arrivée au Petit-St-Bernard, les Comtes et Ducs de Savoie descendaient à Morgex dans la maison forte des nobles de Larchet, quelquefois dans celle des nobles Rubilli où les syndics et les populations de Valdigne venaient les recevoir selon la coutume. Par transaction, passée entre le Comte Amé dit le Vert et les syndics et communautés de Valdigne, au mois d'août 1351, transaction fondée sur une ancienne coutume, les communautés payaient aux Princes 200 livres viennoises de redevance, mais seulement lorsqu'ils venaient pour tenir les Audiences Générales, et si les Comtesses ou Duchesses de Savoie les accompagnaient, on leur faisait aussi un présent de 20 livres de la même monnaie.

Le jour fixé pour l'entrée des Souverains dans la Cité, toute la noblesse du Duché allait, selon la coutume, à leur rencontre et les recevait dans la plaine de Sarre. Là, après les avoir complimentés on remontait à cheval et on les accompagnait jusques à l'entrée de la Cité, soit au pont Saint-Genis où les attendaient les Révérendissimes Evêques d'Aoste revêtus de leurs ornements pontificaux, accompagnés du Prévôt, de l'Archidiacre de la cathédrale, du Prieur de la Collégiale de St-Ours, lorsqu'il se trouvait à Aoste, des deux Chapitres des dites églises et en général, de tout le clergé et du peuple qui s'y rendaient processionnellement en chantant l'hymne : *Veni, Sancte Spiritus*.

Les Souverains arrivés mettaient pied à terre, baisaient la croix du Seigneur, se joignaient à la procession avec toute leur suite, marchaient à pied le long des deux grandes rues qui conduisent à la cathédrale et s'avançaient jusques au maître-autel sur lequel se trouvait exposé le précieux corps de Notre Seigneur Jésus-Christ. A droite et à gauche étaient toutes les reliques qui reposent dans la même église.

Après avoir fait leurs prières à genoux devant le maître-autel, les Souverains étaient obligés, à la réquisition de tout le clergé, de la noblesse et de tout le peuple présents à ces pieuses cérémonies, de jurer et promettre, en tenant leurs deux mains sur le dit autel, de défendre, de tout leur pouvoir, les droits et biens de l'Eglise, des Evêques et de tout le clergé, ceux des veuves, pupilles, orphelins, de maintenir et conserver au Duché toutes ses provisions, titres, priviléges, droits, bons usages louables, coutumes et généralement toutes les franchises et immunités du pays et Duché d'Aoste, de ne rien faire ni par eux ni par leurs officiers qui put en quelque manière y déroger.

Toute personne pouvait demander acte et copie authentique du dit serment, et tous notaires présents à cette fonction étaient obligés comme personnes publiques d'en dresser et expédier autant d'instruments qu'on leur en aurait demandé. Cela accompli, les Souverains et leur suite allaient au palais de l'évêché d'Aoste où les Rév^mes seigneurs Evêques étaient obligés de les recevoir, de les loger d'une manière convenable pendant tout le temps que duraient les susdites Audiences.

Le lendemain, sauf quelque grave empêchement, avait lieu l'ouverture des Audiences Générales dans le palais épiscopal, soit dans la grande salle appelée de Cognia qui existait autrefois à côté du cimetière de l'église cathédrale au niveau de la rue. Il n'en reste plus aujourd'hui de vestiges ; devenue inutile, elle a été détruite sous le Révérendissime évêque Bailly qui fit reconstruire le palais épiscopal. Les Souverains y siégeaient dans le plus haut banc qui leur était réservé. Les Révérendissimes Evêques *pro tempore* siégeaient à leur droite. A leur gauche étaient les seigneurs puis Comtes de Challand. A côté des évêques étaient les sires de Quart. Après les Comtes de Challand, un seigneur de la maison de Valleise, et collatéralement se plaçaient les autres seigneurs vassaux, bannerets pairs, puis les seigneurs pairs non bannerets. Successivement, et dans un ordre inférieur, les autres seigneurs bannerets non pairs et autres nobles non bannerets. Ensuite, les châtelains praticiens et gens de justice.

Les seigneurs Chanceliers de Savoie, qui suivaient partout la personne du Souverain, surtout dans les occasions qui regardaient l'exercice et l'administration de la justice siégeaient au second banc précisément à ses pieds, ayant les seigneurs du Conseil, à droite et à gauche; aux pieds des seigneurs Chanceliers étaient assis les secrétaires qui recevaient les actes des dites Audiences. Les procureurs du Souverain, dont la charge était de lire les procès criminels qui y étaient apportés, se tenaient debout à côté des Chanceliers. Dans un troisième banc siégeaient sept Coutumiers du Duché élus par les Souverains au commencement des Audiences pour lui servir de conseil. Conjointement avec l'avocat fiscal, ils visitaient les procès criminels qui devaient être jugés. De l'autre côté, il y avait un banc à part destiné à servir de siège à sept gentilshommes et à deux autres personnes notables élus par le Souverain pour servir de témoins et assister en cette qualité à toutes les audiences. De simples bancs de bois formaient tout l'ameublement de cette salle destinée à une aussi auguste assemblée. Le banc sur lequel s'asseyait le Souverain n'avait d'autre distinction que celle d'être d'une marche au dessus de tous les autres bancs et d'être couvert d'un simple tapis. Tous les seigneurs Vassaux, Bannerets, Pairs et Coutumiers étaient, à la réquisition du Prince, appelés, l'un après l'autre, par les secrétaires pour prêter, en sa présence et entre les mains des chanceliers, les mains appuyées sur les Saints Evangiles, le serment de bien et loyalement et fidèlement les conseiller à rendre la justice dans toutes les causes qui seraient présentées durant les Audiences, selon les usages, et coutumes de la Val d'Aoste sans amour, crainte, faveur, indulgence ni aucune partialité que ce soit pour personne.

Ensuite tous les seigneurs vassaux, bannerets, feudataires tant pairs que non pairs ou simples gentilshommes du Duché tenant des châteaux, seigneuries, maisons fortes, biens ruraux, rentes, censes et autres devoirs à fief noble des Souverains, devaient en passer reconnaissance, et prêter la foi et hommage pour les dits fiefs. Ceux qui pour les mêmes fiefs devaient des *servis*, *plaid*, *usages*, ou autres devoirs féodaux, les payaient. Ils avaient huit jours pour solder leur débiture. S'ils ne s'exécutaient pas dans ce terme, leurs châteaux et seigneuries encouraient la peine de la *Commise* et devenaient la propriété du Souverain. Afin que les seigneurs qui en étaient infeudés n'eussent pas lieu de se plaindre d'avoir encouru cette peine, ils étaient, pendant huit jours consécutifs, cités par les secrétaires de satisfaire à leurs obligations, dans toutes les sessions des assemblées générales. A mesure qu'un seigneur remplissait ce devoir, le Souverain ratifiait et reconfirmait sur le champ les reconnaissances de leurs fiefs en la plus ample forme.

Cela accompli, on renouvelait dans ces assemblées les reconnaissances de certaines coutumes particulières au Duché d'Aoste que tous les seigneurs du Duché étaient obligés de garder et d'observer inviolablemeut. Selon la première de ces coutumes tous les nobles, quels qu'ils fussent, surtout les anciens pairs d'origine et de naissance étaient et devaient être hommes liges de leur Souverain et ne devaient faire hommage ni prêter serment de fidélité à aucun autre seigneur et à personne au monde qu'ils n'eussent préalablement réservé et excepté le serment qu'ils devaient aux Princes de la R. Maison de Savoie leurs souverains seigneurs. La noblesse et les états de justice, de police, et des communautés ne prêtaient autrefois ce serment que dans les Audiences Générales.

Depuis que les Souverains ont cessé de les présider en personne, ce serment a été prêté à la première entrée des Souverains dans le Duché lorsqu'ils venaient en prendre possession. Cet usage fut interrompu par un édit de Madame la duchesse royale Chrétienne de France, portant la date du 28 novembre 1637 relatif à la prestation de ce serment au jeune Duc François Hyacinthe, après la mort de S. A. R. le Duc Victor Amé I son père. La noblesse recourut alors à cette princesse pour être maintenue dans son usage. Elle eut la bonté de donner des lettres patentes déclarant, sous la date du 22 décembre de la même année, que l'acte de serment, qu'elle exigeait de cette manière en cette conjoncture, ne causerait aucun préjudice aux usages anciens. Toutefois, on a continué, depuis cette époque d'aller prêter ce serment en Piémont lorsque les nouveaux princes parviennent à la couronne. La même princesse donna un édit conçu dans les mêmes termes, le 2 octobre 1638, pour la fidélité au duc Charles-Emmanuel, second successeur de son frère François-Hyacinthe. Madame la duchesse royale Marie-Jeanne-Baptiste comme mère et tutrice ordonna la prestation d'un pareil serment pour la fidélité dûe à S. A. R. le jeune duc Victor-Amé second, sous la date du 18 octobre

1675. Il existe un autre acte d'un serment de ce genre prêté dans l'église métropolitaine de St.-Jean de Turin, par les députés de la noblesse et autres corps de la Vallée d'Aoste, à l'occasion de l'avénement au trône de Victor Amé second après l'abdication du Roi Victor son père. Il porte la date du 18 novembre 1730.

Après la prestation de ce serment de fidélité, on proclamait que d'après une ancienne coutume de tout temps pratiquée dans le duché d'Aoste, les femmes ne peuvent succéder aux fiefs ni jouir de la Parité, quoique issues d'anciens Seigneurs Pairs. Ce droit ne devait appartenir qu'aux enfants mâles. Voici en quels termes cette exclusion des femmes était ténorisée dans les actes des Audiences générales. *Item recognitum fuit modo quo supra quod per consuetudinem Vallis Augustæ approbatam nulla mulier debet succedere in feudis quibuscumque et quamquam aliquæ mulieres sint de nobilibus paribus terræ tamen privilegio parium gaudere non debent.* Cependant, dans la seconde session des Audiences générales que le duc Amé tint à Aoste au mois de septembre 1430, quelques Seigneurs, le comte François de Challand, Boniface de Challand seigneur de Fenis, Jacques de Challand seigneur d'Aymaville, Amédée, Michel et Bertolin seigneurs de Valleise, Jacques seigneur de Nus, Antoine de Montagny seigneur de Sarre et de Brissogne, Antoine seigneur de Pont-Saint-Martin, Jean Sariod conseigneur d'Introd, Jean Lainé conseigneur d'Avise, de Rochefort et de Montmayeur, Humbert de Saint-Pierre, Pierre de la Tour en Gressan, et Pierre conseigneur de Bosse, prirent la liberté de représenter au Prince, tout en leurs noms qu'au nom des autres Seigneurs, Pairs et Gentilshommes qui auraient voulu se joindre à eux, qu'il y avait certains fiefs privilégiés auxquels les femmes pouvaient et devaient succéder suivant les coutumes de la Val d'Aoste et qu'elles pouvaient aussi jouir de la Parité à moins qu'elles ne vinssent à se marier à des personnes ne jouissant pas de cette prérogative. Ils supplièrent le Souverain de vouloir bien révoquer et annuler un pareil statut et confirmer l'ancienne coutume de l'exclusion des femmes à toute succession de fiefs. Le prince Amé entérina leur requête, déclara qu'il n'entendait pas déroger aux libertés franchiess et priviléges de la vallée d'Aoste, mais il s'exprima en termes généraux qui ne dérogeaient en rien à la force du prédit statut sur le fait en question. Il permit cependant qu'on dressa un acte public et authentique de cette requête de la noblesse. Il fut dressé par plusieurs notaires entre autres par Pierre, naturel d'Avise, comme on le voit dans son protocole de 1430 au feuillet 131 avec son tabellion. On a toujours vu, avant et après le susdit acte d'opposition, les femmes exclues non seulement de la Parité mais de toute succession aux fiefs ayant juridiction.

Dans les mêmes Audiences, on déclarait que tous les prisonniers de guerre, faits par les Seigneurs Vassaux, Bannerets et Gentilshommes feudataires, ainsi que les ôtages donnés pour leur sureté, devaient être, librement et sans difficulté aucune, remis, durant les Audiences générales, aux Souverains qui en disposeraient selon que la justice réclamait. Les duels particuliers, ou causes de duels et de débats entre les Seigneurs du duché d'Aoste, devaient être remis à la volonté des Souverains dans huit jours, pour prononcer leur jugement sur ces différends. On reconnaissait aussi les autres coutumes concernant l'administration de la justice, la manière dont les plaideurs devaient agir par devant le Souverain tenant leur siège de justice, l'application des peines aux contrevenants, aux ordonnances, etc., etc.

Dans les sessions qui se tenaient en présence du Souverain, on ne traitait que les causes criminelles et quelques causes civiles de grande importance agitées entre les Seigneurs du Duché. Les autres causes étaient discutées dans la maison de l'Archidiaconat par devant un Seigneur chevalier et un Docteur en droit choisis par le Souverain entre les personnes de sa suite. Ils s'assemblaient deux fois par jour tant pour les causes criminelles que pour les causes civiles, à sept heures du matin, et à deux heures après-midi. L'ouverture de ces séances était annoncée au son de la grande cloche de la Cathédrale. Toutes les sentences qui se prononçaient, soit à l'Evêché, soit à l'Archidiaconat, se rendaient par le consentement et le suffrage de la majorité des Seigneurs Pairs, non Pairs et coutumiers du Duché, *sola facti veritate inspecta* et avec très peu de formalités.

Les coutumiers référaient sur les faits des parties. Trois ou quatre comparaissances avec autant de réponses, quelques productions de titres, dépositions de témoins, ou quelques plaidoyers faits de vive voix que les parties elles-mêmes ou que leurs avocats ou procureurs débitaient d'une manière nette et succinte en mettant les faits en question dans un plein jour, formaient les volumes des procès qui se décidaient dans ces Assemblées. Tout s'y passait enfin sans tant de subtilité et de chicane, mais suivant un principe de droiture et de bon sens fondés sur les anciens usages et coutumes du Duché, le tout d'une manière simple, familière, sans déguisement mais en même temps majestueuse et satisfaisante pour les peuples auxquels on épargnait ces fatigantes longueurs de procès et les dépenses énormes qui en sont inséparables et qui causent la ruine des familles.

Cependant, les Souverains accablés par des affaires d'Etat bien plus importantes, et désirant soulager les peuples des dépenses qu'ils étaient obligés de faire pour suivre les parlements et les conseils ambulants qui accompagnaient partout le Souverain, et voulant leur épargner des longueurs qu'entraînent nécessairement ces Audiences générales qui ne se tenaient que très rarement, ont cessé de rendre par eux-mêmes la justice à leurs sujets dans ces sortes de tribunaux et ont établi des Magistrats souverains pour l'administrer. Ce furent d'abord des Conseils sédentaires résidants à Chambéry et à Turin, ensuite des parlements soit sénats en Savoie et en Piémont. Le duché d'Aoste s'est maintenu dans son ancien usage. Les baillifs et vibaillifs, lieutenants au baillage, les juges et chatelains des Seigneurs vassaux, chacun dans leur ressort, ont continué de connaître de toutes sortes de causes tant civiles que criminelles.

C'est sous le règne de S. A. S. le duc Emmanuel-Philibert que les Audiences générales ont cessé. Dans ses vieux jours, il avait fait espérer au Seigneur Claude de Challand notre gouverneur et grand baillif que dans peu de mois il serait venu à Aoste les tenir en personne. Le Seigneur gouverneur fit part de cette intention du Souverain aux Etats du duché assemblé le 17 septembre 1579, mais il paraît qu'elle n'était pas réelle puisque ce prince avait déjà précédemment établi les magistrats souverains dont on vient de parler et auxquels il avait confié la charge de pourvoir à ses sujets d'Aoste par voie d'appel.

La première connaissance du crime de lèse-majesté divine et humaine a toujours été réservée aux souverains, celle de toutes les autres causes a été de la dépendance des magistrats comme on le voit dans la patente de confirmation de ce privilège accordée par le duc Charles-Emmanuel I<sup>er</sup> le 25 mars 1604. On ne connait pas l'origine de cet antique usage. On a toujours été très jaloux de le conserver. Ainsi, lorsque des particuliers par des recours hors du duché, ou des commissaires extraordinaires des suprêmes tribunaux de justice, ou quelques autres ministres, officiers ou personnes sans caractère ont cherché à y porter atteinte, on s'est toujours opposé d'une manière si vive qu'on est forcé d'avouer que ce privilège leur a été et leur est encore entièrement cher. Lorsque leurs oppositions n'ont pas été suffisantes pour arrêter le cours de leur entreprise, les Etats du duché, ont eu recours, par leurs députés, aux Souverains qui leur ont fait la justice non seulement de les maintenir dans cette importante prérogative, mais encore de la leur confirmer par plusieurs édits, patentes, mémoriaux et autres actes semblables. La première confirmation en a été faite par patente du comte Amé le Rouge, le 22 juillet 1391. Elle a été suivie de plusieurs autres confirmations, comme on le lit dans les articles 2 et 8 des mémoriaux du 23 novembre 1484, 4 septembre 1487, 4 août 1489, 19 juin 1668, par autres articles des mémoriaux des 24 août 1678, 28 janvier 1687, par patentes du 28 juin 1688 et par plusieurs autres concessions.

Les Seigneurs baillifs d'Aoste ou Podestats, comme on les a appelés pendant certain temps, n'étaient à proprement parler que les lieutenants des Comtes qui ont succédé aux Vicomtes. Ceux-ci ne se souciant pas d'administrer par eux-mêmes, *gratis*, suivant la coutume de ce temps-là, la justice à la noblesse et aux peuples, établirent ces sortes d'officiers amovibles à leur volonté pour la rendre en leur nom et sous leur autorité. Les Comtes de Savoie devenus maîtres absolus de la souveraine puissance, tant en vertu de la *Dédition* que des investitures et concessions impériales, ont établi ces baillifs en titre d'office. Ils avaient l'administration de la justice dans les terres dépendantes du baillage, mistralerie de Valdigne, chatellerie de Châtel-Argent. Les dits baillifs étaient aussi châtelains de cette dernière seigneurie pendant que son château et ses terres étaient du domaine de la couronne. Ils avaient la connaissance des causes dont on peut lire le détail dans le premier titre du coutumier. Ils recevaient tous les revenus du domaine appartenant aux comtes et ducs de Savoie dans le duché d'Aoste et en rendaient compte à la Chambre ainsi qu'on le voit dans plusieurs titres, comme ils étaient tous lieutenants au Gouvernement, ils avaient en cette qualité, conjointement avec le corps des Etats ou leurs commis à ces députés, une autorité générale et le pouvoir de donner dans tout le duché des ordres nécessaires pour les affaires de la guerre, pour la réparation des forteresses et des fortifications de la frontière, pour la levée des troupes. Ils commandaient à tous les seigneurs vassaux, bannerets feudataires, gentilshommes officiers de justice, syndics et communautés pour tout ce qui concernait le service du Prince, le bien de l'Etat, la tranquillité des peuples.

Ils avaient le droit d'intervenir dans les débats des Seigneurs vassaux, d'empêcher ou de faire cesser les guerres que ces Seigneurs ou les communautés de la province se déclaraient entre eux, de punir les rebelles. Leur pouvoir était très étendu comme on peut le voir dans les statuts faits par Amé I$^{er}$ duc de Savoie. (Chapitre LXXII, liv. II.) Si des ministres ou officiers des souverains se présentaient, munis de pouvoirs suffisants, pour prendre le commandement des troupes valdôtaines en cas de guerre, elles étaient en droit de leur refuser l'obéissance. La résolution prise par le Conseil des Etats assemblé à Aoste, au mois d'août de l'an 1467, en est une preuve. Le seigneur Jean de Lantonnay s'y était présenté avec ses lettres patentes de capitaine général du duché d'Aoste émanées du prince Philippe frère et lieutenant général du duc Amé le Bienheureux, pendant la guerre que ce prince avait à soutenir contre le duc de Milan. Jean de Lantonnay avait ordre de veiller à la sûreté du Duché; il demandait par conséquent de pouvoir conduire les hommes des communes pour la garde et la défense des passages. On refusa de reconnaître son autorité et on lui fit comprendre qu'à Aoste ainsi que dans toute la vallée il n'y avait point d'autre capitaine que le baillif ou son lieutenant auxquels ils étaient prêts d'obéir. Cet officier fut obligé de se retirer et de laisser le soin de défendre le pays au dit Seigneur Baillif conformément aux franchises et usages de la vallée d'Aoste.

Les Baillifs jouissaient d'un grand crédit, car ils représentaient la personne sacrée du Souverain pendant l'absence des Gouverneurs soit Baillifs en chef, mais ceux-ci résidaient fort rarement dans le pays. Voici comment s'expriment les dits statuts à ce sujets : *Quibus quidem Ballivis tanquam majoribus et superioribus locorum nostrorum in quibus erant deputati Ballivi quosque præ ceteris volumus anteferri hoc Edicto perpetuo præcipimus et mandamus in his quæ dictum Ballivatus officium concernunt per dictos alios officiaris nostros quoscumque ipsorum Ballivatuum ac Scindicos sub dictosque nostros locorum promptam obedientiam tanquam nobis præstari et eorum mandatis parere.*

Cette charge était toujours confiée à des personnes de qualité et de distinction ; elle n'était pas perpétuelle, mais limitée à un certain nombre d'années, selon la volonté des princes, ordinairement à trois ans.

Les Baillifs devaient continuellement résider dans le Duché. Ils avaient pour habitation la maison forte du Baillage. (1) appartenant au domaine depuis l'acquisition que le comte Thomas de Savoie en avait faite de noble Vuillerme de Pallatio ; le contrat d'achat est écrit sur un morceau de parchemin un peu plus grand que la paume de la main ; en voici la teneur : « Notum sit omnibus quod Vuillermus de Palatio juratus vendidit

---

(1) Aujourd'hui servant de Prisons.

in perpetuum domino Petro Comiti Sabaudie unam turrim cum fundamento et edificio et cum curia et claustro (1) que dicitur Cricodola que jacet in cadro civitatis juxta Palatium rotundum. Item vendidit quatuor crottas que jacent ante dictam turrim cum fundamentis hujus autem venditionis est pretium bis centum viginti quinque libras pretium adpretiatum sicut convenit atque complacuit inter venditorem et emptorem pro hoc itaque pretio habeat amodo ipse Emptor potestatem et dominium faciendi quidquid voluerit de his rebus donare vendere commutare retinere una cum pertinentiis exitibus aquariis et aliis usibus harum rerum ita quod hec venditio firma et stabilis valeat permanere et si forte contingat quod aliquis amodo sive homo sive femina venditionem istam infrigerit aut removeat pro pena remotionis quatercentum librarum puri argenti reus sit et culpabilis Cumbertus gerens vicem gunterii cancellarii scripsit et subscripsit in augusta civitate rogatus coram pluribus loco publico ante ecclesiam Sancte Marie et Sancti Joannis feria tertia mensis novembris vacante, sede imperiali anno dominice incarnationis millesimo ducentesimo sexagesimo tertio. » Au verso du parchemin était reproduite une partie de l'acte avec ce qui suit : « Fines hujus venditionis sunt de prima parte res quondam Aymari de secunda murus civitatis et res Jacobi Aymonis et Vuillermi de quinta via publica de sexta res Jacobi et Vuillermi testes sunt Aymo trebaldus Obertus Girodus Vuillermus Bernardus Gunterius sunt fidei jussores garendi cartam hoc laudat dominus Jacobus de Palatio miles et Aymo canonicus auguste frater ejus et Jacobus filius quondam domini Jacobi Vuillermus et Aymo filii venditoris feria tertia mensis novembris. »

Cette tour du Balliage a, depuis longtemps, servi de

---

(1) Maintenant le verger des religieuses de Saint-Joseph.

prisons. Le baillif d'Aoste Jean de Pectigny fit construire, vers l'an 1406, avec les pierres de revêtement des remparts romains, le vieux corps de bâtiment qui est joint à la tour. Le baillif Antoine de Leschaux fit construire le pavillon qui existe près de la grande porte, et a fait faire de nombreuses réparations, aux frais de plusieurs habitants du mandement de Gignod, condamnés à de fortes amendes pour avoir, en 1537, le jour de Saint-Grat, coupé la berline de la rive et commis d'autres excès dans la cité.

Le seigneur de Leschaux fit dresser, sous le pavillon neuf, le tribunal de justice des baillifs, tel qu'on le voit encore aujourd'hui. Les baillifs avaient un second tribunal à Morgex pour la mistralerie du Valdigne et un troisième à Villeneuve pour la châtellenie de Chatel-Argent. Ils devaient aller y tenir les plaids aux jours fixés par un usage immémorial; à Morgex, le jeudi, à Villeneuve, le samedi de chaque quinzaine. En cas d'absence ou de maladie, ils se faisaient représenter par des lieutenants. Ils en avaient toujours deux ou trois, car ils ne pouvaient par eux-mêmes remplir toutes les obligations qui leur incombaient. Ces derniers se qualifiaient dans ces circonstances de vibaillifs quoiqu'ils ne fussent réellement que de simples lieutenants au bailliage nommés par les gouverneurs du Duché comme grands baillifs, ou par les baillifs en second en absence des premiers.

La charge de baillif a toujours été unie à la dignité des gouverneurs. Les seigneurs Philibert et René comtes de Challand successivement gouverneurs, se qualifiaient toujours, dans les actes publics, du titre de grand baillif du duché d'Aoste. C'est ce qu'on peut constater en consultant les registres des conseils généraux et particuliers tenus par le procureur Martin Avoyeri, et l'acte de constitution de lieutenant au bailliage que le comte René de Challand fit à noble Jean-François Vaudan le 8 juillet 1539. Ces seigneurs ne pouvant que fort rarement venir à Aoste à cause des charges importantes qu'ils exerçaient près de la personne du Prince souverain, les ducs de Savoie furent obligés de créer d'autres baillifs résidants dans le Duché. Ceux-ci étaient baillifs en second, à présent appelés vibaillifs. Après la mort du seigneur Antoine de Leschaux, S. A. Mgr le duc Emmanuel-Philibert trouva bon de rehausser la charge de vibaillif qui ne dépendait auparavant que des baillifs en chefs ou grands baillifs. Au lieu de deux ou trois vibaillifs, il n'en établit plus qu'un mais en titre d'office, laissant aux gouverneurs en leur qualité de grands baillifs le pouvoir de députer des lieutenants pour les affaires de la justice, conformément au privilège que le comte Edouard avait donné à cette charge le 15 novembre 1326. Le seigneur Roux soit Rodolphe Faure seigneur de la Court en Courmayeur, gentilhomme de bouche de S. A. S. depuis conseiller d'Etat et ambassadeur de son souverain en Suisse, après avoir longtemps servi de lieutenant au bailliage sous le seigneur de Leschaux et Fabri, fut enfin nommé vibaillif en titre d'office par lettres patentes du 13 février 1567 avec la qualité de lieutenant au gouvernement du même Duché. Tous ceux qui lui ont succédé ont eu la même charge, à l'exception de quelques-uns qui ne l'ont exercée que fort peu de temps par commission particulière. Ils ont tous continué à résider dans la maison forte du Bailliage comme château du souverain, quoiqu'ils eussent des maisons en propre dans l'intérieur de la cité et bourg.

Plus tard cette maison forte isolée à un angle des murailles de la ville où étaient enfermés les prisonniers, où logeaient le geolier et même les archers ne fut plus du gout des vibaillifs. Le seigneur Jean-Nicolas La Crête qui fut pourvu de cette charge en 1626 pria les Etats assemblés en conseil général le 23 avril de la même année, de lui permettre de demeurer dans la maison que le pays possédait dans la ville; ce qui lui fut accordé à titre précaire. On exigea de lui un billet signé de sa main par lequel il reconnaissait n'avoir aucun droit à cette demeure. Cette précaution ne fut pas prise pour ses successeurs; aussi, lorsque le pays voulut vendre cette maison, il fallut, pour bien de paix, donner au vibaillif d'alors, le seigneur Nicolas Bottet, un autre logement. Celui-ci ne s'en accommodant pas, on commença le 25 septembre 1643 à lui donner une somme d'argent pour se choisir un logement selon son goût. Cette somme s'est élevée peu à peu à cent cinquante livres chiffre fixé par décret du 16 septembre 1686.

Par contrat du 18 juillet 1702, le Duché acheta le palais Roncas avec toutes ses dépendances, et au lieu des cent cinquante livres annuelles que l'on avait continué à donner aux Vibaillifs pour leur logement, on leur destina un appartement dans le dit palais avec une portion du jardin qu'ils prirent tout entier peu d'années après. Ils usèrent aussi à discrétion des domiciles. Il y a apparence qu'ils n'en sortiront plus et que le pays ne pourra plus vendre ce palais lors même qu'il pourrait le faire avec avantage, d'autant moins qu'on y a établi la Cour des connaissances et l'arsenal des deux compagnies nationales d'Aoste. Ainsi, ce que le pays avait fait d'abord par un principe d'honnêteté devint dans la suite pour lui une obligation. Le logement et les doubles honoraires, qui leur ont été fixés pour chaque séance ordinaire du conseil des commis auxquelles ils interviennent en qualité de lieutenants pendant l'absence des gouverneurs, sont les seules indemnités que les vibaillifs perçoivent du Duché. Le droit à un double honoraire pour chaque séance leur a été accordé par délibérations du 16 août et 11 octobre 1660 confirmées en plein

Conseil général du 29 octobre de l'an 1662 et par autorité souveraine de S. A. R. le duc Charles-Emmanuel second, comme on le voit par la réponse au troisième article du mémorial qui lui fut présenté le 5 septembre 1657, mais ils ne jouissaient de ce droit que lorsqu'ils assistaient en personne dans ces assemblées.

La connaissance de toutes les causes, sauf de celles réservées aux Baillifs ou Vibaillifs par le coutumier au titre 1er du premier livre, était commune entre eux et les lieutenants au bailliage ou juges ducaux. Les sujets et habitants des terres dépendant immédiatement de la Couronne étaient en pleine liberté de se pourvoir par devant celui des dits officiers qu'ils préféraient. Cet ordre avait toujours été observé sans aucun obstacle jusqu'à ce que le seigneur sénateur Bernardin de Malherbe, vibaillif du duché, commença à le troubler au mois de janvier 1674. Il prétendit être le seul en droit de connaître des causes pendant qu'il résidait dans le pays. Cette prétention et la défense qu'il fit aux juges ducaux de juger les parties, qui auraient recours à eux, engagea le conseil des commis d'écrire à la Cour pour soutenir les prérogatives des lieutenants au bailliage. La lettre porte la date du 5 février 1675. S. A. R. le duc Charles-Emmanuel second, par sa lettre à cachet qu'il écrivit en réponse au dit conseil le 7 mars suivant, fit la séparation des matières qui devaient appartenir à chacun d'eux, de la manière suivante : La connaissance des causes civiles excédant deux écus d'or appartiendrait au vibaillif, il y aurait lieu à la prévention entre eux aux causes criminelles à condition toutefois que, pour celles des vassaux ou autres personnes qualifiées qui ne seraient pas gratiables, les dits lieutenants en seraient exclus et qu'elles appartiendraient de plein droit aux vibaillifs, que la vérification des lettres de notaires, la légalisation des actes et écritures pour l'étranger, les attestations des marchandises importées ou exportées, le droit d'appliquer les sceaux de l'office sur les écritures judicielles, n'appartiendraient aux lieutenants que dans le cas d'absence des vibaillifs de la cité. Une autre lettre à cachet, écrite en 1747, au Conseil des Commis et intérinée à la Cour des connaissances, règle les cas, le temps, les matières relatifs aux causes. Cela se fit à la sollicitation de M. de Brissogne lieutenant au bailliage qui soutenait la dignité de son office contre le comte Pavie vibaillif, mais, malheureusement pour lui, il poussa trop loin les choses, et fut destitué de sa charge par ordre du roi, dans une assemblée des Commis.

Le seigneur Blaise Beltram succéda l'année suivante au seigneur sénateur de Malherbe dans la charge de vibaillif. Il continua à l'exercer sur ce pied là. Le Conseil recourut pour faire rétablir les lieutenants dans leur ancienne prérogative des connaissances, mais il ne put obtenir de madame la Duchesse Royale, par sa réponse au quatrième article du mémorial qu'il eut l'honneur de lui faire parvenir par ses députés le 24 avril 1678, qu'une promesse de faire examiner ce différend et de pourvoir à leur recours, lorsque le seigneur Bertram quitterait sa charge, ce qui arriva en 1690. Le Conseil par délibération du 10 avril de la même année fit faire des instances au souverain pour l'exécution de cette promesse. Dix ans après, il renouvela encore sa demande, mais il ne put obtenir de S. A. R., dans sa réponse au premier article du mémorial de 1700, que l'ordre d'observer tout ce que l'on a pratiqué par le passé et qui est porté par le coutumier. Cette réponse étant vague, indéterminée, équivoque, et le possessoire étant contraire à l'usage observé autrefois, les vibaillifs continuèrent de connaître dans toutes les causes et ne laissaient aux lieutenants que quelques causes peu importantes qui leur donnaient peu de profit, sauf lorsque quelques affaires importantes les occupaient ailleurs ou les obligeaient de s'absenter de la cité.

Les anciens vibaillifs de la création des baillifs aussi bien que les lieutenants au bailliage, qui leur ont succédés, n'exerçaient que pendant trois ans environ leur office. Maintenant, depuis qu'on leur a enlevé le pouvoir de connaître des causes comme les baillifs, on les laisse ordinairement jouir à vie de leur charge, quoiqu'ils n'aient presque rien à faire. Ils doivent cependant obtenir de nouvelles confirmations à chaque changement de gouverneurs. Ceux-ci dans leurs provisions ne fixent aucun terme pour la durée de l'emploi de leurs lieutenants. Aussi l'on voit peu de personnes distinguées ambitionner cette charge (1).

Les comtes et ducs de Savoie ont toujours eu dans la vallée d'Aoste, depuis sa dédition, des procureurs fort distingués surtout dans les commencements. Ils devaient soigner la poursuite des procès criminels dans le territoire de la cité et de ceux qui dépendaient de leur domaine immédiat, contre les vassaux, les seigneurs pairs, ou autres personnes de grande considération, contre les communautés. Ils devaient en faire le rapport et en donner lecture dans les Audiences générales, faire les poursuites pour le renouvellement des reconnaissances des fiefs juridictionnaux des seigneurs vassaux, bannerets et feudataires, des fiefs dépendants des chateaux et seigneuries annexées au domaine. Ils devaient intimer les commises et généralement exiger les droits et revenus des souverains dans toute l'étendue du duché. Leur charge n'était pas perpétuelle, mais amovible comme celle des baillifs et de leurs lieutenants. Ils prirent, depuis le règne

---

(1) Cela n'est pas exact, car on voit dans la chronologie des lieutenants au bailliage que cet emploi a été rempli par des personnages distingués.

de Charles-le-Bon, le nom de procureurs fiscaux et ensuite de procureurs fiscaux généraux comme on le voit dans les lettres patentes du sieur Franconon reconnues au conseil du 5 septembre 1653. Il y prêta le serment de faire observer les coutumes, les usages et franchises de la vallée d'Aoste. A cette charge, fut unie, plus tard, celle de procureur patrimonial fiscal général, en faveur des avocats François-Octave Carrel et Pierre-Joseph Flandin comme il résulte des patentes que le premier a fait intériner au conseil du 10 janvier 1695, et le second au conseil du 15 juillet 1720. On a tâché de cette manière d'illustrer cette charge par de nouveaux titres à mesure qu'elle diminuait de considération et qu'elle est devenue moins lucrative.

Tous les officiers du souverain établis à Aoste, pour administrer la justice dans les terres dépendantes du bailliage d'Aoste ou du domaine de la Couronne, les grands baillifs, vibaillifs, juges ducaux, procureur fiscal, son substitut, les greffiers, géoliers des prisons royales, les sergents soit métraux, ont été de toute ancienneté soumis au syndicat. Cette prérogative des syndics d'Aoste a été confirmée aux valdôtains par plusieurs titres (voir l'article dixième du mémorial portant la date du 23 février 1479, les patentes du 8 octobre 1481, art. 12, 22, les réponses aux mémoriaux du 23 septembre 1484, du 4 septembre 1487 et du 4 août 1489, les patentes du 21 décembre 1545). On trouvera l'énumération des prérogatives des syndics, le temps de leur nomination, le mode de procéder à leur installation, dans le sixième livre du coutumier. Lorsqu'on en fit la compilation et que l'on voulut déterminer les droits des syndics, on envoya, à Bielle et à Ivrée, noble Etienne Batiany un des syndics de la ville d'Aoste qui en rapporta des extraits authentiques du règlement approuvé en ces deux villes relatif aux syndics, les extraits portent la date du 12 décembre

1570 et du 2 janvier 1571. Le syndicat qui faisait autrefois trembler tous les officiers de justice du bailliage n'est plus ce qu'il était. Il se renouvelle tous les ans pour conserver l'usage et la cérémonie de l'installation n'est plus qu'un jeu.

Les seigneurs vassaux du duché dans toute l'étendue de leurs fiefs et seigneuries ont toute justice, haute, moyenne et basse ainsi que connaissance en première instance, de toutes les causes civiles et criminelles et mixtes, sauf de celles qui sont réservées aux baillifs, vibaillifs et juges ducaux ou privilégiées par autre voie. Ils font exercer cette juridiction par les juges châtelains, lieutenants, procureurs d'office, greffiers, métraux et par autres officiers qu'il plaît aux dits seigneurs de constituer, et de la même manière que le baillif, vibaillif et juge ducal l'exercent dans les terres du domaine de la Couronne. Les uns et les autres, chacun dans son ressort, instruisent les procès et jugent ceux dont la décision leur appartient, mais pour les causes qui dépendent de la connaissance de la Cour et qui sont spécifiées dans les art. 2, 3, 4 du titre 3 et dans les art. 14, 15 du titre huitième du premier livre du coutumier, ils instruisent les procès et envoient leurs rapports au tribunal où ils sont obligés de venir prononcer les sentences faites par les seigneurs pairs, non pairs et coutumiers assemblés en connaissance ou conseil de justice. Les juges et chatelains dont on a parlé ci-dessus ne peuvent imposer aucune peine de sang, aucune torture, conformément aux coutumes observées de tout temps au dit pays dans toutes les audiences générales et à l'art. 7 du mémorial du 23 septembre 1581 envoyé avant la compilation et publication du coutumier.

La Cour des connaissances soit Conseil de justice est cette même assemblée des trois ordres des seigneurs pairs, non pairs et juges coutumiers qui intervenaient en corps et servaient de conseil pour toutes les décisions qui se prononçaient lorsque les sérénissimes princes de la royale maison de Savoie honoraient le duché de leur présence, pour y tenir en personne leur siège de justice. C'est encore le même corps qui, de toute ancienneté, a jugé et continué de juger tous les procès criminels et les plus importants en matière civile, dès que les juges ordinaires des lieux avaient instruit les causes. Les baillifs et en leur absence les vibaillifs et en absence des uns et des autres, un des juges du bailliage y représentait la personne sacrée du Souverain. Ce tribunal n'avait pas, anciennement, de jours fixes pour tenir ses séances. Il était ambulatoire. Il a siégé à Aoste, à Villeneuve, à Bard et même dans les terres et châteaux des seigneurs lorsqu'il était requis de s'y transporter. Les décrets, ordonnances, sentences et tous autres actes de justice s'y rendaient autrefois en public. Même publicité pour les sentences des autres juges dans l'étendue de leur ressort. Ils avaient pour cela leurs tribunaux exposés sur des places ou sous des halles. Tout le monde pouvait assister à la plaidoirie, louable coutume presque anéantie aujourd'hui. On ne va plus aux tribunaux que pour certains actes particuliers. La Cour des connaissances observait le même usage. Les sentences étaient prononcées en public et elles terminaient par ces mots : *loco publico et juridico cognitiones et sententias teneri et ferri solito.*

A Aoste, ces sièges de justice ont été tenus longtemps sur une place existante au couchant de la rue Malconseil (1). On voit plusieurs sentences qui y ont été rendues, deux entre autres portent, l'une la date du 11 février 1360, l'autre du 15 mai 1410. Depuis, cette place a été couverte de bâtiments. Le tribunal fut transféré sous la

---

(1) Aujourd'hui rue Calvin.

halle de la Croix-de-Ville (1), comme on le lit dans la patente du duc Louis datée du 12 juin 1455, contenue dans le livre rouge des franchises de la ville et du bourg. En voici les termes : *Volumus autem et declaramus quod baillivus et ceteri officiarii nostri presentes et futuri seu eorum loca tenentes in aliquo loco dicte ale construende possint locum sibi assumere et facere condecentem ad jura sive cognitiones reddendum pro tribunali sedendum et causas coram se motas et movendas audiendum cagnoscendum et fine debito terminandum.* Plusieurs actes et sentences font mention de cette halle.

Comme les séances de ce tribunal avaient lieu le mardi soit le jour du marché qui se tenait aussi sur cette place, on transféra le tribunal sous le portique situé au midi de la petite place qui était devant la maison des seigneurs de Cly aujourd'hui des marchands Empereur (2). On voit dans les registres des nobles Pierre et Iblet Foldon frères, que l'on y jugeait encore les procès en 1570. Ce lieu ayant paru incommode aux gens de justice, surtout quand il fallait y siéger dans la mauvaise saison, on transféra le tribunal dans différentes maisons des particuliers puis au tribunal du bailli, soit à la maison forte du bailliage, que l'on entoura de murailles en forme de chambre pour se garantir contre les injures de l'air. Il était au commencement à découvert. On le garnit ensuite de bancs et on couvrit de tapis les sièges des juges. Ce local d'emprunt parut dans la suite trop éloigné du centre de la ville, on rendit de nouveau le tribunal ambulatoire dans diverses maisons des habitants de la cité auxquels on payait un loyer, des deniers publics. Enfin on le fixa dans une salle à droite du rez-de-

---

(1) Marché aux veaux.
(1) Le portique dont il est ici fait mention a été abattu, il y a quelques années, lorsqu'on a reconstruit la maison Morello. La petite place est en partie occupée par la maison Vallier.

chaussée du palais que le duché avait acheté. On y mit des chaises, des bancs et quelques ornements. C'est là que les juges font leurs entrées ordinaires tous les jours de mardi non fériés, et les extraordinaires aux jours fixés par les Seigneurs.

Le nombre des juges qui doivent intervenir aux connaissances n'a pas été déterminé. Tous les seigneurs pairs qui ont dix-neuf ans accomplis, tous les impairs et coutumiers qui ont été reçus dans ce tribunal et qui ont prêté serment, peuvent y intervenir quand ils le veulent. Autrefois en matière criminelle, le nombre des juges avait été fixé à trois pairs, six non-pairs et neuf coutumiers, mais comme il était difficile d'assembler un si grand nombre de personnes, le roi Victor-Amé par sa lettre à cachet adressée à ce corps, le 22 mars 1710, lui ordonna de juger à l'avenir les procès criminels lorsqu'il y aurait neuf juges, deux pairs, trois non-pairs et quatre coutumiers, et les causes civiles, quand il y en aurait sept, deux pairs, deux impairs et trois coutumiers. Autrefois les votes des juges des connaissances se prenaient par corps et non par tête, tellement que les trois pairs, avaient autant de voix que les six non-pairs et ceux-ci autant que les neuf coutumiers soit dans les causes criminelles soit dans les causes civiles. De cette manière un ordre n'était pas plus fort qu'un autre et l'on évitait toute dispute. Depuis la publication du Coutumier, on a dû se conformer aux prescriptions de l'article 22 du livre huitième titre premier qui dit *que les sentences se donneront à la pluralité des voix qui seront toutes à peser également l'une que l'autre*. Les deux premiers ordres sont de beaucoup inférieurs en nombre, quoique plus distingués par leur prémissime, surtout depuis que plusieurs sujets du tiers état se sont fait graduer pour avoir droit de siéger dans le second ordre. Par ce nouveau règlement, les seigneurs pairs ont vu leur autorité préjudiciée, car la force des jugements est presque entièrement conférée aux juges du tiers état. Ceux qui, par leur origine, sont peut-être nés justiciables des seigneurs pairs, ont toute la justice en leur pouvoir et la noblesse est à leur discrétion. Les sentences, qui se prononcent par l'avis des juges des connaissances, portant confiscation, bannissement, s'étendent non-seulement dans le ressort du juge qui prononce mais encore dans toutes les autres juridictions et châtellenies.

De ce tribunal des connaissances aussi bien que des sentences rendues par les baillifs, leurs lieutenants, juges, châtelains des vassaux, chacun dans leur ressort, il y a, de tout temps, appel, premièrement, aux Audiences générales, ou au conseil qui suivait partout le Souverain, ensuite aux conseils sédentaires successivement établis à Chambéry et à Turin, maintenant à l'un ou à l'autre sénat de Savoie ou du Piémont à la réserve des causes civiles dont le fait litigieux n'excède pas 50 écus d'or et des causes criminelles qui n'ont pas reçu une sentence définitive.

Ces causes, par priviléges accordés au duché le 10 décembre 1610, le 25 juin 1611, le 31 janvier 1660, le 24 mars 1694, le 28 janvier 1719, etc., ne peuvent être appelées hors du duché. Les sénats n'ont dans la vallée aucune autorité ni juridiction autre que celle que les parties appelantes leur donnent sur les matières dont est appel. Les plaideurs, par concession accordée au duché depuis l'établissement des sénats, confirmée par celle du 28 juin 1688, peuvent se pourvoir en appel devant l'un ou l'autre de ces corps de magistrats souverains. Ceux-ci doivent préalablement décider si la cause est appelable ou non, si elle a été bien ou mal appelée. Les parties ne sont pas admises à faire d'autres *incombants* que ceux qui ont été faits devant le premier juge dont on a interjeté appel, ainsi qu'il a été réglé par la concession du

28 juin 1688 et celle du 13 août 1710. Quant aux causes criminelles, en vidant l'appel de quelques sentences interlocutoires, ils ne peuvent pas retenir la connaissance an au principal, mais ils doivent la renvoyer aux premiers juges, ainsi qu'il a été pourvu par la réponse au sixième article du mémorial du 23 septembre 1581. Les dits sénats ne peuvent pas non plus faire traduire chez eux, soit dans leurs prisons, les accusés en cas d'appel, mais ils doivent juger sur les pièces et procédures qui leur sont portées, députer des commissaires sur les lieux pour renouveler les enquêtes à moins que les accusés ne demandent d'être conduits à leurs propres frais et dépens au sénat qu'ils ont choisi. C'est un privilège que la bonté de nos souverains a accordée au duché par leurs réponses aux articles 6, 8 des mémoriaux décrétés le 23 septembre 1581, le 21 octobre 1662 et le 4 janvier 1682. De plus, les arrêts de ces magistrats souverains ne peuvent être mis à exécution dans le duché que par les ordinaires des lieux, ainsi qu'il a été pourvu par concession contenue dans le quatrième article du mémorial du 31 janvier 1551. Quant aux matières concernant le domaine des souverains, du moins, lorsque dans les cas controversés, il s'agit de l'intérêt principal de son procureur général, les appels doivent ressortir par devant la royale Chambre à l'exclusion des sénats, comme par lettres patentes de S. M. du 20 juin 1729.

Les commissions et délégations extraordinaires sont interdites dans le duché comme contraires à cette première connaissance. Cependant, lorsque les souverains jugent à propos d'en créer quelques-unes pour des causes très importantes à leur service ou à celui du public, ils ont la bonté d'insérer dans le mandat des commissions la déclaration *du sans préjudice et de ne devoir être induit en conséquence.* Les députés chargés de ces commissions, sont indispensablement obligés (privilège du 4 octobre 1650 accordé dans la réponse au quatrième article du mémorial du dit jour) avant de commencer leur procédure, de présenter au conseil des commis, les lettres à cachet, les patentes ou autres provisions dont ils sont nantis pour examiner s'il y a quelque chose de contraire aux coutumes, franchises et usages du duché. Dans le cas affirmatif on fait suspendre les dites commissions pour recourir à la justice du souverain. S'il n'y a rien de contraire, le conseil des commis en autorise l'exécution, et les commissaires doivent exécuter leur commission en observant exactement les coutumes, franchises et privilèges du duché sous peine de nullité de leur procédure, conformément à la réponse au quatrième article du mémorial du 31 janvier 1551, et à celle faite au septième article du mémorial du 15 septembre 1620. Les commissaires ne peuvent imposer aucune peine sur qui que ce soit dans le duché, car il n'appartient qu'aux baillifs, vibaillifs ou juges des terres, chacun dans son ressort, de le faire par avis de la Cour suivant les usages et coutumes du duché, ainsi que cela a été expressément reconnu et ordonné par un des articles des audiences générales tenues par le sérénissime duc Amé le Bienheureux en 1466.

Les coutumes et usages du duché d'Aoste, qui sont les fondements des décisions des procès, y sont si anciens qu'on ne trouve aucun mémoire sur leur origine. Ils étaient déjà en vigueur sous les rois de Bourgogne, comme on peut s'en convaincre en comparant les statuts contenus dans la loi écrite de la vallée d'Aoste avec l'ancien coutumier du royaume de Bourgogne et des autres pays qui en dépendaient. Plusieurs de ces statuts ont été tirés des coutumes générales du royaume de France et de celles de quelques-unes des provinces du même royaume, comme on peut le constater en lisant le grand livre des dites coutumes existant actuellement entre les mains du seigneur vassal François-Joseph de Lostan noté par le sieur Bonaventure Philibert Bornyon lieutenant au bailliage qui a travaillé à la compilation et à la rédaction de celles d'Aoste. Quelques-unes de ces coutumes, toutes particulières aux valdôtains leur ont été transmises et conservées par tradition, d'autres ont été tirées des règlements des anciens statuts faits à diverses époques par les comtes et ducs de Savoie, d'autres sont tirées des ordonnances, franchises et privilèges que les anciens seigneurs de ce duché accordaient à leurs justiciables pour de l'argent, mais la plus grande partie sont fondées sur les lois des empereurs, ou sur le droit commun, ainsi que sur les règlements faits par les souverains du consentement et par les conseils des seigneurs pairs, non pairs et coutumiers, à l'époque des assemblées générales. Ces coutumes n'étant pas autrefois rédigées par écrit, les plaideurs étaient obligés de faire souvent des enquêtes pour les prouver, surtout lorsqu'ils avaient à faire avec des parties rusées et habiles dans la chicane ; ce qui rendait les procès très longs et dispendieux. Les Etats assemblés en 1572 demandèrent au souverain la permission de les recueillir dans un livre. S. A. S. le duc Emmanuel-Philibert la leur accorda, le 19 décembre de la même année, par sa réponse au premier article du mémorial que les députés des Etats lui présentèrent. Au mois de mai suivant, il députa le Rév. Jean-Geoffroi Ginodi, évêque et seigneur de Bellay, premier sénateur du souverain sénat de Savoie pour assister à la compilation des dites coutumes. Lorsqu'elles furent écrites et divisées en six livres, le même prince les fit examiner par des députés et sur leur rapport favorable, il les approuva par patentes du 12 août 1586. Elles furent publiées dans une assemblée générale convoquée expressément pour ce sujet, les jours 3 et 4 du mois de septembre 1585. Depuis lors, on n'a plus tenu compte des anciennes coutumes sauf de celles qui se trouvaient contenues dans ce recueil formant un gros volume in-folio tenant lieu, aujourd'hui, de code et de digeste. Les parlements souverains de justice de Savoie et du Piémont sont obligés de juger suivant ce règlement les causes dévolues par appel à leurs tribunaux, hormis pour les matières qui n'y sont pas comprises, et pour lesquelles on a recours en droit commun. Outre ces coutumes générales, quelques communautés en ont de particulières comme Cogne et Gressoney.

Quand à la justice ecclésiastique avant qu'elle fut établie en cour et juridiction ordinaire, les Rév. évêques n'en avaient aucune autre que la simple correction des mœurs du clergé et la punition des crimes ecclésiastiques seulement. Toute autre juridiction appartenait aux souverains et magistrats séculiers. Depuis que le gouvernement de l'église fut établi en forme monarchique, sa justice fut réduite en cour ordinaire avec des juges désignés. Cette juridiction en ce duché longtemps contestée fut confondue entre les officiers des souverains et ceux de la cour de l'officialité des prélats du diocèse. Ces derniers ne se contentaient pas d'entreprendre, quelquefois, sur la justice séculière, mais ils prétendaient connaître de toutes les causes quoique purement laïques et profanes, au préjudice de la juridiction souveraine dans les terres du domaine de la couronne et de celle des vassaux dans l'étendue de leurs fiefs.

Ces prétentions fournissaient ample matière à de fréquentes contestations entre les tribunaux. Les populations, menacées, d'un côté, par les censures et les châtiments corporels ou peines pécuniaires, de l'autre, par de grandes violences, souffraient considérablement. Les citoyens et bourgeois d'Aoste furent les premiers à se plaindre de cet état de choses. Ils eurent recours au comte Amé-le-Vert qui leur donna des provisions à ce sujet le 20 septembre 1331 et le 26 août 1332. Amé-le-Pacifique premier duc de Savoie fit, à Aoste, le 20 août 1409, un statut soit règlement de justice sur l'avis et du consentement des seigneurs pairs, non pairs et coutumiers. Il commença à séparer les matières qui compétaient à l'un et à l'autre de ces deux tribunaux, comme il fit, quelques années après pour la Savoie. Les prélats de ses états au-delà des monts auxquels celui d'Aoste était uni en témoignèrent ouvertement leur mécontentement et ce fut ce qui donna lieu à la transaction que le prince stipula, le 16 janvier 1432, avec les Révérends Pères et Seigneurs par la grâce de Dieu Jean des Bertrands archevêque de Tarentaise, Aimon Gerbais évêque de Maurienne, Guillaume Didier évêque de Belley et Ogier Morisetti évêque d'Aoste, tant en leur nom, qu'au nom de leurs églises et successeurs. Par cette transaction, on régla la connaissance de toutes les causes qui devaient appartenir au for ecclésiastique et au for séculier, afin d'éviter toute contestation entre les officiers des deux tribunaux. Ce bon ordre dura peu, il fut troublé, quelque temps après, par les vicaires généraux et la cour de l'officialité qui inquiétaient les séculiers par des interdits, des excommunications, des sentences et autres actes pour des causes purement profanes, pécuniaires et civiles, même de peu d'importance, dont la connaissance n'appartenait aucunement aux juges d'église qui envoyaient dans le diocèse des *lettres en blanc* imparfaites dans leur substance et dans leur écrit, sans sceau et sans être précédées d'une instance en justice. Ce procédé consternait les populations qui recoururent à la protection de leur souverain. Le duc Louis fit une nouvelle transaction avec Révérend Père en Dieu et seigneur Antoine Depré évêque d'Aoste, sous la date du 27 avril 1452, par laquelle les officiers de justice de chaque partie furent rétablis dans les droits qui leur appartenaient. Ces deux transactions qui suivirent de si près auraient dû mettre fin à toutes ces contestations, cependant elles n'eurent pas, à Aoste, tout l'effet que le souverain s'en était promis. Les officiers de la cour épiscopale continuèrent de connaître sur les laïques. Le duc Charles I[er.] fut obligé de faire un édit fulminant, le 12 décembre 1488, par lequel, après avoir blâmé le baillif et son procureur d'avoir permis ces infractions, il fit inhibition, sous de graves peines, à toutes sortes de personnes de tirer en instance les laïques en cour d'église pour des faits purement profanes, et aux gens de justice, procureurs, notaires d'y patrociner et d'y faire aucun acte, sous peine de perdre l'office, mandant à ses officiers de faire emprisonner les contrevenants. Cet ordre fut suivi d'un second portant la date du 11 mars de l'année suivante 1489 adressé au baillif et au procureur fiscal d'Aoste pour le faire publier et observer. Cet édit quoique décisif ne mit pas fin aux prétentions des officiers de la cour épiscopale. Les sujets du duché d'Aoste, se trouvant toujours poursuivis en cour d'église par les censures ecclésiastiques, sentences et excommunications, recoururent de nouveau au même duc Charles duquel ils obtinrent de nouvelles provisions pour l'observance de son édit. Ces dicutions parurent s'être calmées pendant quelque temps, mais en 1499, les Etats de Savoie et d'Aoste, assemblés à Genève par devant le duc Philibert, se plaignirent, de nouveau, par l'art. 8 du mémorial soit chapitres adressés à ce prince, de ce que quelques clercs et gens d'église les faisaient citer en cour ecclésiastique pour de petits *servis* ou rentes et que pour la moindre contumace, on leur faisait payer un marc d'argent. Ils obtinrent de ce prince un ordre qu'il donna en présence de messieurs les officiaux des prélats, le 9 août 1499, déclarant qu'aucun laïque, pour simple dette ou autre chose profane n'appartenant pas au for ecclésiastique, ne pouvait être cité en cour d'église, sous peine de son indignation et de 25 marcs d'argent pour chaque contravention. Cette provision eut son effet et fut observée dans les évêchés de Savoie à la seule réserve de celui d'Aoste, où l'abus continuait quoique cette déclaration y eut été par deux fois publiée. Les sujets du duché de nouveau poursuivis par des censures recoururent au duc Charles-le Bon auquel ils représentèrent que les officiaux des prélats prétendaient que, par les actes des transactions susdites, un laïque pouvait citer en cour d'église un autre laïque pour une somme de dix florins, si le contrat était assermenté. Les officiers de justice de Savoie et d'Aoste soutenaient le contraire et disaient que si cela avait lieu, les souverains et seigneurs justiciers pouvaient fermer leurs tribunaux, parce que tous les contrats étaient munis d'un serment, les officiaux des prélats auraient par ce moyen la connaissance de toutes les causes civiles.

Ils obtinrent de ce prince une provision, datée du 2 avril 1515, portant ordre au vibaillif et aux autres officiers de justice, de faire ponctuellement observer les édits et les déclarations donnés à ce sujet par les princes ses prédécesseurs, de contraindre les ecclésiastiques qui y auraient contrevenu, par prise de leur temporel et par toutes les voies de droit, non seulement à payer les peines qu'ils auraient encourues mais encore à faire absoudre à leurs dépens les excomuniés. Cet ordre n'eut aucun effet. Au contraire, il ne fit qu'exciter la cour épiscopale contre les pauvres sujets, lesquels furent obligés de recourir de nouveau au même prince. Ils se plaignaient de ce que, malgré les provisions émanées plusieurs clercs, marchands et autres personnes les avaient cités à comparaître en la cour de l'officialité, où ceux qui n'avaient pas comparu avaient été excomuniés aux fêtes de Pâque. Plusieurs, étant morts en cet état, avaient été enterrés en lieu profane. Ils obtinrent de ce prince des provisions portant commandement au baillif et aux autres officiers de justice de prendre information et de faire arrêter les personnes qui avaient contrevenu jusqu'à ce qu'elles eussent payé les amendes portées par les édits et statuts ci-dessus et fait absoudre les excomuniés. Quant à ceux qu'on ne pourrait appréhender, on devait les citer à Chambéry pour y garder les arrêts et y répondre personnellement par devant le conseil résidant. Cette provision fut suivie d'un nouvel ordre du 6 fév. 1516 au baillif de tenir main à sa rigoureuse observation.

Les officiers de justice exécutèrent ces ordres et firent proclamer de la part du souverain et sous de grosses amendes et de fortes peines qu'aucun laïque ne fut si hardi de faire citer un autre laïque par devant un juge ecclésiastique pour quelconque action réelle ou personelle assermentée ou non assermentée, ne réservant aucun des cas compris dans les transactions susdites. Ils firent défense aux procureurs de patrociner et aux greffiers des cours de recevoir des actes à ce sujet.

Le Rev$^{me}$ évêque Amédée de Berrutis recourut à son tour au Souverain et lui représenta que ces publications détruisaient non-seulement ce qui avait été convenu par les transactions observées jusqu'alors mais empêcherait même les sujets et habitants d'Aoste de pouvoir recourir à son official, ce qui anéantissait presque entièrement la juridiction de son église. Il le suppliait, par conséquent, de révoquer ces inhibitions et de déclarer conformément aux dites transactions qu'il fut permis a un laïque de citer un autre laïque par devant son juge ecclésiastique, sans crainte d'encourir aucune peine, pour quelconque contrat muni d'un serment. Le prince accorda à l'évêque une provision datée du 24 janvier 1517 ordonnant aux baillifs et aux autres officiers de ne pas troubler la juridiction ecclésiastique sous peine de cent écus et de faire publier cet ordre dans les lieux accoutumés afin que personne ne put prétexter de son ignorance. Cette provision fut confirmée par un autre du 10 10$^{bre}$ 1527 contenant nouvel ordre à ses officiers de justice d'Aoste de tenir main à son observance. Le Seigneur Mathieu Lostan alors vibaillif déclara par écrit qu'il obéirait et son décret pour la publication des dites provisions fut exécuté le même jour sans aucune opposition ni contradiction. Peu de temps après, le R$^{me}$ évêque Pierre Gazin, nonobstant les provisions ci-dessus énoncées, ne laisse pas, pendant les deux premières années de son épiscopat, d'être troublé dans sa juridiction par les officiers de la justice séculière, ce qui l'obligea à leur faire notifier que tant eux que les autres laïques qui y avaient attenté, avaient encouru les censures portées par la bulle *In œna domini* et dont ils ne pouvaient être absous que par le St-Père. Comme en ce temps là la guerre et les fausses doctrines soit religion prétendue réformée de Luther et de Calvin agitaient les peuples du voisinage, les Etats du duché pour lors assemblés craignant non sans raison que cette censure n'influât sur la province et ne lui attirât quelque malédiction, les Seigneurs Vassaux, bannerets et les comunes recoururent à ce prélat et le prièrent de mander à Rome pour obtenir l'absolution des censures encourues. L'ayant obtenue, l'évêque fit lui-même la cérémonie de l'absolution après, cependant, leur avoir fait promettre au pied du crucifix de ne plus attenter à sa juridiction.

Trois mois ne furent pas écoulés que l'on commença de nouveau à troubler ce prélat dans sa juridiction. Il patienta quelque temps dans l'espoir de les ramener par sa douceur, mais voyant qu'ils persévéraient dans leur obstination au grand préjudice de leurs âmes, il fut obligé de recourir à la protection souveraine pour être maintenu dans ses droits. Il obtint du duc Charles le

Bon une nouvelle provision datée de Nice, 5 juin 1538, par laquelle ce pieux prince ordonna au baillif, à son procureur et à tous les officiers de justice d'Aoste, de remettre l'evêque en possession de sa juridiction, conformément aux transactions sur ce faites, de la maintenir et défendre contre tous, avec défense à tous les sujets d'y attenter à l'avenir sous peine de confiscation de corps et de biens par rapport aux particuliers, de privation de priviléges et de franchises par rapport aux communautés. Cette provision fut suivie d'un nouvel ordre d'exécution en date du 10 février 1540. Les officiers de la justice séculière recoururent à leur tour et obtinrent du même prince de nouvelles lettres datées du 26 février par lesquelles il déclare que son intention est que, pour les contrats et promesses faites avec serment, on ne puisse citer un laïque en cour ecclésiastique mais seulement en cour temporelle, mandant pour le surplus d'observer les transactions. Le bon prélat souffrit patiemment, pendant quelques années, ces nouvelles provisions qui le mettaient dans l'embarras. Il recourut à son souverain duquel il obtint de nouvelles lettres datées du 24 9bre 1547 déclarant que par ses lettres accordées à ses officiers de justice, il n'avait pas eu l'intention de déroger à la juridiction ecclésiastique ni de défendre aux notaires d'insérer, dans les contrats, des serments ou autres clauses requis par les parties, pourvu que son autorité ne fut pas lésée. L'année suivante, les jours 7 février et 5 mai 1548, le même prince accorda à l'évéque Gazin deux nouveaux ordres au baillif et autres officiers de justice d'observer les transactions et les concessions accordées au sujet de la juridiction ecclésiastique. Ces ordres ayant été signifiés le 22 mai, le baillif et les officiers de justice donnèrent par écrit leur déclaration d'être prêts à obéir. Ce Décret et ces déclarations furent publiés le même jour.

Aprés la mort du duc Charles, le R^me évêque Pierre Gazin craignant, dans un changement de règne, d'être encore inquiété, s'adressa au sérénissime duc Emmanuel-Philibert qui lui accorda des lettres patentes, données à Verceil le 25 9^bre 1555, par lesquelles ce prince confirme le contenu des transactions accordées par le duc son père et ordonne au baillif et à son gouverneur de les faire observer, inffligeant de graves peines aux contrevenants. Ce prélat étant décédé deux années après, les Etats assemblés le 24 juin et le 2 juillet de l'an 1557, préparèrent un mémoire au R^me Marc Antoine Bobba nouvel évêque d'Aoste, touchant les abus et les désordres qui se commettaient dans la cour de l'officialité, pour le lui présenter lorqu'ils viendrait prendre le possessoire de son évêché et lui demander l'observance de ce qui avait été réglé pour maintenir la paix, l'union, la concorde entre la noblesse, le clergé et les Etats..

Lorsque le duc Emmanuel Philibert fut entièrement rétabli dans ses états, les vassaux et sujets de ce duché recoururent à ce prince et obtinrent des lettres, signées à Ivrée le 25 mai 1561, par lesquelles, ordre était donné au premier huissier ou sergent sur ce requis, de signifier de sa part à tous les habitants de la vallée défense de citer les sujets d'Aoste en cour d'église pour cause profane, déclarant que ces causes appartiennent aux juges temporels, et ordonnant de réparer les dommages causés et de faire absoudre les excomuniés, s'il en existait; les lettres ordonnaient aussi de contraindre les gens d'église par saisie de leur temporel et des revenus de leur bénéfice, les laïques par confiscation de leurs biens et saisie de leurs personnes, si besoin était, à comparaître à un jour fixé devant le préfet d'Aoste ou son lieutenant pour exposer les causes d'opposition et répondre aux conclusions du procureur fiscal général sur l'infraction des dites ordonnances. Les lettres furent publiées le 10 et le 16 juin de l'année 1561. L'affaire fut ensuite débattue entre l'official et le procureur fiscal dans une assemblée qui eut lieu à ce sujet. L'église députa le Révérend official Henrici chanoine de la cathédrale pour obtenir la révocation des dites lettres, et, pour faire rétablir l'évêque, sa cour spirituelle, et tout le clergé dans sa juridiction. Les commis députèrent le Seigneur Nicolas d'Avise pour aller remercier S. A. Sme de cette concession et en demander l'exécution attendu qu'elle était très importante pour la manutention de son autorité, l'accroissement et la réputation de son tribunal et le repos de ses pauvres sujets. Cependant le recours n'eut pas les résultats qu'on attendait. Chacun conserva sa juridiction ; les ecclésiastiques eurent les causes purement spirituelles, les laïques, les causes purent profanes. Et encore on ne laissa pas que de contrevenir ouvertement à ces dispositions. C'est ce qui obligea les communautés du duché de se pourvoir par le procureur général, devant le Souverain sénat de Savoie pour se plaindre de ces abus. Ils représentèrent que les officiers de justice et les magistrats du duché refusaient de les défendre sur ces questions de juridiction donnant pour excuse qu'ils ne pouvaient déterminer au vrai les causes en matières spirituelles et temporelles ; que d'un autre côté, l'official se retenant la première connaissance des dites causes, celles-ci passaient après son jugement en appel à la cour métropolitaine de Moutiers en Tarantaise et de là à Rome, au grand préjudice des sujets de S. A. Ils obtinrent du sénat de Savoie les inhibitions qu'ils avaient sollicitées le 27 mai 1562 et qui furent publiées le 21 du mois de juin. Cependant l'official de la cour épiscopale ayant continué à procéder au préjudice de ces inhibitions, le sénat de Savoie auquel les habitants du duché appuyés par le procureur général du souverain au dit sénat avaient appelé comme d'abus, déclara, par arrêt du 1er décembre 1562, que l'official avait mal procédé, cassa, révoqua toutes les procédures qu'il avait faites au préjudice des dites inhibitions, et lui fit défense de prendre connaissance des matières personelles, profanes, réelles ou mixtes, même de celles concernant les biens féodaux de l'église, sous peine de mille livres et de réduction de son temporel sous la main de L. A. S., sans préjudice toutefois des droits des ecclésiastiques ayant jurédiction temporelle. ceux-ci devaient députer des juges laïques en leurs jurédictions, dans l'espace d'un mois, sous peine de confiscation des dites jurédictions en faveur du domaine. Ordre était donné à l'official et autres parties qui avaient obtenu les provisions desquelles était appelé à comparaître devant le sénat de Savoie pour répondre aux conclusions du Seigneur procureur général. Cet arrêt fut publié le 13 décembre suivant et intimé le 17 au Rd official Jean-Marie Henrici.

Le Rév$^{me}$ évêque Bobba était alors au conceil de Trente en qualité d'orateur et d'ambassadeur de son prince. De retour dans son diocèse il s'informa exactement de tout ce qui s'y était passé durant son absence. A son tour, il entreprit de défendre les immunités ecclésiastiques qu'il trouvait violées par l'arrêt signalé plus haut. Il excomunia tous ceux qui y avaient pris une part directe, spécialement le seigneur Claude d'Avise procureur général du duché et mit en interdit presque toutes les églises du diocèse. On laisse à penser le grand scandale que produisit un acte semblable. Le maréchal comte de Challand gouverneur du duché et la plupart des autres seigneurs bannerets prièrent le prélat de lever cet interdit. Pour l'y engager on lui proposa un expédient capable de l'apaiser. L'official de l'évêque et les autres juges séculiers ne devaient plus connaître des matières profanes contentieuses appartenantes à l'église, mais le

Rév. prélat supplierait S. A. S. le duc Emmanuel-Philibert de lui accorder un juge temporel gradué qui jugerait ces matières et aurait une cour spéciale séparée de celle de l'officialité. Comme ce prélat était un des principaux ministres du duc et en était beaucoup considéré, il n'hésita pas de recourir à son souverain. Il lui exposa que lui et ses prédecesseurs étaient en possession du droit de citer les laïques de ce duché desant les officiaux et juges ecclésiastiques pour les matières relatives aux fiefs et amphitéoses appartenant à l'église et de les contraindre à payer les censes et servis dûs pour ces fiefs et amphitéoses. Il ajouta que certains syndics et habitants du duché ayant fait citer son official devant le sénat en avaient obtenu l'arrêt cité ci-dessus. Il fit plusieurs autres remontrances pour obtenir au profit de son église, les provisions opportunes tant pour ses droits d'immunité que pour la tranquillité de ses diocésains. Le duc comme prince catholique et pieux voulut favorablement traiter l'évêque Bobba et ses successeurs au siège d'Aoste. De l'avis de son grand chancelier et des habiles jurisconsultes qu'il avait consultés, il concéda à l'évêque, par patentes du 7 juillet 1565, l'autorité de pouvoir constituer, à Aoste, un juge laïque gradué devant lequel les laïques seraient poursuivis en première instance pour les matières concernant les fiefs, rentes, amphitéoses appartenant à l'église, les censes, décimes, servis dûs annuellement, les légats faits à l'église, les héritages des prêtres décédés abintestat, ainsi que les actions réelles qui s'intenteraient *per indebite*. De plus, l'évêque et ses successeurs pouvaient établir un greffier et un sergent pour l'exercice de la dite jurédiction temporelle. Le Souverain donna ordre à tous ses ministres, aux officiers des seigneurs comtes, barons, bannerets et vassaux du pays de ne troubler ni empêcher les officiers de la justice temporelle du dit evêques dans la connaissance des matières énumérées dans la dite concession, sous peine de son indignation perpétuelle et d'amendes arbitraires. Toutefois, il était permis aux habitants du duché de pouvoir appeler, des sentences qui seraient prononcées par le dit juge temporel, à l'un ou à l'autre des deux sénats de Savoie ou de Piémont. Cette concession fut enterrinée au souverain sénat de Savoie par acte du 4 7$^{bre}$ 1565, mais avec quelques modifications. Les appelants du juge laïque de l'évêque devaient appeller devant l'un des deux sénats de Savoie ou du Piémont et non ailleurs sous peine d'amendes arbitraires. Les actions intentées *per indebite* devant ce juge s'étendaient seulement aux actions réelles relatives aux choses et biens purement ecclésiastiques et sans préjudicier les juridictions ordinaires des juges compétents en ces matières.

Le Rme seigneur évêque Bobba ne fut pas satisfait de ces modifications. Il recourut de nouveau au souverain lequel, par sa lettre du 1er 8$^{bre}$ 1565, déclara que, relativement aux causes appartenant à la juridiction du juge temporel constitué par l'évêque, aucun autre juge n'avait le droit de les attirer à soi ; que, pour les sentences feudales et réelles prononcées par le juge temporel, à moins qu'elles ne fussent suspendues par voie d'appel, il était loisible aux officiers des juges nommés par l'évêque de faire conduire, sans réquisitoire, les condamnés à la tour du baillage ou bien aux prisons des seigneurs médiaux sur le territoire desquels ils habitaient. Le baillif et les chatelains devaient garder dans leurs prisons ceux qui leur auraient été ammenés par les dits officiers sous peine de cent marcs d'argent et ne pas les relâcher avant d'en avoir reçu l'ordre du juge temporel, sous peine de payer eux-mêmes les dettes.

Ordre était donné au sénat de procéder sans délai, à la vérification et à l'enterinement des patentes du 7 juillet ainsi que des dernières lettres dèclaratoires, sans restriction ni modification ; ce qui fut fait par un nouvel arrêt du souverain sénat du 29 9$^{bre}$, dûment publié dans la cité et le bourg d'Aoste, sans aucune opposition ni contradiction, le 8 décembre suivant.

Nonobstant les précédentes concessions et déclarations du souverain, les Révérendissimes évêques successeurs du cardinal Bobba sur le siége épiscopal d'Aoste n'ont pas été entièrement paisibles possesseur de cette juridiction temporelle. Le même duc Emmanuel Philibert, sur la représentation de ses officiers de justice de delà les monts, fit, peu d'années après, un édit nouveau portant la date du 28 mai 1572 par lequel il défendait, sous des peines graves, de citer les sujets laïques par devant les juges ecclésiastiques pour actions purement personnelles et profanes. Les évêques, surtout celui d'Aoste et ceux du Piémont en firent part à la cour de Rome. Le pape Grégoire XIII qui venait d'être élevé au St-siége apostolique, écrivit plusieurs lettres au souverain pour l'exhorter à révoquer un pareil édit si préjudiciable à l'autorité et à la juridiction ecclésiastique de laquelle il s'était toujours montré le zélé défenseur. Ce prince pieux voulant faire connaître à Sa Sainteté la déférence qu'il avait pour ses représentations paternelles révoqua son édit et en fit un autre daté du 22 décembre 1572 dans lequel il s'exprima ainsi : *Conciosiàche da parte di nostro signore siamo stati richiesti di cassare e annullare l'editto da parte nostra emanato sotto li 28 del passato mese di maggio, per il qual si ordinava che nelle azioni mere personali e prophane i sudditi nostri laici non fossero chiamati avanti li giudici ecclesiastici e acciòche per qualche sinistra interpretazione che alcuni volessero dare non si faccia pregiudizio alla giuridittione e autorità ecclesiastica come non fu mai di nostra intenzione e volendo sodisfar in ciò*

*alla mente di Sua Beatitudine per le presenti di nostra certa scienza cassiamo e annulliamo il predetto editto siche non abbia forza nè vigore in giudizio nè fuori.*
Ce prince envoya ensuite cet édit au sénat de Piémont pour être enteriné, ce qui fut fait le 23 décembre. Il l'envoya à Aoste au Seigneur vibaillif Roz Favre avec une lettre particulière à ce sujet à la date du 3 9$^{bre}$ 1575. Il lui ordonnait de faire publier la dite révocation. Ce qui fut fait par décret du 16 novembre à la réquisition du procureur fiscal du R$^{me}$ évêque Gromis. Ce prélat essaya de rétablir la cour de son officialité dans la connaissance de ces matières et de l'enlever au juge temporel en faisant citer le Seigneur de Nus devant le nonce apostolique résidant à Turin, afin de lui faire reconaître le fief de Rhins. Le ministre le condamna en contumace à passer la dite reconnaissance, mais le Seigneur de Nus en appela comme d'abus. Le sénat de Savoie par arrêt du 4 juin 1577 infirma toute cette procédure faite au préjudice de la juridiction du juge temporel du duché d'Aoste, la cassa et révoqua comme nulle, avec dépens, réservant à l'appelé de se pourvoir par devant le juge temporel suivant les priviléges et concession octroyées par S. A.

L'année suivante, les députés du duché élus le 18 mars 1578 recoururent au duc Emmanuel Philibert et lui représentèrent dans un long mémorial que les faveurs accordées aux R$^{me}$ évêques étaient contraires aux dispositions du droit, aux usages, coutumes, franchises du pays. Ils le suppliaient par conséquent de déclarer que par la concession du dit privilége, son intention n'avait pas été de préjudicier aux usages, franchises du duché, mais qu'il entendait qu'ils fussent observés, et dans le cas qu'une difficulté survint, il lui plut de renvoyer les parties devant le sénat de Savoie comme bien informé du fait attendu qu'il avait été autrefois saisi de la même matière.

Sur ce recours, le souverain déclara expressément par ses lettres patentes du 24 juillet 1578 que son intention n'avait pas été de déroger aux priviléges et coutumes du pays ni aux arrêts rendus par le sénat de Savoie, qu'il tenait à ce qu'ils fussent obvservés, et, dans le cas de nouveaux différends entre le R$^{me}$ évêque et les habitants du duché, il confiait la connaissance et la décision sur les dits différends au même sénat de Savoie avec défense à tout autre de s'en mêler. Il déclara aussi que son intention n'était pas d'empêcher la juridiction ecclésiastique pour les actions personnelles, réelles et mixtes. Comme de droit, elles auraient appartenu au R$^{me}$ Seig. évêque d'Aoste.

Profitant de cette déclaration, l'avocat général du duché se pourvut, en 9bre 1581, par devant le sénat de Savoie et en obtint des provisions contre le R$^{me}$ évêque le seigneur César de Gromis. Celui-ci pour en empêcher l'exécution fit publier la bulle *In cœna dni*, mais comme elle était extrêmement opposée non seulement aux franchises, coutumes, immunités du duché d'Aoste mais encore préjudiciables aux libertés de l'église d'Aoste et à ses usages en général, le procureur général appela de suite de cette publication comme d'abus au même sénat de Savoie. Il en informa aussitôt l'assemblée générale qui tint ses séances le 21 décembre 1581 et 18 janvier 1582. L'assemblée lui donna une procuration en ample forme pour se rendre en Savoie et y poursuivre le dit appel.

Le sénat, pour ne pas rendre entièrement illusoires toutes les provisions obtenues des Souverouns par les R$^{mes}$ évêques d'Aoste en faveur de leur église, prononça son arrêt le 27 août 1582. Voici quelles en étaient les principales dispositions : « Auparavant de faire droit sur les fins et conclusions respectivement prises par les parties, et i celles appointées en leurs faits contraires ordre est donné de les articuler plus amplement de huitaine en huitaine et d'additioner tout ce que bon leur semblerait à la huitaine suivante, et sur i ceux de faire et rapporter leur enquête dans le mois d'après par tel comissaire qu'à cet effet serait député par le Sénat pour ce fait. »

Cependant, le Sénat, sans vouloir préjudicier les droits des parties au principal, ordonna que le Seig. évêque jouirait de la juridiction accordée par S. A., pour les cas mentionnés dans les arrêts, avec défense aux demandeurs originaires et à tous autres de le troubler dans l'exercice de sa juridiction sous peine de dix mille livres d'amende ou autre plus grande à l'arbitrage du Sénat. On déclara aussi que le Seig. évêque connaitrait des oppositions qui naîtraient des exécutions des sentences rendues par son juge, jusque autrement soit ordonné par le dit Sénat.

Ainsi, quoique le dit arrêt ne fut que provisoire, il ne paraît pas que cette question ait eté poursuivie depuis; au contraire, les R$^{mes}$ évêques ont toujours été dès lors paisibles possesseurs de la dite juridiction temporelle sur les laïques pour toutes les actions personnelles réelles et mixtes es cas susdits, les causes regardant uniquement le for ecclésiastique et la pureté de la religion catholique ayant été de tout temps de leur dépendance sans aucun doute ni contredit.

# TABLE DES MATIÈRES

| | |
|---|---:|
| Domaine des premiers Souverains | 7 |
| — Augmentations successives | 9 |
| — Aliénations | 9 |
| Cavalcades | 11 |
| Milice | 12 |
| Soldats pour l'ordonnance | 17 |
| Gabelles | 20 |
| — du Sel | 20 |
| Douane | 22 |
| Dace de Suse | 23 |
| Exemptions | 23 |
| Porte de la Bardesa | 24 |
| Péage de Borgofranco | 24 |
| Péages du Duché | 25 |
| Enterinements | 26 |
| Gouvernement et son Union | 27 |
| Les Trois Etats d'Aoste | 29 |
| — Premier ordre | 30 |
| — Biens du Clergé | 30 |
| — Deuxième ordre | 31 |
| — Troisième ordre | 31 |
| Trésoreries | 33 |
| Les Trois Etats d'Aoste — Préséances | 34 |
| — Patriotisme d'autrefois | 35 |
| — Dons du Clergé et de la Noblesse | 35 |
| — Décadence du patriotisme | 35 |
| Conseil des Citoyens et Bourgeois d'Aoste — Son importance | 37 |
| — Création des Commis | 38 |
| Conseil des Commis | 38 |
| — Nombre de ses membres | 40 |
| — Son importance | 40 |

| | | | |
|---|---|---|---|
| Conseil des Commis — Attributions réservées au Conseil Général — Donatifs | | | 41 |
| — | Nombre de ses membres | | 42 |
| — | Dépendance directe du Souverain | | 42 |
| — | Connaissances | | 43 |
| — | — | Militaires | 43 |
| — | — | Art salutaire | 44 |
| — | — | Tailles | 44 |
| — | — | Trésorier | 44 |
| — | — | Sel | 45 |
| — | — | Monnaie | 45 |
| — | — | Dace de Suse et Traite foraine | 45 |
| — | — | Remparts | 46 |
| — | — | Excès de péage | 46 |
| — | — | Voirie | 46 |
| — | — | Entérinement | 47 |
| — | Etendue de juridiction | | 47 |
| — | Jurisdiction menacée | | 48 |
| — | Prééminence | | 50 |
| — | Sentences et Ordonnances exécutoires | | 51 |
| — | Produit des amendes — Comment destiné | | 51 |
| — | Séances (Jours des) | | 54 |
| — | — | Où se tenaient | 54 |
| — | — | Ordre | 55 |
| — | — | Qui présidait | 56 |
| — | Honoraires et appointements | | 56 |
| — | Election | | 58 |
| — | Serment | | 58 |
| — | Evêques et Syndics d'Aoste commisnés | | 59 |
| — | Prétention des quatre familles | | 59 |
| — | Corps de magistrature | | 59 |
| — | Uniforme | | 60 |
| — | Place d'honneur | | 60 |
| Le Duché d'Aoste est un Etat | | | 61 |
| Conseil des Commis — Décadence | | | 62 |
| Union d'Aoste avec la Savoie | | | 63 |
| — | — | Monnaie de Savoie | 64 |
| Frappe de monnaies en Vallée d'Aoste | | | 65 |

| | | |
|---|---|---|
| ocages — Origine — Révision | | 65 |
| — Cadastre | | 72 |
| — Donatifs | | 73 |
| — Aliénation du domaine souverain | | 74 |
| — Augmentation des charges | | 75 |
| — Péréquation projetée | | 75 |
| Donatifs et Impositions — Qui en détermine la mesure | | 77 |
| Prérogatives de la Vallée d'Aoste — Langue française | | 78 |
| Gouvernement | | 78 |
| Forteresses du Duché | | 79 |
| Gouverneurs — Ce qu'ils perçoivent | | 80 |
| Administr. de la Justice | | 83 |
| — Justice ancienne | | 83 |
| — — sous Rodolphe III et les Empereurs | | 83 |
| — Guerres entre Seigneurs | | 84 |
| — Oppressions et Rivalités | | 85 |
| — Justice sous la Maison de Savoie | | 87 |
| — Officiers de Justice | | 88 |
| — Règlements de Justice | | 88 |
| — Prérogatives du Duché | | 89 |
| — Audiences Génér. — Antiquité | | 92 |
| — — Tribun. du Duché | | 93 |
| — — — Appels | | 93 |
| — — — Conseils de Justice puis Sénats | | 94 |
| — — — Composition du Tribunal | | 95 |
| — — — Pairs du Duché — Ancienne importance | | 95 |
| — — — — Privilèges | | 96 |
| — — — — (nouveaux) | | 98 |
| — — — — Décadence | | 100 |
| — — — — Impairs | | 101 |
| — — — — Coutumiers | | 101 |
| — — — — Quand se tenaient | | 101 |
| — — — — Venue des Souverains | | 103 |

| | | | |
|---|---|---|---|
| Admin. Justice | Aud. Génér. | Prise de possession en 1430 | 104 |
| — | — | Arrivée du Souverain à Morgex | 105 |
| — | — | Entrée du Souverain dans la Cité | 105 |
| — | — | Serment, id. | 106 |
| — | — | Ouverture, lieu, ordre | 106 |
| — | — | Serment du Tribunal | 108 |
| — | — | Reconnaissance des fiefs | 108 |
| — | — | Reconnaissance de diverses coutumes (Fidélité — Femmes exclues de la parité — Prisonniers de guerre — Duels etc.) | 108 |
| — | — | Causes traitées — Procédures | 111 |
| — | — | Suppression | 112 |
| — | Première Connaissance | | 113 |
| — | Baillifs — Leur office | | 114 |
| — | — | Leurs droits | 115 |
| — | — | Leur crédit | 116 |
| — | — | Tour du Bailliage | 116 |
| — | — | et Gouverneurs | 118 |
| — | Vibaillifs | | 119 |
| — | — | Ce qu'on leur donne | 120 |
| — | — | Connaissance | 121 |
| — | — | Durée en charge | 123 |
| — | — | Procureurs fiscaux | 123 |
| — | — | Prérogatives des Syndics d'Aoste — Décadence | 124 |
| — | — | Pouvoirs des Seigneurs Justiciers | 125 |
| — | — | Cour des Connaissances | 125 |
| — | — | — Quand et où elle se réunissait | 126 |
| — | — | — Siège de Justice | 126 |
| — | — | — Nombre des Jug. | 128 |
| — | — | — Appels | 129 |
| — | Commissions extraordinaires | | 130 |
| — | Coutumes d'Aoste | | 131 |
| — | Justice ecclésiastique | | 133 |
| — | Contestations entre la Justice ecclésiastique et la séculière | | 133 |

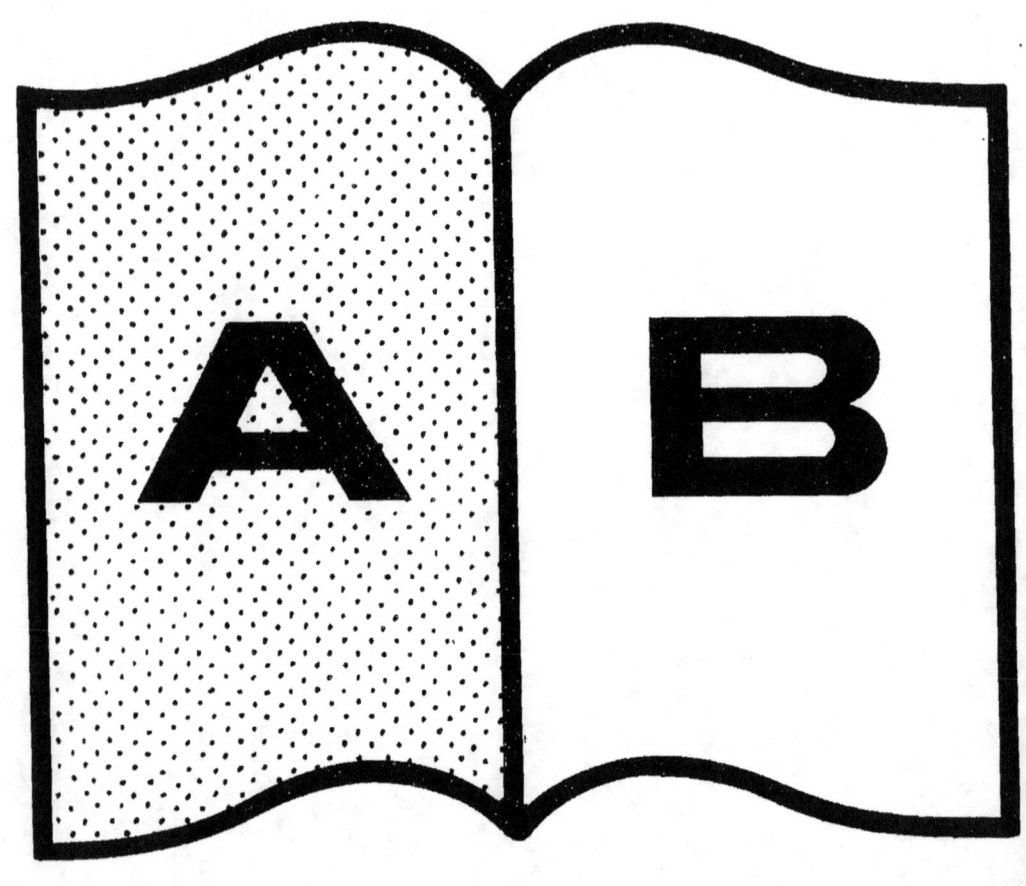

Contraste insuffisant

**NF Z 43**-120-14

www.ingramcontent.com/pod-product-compliance
Lightning Source LLC
Chambersburg PA
CBHW052107010526
44111CB00036B/1529